Johannes Baumgarten

Deutsch-Afrika und seine Nachbarn im schwarzen Erdteil

eine Rundreise in abgerundeten Naturschilderungen, Sittenszenen und

ethnographischen Charakterbildern

Johannes Baumgarten

Deutsch-Afrika und seine Nachbarn im schwarzen Erdteil
eine Rundreise in abgerundeten Naturschilderungen, Sittenszenen und ethnographischen Charakterbildern

ISBN/EAN: 9783742869463

Hergestellt in Europa, USA, Kanada, Australien, Japan

Cover: Foto ©berggeist007 / pixelio.de

Manufactured and distributed by brebook publishing software (www.brebook.com)

Johannes Baumgarten

Deutsch-Afrika und seine Nachbarn im schwarzen Erdteil

Deutsch-Afrika und seine Nachbarn im schwarzen Erdteil

Johannes Baumgarten

Deutsch-Afrika

und

seine Nachbarn im schwarzen Erdteil.

Eine Rundreise

in abgerundeten Naturschilderungen, Sittenscenen und
ethnographischen Charakterbildern.

Nach den neuesten und besten Quellen,

für

Freunde der geographischen Wissenschaft und der Kolonialbestrebungen,

sowie für den höheren Unterricht.

Von

Dr. Johannes Baumgarten.

Mit einer Karte von Deutsch-Afrika.

Berlin, 1887.
Ferd. Dümmlers Verlagsbuchhandlung.

Carl Heßler.

Inhalt.

I*

277

Scenen aus dem Volksleben in Ägypten.

Arabische Erzählungen.

Das Klima von Ägypten

Mohammedanische Lebensbilder aus Algerien.

Bilder aus der Sahara.

Der arabische Adel in der Wüste

Die Bevölkerung Marokkos (1884).

Bilder marokkanischen Aberglaubens.

Vorwort.

Bis vor einigen Jahren haben die zahlreichen deutschen Forschungsreisenden und Missionare, welche auf dem afrikanischen Kon-
tinente und in den anderen überseeischen Gebieten unter unsäglichen
Mühen und Gefahren für Wissenschaft und Kultur arbeiteten, fast
ausschließlich die Ausdehnung der britischen Weltmacht gefördert, die
ihren Kolonialbesitz jedes Jahr erweiterte und einen ungeheuren,
immer steigenden Gewinn daraus zog. Während England riesige
Kapitalien in seinen Kolonieen anlegte und durchschnittlich jährlich
750 Millionen Mark Zinsen daraus erhielt, während es auf allen
Punkten der Erde seine Handelsoperationen vervielfältigte, aus seinen
zahlreichen Kolonieen ganz Europa mit Rohstoffen versorgte, die
ganze Welt mit den Produkten seiner Industrie überschwemmte und
mit einer Dampferflotte, die noch heute zehnmal zahlreicher ist, als
die deutsche (1886: 5792 englische Dampfer mit 6 595 871 Tonnen
— 579 deutsche mit 654 814 Tonnen), den ganzen Seehandel an sich
zu reißen drohte, begnügten sich die Deutschen mit dem akademischen
Vergnügen der Erweiterung der geographischen Kenntnisse und mit
einem kümmerlichen Anteil am Welthandel, der zu der Größe und
Bildungsstufe der Nation in keinem Verhältnis stand und obendrein
von dem herablassend bewilligten, nicht immer sichern Schutz der
Engländer und Franzosen abhing. Es dauerte lange, bis unsere
Gelehrten, unsere Politiker und Nationalökonomen endlich aus den
Lehren des rastlosen, entsetzlichen, internationalen Konkurrenzkampfes
in Handel und Industrie die sozusagen mathematische Überzeugung
schöpften, daß gegenwärtig eine bloße Kontinentalmacht ohne eigene
Kolonieen auf die Dauer nicht existenzfähig ist, daß eine Nation, die
sich für ihre Industrie die Rohstoffe, für die übermäßig wachsende

Bevölkerung in jährlich steigenden Verhältnissen die Nahrungs= und Genußmittel vom Auslande zuführen läßt, ohne daß letzteres, das selbst eine übermächtige Industrie besitzt, ein genügendes Äquivalent an Industrieprodukten dagegen abnimmt, allmählich, wie Hindostan, der Verarmung entgegengeht und jedenfalls seine politische Unab= hängigkeit nicht behaupten kann.

Als endlich diese Überzeugung bei den maßgebenden Stellen feststand, trat zur Überraschung des Auslandes und anfangs zu nicht geringem Ärger unserer kosmopolitischen Träumer die deutsche Ko= lonialpolitik, durch die Reichskanzlei energisch gefördert, praktisch ins Leben und stellte in kaum drei Jahren eine Reihe von Kolonial= gebieten in Afrika und Melanesien, deren Gesamtareal an Umfang 60 000 deutsche Quadratmeilen weit übersteigt, unter den Schutz der deutschen Reichsflagge, sicherte diesen Besitz durch Verträge mit Eng= land, Frankreich und Portugal und eröffnete so den nationalen Spann= kräften ein weites, für Jahrhunderte ausreichendes Feld der Thätig= keit. Mit dieser großartigen welthistorischen Thatsache ist das Deutsche Reich auf eine seiner Machtstellung würdige Weise in die Reihe der Weltmächte mit überseeischem Länderbesitz eingetreten.

Als nach der Entdeckung Amerikas England und die romanischen Nationen sich mit Eifer und großartigen Erfolgen auf den über= seeischen Handel warfen, blieb Deutschland, durch die Kurzsichtigkeit der Hansastädte und durch seine politische Zersplitterung gelähmt, mit verderblicher Teilnahmlosigkeit in den alten kontinentalen Gleisen stehen und bereitete jenen wirtschaftlichen Rückgang vor, der Deutsch= land als Handelsvolk mehr und mehr hinter England und Frankreich zurücksetzte und schließlich in unserm Jahrhundert den größten Teil der deutschen Seehandelsflotte für guten Frachtlohn definitiv in den Dienst des englischen Importes zu stellen drohte. Wir stehen an einem ähnlichen Wendepunkt unserer Geschichte wie um 1500, bei dem es sich jedoch noch weit mehr um die politische Unabhängigkeit und den wirtschaftlichen Wohlstand der Nation handelt.

Aber das heutige Geschlecht, das Kaiserliche Deutschland, wird hoffentlich den welthistorischen Moment nicht verpassen: unsere zahl= reichen geographischen Gesellschaften, Kolonial= und Exportvereine haben wenigstens in einem bedeutenden Teil der Gebildeten so viel weltwirtschaftliches Verständnis verbreitet, so viel Teilnahme für Welthandels= und Kolonialdinge geweckt, daß ein Rückschritt nicht mehr zu befürchten ist. Allerdings darf die Thatkraft, die Arbeits=

und Unternehmungslust keinen Augenblick erlahmen, denn jeder Still=
stand in der Konkurrenz der Kulturvölker ist eine Niederlage.
Die jetzige Generation hat daher patriotische Pflichten zu erfüllen
und Aufgaben zu lösen, welche für die ganze Zukunft des deutschen
Volkes entscheidend werden müssen. Sie hat zunächst das bloße
Verständnis weltwirtschaftlicher Dinge zu vertiefen und daraus, wie
die Engländer, zu festen Überzeugungen zu gelangen, welche gegen
alle Parteileidenschaften sich unverrückt behaupten und vor politischen
Abenteuern wie vor staatsökonomischen Mißgriffen bewahren; sie hat
die neugewonnenen Arbeitsfelder für unsere Kinder und Enkel vor=
zubereiten, die stets langsamen und schwierigen Anfänge der Kulti=
vation zu machen und Selbstlosigkeit zu üben, indem sie nicht von
vornherein auf rasche Gewinne spekuliert oder den Nachkommen
durch Raubwirtschaft in Handel und Bodenausbeutung die Ernten
der Zukunft vorwegnimmt.

Jn einzelnen Ständen Deutschlands, von denen nur einer er=
wähnt werden mag, ist leider noch immer ein Mangel an reger Teil=
nahme für Kolonial= und Welthandelsdingen vorhanden, der einem
von Kindesbeinen an damit beschäftigten Engländer ganz unver=
ständlich erscheinen muß. Während der englische, holländische, ja
selbst der französische Kapitalist und Rentner sich an ausländischen
Unternehmungen reichlich beteiligt und dadurch das Nationalvermögen
steigt (in Holland beträgt es pro Kopf 5600 Mk., in England 4880,
in Frankreich 4350, in Deutschland 2700), läßt der Deutsche im
allgemeinen sich in kein Unternehmen ein, dessen Coupon er nicht
sofort abschneiden kann. Als es galt, das Niger= und Benuegebiet
für England zu erwerben, fanden sich in einigen Tagen Kapitalisten,
die 20 Millionen zusammenschossen, um den Franzosen ihre 30 Fak=
toreien dort abzukaufen. Die kleinen französischen Rentner sind zahl=
reich am Suezkanal, sowie an einer ganzen Reihe überseeischer
Banken beteiligt, die ihnen 16—18 pCt. Dividenden abwerfen. Eng=
länder und Franzosen erwarten nicht, wie die überklugen Deutschen,
daß man ihnen von überseeischen Unternehmungen die Gewinne so=
gleich auf einem Präsentierteller entgegenbringe.

Der Mangel an Unternehmungslust steht auch hier, wie sich in
Frankreich handgreiflich gezeigt hat, in engster Beziehung zur Un=
kenntnis von Kolonial= und Welthandelsdingen. Die Hebung der
geographischen Studien in Frankreich seit 1871 führte zunächst zu
einer regeren und umfangreicheren Teilnahme an Kolonialunterneh=

mungen und Forschungsreisen, dann zur Gründung von nicht weniger
als 52 Handelsmuseen mit Exportschulen und schließlich zu einer
nicht unbedeutenden Steigerung des französischen Seehandels. Nun
beweist die oben gerügte Teilnahmlosigkeit für unsere eigenen Kolo=
nieen, daß manche sogenannte Gebildete von unseren so hochstehenden
geographischen Studien, von den vorzüglichen Leistungen unserer
Geographen und Forschungsreisenden weniger berührt worden sind,
als es zum Gedeihen unserer Kolonialbewegung erforderlich wäre.
Sie stehen durch ihre Erziehung und althergebrachte Praxis den For=
derungen der Neuzeit fremd und abwehrend gegenüber und werden sich
hierin erst nach gewonnener besserer Einsicht ändern.

Aus dem Vorstehenden wird man die Überzeugungen und Be=
weggründe kennen lernen, welche mich zu der Zusammenstellung des
vorliegenden Werkes veranlaßten. Ich will zunächst die geographische
und ethnographische Kenntnis unserer afrikanischen Kolonialgebiete
in weitere Kreise der Gebildeten verbreiten, welche die umfangreichen
Quellenwerke zu lesen, weder Lust noch Zeit haben; ich will ferner
durch eine Rundreise in Afrika, welche vor allem in prägnanten
Darstellungen Sitten, Charaktereigenschaften und Geistesverfassung
der Eingeborenen vor die Augen führt, dazu beitragen, in jenen
Kreisen dauerndes Interesse für Geographie anzuregen und zu be=
festigen; ich will schließlich unseren höheren Schulen passende, abge=
rundete Stoffe für den Unterricht und die Privatlektüre bieten und
in unserer Jugend eine lebendige Teilnahme für die weitere Ent=
wickelung unserer überseeischen Schutzgebiete wecken. Man braucht
nur einen Blick auf das Inhaltsverzeichnis zu werfen, so wird man
erkennen, daß es im ganzen Charakter des Buches liegt, aus dem
Leben und Treiben der afrikanischen Völker manches Interessante
und Charakteristische, welches man in größeren streng wissenschaft=
lichen Werken vergebens suchen wird, zur Kenntnisnahme zu bringen.
Photographien des wirklichen Lebens sind aber für große Leserkreise
wertvoller als abstrakte wissenschaftliche Darstellungen, was wir
Deutsche leider noch zu oft vergessen. In dieser Beziehung ist mein
eigener Anteil am Buche durch eine Reihe von selbständigen Auf=
sätzen, Überarbeitungen und Übersetzungen aus ausländischen Quellen
nicht unbedeutend. Ich bitte meine Kritiker dabei nicht zu vergessen,
daß ich weniger wissenschaftliche Leistungen, als populäres Verständnis
und besonders geistige Anregung und Weckung des Interesses für
Geographie und Ethnographie im Auge hatte. Selbstverständlich

mußte ich zur Schilderung unserer Kolonieen nur die Darstellungen der zuverlässigsten Augenzeugen und Forschungsreisenden heranziehen. Der Leser soll daraus klare, bestimmte, positive Begriffe, keine irreführende Phantasiebilder gewinnen.

Da ich mit vollständiger Vorurteilslosigkeit, die nationalen Interessen stets im Auge behaltend, zu Werke gegangen bin, so habe ich mich durch die entgegenstehende Meinung einiger sonst hochverdienten Forscher nicht abhalten lassen, die Sache der deutschen Mission in mehreren Darstellungen entschieden zu vertreten. Selbst wenn religiöse Gründe, selbst wenn die Rücksicht auf die hohe Kulturaufgabe Deutschlands in seinen Kolonialgebieten nicht dafür sprächen, so müßte dieses dennoch die Erwägung der Thatsache thun, daß die überraschend lebhafte Teilnahme weiter Volksschichten für unsere Kolonieen durch die fortwährende Anregung, welche die Kenntnisnahme der Missionsarbeiten zu Wege brachten, vorbereitet wurde, und daß auch in Zukunft für einen großen Teil unseres Volkes die Missionsthätigkeit noch lange eine breitere Grundlage reger Teilnahme an afrikanischen Dingen sein wird als die bloßen Handelsinteressen. Übrigens zeigen sich auch unsere Kolonialvereine und geographischen Gesellschaften, sowie die geographischen Zeitschriften fast ohne Ausnahme den Missionen freundlich gesinnt, welchen sie noch fortwährend die wertvollsten Beiträge zur Erweiterung der geographischen und linguistischen Wissenschaft verdanken. Ich habe dieses im Buche durch einige höchst interessante Belege exemplificiert.

Central-Afrika ist nur soweit berücksichtigt worden, als es mit unsern Kolonieen in Berührung steht; die betreffenden Darstellungen reihen sich daher angemessener andern Abteilungen an, was ich bei der Beurteilung nicht zu vergessen bitte. Eine Schilderung von ganz Afrika konnte nicht im Plane einer „Rundreise" liegen und hätte auch den Umfang des Werkes übermäßig vergrößert.

So übergebe ich denn meine Arbeit den Lesern in der Hoffnung, daß sie daraus Belehrung und Anregung schöpfen werden. In der großen Zeit, in welcher wir leben, muß jeder Deutsche auf seinem Posten es für eine Ehre und eine heilige Pflicht halten, für unsere nationalen Interessen, welche heute mit denjenigen des gesicherten Bestandes und Gedeihens der abendländischen Kultur identisch sind, sein Scherflein, so winzig es auch sein mag, beizutragen; und letzteres habe ich nach Kräften versucht.

Dr. Johannes Baumgarten.

Das deutsche Ostafrika.

Einleitung.

Deutsch=Ostafrika umfaßt gegenwärtig ein zusammenhängendes Gebiet von mindestens 20 000 ☐ Meilen, nachdem durch die Londoner Abmachungen (29. Oktober und 1. November 1886) sowohl die Erwerbungen der Ostafrikanischen Gesellschaft anerkannt, als auch die deutsche Interessensphäre westlich bis zum Tanganyika und dem Kongostaate, nördlich bis zum Ukerewe=See (der zur Hälfte von 1 Grad südl. Br. ab hineinfällt) und der Nordgrenze des Kiliman=Djaro und südlich bis zum Rovuma=Fluße (Kap Delgado) und Nyassa=See ausgedehnt worden ist. Die Erwerbungen im Somallande von der Benadirküste aus zwischen dem Tana und Kap Guardafui werden wahrscheinlich noch über 12 000 ☐ Meilen der deutschen Kulturarbeit sichern. Der Sultan von Sansibar hat den 10 Kilometer breiten Küstenstreifen von Kap Delgado bis an den Tana=Fluß behalten, aber die Häfen Dares=Salaam und Pangani der Zollverwaltung der Ostafrikanischen Gesellschaft überlassen. Deutsch=Wituland ist bei dieser Abmachung ebenfalls anerkannt und nördlich hiervon an der Somalküste dem Sultan von Sansibar nur die schon längst ihm gehörenden festen Plätze Kismaju, Barawa, Marka, Makdischu und Warscheich mit einem Umkreis von nur wenigen Seemeilen gesichert worden.

England hat sich durch diese Vereinbarung allerdings den Löwenanteil: die Zugänge zum Sudan und zum Nilthale genommen, aber wenn man gerecht und aufrichtig urteilen will, so muß man gestehen, daß es sich diesen Vorteil durch seine Forschungsreisenden, Missionare und Handelsgesellschaften, welche so erfolgreich seit Jahrzehnten auf dem nördlich von der deutschen Interessensphäre liegenden

Gebiete thätig waren, verdient hat. Auch ist der deutsche Gebiets-
anteil, der gegenwärtig an den Kongostaat grenzt, nicht bloß wegen
der Fruchtbarkeit seines Bodens, wegen seines Reichtums an Me-
tallen und der klimatischen Vorzüge vieler hochgelegenen Gegenden
von den meisten Forschungsreisenden und den längere Zeit dort
lebenden Missionaren als eines der wertvollsten und schönsten
Länder Afrikas, geeignet für den ergiebigsten Plantagenbau, im
Dschaggalande und anderen Gebieten der Bergländer selbst für
Ackerbaukolonieen, erklärt worden; sondern es haben sich auch Stanley
und andere competente Kenner der afrikanischen Verhältnisse dahin
ausgesprochen, daß eine über die Hochebene unschwer zu erbauende
Eisenbahn nach dem Tanganyika die Ausfuhr eines großen Teiles
von Central=Afrika, incluf. des ganzen oberen Kongogebietes an sich
ziehen und mit der Ausfuhr der Landeserzeugnisse selbst den Unter-
nehmern einen mit der Entwickelung des Handels und der Bodenkultur jährlich steigenden reichlichen Gewinn bringen würde. Die
Engländer planen schon eine Eisenbahn nach dem Ukerewe, und zwar
ist es dieselbe National African Company, welche am Niger und
Benue, (wo die deutschen Forscher Barth und Flegel vorgearbeitet
hatten und der letztere am Fieber, vielleicht auch am gebrochenen
Herzen über die Vergeblichkeit seiner Anstrengungen und die Kurzsichtigkeit und Dummheit der Deutschen, den Tod fand) den Franzosen ihre 31 Handelsniederlassungen für 20 Millionen Francs ab-
kaufte und mit einem Schlage das ganze Flußgebiet unter die
britische Flagge brachte.

Hoffentlich wird Borniertheit und Unwissenheit uns in Ostafrika
keine ähnlichen Erfahrungen bringen. —

Es ist für jeden gebildeten Deutschen eine Pflicht zu wissen,
was Deutsch=Ostafrika für uns zu bedeuten hat, und da glauben wir
dem Leser keine bessere, zusammenfassende Darstellung bieten zu
können, als die des unvergeßlichen, auf dem ostafrikanischen Forschungs-
felde — auch einem Felde der Ehre — gefallenen Dr. C. Jühlke.*)

„Eine zweite tropische Kolonie existiert wohl kaum, nach Allem,
was bis heute über die holländischen Besitzungen in Ostindien, über
Britisch=Indien, über West=Indien und Südamerika bekannt ist,
welche sich so vorzüglicher und vor allen Dingen so verschieden-
artiger klimatischer Bedingungen erfreut wie das deutsche Ostafrika.

---

*) Kolonial=Politische Korrespondenz vom 12. Juni 1886.

Das soll ja niemals vergessen sein, daß der Aufenthalt in den Tropen überhaupt demjenigen im gemäßigten Klima an Annehmlich= keit nicht gleichkommt, daß Entbehrungen aller Art den Europäer in den Tropen treffen, aber so viel steht denn doch heute fest, daß bei einer ruhig fortschreitenden Entwickelung die künftigen Europäer Afrikas weniger unter jenen Entbehrungen werden zu leiden haben als die Bewohner anderer tropischer Gebiete. Der Fischersche Grund= satz wenigstens, Afrika sei dort gesund, wo es unfruchtbar, ungesund, wo es fruchtbar, scheint mehr und mehr zu einem nicht begründeten Paradoxon herabzusinken. Man wird mit demselben Recht sagen können: es giebt in Ostafrika gesunde Gegenden genug, die zugleich fruchtbar sind, unfruchtbare, die ungesund sind. Das wenigstens lehrt uns jeder neue Bericht, der aus unseren Stationen einläuft, aus Stationen, wo deutsche Herren wohnen und zum Teil angestrengt arbeiten. Das allerdings, was das Leben in Afrika zu einem an= greifenden macht, das Marschieren unter fortwährenden Strapazen, wird ja nun mehr und mehr bei den Bewohnern unserer Stationen in Wegfall kommen, und so werden die Berichte über die gesund= heitlichen Zustände in Zukunft noch günstiger lauten als bisher. Die Thatsache ist jedenfalls nicht zu leugnen, daß bis zum heutigen Tage in einem Zeitraum von nunmehr bald zwei Jahren von den in Afrika weilenden Beamten der Gesellschaft noch kein Einziger ge= storben ist. (Es haben sich draußen befunden 36 und dieselben be= finden sich zum Teil noch dort.) Und welche Mannigfaltigkeit des Klimas bieten unsere Gebiete anderen tropischen Kolonieen gegen= über! Von der tropischen Glut der Tiefebene bis zur Grenze des ewigen Schnees, vom feuchten Seeklima bis zu der berufenen ge= sunden Luft der tropischen Hochebene haben wir alle Klimate bei= sammen. Allein von diesem Gesichtspunkte aus betrachtet, springen dem vorurteilslosen Beobachter die Vorteile eines solchen Landes sowohl in hygienischer als in kultureller Beziehung denn doch mit geradezu zwingender Gewalt ins Auge; denn diese klimatischen Ver= hältnisse bergen den größten Teil der Bedingungen für das Wachs= tum fast aller tropischen Gewächse in sich, sie gewähren andererseits dem Bewohner Ostafrikas die Möglichkeit, unter einer Fülle von Klimaten das ihm Zusagende sich auszuwählen.

Der Rest der Bedingungen für das Gedeihen von Pflanzungs= anlagen ist jedenfalls zu suchen in den Bodenverhältnissen, in der Möglichkeit der Herstellung von Bewässerungsanlagen, und auch hier liegen die Verhältnisse in Ostafrika überaus günstig. Gewiß kann auch das Laienauge ein Land auf seine Fruchtbarkeit, auf die Kraft seines Bodens hin beurteilen nach dem Wachstum, welches sich auf seiner Oberfläche entfaltet, und so stimmen denn die Berichte unserer Beamten sehr genau überein mit Allem, was die Reisenden vieler Länder in jenen Gegenden beobachtet haben und wonach die deutschen Besitzungen Uhehe, Usaramo, der größte Teil Usagaras, Nguru, Usambara, das Kilima=Ndjarogebiet und das ganze Land bis hinauf zum Tana die fruchtbarsten, gesegnetsten Gelände in Ostafrika darstellen.

Äußerst vorteilhaft vollzieht sich der geographische Aufbau des Landes. Die afrikanische Küste ist ja überall auf dem ganzen Kon=tinent eine wenig gegliederte, arm an Häfen; hier aber, die deutschen Gebieten entlang, erreicht sie jedenfalls eine relativ große Mannig=faltigkeit. Auf der verhältnismäßig kurzen Strecke von Korunna bis zum Tana haben wir etwa 6 bis 7 brauchbare, wenn auch kleine Häfen und mehrere geschützte Rheden. Von der Küste landeinwärts erhebt sich das Land ziemlich regelmäßig in Terrassenform: die erste sich zum Gebirge von durchschnittlich 5—6000 Fuß erhebende, welche sich etwa bis zu zehn Tagereisen ins Innere erstreckt, ist auf eine bedeutende Entfernung von der Küste noch den Wirkungen des Seeklimas ausgesetzt; es folgt die Steppe, jene weite wenig frucht=bare Ebene, deren Ausläufer im Süden die Mahala in Usagara ist, und welche sich im Norden bis an den Tana erstreckt; sodann jene Hochgebirgszüge, die in ihren beiden höchsten Erhebungen, dem Kenia und Kilima=Ndjaro die gigantische Höhe von etwa 20 000 Fuß erreichen und mit ewigem Schnee bedeckt sind.

Hinter diesen Gebirgen endlich lagert sich die 5—6000 Fuß hohe fruchtbare Ebene, welche ihren Abschluß in der Kette der mächtigen centralafrikanischen Seen findet. Und alle diese Gebiete werden noch von einem gegliederten Flußnetz durchzogen. Wenn auch die Mehr=zahl dieser Flüsse und Flüßchen vorläufig nur auf verhältnismäßig kurze Strecken schiffbar ist, so ist doch ihre Bedeutung für das Land darum eine kaum minder große zu nennen, denn in ihnen sind, deutlich erkennbar, die Bedingungen für die Möglichkeit einer in Zu=kunft durchzuführenden Be= und Entwässerung weiter Gebiete ge=geben. Schon jetzt, obschon die vom Neger geübte Kultur eine solche kaum zu nennen ist, ist ein gewisses Kanalsystem über weite Landstrecken verzweigt (so in Taweta, Dschagga, Usambara, Nguru

u. A. m.), und wird der natürlichen Üppigkeit des Landes ein mäch=
tiger Helfer, der alle Produkte zu einer seltenen Schönheit und
Größe gedeihen läßt. Mais, Reis, Tabak werden schon heute an
den Karawanenstraßen in großen Mengen gebaut, und auf den euro=
päischen Stationen werden Versuche mit fast allen tropischen Ge=
wächsen gemacht. Jene große Masse der Produkte würde bei den
mangelhaften Verkehrsverhältnissen heute allerdings noch nicht export=
fähig sein, sie wird es aber in dem Moment, wo der erste eiserne
Schienenstrang dem Herzen Afrikas zustrebt. Denn man muß
nicht vergessen, daß die Empore des afrikanischen Ostens, Zanzibar,
der größte Markt= und Handelsplatz, dessen wirtschaftlicher Umschlag
einen Wert von 43 Mill. M. repräsentirt, seine Bedürfnisse zum
großen Teil heute aus Indien bezieht (z. B. den Reis), daß also
mit der Erschließung der deutschen Gebiete durch eine Bahn für der=
artige Produkte sofort ein Absatzgebiet gegeben ist.

Und auch in anderer Beziehung sind ja für den Handel und
den Plantagenbau die Bedingungen überaus günstiger Natur. Eine
Sprache (Suaheli) umschließt das ganze weite Gebiet; mit ihr kann
man sich überall in den deutschen Besitzungen verständigen, der Hindu,
der Araber, der Neger an der Küste bis weit in das Innere hinein,
bedient sich ihrer, und am Kilima=Ndjaro bis hinauf in das Somal=
land ist sie die allgemeine Verkehrssprache.

Der Charakter des Volkes, welches unsere Länder bewohnt, ist,
ausgenommen die nördlichen Gebiete, ein durchaus friedlicher, ja
furchtsamer. Seit langen Jahren durch Sklavenjagden decimirt,
ist diese Rasse heute verkommen und in eine apathische Gleichgiltig=
keit und Trägheit versunken, und erleichtert aufatmend erkennt sie
in dem Weißen, der jetzt in ihr Land kommt, willig und freudig
den Befreier vom arabischen Joch und ihren natürlichen Beschützer.
Überall in Ostafrika ist das deutsche Volk als mächtigstes Kriegsvolk
bekannt, und überall in seinen Gebieten — das wissen wir alle aus
eigenster Erfahrung — werden die Sendlinge Deutschlands freudig
aufgenommen, die Mär von dem großen Kriege von 1870 hat ihren
Weg bis tief in den schwarzen Erdteil gefunden.

Dort aber, wo die Lage des schwarzen Volkes eine günstigere
ist, wo die Beschaffenheit des Landes ihr ihren natürlichen Schutz
gewährt und die Sklavenjagden das Gebiet noch nicht veröbet
haben, oder nicht mehr veröben, da verfolgt dieses Volk auch

heute noch seinen eigentlichen Beruf, nämlich den des friedlichen Ackerbaues.

Diesem ist die große Masse der Bevölkerung aufs Neue zuzuführen, das ist eine weitere Aufgabe aller künftigen Kulturarbeit in Ostafrika, und in der Erfüllung dieser Aufabe wird sich die Basis dafür bieten, auch diese dunkle Rasse dereinst den Zielen einer wahren Civilisation und Gesittung entgegenzuführen.

Das sind in großen Zügen die Bedingungen, welche sich im deutschen Ostafrika einer zukünftigen wirtschaftlichen Entwickelung bieten. Für den, der im nationalen Interesse nichts in die Schanze zu schlagen wagt, bedeuten sie selbstverständlich nichts. Für denjenigen aber, der an die Ausbeutung dieser neuen jungfräulichen Gebiete mit Mut und Entschlossenheit herantritt, der gewillt ist, mit Ausbauer und Energie Mithelfer zu sein an dem großen Werk, welches der Ausführung harrt, bedeuten sie Alles, um so mehr, wenn er in Betracht zieht, daß diese Eigenschaften von jeher die Erzeuger des Erfolges gewesen sind. Schlaffe Naturen allerdings, die Strapazen und Entbehrungen nur von dem gesicherten deutschen Ofen aus ins Auge zu schauen vermögen, an Ort und Stelle aber erlahmen und unterliegen, mögen ruhig daheim bleiben und weiter disputieren über den Wert oder Unwert tropischer Kolonieen.

Das eine mögen aber auch die Kühnen unter den zukünftigen Pionieren bedenken, neue Phasen in der geschichtlichen Entwickelung eines Volkes, wie wir sie heute in den kolonialen Bestrebungen Deutschlands vor sich gehen sehen, werden niemals ohne Mühen, ohne Opfer durchgemacht; nur dort werden unkultivirte Länder zu wirtschaftlichen Paradiesen umgeschaffen, wo treue Arbeit, rastloser Fleiß und unermüdliche Energie sich entfalten. Anders ist ein Erfolg weder in Amerika noch überhaupt irgendwo auf der Erde errungen worden.

Mag der Einsatz für den Einzelnen ein großer sein, er wird in jedem Falle gerechtfertigt durch die hohe Bedeutung, die er fürs gesamte deutsche Vaterland hat."

Der vorstehenden Darstellung des Dr. Jühlke fügen wir einige Erläuterungen geographischer Namen bei. Die Araber nennen die Küste unseres ostafrikanischen Gebietes El Sawahil und die Bewohner derselben ohne Unterschied Sawahili (Suaheli), d. h. Küstenbewohner. Den Küstenstrich von Pangani bis Mombas̱ oder

Mombaffa heißt Marima oder Mrima, d. h. ebenfalls Küste; von Barawa bis Makdischu (Magadoro) heißt sie El Benadir, d. h. Häfen. Die meisten Ethnographen (auch Fr. Müller) und Reisenden schreiben Somali (die Bewohner des Osthorns von Afrika), es muß eigentlich Somal heißen, da Somali Singular ist; wir haben daher die Schreibart Somal durchgeführt.

B.

Bilder aus Deutsch-Ostafrika.

1. Die Landschaften Useguha, Nguru und Usagara.

Nach der Schilderung Stanleys, Camerons, Prices und des englischen Missionars Last. *)

Das Land Useguha ist im allgemeinen flach oder leicht wellig. Es ist mit lichten Walbungen bedeckt, deren Bäume meist klein sind; nur einige sind groß und zu baulichen Zwecken verwendbar. Näher der Küste nimmt das Land ein parkähnliches Aussehen an, mit weitgedehnten Rasenflächen, die hier und da durch Walbung unterbrochen werden; die Waldbäume sind mit zahllosen Schling= pflanzen bedeckt und beschatten dichtes Unterholz. In diesen Wald= flecken bauen die Einwohner ihre Dörfer, indem sie das Herz des Waldes ausroden und die äußeren Teile als natürliche Verteidigung stehen lassen. Das Land Useguha ist, im Vergleich mit anderen Distrikten, nicht sehr fruchtbar, obwohl auch hier in den kleinen Thälern viel Getreide gebaut wird, weit mehr als die Eingeborenen bedürfen.

Nguru und Usagara unterscheiden sich von Useguha durch ihren Gebirgscharakter. Die jene beiden Länder durchziehende Gebirgs= kette wird an verschiedenen Stellen durch weite Ebenen unterbrochen, die mit Hügeln übersäet sind.

Stanley, der auf seinem kühnen Zuge zur Wiederauffindung Livingstones durch Usagara vordrang, schildert dieses Gebirgsland in einigen höchst charakteristischen Worten:

„Vor den Augen des Wanderers, der auf einem der vielen Gipfel steht, entrollt sich im Norden, Süden und Westen ein herrliches Gebirgsbild. Nirgends eine Blöße; denn eine Menge von Kegeln, Spitzen, Kämmen taucht aus dem Mantel grüner Wälder, welche

---

*) Last lebte acht Jahre lang in unseren jetzigen Schutzgebieten, kannte das Land also genauer als irgend ein nur durchreisender Forscher oder Kaufmann es kennen lernen konnte.

die Hänge bedecken, hier empor. Liebliche Thäler, geschmückt mit
Palmenhainen, riesigen Tamarisken, Akazien, Euphorbien, durch=
strömt von raschen Flüssen und geschwätzigen Bächen, durchschneiden
das Gebirge. Die Bewohner dieses schönen Landes, namentlich die
nördlichen und westlichen Stämme, sind außerordentlich kräftig und
muskulös, eitel, voller Selbstgefühl. Die Hautfarbe der Usagara
ist schwarzbraun, das oft edel geschnittene Gesicht erinnert nicht an
den Neger."

Cameron machte ebenso eine begeisterte Schilderung des Usagara=
gebirges, seiner unerschöpflichen Fruchtbarkeit, seiner herrlichen Forsten
und bestätigte alles, was Burton schon Schönes über Usagara ge=
sagt hatte.

Der Engländer Price, der im Auftrage der Londoner Missions=
Gesellschaft 1878 das Land durchforschte, hält die Berge von Nguru,
die zum Teil zu Useguha gehören, wegen des gesunden Klimas, der
großen Fruchtbarkeit und des gesitteten Charakters der Bevölkerung
zur Anlage von Kolonieen und Missionsstationen für geeignet (Sta=
tion Monda ist seitdem angelegt worden). „Die Berghalden und
Thalgründe sind von Dörfern, die kaum einen Büchsenschuß von
einander liegen, geradezu bedeckt. Doch könnte das Hauptthal, dessen
Fruchtbarkeit in der That wunderbar ist, noch fünfmal mehr Euro=
päer ernähren. Wenn eine gute Straße, deren Herstellung nicht
schwierig ist, das Land mit der Küste verbände, so würde sich das=
selbe in eine reiche Kornkammer verwandeln. Die Einwohner sind
ganz vorzügliche Ackerbauer. Sie sind ohne Widerspruch das sanf=
teste und sympathischste Volk, dem man begegnen kann. Die Berge
und das Thal aber würden bei besserem Anbau den Europäern einen
sehr gesunden Aufenthalt gewähren."

P. Horner, der 1877 die Länder Nguru und Useguha besuchte,
schreibt darüber: „Von Makangua aus, das nur 2—3 Tagereisen
von der Küste liegt, führt der Weg durch herrliche Landschaften; die
Fruchtbarkeit ist enorm. Die große Masse Hornvieh auf schönen,
unabsehbaren Ebenen beweist, daß die Tetsefliege ganz fehlt, die
Häuptlinge besitzen ungeheure Kuhherden. Die Einwohner werden
häufig über hundert Jahre alt, halten auf gute Sitten, und ihre
Ehrlichkeit ist oft staunenerregend."

Wir fahren mit dem Berichte von Last fort:

Die höchsten Gipfel der Kette erreichen 2000 bis 2400 m Höhe
über der See und sind bedeckt mit prächtigen Nutzhölzern, Farren,

Unterholz. Überall zerſtreut liegen die Dörfer der Eingeborenen und bicht neben ihnen ſchöne Gärten. Beide Länder werden durch den Wami und ſeine Nebenflüſſe bewäſſert. Die Thäler und Hänge der Berge, dieſe ſelbſt bis zu den Gipfeln hin, ſind ſehr fruchtbar. Die Bewohner bauen hier in Überfluß, weit über ihren eigenen Bedarf, Mais, Hirſe, Bohnen, Kürbiſſe, Maniok und Bananen. Die Abhänge der Gebirge ſind überreich an Quellen, ſo daß die Eingeborenen bei eintretenden Dürren ihre Grundſtücke künſtlich bewäſſern; ich habe ſie oft bei derartigen Arbeiten beſchäftigt geſehen. Europäiſche Gemüſe gedeihen ſchnell und erreichen an den Gebirgs- und Hügelhängen treffliche Güte. Während mehrerer Jahre habe ich dem Anbau derſelben beſondere Sorgfalt gewidmet. Die Station Mamboia liegt 400 bis 430 m über dem Meere, und hier zog ich Kartoffel, Rübe, Mangold, verſchiedenerlei Kohl, Möhre, Paſtinake, Zwiebel, Rettig, Lattig und manches andere, und alles gedieh gerade ſo gut wie in England. Beim Kartoffelroden zählte ich eines Tages an einer einzigen Pflanze 62 Kartoffeln; die größte war etwa 5 Zoll lang und ſo dick wie mein Fauſtgelenk. Unter ihnen war etwa ein Dutzend zu klein zum Gebrauch. Natürlich war das ein Ausnahmefall, der aber doch zeigt, was das Land leiſten kann. Die meiſten in England gewöhnlichen Blumen gedeihen gut. Ich habe einige Fruchtbäume von der Küſte gepflanzt, Mango, Guave, Granatapfel, Orange, Limone, Flaſchenbaum, Melonenbaum und andere; alle dieſe ſind gut gediehen. Daneben nenne ich die einheimiſche Banane, von der etwa 18 Varietäten vorkommen, und Zuckerrohr, das ſich in drei Sorten findet. An vielen Stellen, namentlich auf höheren Erhebungen, würden höchſt wahrſcheinlich Obſtbäume gut gedeihen; auf den Gipfeln der Berge wachſen Brombeeren und Himbeeren wild.

Ich riß einige Wurzeln derſelben aus und pflanzte ſie in meinen Garten in Mamboia ein; ſie gingen an und trugen ſo große und gute Früchte, wie ich nur je in der Heimat geſehen. Nach meiner Überzeugung finden ſich viele Plätze, an denen mit großem Vorteil Cinchona, Kaffee, Thee und Vanille angebaut werden könnten. In den ausgedehnten niedrigen Thälern zieht man große Mengen von Mais und Reis; erſteren verbrauchen hauptſächlich die Eingeborenen, während letzterer verhandelt wird. Niemals fehlt es irgendwie an Nahrungsmitteln in dieſen Bergen, und unter europäiſcher Leitung könnte die gegenwärtige Produktion in enormem Maße geſteigert

werden. In der Mitte der Landschaft Usagara liegen die Pumba=
Berge, die durch Eisengruben interessant sind. Einen Bericht über
die Erzgewinnung gab Last in der Zeitschrift der London. Geogr.
Gesellschaft. —

„Es giebt hier herrliche Gegenden für Ansiedelungen; das nötige
Land würde vom Herrscher des betreffenden Platzes für ein geringes
Geschenk an Zeug leicht zu haben sein, oft auch umsonst, da diese
Häuptlinge immer froh sind, einen Weißen in ihrem Lande zu haben.
Das Klima ist sehr gesund, namentlich in den Bergdistrikten. In
Mamboia freute ich mich während der Monate April bis Ende Juli
wegen der Kälte stets, des Abends ein Feuer zu haben. Das Ther=
mometer zeigte während dieser Monate um 6 Uhr morgens durch=
schnittlich etwa 8° R., und pflegte mittags bis 15° oder 18° zu
steigen. In den wärmeren Monaten steigt es mitunter bis auf
32° auf der Veranda, und auch die Nächte sind dementsprechend
wärmer; aber es ist niemals so heiß, daß man eine Punkah (in Ost=
indien ein Schirm an der Zimmerdecke zur Erzeugung von Luftzug)
nötig hätte.

Die Eingeborenen sind sämtlich Ackerbauer und züchten nur hie
und da ein wenig Vieh. Jeder Häuptling hält womöglich eine
Herde von Ziegen und Schafen, jedoch mehr als Zeichen seines
Reichtums, als des Nahrungswertes halber. Im Charakter sind alle
Stämme sich gleich, sämtlich sehr feige. Die Bewohner von Useguha
treten großthuerisch und polternd auf, wenn sie sich einem schwäche=
ren Feinde gegenüber befinden; zu Zeiten der Gefahr halten sie
aber nicht besser Stand, als die ruhigeren Eingeborenen von Nguru
und Usagara. Die letzteren sind ein eminent friedliebendes Volk.
Ich habe nahezu acht Jahre unter ihnen gelebt und fand sie stets
sehr freundlich gegen mich gesinnt, und so würden sie sich gegen
jeden Fremden betragen, der ihnen friedfertig entgegentritt. — Es
heißt, daß die Deutschen daran denken, eine Eisenbahn von der
Küste nach dem Gebiet der großen Seen zu bauen, die Useguha und
Usagara durchziehen würde. Ist dem so, dann dürfen wir hoffen,
daß dies reiche und schöne Land bald aufgeschlossen wird, und daß
viele Ansiedler an seinen lieblichen Berghängen ihr Heim gründen
werden. Jeder ihnen gut Gesinnte kann eines freundlichen Empfanges
bei den friedliebenden Eingeborenen sicher sein, und wenn er in
seinem Verkehr mit ihnen ehrenhaft und artig ist, wird er sie stets
bereit finden, ihm zu helfen und ihn zu respektieren.“

2. Die Hochebene von Ugogo und deren Bewohner.*)

Westwärts von Usagara liegt, vor den Winden durch die Berge geschützt, die Hochebene von Ugogo, ein nicht gerade fruchtbares Land, das nur nach der Regenzeit ein angenehmes Ansehen besitzt und während der trockenen Jahreszeit braun und wüstenartig sich vor dem Auge ausbreitet. In physischer und moralischer Hinsicht sind die Ugogo allen bisher genannten Stämmen im Innern weit überlegen; ihr ganzes Aussehen hat etwas löwenhaftes, die Physiognomie ist intelligent. Die Augen sind groß und weit geöffnet, und obwohl die Nase platt ist, die Lippen dick sind, so ist doch das Gesicht nicht von der Mißgestalt wie bei den eigentlichen Negern. Der Ugogo ist heftig und leidenschaftlich; er ist stolz auf seinen Häuptling, stolz auf sein nicht fruchtbares Land, stolz auf sich selbst, auf seine Waffen und Thaten, überhaupt auf alles das, was ihm gehört. Obwohl er eitel, prahlerisch, egoistisch und herrschsüchtig ist, ist er doch der Liebe und der Zuneigung fähig und kann dann selbst trotz seiner Gier nach Gewinn gefällig sein. Die Waffen der Ugogo sind mit großer Geschicklichkeit verfertigt; sie bestehen aus einem Bogen, scharfen, mit Widerhaken versehenen Pfeilen, einigen Assegaien (Wurfspießen), einer Lanze, deren 60 cm lange Spitze einer Säbelklinge gleicht, einer Streitaxt und einem Streitkolben. Da der Ugogo schon von Kindheit an mit der Führung der Waffen vertraut ist, gilt er, 15 Jahre alt, schon als ein Krieger. Soll es zum Kampfe kommen, so eilt ein Bote des Häuptlings von Dorf zu Dorf, indem er aus seinem Büffelhorn den Kriegsruf erschallen läßt. Bei diesem Rufe wirft der Ugogo seine Feldjacke über die Schultern, eilt in seine Hütte und kehrt nach kurzer Zeit als Krieger zurück. Straußen-, Adler- und Geierfedern schmücken dann sein Haupt, ein langer, roter Mantel wallt von den Schultern; in den Händen trägt er den mit schwarzen oder weißen Zeichnungen bemalten Schild von Elefanten-, Rhinozeros- oder Büffelhaut, Lanze und Wurfspieße. Sein Körper ist bemalt, Glöckchen hängen an den Knieen und Fußknöcheln. Um seine Ankunft zu melden, stößt er die Elfenbeinringe an seinen Handgelenken an einander. Ganz ohne Waffen ist der Ugogo überhaupt nie.

---

*) Nach Dr. Hugo Friedmann. David Livingstone und das Gebiet zwischen der Zanzibarküste und dem Tanganyikasee. Aus allen Weltt. V. Jahrg. 1874.

Die Dörfer der Ugogo liegen gewöhnlich in der Nähe von Quellen und die Wohnungen ſind wie die der Uſagara auf allen vier Seiten von einem gedeckten Hofe umgeben, der mit Thoren ver= ſehen iſt. Die äußeren Wände haben kleine Öffnungen, welche als Schießſcharten dienen. Die Maurerarbeit der Ugogo iſt jedoch ſehr gebrechlich; denn ſie beſteht aus einem geflochtenen Zaun, der mit geſtampfter Erde überdeckt iſt; eine Musketenkugel ſchlägt leicht durch. Im Innern ſind die Hütten durch Verſchläge in kleine Zim= mer abgeteilt. Während die Kinder auf Fellen, die auf der Erde ausgebreitet werden, ſchlafen, beſitzen die Erwachſenen ein Bett, das aus einer Ochſenhaut oder dem Baſte vom Myambobaume beſteht und auf einen Rahmen geſpannt iſt; es heißt Kitamba. Das reli= giöſe Bewußtſein iſt ziemlich ſchwach; ſie glauben jedoch an ein himmliſches Weſen, das ſie Mulungu nennen, und das ſie bei ver= ſchiedenen Gelegenheiten anrufen; die Prieſter gelten als große Zauberer.

Als Haustiere beſitzen die Ugogo Katzen, Kühe, Schafe; der Hund wird wie der Ochs zur Maſt benutzt und kommt nie ins Haus. Elefanten, Rhinoceroſſe, Büffel und zwei Antilopenarten bilden das jagdbare Wild. Braune, langköpfige Ratten machen ſich als ſehr läſtige Hausgenoſſen geltend. Als fleißige Ackerbauer bauen die Ugogo nicht nur Korn (Sirch) für ſich, ſondern auch für die durchreiſenden Karawanen. Die letzteren übernachten jedoch nie in den Dörfern, ſondern halten ſich denſelben möglichſt fern und ver= ſchanzen ſich durch Dornenhecken, um einem etwaigen Überfalle des beutegierigen Volkes vorzubeugen.

Alle die Reiſenden, die nach dem Tanganyikaſee wollen, nehmen den Weg weiter weſtwärts über Unyamyembe, eine Landſchaft in Unyamweſt, dem „Monblande". Hier ſind die großen Faktoreien der arabiſchen Kaufleute, von wo aus dieſelben ihre Reiſediener „Funbi" zum Einkauf von Sklaven und Elfenbein in die um= liegenden Landſchaften ſenden. Hier muß jeder Reiſende, komme er von der Küſte, komme er aus dem Innern, eine Zeitlang verweilen, da die Contracte mit den Trägern nur bis auf dieſen Platz lauten und die Träger hier gewechſelt werden. Der Hauptort in Unyamyembe iſt Tabora, früher Kaſeh. Er beſteht aus Gruppen arabiſcher Handelshäuſer und einzelnen Dörfern der Eingeborenen. Von hier aus rechnet man bis zum Tanganyikaſee noch zwanzig Tagereiſen.

3. Ein Urwald im Dschagga-Lande.

Charakteristik der Bewohner des Landes.[*]

Die Landschaft Taweta, 750 m über dem Meere, am Fuße des Kilima-Ndjaro, nennt der Schotte Josef Thomson „das kleine afrikanische Arkabien, ein Waldparadies, ein Kaleidoskop von unendlicher Schönheit". Zwar ist der größte Teil des Landes mit der Wald-festung Taweta selbst bei der Londoner Grenzregulierung (1886) den Engländern zugeteilt worden, doch haben wir das ebenso schöne westliche Dschagga-Land behalten, von dem Thomson sagt: „Ich habe noch niemals eine entzückendere, parkartigere Landschaft gesehen."

Von der Küste (Mombas) bis Taweta ist das Land fieberfrei; „kein europäischer Reisender", sagt Thomson, „brauche sich hier vor einer Reise in das Binnenland zu fürchten, wenn er nur Vorsicht im Trinken beobachtet. Die Luft wirkt auf der ganzen Tour stets stär-kend und erheiternd. Die kühlen Nächte sichern erquickenden Schlaf."

— In folgender Weise schildert er einen Urwald dieses Landes:

„Wir sind in Verwunderung verloren über die erstaunliche Masse des Pflanzenwuchses, der uns überall in die Augen fällt. Die Na-tur spielt hier mit der Erzeugung großartiger Bäume, welche häufig 25—30 m hoch astlos emporwachsen, bevor sie ein prächtiges schat-tiges Laubdach entfalten. Dann verschlingen sich die Zweige mit denen der umstehenden Bäume, bis nur noch schwaches, buntfarbiges Licht durchbringt, welches in unzähligen Lichtern umhertanzt und zittert.

Obgleich die Bäume bis zu jener Höhe ohne Äste sind, so hat es doch nicht den Anschein, als ob wir in einem Walde von Stäm-men wanderten, wie zwischen den Masten eines gefüllten Hafens. Ganz im Gegenteil! Von jedem günstigen Punkte schwingen sich biegsam, mit Laub bedeckte Schlingpflanzen von Baum zu Baum oder hängen in zierlichen dunkelgrünen Geflechten am kräftigen Stamme herunter. Schöne Palmen — die Raphia und die Hypaene oder wilde Dattelpalme —, blühende Gesträucher, eine Unzahl Farren und dann wieder blühende Pflanzen, erfüllen die Zwischenräume,

---

[*] Nach Thomson und Kurt Weiß. Wir geben hier (s. folgendes Stück) zwei Schilderungen der Landschaften Taweta und Dschagga, da nach den Lon-doner Abgrenzungen (Dez. 1886) die Demarkationslinie zwischen der deutschen und englischen Interessensphäre diese Landschaften in der Mitte durchschneidet, ein großer Teil also deutsches Land ist.

bis das Auge an dem üppigen Wachstume und der tollen Ver=
schwendung ganz irre wird.

Affen, Hornvögel, Eichhörnchen und das liebliche Geplätscher
der Wässer des schneegesättigten Lumi, der den herrlichen Wald von
Taweta ernährt und ihm fruchtbare Feuchtigkeit das ganze Jahr
hindurch zuführt, beleben das herrliche Bild.

Von Taweta aus genießt man aber auch schon den Anblick des
durch seine Silberkrone als König der Berge ausgezeichneten 5800 m
hohen Kilima=Ndjaro."

Das Land zeichnet sich aus durch seinen Rindviehreichtum,
namentlich sind die Kühe schöne fette Tiere, die übrigens nie heraus=
kommen, sondern mit geschnittenem Futter ernährt werden. An
Lebensmitteln ist kein Mangel: Fische, Geflügel, Eier, Hammel= und
Ziegenfleisch, Tomaten, süße Kartoffeln, Yams, Maniok, Mais, Zucker=
rohr, goldige Bananen und Gemüse verschiedener Art füllen den
Tisch der Reisenden mit angenehmer Abwechselung und üppiger Fülle.
Nirgends findet man so angenehme Eingeborene, von friedlichen Ge=
wohnheiten, guten Sitten, überraschender Ehrlichkeit.

Kurt Weiß (Meine Reise nach dem Kilima=Ndjaro. B. 1886)
schildert die Bewohner des Dschagga=Landes folgendermaßen:

Die Bewohner des Dschagga=Landes machen auf den Reisenden
einen ganz andern Eindruck als die verweichlichten, gutmütigen
Suahelis. Man sieht hier unter den Männern schöne, kräftige Ge=
stalten und selbst unter den Frauen und Mädchen bemerkte ich
einige, welche sogar nach europäischem Geschmack angenehme Gesichts=
züge hatten. Die Bekleidung der Männer besteht gewöhnlich in
einem Stück Samti, welches mit roter Erde gefärbt ist und einfach
über die Schulter gehängt wird, von wo es etwa bis an die Ober=
schenkel reicht. Die Bewaffnung besteht hauptsächlich in dem
Dschagga=Speer, dessen 1½ m langer Schaft mit einem breitlanzett=
förmigen, an den Rändern scharf geschliffenen, eisernen Blatt ver=
sehen ist; zuweilen tritt als zweite Waffe hierzu noch Pfeil und
Bogen. Ein großer Wert wird auf Zierrat und Schmuck gelegt.
Bei Männern und Frauen werden die Ohrläppchen geschlitzt und
im Laufe der Jahre durch immer größere hineingesteckte cylinder=
förmige Holzstückchen schließlich bis auf die Schultern herabgezogen.
In den auf diese Weise verschönerten Ohrläppchen werden dann noch
namentlich von den Frauen große scheibenartige Messing= oder Eisen=
drahtspirale getragen. Um den Hals tragen die Frauen entweder

einfache Perlenschnüre aus großen blauen und weißen Perlen, oder
5—6fache Schnüre aus kleinen roten und blauen Perlen. Der
Halsschmuck der Männer besteht in Ringen aus starkem Eisendraht,
welcher mit dünnem Kupferdraht umwickelt ist, oder aus kleinen
Eisenkettchen mit ovalen Gliedern. Die Haare werden von den
Männern entweder zu zahlreichen dünnen Strähnen zusammengedreht,
die vom Wirbel aus nach allen Seiten gleichmäßig verteilt sind,
oder sie werden wie bei den Frauen kurz geschnitten getragen. Arm=
und Fußgelenke werden durch außerordentlich starke Eisen= oder
Messingdrahtringe verziert. Für ganz besonders schön wird es ge=
halten, den Körper mit der dort überall vorhandenen roten Erde
und mit Fett einzureiben, ein Verschönerungsmittel, welches weder
von Männern noch Frauen verschmäht wird. Daß übrigens die
Bewohner von Taweta ein kriegerisches Völkchen sind, dafür spricht
der Umstand, daß sie, obgleich in der Nähe der räuberischen Massais
wohnend, von diesen doch unbehelligt gelassen werden.

4. Das Felsenlabyrinth Teita und die Waldfestung Taweta am Kilima=Ndjaro.

Nach Wernicke und J. Thomson.[*)]

Vier Tagereisen westlich von Kisulutini liegt Teita, wie schon
erwähnt, etwa auf dem halbem Wege nach dem Kilima=Ndjaro; aber
die Unwirtlichkeit der Natur und die Feindseligkeit der Menschen
verdreifacht die Schwierigkeiten dieses Weges. Krapf und Rebmann
waren dort schon vor vierzig Jahren gewandert, der englische Rei=
sende Thomson erst vor kurzem, um auf dem kürzesten Wege durch
das Gebiet der kriegerischen und räuberischen Massai das östliche
Ufer des Victoriasees zu erreichen. Teita besteht aus einem fast
unzugänglichen Felsenlabyrinth, in welchem die als Viehdiebe und
Menschenräuber in der ganzen Nachbarschaft verhaßten Bewohner
ihre niedrigen, unten aus der Küche, oben aus dem Schlafraum be=
stehenden Hütten mit kegelförmigem Dach errichtet haben, während
sie ihre Felder und Wiesen an den Abhängen der Berge aus Furcht
vor den Nachbarstämmen, namentlich den Massai, ohne Ansiedelung
lassen. Der erste Missionar unter ihnen hatte eine gute Stunde mit
Händen und Füßen bis zu seiner Hütte zu klettern. Die Leute sind

---

*) Aus P. Wernicke. Die Mombas=Mission. Allgem. Missions=Zeit
schrift 1886. — Thomson. Durch Massai-Land. Leipzig 1885.

von großer Wildheit, und da jeder Berg von einem besonderen Häuptling beherrscht wird, trotz ihrer geringen Anzahl von im ganzen nur etwa 30 000 selbst unter einander in feindliche Dörfer gespalten. Ihr schon an sich häßliches Gesicht entstellen sie noch mehr durch möglichst massenhafte Verwendung der bekannten afrikanischen Zierraten an Mund, Nase und Ohren, sowie durch das Ausrupfen der Augenwimpern, während sie den in der Regel kräftigen Körper und die Glieder mit Ketten aus allerlei Dingen behängen. Ihr eignes Ungeziefer verzehren sie als Leckerbissen. Sie sind dem Genuß eines bierartigen berauschenden Getränkes sehr ergeben, und schon mancher soll im trunkenen Zustande in der Nähe seiner Hütte eine Beute der zahlreich umherschweifenden Hyänen geworden sein. Ihr Kultus besteht in einer Art Verehrung der Verstorbenen, deren Gebeine, nachdem sie ein Jahr in der Erde gelegen haben, in Kisten eingesammelt werden. Sie glauben an eine Seelenwanderung und an ein höchstes Wesen. Unter einander hassen sie sich, so daß sie nicht wagen dürfen, bei Tage durch die Dörfer anderer Stämme zu wandern. Und doch ist auch zu diesen Barbaren dem Evangelium der Weg eröffnet worden. Im Januar 1883 wurde von Freretown aus der noch junge, aber tüchtige Missionar Wray in Begleitung des altbewährten Binns dahin ausgesendet. Nach einem achttägigen mühseligen Marsche durch wasserlose Gegend fand er gute Aufnahme und durfte die mitgebrachten Bestandteile eines kleinen eisernen Hauses in dem am westlichen Abhange des 4000' hohen Teitaberges gelegenen Dorfe Sagalla zusammenfügen. Binns kehrte auf einem anderen Wege in vier Tagen nach Kisulutini zurück. Nach geraumer Zeit merkten die Leute, daß Wray nicht ihren Feinden ähnlich sei, sondern sie verglichen ihn mit sich selbst und gestanden offen, daß er keines von den bösen Dingen thue, an die sie selbst alle von Kindesbeinen an gewöhnt seien. Der Mzungu (Europäer), sagten sie, ist nicht wie wir, auch nicht wie die Suaheli; nie giebt es Streit bei ihm, er spielt mit unseren Kindern, er läßt unsere eingeölten Leute ruhig neben sich sitzen und kranke Leute treibt er nicht von sich, wie die Suaheli thun; dieser Mensch hat keine Sünde; er hat auch die Habichte verjagt, die unsere Hühner stahlen; er ist ein guter Mann. Wie weit das gute Gerücht über ihn drang, zeigt der Umstand, daß ihm eines Tages ein vornehmer Mann aus dem 20 Meilen entfernten Dschagga eine Kuh zum Geschenk brachte. Der Sprache bemächtigte sich Wray, nachdem er sich des täglichen Verkehrs mit einem

bestimmten Manne versichert hatte, mit ganz erstaunlicher Gewandtheit; er verspricht in sprachlicher Beziehung für die dortigen Gebiete
das zu werden, was Rebmann für den Küstenstrich geworden ist.
Es sei bei dieser Gelegenheit bemerkt, daß es gegenwärtig nicht nur
ein Dschagga-Lexikon, sondern auch ein vom Missionar Shaw ver-
faßtes vergleichendes Wörterbuch des Nika, Teita, Kamba und
Suaheli giebt. Wray hatte lange einen schweren Kampf mit dem
Gefühl seiner Vereinsamung, zumal da er vergeblich zu arbeiten
schien. Daher gereichte es ihm zum großen Trost, als nach einigen
Monaten Handford erschien, um ihn zu besuchen. Dieser fand ihn
trotz aller anscheinenden Erfolglosigkeit in der rechten Stimmung
und konnte seine Art und Weise nur billigen. Schon vorher hatte
ihm der Reisende Thomson, der ihn besuchte, ein günstiges Zeugnis
ausgestellt. Als die Heiden ihn eines Tages darum angingen, seine
Zauberkräfte zur Erzielung von Regen zu verwenden, bestellte er sie
zum nächsten Sonntag nach seinem Hause und betete vor ihren Augen.
Am nächsten Tage regnete es und das Erstaunen der Heiden benutzte
er, um noch am selben Tage eine Schule zu eröffnen, zu welcher
auch 20 Menschen kamen. Die meisten erlernten das Alphabet an
einem Tage. Aber am Abend verlangten sie — Bezahlung. Einen
eigentlichen Erfolg konnte er nicht bemerken. Der einzige, der sich
ein wenig zugänglicher zeigte, war ein Mann, der sonntäglich zur
Kirche kam, keine Sonntagsarbeit that und reine Kleider trug; aber
er war kein Teita, sondern ein entlaufener Sklave, der eine Teita-
Frau geheiratet hatte. Es läßt sich denken, wie unter solchen Umständen dem Missionar trotz seiner prachtvollen Aussicht auf die
schneebedeckten Häupter des Kilima-Ndscharo zu Mute gewesen sein
muß. Leider mußte er schon im nächsten Jahre, als die Hungersnot
lange währte, seinen Posten aufgeben. Nachdem nämlich endlich an
der Küste reichlicher Regen eingetreten war, blieb merkwürdigerweise
das Gebiet von Teita gänzlich regenlos. Der Hunger wurde uner-
träglich. Die Ursache wurde von etlichen der Anwesenheit des
weißen Zauberers, bald seiner Glocke, bald seinen Instrumenten zugeschrieben, und nur dem Umstande, daß mittlerweile eine Fehde
zwischen seinen Nachbarn und einem Dorfe entstand, in welchem
seine erbittertsten Feinde wohnten, verdankte er seine Rettung. Im
elendesten Zustande kam er nach Freretown und wurde nun dem Bischof Hannington nebst Handford ein willkommener Begleiter auf
den Reisen nach dem Innern. Zuerst ging es wieder nach Teita

zurück, wo sich der Bischof persönlich von der vorläufigen Unmög-
lichkeit einer Missionsarbeit, aber auch von dem guten Eindruck
überzeugte, den Wray als frommer Christ überall hervorgebracht
hatte. Der Hunger hatte nur noch einen kleinen Rest von seßhaften
Einwohnern übrig gelassen, denen mit Hilfe von hundert Trägern
Nahrung und Saatkorn zur Bestellung der nächsten Ernte gebracht
wurde. Als man aber hinterher nachforschte, hatten sie das Saatkorn nicht gesät, sondern in der Not aufgezehrt.

Nun ging es an die Aufsuchung weiter westlich und günstiger
gelegener Missionsplätze. Zunächst erlangte man Eingang in die
zwischen Teita und dem Kilima-Ndjaro gelegene merkwürdige Wald-
festung Taweta, eine 7 Meilen lange und 1 Meile breite, von
gigantischen Waldbäumen verteidigte Niederlassung, welche nur durch
ein einziges verschließbares Thor zugänglich ist. Die Reisenden
fanden hier eine Thalsenkung von 2400' Höhe, ein Paradies von
Schönheit und Fruchtbarkeit, begrenzt von dem kühlen Alpenstrom
Lumi, eine nicht geringe Bodenkultur und geschickte Bewässerung,
zum ersten Male eine Bienenzucht, ehrliche, reinliche, arbeitsame und
höfliche Menschen, aber bei kolossalem Aberglauben die größte Sitten-
losigkeit. Außerdem erwies sich das Klima als ungünstig. Nicht
nur die Europäer, sondern auch ihre schwarzen Begleiter von der
Küste bekamen Fieberanfälle. Übrigens ist Taweta der Platz, den
schon Krapf als erste innere Station bezeichnet hatte. Ermutigender
schienen anfänglich die Aussichten in dem den südlichen Teil des
Kilima-Ndjaro einschließenden Dschagga-Lande sich gestalten zu
wollen. Schon durch Rebmanns drei Ausflüge dahin waren Land
und Leute etwas bekannt. Eigentliche Dörfer giebt es dort nicht,
und die zerstreuten Niederlassungen könnten an die Bauernhöfe Westfalens erinnern, wenn nicht die großartige Natur zunächst zum Vergleich mit den Alpen einlüde. Auch hier fanden die Reisenden ohne
bedeutendere Schwierigkeiten Aufnahme. Unter mancherlei echt afrikanischen Ceremonieen, unter denen namentlich die durch gemein-
schaftliches Spucken auf den Kopf eines Schafs vermittelte Schließung
des Freundschaftsbündnisses zu erwähnen ist, wurden sie im März 1885
bei dem Häuptling Mandara, demselben, mit dem schon von der Decken
Blutsfreundschaft geschlossen hatte, eingeführt, der sie inmitten einer
Leibgarde von schwarzen Athleten in seiner prächtigen, fürstlichen Haltung, mit seinem intelligenten Gesicht und seinen, wo es ihm paßte,
freundlichen Augen unwillkürlich an das erinnerte, was einst Stanley

2*

von dem Kaiser Mtesa erzählt hatte. Aber auch Manbara ist nur ein Tyrann, der sich zur Oberherrschaft über die übrigen Häuptlinge zu erheben trachtet und sich die Anwesenheit der weißen Männer wohl gefallen ließ, um durch sie die Vorteile europäischer Kultur, besonders die Künste des Bauens, der Pulver- und Waffenfabrikation zu erlangen, und der Bischof hatte, wie vordem schon der Reisende Thomson, Mühe, dem Geschenk einer Hütte zum bleibenden Wohnsitz zu entgehen.

Der Menschenschlag am Kilima-Ndjaro machte den Eindruck der Kraft und Intelligenz, und die Missionare sahen sich verlangend nach passenden Plätzen für ihre Arbeit um, deren Besetzung auch bei der Stimmung des Häuptlings Manbara keine Schwierigkeiten gemacht haben würde. Außerdem lockte nicht nur die wunderbar schöne Natur des Alpenlandes, die selbst den Jubelruf der sonst gegen Naturschönheiten stumpfen Afrikaner hervorrief, sondern vor allem die Erwartung, daß in so bedeutenden Höhen mit ihren regel- mäßig jeden Monat wiederkehrenden Niederschlägen die Gesundheit des Missionars geschützt sein werde. Aber bald sahen sie ihre Täu- schung ein. Denn noch während ihres Aufenthaltes daselbst trat die Regenzeit ein und belehrte sie durch koloffale Güsse, daß ein Hoch- land in Afrika denn doch immer noch sehr verschieden von einem solchen in Europa sei. Wieder stellten sich Fieberanfälle ein, und ohne für den eigentlichen Missionszweck etwas Greifbares erreicht zu haben, traten sie die Rückreise an. — Unterdes berichtet eine neueste Nachricht, daß sich auch im Dschagga-Lande selbst der Missionar Fitch niedergelassen hat (1886) und daß Manbara sich gegen ihn freundlich zeigt.

5. Moschi am Kilima-Ndjaro.
Ein ostafrikanisches Landschaftsbild.
Nach Thomson und Kurt Weiß.*)

Moschi, das Residenzdorf des Häuptlings Manbara, des Kriegs- führers der Djagga (Dschagga), an der Schwelle des Massai-Landes, liegt in wunderbar schöner Lage auf einem 1066 m hohen schmalen Rücken, welcher nach beiden Seiten von einem steilen, tiefen Thal

*) Thomson. Durch Massai-Land. Leipzig 1885. — Kurt Weiß. Meine Reise nach dem Kilima-Ndjarogebiet im Auftrage der Deutsch-oftafrikanischen Ge- sellschaft. Berlin 1886.

begrenzt wird. In der öſtlichen Schlucht ſtürzt ein Gebirgsbach rau=
ſchend hinunter. Vom oberen Teil des Bergrückens leiten ſehr geſchickt
angelegte Miniaturkanäle das Waſſer eines kleinen Baches über den
ganzen Bergrücken, und verbreiten ſo über ihn während des ganzen
Jahres fruchtbringende Feuchtigkeit. Einen reicheren und mannig=
faltigeren Anblick genoß ich an keinem anderen Punkte Afrikas. Die
reiche Grasdecke wechſelte ab und war gemiſcht mit Bananen=Wäld=
chen, Feldern mit Bohnen, Hirſe, Mais, ſüßen Kartoffeln, Yams
und Tabak. Hier und da ſtanden gleich Wachen kleine Gruppen
ſtämmiger Bäume. Die Ufer der Bewäſſerungskanäle waren mit
zarten Frauenhaar=Farren und ähnlich ausſehenden Gewächſen reich
beſetzt. Träges Vieh lag um die Hütten herum oder weidete in
kniehohem ſaftigen Graſe; luſtige, muntere Ziegen hüpften um die
Kanal=Ufer oder führten mit drohender Miene heitere Kampfſpiele
auf. Mit ungeheuren Fettſchwänzen beladene Schafe ſahen ſo
lebensmüde aus, als ob ſie ſehnſuchtsvoll auf das Meſſer warteten.

Moſchi, wie es vor mir lag, hatte die reiche Fruchtbarkeit und
das gefällige Ausſehen von Taweta, aber den ſchönen Vorzug eines
Wechſels von Berg und Thal vor dieſem voraus. Nach Süden,
Oſten und Weſten war die Ausſicht unbeſchränkt; nach Norden türmten
ſich in gebietender, majeſtätiſcher, Ehrfurcht einflößender Mächtigkeit
und ſtiller Ruhe die ſchneebedeckten Gipfel des Kilima=Ndjaro und
Kimawenzi empor. Während der Kilima=Ndjaro mehr abgerundete
Formen zeigt, kennzeichnet ſich der Kimawenzi mit ſeinen ſcharfen,
ſenkrecht anſteigenden Zacken deutlich als ehemaliger Vulkan. Nach
Nordweſten konnte man auch den im Maſſai=Lande liegenden zweit=
höchſten Berg Oſtafrikas, den Meruberg, ſehen. Nach Süden und
Südoſten öffnen ſich die Berge und gewähren eine meilenweite Aus=
ſicht auf das Flachland und das Uguena=Gebirge. Nach keiner Seite
hatte man das Gefühl der Beſchränkung, das Blut lief wärmer
durch die Adern, angeregt durch die nervenſtärkende Bergluft, bis
man ſich gedrungen fühlte „Prächtig!“ zu rufen und den Berg
himmelwärts zu erklimmen. In Moſchi überkam Einen nicht das
Gefühl des köſtlichen, lotuseſſenden Nichtsthuns, wie in dem träu=
meriſchen, poetiſchen Leben zu Taweta.

6. Das Binnenmeer Tanganyika.

Entdeckung und erster Anblick des Sees. — Die Eingeborenen. — Eigentümliche
Sitten und Gewohnheiten.

Nach den Beschwerden einer mehr als halbjährigen Reise, am
10. Februar des Jahres 1858, erreichte Burton mit seinen Begleitern
eine Hügelkette, von welcher er, den Himmel beobachtend, am Hori=
zont eine blaue Linie erkannte, welche, von der Sonne glänzend be=
schienen, einen Bergzug andeutete. Weiter schreitend, fragte Burton
seinen arabischen Begleiter, was jene glänzende Linie dort unten sei.
Der Araber antwortete, das ist Wasser, das ist der See, den
du suchst.

Bei diesem Anblick ergriff den Reisenden ein wahrer Ingrimm,
um solcher unbedeutenden Pfütze willen seine Gesundheit geopfert
und das Leben vieler Anderer in die Schanze geschlagen zu haben
und er verwünschte und verdammte die lügnerischen Araber und
ihre Übertreibungen.

Aber man näherte sich dem See, der Stand der Sonne wurde
günstiger, die Bäume verbargen nicht mehr einen Teil des Hori=
zonts und siehe, es entwickelte sich der See Tanganyika in seiner
ganzen Pracht und Schönheit, da ruhte er im Schoße der Berge
und im Glanze der tropischen Sonne. Man konnte seine blauen
Wogen auf die Ferne von wenigstens 18 deutschen Meilen über=
sehen. Die Länge desselben war durchaus nicht zu überblicken, sie
beträgt, wie spätere Untersuchungen zeigten, wenigstens 75 deutsche
Meilen.

Am Horizonte erhob sich ein Gebirge wie eine Mauer von
grauem Stahl, gekrönt durch einen weitgestreckten Nebel, durch
welchen die Spitzen der Berge drangen, die sich auf einen tief dunkel=
blauen Himmel lebhaft abhoben. Felsspalten sah man von dort herab=
steigen, sie schienen sich tief in das blaue Binnenmeer zu versenken.

Sobald man sich dem langersehnten Ziele näherte, so entwickelte
sich immer mehr davon, man bemerkte Vorgebirge, welche weit hinein
traten und von reizenden Inseln umkränzt waren. Durch das
Fernrohr konnte man Dörfer und wohlbebaute Felder, konnte man
auf dem See zahlreiche Ruderkähne bemerken. Endlich war man
so nahe, daß man das Gemurmel der Wellen hören konnte, und
Burton sagt, daß die Gegend so wunderschön sei, daß, um mit den
allerherrlichsten Landschaften der bekannten Erde zu wetteifern,

nichts fehle, als einige Villen und schöne Gärten im englischen Ge=
schmack.

Der Reisende vergaß alles, die erlittenen Gefahren und Stra=
pazen, die Ungewißheit der Rückkehr, er war hingerissen von dem,
was er sah, und die Begleiter teilten sein Entzücken. Noch an dem=
selben Abende versicherte er sich einiger Kähne und er vermochte
kaum den Morgen zu erwarten, um sich ihrer zu bedienen.

Aber was ihn in Erstaunen setzte, war die geringe Bevölkerung;
er hatte aus den Beschreibungen der Araber vernommen, daß hier
eine gewaltige Hauptstadt sei, daß hier ein ausgedehnter Markt die
Völker der Umgegend versammle, und nun schien es, als sei von
allem diesen nichts zu finden; auch die Stadt Ujyi war nicht zu
sehen. In zwei langen Kähnen saßen die Reisenden, von Ruderern
umgeben, und befuhren das langersehnte Binnenmeer, dessen Breite
so groß war, daß man selbst von den höchsten Bergen der Umgegend
das andere Ufer nicht sehen konnte. Nach mehrstündigem, ziemlich
schnellen Fahren gelangte man in eine immer flachere Seegegend,
unzählige Wasserpflanzen bedeckten die Oberfläche, und endlich stießen
die Schifflein mitten unter einem großen Haufen anderer, die im
Schilf verborgen waren, auf den Sand, das war der Quai der
großen Handelsstadt Ujyi.

Die Reisenden stiegen aus und befanden sich in einem Haufen
Eingeborener, größtenteils von ziegelroter Farbe, welche in den heißen
Strahlen der Mittagssonne brieten und sich dabei ganz wohl zu
befinden schienen. Braten konnte man diese Existenz wohl nennen,
denn nicht nur befanden sie sich den glühenden Strahlen der Sonne
ohne allen Schutz ausgesetzt, sondern sie waren auch hinlänglich mit
Fett begossen, um mürbe, wenn auch vielleicht nicht schmackhaft zu
werden. Die Leute waren hier des Handels wegen versammelt, aber
sie hatten doch nicht unterlassen können, sich aufs köstlichste zu
schmücken. Wer nur reich genug war, um es zu bezahlen, hatte sich
ganz mit rotem Ocker oder Mennige bestrichen, ein teurer Handels=
artikel, also ein sehr kostbares Kleid. So geschmückt besuchten sie,
wenn das Wetter günstig war, d. h. wenn die Sonne zur Genüge
brannte, den Bazar, um unter einem Lärm, welcher mehrere Meilen
in der Runde hörbar war und unter der Entwickelung eines ammo=
niakalischen Geruches, wie ihn Cäsar schwerlich empfand, wenn ihm
das Volk im Amphitheater zujauchzte, ihre Hammel, ihre Hühner,
ihre Fische zu verkaufen, wobei nicht selten Zank und Streit und

infolge dessen einige kleine Mordthaten sich begeben, die dann einen
Krieg der verschiedenen Stämme unter einander zur Folge haben.
Die Bewohner dieser Gegenden haben ganz eigene Ansichten
von Schönheit, welche, wie es scheint, von beiden Geschlechtern geteilt werden. Daß sie sich rot bemalen und von Öl triefen, wissen
wir bereits, aber sie scheeren sich auch stellenweise das Haupt, oder
auch ganz und gar, oder sie bilden sich von geschorenen und nicht
geschorenen Stellen erhabene oder flache Diademe, oder Calotten,
oder Tonsuren, andere flechten sich dürftige Zöpfchen, welche stramm
in die Höhe stehen, noch andere setzen sich mehr oder minder schmale
Trichter auf das Haupt, kurz, es ist ersichtlich, daß sie sich sehr wohl
auf Verzierung ihres Körpers verstehen, aber das Glänzendste und
Vortrefflichste scheint ihnen die Verzierung mit weißer Farbe. Während der ganze Körper rot ist, oder schwarz, wenn sie nicht reich
genug sind, um die rote Farbe zu bezahlen, also leider sich so tragen
müssen, wie die Natur sie geschaffen hat, wird der Kopf und das
Gesicht mit Kreide schneeweiß angestrichen, geradezu damit bedeckt,
bekleckst, was dann, wie Burton versichert, ihnen ein ebenso häßliches
als grotestes Ansehen giebt. Der Reisende thut sehr Unrecht, dies
zu sagen, er spricht damit nur seinen eigenen schlechten Geschmack aus; würde das nicht schön sein nach den Begriffen der Bewohner von Ujyi, so würden sie sich nicht auf solche Weise zu
schmücken suchen.
Der Name Ujyi bezeichnet übrigens auch das Land, dasselbe
umfaßt dasjenige Gebiet, was nördlich von der Route Burtons und
nördlich von dem Flusse Malagarazi liegt.
Kleider sind bei diesen Leuten im allgemeinen nicht üblich, nur
die Reicheren verschaffen sich diese Unbequemlichkeit, indem sie grobe,
aber grell gefärbte Baumwollenzeuge von den Reisenden erhandeln.
Einige Männer tragen Felle von Tieren, einige Frauen tragen
Schürzen von dem Bast verschiedener Bäume oder daraus geflochtene
Matten, immer aber sind diese durch das sehr dunkle Cocosöl gelb
gefärbt und mit schwarzen Streifen, welche man mit Kohle darauf
gezeichnet und eingerieben hat, verziert. So stellen sie ein Tigerfell
vor, oder sie sind eine Entschuldigung für ein mangelndes Tigerfell.
Meistenteils aber gehen die Leute ganz unbekleidet, was ihnen schon
deshalb besser paßt, weil sie dann nicht nötig haben, ihre Kleidungsstücke zu reinigen; sie sind überhaupt keine Freunde vom Waschen,
es möge sich dabei um den eigenen Körper oder um das gedachte

Kleidungsstück handeln. Ist dies letztere wirklich so weit gediehen, daß sie selbst zu der Überzeugung kommen, es nun nicht mehr in dem Zustande tragen zu können, in dem es vor ihnen liegt, so können sie sich doch nicht entschließen, es zu waschen, sondern sie fetten es mit Öl ein und kratzen nachher den aufgeweichten Schmutz mit Holzspähnen ab.

Ein ihnen allen angehöriges Stück — wie soll ich es nennen? der Bekleidung? des Schmuckes? des täglichen Gebrauchs? jedenfalls aber einen Gegenstand, den sie nicht entbehren können — ist eine starke Klammer oder Klemme, welche einen ganz sonderbaren Zweck hat.

Die Leute sind übermäßig dem Tabakschnupfen ergeben, aber sie schnupfen nicht auf unsere Weise. In einem kleinen ausgehöhlten Horn befindet sich der geriebene Tabak, in einem anderen, etwas größeren, befindet sich Wasser, und ohne diese beiden verläßt kein Eingeborener seine Hütte. Wenn sie schnupfen wollen, so gießen sie etwas Wasser in die hohle Hand, rühren da hinein den erforderlichen Tabak und ziehen die so vorbereitete Flüssigkeit in ein Nasenloch, halten es dann mit dem Finger zu und ziehen den Rest in das andere Nasenloch, es gleichfalls mit dem Finger schließend. Nun kommt die Klemme. Die beiden Schenkel derselben werden geöffnet, und sie wird über die Nase geschoben, so daß dadurch die beiden Öffnungen derselben fest geschlossen werden; auf diese Weise genießen die guten Leute das unbezahlbare Kraut, und sie lassen die Klemme auf der Nase sitzen, bis das durch den Tabak erzeugte Kribbeln vollständig erschöpft ist. Man sieht, daß auf solche Weise viel mehr genossen wird, als wir im stande sind, unserem Produkte abzugewinnen.

Rund um den großen See wohnen eine Menge verschiedener Völkerschaften, welche behaupten, daß sie sich auf das deutlichste von einander unterscheiden, allein Burton und Speke behaupten, daß sie fast gar nicht verschieden von einander seien, und daß ihre Sitten und Gebräuche so ähnlich sind wie ihre Namen, die sämtlich mit einem U anfangen — Ugoma, Ukuha, Ukate, Urundi, Ubunha, Utowe, Utembe ꝛc. ꝛc.

Die Leute sind beinah Amphibien; sie können ohne Beschwerde Stunden lang im Wasser bleiben, indem sie gleich den Seehunden bald hoch, bald tief schwimmen, bald senkrecht stehen, eine Gelenkigkeit und eine Kraft entwickeln, welche an das Unglaubliche grenzt, aber obwohl ihnen all dergleichen bis auf die ermüdendste Arbeit durchaus nicht schwer zu werden scheint, so thun sie doch nicht den geringsten Dienst, ohne sich denselben unverschämt bezahlen zu lassen. Unter einander scheinen sie nicht höflich umzugehen, wiewohl sie außer dem Hause ein gewisses Ceremoniel zu beobachten pflegen. Sie fassen sich bei der Begegnung bei den Armen und scheuern sich an einander wie Schweine an einem Zaunpfahl, wobei ein jeder dem andern zuruft: „Wie befindest Du dich, wie befindest Du dich!“ Im andern Falle beugen die einander begegnenden Frauen die Kniee bis zur Erde und wiederholen solche stumme Verbeugungen. Die Kinder sind wahrhaft abscheulich, sie sind häßliche, fratzenhafte Nachahmungen ihrer Eltern und verschmähen jede Civilisation, sind untereinander in fortwährendem Zank und Haber, sie beißen sich mit den Zähnen und kratzen sich mit ihren krummen Klauen wie boshafte Katzen; auch zwischen Eltern und Kindern sah Burton keine andere Art von Verkehr, als daß sie einander kniffen, bis es blaue Flecke gab, oder sich bis aufs Blut kratzten.

Der Trunk oder der Genuß des berauschenden Hanfes ist ein auf die erschreckendste Weise verbreitetes Laster. Nirgends sieht man so viele schwankende und taumelnde Gestalten mit schwerer Zunge lallend, wie hier; diese Creaturen nähern sich mehr den Tieren als den Menschen.

Nach Zimmermann und Burton.

7. Zusammentreffen Stanleys mit Livingstone am Tanganyika-See.

Nicht weniger als 236 Tage waren verstrichen, seitdem Stanley von Bagamoyo an der Ostküste Afrikas in das Innere des Landes aufgebrochen war. Die „New-York-Herald-Expedition“, wie sich die von dem kühnen Reisenden geführte Kolonne von eingeborenen Trägern nannte, hatte sich unter den mannigfachsten Abenteuern durch die zwischen der Küste und dem Tanganyika-See liegenden Gebiete hindurchgeschlagen, und am 10. November 1871 glücklich einen Hügel erreicht, von dessen Spitze aus sie durch das dunkle Laub der Bäume die Wasserfläche des von Speke und Burton 13 Jahre früher entdeckten Sees schimmern sahen. Es war ein entzückender Anblick. Gleich geschmolzenem Silber breitete sich der Tanganyika zu ihren Füßen aus; duftige, blaue Berge umsäumten den Horizont, Palmenwälder spiegelten sich in den Fluten, über dem herrlichen Landschaftsbilde wölbte sich das reine Azur des afrikanischen Himmels. Burton und Speke hatten diesen Anblick einst ebenfalls genossen; aber der eine derselben war damals halb lahm, der andere halb blind infolge der ausgestandenen Strapazen, Stanley dagegen gesund wie ein Fisch im Wasser. Mit vollen Zügen genossen alle das lang ersehnte Schauspiel. Dann brach die Expedition wieder auf, um ein paar Stunden später ihren feierlichen Einzug in Ubschibschi, dem viel= genannten arabischen Handelsplatze am Ostufer des Tanganyika, zu halten. Mit flatternden Fahnen, unter wiederholten Flintensalven näherte sich die Schar dem Dorfe. Staunend erblickten die heraus= strömenden Bewohner des Handelsplatzes, die Wajiji, Wanyamwezi, Wangwana, Warundi, Waguhha und Araber das von einem riesigen Kerl getragene Sternenbanner der Vereinigten Staaten. Bald aber erinnerte sich deren einer, der auch schon einmal in Zanzibar ge= wesen war, daß er diese Flagge auf dem dortigen amerikanischen Consulate hatte flattern sehen, und sofort hallt ohrenbetäubend der Ruf durch die Menge: Bindera Kisungu — die Flagge eines Weißen, Bindera Merikani — die amerikanische Flagge! Dann be= gann ein Händeschütteln und Bewillkommnen, das kein Ende nehmen wollte. Mitten in diesem Gedränge vernimmt Stanley plötzlich die Worte:

„Good morning, sir!“

Verblüfft schaut er um sich, und vor ihm steht, mit dem schwär= zesten aller Gesichter, ein mit einem langen weißen Hemb und einem Turban aus amerikanischem Zeug bekleideter Mensch.

„Who the mischief are you?“ (wer zum Kukuk bist du?) fragte Stanley erstaunt.

Ich bin Susi, Livingstones Diener, replizierte der Schwarze lächelnd, und zeigte eine Reihe glänzend weißer Zähne.

„Was, ist Dr. Livingstone hier?“

„Ja, mein Herr.“

„In diesem Dorf?“

„Ja, mein Herr.“

„Bist Du dessen ganz sicher?“

„Ganz sicher, mein Herr. Komme ich doch soeben von dem= selben.“

„Und ist der Doktor gesund?“

„Nicht so ganz, mein Herr.“

„So lauf' denn und sage dem Doktor, ich komme.“

„Ja, mein Herr," und Susi rannte auf und davon wie ein
Toller.

Mittlerweile war die Menge immer dichter geworden, so daß
Stanley mit seiner Schar kaum mehr vorwärts kam. Endlich erblickte er in einem Halbkreise von arabischen Magnaten einen weißen
Mann mit grauem Bart, der ein blaues Käppi mit Goldborte, ein
Camisol mit roten Ärmeln, und graue Beinkleider trug. Es war
Dr. David Livingstone! Wie gern wäre Stanley dem längst Gesuchten freudetrunken um den Hals gefallen. Livingstone war jedoch
ein Engländer und Stanley erinnerte sich dessen, wie Engländer
selbst in fernen Ländern gelegentlich sehr steif sein können. Erzählt
doch der Historiker Kinglake in seiner Reisebeschreibung „Eōthen",
wie er, ferne von der Heimat, in einer Wüste Palästinas einen seiner
Landsleute begegnete. Je näher sich die beiden kamen, desto brennender wurde für Kinglake die Frage, ob und wie sich zwei Gentlemen, die einander noch nie vorgestellt worden waren, grüßen sollten.
Hätte der unbekannte Landsmann zuerst das Schweigen gebrochen,
so würde auch er mit tausend Freuden geplaudert haben; aber derselbe schwieg, und so kam es, daß die beiden Söhne Albions sich
damit begnügten, durch Abnehmen des Hutes sich ihre gegenseitige
Ehrerbietung zu bezeugen, und dann — schweigend an einander
vorübereilten.

Etwas weniger steif, aber immer noch kühl genug, war die Begrüßung der beiden großen Afrikaforscher.

Dr. Livingstone, I presume (denke ich), begann Stanley, indem
er festen Schrittes zu Livingstone herantrat und seinen Hut abzog.

„Yes," antwortete der also Angesprochene gütig lächelnd, indem
er seine Mütze ein klein wenig lüftete.

Auch Stanley bedeckte jetzt wieder sein Haupt, dann reichten sich
beide die Hände, und Stanley sagte mit lauter Stimme:

„Ich danke Gott, Doktor, daß ich Sie sehen durfte."

„Ich bin dankbar," antwortete Livingstone, „daß ich Sie hier
bewillkommnen darf."

Das war der erste schwache Ausdruck dessen, was in jenem
Augenblick der beiden Männer Herzen bewegte. Hinter dem seltsamen
Gemisch von Verlegenheit und falschem Stolz, welches in den ersten
Worten Stanleys zu Tage tritt, barg sich eine ganz unbändige
Freude, denn der glückliche Finder hätte sich am allerliebsten in die
Hand gebissen, oder einen tollen Luftsprung gemacht, um seine mächtige

Gefühlsbewegung zu besänftigen. Livingstone selbst aber dankte in demselben Augenblick Gott inbrünstig für die wunderbare Hilfe, die ihm in dem amerikanischen Reporter zu teil geworden. War er doch damals, wie er in seinem Tagebuch schreibt, ganz in der Lage jenes Mannes, der zwischen Jerusalem und Jericho in die Hände der Räuber gefallen war. An Körper und Geist gebrochen, von seinen schwarzen Begleitern bis auf wenige treue Diener schmählich verlassen, von den arabischen Kaufleuten hintergangen, belogen und betrogen, von fast allen Subsistenzmitteln entblößt, weilte Livingstone seit fast vier Monaten in Udschidschi. Die Not war aufs höchste gestiegen, da erschien Stanley dem Kranken wie ein Engel vom Himmel.

Kaum waren dann die beiden Glücklichen aus der schwarzen Umgebung heraus in Livingstones Hütte getreten, wo sie kein Etikettenzwang mehr genierte, so schlossen sich die Herzen gegen einander auf, und des Fragens und Antwortens war kein Ende bis in die tiefe Nacht hinein. Was konnte doch Stanley dem Manne alles erzählen, der seit Jahren von der Welt Lauf nichts mehr gehört hatte. Stanley berichtete von der Eröffnung des Suezkanals, der Vollendung der Pacificbahn, dem Sturze der Königin Isabella, er erzählte, wie deutsche Soldaten vor Paris standen, wie der „Schicksalsmann" ein Gefangener auf Wilhelmshöhe war, wie die Königin der Mode und Kaiserin von Frankreich, Eugenie, hatte fliehen müssen, er erzählte von Bismarck und Moltke und tausend anderen Dingen, und Livingstone hörte zu mit jenem Interesse, welches sich bei civilisirten Menschen insgemein dann einzustellen pflegt, wenn dieselben ein paar Jahr lang keine Zeitungen mehr unter die Hände bekommen haben.

Stanley selbst hat uns diese denkwürdige Nacht mit wunderbarer Anschaulichkeit geschildert in seinem Werke „How I found Livingstone", dem seltsam genug erst sechs Jahre nach seinem Erscheinen, im Jahre 1878, die Ehre wiederfuhr, ins Deutsche übersetzt zu werden, während in dem gleichen Zeitraum viele Dutzende der elendesten Romane mit Beschleunigung in die Sprache des Volkes der Dichter und Denker übertragen wurden, ein neuer Beweis dafür, wieviel leichter es dem litterarischen Schunde im Gegensatz zu wirklich gediegener Lektüre wird, in unserem hochgebildeten Säculum sein Fortkommen zu finden.

Gustav Peyer.

Die Erschließung Central-Afrikas. Basel, Detloff 1881.

8. Unter den wilden Massai in Deutsch-Ostafrika.

Tägliche Lebensweise auf dem Marsche. — Unter den wilden Massai. — Kriegstänze. — Beständige Lebensgefahren. — Thomson als weißer Zauberer.

Es dürfte angezeigt sein, dem Leser eine Vorstellung von unserer
täglichen Lebensweise zu geben. Es war anerkannte und unverletz-
liche Regel, auf dem Marsche zu sein, bevor die Sonne sich über
den Horizont erhob. Beim frühesten Zeichen der Dämmerung, häufiger noch beim ersten Krähen der verschiedenen von der Karawane
mitgeführten Hähne, taumelten wir aus dem Bett, tauchten das
Gesicht in kaltes Wasser, und wenn die Gegenstände gerade sichtbar
wurden, saßen wir draußen beim Frühstück, während die Askari das
Zelt abschlugen, das Feldbett aufrollten und alles marschfertig
machten. Für das Frühstück wurde nur wenig Zeit bestimmt, und
wenn das Karmoisinrot des Morgenhimmels in golbigen Glanz
überging, wurde das Zeichen zum Aufbruch gegeben.

Ich selbst gehe voran mit dem Vortrab, das Lager liegt hinter
uns, und in der frischen, kräftigen Morgenluft eilen wir lustig vorwärts. Um diese Zeit haben die Leute einen kapitalen Schritt und
jeder sucht in freundschaftlichem Wetteifer an die Spitze zu gelangen.
Wie die Sonne jedoch höher steigt, stimmt sich ihr Enthusiasmus
herunter. Die Schwachen und Faulen beginnen hinten zu bleiben
und bald sieht man sie hier und dort ihre Lasten abwerfen, sei es
um auszuruhen, sei es unter dem Vorwande etwas in Ordnung zu
bringen. Marodieren wird jedoch nicht gestattet und die Rast darf
immer nur kurz sein. Jedermann weiß, daß einschlafen soviel heißt
als rascher Tod durch den Speer eines Massai. Martin bewacht
den Nachtrab unserer Abteilung und sieht dort nach dem Rechten,
während ich vorn meine Messungen und sonstige Beobachtungen
anstelle und wenn möglich übermütige Rhinoceros und Büffel schieße
und so gleichzeitig Gefahren beseitige und den Topf fülle. An die
Wildnis werden wir übrigens gründlich erinnert, wenn wir die
hungrigen Leute wie gefräßige Hyänen über das Wild herstürzen
sehen, um mit Messerhieben und unter zänkischem Geschwätz sich
die fetteren oder zarteren Teile zu sichern. Verwundungen sind nicht
ungewöhnliche Vorkommnisse, und häufig muß unter dem fechtenden
Pack durch die drohend aufgehobene Rute die Ordnung wiederher-
gestellt werden, zumal jeder weiß, daß Drohungen niemals umsonst
ausgestoßen werden.

Zwei Stunden nach dem Abmarsch aus dem Lager wird Halt
gemacht, damit die lange Reihe sich wieder eng anschließe, denn jetzt
bei sich erwärmender Atmosphäre beginnen die Massai zu erscheinen.
Von allen Seiten werden wir begrüßt mit „Schore! Schore!"
(Freund). Ich persönlich werde mit „Leibon!" (Medizinmann) be=
grüßt, was ich mit einigen unartikulirten Töne erwiedere, um zu
verstehen zu geben, daß ich ganz Ohr bin. „Gusak!" (Deine Hand)
wird dann verlangt. Nachdem sie derb geschüttelt ist, kommen wir
zu einem neuen Abschnitt in der förmlichen Begrüßung mit dem
Worte „Sobai?" (Wie geht es Dir?), worauf ich antworte „Ebai!"
(Gut!), dann läßt der Besucher seinen Begrüßungen einen Zusatz
folgen, indem er fragt „Jogon? maschetan!" (Hörst Du? Eine Perlen=
schnur!), und ohne Zaudern wird eine solche dem reckenhaften Bettler
überreicht. Mehr Vergnügen macht es, unter Begleitung freundlichen
Lächelns die „Ditto" zu begrüßen, und zwar auch in anderen Worten
als für Männer passen — („Tagirenja!" worauf sie „Eo!" ant=
wortet). Abgesehen von der Begierde nach Geschenken, empfangen
uns die Massai mit aristokratischer Würde. Sie laufen nicht wie in
den südlicher gelegenen Ländern ängstlich beiseite, noch rennen sie
unter rohem Gelächter und gemeinem Geschrei nebenher. Ruhig be=
obachten sie uns, neugierig ohne allen Zweifel, verbergen aber ihre
Gedanken unter einer anscheinend gleichgültigen Miene.

Um Mittag wird der zum Lager ausersehene Platz erreicht.
Jeder Händler sucht sich eine passende Stelle, und großes Rennen
und Laufen findet statt um den Platz unter schattigen Bäumen oder
um andere begehrenswerte Stellen. Der erste Mann, welcher eine
geschützte Lokalität erreicht, sichert sich seine Ansprüche, indem er sie
mit seiner Flinte oder einem andern Gegenstande belegt, und dann
wird ihm niemand sein Recht streitig machen. Muhinna war hierin
groß; er schien instinktiv die wohnlichste und traulichste Ecke zu er=
kennen, und verstand den Kniff, dort zuerst anzukommen. Wenn
jeder im Lager ist, werden die Güter eines jeden Händlers aufge=
staut und mit Fellen oder sonstigen Gegenständen bedeckt, um sie
vor den spähenden Augen und diebischen Fingern der Massai zu
behüten. Wachen werden ausgestellt und ohne Zeitverlust gehen die
Männer mit Axt und Gewehr hinaus, dornige Akazien umzuhauen,
um eine starke Boma oder Umzäunung herzustellen. Die Flinte
wird für alle Fälle fertig gemacht, während kräftige Hiebe sich gegen
die Stämme richten, und bald liegen die Bäume da, um weiter

behandelt oder im laut schallenden Chor von Scharen der Leute nach den abgesteckten Linien geschleppt zu werden. Martin über-wacht diese Arbeiten, während ich neben unserm mächtigen Waren-haufen Stellung nehme, mich den Blicken der Eingeborenen preis-gebe und mit einer Tasse Kaffee labe, gewöhnlich in Gesellschaft von Zumba, der sich darauf versteht, in solchen Augenblicken heranzu-lavieren.

Während die Arbeiten fortschreiten, erscheinen verschiedene Ban-den El-Moran von allen Seiten her, strahlend in einem neuen Überzieher von Lehm und Fett, mit großen Speeren in der Hand, die in den Strahlen der Sonne funkeln, und mit Schilden, welche die Wappen der besonderen Distrikte oder Anführer in neuer Aus-rüstung tragen. In der Nähe des Lagers vollführen diese Krieger eine Menge militärischer Bewegungen zum Beweise, daß sie einige Anfangsbegriffe militärischer Kunst und des Wertes der Zucht und der einheitlich geschlossenen Thätigkeit besitzen. Darnach thun sie sich zusammen, stecken ihre Speere in den Boden, lehnen die Schilde dagegen und vollführen sodann einen besondern Tanz. Ein Krieger hüpft einige Schritte vorwärts; dann springt er mit stramm-gehaltenem Körper, die Waffen an der Seite festnehmend und ohne die Kniee zu beugen, verschiedene Mal gerade aufwärts und wirft gelegentlich mit einem plötzlichen Ruck das lange Haar des Hinter-kopfes sich über die Stirn. Während einer von ihnen diesen Tanz ausführt, singen die anderen mit den ernsthaftesten Gesichtern der Welt einen lächerlichen Willkommengesang (nämlich zur Plünderung!). Die Verzerrungen ihrer Gesichter und ihr sonstiger tiefer Ernst ver-einigen sich zu einem unbeschreiblich komischen Bilde.

Nachdem der Tanz vorüber ist, sind sie bereit, zum Geschäft überzugehen. Die hauptsächlichsten Redner auf beiden Seiten tauschen erst wohlgesetzte Begrüßungen aus. Diesem folgt eine langdrähtige Erörterung über die angemessene Höhe des zu zahlenden Tributs. Bis die Hongofrage entschieden ist, wird die Umzäunung fertig, und wir sind geschützt vor jeder ernsten Gefahr, obgleich die Verdrießlich-keiten erst jetzt beginnen. Die Zelte sind aufgeschlagen und eine zweite Dornenhecke ist um sie angelegt, welche nur eine kleine Stelle offen läßt. Diese wird von zwei Askari bewacht, welche mit freund-lichen Manieren und süßen Worten die Schrecken eines Einbruchs der Massai zu mildern bemüht sind. Alle solche Versuche sind frei-lich in der Regel umsonst, denn keiner wagt Hand an einen Krieger

zu legen, der sich in den Kopf gesetzt hat, mich und meine Sachen
zu sehen. Mit der größten Unverschämtheit stößt er die Wache beiseite, macht sich breit und läßt sich gehen, kommt mit einer „Gott
grüß dich Junge, schmeckt das Pfeifchen!" =Arie auf mein Heiligtum
zu und setzt sich mit seiner übelriechenden fettstarrenden Person auf
mein Bett oder was sonst seinen Bequemlichkeitsgelüsten zusagt.
Förmlich selbst in seiner Anmaßung, pflegt er dann mich zu grüßen
und bittet um einige Perlen. Diese gebe ich ihm in größter Eile,
damit er sich nur rasch wieder entferne. Nachdem ich endlich seinem
unverschämten Gaffen alle Wunder meines Zeltes und meiner Person
preisgegeben habe, komplimentiere ich ihn hinaus, nicht ohne daß er
einige übelriechende Erinnerungen an seine Gegenwart zurückläßt.
Die unwürdige Behandlung, die wir zu erdulden haben, ist geradezu
unbeschreiblich. Hätte ein Krieger mich bei der Nase zupfen wollen,
so hätte es keine Hilfe dagegen gegeben; und hätte er mich „auf die
rechte Backe geschlagen", so hätte ich, gehorsam den Worten des
Evangeliums, ihm auch noch in aller Unterwürfigkeit „die linke anbieten" müssen. Dank meinem Rufe als Medizinmann kamen solche
Dinge indessen bei mir nicht vor. Aber vom Morgen bis zum
Abend wurde ich wie eine „Ausstellung" betrachtet, und mußte stets
bereit sein, an die kriegerischen Bettler meine Perlen zu verschenken,
— denn eine Weigerung durfte man sich gar nicht träumen lassen.
Kein Mann wagte seine Flinte wegzulegen oder etwas frei liegen
zu lassen. Nur in großer Zahl durfte man Wasser holen oder
Brennholz sammeln gehen. Das Lager wurde beständig in Unruhe
erhalten, die sich zuweilen steigerte, wenn ein Massai gewaltsam
Hand an etwas legte, was selbst mitten im Lager oft geschah, und
damit ins Freie wollte. Dank unserer Vorsicht gelang es ihnen
selten; aber sonst war es unmöglich, es wieder zu erhalten, da kein
Mensch an den Dieb herankommen konnte; man durfte ihn nicht
einmal aus dem Lager ausschließen, ohne das Leben zu gefährden.

Gegen Sonnenuntergang pflegen sich die Krieger in ihre Dörfer
zurückzuziehen, so daß man einigermaßen wieder aufatmen kann.
Das Thor wird geschlossen und eine Wache daneben aufgestellt.
Dann durfte man die Gewehre weglegen, Feuer anzünden und die
Mahlzeit bereiten. Die Zungen lösten sich und eine allgemeine
Heiterkeit trat ein, als wäre eine große Last von uns genommen.
Dann und wann wurde es still, wenn ein Herumstreicher der Massai
von der Wache angerufen oder ein Gewehr abgefeuert wurde, um

Baumgarten, Afrika. 3

ihn fortzujagen. Das Geräusch des Lagers erreichte seinen Höhepunkt drei Stunden nach Sonnenuntergang und nahm dann allmählich ab, wenn die von der Arbeit und Last des Tages ermüdeten
Träger, vollgegessen bis zum Rande, einer nach dem andern sich
schlafen legten und nachher nur noch das häßliche Lachen und
Heulen der Hyänen, das gelegentliche Brüllen der Löwen und das
Bellen der Schakale durch die klare mitternächtliche Luft ertönte.

Einige Tage nachher verfiel Thomson auf ein Mittel, sich bei
den Massai als weißer Zauberer in Respekt zu setzen und sich dadurch
vor Todesgefahr zu sichern. „Ich erzählte ihnen, daß ich der weiße
Leibon der Lajomba (Suaheli) sei, daß ich das Land besuche, um
durch meine geheimen Mittel für die Händler die Stellen ausfindig
zu machen, wo man Elfenbein kaufen könne. Mbaratien (ihr Haupt-
Leibon) sei ein Stümper im Vergleich mit mir. Es könne ja doch
kein großer Medizinmann eine Haut gleich der meinigen haben oder
solches Haar wie ich? „Nun, du da!" sagte ich, „komm heran,
und ich will dir deine Nase abnehmen und wieder ins Gesicht
setzen. Komm her, du brauchst nicht bange zu sein. Ah! du willst
nicht! Sehr gut. Nun sieh einen Augenblick her und ich will dir
etwas Neues zeigen. Du siehst meine Zähne? Höre, wie fest sie
sind." (Dabei klopfte ich mit meinen Nägeln dagegen.) „Ihr seht,
es ist kein Betrug dabei. Nun wartet einen Augenblick, bis ich den
Kopf wegdrehe. Da seht, weg sind sie!" Jetzt schauderte aber
jedermann in höchster Verwunderung und die ganze Gesellschaft
war auf dem Punkte zu fliehen. Sie beruhigend, drehte ich noch
einmal den Kopf herum, brachte die Zähne im Nu wieder in Ordnung und unter vielen freundlichen Verbeugungen vor meinen ver-
wunderten Zuschauern klopfte ich noch einmal an meine Zähne. Der
freundliche Leser möge nämlich wissen (im tiefsten Vertrauen natürlich), daß ich ein paar künstliche Zähne habe, welche zu dieser Zeit
wirklich Goldes wert waren. Ich hantierte deshalb zum Staunen
der Massai in angegebener Weise mit ihnen, und weil sie glaubten,
ich könne das Gleiche mit meiner Nase oder den Augen thun, so
riefen sie mich sofort als den leibhaftigen „Leibon n'bor" (weißer
Medizinmann) aus.   Josef Thomson.*)

Durch Massai-Land. Forschungen in Ostafrika.
Aus dem Engl. von W. von Freeden. Leipzig, Brockhaus 1885.

*) Thomson hat 1883 und 1884 zuerst das Land der berüchtigten und ge-
fürchteten Massai (1° N — 5° S) von Mombas bis zum Kenia (18 400 Fuß),

9. Die oftafrikanischen Karawanen.

Die Wege in Oftafrika und deren Beschwerlichkeiten. — Die Träger-Karawanen im Innern. — Charakteristik des Pagazi. — Eine Unyamwezi-Karawane. — Eine Suaheli-Karawane.

Gebahnte und geebnete Wege, durch Arbeit und Kunst herge= stellte Straßen sind in Oftafrika durchaus unbekannt. Man hat nur schmale Pfade, die wenige Spannen breit durch den Fuß der Menschen und Tiere in den Boden getreten werden. Während der Regenzeit verschwindet ein solcher Pfad, „er stirbt aus", wie die Afrikaner sagen, indem er von Gras überwuchert wird. In den Wüsten und offenen Gegenden laufen oft mehrere solcher Pfade neben einander her; in Buschwäldern sind sie eigentlich nur Gänge, Tunnels unter Dornen und Baumzweigen, und der Träger hat große Not, mit seiner Ladung hindurch zu kommen. In angebauten Ge= genden findet man sie zuweilen durch eine Art von Hecken, Baum= stämme, die querüber gelegt werden, und dann und wann durch eine Art Pfahlwerk versperrt. Etwa ein Fünftel der Wegstrecke muß man in offenen Gegenden auf die Krümmungen rechnen, auf anderen Strecken manchmal zwei Fünftel oder die Hälfte. In Uzaramo und Khutu gehen die Wege durch hohes Gras, das nach Regengüssen sich niederlegt und in der trockenen Jahreszeit versengt am Boden liegt. Andere Pfade ziehen die bestellten Felder entlang, oder durch Flüsse, deren Wasser dem Wanderer zuweilen bis an den Leib und an die Brust reicht, durch Moräste oder tiefe Wasserlöcher. In Usagara ist das Erklimmen der Bergstufen ungemein schwierig, wegen der tiefen Betten trocken liegender oder nasser Gießbäche, steiler Anhöhen, die wie Leitern ansteigen und an denen der Fuß auf Steingeröll oder verflochtenen Wurzeln ausgleitet; dort müssen die Esel allemal entlastet werden.

Nicht minder unangenehm und beschwerlich sind solche Wege, welche an den Ufern der zahlreichen Flußbette und durch Dornen= gestrüpp am Fuße der Hügel hinlaufen. Von Usagara bis zum

---

Baringo=See und Victoria=Njanja zweimal durchzogen. Vom Kilima=Ndjaro (17 000') an durchwanderte er eine Reihe von Bergketten von 6 500—13 000' Höhe, in beständiger Lebensgefahr. Möchte der kühne Engländer, der bis zum Alter von 26 Jahren bereits drei Forschungsreisen in das Innere von Afrika unternommen hatte, unter uns Deutschen recht viele Nachahmer finden. Das vor= trefflich übersetzte Werk ist reich an interessanten ethnographischen, geologischen und botanischen Einzelheiten und vorzüglich illustriert.   B.

westlichen Unyamwezi zieht der Pfad hauptsächlich durch solche Dorn-
gebüsche und dünne Wälder, in welchen die Bäume am Wege an-
gebrannt oder entrindet worden sind. Hügel kommen auf dieser
Strecke nicht vor, aber nach langen Regen hat sie überall Moräste.
Als Wegweiser dienen Pfähle, zerbrochene Töpfe und Kalebassen,
Hörner und Schädel von Tieren, Nachahmungen von Bogen und
Pfeilen, die dorthin zeigen, wo Wasser ist, und ausgehülsete Durra-
kolben. Manchmal wird auch ein junger Baumstamm über den
Pfad hin gebogen, oder ein anderer eingegraben, den man mit einem
Graswische, Schneckenhäusern oder dergleichen verziert. Wo mehrere
Straßen zusammentreffen, werden die, welche man nicht einschlagen
soll, mit einem Baumzweige oder Strichen bezeichnet, die man mit
dem Fuße zieht. Am allerschlechtesten sind die Wege im westlichen
Uvinza und in der Nähe von Ubschibschi, denn sie führen abwechselnd
und oft beinahe gleichzeitig durch Schlamm und Morast, Flüsse und
Bäche, Dorngestrüpp und Gras, über unebenen Boden und an
steilen Abhängen hinauf oder hinab. Die Furten sind selten mehr
als brusttief. Nur über zwei Flüsse, den Mgeta und den Rugumu,
sind Baumstämme gelegt, die ganz rohe Brücken bilden; etwas weiter
aufwärts kann man aber beide durchwaten. Nur allein der Malagarazi ist auch in der trockenen Jahreszeit so tief, daß man nur
vermittels einer Fähre hinübersetzen kann. In den bevölkerten Gegenden hat man Kreuzwege, und wo sie nicht vorhanden sind, ist
das Gebüsch oft so dicht, daß nur Elefant und Rhinoceros hindurch-
bringen können. Eine Schar tüchtiger Arbeiter würde dort eine
Woche lang vollauf zu thun haben, um einen Weg für einen einzigen
Tagmarsch zu bahnen.

In Zanzibar wird behauptet, im Innern gebe es keine Karawanen. Das ist ganz richtig, wenn man damit den Begriff von
Kamelen und Maultieren verbindet, wie in Arabien und Persien,
paßt aber nicht, wenn man eine Schar von Leuten, welche des Handels wegen reisen, als Karawane bezeichnet, und das Letztere muß
man doch, denn Kamele sind ja nicht etwa die Hauptsache. Die
Wanyamwezi kommen seit undenklichen Zeiten an die Küste hinab;
manchmal und zeitweilig ist eine Straßenlinie durch Krieg oder infolge von Blutfehden verschlossen gewesen, dann aber wurde stets
eine andere geöffnet. Ehe die Zunahme des Verkehrs die Leute be-
wog, als Träger in den Dienst der Handelsleute zu treten, und das
geschieht erst seit wenigen Jahren, mußten die Kaufleute ihre Waren

durch Sklaven befördern laſſen, welche ſie an der Küſte mieteten,
und auf der nördlichen und ſüblichen Route, alſo nach dem Nhanza=
und Nhaſſa=See, geſchieht das auch noch jetzt. Die Wanhamwezi
betrachten gegenwärtig das Laſttragen bei einer Karawane als einen
Beweis männlicher Tüchtigkeit, Knaben ſaugen die Luſt zu dieſem
Gewerbe gleichſam mit der Muttermilch ein, Jungen von ſechs oder
ſieben Jahren nehmen einen kleinen Elefantenzahn auf die Schulter,
und man ſagt von einem jungen Menſchen, der nicht Luſt hat,
Träger zu werden, er ſitze in der Hütte und brüte Eier aus. Der
Pagazi iſt ein merkwürdiger Menſch; beim Vermieten wird er vom
Kaufmann ſo hohen Lohn als irgend möglich herauszudrücken ſuchen;
dann arbeitet er um ſeinen Sold Monate lang; trifft er aber unter=
wegs in einer heimziehenden Karawane einen Freund, der ihn zum
Ausreißen beredet, ſo wird er ausreißen und die Früchte ſeiner An=
ſtrengung, den Lohn, im Stiche laſſen. Man muß darum bei ſolchen
Gelegenheiten die Träger ſtreng überwachen. Ohne weiteres und
ohne eine Veranlaſſung würden dieſe Wanhamweziträger nicht fort=
laufen, weil dergleichen von der öffentlichen Meinung ſtreng ver=
urteilt wird, aber kein Kaufmann iſt im ſtande, ſich die Zuneigung
dieſer Leute derart zu erwerben, daß nicht gelegentlich der eine oder
der andere ſich entfernte. Manchmal hängt das Verbleiben der
Trägerſchar wie an einem Haar; es iſt vorgekommen, daß ſie alle
bei einem ſehr geringfügigen Vorwande die Ballen weggeworfen
haben und abgezogen ſind. Unter Umſtänden empfiehlt es ſich, ihnen
ihre Kleider mit Beſchlag zu belegen und ſie namentlich bei Nacht
von bewaffneten Sklaven bewachen zu laſſen. Doch nützen auch
dieſe Vorkehrungen nicht immer, und iſt der Flüchtling einmal über
die Lagerſtätte hinaus, ſo hält es ſehr ſchwer, ihn wieder zurückzu=
bringen. Wir haben ſchon bemerkt, daß es bei ihm als Ehrenpunkt
gilt, das Gepäck nicht mitzunehmen; dagegen ſtiehlt ein Sklave, der die
Karawane heimlich verläßt, allemal.

Jn der Kiſawaheli=Sprache nennt man Karawanen Safári, vom
arabiſchen Safar, eine Tagereiſe, im Jnnern Rugendo oder Lugendo,
einen Gang. Auf den Hauptſtraßen findet man faſt immer dergleichen.
Nach aufwärts gehen ſie am liebſten in den Monaten, in welchen
die große und die kleine Regenzeit ſchließen, alſo nach der Küſte im
Juni und September, weil dann Waſſer und Lebensmittel in Menge
vorhanden ſind. Wer in der trockenen Jahreszeit auszieht, hat auf
größere Beſchwerden zu rechnen, muß für den Proviant das Doppelte,

vielleicht das Dreifache zahlen, und auch darauf gefaßt ſein, daß
viele Träger ihm entlaufen. Aus dem Innern nach der Küſte hinab
gehen die Karawanen, mit Ausnahme der eigentlichen Regenzeit,
immer; aber es hält ſchwer, die Leute von Unhanyembe zwiſchen
Oktober und Mai zum Verlaſſen ihres Herdes und ihrer Felder zu
bewegen. Wenn ſie ihr eigenes Elfenbein fortſchaffen, machen ſie ſich
ohne weiteres auf den Weg, und die Sorge für das Feld bleibt den
Weibern und Kindern, aber vom Kaufmanne verlangen ſie in dieſer
Zeit übertrieben hohen Lohn und zaubern auch dann noch.

Die Löhnung iſt verſchieden und wechſelt oft. An der Küſte
liegt manchmal eine ſehr große Menge von Trägern, die alle gern
ſo raſch als möglich in ihre Heimat zurückwollen. Dann bricht
zwiſchen den verſchiedenen Gruppen heftiger Streit aus, weil jede
einzelne die anderen zurückdrängen und zuerſt bei einer demnächſt
abziehenden Karawane in Dienſt treten möchte. Als die Wanyamwezi erſt anfingen ſich als Laſtträger annehmen zu laſſen, forderten
ſie für eine Reiſe von der Küſte bis in ihre Heimat den Wert von
ſechs bis neun Dollars in Domeſtics, gefärbtem Baumwollenzeug,
Meſſingdraht und Sungomabſchi, das heißt einer Glasperle von der
Größe eines Taubeneies. Bald nachher fielen die Löhne, ſtiegen
aber wieder mit dem Anwachſen des Verkehrs bis auf zehn und
zwölf Dollars im Jahre 1857. Dazu kommen dann noch die Lebensmittel, nämlich nach alter Sitte ein Kubabah, 1½ Pfund Getreide
täglich, oder in Ermangelung desſelben Manioc, Bataten und dergleichen, und an der Grenze ein Ochſe, der als Geſchenk betrachtet
wird. Der Lohn für eine Reiſe nach der Küſte iſt geringer, weil
die Träger auf Rückfracht rechnen. Die Araber nehmen an, daß ein
Träger vom Meeresgeſtade bis an den Tanganyika-See und wieder
zurück auf etwa 20 Dollars zu ſtehen komme. Die Wanyamwezi
laſſen ſich immer nur bis Unhanyembe annehmen, und dort muß
man eine neue Schar mieten. Die Stärke einer Karawane hängt
natürlich von den Umſtänden ab; manche zählen nur ein halbes
Dutzend, andere dagegen einige hundert Köpfe; ſie ſtehen jedesmal
unter einem Mudewa, Kaufmann. An gefährlichen Stellen wird
ſtill gehalten, damit mehrere Karawanen ſich vereinigen und dann,
fünfhundert bis tauſend Mann ſtark, einem Feind erfolgreichen
Widerſtand leiſten können. Aber in manchen Gegenden iſt für eine
ſo große Menſchenmenge nicht genug Mundvorrat herbeizuſchaffen,
und ſtarke Karawanen kommen immer nur langſam vorwärts; manchmal

erschöpfen sie auch das Wasser ganz und gar, so daß die nachfolgenden Not leiben.

In Oftafrika hat man dreierlei Arten von Karawanen, die eine wird ausschließlich von Wanhamwezi gebildet, die zweite von freien Suaheli, oder Fundi, Sklavenfaktoren, im Auftrage ihrer Herren geleitet; an der Spitze der dritten stehen Araber. Der Träger, Pagazi, entspricht dem westafrikanischen Carregador. Die Wanhamwezi vereinigen sich in möglichst großer Anzahl; einige tragen ihre eigenen Güter, andere werden von kleinen Eigentümern gemietet, und alle zusammen wählen einen Mtongi, arabisch Ras Kafilah, das heißt Anführer, Obmann, Leiter. In einer solchen Unhamwezi-Karawane giebt es weder Ausreißer noch Mißvergnügte; sie kommt rasch vorwärts, die Träger sind von Sonnenaufgang bis gegen elf Uhr morgens in Bewegung, machen zuweilen auch einen Nachmittagsmarsch, und schleppen ohne Murren schwere Lasten, namentlich Elefantenzähne, an denen manchmal zwei zu tragen haben; das Elfenbein wird dann an eine Stange gebunden, und das nennt man eine Mziga ziga. Oft sind die Schultern gedrückt, die Füße wund, und die Leute gehen halbnackt, um ihre Kleider zu schonen. Decken oder Zelte haben sie nicht, sondern schlafen auf der Erde, nehmen als Geld eiserne Hacken mit, wofür sie unterwegs Korn eintauschen, oder zahlen damit den Sultanen Zwangstribut. Nur wenige haben eine Ochsenhaut zum Lager, einen irdenen Topf, einen Stuhl und einen Kilindo, das heißt Koffer von Baumrinde, in welchem sie Zeuge und Glasperlen verwahren. Bei unkräftiger Nahrung leiden sie viel von den Beschwerlichkeiten der Reise und vom Klima, manchmal brechen unter ihnen die Blattern aus, aber trotzdem kommen sie, wenn auch abgemagert, doch ziemlich wohlbehalten an der Küste an. Mit einer solchen Karawane kann ein Europäer nicht wohl reisen.

Die Träger, welche ein arabischer Kaufmann (im Kisawaheli Mtabschiri, arabisch Mundewa) mietet, werden viel besser gehalten, essen mehr, arbeiten weniger und verursachen vielerlei Umstände. Außerdem sind sie unverschämt, maßen sich an, die Zeit des Aufbrechens und der Rast zu bestimmen, und klagen stets über viele Arbeit; zu Hause müssen sie sich mit einem magern Brei begnügen, unterwegs dagegen ist ihnen auch das Beste kaum gut genug, und sie haben immer nur Essen im Kopfe und auf der Zunge. Manchmal sind sie auf Fleisch mit einer Art von Wahnsinn versessen. Vom geschlachteten Ochsen erhält der Kirangozi (Anführer der Träger)

ben Kopf, nachdem er Bruſt und Lende den Mtongi (Haupteigen-
tümer der Waren) gegeben; das Übrige wird unter die verſchiedenen
Khambi, Tiſchgenoſſenſchaften, verteilt. Für einen Europäer iſt es
auch nicht rätlich, mit einer ſolchen Karawane der Araber zu reiſen,
weil ſie viel Zeit vertrödelt, ohne eigentlichen Plan bald raſch,
bald langſam vorwärts geht, und auch ſonſt mancherlei Übel-
ſtände hat.

Anders verhält es ſich mit den Handelskarawanen, welche von
Suaheli, Wamrima und den Sklavenfaktoren (Jundi, etwa ähnlich
wie die Pombeiros im portugieſiſchen Afrika) geleitet werden. Dieſe
wiſſen mit den Pagazi umzugehen, und verſtehen deren Sprache und
Sitten. Solche Safari hungern nicht wie jene der Wanhamwezi,
und praſſen auch nicht wie die Araber. Unterwegs haben ſie weniger
Beſchwerden, an den Halteplätzen richten ſie ſich gemächlich ein und
leiben wenig durch Krankheiten. Dieſe Halbafrikaner hegen große
Abneigung gegen die Araber und alle anderen Fremden, legen ihnen
möglichſt Hinderniſſe in den Weg, verbreiten unter den Eingeborenen
allerlei nachteilige Gerüchte, verlocken die Träger und Sklaven zum
Ausreißen und geben ſich die größte, obwohl vergebliche Mühe, ihr
altes gewinnreiches Monopol des Handels mit dem Innern zu be=
haupten.

Burton.

10. Leben und Treiben in einem oſtafrikaniſchen Dorfe.[*])

Der Oſtafrikaner führt ein weit behaglicheres Leben als der
indiſche, vielgeplagte Bauer, der Reiot, und kann in dieſer Beziehung
den Vergleich mit der großen Maſſe der Landleute mancher europäiſcher Länder aushalten. Das gilt freilich nur von ſolchen Bezirken,
welche nicht allzuſehr durch den Sklavenhandel zerrüttet worden ſind.

Zum Nachtlager dient eine Kuhhaut und man ſteht früh auf.
Am Tage iſt die Hütte kühl und ganz angenehm; beim Schlafengehen
wird jedoch der Eingang zugemacht und dadurch die Luft drückend
und unangenehm. In der Stunde vor Sonnenaufgang verſpürt
man Kälte, zündet ein Feuer an und greift ſogleich zu dem unzer-

---

*) Forſchungsreiſen in Arabien und Oſtafrika. II. Bd. (Burton, Speke,
Rebmann, Krapf.) Bearbeitet von Karl Andree. Leipzig, 1861, Coſtenoble.

trennlichen Gefährten, der Tabakspfeife. Späterhin wird der aus
Binsen geflochtene Thürvorhang weggenommen, und man geht hin=
aus, um sich von den erwärmenden Strahlen bescheinen zu lassen.
Die Dörfer sind stark bevölkert, die Häuser stehen dicht neben ein=
ander, und die Bewohner derselben können in aller Bequemlichkeit
miteinander schwatzen. Etwa um sieben Uhr ist der Thau vom
Grase verschwunden, und nun treiben die Knaben das Vieh auf die
Weide hinaus, um erst gegen Sonnenuntergang mit demselben zurück=
zukehren. Abends um acht Uhr genießt man einen Brei, der aus
Durra bereitet wird; man nennt ihn Ugali; wer sich Pombe, Bier,
verschaffen kann, trinkt davon von früh bis spät.

Der Mann hat nach seinem Frühimbiß die Pfeife genommen
und ist zur Iwanza gegangen, einer großen Hütte, welche als Ver=
sammlungs= und Gesellschaftsort dient und wohin die Frauen nicht
kommen dürfen. Dort verweilt er den größten Teil des Tages
über müßig, schwatzt, lacht, schläft und schmaucht Tabak. Nicht selten
vertreibt er sich die Zeit durch Spiel, denn das ist seine Leidenschaft.
Sehr beliebt ist „Kopf oder Rücken", das er mit einem flachen
Steine, einem runden Stück Zinn oder mit dem Boden eines zer=
brochenen Topfes spielt; einige verstehen auch das Bao, welches
an der Küste häufig vorkommt; es ist eine Art von Roulette, das
man mit starken Marken spielt, auf Tafeln, in welchem tassen=
förmige Vertiefungen angebracht sind. Unter den Wanyamwezi
haben sich manche durch das Spiel so sehr zu Grunde gerichtet, daß
sie sich als Sklaven verkaufen mußten; andere haben ihre Mutter
gegen eine Kuh oder zwei Ziegen beim Spiel eingesetzt. An Streitig=
keiten und Schlägereien ist natürlich bei solchen Belustigungen kein
Mangel, sie pflegen indessen unter Bewohnern ein und desselben
Dorfes unblutig abzulaufen. Zu anderweitigem Zeitvertreib schnitzelt
man an einem Stück Holz, bohrt Pfeifenröhre und umflicht dieselben
mit Draht, schert einem Nachbar den Kopf, zieht sich auch wohl die
Haare aus Bart, Brauen und Augenlidern, oder putzt an den Waffen
herum.

So kommt die Mittagszeit heran und der Afrikaner schlendert
nach Hause, um gegen ein Uhr seine Hauptmahlzeit einzunehmen, welche
die Frau für ihn bereit hält. Indessen liebt er es doch sehr, mit
anderen beisammen zu sein und läßt auch wohl die Speisen nach
der Iwanza bringen, wo sich dann auch seine Knaben und einige
männliche Verwandte einfinden, um an der Mahlzeit teil zu nehmen.

Dem Wilden und dem Barbaren ist das Essen die Hauptsache, sein Eins und Alles; am Tage denkt er unablässig daran und nachts träumt er davon. Der Magen ist sein Gebieter, und mit Mißgunst blickt er auf jeden, der mehr und bessere Speisen hat als er selber.

Seine Hauptnahrungsmittel sind Fisch und Fleisch, Getreide und Gemüse; daneben genießt er Milch, Butter, Honig und einige Früchte, zum Beispiel Bananen und die Früchte der Guinnapalme; zur Berauschung trinkt er Pombe, das heißt Hirsebier, Palm= wein und Mawa, das ist Pisangwein.

Der arme Mann genießt täglich Getreide, entweder Durra, Mais oder Babschri (Panicum); Weizenbrot haben nur die Araber, Reis wird nicht allgemein gebaut.

Nach der Mahlzeit streckt der Ostafrikaner sich aus, hält einen langen Schlaf, wie am Morgen, und dann raucht er, schwatzt und spielt. Gegen Abend ist alles draußen, um die Kühle zu genießen; die Männer sitzen vor der Zwanza, der Versammlungshalle; die Frauen und Mädchen holen Wasser, setzen sich dann auf kleine Stühle, schmauchen Tabak und unterhalten sich miteinander. Später= hin melkt man die Kühe, macht die Thür zu und geht schlafen; doch sitzen die Männer oft bis in die Nacht hinein um ein Feuer in der Zwanza. Diese Menschen sind noch nicht einmal so weit, daß sie einen Docht kennen oder Fett zum Brennen in ein Gefäß thun; statt der Lampen oder Kerzen bedienen sie sich eines Steckens von dem ölhaltigen Mtata= oder Mfasabaume; er ist gelb und hart, hat dichtes Korn, biegsames Holz mit wenig Knoten, und wird auch zu Speeren, Bogen und Gehstöcken benützt. Solch ein Stecken brennt etwa eine Viertelstunde lang mit heller Flamme. Um Mitter= nacht liegen alle in tiefem Schlafe und schnarchen bis Tagesanbruch. Zur Glückseligkeit gehört ein Rausch bei Tage und Bewußtlosigkeit während der Nacht; man steht morgens früh auf, um schon nach einigen Stunden die Wonne des Schlafes wieder haben zu können.

Bei einem solchen Leben und Treiben würde ein Europäer bald zu Grunde gehen, aber jene Barbaren halten dasselbe aus. Sie haben keinen Branntwein und leiden deshalb nicht an Säuferwahn= sinn, und ihr Gehirn strengen sie höchstens bei ihren Glücksspielen ein klein wenig an. Abspannung oder Anspannung der Nerven kommt bei ihnen nicht vor. Die Sommerzeit wird in vollständiger Trägheit verlebt, aber wenn der Winterregen kommt, muß man sich allerdings etwas um das tägliche Brot bemühen. Dann verläßt der

Bauer zwiſchen ſechs und ſieben Uhr morgens ſeine Hütte, manch=
mal ohne etwas genoſſen zu haben, weil jetzt Nahrungsmittel ſeltener
werden; er ſpeiſt erſt, wenn er bis Mittag gearbeitet hat und dann
wieder heimkommt. Nachmittags arbeitet er wieder ein wenig, und
dabei müſſen ihm die Weiber helfen. Abends gehen alle unter Ge=
ſang ins Dorf zurück.

Zur Zeit des Mondſcheins ergeht es dem Afrikaner wie dem
Schakal; er wird aufgeweckt und ungewöhnlich regſam. Die Mädchen
werden unter Getrommel und Getöſe aus den Hütten geholt, um
den Tanz mit anzuſehen, der übrigens nur höchſt ſelten für beide
Geſchlechter gemeinſchaftlich iſt. Bei ihren Sprüngen ſind ſie alle=
mal ſehr ernſthaft, und auch von ihrer Muſik läßt ſich nicht viel
Rühmliches ſagen. Sie halten den Takt ganz vortrefflich, aber im
übrigen iſt es mit ihrem muſikaliſchen Sinne ſchlimm beſtellt; ſie
bringen es nicht über die einfachſten und einförmigſten Tonkombina=
tionen hinaus, und auch in dieſer Beziehung, wie in allen anderen
Dingen, fehlt ihnen das Talent zum Schaffen. Doch muß hervor=
gehoben werden, daß ſie an Harmonie ihre Freude haben; der Fiſcher
ſingt zum Ruderſchlag, der Träger, wenn er ſeine Laſt ſchleppt, die
Frau, wenn ſie Korn zermalmt. Manchmal ſitzen die Bauern am
Abend ſtundenlang im Kreiſe und wiederholen mit unablaſſigem
Eifer immer und immer wieder ein paar Noten, die ſich ſtets gleich
bleiben, und ein paar Worte, die eigentlich nichts bedeuten. Das
Recitativ wird vom vollen Chore unterbrochen, der zumeiſt in
Dur ſingt.

In die Einförmigkeit des täglichen Lebens und Treibens kommt
einige Abwechslung durch häufige Trinkgelage und zuweilen durch
eine Jagd. Die Gäſte verſammeln ſich früh am Tage, und nehmen
im Kreiſe Platz und ſetzen ſich je zu Dreien oder Vieren dicht neben=
einander, damit die Schale beſſer herumgehen könne. Der Mwan=
baſi, der Mann, welcher dieſelbe füllt und jedem einzelnen reicht,
bedenkt und bedient zuerſt die Häuptlinge und Älteſten, welche auch
größere Gefäße erhalten als die übrigen. Der Sonſo, Trinkbecher,
der auch auf Reiſen als Feldflaſche dient, wird von den Frauen aus
einer Grasart, Mawu, oder wilden Palmblättern verfertigt. Die
Stengel werden geſpalten und zu feinen Fäden gedrillt, welche dann
von unten auf zuſammengerollt, aneinandergelegt und zuſammen=
gebunden werden, ſo daß das Ganze einem abgeſtumpften Kegel oder
einer türkiſchen Kappe, dem Fez, gleicht. Häufig wird dieſer Becher

mit roter und schwarzer Farbe verziert; er ist etwa fünf Zoll tief, hat sechs Zoll im Durchmesser und hält ungefähr ein Quart. Er geht unablässig in der Runde umher und niemand läßt eine Reihe darin; die Zecher machen eine Pause nur, wenn sie schwatzen, lachen, eine Prise nehmen, Tabak kauen und Bhany rauchen. Auf solche Weise vertreibt man sich die Zeit wohl vier Stunden lang, und allemal so lange, bis das für ein solches Fest zubereitete Pombe zu Ende gegangen ist. Dann schwanken die Trinkbrüder mit rotunterlaufenen Augen nach Hause, um zu schlafen. Schwerlich sieht man in irgend einem europäischen Lande so viele Trunkenbolde wie in Ostafrika; auch die Weiber, welche übrigens nicht in Gemeinschaft der Männer trinken dürfen, haben ihre Pombegelage und berauschen sich.

11. Charakter der Ostafrikaner.

Dem Psychologen bietet Ostafrika ein ausgedehntes Feld für die Beobachtung. Dort findet er den Geist des Menschen noch in den Anfängen und der materiellen Natur und deren Wirkungen dermaßen unterworfen und von denselben so abhängig, daß er sich weder fortentwickelt noch zurückschreitet. Man könnte fast in Versuchung geraten, diesen Menschen eher wie eine Ausartung civilisirter Geschöpfe zu betrachten, denn als einen Wilden, welcher den ersten Schritt vorwärts thut, wenn er nicht offenbar für jede Weiterentwickelung unfähig wäre. Ihm fehlt der Ring vom echten Metall; in ihm ist kein so reiches und volles Wesen wie etwa im Neuseeländer, den man — bis auf einen gewissen Grad — erziehen und ausbilden kann. Er scheint einer jener kindischen Rassen anzugehören, die sich nie bis zum Mann emporheben, und wie abgenützte Glieder aus der großen Kette der beseelten Natur herausfallen. In ihm vereinigt sich die Unfähigkeit des Kindes mit der Unbiegsamkeit des Alters, die Unzulänglichkeit des Kindes und die Leichtgläubigkeit der Jugend mit dem Skepticismus der Erwachsenen und der Steifnackigkeit des Alters, das am Überkommenen klebt. Er hat Meer, Seeen, und wohnt in einem vielbesuchten Lande; seit Jahrhunderten steht er in unmittelbarem Verkehr mit den weiter entwickelten Anwohnern der Ostküste, und jeder hat wenigstens Araber, wenn auch nicht gerade Europäer gesehen. Und doch ist er vor der Schwelle des Fortschrittes stehen geblieben; bei ihm ist keine höhere und mannigfaltigere

Stufe der Einsicht zum Vorschein gekommen. Selbst die einfachen
Wahrheiten des Islam haben keinen Eindruck gemacht auf diese
Menschen, welche zwar denken können, aber alles Denken hassen,
weil sie sich vollauf damit beschäftigen, ihre leiblichen Bedürfnisse zu
befriedigen. Ihr Geist ist auf Gegenstände beschränkt, die sich hören,
sehen und fühlen lassen; er ist in den Kreis des sinnlich Wahrnehm=
baren gebannt und kann darüber nicht hinaus; auch will und mag
er sich lediglich nur mit dem Augenblicke, mit der Gegenwart be=
schäftigen. Gedächtnis und Phantasie fehlen ihm.

Dieser Oftafrikaner erscheint, wie andere Barbaren auch, als ein
seltsames Gemenge von Gutem und Bösem; aber das schlimme Ele=
ment ist sorgfältig gepflegt worden, das gute gar nicht. Im allge=
meinen kann man als Regel annehmen, daß der civilisirte Mensch,
der höchste Typus, dem Antriebe der Verstandeskraft, der Vernunft,
gehorcht; der Halbcivilisirte (z. B. die großen Völker im Osten) läßt
sich von Gefühlen, Wallungen und Neigungen in einer für uns oft
unbegreiflichen Weise bestimmen; der Barbar erscheint als Sklave
des äußern Antriebes, der Leidenschaft und des Instinktes, die alle
nur äußerst schwach vom Gefühl beeinflußt werden; er hat ganz und
gar keinen Begriff von geistiger Zucht. Dem höher gebildeten
Menschen erscheint er als ein der Vernunft abgekehrtes Geschöpf, ein
Geschöpf, in welchem keine Logik ist, eine Masse von lauter Wider=
sprüchen. Seine Wege sind nicht unsere Wege, seine Vernunft ist
nicht wie unsere Vernunft. Er leitet Wirkungen aus Ursachen ab,
die wir nicht kennen, er erreicht seine Zwecke und Ziele durch Mittel
und Wege, für welche wir kein Verständnis haben; seine Kunst=
griffe und sein ganzes Verfahren sind so einfältig und ohne alle
Folgerichtigkeit, daß sie uns gerade dadurch überraschen, verächtlich
erscheinen.

Dieser Schwarze ist ein Embryo von zwei höheren Rassen ge=
blieben, dem Europäer, dessen Geist thätig und gegenständlich, ana=
lytisch und perceptiv ist, und dem idealen, subjektiven, synthetischen
und reflektiven Araber. Er hat viel von den schlechten Merkmalen
der niedriger organisirten Typen des Ostens, nämlich geistige Ver=
sumpfung, körperliche Trägheit, unentwickelte Moralität, Aberglauben
und kindische Leidenschaft.

Der civilisirte Mensch trachtet dahin, seine Selbstsucht zu ver=
decken, bei diesem Barbaren tritt sie dagegen ganz offen hervor.
Dankbarkeit kennt er nicht, wer ihm eine Wohlthat erzeigt, wird für

schwach gehalten, ihm ist die Hand, von welcher er Futter erhält, ganz gleichgültig. Über den Tod eines Verwandten oder Kindes klagt er vielleicht am Abend, aber am andern Morgen denkt er nicht mehr daran. Gastfreundschaft übt er nur, wenn dabei etwas zu gewinnen ist, und seine erste Frage bleibt allemal: Was willst du mir geben? Einem Fremden, der ins Dorf kommt, wird die allerschlechteste Hütte angewiesen, und wenn er sich beklagt, entgegnet man ihm, draußen sei ja Platz genug. Sein Wirt verlangt für alles, was er giebt und gewährt, sogleich Vorausbezahlung; ohne diese kann man Hungers sterben, wenn auch ringsum Lebensmittel vollauf wären.

Es gäbe für den Fremden keine Sicherheit, wenn er nicht das Schießgewehr hätte, und wenigstens die Häuptlinge die Notwendigkeit von Handel und Verkehr einigermaßen begriffen; deshalb nehmen sie den Kaufmann unter ihren Schutz. Der Handel bringt Vorteile, von anderen Fremden erwartet man dergleichen nicht, und behandelt sie deshalb mit weniger Rücksicht. Der Schwarze verweigert einem verschmachtenden Mann einen Trunk Wasser, wenn er auch Überfluß daran hat; er wird keine Hand ausstrecken, um die Waren eines anderen zu bergen, wenn auch tausende dabei verloren gingen. Was geht ihn das an? Aber er geberdet sich lächerlich heftig, wenn ihm selber ein zerlumptes Stück Zeug oder ein lahmer Sklave abhanden kommt. Er ist geizig und karg auch dann, wenn etwas ihm Vergnügen macht; seine Köter liebt er mindestens eben so sehr wie seine Kinder, aber er giebt diesen Hunden nur selten ein wenig zu fressen, und kann nicht begreifen, daß die Araber ihre Esel mit Korn füttern; er giebt sein Erstaunen darüber mit einem langgezogenen Hi! hi! zu erkennen. Er ist höchst unbedachtsam, kennt keine Vorsorge, denkt nicht an morgen, und wird uns gewiß nicht den Weg zeigen, bevor man ihm Glasperlen gegeben hat. Es wurde schon bemerkt, daß in allen Dingen Vorausbezahlung geleistet werden muß; freilich hält niemand ein gegebenes Versprechen und keiner glaubt sich durch irgend eine Verpflichtung gebunden. Verlangt man auch nur für eine Stunde Kredit von ihm, dann entgegnet er: „In meiner Hand ist nichts."

Wahrheitsliebe ist unter derartigen gesellschaftlichen Verhältnissen keine Tugend, und die Lüge ist auch dann an der Tagesordnung, wenn der Lügner von ihr weder Nutzen noch Vergnügen zu erwarten hat. Wenn ein Unyamweziführer dem Reisenden sagt, daß nur eine

kurze Strecke bis zum nächsten Halteplatze sei, dann darf er mit
Zuversicht darauf rechnen, daß ihm ein langer und beschwerlicher
Weg bevorsteht, und umgekehrt. Der Schwache und Unterdrückte
benützt die Unwahrheit als eine Waffe, aber der Schwarze in diesem
Lande will belogen sein und hat das Sprichwort: „Es ist besser,
betrogen zu sein, als nicht betrogen zu werden."

Auch halsstarrig und ungestüm ist dieser schwarze Ostafrikaner,
und keine Zucht würde über ihn etwas vermögen, und in dieser ver=
stockten Widerspenstigkeit und seinem Eigensinn gleicht er manchen
Tieren. Wenn er beim Tauschhandel irgend einen Gegenstand, auf
welchen er sich einmal gesteift hat, nicht erhalten kann, so schleppt
er gewiß alles, was er mitgebracht hat, wieder nach Hause, und
wäre es auch noch so weit hin. Alles Handeln hat ein Ende, so=
bald der Verkäufer dem, welcher bietet, den Rücken zuwendet; ge=
fordert wird ohne alle Rücksichtnahme auf den Wert einer Ware.
Nie geht ein Geschäft glatt vor sich, es ist allemal Ärger dabei.
Rachsucht ist eine stark vorwaltende Leidenschaft; dafür liefern die
vielen blutigen Fehden zwischen nahe verwandten Stämmen den
Beweis. Rache und Wiedervergeltung ersetzen einen Rechtszustand,
von welchem man gar keine Ahnung hat, und Vaterliebe, Sohnes=
und Bruderliebe scheint man nicht zu kennen. Selten wird ein
Mann um einen gestorbenen Vater, um seine Mutter, um einen
Verwandten eine Thräne vergießen, und von Trauer wird man wohl
nur ausnahmsweise eine Spur zu finden vermögen. Es ist wahr=
haft peinlich, wenn man mit ansehen muß, daß ein von den Blat=
tern ergriffener Träger mitten im Walde liegen bleibt, ohne daß seine
Gefährten sich weiter um ihn bekümmern. Der Mann wird vielleicht
noch einige Tage leben, aber kein Lohn, nicht einmal die Glasperle,
wird einen andern Menschen vermögen, dem Kranken einige Pflege
angedeihen zu lassen. Man wird ihn von jeder Hütte forttreiben;
er mag sich, wenn er kann, ein Obdach im Freien aus Zweigen zu=
recht machen. Er stellt dann seine Schale mit Getreide und seine
mit Wasser gefüllte Kalebasse neben sich hin und wartet ab, bis er
stirbt. Dann ist er ein Fraß für die Hyänen und die Raben. Der
Schwarze bricht oft plötzlich in Wut aus, und bei diesen Anfällen
läßt er sie an lebendigen und unbelebten Gegenständen ohne Unter=
schied aus; er ist ungeduldig bis zum Lächerlichen und wird manch=
mal wahnsinnig, wenn sein Wille ihm nicht geschieht. In seinem
eigenen Lande stellt sich seinem ganzen Treiben kein Hindernis

entgegen, dort kann er anmaßend und heftig ſein, aber in anderen Gegenden darf er ſich ſo nicht gebärden. Die Araber ſagen: „In ihrer Heimat ſind die Schwarzen wie Löwen, bei uns wie Hunde."

Die Weiber ſind wie Furien und im höchſten Grade widerſpenſtig; es iſt unmöglich, ſie zum Schweigen zu bringen, und beim Zanke der Männer ſchelten ſie tapfer mit und hetzen weiblich; ſie weinen nur ſelten. So redſelig und geſchwätzig ſind die Schwarzen, daß ſie ſelbſt den redſeligſten Araber ermüden. „Lange Worte!" Maneno marefu, hört man alle Augenblick als Vorwurf ausſprechen. Im Rauſche iſt der Oſtafrikaner ſehr reizbar; er ſtellt dann die Beine weit auseinander, ſchreit, fährt mit den Armen umher, oder ſchwingt Speer, Bogen und Pfeil wütend in der Luft, doch kommt es nicht gar oft zum Blutvergießen.

Beim ganzen Negerſtamme, und auch bei dieſen Schwarzen, iſt der Zerſtörungsſinn ſehr ſcharf ausgeprägt; ein Sklave, der etwas zerbricht, wird dabei unwillkürlich ein Gelächter der Schadenfreude erheben. Das eigene Leben gilt dem Schwarzen ſehr viel, aber das eines andern, und wäre dieſer auch ein naher Verwandter, achtet er nicht höher als das einer Ziege. Man hat bei Feuersbrünſten in Zanzibar geſehen, daß die Schwarzen noch Holz in die Glut warfen und vor wilder Wonne tanzten und ſangen. Bei dergleichen Gelegenheiten werden ſie dann von den Arabern wie Hunde totgeſchoſſen.

Die Ehe iſt ein Handelsgeſchäft. Der Mann muß eine Frau nehmen, weil er eine ſolche braucht, um ſich behaglich zu fühlen, und deshalb kauft er die Ware. Der Vater verlangt von dem Bewerber ſo viele Kühe, Stücke Zeug oder Arm- und Fußreifen von Meſſingbraht, als dieſer ablaſſen kann; nachher gehört die Tochter dem Käufer, bei welchem ſie mit dem Vieh in gleicher Linie ſteht. Der Mann kann ſeine Frau verkaufen; ein anderer Mann, welcher ſie ihm etwa wegnimmt, muß für ſie ſo viel zahlen als ſie auf dem Sklavenmarkte wert wäre. Mitgift kennt man nicht, Feierlichkeiten beim Abſchluß einer Ehe eben ſo wenig; der Vielweiberei iſt keine Schranke gezogen, und die Häuptlinge rühmen ſich der Anzahl ihrer Frauen.

Dieſe Schwarzen ſind gierig und gefräßig, und lieben häufige und kleine Mahlzeiten, um ſich den Genuß des Eſſens recht oft zu verſchaffen. Selbſt die civiliſirteren Kiſawaheli haben keine Ausbrücke für Frühſtück, Mittagsmahl und Abendeſſen. Auch die oſt-

afrikanischen Barbaren können im Notfall mit wenig Speise sich be=
helfen, dagegen ertragen sie den Durst nicht. Ein Träger erhält
täglich 1⅓ Pfund Getreide; dieses könnte, wenn er eßbare Gräser
und Wurzeln hinzunähme, für mehrere Tage ausreichen, aber an ein
Aufbewahren und Aufsparen denkt keiner. Viel essen, das ist des
Lebens höchster Zweck, wohlverstanden nächst der Berauschung. Der
Schwarze trinkt, bis er nicht mehr stehen kann, dann legt er sich
zum Schlafen hin, und nachdem er die Augen wieder aufgeschlagen
hat, trinkt er wieder von neuem. Zechgelage sind hochwichtig und
gehen allem andern vor.

Der Neger hat kein Wohlwollen und kennt keinerlei Ehrfurcht
oder Festigkeit; er hat auch kein Gewissen, also auch keine andere
Besorgnis, als die, daß der Geist des Getöteten ihn belästigen könne.
Er raubt, als verstehe sich dergleichen von selbst, und bettelt unver=
schämt; er ist entsetzlich niederträchtig, und wenn er nicht gerade be=
trunken ist, übt er gewiß Schlechtigkeiten aus.

Dieses ganze wilde und rohe Treiben wurzelt in dem völligen
Mangel an Ehrerbietung, welche den Ostafrikaner kennzeichnet; er
weiß gar nicht, was Ehrfurcht, Verehrung, Veneration ist. Sein
Gemeinwesen besteht aus zwei großen Abteilungen, denn es giebt
nur Herren und Sklaven; gesellschaftliche Unterschiede und Stufen
kennt dieser Schwarze nicht, und er behandelt, vom Häuptling allein
abgesehen, jedermann als seinesgleichen. In das Haus des ersten
besten Fremden tritt er ohne weiteres unangemeldet ein, mit seiner
ohnehin harten, bellenden Stimme spricht er stets so laut als mög=
lich, und ist glücklich, wenn er sich selber reden hören kann. Seine
Anrede hat einen befehlshaberischen Ton, sein ganzes Benehmen
etwas Rohes und Freches, und dem allen entspricht der Ausdruck
seines Auges. Er streckt seinen ungewaschenen, mit schmierigem und
zerlumptem Baumwollenzeug oder Ziegenfell umhüllten Leib sofort
auf einer Haut aus und sucht sich den besten Platz in der Wohnung
des Fremden aus. Auf der Reise eilt er rasch vorwärts, um wo
möglich die beste Hütte für sich in Beschlag zu nehmen. Der In=
haber einer Karawane mag in Regen und Thau schlafen, das küm=
mert seine schwarzen Träger nicht, wenn sie nur Obdach haben; er
macht dann wohl einen Versuch, für sich gleichfalls eine trockene
Stelle zu erobern, aber die Träger machen ihm keinen Platz, sondern
bleiben liegen. Deshalb sagen die Araber: „Diese Menschen haben
keine Scham." Sehr lästig wird ihre im höchsten Grade zudringliche

Neugier, welcher der Fremde sich gar nicht erwehren kann; er muß sie eben gewähren lassen. Sie kommen meilenweit her, um ihn anzugloßen, heben den Zeltvorhang auf, um hineinzugucken, und benehmen sich unverschämt. Lungernde Frauen, Knaben und Mädchen treiben sich unterwegs stundenweit neben der Karawane umher.

In geistiger Beziehung ist dieser Schwarze ganz unfruchtbar, roh, für alles, was Fortschritt, Entwickelung und Veränderung heißt, vollkommen unfähig. Gleich anderen Barbaren hat er wohl Gabe zum Beobachten, aber er kann aus seinen Wahrnehmungen etwas Ordentliches nicht ableiten. Seine Intelligenz ist in einen engen Kreis eingeschlossen, und über denselben kann dieser Schwarze gar nicht hinaus. Er bleibt stehen, wie manche Asiaten, aber steht weit tiefer als diese allesamt. Er liebt die Musik, aber hat es, aus sich selber heraus, doch nicht weiter als bis zum Pfeifen gebracht. Metrische Gesänge kennt er nicht, so gern er auch singt; er improvisirt einige Worte ohne Sinn oder Rhythmus und wiederholt sie in einem langgezogenen Recitativ immer und immer wieder bis zum Ekel, und schließt zuletzt mit einem durch die Nase hervorgestoßenen Ah, ha!

Das hier Bemerkte paßt im allgemeinen auf sämtliche Stämme, doch sind auch Unterschiede und Ausnahmen vorhanden.

Deutsch-Wituland.

Schilderung von Land und Leuten.

Aus dem Tagebuche des Regierungs-Baumeisters Hörnecke.*)

Das ganze Land, soweit ich es kennen gelernt habe, ist mit einer außerordentlich reichen Vegetation bedeckt. An der Küste, soweit der Einfluß der Flut vorhanden ist, ziehen sich Mangrove-Waldungen entlang, welche besonders an den Flüssen weit in das Innere hineinreichen. Sie sind dicht verwachsen und vollständig unpassierbar; sie gewähren aber ein schönes Bild dadurch, daß einzelne andere Baumarten zwischen sie eingesprengt sind, deren Gipfel über die niedrigen Mangroven hinausragen. Im sumpfigen Terrain war viel Schilf

---

*) Deutsche Kol.-Zeit. 1886. S. 484.

vorhanden. Das ganze Land war entweder flach und niedrig und in diesem Falle in der Regenzeit überschwemmt oder hügelig und wellig. Es hat dann einen parkartigen Charakter, doch findet sich hier auch an einzelnen Stellen Urwald, der sich in weit größerem Umfange am Tanaflußе, wo er mit weiten Grasflächen abwechselt, vorfand. Das Gras war hier 1—3 m hoch. Der Wald ist außerordentlich reich an Formen, der Boden mit dichten Laubmassen bedeckt; mitten in denselben vermodern umgestürzte Baumriesen. Von weitem machen die mächtigen Bäume einen schlanken Eindruck, in der Nähe imponieren sie durch ihre kolossale Massigkeit. Die von den Zweigen herabhängenden zahllosen Ranken und Schlingpflanzen machen mit dem Unterholz zusammen ein Durchkommen fast unmöglich.

Nach der Küste zu sind die Laubhölzer mit einer Weidenvarietät untermischt, im Innern machen den Hauptbestandteil der Wälder Laubhölzer und Palmen aus. Die ersteren haben bedeutende Dimensionen. Von ihnen habe ich besonders zwei Arten als gutes Nutzholz liefernd kennen gelernt, den bombaro, dessen Holz große Ähnlichkeit mit dem unserer Eichen hat, und den bomba, welcher mehr unserer weichen Buche zu vergleichen ist. Aus dem letzteren stellen die Eingeborenen ihre Kanoes her. In einem meiner Kanoes fanden 33 Personen Platz. Ich ließ auch einen bombaro aushöhlen, doch erforderte dies der großen Härte des Holzes wegen eine sehr lange Zeit.

In den Wäldern fand ich eine große Menge von Gummilianen, oft von Armdicke, aus denen beim Anschneiden das Pyra reichlich hervorquoll. Auffallend war mir der große Affenreichtum; fast aller Orten kamen dieselben in den mannigfachsten Arten vor und trugen sehr zur Belebung des Gesamtbildes bei. An einigen Orten zeigten mir die Leute einen Baum, welchen sie Mapera ya Kizungu nannten; die Eingeborenen stellen aus ihm eine Art Rosenwasser her. Ein anderer Baum, Mstafeli, soll gute kleine Früchte liefern. Ananas traf ich mehrfach wild wachsend von bedeutender Größe und schönem Geschmack.

Unvergeßlich wird mir auch die Durchfahrt nach dem Tana bleiben. Ich war bereits in der Nähe desselben und fuhr mit Kanoes mitten durch den herrlichsten Palmenwald an einer Stelle hindurch, wo der Tana über das Ufer getreten war und das Wasser zum Fahren eine genügende Tiefe hatte. Der Weg war natürlich vollständig verwachsen,

4*

aber die viele Mühe, welche wir beim Freimachen desselben hatten, wurde reichlich aufgewogen durch den zauberhaften Anblick, welcher sich uns in stets wechselnden Bildern darbot. Während der Belebzoni-Kanal meistens von Grasflächen eingefaßt ist, wird der Ost vielfach auf beiden Seiten durch dichte Wälder begleitet.

Was die Bevölkerung anbetrifft, so besteht dieselbe in der Nähe der Küste aus Suaheli, Negern, Arabern und Hindus. Letztere haben den Handel in der Hand. In einigen größeren Küstenplätzen und den sonstigen, von den Arabern besetzten Orten übt der betreffende Gouverneur die höchste Gewalt aus. Dieselbe erstreckt sich dann auch auf die Ortschaften der nächsten Umgebung. In jeder dieser befindet sich eine Art Gemeindevorsteher, welcher gewöhnlich der Suahelirasse angehört und im allgemeinen die Ordnung aufrecht erhält. Sklaven bestraft er selber; haben sich freie Leute eines Vergehens schuldig gemacht, so muß er dieselben zum Gouverneur senden. Weiter im Lande hat Said Bargasch keinen Einfluß, doch war er bestrebt, seine Macht immer weiter auszudehnen. Den Sultan von Witu hat er in den letzten zwanzig Jahren immer mehr vom Meere abgesperrt.

Nun, die Ränke der Engländer, welche noch bis zum letzten Augenblick, als der Sultan bereits mit Herrn Denhardt einen Vertrag abgeschlossen hatte, auf den Untergang des Witu-Herrschers zu Gunsten des Sultans von Zanzibar hinarbeiteten, sind gottseidank durch das Einschreiten der deutschen Reichsregierung zu Schanden geworden.

Die Stadt Witu hat ungefähr 6—800 Häuser, und hat eine ziemlich gesunde Lage auf einer Anhöhe. Die Abhänge derselben sind frei, nur mit hohem Gras bewachsen, in dem einzelne kleine Baumgruppen zerstreut liegen. Die Stadt selber liegt dagegen, ebenso wie einige der benachbarten Dörfer, in einem dichten Urwalde, der den Orten zum Schutz dient und bislang nicht gelichtet werden durfte. Witu hat zwei Ausgänge. An die Stelle des dichten Waldes tritt hier eine starke Pallisadenwand, in der sich nur eine sehr schmale und niedrige Öffnung befindet, durch welche man nicht aufrecht hindurchgehen kann. An jedem Thor befindet sich fortwährend eine Wache. Nachts werden die Thore durch Baumstämme, welche zwischen eingegrabenen starken Pfählen davor gelegt werden, geschlossen. Die Suahelibevölkerung in den Küstenplätzen lebt meist vom Handel, im Innern vom Ackerbau. In den größeren Orten giebt es auch allerlei Handwerker. Es werden einfach verzierte Gefäße aus

gebranntem Thon hergestellt, sowie einfache Schmiede= und Schlosser=
waren angefertigt. Ferner existieren Holz= und Hornbrechslereien. Eine
große Anzahl von Leuten beschäftigt sich mit der Anfertigung von Mat=
ten, Körben und Säcken aus Palmblättern. Zimmerleute und Tischler
verfertigen zum Teil reichverziertes Hausgerät, Thüren u. s. w. Die
Formen der Ornamente erinnern an die Blütezeit der arabischen
Baukunst und dürften sich noch von der ersten arabischen Invasion
erhalten haben. Wie hoch man das Handwerk schätzt, geht wohl
auch aus einem Gespräch hervor, welches ich eines Tages mit dem
ersten Minister des Sultans von Witu hatte, welcher auch ein
Sherif, d. h. ein Abkömmling des Propheten ist (im Fastenmonat
Ramassan hält dieser die Gebete in der Moschee selber ab); er sagte
mir, er bete jeden Freitag außer für seinen Sultan auch für den
großen Sultan in Stambul. Als ich ihn darauf aufmerksam machte,
daß er von jetzt an auch den Deutschen Kaiser in sein Gebet ein=
schließen müsse, erwiederte er, er wolle nicht allein für den Deutschen
Kaiser, seinen Wesir und seine Soldaten bitten, sondern auch dafür,
daß in seinen Schambas alle Früchte gedeihen, sowie für alle Hand=
werker und Ärzte in Deutschland.

Die Galla sind ein nomadisierendes Volk im Westen von Witu,
welche aber immer mehr von den nördlich wohnenden noch kriegeri=
scheren Somal zurückgedrängt werden. Sie sollen zahlreiche Vieh=
herden besitzen, welche sie jedoch in der Regenzeit auf hochgelegene
Weiden zurückgetrieben hatten. An einigen Stellen fangen sie bereits
an, den Acker zu bebauen. Am Tana sind sie bereits seßhaft ge=
worden. Sie wohnen hier entweder für sich allein, oder aber auch
mit den Pokomos, zuweilen auch Arabern, in einem Ort gemein=
schaftlich, dann aber in besonderen Quartieren, und bauen hier Reis
und Mais. Sie sind sehr schlanke Gestalten und haben eine mehr
semitische Gesichtsbildung, fast wie die Somal. Ihre Waffen sind
meistens Spere, Schild und Schwert. Nur selten haben sie Feuer=
waffen.

Am ganzen Tana hinauf bis in die Nähe des Kenia wohnen
Pokomos in kleinen Ortschaften zerstreut. Sie sind außerordentlich
kräftig gebaut, zuweilen auch groß, aber ihrem Charakter nach das
gerade Gegenteil der kriegerischen Gallas. Die Haupterwerbsquelle
bietet ihnen besonders der fischreiche Tana. Sie bauen nur außer=
ordentlich wenig Reis und Mais, da ihnen die Araber, Suahelis
und Gallas ihre Vorräte fortzunehmen pflegen. Sie verrichten für

diese überhaupt jede Arbeit, die dieselben verlangen. Die Stämme am oberen Tana haben sich jedoch von den Gallas unabhängiger zu halten gewußt. Alle die Volksstämme traten uns außerordentlich freundlich entgegen, soweit sie nicht daran durch die Soldaten des Sultans Said Bargasch gehindert wurden. Von ganz besonderer Wärme war meine Aufnahme in Witu, sowohl seitens des Sultans und der Großen, wie seitens der Bevölkerung. Ich verdanke dieselbe ebenso wie auch die weitere Unterstützung des Sultans von Witu ebenfalls Herrn Denhardt, welcher mich dem Sultan auf das beste empfohlen hatte.

Die Häuser der Suaheli sind von der Form der unserigen; einstöckig mit einem Giebeldach. Eine Art Fachwerk aus hölzernen Trägern und Pfählen, deren Verbindung oft durch Baststricke bewirkt ist, wird mit den starken Mtamastengeln ausgefüllt und dann beiderseits mit Lehm beworfen.

Über die jetzige Bebauung des Landes läßt sich folgendes sagen. In der Küstengegend sah ich in der Nähe der kleinen Ortschaften viele Äcker, welche mit Reis (mpunga), Mais (mahindi), mtama und kunde bepflanzt waren. Außerdem sah ich zahlreiche Kokospalmen. Bei meinem Marsch nach Kipini und Witu kam ich durch sehr große Schambas, ein Maisfeld war über zwei Kilometer lang; auch Reisplantagen in bedeutender Ausdehnung passierte ich. Die ganze Umgegend von Witu ist mit Schambas übersät. Außer Mais-, Reis- und Mtamafeldern sah ich hier große Plantagen von Bananen und Zuckerrohr, außerdem viele Bataten. Herr Denhardt hatte hier auch Kartoffeln angepflanzt, welche sehr gut gediehen. Ferner fand ich vielfach in der Nähe von Witu Sesam. Der Sultan besitzt selber eine Ölmühle, welche von einem Kamel getrieben wird. In seinen Gärten ferner zieht er auch die mannigfachsten Gemüse, sowie Tomaten und Citronen, diese sind aber sehr klein und haben wenig Saft. Orangen habe ich hier nur wildwachsend vorgefunden; sie haben einen sehr sauren Geschmack.

In dem Witulande erntet man häufig viermal im Jahre, und zwar in der Hauptregenzeit, der masika, dreimal, in der kleinen Regenzeit, mouli, einmal. Das Land wird in der Weise urbar gemacht, daß das Gras abgebrannt wird, resp. es werden die Bäume angehauen und später ebenfalls abgebrannt. Das dadurch gewonnene Land ist von einer ganz vorzüglichen Beschaffenheit; erst nach einer längeren Reihe von Jahren läßt der Ertrag nach, dann läßt man das Land abwechselnd ein Jahr um das andere brach liegen. Von Pflügen und Graben ist entweder gar nicht oder nur in geringem Maße die Rede. Die Leute entfernen nur das Unkraut und bringen dann mit einer kleinen, eigentümlich geformten Hacke den Samen ein. Das Land ist schon von Natur locker genug. Der Boden enthält außer der Humuserde Thon und ziemlich viel Sand und hat eine rötliche Farbe. Dasselbe ist auch am Tana der Fall.

Bei Tjarra befinden sich außerordentlich große Schambas, besonders Reis-, Mais-, Bananen- und Zuckerrohrfelder sah ich hier in einer enormen Ausdehnung, ebenso Plantagen von Kokospalmen und Mangobäumen. Die Besitzer sind meist reiche Suaheli aus Kau und Kipini. Das ganze Land sieht hier wie ein einziger großer Garten aus. Am Belebzoni-Kanal und am Osi sah ich keine eigentlichen Schambas, sondern nur kleinere Felder der Eingeborenen.

Hörnecke.

Die Suaheli.

Die Suaheli-Sprache. — Charakteristik des Suaheli-Negers. — Der Ackerbau. — Bodenprodukte und Ausfuhr.

Die Einwohner von Deutsch-Ostafrika gehören zur weitverbreiteten Nation der Suaheli.

Das Gebiet der Suaheli-Sprache erstreckt sich ungefähr südlich von Angoxe in der portugiesischen Kolonie Mozambique bis nördlich in die Gegend von Tula. Dort fängt ungefähr das Somal-Sprachgebiet an und erstreckt sich bis nach Abessinien. Die zwei Hauptsprachen im Gebiete des Sultans von Zanzibar sind also, außer der arabischen, die Suaheli- und die Somal-Sprache, beides grundverschiedene Sprachen. Während jedoch die Somal-Sprache nur in dem eigenen Gebiet gesprochen wird, erstreckt sich die Suaheli-Sprache einerseits ganz bis auf die von Saib Bargasch abhängige Somal-Küste und andererseits bis nach Madagaskar, ja tief ins Innere Afrikas hinein. Sie ist also die Hauptverkehrssprache und unumgänglich notwendig für jeden, der an der Ostküste Afrikas als Kaufmann oder Forschungsreisender etwas ausrichten will.

Da die große Anzahl der Schilderungen*) eine ausführliche Besprechung der Neger und ihrer Verhältnisse hier unnötig macht, so

---

*) Siehe Seite 30—50.

sei nur ganz kurz an diesem Orte erwähnt, daß der Suaheli-Neger im großen und ganzen unkriegerisch, ja geradezu feig ist. Dabei ist er aber doch mit einem gewissen Grade von Pfiffigkeit ausgerüstet. Indessen will der Neger im allgemeinen ganz eigenartig behandelt sein. Man muß ihm imponieren und Vertrauen einflößen zu gleicher Zeit. „Vor allem aber", schreibt Peters in seinem Berichte, „kommt es auch hier darauf an, der Individualität als solcher gerecht zu werden. Es würde ungeheuer thöricht gewesen sein, den jovialen Mbuela (Sultan in Useguha), den etwas täppischen Sultan Ma= fungu Biniani, den egoistisch schlauen Magungo und den sie alle überragenden Muinin=Sagara auf eine Stufe zu stellen. Wo auf der einen Seite eine gewisse burschikose Art des Auftretens am Platze war, da wirkte auf der andern eine Art von ernster Freundlichkeit und auf der dritten mußte man zu herrischer und brüsker Hoch= fahrenheit greifen."

Nicht selten tritt bei ihm ein ganz gesunder Menschenverstand zu Tage, und hat es jemand einmal verstanden, sein Vertrauen zu gewinnen, so ist er von großer Anhänglichkeit. Das Gefühl für Freundschaft ist in sehr hervorragender Weise bei ihm entwickelt. Im allgemeinen ist der freie Neger sehr faul, daher in seinen An= siedelungen der Ackerbau noch auf ziemlich tiefer Stufe steht. Über die Kopfzahl der Bevölkerung des neuen deutschen Gebietes liegen bis jetzt noch keine neuen Angaben vor, nur so viel hat sich bis jetzt erkennen lassen, daß die Dichtigkeit derselben eine geringe ist. Es ist eine sofort in die Augen fallende Erscheinung, daß die Resultate der Agrikultur, verglichen mit den reichen Erwerbsquellen und Boden= erzeugnissen, welche das einem Treibhause gleichende Land zu liefern im stande wäre, sehr minimale sind. Der Grund für die thatsächlich geringe Produktion liegt in verschiedenen leicht erklärlichen Umständen. Vornehmlich hat der Reichtum der Tropen und der mühelose Erwerb der nötigsten Lebensbedürfnisse dem Bewohner dieses gesegneten Erd= striches nie den Zwang eines energischen Wirkens und Schaffens auf= erlegt und darum den Landbau zu keiner gedeihlichen Entwickelung kommen lassen.

Der Neger zieht nur wenig Produkte in der Nähe seiner Hütte, treibt nur wenig Viehzucht und bleibt im allgemeinen arm und geistig zurück.

Die Ursachen der schwachen Bevölkerungsziffer sind in erster Linie die vielen Stammesfehden und blutigen Kriege, welche die

Völkerschaften seit Jahrhunderten untereinander geführt und wodurch sie sich gegenseitig allmählich fast aufgerieben haben. In zweiter Instanz hat die Sklavenausfuhr der früheren Zeiten die Bevölkerung der Negerländer mehr als decimiert, wovon sich die verschiedenen Stämme noch lange nicht erholen werden. Sollen doch durchschnittlich circa 200 000 Negersklaven alljährlich ihrer Heimat entrissen und von der Westküste Afrikas hinweg nach Amerika verschifft worden sein. Zieht man dabei in Betracht, daß diese Ausfuhr ziemlich 400 Jahre gewährt hat, so ist klar, daß dieselbe der größte Massenmord, das systematischste Ausrottungsmittel war, denen gegenüber die größten Blutbäder der alten Nationen nichts sind. Aber eine noch viel größere Ausrottung verursachte der Sklavenhandel des Nordostens. Seit circa 5000 Jahren wird das östliche und mittlere Afrika von den furchtbarsten Menschenjagden heimgesucht, die als Gewerbe und Geschäft auch heute noch von wohlbewaffneten Banden unternommen werden, welche ihre Beute das Nilthal hinabschaffen und „das schwarze Elfenbein" auf dem ägyptischen Markte losschlagen.

Der Ackerbau liegt in seiner Eigenschaft als schwere Arbeit dem weiblichen Geschlechte ob. Da Tierarbeit und Pflug unbekannt sind, so werden in den mit einer Hacke leicht aufgerißten Boden die Körner mit der Hand eingelegt; die Erde wird wieder darauf geworfen und leicht zugetreten. Das Übrige überläßt man der Sonne. Daß der Neger in verschiedenen Zweigen des Handwerks, z. B. im Weben, Flechten, selbst Schmieden und im Töpfergewerbe ziemlich beträchtliche Fertigkeit besitzt, ist eine allgemein anerkannte Thatsache, und die großen Kriegsflotten der mächtigen ostafrikanischen Seeen legen auch Zeugnis ab für Kenntnisse im Bau der Wasserfahrzeuge. Leider hat noch kein Negerstamm ein Transportmittel zu Lande erfunden, sondern das ausschließliche Transportmittel ist Menschenkraft, und zwar durch Beförderung auf dem Kopfe. Der Mangel an Kommunikationswegen und geeigneten Verkehrsmitteln ist vor allem ein bedeutendes Hindernis für das Emporkommen des Ackerbaues und seine ausgedehntere Pflege. Wenn einmal Schutz und Sicherheit in jenen Ländergebieten sich dauernd niedergelassen haben werden, wird auch die Kopfzahl der Bevölkerung sich rasch heben; haben doch die Neger, ob ihrer Fertilität, einen großen Namen in der Welt.

Zur Einführung von Waren eignen sich fast alle Erzeugnisse europäischer Kunst und Industrie, als da sind: gewobene und

gewirkte Zeuge, Flanelle, wollene und baumwollene Wäsche, Decken
und Moskitogewebe, Bandeisen und Werkzeuge, Eisen- und Stahl-
waren, wie z. B. die verschiedensten Messer, Angelhaken, Näh- und
Stecknadeln, Scheren, Arm- und Fußspangen, Flaschen, Gläser,
Spiegel, Teller, Schüsseln, Töpfe, Krüge, Salz, Provisionen, Kleider,
Schuhwerk, Hüte, Schirme, Uhren, Schmucksachen, Leder- und Ga-
lanteriesachen, Toilettengegenstände, Petroleum, Zündhölzer (NB. schwe-
bische), Haaröle und Pomaden, — vor allem aber Rum, Schieß-
waffen, Munition, Korallen und Glasperlen, kurz alles was Europa
produziert, und sei es der obligate Frack und Cylinder, in denen
häufig Neger-Gentlemen paradieren. Der Handel ist entweder Tauschhandel oder Handel in bar Geld, in diesem Falle mit arabischen oder
englischen Silber- und Goldmünzen. Die Kauris, das früher ge-
bräuchliche Muschelgeld, kommen mehr und mehr außer Kurs und
werden ins Innere hinein gebracht, wo sie noch hoch im Werte
stehen.

Der Export oder die Ausfuhr der afrikanischen Rohprodukte
beschränkt sich hauptsächlich auf Palmöl und Palmkerne, Elfenbein,
Affenfelle, Kopal, Ebenholz, Camwood oder Rotholz, Kalabar-Bohnen
(eine Gift enthaltende kastanienartige Nuß) und etwas Kautschuk.

M. Lindner.

Das deutsch-ostafrikanische Gebiet. Leipzig 1885. E. Schlömp.

Die Niam-Niam und Monbuttu.*)

Nachdem Dr. Schweinfurth im Februar 1870 das Bongoland (südwestlich von Gondokoro am Nil, Bahr el Djebel 4° südl. Br.) durchzogen hatte, stieß er mit seiner über 1000 Köpfe starken Reisegesellschaft jenseits des Tondjflußes auf die ersten Spuren der Niam-Niam.

Wer sich zum ersten Mal von Niam-Niam umgeben sieht, erzählt er, wird erkennen, daß er es hier mit einem ganz besondern Stamm zu thun hat, es ist in jeder Beziehung ein Volk mit unendlich scharf ausgeprägten Eigentümlichkeiten. An ihrem Äußern ist das Merkwürdigste die lange Haarflechte, die Offenheit ihrer schwefelgelben Augen, die, von dicken Brauen umgeben, weit von einander abstehen, dann die ungewöhnliche Schädelbreite. Die breite Nase ist bei den meisten wie nach einem Modell geformt, der kleine Mund ist von außerordentlich breiten Lippen berandet; die Körpergröße ist eine mittlere, höchstens 5 Fuß 10 Zoll engl. Der kleine Oberkörper hindert sie nicht, bei ihren Waffentänzen die größte Gewandtheit zu entwickeln. Die Schneidezähne werden, um wirksam in Einzelkämpfen eingreifen zu können, stets spitz gemacht. Die gewöhnliche Kleidung besteht in Fellen, malerisch um die Hüften drapiert, der Mehrzahl nach von Pavianen, deren lange Schwänze dann an der entsprechenden Körperstelle herabhängen. Daher die früheren Sagen von „geschwänzten Menschen" in der Mitte Afrikas. Häuptlinge oder Fürsten haben das Recht, solche Felle von Luchsen oder großen gefleckten Katzen zu tragen. Auf den Haarputz verwenden die Niam-Niam

*) Nach Dr. Georg Schweinfurth. Vortrag in der Geogr. Ges. zu München. A. A. Z. 1872. 211.

ungemein viel, und es wäre sehr schwer, hierin eine neue Form aus=
findig zu machen, die Haare in Flechten zu legen und diese zu
Zöpfen und Knäueln aufzubinden, welche die Niam=Niam nicht be=
reits kennten. Sie haben sehr große Haarnadeln von Elfenbein,
dann einen Strohhut mit Federbusch. Weiter spielen Halsschnüre,
aus den verschiedensten Zähnen (von Elefanten, Löwen 2c.) zusammen=
gesetzt, eine Hauptrolle, die auf der dunklen Haut des Körpers
prachtvoll abstechen.

Als Stammesmerkmal haben die Sandeh — das ist der Name,
den sie sich selbst geben — 2 bis 3 mit Punkten ausgefüllte Quadrate
tättowiert, welche eine X=förmige Figur von stets gleicher Gestalt
auf der Brust bilden. Außerdem tragen die einzelnen noch als in=
dividuelles Kennzeichen auf der Brust und am Oberarm einige Tät=
towierungen. Ihre Hauptwaffe ist die Lanze und der Trumbasch,
eine Wurfwaffe; sie besteht aus zwei gleichschenkeligen, mit spitzen
Zacken versehenen Ranken. Bogen und Pfeile sind nicht allgemein
im Gebrauch, wohl aber verschiedene größere Messer mit sichelartiger
Klinge, den türkischen Säbeln nachgebildet. Es ist schwer anzugeben,
ob man dieses Volk ein ackerbauendes oder ein Jägervolk nennen
soll, beide Beschäftigungen gehen bei ihnen Hand in Hand, die
Bodenbestellung ist indes entschieden eine ziemlich geringe, und bei
der Fruchtbarkeit des Bodens erscheint die Arbeit zumal unbedeutend.
Wie in Abyssinien wird auch hier ein wohlschmeckendes Bier ge=
macht, auf dessen Bereitung die Eingeborenen die größte Sorgfalt
verwenden.

Vieh jeder Art fehlt dem Lande, die einzigen Haustiere sind
Hühner und Hunde. Bezüglich des Genusses der letzteren sind sie
ebenso wenig wählerisch wie die Monbuttu und Dinka. Im großen
und ganzen sind jene Völker Anthropophagen, obgleich einige Häupt=
linge großen Abscheu gegen Menschenfleisch zeigen. Sie tragen mit
Ostentation die Zähne der Verspeisten als Schmuck; sie schmücken
alle Gerätschaften mit deren Köpfen. Am häufigsten und allgemein=
sten wird das Fett von Menschen verspeist. Es wurde sogar schon
constatiert, daß Leichen solcher, welche auf dem Marsche starben
und verscharrt worden waren, aus den Gräbern geholt und verzehrt
wurden.

Einer der Gewährsmänner dieser Angabe, dem ich anfangs
stets mit Zweifeln begegnete, mußte einen Teil seiner Aussage buch=
stäblich mit seinem eigenen Leibe bestätigen, als er in der Nachbarschaft

eines Dorfes dieses Stammes seinen raschen Tod fand. Verschmäht wird nur jenes Fleisch, welches von einem mit ekelhafter Hautkrankheit behafteten Körper herrührt.

Städte und Dörfer in unserm Sinne giebt es dort nicht, überall sind Hütten in kleinen Gruppen zerstreut, auch der Wohnsitz des Fürsten besteht nur aus einer Anzahl von Hütten aus Stroh, die er und seine Weiber bewohnen. Die Macht eines solchen Fürsten beschränkt sich auf den Oberbefehl über alle waffenfähigen Männer, auf Vollstreckung von Todesurteilen, auf freie Verfügung über Krieg und Frieden, dann auf das Anrecht eines größern Teils der Beute; dagegen erhält er von den im Stamme selbst gewonnenen Früchten nur das, was seine Weiber und Sklaven ihm erarbeiten. Seine Hofhaltung erkennt man von weitem an den vielen Schilden, welche in Gruppierungen aufgehangen sind und den Bewaffneten seiner Wache gehören. Sonst mangelt aller fürstliche Pomp, und jeder fremdartige Schmuck wird verschmäht. Seine Autorität ist sonst eine vollkommene. Nach dem Tode ist der erstgeborene Sohn der Erbe seiner Rechte, die Brüder werden mit einzelnen Distrikten belehnt.

Die größte Masse des Landes der Niam-Niam fällt zwischen den 4. und 6. Gr. nördl. Br. Soweit das Land bekannt ist, hat es zwischen dem 5. und 6. Grad nördl. Br. einen Flächengehalt von ungefähr 3000 deutschen Quadratmeilen. Zunächst durchzogen die Reisenden das Gebiet des Häuptlings Nganjo. Nach mehreren Tagereisen erreichten sie die Ufer des Ssui-Flusses — diesen Namen trägt der Fluß bei den Niam-Niam. Der Punkt des Überganges der Karawane über denselben war 15 Meilen von der Quelle entfernt; der Fluß ist da bereits ein bedeutendes Gewässer, und die hohen Ufer mit schmalem Flußbett umschließen eine reichliche Wassermenge, welche den Reisenden auf ihrem Rückzuge im Juli beträchtliche Schwierigkeiten verursachte. Die dortige Ufergegend bezeichnet Schweinfurth als eine weit und breit menschenleere Wildnis. Mit dem 5. Breitegrade ändert sich die Bodenbeschaffenheit, die Gegenden werden sehr wasserreich, die Vegetation äußerst mannigfaltig; man könnte während der regenlosen Zeit mit großen Ochsenwagen vom Gazellen-Flusse bis zum oberen Djur gelangen. Vom 5. Breitegrad an treten aber unübersteigliche Hindernisse entgegen, namentlich in Schmalheit der Pfade, den wildverschlungenen Gewächsen, Baumstämmen u. s. w. zwischen Wasser und Sümpfen. Überall erhalten hier die Flüsse ununterbrochene Quellen, das ganze Land gleicht einem

gefüllten Schwamm. Die Gegend ist stets geschmückt mit den pracht=
vollsten Tropenwäldern, die Mannigfaltigkeit der Baumarten ist er=
staunlich; der Charakter der Vegetation und Flora entspricht dem=
jenigen, welchen Schweinfurth bei der ersten Betrachtung der Gegenden
am Roten Meer und Nil wahrgenommen hatte.

Der Zug der Reisenden ging nun in das Gebiet des großen
Häuptlings Uando, der ihnen anfangs mit Drohungen und Feind=
seligkeiten begegnete, dann aber Friedensboten entgegensandte zu
ihrem Empfang. Um zu ihnen zu gelangen, mußten sie einen
80 Fuß breiten Fluß überschreiten und Wälder passieren, in welchen
sie Schimpanse trafen; der Umstand, daß Schweinfurth später in einer
Hütte allein über ein Dutzend Schädel dieser Tiere traf, ließ ihn auf
ihre Häufigkeit in einzelnen Teilen dieses Gebietes schließen. Bei
Uando blieb die Karawane mehrere Tage, und wurde von ihm reich=
lich mit Geschenken bedacht. Hierauf ging es nach Süden fort, man
erreichte den Suakin=Distrikt, wo verschiedene Völkerstämme beginnen.
Das Studium ihrer Sprache und ihrer Sitten wurde leider durch
den Ausbruch von Feindseligkeiten zwischen einzelnen Stämmen und
Chartumer Kaufleuten verhindert; unsere Karawane ward hierbei in
Mitleidenschaft gezogen und der Dolmetsch Schweinfurths durch einen
Pfeilschuß in den Arm getötet. Die Reisenden setzten indes ihren
Weg am Rand einer großen Wildnis ungehindert fort, in zwei
starken Tagesmärschen erreichten sie ihre erste Niederlassung, und ge=
langten dann zum Sitze des Häuptlings Mbio, welcher die östliche
Hälfte der Monbuttus beherrscht. Der eigentliche Sitz dieses Volkes
ist erst südlich vom Uelle=Fluß, den die Reisenden einige Tage später
überschritten; das Land grenzt an die Besitzungen der Niam=Niam.
Endlich erreichten sie einen großen, westwärts strömenden Fluß,
„Uelle", der nach der Configuration von Äquatorial=Afrika nichts
anders sein kann, als der in den Tsad=See mündende Schari,*)
über dessen Größe uns Barth und Vogel aus Autopsie berichtet
haben. Er hat eine Breite von 800 Fuß mit sehr hohen Ufern, bei
einer Tiefe von etwa 20 Fuß. Hier durchfließt er das Krebj=Land.
Die Eingeborenen haben eine hellere Farbe, als andere Völkerschaften
der inneren Gegenden Afrikas; ihre Behausungen umgeben sie
mit großem Pomp. Ihr König bereitete unseren Reisenden unauf=

*) Durch Erkundigungen, welche Dr. Nachtigal im Süden von Wadai ein=
zog, wird an Stelle von Schweinfurths Uelle der Bahar Kuta gesetzt, welcher
den Schari noch an Wassermasse übertreffen soll.

hörliche Überraschungen (wodurch giebt Schweinfurth nicht an). Die Fülle der Gewächse ist bezaubernd, es giebt hier Zuckerrohr, Ölbäume, Colocasien u. s. w.

Nachdem der Uelle überschritten war, befand sich Schweinfurth auf Monbuttu-Gebiet, im Centrum Afrikas, sein Hof war hier immer umgeben von dichten Haufen der Monbuttus, welche ihm gestatteten, die interessantesten Studien an ihnen zu machen. Äußerlich unter=scheiden sie sich von anderen Stämmen durch hellere Hautfarbe und geringere Muskelkraft, mindestens 5 Prozent derselben sind ganz licht gefärbt. Die Männer bekleiden sich mit großen Stücken der Rinde des Feigenbaumes, die durch Bearbeitung zu einem dicken Gewebe gemacht wird, das einen hübschen Faltenwurf giebt, der durch einen Gürtel festgehalten wird. Die Haartracht ist gleich den Chignons, die Männer setzen auf denselben einen Strohhut mit Federbusch, die Frauen dagegen tragen den Chignon frei, bloß geziert mit großen Haarnadeln oder Kämmen. Die einzige Verstümmelung ihres Kör=pers beschränkt sich auf die Durchlöcherung der Ohrmuschel, was bei den Frauen dort die Mode erheischt, die auch von den Eingeborenen nie verlassen wird.

Die Bewaffnung besteht aus Lanze, Spieß, Bogen und Pfeilen, sie haben auch hölzerne Schilde, dann seltsam geformte Säbel, Messer aus dem bei ihnen besonders geschätzten Kupfer. Alle an=deren Metalle sind ihnen unbekannt. An Kunstfertigkeit übertreffen sie weit die Leistungen der Bongos; Schweinfurth sah ein Meister=stück eines Schmiedes; eine Kette von einer Feinheit und Voll=endung, die nur mit einer feinen Kette von Stahl zu vergleichen war. Auch im Holzschnitzen sind sie sehr gewandt, und in Verferti=gung von Töpfereiwaren sind sie allen Völkern Inner-Afrikas weit voraus. Am meisten überrascht der Bau ihrer Hütten; zum ersten Mal fand Schweinfurth bei ihnen einen Dachbau mit geschweiften Bogendecken. Ungeachtet aber ihrer Kunsterzeugnisse, welche für Afrikaner eine ungewöhnliche Kultur an den Tag legen, lassen sich auch bei ihnen keine Spuren nachweisen, welche auf die Verehrung eines höchsten Wesens deuten; die bei ihnen geübte Beschneidung ist nur eine alte Sitte. Ihr Begriff des Höchsten ist Freiheit, sie wird durch das Wort Roro ausgedrückt, und auf die Frage, wo sie sich be=findet, deuten sie zum Himmel. Die Macht des Königs der Mon=buttus erstreckt sich viel weiter als bei dem der Niam=Niam; eine große Schar von Trabanten umgiebt ihn. Auch gehören 80 Frauen zu seiner Umgebung, die in ebenso vielen Hütten wohnen. Vor seinem Hofe versammelt sich bei festlichen Gelegenheiten das Volk zu Tanz und Musik; zu einem solchen Feste gestaltete sich der Empfang, den er Schweinfurth bereitete.

Die Monbuttus sind dem Kannibalismus in weit höherem Grad ergeben als die Niam-Niam. „Ich brauche," sagte Schweinfurth, „um diese Behauptung zu erhärten, nicht auf die Erzählung nubi-scher Begleiter oder meines Freundes Abu Sfamat zu verweisen, von ihren Raubzügen, von der Art und Weise, wie sie das Menschen-fett gewinnen und als Speise zuzubereiten pflegen; ich brauche nur auf die große Sammlung von Schädeln hinzuweisen, die ich um Geld von ihnen erstand und heimsandte, um die Wahrheit zu con-statieren, daß trotz seiner hohen Kultur auch dieser Stamm an Wildheit den anderen gleich ist. Und doch sind sie ganz verständige und vernünftige Menschen, die stets die rechte Antwort geben auf das, was man sie fragt, wie denn auch die Nubier nicht genug des Lobes zu sagen wissen von ihrer Zuverlässigkeit in freundschaftlicher Beziehung, ihrer Ordnung im Staatsleben und ihrer Gesittung."

Schweinfurth.

Die Entdeckung des Albert N'yanza.

Einleitung. Die Vorkämpfer der britischen Weltmacht. — Samuel White Baker und seine Gattin; ein Bild ihrer Thätigkeit. — Wie Baker mit seiner heldenmütigen Gattin die entsetzlichsten Mühseligkeiten und Gefahren unter den wilden Völkerschaften überwindet und bis zum Albert N'yanza vordringt.

England hat das Glück gehabt, zur Begründung und Befesti-gung seiner Weltmacht eine ganze Reihe von Männern zu finden, welche ihre Thatkraft, ihre Vaterlandsliebe, ihre körperliche Tüchtig-keit, ihre hohen geistigen Fähigkeiten fern von der Heimat in allen Weltteilen geltend machten, ohne einen Augenblick die nationalen Interessen aus den Augen zu verlieren; Männer von eisenfestem Charakter, welche um den Einfluß und die Macht Englands zu ver-mehren, um demselben neue materielle oder geistige Hilfsquellen zu eröffnen, ihre ganze Lebenszeit, ihre Gesundheit, ja all ihr Gut und Blut opferten. Hätten Italien und Spanien, die mindestens eine gleich günstige geographische Lage haben, seit hundertfünfzig Jahren eine genügende Zahl solcher Männer besessen, so ständen sie jetzt als Weltmächte zur Seite Englands. Die deutsche Tüchtigkeit und That= kraft steht der britischen nicht nach, aber dieselbe hat sich bis zum Juni 1884, wo zum ersten Male unsere Reichsflagge in einem deutschen Kolonialgebiete aufgehißt wurde, fast ausschließlich im Dienste der Wissenschaft und zum Vorteil der Weltmacht Englands und Frank= reichs bethätigt; für die Begründung einer überseeischen deutschen Weltmachtstellung waren keine Mittel und wenig Sympathie zu fin= den. Heute können wir die Hoffnung hegen, daß wir das Über= gewicht der Stubenhocker und Kirchturmpolitiker definitiv beseitigen und daß unsere Forschungsreisenden, Missionare und Kaufleute end= lich einmal vorzugsweise in deutschem Interesse arbeiten werden.

Unter den Vorkämpfern der britischen Weltmacht nimmt Samuel White Baker eine hervorragende Stelle ein. Am 18. Juni 1821 zu London geboren erfaßte ihn wie alle echten Engländer frühzeitig die Reiselust. Wir finden ihn 1848 auf Ceylon, wo er mit seinem Bruder, dem Obersten Baker, zu Nemera in einer Höhe von 6200 Fuß eine Musterfarm und ein Sanatorium errichtete. Er gab über die schöne Insel zwei interessante Werke heraus: Eight years Wande= rings in Ceylon 1855 und The rifle and the hound in Ceylon 1857. — Im J. 1855 nahm er teil am Krimkriege und baute darauf den Türken die erste Eisenbahn. In Kairo 1861 bereitete er sich zur Erforschung der Nilquellen vor und bereiste in demselben Jahre Abessinien und den Blauen Nil in der Hoffnung, mit Grant und Speke, die zu demselben Zwecke von Zanzibar aus die Nilquellen zu finden suchten, zusammenzutreffen. Im Dezember 1862 unternahm er von Khartum aus die Untersuchung des Weißen Nils, wobei er alle seine europäischen Begleiter durch Sumpffieber verlor. In Gon= dokoro traf er im Februar 1863 mit Grant und Speke zusammen, welche den großen See Ukerewe (Victoria N'hanza) erreicht hatten, den sie für den Ursprung des Nils hielten. Speke teilte ihm mit, daß die Eingeborenen ihn versichert hätten, im Westen existiere noch ein anderer See, den man für eine zweite Quelle des Nils hielt. Von seiner mutigen Gattin begleitet, welche alle seine Mühseligkeiten und Gefahren teilte, brach Baker sofort zur Entdeckung dieses Sees auf, obgleich ihn seine eingeborenen Führer verließen. Er traf glück= licherweise unterwegs eine Handelskarawane und erreichte mit ihr im März 1863 Latooka, 110 Meilen von Gondokoro; doch hatte er noch

ein ganzes Jahr hindurch unsägliche Leiden, Gefahren und Beschwer=
nisse aller Art zu überwinden, ehe er am 14. März 1864 den lang=
ersehnten See erblicken konnte. Die nachstehende Schilderung aus
Bakers Werk „The Albert N'yanza, great basin of the Nil, 1866"
nach der Übersetzung von J. E. A. Martin*) giebt ein lebhaftes
Bild der Erlebnisse Bakers vor und bei der Entdeckung. „Ich muß
den Leser", sagt er im Vorwort, „bei der Hand nehmen und ihn
Schritt für Schritt auf meinem rauhen Pfade durch sengende Wüsten
und durstige Sandstrecken, durch Sumpf und Dorngebüsch und un=
ermeßlichen Morast, durch Beschwerden, Strapazen und Krankheit
führen, bis ich ihn, von der ermüdenden Reise matt, zu jener hohen
Klippe bringe, wo der große Preis ihm plötzlich vor Augen steht —
von welcher er auf den ungeheuren Albert=See hinabschaut und
mit mir aus den Quellen des Nils trinkt." B.

Schon mehrere Tage lang vorher hatten uns unsere Führer ge=
sagt, daß wir ganz nahe am See wären, und jetzt versicherte man
uns, daß wir ihn am morgenden Tage erreichen würden. Ich hatte
in ungeheurer Entfernung gegen Westen eine Reihe stattlicher Berge
bemerkt und mir eingebildet, der See läge jenseits jener Kette; jetzt
wurde mir aber mitgeteilt, daß diese Berge die westliche Grenze des
M=wutan N'zige bildeten, und daß der See sich wirklich innerhalb
eines Marsches von Parkäni befände. Ich glaubte gar nicht, daß
es möglich sei, daß wir dem Gegenstand unseres Suchens so nahe
wären. Jetzt erschien der Führer Rabonga und erklärte, daß, wenn
wir am folgenden Morgen früh aufbrächen, wir im stande sein würden,
uns gegen Mittag im See zu waschen! Jene Nacht schlief ich kaum.
Jahre lang hatte ich gerungen, die „Quellen des Nils" zu erreichen.
In meinen nächtlichen Träumen während jener schwierigen Reise
war es mir stets mißlungen, aber nach so viel harter Arbeit und
Ausdauer war der Becher gerade an meinen Lippen, und ich sollte
an der geheimnisvollen Quelle trinken, ehe die Sonne zum zweiten
Male unterging — an jenem großen Behälter der Natur, der seit
der Erschaffung jeder Entdeckung gespottet hatte.

Durch Schwierigkeiten aller Art hindurch, bei Krankheit, Hunger
und Müdigkeit hatte ich gehofft, gebetet und gerungen, jene ver=
borgene Quelle zu erreichen, und so oft es unmöglich erschienen war,

---

*) Der Albert N'yanza, das große Becken des Nils und die Erforschung
der Nilquellen. Von S. W. Baker. Aus dem Englischen von J. E. A. Martin,
Kustos der Univ.=Bibliothek zu Jena. 3. Aufl. Gera, Griesbach, 1876.

hatten wir uns beide entschlossen, lieber auf der Straße zu sterben, als unverrichteter Sache umzukehren. War es möglich, daß sie so nahe lag, und daß wir morgen sagen konnten: „Das Werk ist voll= endet?"

Den 14. März. Die Sonne war noch nicht aufgegangen, als ich meinem Ochsen die Sporen gab und dem Führer nacheilte, den, weil ich ihm bei der Ankunft am See eine doppelte Hand voll Perlen versprochen, die Begeisterung des Augenblicks ergriffen hatte. Der schöne, heitere Tag brach an, und nachdem wir ein zwischen den Hügeln liegendes tiefes Thal überschritten hatten, arbeiteten wir uns mühsam den gegenüberliegenden Abhang hinauf. Ich eilte auf die höchste Spitze. Unser prachtvoller Preis sprang mir plötzlich in die Augen. Dort lag, gleich einem Quecksilbermeer, tief unten die groß= artige Wasserfläche — im Süden und Südwesten ein grenzenloser Seehorizont, glänzend in der Mittagssonne, und im Westen erhoben sich in einer Entfernung von fünfzig bis sechzig Meilen blaue Berge aus dem Busen des Sees bis zu einer Höhe von etwa 7000 Fuß über seinem Wasserstande.

Den Triumph jenes Augenblicks zu beschreiben ist unmöglich; hier lag der Lohn für alle unsere Arbeit — für die jahrelange Zähigkeit, mit welcher wir uns durch Afrika hindurch geplagt hatten. England hatte die Quellen des Nils erobert! Lange zuvor, ehe ich diese Stelle erreichte, hatte ich mir vorgenommen, zu Ehren der Entdeckung mit unserer ganzen Mannschaft drei Hurrahs in englischer Weise zu rufen; aber jetzt, wo ich hinabschaute auf das große Binnen= meer, das gerade im Herzen Afrikas eingenistet lag, wo ich daran dachte, wie vergebens die Menschheit so viele Jahrhunderte hindurch diese Quellen gesucht, und erwog, daß ich das geringe Werkzeug ge= wesen, dem es gestattet war, diesen Teil des großen Geheimnisses zu enthüllen, während es so vielen, die größer als ich, mißlang, da war ich zu ernst gestimmt, um meinen Gefühlen in eitlem Hurrah= geschrei für den Sieg Luft zu machen, und dankte aufrichtig Gott, daß er uns durch alle Gefahren zum guten Ende geführt und uns beigestanden hatte. Ich stand etwa 1500 Fuß über dem See und blickte von der steilen Granitklippe hinab auf diese willkommenen Wasser — auf jenen ungeheuren Behälter, der Ägypten ernährte und Fruchtbarkeit brachte, wo alles Wildnis war — auf jene große Quelle, die der Menschheit solange verborgen blieb, jene Quelle der Güte und des Segens für Millionen menschlicher Wesen, und als

einen der größten Gegenstände in der Natur, beschloß ich, sie mit
einem großen Namen zu ehren. Zum unvergänglichen Andenken an
einen von unserer gnädigsten Königin geliebten und betrauerten und
von jedem Engländer beweinten Fürsten nannte ich diesen großen
See den „Albert N'yanza". Die Seeen Victoria und Albert sind
die beiden Quellen des Nils.

Der Zickzackweg, auf welchem man zum See hinabsteigen mußte,
war so steil und gefährlich, daß wir uns genötigt sahen, unsere
Ochsen mit einem Führer zurückzulassen, der sie nach Magungo
bringen und auf unsere Ankunft warten sollte. Wir begannen zu
Fuß den steilen Paß hinabzusteigen. Ich ging, ein starkes Bambusrohr ergreifend, voran. Meine Frau wankte in äußerster Schwäche
den Paß hinab, indem sie sich auf meine Schulter stützte und alle
zwanzig Schritte stehen blieb, um auszuruhen. Nachdem wir, durch
jahrelanges Fieber geschwächt, aber für den Augenblick durch den
glücklichen Erfolg gestärkt, etwa zwei Stunden mühsam gestiegen
waren, erreichten wir die wagerechte Ebene unterhalb der Klippe.
Ein Spaziergang von etwa einer Meile durch flache sandige Wiesen
mit schönem Rasen, der hier und da mit Bäumen und Gebüsch bestanden war, brachte uns zum Rande des Wassers. Die Wellen
rollten auf ein weißes Kieselgestade. Ich stürzte mich in den See
und trank, durstig von Hitze und Ermüdung, mit dankerfülltem Herzen
tief aus den Quellen des Nils. Innerhalb einer Viertelmeile vom
See lag ein Fischerdorf namens Vacovia, in welchem wir uns jetzt
niederließen. Alles roch nach Fisch — und alles sah wie Fischerei
aus, nicht wie die vornehme Kunst Englands mit Angelrute und
Fliege, sondern Harpunen lehnten an den Hütten, und Schnüre,
fast so dick wie der kleine Finger, waren zum Trocknen aufgehängt,
und daran eiserne Angelhaken von einer Größe befestigt, die da
zeigte, welche Ungeheuer den Albert=See bevölkerten.

Meine Mannschaft war beim Anblick des Sees völlig bestürzt.
Die Reise war so lang gewesen, und „verschobene Hoffnung" hatte
ihre Herzen so vollständig krank gemacht, daß sie schon lange nicht
mehr an die Existenz des Sees glaubten und überzeugt waren, ich
wolle sie nach dem Meere führen. Sie blickten jetzt mit Schrecken
auf den See — zwei von ihnen hatten bereits das Meer in
Alexandria gesehen und nahmen keinen Anstand, zu behaupten, dies
sei das Meer, aber es sei nicht salzig.

Vacovia ist ein elender Ort und der Boden so mit Salz

geschwängert, daß kein Feldbau möglich war. Salz war das Natur-
produkt des Landes, und die Bevölkerung beschäftigte sich mit der
Bereitung desselben; dies machte den Handel der Seeküsten aus,
indem es für Lebensbedürfnisse umgetauscht wurde, die aus dem Innern
kamen.

Am folgenden Morgen bei Sonnenaufgang nahm ich den Kom-
paß und ging, von dem Häuptling des Dorfes, meinem Führer Rabonga und der Frau Batschita begleitet, nach den Gestaden des Sees,
um das Land aufzunehmen. Es war schön hell, und mit einem
starken Fernrohr konnte ich zwei große Wasserfälle erkennen, welche
die Wände der Berge auf der gegenüberliegenden Küste spalteten.
Obgleich der Umriß der Berge auf dem hellblauen Himmel deutlich
hervortrat und die dunkeln Schatten auf ihren Wänden tiefe Schluchten andeuteten, so konnte ich doch keine anderen Gestalten erkennen,
als die zwei großen Wasserfälle, die wie Silberfäden auf der dunkeln
Vorderseite der Berge aussahen. Eine Grundfläche war nicht zu
sehen, selbst von einer Höhe von 1500 Fuß über dem Wasserspiegel
aus, von wo ich den See zum ersten Male erblickte, sondern die hohe
Bergkette im Westen schien sich plötzlich aus dem Wasser zu erheben.
Diese Erscheinung mußte von der großen Entfernung herrühren, indem die Grundfläche unterhalb des Gesichtskreises lag, denn dichte
Rauchsäulen stiegen scheinbar von der Oberfläche des Wassers auf;
sie mußten durch das Verbrennen von Prairieen am Fuße der Berge
entstanden sein. Der Häuptling versicherte mir, es sei bekannt, daß
große Kanoes von der andern Seite herübergefahren, aber es er-
fordere vier Tage und Nächte harten Ruderns, um die Reise auszuführen und viele Boote seien bei dem Versuch verloren gegangen.

Ungeachtet meiner täglichen Bitten, daß man uns ohne Verzug
Boote liefern möchte, waren in Vacovia acht Tage vergangen, und
während dieser Zeit litt die ganze Gesellschaft mehr oder weniger
am Fieber. Endlich meldete man, daß Kanoes angekommen seien,
und ich wurde ersucht, sie anzusehen. Es waren bloß einzelne
Bäume, nett ausgehöhlt, aber viel kleiner, als die großen Kanoes
auf dem Nil bei M'ruli. Das größte Boot war zweiunddreißig Fuß
lang; ich wählte jedoch für uns eins von sechsundzwanzig Fuß aus,
das aber breiter und tiefer war. Zum Glück hatte ich in Khartum
einen englischen Schraubenbohrer von 1¼ Zoll Durchmesser gekauft
und dieses Werkzeug mitgebracht, da ich voraussah, daß es bei Einrichtungen zu Bootenfahrten manche Schwierigkeiten geben werde.

Ich bohrte nun im Dahlbord der Kanoes zwei Fuß von einander liegende Löcher, machte lange elastische Ruten zurecht, spannte sie im Bogen quer über das Boot und band sie an den Bohrlöchern fest. Als dies geschehen war, verwahrte ich sie durch diagonal laufende Stücke und schloß damit, daß ich das Fachwerk mit einer dünnen Schicht Schilfrohr bedeckte, um uns vor der Sonne zu schützen; über das Schilf breitete ich Ochsenhäute, die gut angezogen wurden und festgebunden, so daß sie unser Dach wasserdicht machten. Diese Vor- richtung bildete einen schildkrötenähnlichen Schutz, der für Sonne und Regen undurchdringlich war. Dann legte ich längs des Bodens der Kanoes einige Klötze von ganz leichtem Holz und bedeckte sie mit einer dichten Schicht Gras; dieses wurde mit einer gegerbten abessinischen Ochsenhaut bedeckt und mit schottischen Plaids belegt. Die Vorrichtungen gaben, als sie fertig waren, eine Kajüte ab, die vielleicht nicht so luxuriös wie diejenigen auf den Fahrzeugen der „Peninsular- und orientalischen Gesellschaft", aber, was die Haupt- sache, undurchdringlich für den Regen und die Sonne war. In dieses rohe Fahrzeug schifften wir uns an einem stillen Morgen ein, wo kaum ein sanfter Wellenschlag die ebene Oberfläche des Sees bewegte. Jedes Kanoe hatte vier Ruderer, an jedem Ende zwei. Ihre Ruder waren von schöner Gestalt, aus einem einzigen Stück Holz gehauen, das Blatt etwas breiter als das eines gewöhnlichen Spatens, aber auf der innern Seite vertieft, so daß es dem Ruderer eine große Gewalt über das Wasser gab. Nachdem ich mit einiger Schwierigkeit mehrere Hühner und getrocknete Fische gekauft hatte, stellte ich die größere Zahl meiner Mannschaft in das geräumigere Kanoe; dann fuhren wir mit Richarn, Saat und den Frauen nebst der Dolmetscherin Batschita voran und eilten von Vacovia hinaus auf die weite Fläche des Albert-Sees. Die Ruderer arbeiteten tapfer, und das Kanoe, obgleich schwer beladen, durchlief etwa vier Meilen in der Stunde. Eine Aufregung gab es in Vacovia nicht; nur der Häuptling und zwei oder drei Begleiter kamen, um uns abfahren zu sehen; sie hegten den Verdacht, daß man etwa Zuschauer einladen könnte, als Ruderer mitzuhelfen, deshalb war die ganze Bevölkerung des Dorfes ausgerissen.

Als wir die Küste verließen, bat der Häuptling um einige Per- len; er erhielt sie und warf sie in den See, um die Bewohner der Tiefe zu versöhnen, damit nicht Flußpferde die Kanoes umwärfen.

Unsere erste Tagereise war köstlich. Der See war ruhig, der

Himmel bewölkt und die Landschaft höchst reizend. Zuweilen waren die Berge auf der Westküste nicht zu erkennen, und der See schien von unbegrenzter Breite zu sein. Wir fuhren an der Küste hin innerhalb dreihundert Fuß von dem östlichen Ufer; bisweilen passierten wir Flächen von Sand und Gebüsch, die vom Wasser bis zum Fuße der Bergklippen vielleicht eine Meile breit waren; andere Male ruderten wir gerade unter staunenerregenden Höhen von etwa 1500 Fuß vorüber, die schroff aus der Tiefe aufstiegen, so daß wir die Kanoe von den Wänden abstießen und unsere Weiterfahrt dadurch unterstützten, daß wir mit Bambusröhren am Felsen schoben. Diese jähen Felsen bestanden alle aus Urgestein, häufig aus Granit und Gneiß, und waren an vielen Stellen mit rotem Porphyr vermischt. In den Klüften standen schöne, immergrüne Gewächse von allen Farben, darunter riesenhafte Euphorbien, und wo nur immer ein Flüßchen oder eine Quelle durch das dunkle Laubwerk einer Schlucht schimmerte, wurde es von der graziösen und federartigen wilden Dattel beschattet.

Im Wasser spielten große Herden Flußpferde, aber ich versagte mir's, auf sie zu schießen, da der Tod eines solchen Ungeheuers uns sicherlich wenigstens einen Tag aufhielt, weil die Bootsmänner das Fleisch nicht preisgegeben hätten. Krokodile waren außerordentlich zahlreich, sowohl in als außer dem Wasser; wo nur ein sandiger Strand sie zum Sonnen einlud, waren mehrere Ungeheuer zu sehen, die wie Baumstämme in der Sonne lagen. Am Rande des Stran-des über dem Hochwasserstandszeichen befanden sich niedrige Büsche, und aus diesem Versteck kamen die Krokodile eiligst ins Wasser herab-gelaufen, beim Nahen der Kanoes in Schrecken gesetzt. Enten und Gänse waren nicht vorhanden, weil es keine Futterplätze gab; bis dicht am Ufer war tiefes Wasser.

Unsere Bootsmänner arbeiteten gut, und wir setzten unsere Reise noch lange nach Eintritt der Dunkelheit fort, bis das Kanoe plötzlich nach dem Ufer gesteuert wurde und wir auf einem steilen Strande von vollkommen reinem Sande festsaßen. Man benachrichtigte uns, daß wir uns in der Nähe eines Dorfes befänden, und die Boots-männer machten den Vorschlag, uns die Nacht hier zu lassen, wäh-rend sie ausgehen wollten, um Lebensmittel zu suchen. Als ich sah, daß sie die Ruder mitnehmen wollten, befahl ich, diese wichtigen Ge-räte wieder zu den Booten zu bringen und eine Wache für sie hin-zustellen, während mehrere von meiner Mannschaft die Bootsmänner

nach dem erwähnten Dorfe begleiten sollten. Mittlerweile stellten
wir unsere Angareps auf den Strand, machten mit etwas Treibholz
ein Feuer an und bereiteten uns auf die Nacht vor. Die Männer
kehrten bald wieder zurück; sie waren von mehreren Eingeborenen
begleitet und brachten zwei Hühner und eine junge Ziege mit. Die
letztere wurde sofort dem großen kupfernen Topf übergeben, und ich
bezahlte den Eingeborenen ihren Wert etwa dreifach, um sie zu er-
mutigen, am folgenden Morgen Lebensmittel zu bringen.

Während das Essen bereitet wurde, machte ich eine Beobachtung
und fand, daß unsere geographische Breite 1° 33' nördlich war. Wir
waren schnell gereist, denn wir hatten eine Strecke von 16' geographischer Breite direkt nach Norden zurückgelegt.

Beim ersten Krähen unseres einsamen Hahns bereiteten wir uns
zum Aufbruch vor; — die Bootsmänner waren fort.

Sobald es hell war, nahm ich zwei Männer und ging nach
dem Dorfe, indem ich vermutete, sie würden in ihren Hütten schlafen.
Etwa dreihundert Schritte von den Booten, auf einer schönen Rasen-
fläche an einer Anhöhe, standen drei elende Fischerhütten. Sie
machten das Dorf aus. Als wir ankamen, war niemand zu finden;
die Eingeborenen waren entwichen. Ein schöner Strich durch-
brochenes Grasland bildete unterhalb der Klippenreihe eine Art
Amphitheater. Ich durchforschte die Klippen mit dem Fernrohr,
konnte aber keine Spur von einem Menschen entdecken. Unsere
Bootsmänner hatten uns offenbar im Stich gelassen, und die Eingeborenen hatten sie begleitet, um nicht genötigt zu werden, uns zu
dienen.

Als ich mit dieser Nachricht zu den Kanoes zurückkam, war
meine Mannschaft in voller Verzweiflung. Sie konnten nicht glauben,
daß die Bootsmänner wirklich davongelaufen wären, und baten mich,
sie die Gegend durchsuchen zu lassen, in der Hoffnung, noch ein anderes Dorf zu finden. Ich verbot streng, daß irgend ein Mann von
den Booten sich entferne und wünschte uns Glück, daß ich die Ruder
gut bewacht hatte, die ohne Zweifel von den Bootsmännern ge-
stohlen worden wären, wenn ich sie ihnen gelassen hätte. Ich willigte
ein, bis 3 Uhr nachmittags zu warten. Kehrten die Bootsmänner
bis dahin nicht zurück, so gedachte ich ohne sie weiter zu fahren.
Auf diese sich selbst widersprechenden Eingeborenen konnte man sich
nicht verlassen. Freundlichkeit war bei ihnen nicht angebracht.
Wir hatten Kamrasis Befehle, daß uns Boote und Mannschaft gestellt

werden sollten, aber an dieser fernen Grenze schienen die Eingeborenen
ihrem König keine große Bedeutung beizulegen; dessenungeachtet
waren wir von ihnen abhängig. Jede Stunde war wertvoll, da
unsere einzige Aussicht, Gondokoro zur rechten Zeit zu erreichen und
die Boote zu treffen, von einer schnellen Reise abhing. In dem
Augenblick, wo ich vorwärts zu eilen wünschte, traten Verzögerungen
ein, die höchst bedenklich waren.

Drei Uhr nachmittags kam heran, aber von Eingeborenen war
keine Spur zu sehen. „Springt in die Boote, meine Burschen!"
schrie ich meiner Mannschaft zu; „ich weiß den Weg!" Die Kanoes
wurden vom Ufer gestoßen, und meine Leute setzten sich an die Ruder.
Fünf von meiner Mannschaft waren Bootsmänner von Beruf, aber
außer mir selbst verstand keiner die Behandlung der Ruder. Vergebens versuchte ich mein Schiffsvolk zu unterrichten. Rudern thaten
sie freilich, aber — ihr Götter, die ihr über die Boote wacht! —
wir pirouettierten immer um und um, und die beiden Kanoes tanzten mit einander auf ihrem großen Ballsaal, dem Albert N'yanza,
Walzer und Polka. Die Reise hätte bis ins unendliche gedauert.
Nach dreistündiger Anstrengung erreichten wir eine Felsenspitze, die
sich wie ein Vorgebirge in den See erstreckte. Diese schroffe Spitze
war bis zum höchsten Gipfel mit dichtem Dschungel bedeckt, und am
Fuße derselben befand sich ein kleines Fleckchen sandigen Strandes,
von dem es keinen Ausgang gab außer zu Wasser, da die Klippe
auf beiden Seiten bis zum See herabhing. Es regnete, was vom
Himmel wollte, und mit vieler Mühe zündeten wir ein Feuer an.
Mosquitos gab es in Massen, und die Nacht war so warm, daß es
unmöglich war, unter den wollenen Bettdecken zu schlafen. Wir
stellten die Angareps auf den Strand, benützten die rohen Ochsenhäute als Decken und legten uns in den Regen. Im Boote zu
schlafen war es zu heiß, zumal da die einstweilige Kajüte ein voll-
kommenes Mosquitonest war. Jene Nacht überlegte ich, was wohl
am besten zu thun sei und beschloß, am folgenden Morgen ein Ruder
als Steuer anzubringen. Es regnete die ganze Nacht ohne Aufhören, und beim Anbruch des Tages war die Scene kläglich genug.
Die Mannschaft lag auf dem nassen Sande, mit ihren rohen Häuten
zugedeckt, durch und durch geweicht, aber noch immer im festen
Schlaf, aus dem sie sich durch nichts erwecken ließen. Meine Frau
war ebenfalls naß und sah jämmerlich aus. Es regnete noch immer.
Ich war bald bei der Arbeit. Ich schnitt mit meinem Jagdmesser

ins Hinterteil des Kanoe ein Lager, bohrte unterhalb desselben mit dem großen Bohrer ein Loch und band mit einem Riemen von roher Haut, den ich von meiner mit Wasser gesättigten Bettdecke abschnitt, ein Ruder fest. So machte ich ein höchst wirksames Steuerruder. Von meiner Mannschaft hatte mir keiner geholfen. Während ich hart arbeitete, waren sie unter ihren eingeweichten Fellen liegen geblieben und hatten ihre kurzen Pfeifen geraucht. Sie waren vor Verzweiflung völlig gefühllos, da ihre lächerlichen Anstrengungen beim Rudern am vorhergehenden Abend alle Hoffnung in ihnen vollständig vernichtet hatten. Sie hatten sich ganz in ihr Schicksal ergeben und betrachteten sich als der Geographie geopfert.

Ich warf ihnen den Bohrer hin und erklärte, daß ich zum Aufbruch fertig sei und auf niemanden warten würde. Ich schnitt zwei Bambusrohre ab, machte einen Mast und eine Segelstange und befestigte einen großen schottischen Plaid als Segel daran. Wir stießen das Boot ab. Glücklicherweise hatten wir zwei oder drei Reserveruder; das zum Steuer verwendete Ruder wurde daher nicht vermißt. Ich nahm das Steuer und ermahnte meine Mannschaft, an nichts zu denken als an starkes Rudern. Fort ging's mit uns so gerade wie ein Pfeil zum größten Vergnügen meiner Leute. Es war sehr wenig Wind, aber ein leichtes Lüftchen füllte den Plaid und trieb uns sanft vorwärts.

Als wir um das Vorgebirge herum waren, befanden wir uns in einer großen Bai; das gegenüberliegende Vorgebirge war in einer Entfernung von acht bis zehn Meilen sichtbar. Wollten wir an der Küste der Bai hinfahren, so hätten wir zwei Tage gebraucht. Weiter hinein war noch ein anderes kleines Vorgebirge; ich beschloß daher, direkt nach diesem Punkte zu steuern, ehe ich mich in gerader Linie von einem Vorgebirge zum andern wagte.

Als ich mich umsah, bemerkte ich, daß unser zweites Kanoe etwa eine Meile zurück war und sich die Zeit damit vertrieb, daß es nach allen Gegenden des Kompasses zeigte; — die faule Mannschaft hatte sich nicht die Mühe genommen, das Steuer anzuwenden, wie ich ihr befohlen hatte.

Wir reisten etwa vier Meilen in der Stunde, und meine Leute waren so aufgeblasen, daß sie sich bereit erklärten, ohne Beistand bis zur Nilmündung zu rudern. Das Wasser war vollkommen ruhig, und als wir um das nächste Vorgebirge herum waren, hatte ich die Freude, in einer bequemen kleinen Bai ein Dorf und eine große

Anzahl Kanoes zu sehen, die auf den sandigen Strand gezogen waren, sowie andere, die sich mit Fischen beschäftigten. Auf dem Sande hart am Rande des Wassers, etwa eine halbe Meile von uns, standen eine Anzahl Eingeborene, und ich steuerte gerade auf sie zu. Als wir dicht herankamen, setzten sie sich nieder und hielten ihre Ruder über die Köpfe empor; dies war ein unverkennbares Zeichen, daß sie beabsichtigten, uns freiwillig als Bootsmänner zu dienen, und ich steuerte das Boot auf den Strand. Wir befanden uns kaum auf dem Grunde, als sie sich ins Wasser stürzten, uns enterten und in bester Laune unsern Mast und unser Segel nieder= rissen, die ihnen höchst albern erschienen (da sie nie Segel benutzen). Sie setzten uns auseinander, sie hätten auf der andern Seite des Vorgebirges gesehen, daß wir Fremde wären, und ihr Häuptling hätte ihnen befohlen, uns zu helfen. Ich bat sie nun, dem zurück= gebliebenen Kanoe sechs Mann zu Hilfe zu schicken; dies versprachen sie zu thun, und nachdem wir einige Zeit gewartet hatten, fuhren wir in rasendem Lauf ab, um von Spitze zu Spitze quer über die breite Bai zu rudern.

Als wir im Mittelpunkte der Bai waren, befanden wir uns etwa vier Meilen vom Lande. In dieser Zeit trat von Südwesten her ein Aufwallen des Sees ein. Während wir in Vacovia lagen, hatte ich bemerkt, daß, wenn auch die Morgen windstill waren, in der Regel um 1 Uhr nachmittags sich von Südwesten her ein starker Wind erhob, der eine schwere See auf den Strand brachte. Ich fürchtete jetzt, wir würden einem Sturm ausgesetzt werden, ehe wir das gegenüberliegende Vorgebirge erreichen konnten, denn das stei= gende Aufwallen des Sees deutete Wind aus der alten Himmels= gegend an, zumal da auf der Westküste sich dunkle Gewitterwolken zusammenzogen.

Ich sagte Batschita, sie solle die Ruderer drängen, vorwärts zu eilen, da unser schweres Kanoe im Fall eines Sturmes sicherlich würde zum Sinken gebracht werden. Ich sah nach meiner Uhr; es war Mittag vorüber, und ich war überzeugt, daß wir gegen ein Uhr einen starken Südwestwind bekommen würden. Meine Mannschaft sah mit ziemlich bleichem Gesicht auf die vorbedeutungsvollen schwarzen Wolken und das zunehmende Aufwallen des Sees, rief aber aus: „Inschallah, es wird keinen Wind geben!" Mit gebührender Rück= sicht auf ihren Glauben an eine Vorherbestimmung bestand ich darauf, daß sie die Reserveruder in Bewegung setzten, da unsere Rettung

davon abhing, daß wir das Ufer erreichten, ehe das Gewitter heran=
kam. Sie hatten an meine Ansicht zu glauben gelernt und strengten
sich aufs äußerste an. Das alte Boot schoß durch das Wasser, aber
die Oberfläche des Sees veränderte sich schnell; das westliche Ufer
war nicht mehr sichtbar, das Wasser war dunkel, und unzählige
weiße Kämme versahen die Wellen mit Spitzen. Die Kanoe arbeitete
schwer und bekam dann und wann Wasser an Bord, welches sofort
mit Kürbisschalen von meiner Mannschaft ausgeschöpft wurde, die
jetzt ausrief: „Wah Illahi el kelam bitär el Hawaga sahhé!"
(Bei Allah, was der Hawaga sagt, ist wahr!" Wir befanden uns
noch etwa anderthalb Meilen von dem Punkte, nach welchem wir
gesteuert waren, als wir unsern Kurs nicht länger einhalten konnten;
wir hatten mehrere schwere Seeen an Bord bekommen, und wären
wir nicht gut mit Geräten zum Ausschöpfen versehen gewesen, so
wären wir untergesunken. Auf mehrere Donnerschläge und heftige
Blitze folgte ein furchtbarer Sturm aus etwa West=Süd=West, vor
dem wir uns genötigt sahen, nach dem Ufer zu eilen.

In kurzer Zeit erhob sich eine höchst gefährliche See, und
mehrmals brachen sich die Wellen an der gewölbten Decke des
Kanoe, die sie glücklicherweise etwas schützte, obgleich wir vom
Wasser eingeweicht wurden. Jeder arbeitete mit aller Kraft, das
Wasser auszuschöpfen; ich dachte nicht daran, daß das Kanoe aus=
halten könne. Herab kam der Regen in Strömen, von einem fürch=
terlichen Winde dahergepeitscht. Nichts war zu erkennen, als die
hohen Klippen, welche durch das Gewitter hindurch sichtbar waren,
und ich hoffte nur, daß wir auf einem sandigen Strande und nicht
auf schroffen Felsen ankommen möchten. Wir fuhren tüchtig zu, da
die gewölbte Decke der Kanoe einigermaßen als Segel wirkte, und
es war ein belebender Augenblick, als wir uns endlich der Küste
näherten und an die schäumende Brandung heranfuhren, die sich
wild auf einem (glücklicherweise) sandigen Strande unter den Klippen
wälzte. Ich sagte meiner Mannschaft, sie sollten sich bereit machen,
in dem Augenblick, wo wir den Sand berührten, herauszuspringen
und die Kanoe in Sicherheit zu bringen, indem sie das Vorderteil
den Strand hinaufzögen. Alle waren bereit, und wir flogen durch
die Brandung hindurch, indem die eingeborenen Bootsmänner gleich
Dampfmaschinen ruderten. „Da kommt eine Welle; paßt auf!" Und
gerade als wir fast den Strand berührten, brach eine schwere Woge
über die schwarzen Frauen herein, die im Hinterteil saßen, und

versenkte das Boot. Meine Männer sprangen wie Enten ins Wasser, und im nächsten Augenblick wurden wir alle in Bestürzung auf das sandige Ufer gewälzt. Die Mannschaft hing sich an das Boot und zog es fest auf den Sand, während meine Frau, halb ertrunken, aus ihrer urväterlichen Kajüte wie eine Frühlingsfliege aus ihrem Neste kroch und auf das Ufer sprang. „El hamd el Illah! (Gottsei=dank!)" riefen wir alle aus; „nun noch einen Zug — alle zusammen!" und nachdem wir das Boot so weit in Sicherheit hatten, daß es nicht weggespült werden konnte, befahl ich der Mannschaft, die La=dung auszuschiffen und es dann vollends aus dem See zu ziehen. Außer dem Schießpulver, das sich in blechernen Büchsen befand, war alles verborben. Aber wo war das andere Kanoe? Ich machte mich gefaßt, daß es verloren sein müsse, denn obgleich es viel länger als unser Boot war, ging es doch tiefer im Wasser. Nach einiger Zeit und vieler Angst bemerkten wir, daß es etwa eine halbe Meile hinter uns nach der Küste eilte; es war mitten in der Brandung und ich verlor es mehrmals aus den Augen, aber der alte Baum hielt sich gut und brachte die Mannschaft gerettet ans Ufer.

Zum Glück war nicht weit von der Stelle, wo wir landeten, ein Dorf; wir nahmen Besitz von einer Hütte, machten ein tüchtiges Feuer an und wickelten uns, während unsere Kleider getrocknet wurden, in ausgerungene schottische Plaids und wollene Bettdecken ein, denn wir hatten keinen trockenen Faden mehr.

Zu essen konnten wir nichts bekommen, als einige getrocknete Fische, die, da sie nicht eingesalzen worden, einen ziemlichen haut-goût hatten. Unsere Hühner und auch zwei Lieblingswachteln waren während des Sturmes im Boote ertrunken; die ertränkten Hühner wurden jedoch gedämpft, und bei einem lobernden Feuer und reinlichem Stroh zum Schlafen war die Nachtruhe vielleicht ebenso vollkommen wie in dem Luxus der Heimat.

Am folgenden Morgen wurden wir durch schlechtes Wetter auf=gehalten, da noch immer eine schwere See ging und wir entschlossen waren, unsere Kanoes nicht in einem zweiten Sturm aufs Spiel zu setzen. Es war eine schöne Gegend, durch einen prachtvollen Wasser=fall belebt, der etwa tausend Fuß von den Bergen herabstürzte, da der Kaiigirifluß sich in einer glänzenden Wassermasse in den See ergoß. Dieser Fluß entspringt in der großen Marsch, über die wir auf unserem Wege von M'ruli nach Vacovia gegangen waren. In der Umgegend sammelten wir einige Champignons, die echten Agaricus campestris Europas, die ein großer Leckerbissen waren.

Am Nachmittag setzte sich die See, und wir brachen wieder auf. Wir waren noch nicht über drei Meilen vom Dorfe aus gefahren, als ich einen Elefanten bemerkte, der sich im See badete; er stand so tief im Wasser, daß er sich nur mit dem obersten Teile seines Kopfes und Rüssels über der Oberfläche befand. Als wir uns näherten, tauchte er ganz unter, nur die Spitze des Rüssels blieb über dem Wasser. Ich befahl den Bootsmännern, das Kanoe so dicht als möglich an ihn hinanzubringen, und wir fuhren eben bis auf neunzig Fuß an ihm vorüber, als er den Kopf aus seinem üppigen Bade erhob. Ich fühlte mich stark versucht zu schießen, erinnerte mich aber an meinen Entschluß und enthielt mich, ihn zu stören; er verließ langsam den See und begab sich in den dichten Dschungel. Eine kurze Strecke über diese Stelle hinaus lagen zwei große Krokodile auf dem Strande und schliefen, aber beim Nahen des Kanoe stürzten sie sich ins Wasser und hoben auf etwa fünfundzwanzig Schritt ihre Köpfe über der Oberfläche empor. In betreff meiner Fletcherschen Büchse war ich unsicher, da sie so vieler Nässe ausgesetzt gewesen war; um sie daher abzufeuern, richtete ich einen Schuß auf das nächste Krokodil gerade hinter das Auge. Die kleine Büchse war in vollkommener Ordnung — Dank Elys „doppelt wasserdichten Central-zündhütchen", die jedem Wetter widerstehen werden — die Kugel traf genau die richtige Stelle; das große Reptil that einen krampfhaften Hieb mit dem Schwanze, legte sich auf den Rücken, mit den Pfoten über dem Wasser und sank allmählich unter. Die eingeborenen Bootsmänner waren beim Knall der Büchse, zum großen Vergnügen ihrer Landsmännin Batschita, furchtbar erschrocken, und nur mit Mühe konnte ich sie bereden, das Kanoe genau nach der Stelle hin zu richten. Da es dicht am Ufer war, so war das Wasser nicht mehr als acht Fuß tief und so schön hell, daß ich, als ich mich gerade über dem Krokobil befand, dasselbe am Grunde auf dem Bauche liegen sah und den blutigen Kopf erkannte, der von der Kugel zerschmettert worden war. Während einer von meiner Mannschaft eine sich zuziehende Schleife machte, nahm ich eine lange Lanze, die einem Bootsmanne gehörte, und trieb sie durch die zähen Schuppen tief in den Rücken des Halses; indem ich die Lanze sanft heraufzog, hob ich den Kopf bis nahe an die Oberfläche des Wassers empor; dann ließ ich die Schleife über denselben gleiten, und das Krokobil wurde

gesichert. Es schien ganz tot zu sein, und das Fleisch sollte ein
Leckerbissen für meine Mannschaft werden; wir schleppten es daher
ans Ufer. Es war ein schönes Ungeheuer, gegen sechzehn Fuß lang,
und obgleich es tot schien, so biß es doch wütend an einem
Stück Bambusrohr, welches ich ihm in den Mund steckte, um es zu
hindern, während des Prozesses der Enthauptung zu schnappen. Die
Eingeborenen betrachteten meine Mannschaft mit Mißgunst, als
dieselbe große Stücke der ausgesuchtesten Bissen abschnitt und sie
in die Kanoes packte; dies dauerte nicht länger als eine Viertelstunde; dann eilten wir an Bord und setzten, gut mit Fleisch versehen — für alle, die es gern aßen —, unsere Reise fort. Was
meinen Geschmack betrifft, so kann nichts ekelhafter sein als Krokodil-
fleisch. Ich habe fast alles gegessen; aber obgleich ich Krokodil ge-
kostet habe, so konnte ich es doch nie dahin bringen, es herunterzu-
schlucken, der vereinigte Geschmack von schlechtem Fisch, faulem Fleisch
und Moschus ist die dem Schwelger dargebotene Speise.

Jenen Abend sahen wir einen Elefanten mit einem Paar ungeheurer Stoßzähne; er stand, als wir Halt machten, auf einem
Hügel, etwa eine Viertelmeile von den Booten. Dieser Versuchung
half mir ein Fieberanfall widerstehen. Es regnete wie gewöhnlich,
und da kein Dorf in der Nähe war, so bivouakierten wir im Regen
auf dem Strande in Massen von Mosquitos.

Die Unannehmlichkeiten dieser Seereise waren groß; am Tage
waren wir in unsere kleine Kajüte eingeengt, wie zwei Schildkröten
in eine Schale, und des Nachts regnete es fast immer. An die
Nässe hatten wir uns gewöhnt; aber keine Acclimatisation kann den
europäischen Körper mosquitofest machen; wir hatten daher wenig
Ruhe. Für mich war es harte Arbeit, aber für meine unglückliche
Frau, die sich kaum von ihrem Sonnenstich erholt hatte, waren
solche Beschwerden höchst qualvoll.

Am folgenden Morgen war der See ruhig, und wir brachen
früh auf. Die Einförmigkeit der Reise wurde durch die Gegenwart
mehrerer schöner Elefantenherden unterbrochen, die ganz aus Bullen
bestanden. Ich zählte vierzehn dieser großartigen Tiere, alle mit
gewaltigen Stoßzähnen, die sich zusammen in einem kleinen seichten
See unterhalb der Berge badeten, welcher mit dem Hauptsee durch
einen sandigen Strand in Verbindung stand. Diese Elefanten standen
nur bis ans Knie im Wasser; da sie sich gebadet hatten, waren sie
vollkommen rein, und ihre kolossalen schwarzen Gestalten und großen

weißen Stoßzähne bildeten ein schönes Gemälde in dem ruhigen See unter den hohen Klippen. Es war eine Scene, die im Einklang stand mit der Einsamkeit der Nilquellen — die Wildnis von Felsen und Wald, die blauen Berge in der Ferne, und die große natürliche Fontaine, geschmückt mit den gewaltigen Tieren Afrikas; die Elefanten in ungestörter Erhabenheit, und Flußpferde, die ihre ungeheuren Gestalten in der großen Quelle des ägyptischen Stromes erquickten.

Ich befahl den Bootsmännern, das Kanoe ans Ufer zu fahren, damit wir landen und die Scene genießen konnten. Da entdeckten wir sieben Elefanten am Ufer etwa sechshundert Fuß von uns im hohen Grase, während die Hauptherde von vierzehn prächtigen Bullen sich majestätisch in dem ruhigen See badete, indem sie von ihren Rüsseln herab kalte Ströme über Rücken und Schultern gossen. Es gab keine Zeit zu verlieren, da jede Stunde wichtig war; wir verließen das Ufer und ruderten von neuem die Küste entlang.

Ein Tag nach dem andern verging, und die Zeit des Reisens dauerte von Sonnenaufgang bis zum Mittag, wo regelmäßig ein starker Sturm mit Regen und Donner eintrat und uns nötigte, unsere Kanoes ans Ufer zu ziehen. Das Land war sehr spärlich bewohnt, und die Dörfer waren arm und elend, die Leute höchst ungastfreundlich. Endlich kamen wir in einer ansehnlichen Stadt an, die in einer schönen Bai unter jähen Klippen lag, deren grasreiche Wände mit Ziegenherden bedeckt waren; es war Eppigoya, und die Bootsmänner, die wir aus dem letzten Dorfe erhalten hatten, sollten uns an diesem Orte abliefern. Die Verzögerungen, welche durch das Verschaffen von Bootsmännern herbeigeführt wurden, waren höchst ärgerlich; es schien, daß der König Befehl gesandt hatte, jedes Dorf solle die nötigen Ruderer stellen; so wurden wir von einem Orte zum andern gerudert; in jedem derselben wurde die Mannschaft gewechselt, und keine Belohnung, sie mochte noch so groß sein, konnte sie bewegen, bis zum Ende unserer Reise bei uns zu bleiben.

Als wir in Eppigoya landeten, kam uns sogleich der Ortsvorsteher entgegen, und ich machte ihm den Vorschlag, er solle uns einige Böckchen verkaufen, da der Gedanke an eine Schöpskarbonade den Appetit im höchsten Grade reizte. Weit entfernt, uns mit diesem Leckerbissen zu versehen, trieben die Eingeborenen augenblicklich ihre Herden weg, und der Ortsvorsteher brachte uns, nachdem er ein großes Geschenk an Perlen erhalten hatte, ein krankes Lamm zum

Geschenk, das nahe daran, eines natürlichen Todes zu sterben, und nichts als Haut und Knochen war. Zum Glück gab es Hühner in Tausenden, da die Eingeborenen sie nicht zur Nahrung benutzten. Wir kauften das Stück für eine blaue Perle (Monjur), was in Geld 250 Hühner für einen Schilling (10 Sgr.) betrug. Eier wurden in Körben gebracht, die mehrere Hunderte enthielten.

In Eppigoya wurde das beste Salz erzeugt, und wir kauften einen guten Vorrat, auch einige getrocknete Fische. Auf diese Art verproviantiert, verschafften wir uns Bootsmänner und traten unsere Reise wieder an.

Kaum waren wir sechshundert Fuß weiter gefahren, als wir direkt an das unter der Stadt gelegene Ufer gesteuert wurden und unsere Bootsmänner kaltblütig ihre Ruder niederlegten und uns sagten, daß sie das Ihrige gethan hätten, und daß, da Eppigoya in vier Teile geteilt sei, die unter besonderen Ortsvorstehern ständen, jeder Teil Ruderer stellen werde!

So lächerlich dies auch erschien, gegen ihre Entscheidung half kein Streiten, und so wurden wir von einem an den andern einge-händigt und bei viermaligem Wechsel der Bootsmänner innerhalb einer Strecke von weniger als eine Meile etwa drei Stunden auf-gehalten! Die völlige Albernheit einer solchen Anordnung, verbun-den mit Verzug, während die Zeit höchst kostbar war, stellte die Ge-mütsruhe auf die Probe. Bei jedem Wechsel begleitete der Ortsvorsteher die Bootsmänner bis zu unserm Kanoe und beschenkte uns beim Abschied mit drei Hühnern. Auf diese Art bildeten unsere Kanoes, da wir schon große Vorräte eingekauft hatten, eine schwimmende Federviehausstellung. Unser Viehstand belästigte uns furchtbar. Da wir keine Körbe hatten, entschlossen sich die Hühner zum Selbstmord, und viele sprangen mit Vorbedacht über Bord, während andere, denen die Beine gebunden waren, sich auf dem Boden des lecken Kanoe ertränkten.

Nach dem zehnten Tage von unserer Abreise aus Vacovia an nahm die Landschaft an Schönheit zu. Der See hatte sich bis auf etwa dreißig Meilen verschmälert und nahm nordwärts an Breite schnell ab. Man konnte die Bäume auf den Bergen am westlichen Ufer erkennen. Während wir unsere Reise nach Norden fortsetzten, sprang die Westküste plötzlich vor und verminderte die Breite des Sees bis auf etwa zwanzig Meilen. Es war nicht mehr der große Binnensee, der in Vacovia einen solchen Eindruck auf mich gemacht

Baumgarten, Afrika. 6

hatte, mit dem reinen Kieselgestade, welches bis jetzt das Ufer gebildet, sondern ungeheure Bänke von Schilf, das auf schwimmender
Vegetation wuchs, hinderten die Kanoes zu landen. Diese Bänke
waren höchst eigentümlich; sie schienen aus abgestorbener Vegetation
entstanden zu sein, aus welcher die Papyrusbinsen Wurzel schlugen;
— die schwimmende Masse war etwa drei Fuß dick und so zäh und
fest, daß man auf derselben umhergehen konnte, wobei man nur bis
über die Knöchel in den weichen Schlamm sank. Unter dem Pflanzen-
floß war äußerst tiefes Wasser, und das Ufer war auf eine Breite
von etwa einer halben Meile durch diese außergewöhnliche Forma-
tion völlig geschützt. Eines Tages riß ein furchtbarer Windstoß
und eine schwere See große Stücke ab, und der Wind, der auf die
Binsen wie auf Segel wirkte, trieb schwimmende Inseln von einigen
Äckern auf dem See umher, um sie abzusetzen, wo sie zufällig hängen
blieben.

Am dreizehnten Tage befanden wir uns am Ende unserer Reise.
Quer über den See war die Breite an diesem Punkte zwischen fünfzehn
und zwanzig Meilen, und die Erscheinung des Landes nach Norden
war die eines Delta. Die Ufer waren auf beiden Seiten durch ungeheure Bänke von Schilf versperrt, und als das Kanoe am Rande
derjenigen auf der Ostseeküste hinfuhr, konnten wir mit einem Bambus von fünfundzwanzig Fuß Länge keinen Grund finden, obgleich
die schwimmende Masse wie festes Land erschien. Wir waren in
einer vollkommenen Vegetationswildnis. Im Westen erhoben sich
Berge gegen 4000 Fuß über den Spiegel des Sees, eine Fortsetzung
der Kette, welche das westliche Ufer von Süden aus bildete; —
diese Berge nahmen an Höhe nach Norden hin ab, und der See
endete in dieser Richtung in einem breiten Thal von Schilf.

Straßenbilder aus Mombassa und Freetown
an der Ostküste Afrikas.

Von meinem Hause in der Stadt Mombassa führt der Weg zur
englischen Church Mission Society-Station, wohin ich gehen wollte,
zunächst der Nyia Ku (Großen Straße) entlang. Hier haben die

reichen Araber ihre Häuser erbaut: große ein- und zweistöckige Gebäude mit kleinen vergitterten und durch Laden verschlossenen Fenstern. Zu den Seiten der prächtig geschnitzten, schweren, hölzernen Hausthür ziehen sich gemauerte Bänke hin, auf denen Palmstrohmatten liegen. Hier schlafen am Tage Scharen fauler Sklaven, während abends ihre Herren, Kaffee schlürfend und Betel kauend, die Zeit totschwatzen. Ins Innere des Hauses gelangt ein Fremder selten. In den kleinen dunkeln Zellenräumen auf der Veranda, die den centralen Hofraum umgeben, spinnt sich das monotone Leben der Frauen ab.

Weiter schreitet man an den Magazinen und Läden der indischen Kaufleute vorbei. Fast nackte, schweißtriefende Neger tragen unter lautem Wechselgesang *) meist zu zweien an armdicken, auf den schwieligen Schultern liegenden Pfählen Sorgum, Mais und Sesam in Palmstrohsäcken, große Ballen europäischer Baumwollenstoffe, Metalldraht oder schwere Fässer voll Glasperlen, meist für den Binnenhandel bestimmt. Andere verschließen Copalfässer mit nassen Kuhhäuten; Orseille packt man in große Mattensäcke.

Wohlgefällig lächelnd überschaut der Baniane durch die großen runden Brillengläser seinen Reichtum, zählt und notiert die anlangenden Waren. Einer seiner Gehilfen markirt mit spitzem Meißel einen mächtigen Elefantenzahn, die jüngste Beute seiner Schlauheit. Wenn das Elfenbein, welches als Broche die Brust unserer Schönen ziert oder als Knöpfchen den Stock des Stutzers schmückt, erzählen könnte, wieviel würde man erfahren von Gefahren und Mühen, von Blut und Überlistung, wodurch man seiner habhaft wurde.

Mitten durch die bunte, lärmende Menge auf dem Rhia Ku wandelt dummstumpf das heilige Rindvieh der Bananen, denn hier ist es noch nicht, wie in der Stadt Zanzibar, von der Straße verbannt. Friedlich lagert sein Mist neben anderm Unrat.

Weiter führt der Weg an einer Moskeh vorbei. An der Schwelle des Heiligtums stehen die Sandalen, welche die Andächtigen vor dem Eintritt ablegen müssen. Es sind meist alte, verschlissene, denn, sagen die Leute, nimmt man gute mit, so werden sie leicht von den Herauskommenden, die in heilige Gedanken versunken sind, verwechselt.

---

*) Alles was diese Leute gerade in dem Augenblicke hören, setzen sie in ihre Musik über. So vernahm ich einst in einem französischen Handelshause Zanzibars folgenden Canon der Neger:

Que ce que cinq
Que ce que ça

in unendlicher Wiederholung.

6*

Auf dem mattenbedeckten Boden der weiten Halle verrichten die Frommen ihre Gebetsgymnastik; andere liegen im Schlafe des Gerechten versunken an den kühlsten Stellen. Am Fenster nach der Straße zu sitzt ein arabisches Schneiderlein; er sitzt hier Tag für Tag und führt mit beschaulicher Andacht seine Nadel. Hinter seinem linken Ohr hängen die langen Nähfäden. Jeder Vorübergehende kennt ihn und tauscht Begrüßungen mit ihm aus. Ein halbes Dutzend junger Schriftgelehrten sitzt daneben mit untergeschlagenen Beinen und plappert mit rasender Geschwindigkeit und Monotonie Kapitel nach Kapitel aus dem Koran her, jeder eine andere Sure, wodurch, wie leicht zu denken ist, ein heilloser Lärm entsteht. Aber er wird noch weit übertönt von dem gellenden Gesange einer eben vorüberziehenden langen Reihe von Neger=Mädchen und =Knaben, welche, vom Strande kommend, Holzblöcke und Korallensteine auf dem Kopfe tragen, um damit einen Kalkofen zu errichten. Sie haben mich bemerkt und mögen sich an einen Europäer erinnern, der sich einst in Mombassa häuslich niederließ und dann nach Europa zurückkehrte, denn sie singen:

> O Mzungu mbaia
> Yenga yumbo
> U quenda uleia.

Das heißt:

> O böser Europäer!
> Baust dir ein Haus (errichtest einen Hausstand)
> Und gehst (wieder) nach Europa (zurück).

Vorüber zieht die lustige Schar.

Ein anderes, wohl noch lebhafteres Bild zeigt sich. Ein kleiner Knabe, der die Schule geschwänzt, wird von seinem Vater zur herben Pflicht zurückgeführt, indem seine Füße mit einer Schnur derart gefesselt sind, daß er nur kleine Schritte machen kann. Er ist über und über mit Laub und Federn behangen und seine Schulkameraden tanzen um ihn und lachen ihn aus. Es ist das gewiß ein sehr probates Mittel gegen das Schwänzen.

Zwischen den morschen Trümmern eines alten Stadtthores hindurch und durch enge Gassen zwischen hohen Häusermassen, auf denen Schmutz und schwarze Algentünche den Glanz längst vergangener besserer Tage verhüllen, an einem Brunnen vorbei, erreicht man endlich das Ende der Stadt und tritt in die Plantage. Einige

Bombaxbäume, behangen mit Fruchtkapseln, fallen zuerst auf. Ihre seidenweiche Baumwolle wird zum Stopfen von Kopfkissen gebraucht.

Soviel ich mich auch bemühte, die Bewohner Ostafrikas zum Sammeln des Abansonienbastes als Exportmittel für die Papierfabrikation anzuregen, sie sind so in Faulheit versumpft, daß sie nicht zu neuen Erwerbsquellen greifen. Was hat ein üppiges, aber ungesundes Klima aus den kräftigen Omân=Arabern gemacht, die einst als Eroberer in Ostafrika einzogen? Sie verleben ihre Tage schlafend, schwatzend und allenfalls betend. Ihre Kinder tragen alle Untugenden ihrer schwarzen Mütter, oder sind, von Araberinnen geboren, schwächlich und sterben nicht selten am Fieber beim Zahnen.

Die Sklaven dieser Araber sind wenn möglich noch fauler, als sie selbst. Ein Netto=Erlös von 4 Mar. Ther. Thaler im Jahre von jedem Sklaven gilt als sehr hoch, dabei dient der größte Teil der Felderzeugnisse zur Speise dieser Leute. Was Wunder, daß die meisten Araber tief verschuldet sind; die Plantagen gehören ihnen nur nominell, in Wirklichkeit aber den schlauen indischen Kaufleuten.

Ich bestieg mit meinen Leuten einen der Baumkähne, welche anscheinend pro bono publico vom Zollhauspächter in Mombassa gehalten werden. Meine Diener Sabi und Mekanjira führten die Ruder (eine Stange mit aufgenagelter runder Brettscheibe), der kräftige Mabruki die lange Stoßstange, die zugleich zur Steuerung dient. Ich selber hockte auf dem nassen Boden des Kahnes, die Flintenriemen über die Brust geschnallt, Uhr und Pedometer in einem Tuche auf dem Kopfe tragend, damit bei etwaigem Umschlagen nichts verloren gehe oder durchnäßt werde. Ohne Unfall erreichten wir das andere Ufer des breiten Meeresarmes und befanden uns nun in Kisa=uni der Eingeborenen, in Feretown der Engländer.

Im Jahre 1875 hat die Church Mission Society hier große Strecken Landes von den Arabern gekauft und mit bedeutenden Mitteln den Aufbau einer Stadt für befreite Sklaven begonnen. Prächtige Häuser von indisch=europäischer Bauart dienen den Missionaren zum angenehmsten Aufenthalte. Eine Schule, ein Hospital und eine Kirche sind durch milde Stiftungen philanthropischer Engländer errichtet. Ein kleiner Dampfer vermittelt monatlich den Verkehr mit Zanzibar, also mit Europa. Den Negern sind niedliche kleine Häuschen, meist mit Eisendach, oft auch mit eisernen Wänden, zu Familienwohnungen angewiesen. Eine durch Dampf getriebene Säge richtet die Mbambakofi (Afzelia cuanzensis Welw.) und

andere Baumstämme, welche in den Creeks wachsen, zu, und geschickte indische Tischler verarbeiten die Bretter rc. weiter. Maurer,
Schmiede und andere Handwerker sind emsig beschäftigt; einige der
befreiten Neger legen selbst mit Hand an; der größte Teil derselben
wird aber — ob mit ihrem eigenen Willen und Nutzen? — geistig
beschäftigt. Ich weiß nicht, ob es von Vorteil für das Empor-
blühen dieser Freistadt ist, daß der Kern der schwarzen Bevölkerung
aus Indien hierher verpflanzt wurde. Es sind dies vor Zeiten von
englischen Kreuzern aufgebrachte ostafrikanische Sklaven.

Viele dieser freien Sklaven dünken sich, auf ihr Christentum
und ihre europäische Kleidung pochend, Europäer, und benehmen
sich hoffärtig oder bestenfalls herablassend gegen die frisch zugebrachten
Befreiten. Ihre durch hohe Löhne sanktionirte Faulheit bildet gewiß kein gutes Beispiel für Neulinge. Sehr zu bedauern ist ferner,
daß das zu Feretown gehörige Ackerland zu den sterilsten der doch
sonst so fruchtbaren Zanzibar-Küste gehört. Übrigens wird Feretown, besonders wenn Ostafrika englisch werden sollte, eine bedeutende Zukunft haben, denn als Hafen ist die Bai von Mombassa
und speciell der Ankerplatz vor der englischen Station wohl der vor-
züglichste der ganzen Küste. Die Missionare Feretowns haben mich
aufs freundlichste aufgenommen. Mögen ihre menschenfreundlichen
Arbeiten reiche Früchte zeitigen!

J. M. Hilbebrandt.
Zeitschrift der Ges. für Erdkunde. Berlin, 1879.

Die Gallaländer.

Produkte, Klima, beste Lebensweise der Europäer.

Die sehr zahlreichen kriegerischen, grausamen Galla haben sich
vom afrikanischen Hochland seit mehr als 3 Jahrhunderten nach
Norden und Osten bis an den indischen Ocean verbreitet und sind
auch in Habesch eingedrungen, das viel von ihnen zu leiden hat.
Sie sind braun oder schwarz, oft ziemlich hell, mit langem, fast
schlichtem Haar, gerader oder Adlernase, stolz und wild und wurden

wie Mongolen und Kanantschen zu einem kühnen Reitervolk, besitzen
auch große Schaf=, Rinder= und Ziegenherden, sind sinnlich und ge=
schickt in Verstellung und haben zum Teil den Islam angenommen.
Ihre Sprache ist wohlklingend; die heidnischen Stämme werden de=
mokratisch regiert, die mohamedanischen von Stammesältesten.

Wir lassen speciell das Galla=Borana=Gebiet durch Claus von
Anderten schildern.

Das Galla=Borana=Gebiet zwischen Abessinien und Harrar im
Norden, dem Tana resp. kleinen unbedeutenden Völkerstämmen nörd=
lich des Flusses im Süden, dem Nil im Westen und dem Sultanat
Jussuf Alis und vielen anderen kleinen Somal= und Galla=Sultanaten
im Osten liegend, wird bewohnt von einem kriegerischen nomadisie=
renden Hirtenvolke und ist seit Jahren das Ziel aller europäischen
Mächte. Die Engländer versuchen seit Jahrzehnten, sich einen Ein=
gang in das an allen afrikanischen Produkten reiche Hinterland zu
verschaffen, um den gesamten Handel nach Zeila und Berbera zu
dirigieren. Die Franzosen haben, nachdem sie in Obock mit ihrer
Kohlenstation ein so unglückliches Ende genommen, zur Zeit aufgehört,
Expeditionen nach dem reichen Sudan zu senden. Die Österreicher
haben vor circa 4 bis 5 Jahren durch Expeditionen versucht, Harrar
nebst Hinterland zu gewinnen; aber da ihnen die Geldmittel fehlten,
haben sie nichts ausgerichtet und Harrar wieder verlassen. Die Ita=
liener schicken jährlich viele Expeditionen südlich Schoa und Harrar,
um hier zu rekognoszieren und eventuell festen Fuß zu fassen. Nach
Aussagen einiger italienischer Geographen und Offiziere (unter denen
zwei sehr gut Kigalla sprachen) sind die Gallaländer sehr reich an
allen afrikanischen Produkten, u. a. auch Edelsteinen.

Das Galla=Borana=Gebiet ist bis jetzt noch von keinem weißen
Manne betreten und erforscht. Dasselbe, sagen die Galla=Barreta,
von mir über ihre Stammesbrüder befragt, aus, sei ein sehr wasser=
reiches Bergland und böte den großen Viehherden reiche Nahrung.
Viel Wild, besonders Elefanten und Flußpferde, solle die Thäler
bewohnen, während auf den Berghängen die Bewohner mit ihren
Herden hausen. Das Land scheint reich an Eisen und anderen Me=
tallen zu sein, denn die Galla=Borana fertigen sich ihre Instrumente
zur Bearbeitung des Elfenbeins selbst. Sie geben an ihre Stammes=
brüder, unsere Unterthanen, in Tauschgeschäften sehr schön genau
geschnitzte glatte Elfenbeinringe, welche von diesen mit Vorliebe an
den Armen getragen werden. Selbst sind diese aber nicht im stande,

auch nur ähnliche schnitzen zu können, da ihre Messer hierzu in keiner Weise ausreichen. Auch die Somal behaupten, ihr Hinterland sei sehr reich an Elfenbein und Häuten. Beide Produkte gelangen vielfach durch die Somal über Kißmaju, Magdischu und in Zukunft gewiß auch über Obia in großen Quantitäten in den Handel. Myrrhen, Straußenfedern, Elfenbein, Häute, Honig und Sammeli (gekochte Butter, welche von allen südlichen Völkern sehr geschätzt wird), sollen die Gallas in reichem Maße für etwas Zeug (Sackleinwand), Draht und andere Artikel in die Nähe der Küste bringen. Es kann der Deutsch-ostafrikanischen Gesellschaft jetzt, wo sie in Obia einen schönen Hafen an einer verkehrsreichen Karawanenstraße besitzt, nicht schwer fallen, sich in den Gallaländern ein reiches Handelsgebiet zu erschließen.

Das hiesige Klima mit seiner tropischen Hitze und seiner vielfach sehr feuchten, geradezu dicken Luft verlangt vom Europäer, besonders aber von Neuangekommenen, einige sanitäre Vorsichtsmaßregeln, damit er nicht erkranke. Geschützte windstille Thäler soll der Europäer besonders in der ersten Zeit vermeiden, weil in diesen vielfach Fiebermiasmen sind, die in dem vielleicht angegriffenen oder prädisponirten Körper dann leicht die Oberhand gewinnen und das afrikanische Fieber, welches der Malaria sehr ähnelt, erzeugen. Chinin, weniger wirksam Salicyl, ist ein vorzügliches Mittel gegen dasselbe. Wer keinen Kranken-Thermometer besitzt, nimmt am besten morgens, abends und am Tage oder bei Nacht, wenn er sich recht unwohl fühlt, je eine starke Dosis. Abends starkes Massieren des ganzen Körpers mit darauf folgendem warmen Fußbad ist ein vorzügliches Mittel, um die Glieder- und Rückenschmerzen zu entfernen. Der Deutsche soll in Afrika alle Spirituosen und fette Speisen auf das gewissenhafteste vermeiden und sich mit kräftiger Pflanzennahrung und magerem Fleisch begnügen, um seine Gesundheit wohl zu erhalten.

Viel Bewegung ist mit ein Haupterfordernis, um den Magen, welcher durch übermäßiges Trinken so leicht geschwächt wird, in guter Thätigkeit zu erhalten. — Das beste Getränk ist gekochtes, filtrirtes Wasser mit Citronensaft, dann leichter Wein oder Bier, Tabakrauchen wird von allen Ärzten empfohlen, ebenso der Genuß der kleinen roten Pfefferschoten (Zanzibar-Pfeffer), der die Speisen besser würzt und gesunder ist, als Mixed pikles, die durch Transport so leicht verderben.

Bei der Beobachtung dieser einfachen Vorsichtsmaßregeln: viel Bewegung, nur gekochtes Wasser trinken, keine fetten Speisen und Spirituosen genießen, kann sich meines Erachtens hier jeder gesunde Europäer bald acclimatisieren und wohl fühlen; doch andernfalls ist die Existenz des Deutschen auf die Dauer hier sehr fraglich. Unter freiem Himmel zu schlafen ist nicht gerade gesund, doch wenn es sein muß, bei sonst vernünftigem Leben nicht gesundheitsstörend. Auch kann man die beiden schädlichen Morgenstunden mit den kalten, feuchten Niederschlägen von 4—6 Uhr ja leicht zum Marschieren ꝛc. verwenden.

Bei vernünftiger Lebensweise wird meines Erachtens der deutsche Kolonist hier bei billigerem Unterhalt dieselbe Arbeit verrichten lernen, die er in der Heimat zu thun gewohnt war. Die heißen Stunden kann er ja ebenso, wie er es in Deutschland thut, vermeiden. Alle Angriffe auf hiesiges Klima und die sehr fragliche Zukunft unserer neuen deutschen Kolonie sind meines Dafürhaltens unberechtigt. F. J. Graf Pfeil und andere Herren, die sich längere Zeit hindurch ununterbrochen auf dem Kontinent aufgehalten und somit sanitäre Beobachtungen gesammelt haben, werden mir Recht geben und mit mir auf eine glückliche Zukunft des neuen Deutsch-Ostafrika hoffen. Wer von den vielen Erkrankungen der Europäer im Kongo-Staate Schlüsse auf das Klima in Ostafrika ziehen will, für den würde es sich sehr empfehlen, zuvor Erkundigungen über die Lebensweise der Kongo-Staatsunterthanen einzuziehen. Die Quantitäten geistiger Getränke aller Art und die Konserven, welche dort verzehrt werden, würden wohl besser in eine Kolonie am Nord- oder Südpol passen, als in das tropische Klima.

Claus von Anderten.
Kolonial-Politische Korrespondenz 1886. Nr. 30.

Die Somal
an der Ostspitze Afrikas.*)

I.

Das Somalland (12 000 ☐M.) gehört noch immer zu den am wenigsten bekannten Teilen Afrikas, da der Fanatismus, die verrufene Treulosigkeit, Raublust und Mordgier etlicher Somalstämme, sowie die unwirtliche Natur der Seeküste bisher von dem Eindringen in das Hoch= land des Innern abgeschreckt haben. Die wenigen Europäer, welche den Versuch wagten (Burton, Speke, Hildebrand, Haggenmacher und Revoil im Norden, von der Decken und Brenner im Süden) sind nicht weiter als höchstens 150 km von der Küste eingedrungen; noch 1883 wurde der Italiener Sacioni zu Ogabeen im Herzen des Landes ermordet. Selbst die so kühnen arabischen Händler wagen diesen Versuch nicht.

Man weiß, daß die Somal, welche östlich von den Galla und südlich von den Dankali bis zum Flusse Dschub die ganze Ostspitze Afrikas bewohnen, in drei von einander unabhängige Hauptstämme zerfallen: die Abschi von Zeila am Golf von Aden bis Kap Guar= dafui, die Hawijeh an der Küste des Indischen Meeres bis zur Stadt Obbia (11° nördl. Br.) und die Rahanwehn im Westen der Hawijeh zwischen den Flüssen Dschub und Wobbi. Es sind un= zweifelhaft Verwandte der Bedja, Abessinier und Galla. Als fana= tische Mohamedaner rühmen sie sich ihrer Herkunst aus Arabien.

Die nördlichen Somal bezeichnet Burton nach ihren eigenen Über= lieferungen, ihren scharf bezeichneten physischen Eigentümlichkeiten, ihren Sitten und ihrer geographischen Lage gemäß als ein Misch= lingsvolk, einen Zweig der großen Gallarasse, welcher, gleich den weiland negro=ägyptischen Menschen viel vom kaukasischen Typus

---

*) Die außerordentliche Wichtigkeit, welche in naher Zukunft das Somal=
land für die deutschen kolonialen Bestrebungen in Ostafrika haben wird, die un=
umgängliche Notwendigkeit, vor allem die Bevölkerung genauer kennen zu lernen,
veranlaßt uns, hier drei sich ergänzende, resp. verbessernde Darstellungen des
Volkscharakters, der Sitten und Lebensweise der Somal von Burton, Haggen=
macher und Claus von Anderten zusammenzustellen. Sie schildern zwei Seiten
des ethnographischen Dreiecks: Burton und Haggenmacher den Norden und
Anderten den Südosten; das Innere desselben ist noch unerforscht.

in sich aufgenommen hat, weil fortwährend reines asiatisches Blut in seine Adern kam.

Die Somal sind gerade nicht häßlich. Das Haupthaar ist hart und wie Draht; es wächst, wie bei den westindischen Mulatten, in steifen Locken, welche in Büscheln stehen, und eine mäßige Länge erreichen, über die sie nicht hinausreichen. Diese hängen herab. Einige Häuptlinge, Gelehrte und Reiche lassen das Haupt scheren und tragen einen Turban. Insgemein jedoch werden die einzelnen Locken gekämmt und perückenartig frisiert. Die Locken der Beduinen triefen von ranziger Butter. Das Haar ist von Natur schwarz= bläulich; aber man färbt es mit einer Mischung von ungelöschtem Kalk und Wasser, oder in der Wüste mit Aschenlauge. Dadurch wird es gelblich=weiß, und man färbt es dann rot mit Henna, oder bestreicht es mit rotem Oker. Die Perücke von rotgefärbtem Schafs= fell stammt aus der Fremde und wird im Flachlande nicht mehr getragen; schwarz oder weiß kommt sie noch bei den Stämmen in der Umgegend von Harrar vor. Der Kopf ist mehr lang als rund, steht recht gut auf den Schultern, und hat zugleich etwas Arabisches und Afrikanisches. Ohne die Schönheit des Vorderkopfes würde er schwach aussehen. Bis zum Mund herab ist das Gesicht, mit Aus= nahme der vorstehenden Backenknochen, recht hübsch, und es wird durch die Umrisse der Stirn veredelt; die Augen sind groß und wohlgestaltet, aber der Kiefer ist prognath, steht vor, ist also wesent= lich afrikanisch; auch die breiten, nach außen gewandten Lippen zeugen von Negerblut; das Kinn steht vor, zum Nachteil des Gesichts= winkels. Der Bart wird von zwei Büscheln gebildet und ist selten so entwickelt wie bei den Arabern, welche doch schon sehr schwach mit Haaren im Antlitz versehen sind; das Lippenhaar ist kurz und spär= lich, der dicklippige Mund erscheint plump, die Zähne stehen selten so weit vor wie beim Neger, sind aber auch nicht gut. Ohnehin leiden sie durch Kauen des schlechten Suratetabaks, zu welchem man obendrein Asche nimmt. Geraucht wird der Tabak nur von Stadt= bewohnern. Bei den Stämmen im heißen Niederlande ist die Haut sanft, schwarz und glänzend, höher hinauf wird sie etwas lichter, und in der Gegend von Harrar sieht sie aus wie Milchkaffee. Die Beduinen lieben Schönheitszeichen im Gesichte, nämlich gräßliche Einschnitte in das Gesicht, welche bei der dicken Oberhaut wulstartige Streifen bilden.

Die Männer sind schlank und dabei etwas ungeschlacht;

die Schultern find hoch, der Oberleib ift gerade, das Schienbein
etwas nach vorne gebogen; Füße und Hände find grob, breit
und flach.

Die Somal find argwöhnisch, haben Abneigung gegen die Araber,
fürchten und haffen die Türken, verabscheuen die Europäer und hegen
Verachtung gegen alle Afiaten, welche fie unter dem Namen der
Hindi, Indier, zusammenfaffen; denn fie gelten ihnen für Feiglinge.
Der Somal hat die Leichtfertigkeit und Unbeständigkeit des Negers,
ift leichtsinnig wie der Abessinier, welcher, nach Bischof Gobats
Ausspruch, in nichts beständig ift als in der Unbeständigkeit; er ift
fanft, fröhlich und zuthunlich, gerät aber, ohne allen Übergang, in
wilde Wut und verübt dann die gräßlichsten Handlungen. In Aden
befindet er fich viel wohler als in feiner Heimat. Ich habe dort
oft gefehen, daß ein Mann in die Hände klatschte, tanzte, fich wie
ein Kind gebärdete, um feine Fröhlichkeit auszulaffen. Aber hier in
Afrika find die Somal, gleich den Mongolen und anderen Hirten=
völkern, trübsinnig, melancholisch. Sie können stundenlang fitzen
und den Mond anstarren. Stets find fie von Gefahren umgeben
und felten des Lebens ficher und darum benken fie nicht an Singen
und Tanzen. Viel Gelehrsamkeit macht ihnen die Köpfe verwirrt;
wir wiffen ja, daß die halbverrückten Fakihs in Nordafrika, die
Wibab, Priefter, durchschnittlich für die Geschäfte diefer Welt un=
tauglich, und viele Hafife, welche den Koran auswendig wiffen,
nahezu blödfinnig find.

In betreff des perfönlichen Mutes gleichen fie anderen Wilden.
Eine Schlacht gilt schon für fehr bedeutend, wenn anderthalb Dutzend
Mann fallen; gewöhnlich fliehen fie, fobald ein halbes Dutzend am
Boden liegt. In einem Kraal, in welchem hundert Tapfere die
Straußfeder tragen und fich also des Mordes rühmen können, ge=
wahrt man vielleicht nicht einen einzigen verftümmelten oder ver=
wundeten Mann, während in einem arabischen Beduinenlager min=
beftens die Hälfte Spuren von Blei oder Stahl am Leibe aufzuweisen
hat. Auch der Tapferfte wird einem Gefecht ausweichen, wenn er
feinen Schild vergeffen hat; das Erscheinen eines Löwen oder der
Knall eines Schießgewehrs preßt ihnen einen Schrei des Entfetzens
aus, und bei ihren Raums oder Raubzügen in Rotten hüten fie fich
wohl, dem Feinde offen gegenüber zu treten. Freilich werden ihrer
zwei oder drei einen unbewaffneten Menschen oder einen, der schläft,
brav genug ermorden; indeffen wird die gegenseitige Erbitterung

unter einzelnen Stämmen manchmal so heftig, daß Mann gegen Mann mit Speer und Dolch kämpft.

Ich fand die Somalbeduinen gutmütig und gastfrei; mit etwas Tabak gewann ich aller Gunst, und mit wenigen Ellen groben Baumwollenzeuges konnte ich meinen Bedarf an Lebensmitteln be= streiten. Sie behandelten mich wie ein Lieblingskind, ich mußte Milch trinken und Schöpfenfleisch essen, man bot mir Mädchen zum Heiraten, drang in mich beim Stamme zu bleiben, Häuptling zu werden, Löwen zu schießen und Elefanten zu töten. Man fragte mich: „Du bist doch klein; was hat dich bewogen, daß du dich bei dieser Kälte auf die Stierhaut bei uns unter den Baum setzest?" Freilich waren alle, gleichviel ob Häuptlinge oder Arme, arge Bettler, und die Araber nennen darum das Somalland Belad wa issi, das „Land gieb mir etwas". Aber sie sind mit wenigem zufrieden, und eine offene Hand machte mir überall gute Freunde.

Die Somal halten sich zur Schafeïschule des Jslams. Es ist eine Eigentümlichkeit, daß sie, nicht einmal in den Städten, Gebete über einen Toten sprechen. Die Feierlichkeiten bei der Heirat sind einfach; man bestimmt den Preis für die Braut, einigt sich über den Schmaus, und ein Priester oder Pilger spricht das Gebet über das Paar. Ich bin oft zum Gebetsprechen angegangen worden, und ich habe dann auch leider manchmal ein Paar mit dem Vorbeten des Fathat eingesegnet, was ein Hohn war, und etwa so viel sagen will, als wenn man eine Trauung in England mit dem Vorlesen eines Abschnittes aus dem Katechismus vornehmen wollte.

Daß unter einem so gemischten Volke noch manche Überbleibsel aus der heidnischen Zeit sich erhalten haben, darf nicht auffallen. So schwört man noch jetzt bei den Steinen, verehrt Steinhügel und heilige Bäume, hat Feuer= und Wasserproben in der Art des be= kannten westafrikanischen Bolungo. Ein Mann wird des Mordes oder Diebstahls angeschuldigt und stellt die That in Abrede; er muß nun über eine Speereslänge glühender Holzkohlen gehen, oder einen glühenden Amboß aus dem Feuer holen, oder auch vier bis fünf Muscheln aus einem mit siedendem Wasser gefüllten Topfe hervor= langen. Gleich nachher wird der Arm in ein eben geschlachtetes Schaf gesteckt und während der nächsten vierundzwanzig Stunden nicht besehen oder angerührt. Sie haben Seher und Zauberer, Ta= wuli, welche den westafrikanischen Grigrimännern gleichen. Sie wahrsagen aus dem Fett und den Knochen geschlachteter Tiere, „thun

Medizin", verkünden Regen, Schlachten und Viehseuchen. Auch wahrsagende Frauen sind vorhanden; beide Geschlechter beten und baben nicht und gelten deshalb immer für unrein; aber man fürchtet sie und sie stehen beim Volke in Ansehen. Die Verkünbigung sprechen sie sozusagen in rohen Reimen aus, welche ihrer Angabe zufolge manchmal aus dem Munde eines verstorbenen Wahrsagers kommen. Während der brei Rajalo-Monate (gewisse Monate im Sonnenjahr; der britte Rajalo begann 1854 am 21. Dezember) wird der Koran nicht über dem Grabe gelesen, und während dieser Zeit finden Verheiratungen nicht statt; wahrscheinlich ist auch das ein Überbleibsel aus dem Heidentum, das glückliche und unglückliche Monate annahm.

II.

Zur Ergänzung und Vergleichung fügen wir die Schilberung Haggenmachers bei, welcher die nördlich hausenden Stämme zwischen Berbera und Libaheli kennen lernte.*)

„Das Erste, was uns im Volkscharakter der Somal entgegentritt, ist ein großer, aber in falsche Bahnen gelenkter Mut. Bis auf den letzten Blutstropfen sich verteidigend, rächt der Somal das geringste Unrecht, die kleinste Schmähung. Freundschaftlicher Ausgleich gilt als Feigheit und Schande. Schmerzen und Tod haben für das blutdürstige und grausame Volk keine Schrecken. Der Somal liebt die Ehre, d. h. die Ehrerbietung, die andere ihm zollen, doch hat er keinen Begriff davon, die ihm gezollte Ehre durch ehrliches Wesen verdienen zu wollen. Der Wert eines Mannes wird nach der Anzahl seiner Mordthaten bemessen. Besitzt schon der Somal als solcher einen exaltierten Nationalstolz, so steigert sich dieses Selbstbewußtsein bis zur Krankhaftigkeit bei dem Haupte der Familie, des Stammes. Der gekränkte Stammesgenosse findet sicherlich seine Rächer. Witwen und Waisen haben ihre Beschützer gegen fremde Unbill. Geld und Gut sind allmächtig, aber Aufopferung und Dankbarkeit seltene Tugenden. Wirklich grenzenlos ist die gegenseitige Mißgunst der Eingeborenen; spricht man mit einem älteren Manne, so ärgert sich der jüngere Anwesende und erlaubt sich die rohesten Bemerkungen. Ladet man einen zu sich ins Haus, so folgen ihm alle gerade in der Nähe stehenden und setzen sich mit ihm an den

*) Mitteilungen aus J. Perthes Geogr. Anstalt von Petermann, 1876. Ergänzungsheft Nr. 47.

Tisch. Jeder Somal bringt in das Innerste der Hütten ein, alles durchstöbernd; man muß froh sein, wenn man wenigstens des Nachts vor dieser nichtswürdigen Rasse Ruhe hat. Was der Familienvater verdient, wird von den erwachsenen Söhnen und Brudersöhnen geteilt, wenn letztere dem Alten über den Kopf gewachsen sind. Der kleinste Irrtum in der Verteilung kann dem Geber das Leben kosten. Der Somal ist fanatischer Mohammedaner(?); Mord und Diebstahl sind nach seiner Anschauung keine Sünden, die ihm den Weg zum Paradiese verwehrten; Gefühl und Gedanken der Somals sind roh und sinnlich; in all seinem Thun und Handeln ist er berechnender Spekulant. Ob er lieben kann möchte ich bezweifeln; vielleicht liebt er seine schöne Braut, vielleicht sein Pferd, aber gewiß nicht Vater und Mutter. Schwester- oder Bruderliebe scheinen ihm geradezu lächerlich. Der Vater tötet den Sohn und umgekehrt; der Somal mordet jeden, der ihn nur im geringsten beleidigt oder übervorteilt. Die Stämme unter sich leben in beständiger Feindschaft und in fortwährendem Kampfe, und sogar kleine Stammfamilien von 7—800 Mitgliedern reiben sich selbst durch alltägliche Zwistigkeiten auf; es ist fast unmöglich, den fortwährenden Händeln auszuweichen.

Lobenswert ist der Abscheu der Somal vor Trunksucht und Unsittlichkeit, obgleich die Männer allesamt faullenzende Tagediebe sind, deren einzige Beschäftigung das Händelstiften und der Gebrauch der Waffen ist. Die Somal bekennen sich zum Islam, doch existieren Moscheen im ganzen Lande nicht (Irrtum! B.), ebensowenig Schulen. Die Knaben lernen die notwendigsten Gebete, am Abend um ein mächtiges Feuer sitzend. Bei den Rami ist von Religion keine Spur zu finden.

Von Gastfreundschaft will man im ganzen Somallande nichts wissen; das Teilen von Brot und Salz unter gemeinschaftlichem Dache ist kein Schutzmittel gegen Feindschaft. Überhaupt kenne ich keine Sitte, kein Gesetz, das den Fremden oder selbst den Einheimischen vor der unverschämten Raubgier der Eingeborenen schütze. Bei den Aul Jahen und deren Nachbarn kann nur der heiraten, der schon gemordet hat und eine Trophäe von dem Ermordeten aufweisen kann."

III.

Das Volk der Somal, welches sich in seiner Abstammung ziemlich rein erhalten hat, gehört der hamitischen Völkerfamilie an. Seit undenklichen Zeiten bewohnen die Somal die Gebiete Ostafrikas zwischen Abessinien und dem Äquator, der Ostküste einerseits und dem Stromgebiet des oberen Nillaufes andererseits. Da das ganze Volk streng mohammedanischer Religion ist, hat es sich gegen die Nachbarvölker fast ganz abgeschlossen und nur an den Landesgrenzen etwas vermischt.

Nur vorübergehend sind in einigen Küstenplätzen Araber und Hindus als Kaufleute geduldet worden. Da es niemals Reisenden außer dem Baron Claus v. d. Decken, der leider ein so rasches und unglückliches Ende nahm, geglückt ist, mit dem unvermischten Volke in Freundschaft zu leben, so haben sich bis in die neueste Zeit die unglaublichsten Fabeln von diesem Volksstamme erhalten. Wenn ich auch nur 6 Wochen hier gelebt habe, also vielleicht kein kompetentes Urteil besitze, so kann ich doch versichern, daß alle diese Erzählungen wirkliche Fabeln sind. Die Somal sind durchweg ein sehr liebenswürdiger, ordentlicher, reinlicher Menschenschlag, der aber leider eine unbeschreibliche Habgier, die zu zügeln nicht immer ganz leicht ist, besitzt. Das Volk ist nach seiner Lebensweise in Hirten und Städter einzuteilen.

Die Hirtenbevölkerung nomadisiert im ganzen Inneren mit ihren großen Herden und hat keine festen Wohnsitze, während sich die Städter in größeren und kleineren Ortschaften an der Küste niedergelassen haben. Jene ist sehr kriegerisch und unternimmt fast jährlich Raubzüge gegen die Nachbarvölker, um Menschen und Vieh zu rauben und diese Leute dann bei den Städtern gegen Geld, Kleider und andere Handelsgegenstände einzutauschen. Die Städter dagegen treiben Handel nach Indien und Arabien, beschäftigen sich viel mit Haifischfang und Perlenfischerei. Bei den Städtern hat sich die Sitte, alles Fremde zu plündern, dahin gemildert, daß sie zur Zeit nur noch das Strandrecht an ihrer Küste ausüben und von allen ankommenden fremden Schiffen eine gewisse Steuer erheben, welche in Reis oder Matama (indisches Korn) besteht. Diese Abgabe (oder Geschenk) erbittet sehr bescheiden, aber bestimmt, einer der älteren auf das Schiff kommenden Somal. Höchst interessant ist es, die Bevölkerung zu beobachten, wenn sich ein Schiff vor dem Hafen zeigt. Zuerst streitet Jung und Alt, ob es weiter geht oder einläuft, sobald letzteres klar ist, von welcher Station es ist, und was es wohl bringen mag. Nachdem alles hin und her erwogen, stürzt die Jugend in das Meer, um schwimmend das Schiff zu erreichen, während die Männer mit ihren Booten an dasselbe fahren. Auf dem Schiff

selbst wogt dann alles hin und her, die kleinen, durchweg schönen
Gestalten der Frauen und die straffen, markigen Figuren der Männer;
alles wird besehen, angefaßt und beschwatzt. Stehlen thut kein
Somal. Nur die ihnen gegebenen Geschenke nehmen sie in ihren
Booten mit. Einige Städter haben in der Nähe der Stadt Frucht=
gärten, deren Bewirtschaftung den Sklaven obliegt.

Der Typus des Somalhauses ist die kreisrunde, circa 3 Meter
im Durchmesser und etwa manneshohe Hütte aus Stangen, Zweigen
und Matten. Diese Bauart ist sehr einfach und schnell auszuführen,
gewährt Schutz gegen Sonne und Regen und gestattet dem Winde
freien Durchzug; denn die Matten unten am Boden lassen sich leicht
lüften. Bei der Hirtenbevölkerung findet sich eigentlich nur diese
Bauart vor, während der Städter hohe und geräumige viereckige
Häuser baut. Die Steinhäuser, die sich die Großen des Landes
bauen, stehen unbenutzt, da sie wärmer sind und nicht so luftig.

Ich ziehe auch das einfache Somalhaus in hiesigem Klima jedem
Steinhause vor.

Die Kleidung ist sehr einfach, geschmackvoll und besteht fast
durchweg aus Amerikano, einem guten, weißen Baumwollenstoff.
Der Somal liebt, sich recht phantastisch herauszuputzen, besonders
zum Gebet. Geradezu reizend ist die Kleidung der Frauen. Der
Kopfputz besteht aus den hübschen, langen, schwarzen Flechten, welche
die Frauen in fast undurchsichtigen Netzen verstecken, während die
jungen Mädchen die Haare frei tragen. Der meist sehr hübsche,
Hals, welchen eine Kette von Muscheln oder bunten Steinen ziert
(auch Bernsteinketten und andere indische Halsbänder finden sich viel),
bleibt ebenso wie Schultern und Arme frei, während der ganze übrige
Körper durch eine sehr faltenreich arrangirte Kleidung bedeckt ist.
Die Kleidung beider Geschlechter erinnert sehr an die altgriechische.

Die Nahrung der Somal besteht eigentlich nur aus Milch und
Fleisch. Das ganze Volk ist daher sehr gesund und kräftig. Aufge=
schwemmte, dicke Gestalten sieht man gar nicht, sondern durchweg
hübsche, schlanke Figuren mit vielfach edlen Gesichtern.

Wäre die Bevölkerung nicht schwarz, so könnte sie geradezu
schön gefunden werden. In den Städten scheren die Männer ihr
Haupthaar oder tragen es kurzlockig, während die Hirtenbevölkerung
es lang trägt.

Da der Somal wenig oder gar nicht mit den Händen arbeitet,
so hat er auffallend hübsche, kleine Hände. Die Sehnen und Muskeln

in Armen und Beinen sind gut ausgebildet, und ist der Somal sehr zähe und ausdauernd. Ich selbst sah die mich auf meinen Streifzügen begleitenden Somal von morgens 3 Uhr bis abends 10 Uhr, außer 4 Stunden Mittagsruhe, stets auf den Beinen, immer vergnügt und lustig plaudernd und nicht müde, während meine Zanzibarneger kaum vorwärts zu bringen waren.

Das innere häusliche Leben, in das ich mit der Zeit einen Einblick gewonnen habe, ist wie folgt:

Der Somal, der streng nach den Vorschriften des Koran lebt, hat in hiesiger Gegend meist nur eine Frau, welche ihm den inneren Haushalt führt und die kleinen Kinder erzieht. Sie steht dem Manne vollständig ebenbürtig zur Seite. Wenn mehrere Frauen im Hause sind, so wechseln sie sich tage= oder wochenweise dergestalt ab, daß eine Frau dem Eheherrn Gesellschaft leistet, während die anderen das Hauswesen besorgen. Für alle Beschäftigungen außerhalb des Hauses, wie Kochen, Brotbacken, Holz und Wasser herbeischaffen, sind die Sklaven da, welche außer diesen Arbeiten ein sehr faules und gutes Leben führen. Die Tageseinteilung der Städter in hiesiger Gegend und jetziger Jahreszeit beginnt um 5 Uhr morgens. Nach dem Aufstehen wird gebadet resp. die im Koran vorgeschriebene körperliche Waschung vorgenommen und dann gebetet. Das Frühstück, um 6 Uhr eingenommen, besteht aus Milch, Kaffee oder Thee mit Brot. Den ganzen Morgen bis 11 Uhr verbringen besonders die Männer mit Besuchmachen und =empfangen. Da die wenigsten Geschäfte haben, so genieren sie sich gegenseitig nicht. Um 11 Uhr beten wiederum einige, andere lesen im Koran. Von 12—1 Uhr speist der Somal, und zwar Männer allein und Frauen allein in einem großen Haushalt; in kleinen dagegen speist das Ehepaar zusammen, die Kinder zusammen und ebenso die Sklaven. Nach dem Mahle wird eine zweistündige Siesta abgehalten. Da der Somal sehr gesellig ist, so liebt er es, Freunde bei sich in seiner Häuslichkeit zu sehen und zu bewirten, welches zweifelhafte Vergnügen mir gar oft zu teil wurde.

Nach den landesüblichen Begrüßungsscenen erhält der Gast Thee oder Kaffee, dann Kettebettes mit Syrupsauce, ein recht schmackhaftes Gericht, ferner Pfannkuchen von Mehl, Butter und Zucker und zum Schluß wieder Kaffee oder Thee. Die ganze Mahlzeit nimmt man, auf der Erde liegend oder mit untergeschlagenen Beinen sitzend, mit den Händen ohne Messer und Gabeln oder Löffel aus einer gemeinsamen Schüssel ein. In einzelnen Häusern erhält man nach jedem Gericht ein Gefäß mit Wasser zum Händewaschen, in andern nur zum Schluß.

Das Gespräch dreht sich meist um Deutschland oder um Religion. Mit welcher Liebe und Ehrfurcht diese Mohamedaner von ihrem Gotte sprechen, ist Achtung gebietend. Hier findet man wirkliche und wahre Frömmigkeit. Sehr gerne sprechen sie auch von der christlichen Religion, und sie haben vor Christus eine sehr große Ehrfurcht. Sucht man das Gespräch auf andere Sachen zu bringen, so stößt man auf Aberglauben oder sehr kuriose Ansichten, welche man besser überhört, als zu widerlegen versucht, denn diese Leute zu überzeugen, ist unendlich schwer. Wenn sie auch zum Schluß ja sagen, so beharren sie doch im Stillen auf ihrer Ansicht und handeln darnach.

Zwischen 3 und 4 Uhr nachmittags ist ein abermaliges Gebet vorgeschrieben, welches jeder Einzelne für sich verrichtet. Nur wer Geschäfte hat, besorgt diese jetzt, alle übrigen Männer findet man gruppenweise vor ihren Häusern im Sande sitzend, auch die Frauen besuchen sich in den Häusern oder Hofräumen. Kurz vor Sonnenuntergang versammeln sich alle Männer nach den vorgeschriebenen Waschungen wieder in den Moscheen und die Frauen in den Häusern zum Gebet. Nach dem Gebet wird die Abendmahlzeit eingenommen, und nach dieser gehen die Kinder schlafen, während die Erwachsenen bis gegen 9 Uhr aufbleiben. Die Erziehung der Kinder schließt sich den Vorschriften des Koran eng an.

Die Somalsprache ähnelt in ihrer Bildung sehr der arabischen, hat aber nur wenige Worte mit dieser gemeinsam, und ich halte sie auch für bedeutend schwerer zu erlernen. Zum Schreiben bedient sich der Somal der arabischen Lettern. Der Somal erkennt außer Gott nur seinen Sultan als Herrn und letzteren auch nicht unbedingt an.

Aus dem Freiheits= und Gleichheitsgefühl entspringt eine gewisse Eifersucht und Habgier, welche keine Schranken kennt und sich bis auf die engste Verwandtschaft, sogar auf Brüder erstreckt.

Wer einem Somal ein Geschenk macht, hat alle auf dem Halse, denn alle wollen dasselbe haben.

Der Somal ist sehr stolz auf sich und sein Volk und hat neben diesem Nationalstolze auch eine große Liebe für seine Stammesgenossen. Vergreift sich jemand an einem Somal, so treten sofort alle Anwesenden für denselben ein. Gegen Fremde ist besonders die im Innern wohnende Hirtenbevölkerung scheu wie Kinder, aber gutmütig und freundlich. Der weiße Mann, wenigstens jeder Deutsche, kann hier ruhig ohne Waffen umhergehen. Er lebt hier sicherer als vielleicht in der civilisiertesten Stadt Europas. Der Sultan regiert, wenn man von einer Regierung sprechen kann, als Despot. Bei jedem wichtigen Schritte, oder jeder zu verhängenden Strafe versammelt er das Volk, welches gerade in der Nähe ist. Der älteste und vornehmste Mann trägt der im Halbkreise um den Sultan sitzenden Menge mit lauter Stimme den betreffenden Fall vor. Nachdem dieser geendigt, geben einzelne alte Erfahrene oder Vornehme ihre Ansicht ab, und spricht der Sultan, beeinflußt oder unbeeinflußt, dann sein Urteil, was sofort vollstreckt wird, resp. als Gesetz gilt. —

Die Sklaven der Somal führen, wie schon erwähnt, ein sehr bequemes und gutes Leben. Da der Somal das Verhältnis von Herr und Diener nicht kennt, so steht der Sklave, besonders wenn Mohammedaner, seinem Herrn vollständig gleich, und ist eher Freund als Diener zu nennen. Der religionslose Neger dagegen steht in einem untergeordneten Verhältnis.

Claus von Anderten.

(Kol.-Polit. Korresp. 1886 Nr. 7. 8.)

Ein Palaver bei den Somal.

Bei einem Somalpalaver, einer amtlichen Unterredung, geht es folgendermaßen zu:

Der Bote steigt langsam vom Maultier herab, tritt mitten unter die Menge, bleibt dann stehen, schlägt die Beine übereinander und hält in jeder Hand einen Speer. An diesem läßt er die Hände und seine ganze Gestalt hinabgleiten, lauert nieder, mustert die Anwesenden, speit einige Male aus, legt die Waffen vor sich hin und nimmt einen Stecken. Mit diesem zieht er Streifen in den Sand, löscht sie aber sogleich wieder aus, weil Unglück folgen würde, wenn er es nicht thäte.

Die Versammlung hockt in einem Halbkreise und macht ernste Mienen; jeder hat seinen Speer vor sich hingepflanzt, hält den Schild so, daß nur das Gesicht über denselben hinausblickt, und die Augen bleiben auf den Redner gerichtet. Zu diesem spricht nun der Häuptling des Kraals:

„Was bringst du Neues?"

Der Gefragte könnte einfach antworten, daß er einen Brunnen gefunden habe, der Brauch will es aber anders; er muß in alle möglichen Einzelheiten eingehen, den Ton heben und senken, auch in Zwischenräumen heftig auf die Erde klopfen. Das Gespräch spinnt sich in folgender Weise fort:

„Das sind gute Nachrichten, wenn es Allah gefällt."

„Wah Sibba! Jawohl!" — Diese Worte spricht die ganze Versammlung im Tone einer Litanei.

„Ich stieg heute früh auf mein Maultier." — „Wah Sibba! Ja!"

„Dann machte ich mich auf den Weg. — „Ja."

„Nach jener Seite hin." (Sie wird mit dem Finger angedeutet.) — „Ja."

„Dorthin bin ich geritten." — „Ja."

„Ich kam an einem Gehölze vorüber." — „Ja."

„Nachher ritt ich über den Sand." — „Ja."

„Ich fürchtete mich gar nicht." — Ja."

„Spuren von Tieren habe ich gesehen." — „O, o, oh!" — Auf diese hochwichtige Mitteilung folgt eine längere Pause, dann geht es weiter:

„Sie waren noch ganz frisch." — „Ja."

„Ich sah auch Fußstapfen von Frauen." — „Ja."

„Aber Spuren von Kamelen sah ich nicht." — „Ja."

„Endlich sah ich Pfähle." — „Ja."

„Steine." — „Ja."

„Wasser." — „Ja."

„Einen Brunnen." — „Ja."

In dieser Weise fährt der Redner wohl eine Stunde lang fort und erwähnt auch der geringfügigsten Umstände. Er will den Zuhörern die Hauptsache unter allen möglichen Gesichtspunkten darstellen, damit sie alles erwägen und übersehen können, um dann einen reiflichen Entschluß zu fassen.

                                                    Burton.

Die Stadt Harrar,
das Paradies im Osthorn Afrikas.

Harrar (30—40 000 Einwohner),*) der Hauptindustrieplatz und der Vereinigungspunkt aller Handelsstraßen der Galla- und Somalländer, worin sich 1885 noch 13 europäische Handelshäuser befanden, ist im Januar 1887 durch den halbbarbarischen abessinischen Unterkönig Menelik von Schoa besetzt und der Emir Abdallah Ibn Said vertrieben worden. Der Fall von Harrar ist, nach dem besten Kenner des Landes, Professor Paulitschke, ein großer Gewinn für die Kultur, wenn auch anfangs nur die abessinische Halbbarbarei herrschen wird. Der Verkehr nach Zeyla und Berbera an der Küste des Golfes von Aden wird sich wieder beleben, da Menelik sich europäischen Kaufleuten und Industriellen gewogen zeigt. Für Deutsch-Ostafrika wird Harrar ebenfalls von Bedeutung werden, da Barawa, Makdischu und Obia in unserm Operationsfelde an der Benadirküste Endpunkte alter Verkehrsadern sind, die von Harrar nach dem Indischen Ocean führen.

Die folgende Schilderung ist ein Auszug aus einem Aufsatze in der Kolonial-Politischen Korrespondenz vom 12. März 1887.

Die Lage und Umgebung von Harrar ist derart paradiesisch schön, fruchtbar, klimatisch vorzüglich, kommerziell und strategisch ausgesucht, daß uns daraus klar werden muß, daß wir uns hier sogar auf einer uralten Kulturstätte der Menschheit befinden.

Die Folge des angenehmen, von jähem Wechsel freien Klimas ist, daß der Gesundheitszustand des Volkes zu allen Jahreszeiten ein sehr günstiger ist, und in der That zeugt von dem gesunden physischen Kern des Volkes das hohe Alter, welches die meisten Galla erreichen; es giebt viele 90- und 100jährige Greise, und zu Bubassa lebte zur Zeit der Anwesenheit von Paulitschke ein Mann, der 112 Jahre zählte. Danach resumirt Paulitschke seine Reiseeindrücke über die die Stadt Harrar umgebenden 6 Gallastämme dahin: „Die 6 Stämme wohnen auf einem von der Natur sehr begünstigten Terrain, dessen ergiebiger Boden und reiche Vegetation hier ein in numerischer und physischer Beziehung starkes Volk sich entfalten ließ."

---

*) Harrar hat diesen Namen vom Flusse Erer oder Arar, welches Wort schnell bedeutet. Man schreibt auch Herer, Härär, Arar.

Ebenso an anderer Stelle: „Die Gebirgslandschaft, die an land=
schaftlichen Reizen mit Schweizer und Tiroler Landschaften wetteifern
kann, wie das flache Land, ist dicht bewohnt, und das Vorhandensein
so vieler Faktoren materieller Existenz zusammen mit dem reichen
Tier= und Pflanzenleben verleiht den Gallagebieten den Charakter
opulenter gesegneter Länderstrecken, welche berufen sind, eine Rolle
im wirtschaftlichen Kulturleben der Menschheit zu spielen."

Auch das Klima in der Stadt Harrar selbst wird von Paulitschke
als äußerst angenehm geschildert. Während vier Wochen, im Februar
und März, zeigte in der Regel der Thermometer morgens 6 Uhr
17,5—19,20° C., mittags 20,6—22,2° C., abends 6 Uhr 17,2 bis
19,7° C. Auch in den heißen Monaten Mai und Juni übersteigt
die Hitze selten 22° C. In der Regenzeit, vom April bis September,
bleibt diese Temperatur dieselbe.

Nordwestwinde und Südostwinde durchwehen daneben während
des größten Teils des Jahres das Ererthal, sie bestreichen die Stadt
und bringen so angenehme Erfrischung.

Ähnlich wie der Mensch, so entwickelt sich in Harrar, seiner
Umgebung, wie überhaupt im ganzen nordöstlichen Gallalande auch
das Pflanzenleben in vortrefflicher Weise, zumal die Thalniederungen,
besonders jene zwischen dem Hâqim und Gara Mulâter, ferner das
Thal des Erer und die Abhänge des Gebirges mit Schichten außer=
ordentlich fruchtbaren Bodens bedeckt sind.

In der Nähe der Stadt, namentlich am Eingang in das Erer=
thal, breiten sich daher die Felder und Gärten der Einwohner aus.
Es giebt über elftausend Gärten in der Nähe der Stadt. Der
Gartenbau liefert Kaffee (die Kaffeegärten bedecken terrassenförmig
Hügel und Berge), Bananen, Kât, Wars (Farbstoff) und Gemüse
aller Art, ferner Zuckerrohr und Obst (Citronen, Pfirsiche, Granat=
äpfel).

Alle diese Kulturen in der nächsten Umgebung der Stadt,
namentlich der Kaffeebau, haben noch eine große Zukunft vor sich,
doch mag bemerkt werden, daß nach Paulitschke jetzt schon in Harrar
jährlich 50 000 Farasseleh Kaffee (à 17½ Kilogr.) gebaut werden.
Der Preis eines Farasseleh Kaffee steht in Harrar auf 3½ M.=T.=
Thaler. Aber auch die sonstigen, Harrar in weiterer Entfernung
umgebenden Fürstentümer der nordöstlichen Gallaländer weisen eine
ähnliche Erzeugungsfähigkeit und Kultivation auf.

Herrliche Wälder von Tamarinden, Sykomoren, Juniperus und

Euphorbien bedecken die Höhen und bilden im Thale dichte Lauben, in die kein Sonnenstrahl eindringt.

In den Thälern sind Matten des saftigsten Grün.

Den Ackerbau betreiben, mit Ausnahme der Ennia, sämtliche Gallastämme.

Derselbe liefert namentlich große Durramengen in Beständen von 4 m Höhe und weit den eigenen Bedarf der Bevölkerung übersteigend. Diese Durra geht nicht nur nach den Somalländern, sondern über Zeyla und Berbera an die Meeresküste, um von da nach Abessinien und Danâkil weiter verfrachtet zu werden. Zur Zeit der Ernte werden eigene Tennen in den Dörfern errichtet, auf welchen unter melodischem Gesange aus Hunderten von Kehlen das Dreschen vor sich geht. Das verbrannte Stroh giebt gute Düngung.

Auch die Baumwolle gedeiht vortrefflich und giebt ein ausgezeichnetes Produkt. Die ausgedehnten Baumwollfelder sind sorgfältig eingezäunt.

Das Zuckerrohr bauen die Galla im Ererthale und zahlen damit einen Teil ihrer Abgaben.

Auch Klee, Tef, Gerste, Arhuba und Minzkraut wird gebaut.

Der Gemüsebau florirt namentlich in Argóbba, einem schönen Dorfe, südlich von Harrar, wo der Boden von einer erstaunlichen Fruchtbarkeit ist.

Das Gemüse und das Obst ist erst seit der ägyptischen Okkupation (1875—1885) nach Harrar verpflanzt und von den klugen Galla rasch ergriffen und kultiviert worden. Auch ägyptisches Korn hat man anzubauen versucht und es gedeiht gut. — Tabak von mittlerer Qualität baut man in Harrar und bei den Itu-Galla.

Die an den stets berieselten Gehängen über der Thalsohle befindlichen Bananen, musa paradisiaca, die Hauptnahrung der Frauen und der Kinder, liefert der Gartenbau von ausgezeichneter Qualität und Größe, ebenso eine Menge sonstiger nützlicher Pflanzenarten, als Mandelbäume, Pfirsiche, Aprikosen, Orangen, Limonen, die freilich sämtlich nicht ganz reif werden, ferner Eierpflanzen, Kürbisse, Kohlarten, Rüben, Kartoffeln, Melonen, griechischen Pfeffer, Anis, verschiedene Arten von Lauch, Zwiebeln ꝛc. Um die Hütten herum ist überall namentlich ein reicher Flor von Cucurbiten, Granatbäumen und Citronen zu sehen.

Außer Bananen bedecken Kaffeegärten die, wie schon erwähnt, stets berieselten Abhänge über den Thälern, ein ganz herrlicher

Anblick zur Blütezeit. Doch zeigen auch die Waldpartieen ganze Komplexe wilder Kaffeebäume.

Der Kaffeebau wird von den Galla sehr rationell betrieben.

Man setzt die Körner in feuchter Erde an, wenn die kleinen Bäumchen hervorgewachsen sind, werden sie in den Handel gebracht.

Im Monat Ramâdan werden die Bäumchen auf Terrassen, denen Wasser zugeführt werden kann, versetzt. Das Bäumchen ent= wickelt sich zu einer Höhe von 2—4 m und trägt im dritten Jahr bereits Früchte. Von Jahr zu Jahr steigert sich mit der Entwicke= lung des Geästes der Ertrag. In guter Erde liefert in den nörd= lichen Gallaländern ein Kaffeebaum ³/₄ Farasselêh à 17¹/₂ kg. Im Januar pflegt die erste Ernte stattzufinden. Im Februar und März sind die Kaffeebäume mit prachtvollen weißen Blüten bedeckt.

Der Kaffeebau hat noch eine bedeutende Zukunft vor sich, da alle Bedingungen in physikalischer Beziehung im Lande vorhanden sind, insbesondere warme, feuchte Luft, reichliche Niederschläge, ge= nügender Wasservorrat.

In Summa: die nordöstlichen Gallaländer haben eine Über= produktion von wertvollen Produkten der Pflanzenwelt aller Art!

Ebenso reich ist aber auch das Tierleben.

Die Viehzucht steht in den Gallaländern von Harrar auf einer erfreulichen Stufe. Überall traf Paulitschke die herrlichen matten= reichen Höhen und Bergabhänge dicht besäet mit Herden aller Art, während weiter unten sich Dorf an Dorf reihte.

Die Herden von Buckelrindern bilden den Hauptreichtum der Gallaländer.

Butter und Milch wird in ungeheuren Quantitäten erzeugt. Groß ist der Reichtum an Kamelen. Diese werden vor den Pflug gespannt und dienen nicht minder dem großen Warentransport. Das Pferd dient nur zum Reiten und hat den gleichen Sattel wie bei den Somal. Esel, Fettschwanzschafe, Ziegen, Hühner werden in Masse gehalten.

Die Bienenzucht ist ein von den Galla vorzüglich kultivierter Zweig.

Elefanten finden sich in ganzen Herden vor, werden aber nicht gejagt. Elfenbein giebt es in ungeheuern Mengen. Ebenso verhält es sich mit den Straußen. Auch die ganze sonstige Vogel= welt ist unter den reichen Tierbeständen aller Art großartig ver= treten.

Die wasserreichen Gebirgsbäche sind mit Fischarten von wohl=
schmeckendem Fleische angefüllt.

Trotz alledem ist die Landwirtschaft in Harrar nur Nebensache,
denn Harrar ist ein Handelsplatz. — Schon Burton nennt es das
Timbuktu des Ostens.

In der That ist Harrar infolge seiner für Handelszwecke so
überaus günstigen geographischen Lage eine uralte Handelsmetropole,
jeder Einwohner der Stadt ist ein Händler.

Die Abwickelung des täglich um 3 Uhr mittags beginnenden
Marktes ist das Haupttagewerk der Stadt. In dieser Zeit ist
Harrar, welches circa 27 000 Einwohner zählt, außerdem von etwa
15 000 handeltreibenden, von auswärts kommenden Galla über=
schwemmt, die abends 7 Uhr vor Thorschluß die Stadt wieder ver=
lassen müssen. Der Warenaustausch ist enorm. Der Export besteht
in Kaffee, Tierhäuten, Durra, Fett, Elfenbein, Gummi, Sklaven,
Wars, Vieh, Honig.

Harrar hat eine bedeutende eigene Industrie im Gebiete der
Weberei, Töpferei, Holzschnitzerei, Flechterei, Seide= und Baumwollen=
stickerei, Eisen= und Messingarbeiten, Gold= und Silberschmiedekunst,
zum Teil auch in der Tischlerei, Ledermanufaktur und Gerberei,
Färberei, Kerzenfabrikation, Bäckerei und selbst Buchbinderei.

Man sieht, in dem sonst so fabelhaften Osthorn Afrikas sieht
es in industrieller Hinsicht weniger barbarisch aus, als in manchen
weiten Länderstrecken Europas.

Lebensweise und Krankheiten in Ostafrika.

Unnötige Furcht. — Wirksamste Diät für Europäer. — Örtliche Einflüsse. —
Gesunde Orte. — Neueste Erfahrungen. — Klima im Somallande.

Nach Dr. G. A. Fischer, Kurt Töppen und Haggenmacher.*)

Wenn ich sagte, daß der Europäer ohne Schaden für seine Ge=
sundheit eine Reihe von Jahren in den Tropenländern Afrikas aus=
halten könne, so wird das, abgesehen von den Verhältnissen, über

---

*) Aus: Mehr Licht im dunkeln Weltteil. Betrachtungen über die
Kolonisation des tropischen Afrikas, unter besonderer Berücksichtigung des Zanzibar=
Gebiets. Von Dr. G. A. Fischer, praktischer Arzt in Zanzibar. Hamburg,

die er keine Macht hat, nicht wenig von seiner Lebensweise abhängen.
Sie muß eine rationellere sein, als wie man sie hierzulande meist
zu führen pflegt. Da aber gerade die in den Tropen sich aufhalten=
den Europäer vielfach das Gegenteil von dem thun, was der Ge=
sundheit dienlich ist, so kann man sich nicht wundern, daß so viele
an den „Folgen des Klimas" zu leiden haben. Man muß es ge=
sehen haben, wie von einem großen Teile der europäischen Kaufleute
in Indien gelebt wird, um zu verstehen, daß so viele Leberkranke
nach Europa zurückkehren. Brandy, Bier, Brandy und noch einmal
Brandy und eine Reihe Fleischspeisen dreimal am Tage. Und worin
bestehen die Ausgaben in geistigen oder körperlichen Leistungen gegen=
über der Unsumme von eingeführten leistungsfähigen Stoffen? In
dem unter Achzen und Stöhnen erfolgten Ersteigen der Comptoir=
treppe, in der geringen Anstrengung weniger Geschäftsstunden und
in einer Spazierfahrt vom und zum Geschäftslokal! Kann es da
Wunder nehmen, daß man in jenem Klima an intensiveren Stoff=
wechselkrankheiten zu leiden hat, als in dem unsrigen, wo auch schon
viele Leute an solchen laborieren? Hierzulande kann man aber schon
manche Diätfehler ungestraft begehen, die sich in den Tropengegenden
in gefährlicher Weise rächen. Die in Bombay lebenden jungen Eng=
länder treiben auch dort vielfach ihren Sport: Polo, Ballspiel,
gymnastische Übungen, und haben dieser Sitte zu verdanken, daß sie
trotz des vielen Brandys verhältnismäßig wenig unter dem Klima
leiden. In Zanzibar beteiligten sich in den letzten Jahren an diesen
Spielen auch die deutschen Kaufleute, die bei Mäßigkeit in alkoho=
lischen Genüssen sich immer einer guten Gesundheit erfreuten und auch

---

Friederichsen, 1885. M. 2,50. — Diese gediegene, durchaus unentbehrliche
Schrift kam gerade zur rechten Zeit als „Rezept, wie das Vorwort sagt, gegen
das bedenkliche Afrikafieber, von dem viele Leute gegenwärtig ergriffen sind". —
„Jedoch nicht um denselben Afrika zu verleiden — Verfasser ist selbst ein eifriger
Anhänger der Kultivation Afrikas —, sondern um ihnen die Fieberdelirien zu
vertreiben, die ein klares Denken und eine nüchterne Auffassung nicht
gestattet." — Der hochgeschätzte Afrikareisende behandelt darin nach eigener An=
schauung und Erfahrung: 1. Handelsverhältnisse. 2. Kultivationsfähigkeit afri=
kanischen Bodens. 3. Verwendung des Europäers in Afrika. 4. Lebensweise
und Krankheiten. 5. Die Neger und der Handel. 6. Die englische Sklaven=
befreiung und die kirchlichen Missionen. 7. Die Sklaverei. 8. Der Sultan von
Zanzibar. 9. Erziehung des Negers zur Arbeit und seine Arbeitsleistung.
10. Charakter und Sitten der Neger. 11. Der Europäer im Verkehr mit den
verschiedenen Stämmen. Kulturmissionen. 12. Die Deutsch=ostafrikanische Gesell=
schaft. 13. Afrikanische Tiere im Dienste des Menschen. 14. Der Kongostaat.
15. Deutsch=Afrika.

bei längerem Aufenthalte noch eine frische europäische Gesichtsfarbe
zeigten. Was mich persönlich anbetrifft, so habe ich während meines
siebenjährigen Aufenthaltes so gut wie gar keine geistigen Getränke
zu mir genommen. Bei vorwiegend vegetabilischer Kost habe ich
mich wohler gefühlt, als bei reichlicher Fleischnahrung. Früchte sind
immer gesund, wenn sie gekocht genossen werden. Das Fleisch der
noch vollkommen unreifen Mangofrucht giebt, mit starkem Zuckerzusatz
gekocht, ein dem Apfelmus ähnliches, sehr angenehm säuerlich
schmeckendes Gericht, das auch Dysenteriekranken gut bekommt. Der
Mangobaum scheint überall im tropischen Afrika gut fortzukommen
und kann in Zukunft für die Einfassung der Landstraßen benutzt
werden, während die Orange nur auf der Insel Zanzibar gut gedeiht. Bananen rufen bei manchen Personen Verdauungsstörungen
hervor. Es scheint, daß die auf gewissem Boden wachsenden
Früchte besonders zu solchen Veranlassung geben. So ertrug ich die
auf Zanzibar wachsenden Ananas, auch in Menge genossen, sehr gut,
während die von der Küste stammenden häufig Darmkatarrhe hervor-
riefen. Was die Kleidung in den Tropen anbetrifft, so will ich hier
nur so viel bemerken, daß die Wolle allen anderen Stoffen vorzuziehen ist. Verfasser ist in den Tropen von Baumwolle zu Wolle
übergegangen, hat sich dabei wohler gefühlt und ist weniger Erkältungen ausgesetzt gewesen. Bei sehr starker Transpiration bleibt die
Wollenkleidung immer trockener, als die baumwollene. Für den
Reisenden, der nicht stets in der Lage ist, seine Wäsche häufig wechseln
zu können, hat die Wolle noch den großen Vorteil, daß sie nie den
unangenehmen Geruch hat, der sich infolge der starken Transpiration
bei Baumwolle bald einstellt. In dicken, wollenen Strümpfen leiden
die Füße bei angestrengtem Marsche am wenigsten. Daß die Wolle
zur Übertragung von Infektionsstoffen geeigneter sei, ist weder bewiesen, noch kommt das in Afrika in Betracht. Bei vielen, die an
Baumwolle gewöhnt sind, ruft die Wolle im Anfang eine Reizung
der Haut hervor, die jedoch bald nachläßt. Bei Personen, besonders
Neulingen in den Tropen, die an starker Rötung und an stechendem
Jucken der Haut leiden (Preakle heat), kann es vorübergehend notwendig sein, die Wolle fortzulassen. Übrigens wird man im Innern
wohl nur selten von diesem Hautleiden belästigt. — Man mache es
sich zur Regel, auch die kleinste Wunde an den Füßen (Wundlaufen,
Wundkratzen bei Moskitostichen) mit einem Stückchen Heftpflaster zu
bekleben.

In mancher Beziehung sind die Tropen, was Krankheiten anbetrifft, unserm Klima gegenüber im Vorteil. Dyphtheritis und
Typhus, die bei uns so viele Opfer fordern, und denen wir in thera-
peutischer Beziehung ziemlich machtlos gegenüberstehen, sind dort
unbekannt. Dysenterie und Malaria sind die einzigen einheimischen
Infektionskrankheiten Afrikas, welche dem Frembling direkt gefährlich
werden, gegen die wir aber so ausgezeichnete Mittel besitzen, daß
wir sie mit dem besten Erfolge zu bekämpfen im stande sind. Die
Dysenterie hat ferner in Afrika im allgemeinen keinen bösartigen
Charakter und tritt weniger epidemisch auf; selbst in einem verhältnismäßig unreinen Orte wie Zanzibar, in dem die Dysenterie nie aus-
stirbt, sind niemals Epidemieen beobachtet worden. Auch besitzen
wir in der Brechwurzel (Ipecacuanha), gegen die afrikanischen Dysenterieen ein ausgezeichnetes Mittel, dessen Wirkung kaum weniger
sicher ist, wie die des Chinin bei Malaria. Auf Zanzibar finden
die meisten Erkrankungen an Dysenterie während des Regens statt.

Was die sogenannten Malaria-Affektionen anbetrifft, auf die wir
hier näher eingehen wollen, so sind die Reisenden mehr oder weniger
geneigt, die Sonne als Übelthäterin anzuklagen oder sie doch als
solche mitwirken zu lassen. Da hat man einmal zwei Stunden im
Sonnenbrande gestanden oder auf der Jagd in der Sonne sich stark
erhitzt oder in einem Zelte zugebracht, welches von der Sonne beschienen war. Gleich darauf oder bald darauf bekommt man Fieber
und, da ein jeder sich bemüht, einen Grund dafür zu finden und die
Sonne das Nächstliegendste und Sichtbarste ist, so beschuldigt man
nach dem Grundsatz „post hoc, ergo propter hoc" natürlicherweise
die Sonne. Und doch ist gerade diese durch ihre austrocknenden
und sogar tötenden Strahlen im stande, diejenigen Stoffe unschädlich
zu machen, welche die eigentliche Ursache des Fiebers abgeben. Die
halbdunkeln, feuchten Orte, wo die Sonne nicht hinbringt, sind dem
menschlichen Organismus gefährlich. Wenn man freilich geradezu
die Sonne herausfordert, wie z. B. jener belgische Reisende, welcher
als erster der von der internationalen Gesellschaft ausgesandten Pioniere in Zanzibar sein Leben lassen mußte, so kann man sich nicht
wundern, daß man auch einmal von der Sonne getötet wird. Dieser
Unglückliche war eben in Zanzibar eingetroffen, hatte sich weder an
die Sonne gewöhnt, noch überhaupt durch Muskelbewegung und
Marschieren in dem warmen Klima sich eingelebt, da fällt ihm eines
Tages nach einem opulenten Frühstück mit dem üblichen Sherry ein,

mittags 1 Uhr das Gewehr auf den Rücken zu nehmen und zur Vogeljagd an den Strand zu laufen. Wenige Stunden darauf war er eine Leiche.

Ich möchte im Gegenteil behaupten, daß Hitzschlag und Sonnenstich in Afrika weniger häufig vorkommen wie bei uns in manchen unserer großen Städte und bei den Märschen des Militärs während der heißen Zeit. Mir ist bei meinem langjährigen Aufenthalte in den Tropengebieten Ostafrikas nicht ein einziger Fall vorgekommen oder bekannt geworden. Es kommen hierbei jedenfalls noch ganz andere Momente in Betracht, wie der bloße Sonnenschein. Einen Sonnenschirm kann man nicht bloß im westlichen Hochlande, wie Stanley meint, sondern auch an der Ostküste entbehren, ohne sich irgend einer Gefahr auszusetzen; und um eine Mütze aus doppeltem Baumwollenzeug gefahrlos tragen zu können, braucht man nicht nach dem oberen Kongo zu gehen. Man sehe sich nur einmal die Matrosen auf den europäischen Schiffen im Hafen von Zanzibar an. Sogar ohne jede Kopfbekleidung arbeiten sie den ganzen Tag auf Deck des Schiffes; ja ich habe unsere deutschen Matrosen stundenlang am Strande thätig gesehen, ohne auf dem Kopfe etwas anderes zu tragen als ein durchlöchertes Strohhütchen. Es ist niemals ein Unglücksfall oder auch nur ein Unwohlsein danach zu konstatieren gewesen! Durch einen englischen Korkhelm geschützt, ist der Europäer immer im stande, sich den ganzen Tag lang der Sonne ohne üble Folgen auszusetzen. Die Kaufleute müssen oft stundenlang in der brennendsten Sonnenhitze am Strande stehen. Ich selbst und manche andere Europäer sind von morgens bis abends umhergestreift und der Jagd nachgegangen, den Kopf nur mit einem leichten Hute bedeckt; ich habe mit solcher Kopfbedeckung stundenlang an der Küste sowohl wie im Innern in der Sonne zugebracht, ohne die geringsten üblen Folgen. Es versteht sich von selbst, daß der Neuangekommene sich nicht sofort in derselben Weise der Sonne und den Strapazen aussetzen kann, wie das derjenige zu thun vermag, der längere Zeit dort gewesen ist. Man muß sich eben einleben und einüben, bis man sonnenfest geworden ist. Wer die Sonne nicht ertragen kann oder immer einen Schirm nötig hat, der paßt nicht für Afrika.

Ebensowenig wie die Sonne rufen auch Überanstrengungen, schlechte Nahrung, sogenannte Erkältungen, Mangel an Schlaf u. s. w. Fieber hervor. Diese Einflüsse können als befördernde Momente vielleicht mit in Rechnung gezogen werden, nach der Annahme, daß

in einem gesunden und kräftigen Körper die Infektionsstoffe weniger
leicht Eingang finden oder sich entwickeln können, als in einem
kranken und schwächlichen; aber auch das ist nur in beschränktem
Maße oder für gewisse Infektionskrankheiten der Fall, bei der Ma=
laria ist das von geringer Bedeutung, häufig genug habe ich das
Gegenteil beobachtet. Bei mir selbst habe ich nie einen Zusammen=
hang nachweisen können. Was speciell Anstrengung und Aufregung
betrifft, so ist es eine allen Reisenden bekannte Thatsache, daß man
bei anstrengendem Marschieren meist vom Fieber verschont bleibt
oder doch nur wenig belästigt wird; daß man aber, sobald man an
einem Platze in Ruhe kommt, erkrankt. Hierher gehört auch — ob=
wohl dabei noch andere Umstände zu berücksichtigen sind — die in
mancher Beziehung rätselhafte Erscheinung, daß man sich wochenlang
in notorisch höchst ungesunden Flußniederungen auf der Flußpferd=
jagd umhertreiben kann, ohne krank zu werden. Sobald man aber
den Platz verläßt, sei es nach einigen Tagen oder erst nach Wochen,
so kann man sicher sein, von dem heftigsten Fieberanfall heimgesucht
zu werden. Soviel ist aber gewiß, daß eine regelmäßige Muskel=
bewegung die damit verbundene energische Transpiration und über=
haupt der energischere Stoffwechsel gerade für die Tropen ein sehr
wichtiges Mittel ist, die Gesundheit zu erhalten.

Ebenso giebt das Wasser in den seltensten Fällen die Veran=
lassung zu einem Fieberausbruche. Ich selbst habe viel und fast nur
Wasser getrunken der verschiedensten Art und von den verschiedensten
Lokalitäten: aus Teichen, Bächen, Flüssen, Regentümpeln, Wasser=
löchern 2c., ohne daß ich jemals Fieber danach bekommen hätte. Ich
habe auch bei andern niemals das Wasser als Ursache des Fiebers
nachweisen können. Anders verhält es sich mit Darmkatarrhen und
Dysenterie. Die Eingeborenen wissen recht gut das schlechte und
vielleicht schädliche Wasser von dem zuträglichen zu unterscheiden.
Zuerst hat man eine gewisse Scheu. Wenn man aber nach starkem
Marsche und energischer Transpiration an einen Wasserplatz kommt
und den Neger mit Wohlbehagen trinken sieht, so denkt man nicht
erst ans Filtrieren, sondern schlürft gierig und mit Genuß das köst=
liche Naß, welcher Art es auch sein möge. Es versteht sich von selbst,
daß man auf einer Station immer nur filtriertes Wasser genießen
wird. Das Medium, welches die verderbenbringenden Keime birgt,
ist die Luft, die wir atmen, und sehr häufig nur die Luft in den
Räumen, in welchen wir leben. Die Infektionsherde sind in vielen

Fällen mehr oder weniger engbegrenzte Lokalitäten. Das ist von der größten praktischen Wichtigkeit sowohl für den Kaufmann, Beamten- und Plantagenbesitzer, wie für den Reisenden, der Afrika besucht Man darf sich nicht vorstellen, daß die ganze Luft in den fieber- schwangeren Tropengebieten infektionsfähig sei. Es sind nur immer gewisse Örtlichkeiten, wo sich der giftige Stoff in solcher Dichtigkeit oder solcher Beschaffenheit vorfindet, daß man durch die Einatmung von der Krankheit befallen wird. Das beweisen die verschiedensten Thatsachen. Die Insel Zanzibar hat im allgemeinen in sanitärer Beziehung einen sehr schlechten Ruf. Die alten englischen Berichte schildern das Klima als geradezu mörderisch. Ich hörte sogar, daß Lebensversicherungen früher niemanden aufgenommen hätten, der nach Zanzibar gewollt. Aber man muß wohl unterscheiden zwischen der Stadt und dem Lande. Die Stadt bietet jetzt einen so günstigen Aufenthaltsort für die Europäer, wie ihn vielleicht wenige Tropen- städte in der Lage und unter den Verhältnissen aufzuweisen haben. Die Europäer haben verhältnismäßig weniger von dem Fieber zu leiden wie die Eingeborenen, besonders die Indier. Und worin ist der Grund zu suchen? Einzig und allein darin, daß die Europäer trockene, reinliche, geräumige, gut ventilierte und freier gelegene Wohnungen besitzen. Eine gesunde Wohnung und speciell ein ge- sunder Schlafraum ist das wichtigste, worauf der Europäer in den Tropen zu achten hat. Die am Stanley=Pool für Europäer errich- teten Hütten aus Felsstücken, die mit Erde überworfen sind, müssen in der Regenzeit als durchaus ungesund bezeichnet werden. In den dunstigen, schmutzigen, feuchten und halbdunkeln Wohnungen der Indier herrscht ein dem Europäer sofort auffallender eigentümlicher widriger Geruch, den man am besten mit dem von alter Wäsche oder Kinderzimmergeruch vergleichen kann. Auch in diesen, auf den ersten Blick nicht ungesund erscheinenden schlechtventilierten Woh- nungen finden die das Fieber erzeugenden niederen Organismen ihre Existenz= und Entwickelungsbedingungen. Leute, welche in solchen Räumen schlafen, werden immer von Fieberanfällen heimgesucht, sie nehmen Chinin über Chinin ohne Erfolg, aber das Fieber ist ver- schwunden, sobald sie einen andern Schlafraum aufsuchen. Es giebt Europäer, die Jahre lang auf Zanzibar zubringen, ohne Fieber ge- habt zu haben. Ich selbst habe, obwohl ich in der ersten Zeit meines Aufenthaltes täglich mehrere Stunden auf den Plantagen mich auf- hielt und an den Teichen der Vogeljagd nachging, niemals Fieber bekommen. Andererseits konnte ich später bei den meisten Europäern, welche am Fieber zu leiden hatten, den Infektionsort nachweisen. So hatte ein Kaufmann 2 Stunden in einem dumpfigen, lange verschlossen gewesenen Lagerraum arbeitende Neger beaufsichtigt — nach 8 Tagen hatte er das heftigste Fieber. Europäer, welche einen Ausflug auf die Insel gemacht und in einem arabischen Hause übernachtet hatten, lagen nach 8 Tagen alle am Fieber danieder. Ich selbst holte mir mein erstes Fieber in einer feuchten Lehmhütte, nachdem ich 2½ Monate auf Zanzibar und 7 Monate auf den verschiedensten Küstenplätzen zugebracht hatte. Bei mir selbst wie auch bei anderen habe ich die Beobachtung gemacht, daß ein Aufenthalt von einer halben Stunde in gewissen Räumen genügt, um sich anzustecken. Die niederen Organismen, welche die Malariakrankheit hervorrufen, sind in ihrer Entwickelung nicht an den Boden allein gebunden, sondern vermögen auch an allen möglichen anderen Orten zu existieren. Die Keime sind allgegenwärtig, überallhin werden sie durch den Wind verbreitet, aber es bedarf noch besonderer Verhältnisse, um sie für den Menschen gefährlich zu machen. In der trockenen Zeit sind gewisse Gebiete so gesund, daß man auf dem Boden schlafen kann, ohne nachteilige Folgen zu verspüren.

In der Regenzeit, wo die Keime überall zur Entwickelung kommen, auf den Hochebenen des Innern sowohl, wie an der Küste, ist man auch in sonst gesunden Gebieten mehr oder weniger einer Ansteckung ausgesetzt. Herrschen doch auch an den Hochlandsseeen, wie dem Naiwascha, 1900 Meter (6000 Fuß) über dem Meere, sehr bösartige Fieber. Besonders gefährlich sind in diesen Gebieten die Bambuswälder, in denen die Karawanen zahlreiche Träger verlieren. Folgende Bedingungen sind für die Entwickelung der Keime von Wichtigkeit: die nötige Wärme, welche in den Tropen immer vorhanden ist; eine gewisse Feuchtigkeit; Stagnation der Luft; vielleicht auch Abwesenheit des direkten Sonnenlichts. Diese Bedingungen werden in vielen kleinen, nicht regendichten, schlechtventilierten Häusern erfüllt, in den feuchten Zelten der Reisenden, in gewissen Stadtteilen, z. B. in sehr engen, unreinlichen Gassen, in den Mündungsgebieten der Flüsse, im Urwalde, in feuchten, engen Thälern, in sumpfigen Niederungen, in feuchten Wäldern. So lange sich die am Stanley-Pool stationierten Europäer auf einer gut gelegenen Station aufhalten, bleiben sie gewöhnlich gesund; wenn sie aber in dem Urwalde sich zu schaffen machen oder auf die Wasserjagd gehen, werden sie

Baumgarten, Afrika. 8

von Fieber befallen. Wir finden in der Zeit die meisten Fieber=
kranken, wenn Sonnenschein und Regengüsse abwechseln und zugleich
Windstillen vorhanden sind. Auf Zanzibar trat in den letzten Jahren
regelmäßig im Verlaufe der heißen Zeit, im Dezember, Januar, Fe=
bruar, wo sich Gewitterschauer und Windstillen einstellten, eine starke
Epidemie auf. Diese Monate sollen früher trockener und daher ge=
sunder gewesen sein, während jetzt Juli, August und September die
gesundesten sind. In den letzten Jahren gab die Regenzeit im Mo=
nat April, weil sie nur kurz und zugleich von starken Winden be=
gleitet war, zu Fieber nicht so sehr Veranlassung wie früher. Ein
starker und anhaltender Regen ruft besonders unter den Bewohnern
der Lehmhütten Epidemieen hervor, die vorzüglich nach dem eigent=
lichen Regen auftreten, wenn die durchfeuchteten Wohnungen wieder
austrocknen.

Gewisse Gebiete im Innern der Insel und an der Küste sind
sehr gefährlich, besonders wenn man die Nacht dort zubringt. Berichtet
doch der englische Reisende Burton von einem Boot mit Matrosen,
die, um Wasser aus einem kleinen Flusse zu holen, eine Nacht im
Boote schlafend zubrachten und infolge dessen alle am Fieber zu
Grunde gingen. Rindvieh und Pferde sterben im Innern der Insel
bald dahin. Die Fieber, welche man sich in derartigen, mit üppigem
Pflanzenwuchs versehenen Niederungen holt, sind gewöhnlich sehr
heftig und bösartig; sie bestehen meist in den sogenannten Gallen=
fiebern, die ich in der Stadt Zanzibar unter den Europäern niemals
beobachtet habe. Es geht niemand ungestraft auf die Flußpferdjagd.
Von allen Europäern, die in den Niederungen des Kingani= oder
Wami=Flusses gegenüber Zanzibar auch nur wenige Tage der Jagd
oblagen, ist nicht ein einziger, der frei vom Fieber bleibt.

Die Feuchtigkeit, welche die Fieber erregenden Organismen zur
Entwickelung bringt, braucht keine sehr große zu sein. Bei häufigem
Regen ist die Luft schon so mit Wasserdampf gesättigt, daß diese
Feuchtigkeit schon genügt, einen gewissen Wohnraum zu einem
Infektionsherd zu machen. Man hält es oft kaum für möglich, daß
in einem Schlafraume, der auf den ersten Blick gar keinen ungesunden
Eindruck macht, Ansteckung erfolgen könne. Aber wenn man den
Kranken das Schlafzimmer wechseln läßt, so wird das sofort klar.
Der oft große Raum, der sich in manchen arabischen, von Europäern
bewohnten Häusern Zanzibars an die Küche anschließt, giebt nicht
selten zur Miasmenbildung Veranlassung, weil in demselben das

Spülwasser ausgegossen wird. Die in solchen Räumen schlafenden portugiesischen Köche werden das Fieber nicht los.

Es bedarf keiner weiteren Erwähnung, daß ein jedes fruchtbare Gebiet des tropischen Afrika, mag es hoch oder niedrig gelegen sein, Dutzende von Lokalitäten aufzuweisen hat, in denen der Europäer sich unfehlbar infizieren muß, wenn er dort reist, dort wohnt oder gar den Boden bearbeiten will. Die auf den Bergen von Usagara und Assegua wohnenden französischen Missionare haben mehr vom Fieber zu leiden, als die in der Stadt Zanzibar Ansässigen. Sie steigen nach einiger Zeit von ihren „kühlen" und „gesunden" Höhen herab, um sich auf Zanzibar zu erholen. Alle Flußgebiete, besonders die des Lufidschi, Kingani und Wami, bieten auch in ihrem Ober-laufe solche der Gesundheit des Europäers sehr gefährliche Lokalitäten in Menge.

Je größer der Infektionsherd, um so größer die Wahrscheinlich-keit sich auch in der nähern Umgebung desselben zu infizieren. Doch ist die Gefahr durch den Wind, welcher die Keime zuführt, infiziert zu werden, sehr gering. Im andern Falle müßten zu gewissen Zeiten, wo der Wind von dem Innern der Insel Zanzibar zur Stadt weht, mehr oder weniger alle Bewohner, und besonders die Europäer, am Fieber erkranken. Aber zu der Zeit ist der Gesundheitszustand ge-wöhnlich ein günstiger. Den besten Beweis dafür, daß nicht der Wind die Krankheit direkt zuweht, daß nicht der Boden allein die Keime sich entwickeln läßt, sondern menschliche Wohnräume häufig die Infektionsstätten abgeben, liefern vor allem die Schiffsepidemieen, die ich in Zanzibar zu beobachten Gelegenheit hatte. Ein gewaltiges englisches Wachtschiff, eine alte seeuntüchtige Fregatte, lag ½ eng-lische Meile vom Strande entfernt im Hafen verankert. In den Wohnräumen dieses alten baufälligen Holzkastens entstanden in jedem Jahre bösartige Fieberepidemieen, und zwar in einer Zeit, wo in der Stadt das Fieber nicht stärker wie gewöhnlich herrschte. Der dritte Teil der über 200 Mann betragenden Besatzung lag zuweilen am Fieber krank darnieder. In einem Jahre, wo die Erkrankungen be-sonders heftig und zahlreich waren, legte man das Schiff an einen andern Platz, weil man der Ansicht war, daß der Wind, welcher von der Insel Zanzibar wehte, die Infektionsstoffe vom Lande herbei-trage. Das Verlegen des Schiffes hatte nicht den geringsten Erfolg. Dann meinte man wieder, die Mannschaft müsse sich das Fieber beim Urlaub vom Lande geholt haben, aber in der Stadt sowohl wie

außerhalb derselben litten weder Europäer noch Eingeborene in
außergewöhnlichem Maße. Ich hatte schon damals meine Ansicht
dahin geäußert, daß in den Schiffsräumen selbst die Ursache gesucht
werden müsse, und man überzeugte sich auch schließlich davon. Die
Epidemieen traten nämlich während des starken Regens auf, wo die
Fenster des Schiffes geschlossen bleiben mußten. Da das Fahrzeug
nicht mehr dicht war, so waren die Holzwände der Schlafräume wie
mit kleinen Thautröpfchen übersät; dabei ungenügende Ventilation
und viele Menschen in einem Raume zusammen. In den Schlaf-
räumen der Mannschaften waren die Erkrankungen am zahlreichsten,
aber auch in den Einzelzellen der Offiziere stellten sich dieselben ein.
Ich habe ferner auch noch Gelegenheit gehabt, auf französischen
Kriegsschiffen ähnliche, zum Teil noch auffallendere Malaria-Epide-
mieen zu beobachten.

Welche Nutzanwendungen ergeben sich hieraus für den Kaufmann, Kolonisten und Reisenden? Man achte vor allem auf den
Platz, auf dem man sein Haus, seine Hütte oder sein Zelt errichten
will. Man spare nicht auf Kosten einer gesundheitsgemäßen Einrichtung; denn das zweckmäßige Haus und besonders das gesunde
Schlafgemach ist das wichtigste, um gesund zu bleiben. Der Reisende
sehe vor allem darauf, ein zweckentsprechendes Zelt mitzunehmen,
auch wenn er einige Träger deshalb mehr engagieren muß. Unter
einem gesunden Zelte verstehe ich ein solches mit doppeltem Dach;
das obere muß aus regendichtem Stoff bestehen und weit über die
Zeltwände vorspringen. Das Zelttuch ist bei nassem Wetter in einem
regendichten Sacke zu tragen, an schönen Tagen soll man es frei
von der Sonne bescheinen lassen. In der Regenzeit meide man es,
unter Bäumen oder doch unter dichterem Laubwerk zu lagern; der
Aufenthalt in Wind und Regen ist gesunder, als der an dunstigen
Stellen, wo die Luft sich weniger erneuert. In der trockenen Zeit
mag man das Zelt unter Bäumen aufschlagen, wenn zugleich der
Boden trocken und ohne modernde Substanzen ist; aber hat man
nur die Wahl zwischen baumlosem Terrain und feuchtem Wald, so
wähle man das erstere. Es ist besser im ärgsten Sonnenbrande und
Sande als in der dumpfigen Waldluft. Bei Tage kann man sich
allerdings in einem solchen freistehenden Zelte nicht aufhalten, wenigstens nicht in den Stunden von 9—4. Dann läßt man sich eine
auf Stangen ruhende Überdachung von Gras oder Laubwerk her-
richten, welche die Neger in der kürzesten Zeit herzustellen wissen.

Man kann sicher sein, daß man in einem solchen auf trockenem Boden stehenden Zelte, das den Tag über von der Sonne beschienen ist und in dessen Innerem sich eine Temperatur bis 50° C. entwickelt hat, des Nachts nicht mehr von Fieberkeimen infiziert wird. Die trockenen und heißen Gebiete Afrikas sind dem Europäer zuträglicher als die feuchten und kühleren.

Was die Hütte oder das Haus betrifft, so errichte man sie wo möglich auf einem freien, von der Sonne beschienenen Platze, den der Wind bestreichen kann. Viele große, schattengebende Bäume, welche die Feuchtigkeit zurückhalten und die Lufterneuerung erschweren, dulde man nicht in nächster Nähe. Man lasse die schnell austrocknende und damit desinfizierende Kraft der Tropensonne ungeschwächt wirken, was besonders bei Strohdächern von Wichtigkeit ist. Im Innern einer mit Strohdach bedeckten Lehmhütte ist es sehr kühl, wenn das Dach nur genügend hoch ist und man einen seitlichen Spielraum zum Durchstreichen des Windes läßt (scheunenartig). Den Fußboden bilde eine halbfußdicke, aus Asche und Lehm zusammengemengte Schicht, welche festgestampft wird. Man achte darauf, das Innere so einzurichten, daß der Schlafraum nicht nach der Regenseite zu liegen kommt. Die Fenster sollen so angebracht sein, daß möglichst viel Luftzug entsteht. Die Strohdächer der Lehmbauten oder Blockhäuser sollen weit vorspringen, damit die Wände möglichst von Feuchtigkeit verschont bleiben. In der Regenzeit hat man die Windseite durch eine aus Gras oder Palmblättern geflochtene Wand zu schützen, die bei Sonnenschein weggesetzt wird. Aus dem Schlafraum lasse man alles, was nicht unbedingt notwendig ist, fort. Das Waschen und Baden nehme man nicht im Schlafraum vor, auch die schmutzige Wäsche hebe man nicht in diesem auf. Wenn möglich, kalke man die Wände. Der Reisende ist natürlich nicht immer in der Lage, allen diesen Anforderungen gerecht zu werden. Wohnt er während der Regenzeit in einem Zelte, so ist eine Durchfeuchtung der Wände kaum zu vermeiden. Auf einer Station kann man aber die wesentlichen Bedingungen — Auswahl eines guten Platzes für das Haus, Trockenheit, Ventilation, Reinlichkeit — in der Regel erfüllen.

Was die Schiffe anlangt, welche nicht selten in den Flußmündungen oder Flüssen selbst verankert werden, so sind alte, undichte Holzschiffe durchaus ungeeignet, um eine größere Anzahl Europäer unterzubringen. Hier sind die oben angeführten Bedingungen kaum zu erfüllen. Bei jedem Fieber, von dem man befallen wird, achte man vor allem auf die Orte, in denen man sich tags aufhält oder nachts schläft. Hat man Chinin frühzeitig und in richtiger Weise angewandt und wird trotzdem von Rückfällen heimgesucht, so ist die Gewißheit vorhanden, daß man sich in einer bestimmten Lokalität immer wieder von neuem infiziert, sei es nun in der eigenen Wohnung oder an dem Ort, wo man während des Tages beschäftigt ist.

Was das Fieber selbst anbetrifft, so will ich hier nur zur Beruhigung aller derer, welche afrikanische Tropengebiete besuchen, anführen, daß, wenn man versteht das Chinin richtig anzuwenden, dasselbe ein fast unfehlbares Mittel ist. Die zweckentsprechende Anwendung ist aber in manchen Fällen nur dem Arzt möglich, zumal in den Tropengegenden nicht nur die einem jeden, der dort gelebt hat, wohlbekannten charakteristischen Fieberanfälle, sondern auch noch eine Menge anderer versteckter Malaria-Krankheiten sich finden, welche unter dem Bilde verschiedener Organerkrankungen verlaufen und, wenn sie nicht rechtzeitig erkannt werden, nicht minder gefährlich sind wie jene. 2050 Personen, welche außer 400 Europäern meist Indier und Goanesen waren, habe ich während meines Aufenthaltes auf Zanzibar als Malariakranke behandelt. Einer unter diesen ist gestorben, ein Europäer, der lange Zeit in Südamerika gelebt hatte und noch mit einem andern Leiden behaftet war. Vier andere Fälle, welche tötlich verliefen, muß ich besonders erwähnen; sie betrafen Europäer, welche, bereits auf Madagaskar erkrankt, die ganze Seefahrt über ohne Behandlung gewesen waren und in bewußtlosem Zustande in das französische Hospital auf Zanzibar gebracht wurden. Ein fünfter Todesfall betraf einen französischen Contre-Admiral, der lieber sterben, als sich entschließen mochte, eine, wie er meinte, für den Körper so schädliche Substanz wie Chinin zu sich zu nehmen.

Unter jenen 2050 Patienten befanden sich viele Reisende und Kaufleute, welche sich nicht auf Zanzibar infiziert hatten, sondern von den verschiedensten Teilen der Küste von Mozambique, Madagaskar und aus dem Innern Afrikas — nicht wenige aus Usagara — die Krankheit mitgebracht hatten. Es muß ferner eine große Beruhigung für den in Afrika lebenden Europäer sein, zu wissen, daß der erste Anfall niemals mit dem Tode endet, und daß, wenn man sofort bei dem ersten Unwohlsein die nötigen Maßregeln ergreift, selten Gefahr für das Leben vorhanden ist. Ich habe sehr bösartige Fieber

beobachten können, in denen — und das ist schon eine große Aus=
nahme — mit dem Beginn des ersten Anfalles der Kranke bewußt=
los zusammenbrach, aber auch bei so heftigem erstem Anfalle trat
niemals der Tod ein. Besonders die französischen Ärzte haben die
Gewohnheit, alle Fieberkranke zunächst mit Brechmitteln und Abführ=
mitteln zu behandeln. Der Organismus erträgt allerdings eine
solche Behandlung in vielen Fällen, in vielen Fällen aber auch nicht.
Die Mittel schwächen den Patienten und verursachen oft einen nach=
teiligen Zeitverlust für die Anwendung des Chinin. Dieses Medi=
lament, zu rechter Zeit und in der richtigen Weise und Stärke ge=
geben, führt fast in allen Fällen sicher und schnell die Genesung
herbei.

Fassen wir noch einmal kurz die Punkte zusammen, welche für
alle Gebiete des tropischen Afrika in Bezug auf die sanitären Ver=
hältnisse maßgebend sind, so ergeben sich folgende:

1. Fiebermiasmen finden sich in allen niedrigen wie hochgelege=
nen Lokalitäten, welche die zur Entwickelung notwendigen Bedingungen
erfüllen.

2. In den fruchtbaren, feuchten, wasserreichen, eine üppige Ve=
getation und viel vegetabilische Zersetzungsprodukte führenden Ge=
bieten ist das Malariagift immer in Gefahr bringender Weise vor=
handen.

3. In der Regenzeit ist jeder Boden mehr oder weniger für die
Entwickelung des Malariagiftes geeignet.

4. Gesunde und ungesunde Lokalitäten befinden sich oft unweit
nebeneinander.

5. Auch die Wohnungen können Infektionsorte für die Malaria
bilden.

6. Eine trockene, gut gelegene Wohnung ist die erste Bedingung
für die Erhaltung der Gesundheit im tropischen Afrika.

7. Unter günstigen Verhältnissen und unter gewissen Bedin=
gungen kann der Europäer jahrelang ohne Schaden für seine Gesund=
heit auch in Malariagebieten aushalten.

8. In der günstigsten Lage befinden sich die Missionare und
die Leiter von Etappenstationen, auch der Kaufmann, wenn er nicht
selbst reist, sondern sich die Waren bringen läßt. Weniger günstig
liegen die Verhältnisse für den Plantagenverwalter, noch ungünstiger
für den Reisenden und am ungünstigsten für den selbstthätigen Land=
mann.

Ich hoffe, daß es auch dem nicht medizinisch gebildeten Leser klar geworden ist, was gesund und ungesund heißt im tropischen Afrika. Wenn er in den Zeitungen liest von dem gesunden Klima Inner-Afrikas im allgemeinen oder gewisser Bergländer im besonderen, wenn ihm ein Mann präsentiert wird, der nach zehnjährigem Aufenthalte in Afrika gesund heimgekehrt ist, oder wenn er hört, daß ein anderer gleich nach seiner Ankunft im Innern gestorben sei, so wird er, hoffe ich, nunmehr wissen, was er davon zu halten hat und welche Schlüsse er ziehen und nicht ziehen darf.

Es werden sich gewiß manche Distrikte in der Zukunft durch die Bodenkultur, durch Entwässerung und durch rationelle Pflege der Waldvegetation in gesundheitlicher Beziehung verbessern lassen, ohne der Fruchtbarkeit zu großen Eintrag zu thun, dennoch wird die Malaria immer das Haupthindernis für die Wirksamkeit des Europäers in Afrika bleiben.

Soweit Dr. Fischer. Ergänzt und bestätigt wurden seine Mitteilungen durch die „Erfahrungen über Ostafrika in klimatologischer und hygienischer Beziehung", welche Kurt Töppen aus Hamburg in der Versammlung deutscher Naturforscher und Ärzte (Sitzung vom 21. September 1886) vortrug. Die Deutsche Kolonial-Zeitung 1886, S. 704 schreibt darüber:

Allgemein wird behauptet, daß das Klima an der Ostküste des tropischen Afrikas besser ist als das der Westküste, und dieses ist auch nicht zu bestreiten. An der Ostküste haben wir einige fieberfreie Plätze, so Brawa, Marka und Makdischu an der Somalküste. Die Vertreter des Hauses Hansing u. Co. in Zanzibar haben hier jahrelange Erfahrungen gemacht und sich stets im Wohlsein befunden. Die Städte liegen dicht am Meer auf der Düne, die sich an der Rückseite bis zur Höhe von ca. 2—300 Fuß erhebt und die Aussicht nach dem Innern des Landes absperrt. Das Trinkwasser ist allerdings schlecht und brakig und erzeugt Verdauungsbeschwerden, wogegen Eingewanderte und Eingeborene fortwährend Arzneien gebrauchen. Wenn einen ein Armer dort um eine milde Gabe anspricht, so pflegt er hinzuzufügen: „um ein Abführungsmittel zu kaufen". — Das hinter der Düne liegende Thal des Wobbi soll sehr fruchtbar, aber auch furchtbar wegen seines Fiebers sein. Auch Lamu, Witu und Momboffa sind als relativ gesund bekannt; dagegen gelten die südlicheren Plätze Bagamoyo, Mgao und Kiloa als sehr gefährlich. Die Stadt Zanzibar gilt bei den dortigen

Europäern für sehr gesund, und erfreuen sich manche derselben bei einer geordneten und regelmäßigen Lebensweise, nachdem das Accli=matisationsfieber überstanden, einer fast dauernden Gesundheit.*) Im Innern von Ostafrika scheint nach Töppens eigenen Erfahrungen, sowie nach Berichten von Reisenden und Missionaren der Europäer durch das Klima viel aushalten zu müssen, was zum Teil schon durch die strapaziöse Reise bedingt wird, welche den Keim zu Krank=heiten legt. Tabora besonders ist als einer der gefährlichsten Plätze zu bezeichnen. Allerdings ist seine Lage auch eine sehr ungünstige. In eine weit rings von Hügelketten begrenzte Ebene hineingebaut, steht die Stadt während der Regenzeit zum Teil unter Wasser und ist der Boden so weich, daß schlecht fundamentierte Häuser alsbann fußtief in den Erdboden einsinken. Die französischen Missionare, welche jahrelang in Tabora gewohnt haben, konnten das Klima da=selbst nicht ertragen und haben sich jetzt auf einem der benachbarten Höhenzügen angesiedelt. Töppen selbst hat in Tabora schwere Fieber durchgemacht und sein Kollege Harbers ist — wie bekannt — dort dem Fieber leider erlegen. — Indier, Araber und Schwarze leiden im ganzen ebensoviel oder noch mehr durch das Klima, als der Europäer, und liegt das auch zum Teil an den schlechteren äußeren Lebensbedingungen.

Wegen der Bedeutung des Somallandes fügen wir nach Dr. Ju=lius Hann (Klimatologie, 1883), resp. nach Haggenmacher einiges über das Klima dieses Landes hinzu.

An der Somalküste fallen (nach Haggenmacher) Winterregen (Dezember bis Ende März), die nicht tropischen Charakter tragen, sondern mehr landregenartig nach kurzen Gewittern auftreten. Die Regen im Hochlande beginnen Ende März. Vom Juli bis Oktober sind die Regen spärlich oder lokal, der Himmel ist aber bewölkt, diese Zeit heißt „Haga". Vom Oktober bis November fallen die Regen mehr im westlichen Teile des Landes, vom November bis Januar im Südosten. Für das Hochland sind die Monate Januar bis Ende März die Trockenzeit, sein Sommer „Djilal", während im Tieflande Regen fällt. Auch die Insel Sokotra hat zwei Regen=

---

*) Nach einem andern Beobachter, Robb, läßt sich allerdings durch zweck=mäßige Lebensweise der Schädlichkeit des echt äquatorialen Klimas von Zanzibar sehr wirksam begegnen; man kann ungestraft einige Jahre dort aushalten, aber nach drei Jahren ist für den Organismus des Europäers eine Erfrischung in einem bessern Klima notwendig, wenn er dienstfähig bleiben soll.

zeiten, im Juni und im Januar. Auf den Bergen dieser Insel ist
das Klima gesund, aber in den Niederungen herrschen Fieber, namentlich während der Monsumwechsel.

Das nördliche Somalland hat also zwei Regenzeiten, eine große
vom April bis Juli und eine kleinere vom Oktober bis Dezember.
In der Gegend des Äquators, in den Gallaländern, beginnt die erste
Regenzeit im April und währt bis Ende Juni, die zweite fällt auf
September und Oktober.

Das Reich Schoa und deffen Bewohner.

Grenzen. — Das Heer. — Der König. — Das Christentum der Schoaner. —
Litteratur. — Entsetzlicher Aberglaube und sittliche Versumpfung.

Als Schoa bezeichnet man im weiteren Sinne das ganze Hochland, welches begrenzt wird im Osten von der Adalwüste, im Süden
vom Hawasch, im Westen vom Abai (Blauen Fluß) und im Norden
von mohammedanischen Gallastämmen. Im engeren Sinne begreift
es den westlichen Teil dieses Hochlandes, das im Osten, gegen die
Adalwüste hin, den Namen Efat trägt; zu diesem letzteren gehört
auch Argobba, das von Mohammedanern bewohnte Niederland.
Sowohl Schoa wie Efat haben sehr fruchtbaren Boden und herrliches Klima; Krapf schätzt die ganze Bewohnerzahl auf etwa eine
Million.

Der König regierte unumschränkt. Er war der einzige Herr
und Meister des Landes, ihm gehörte Leben und Gut seiner Unterthanen, und viele Streitigkeiten schlichtete er persönlich. Das höchste
Gericht wird von den „vier Stühlen des Reichs", d. h. vier Richtern,
gebildet. Sahela Selaffi hatte kein stehendes Heer, sondern nur
einige hundert bewaffnete Knechte; zu Kriegszügen mußte jeder Statthalter einen Beitrag stellen, und die ganze bewaffnete Macht konnte
auf 30- bis 50 000 Mann gebracht werden, von denen aber nur
etwa 1000 mit Flinten, die übrigen mit Lanzen, Schild und Schwert
bewaffnet waren.

Die Mehrzahl der Schoaner bekennt sich zum Christentum, nach
der Form der koptischen Kirche in Ägypten, von welcher die abessinische Kirche eine Abteilung bildet. Im östlichen Teile sind viele

Mohammebaner, im Süden heidniſche Galla. Die Kirchenverfaſſung
iſt biſchöflich. Den oberſten Biſchof, den Abuna, d. h. unſer Vater,
ernennt ſeit etwa 1280 ber koptiſche Patriarch in Ägypten. Der
Abuna ordiniert die Prieſter und Diakonen, ſalbt den König und
regiert die Kirche in Gemeinſchaft mit dem Etſchege, Oberhaupte der
zahlreichen Mönche. Der zu Ordinierende muß leſen und das nicä=
niſche Glaubensbekenntnis herſagen können; der Abuna bläſt ihn an,
legt ihm die Hände auf, ſegnet und bekreuzigt ihn, und bekommt
dann als Gebühr zwei Salzſtücke. Nach der Einweihung dürfen die
Prieſter nicht mehr heiraten, behalten aber die Frau, welche ſie ein=
mal haben. Sie leſen lange Litaneien und müſſen neben dem Ge=
ſangbuch alle Pſalmen auswendig lernen. Die Debtera, welche die
gelehrte Klaſſe bilden, Schulunterricht erteilen, Bücher abſchreiben
und wohl auch beim Kirchendienſt behilflich ſind, werden nicht ordi=
niert; ebenſowenig die Kirchenvorſteher, Alakas, welche zwiſchen
Staat und Kirche vermitteln.

Die Litteratur der Abeſſinier umfaßt etwa anderthalbhundert
Bücher, wovon manche nur Überſetzungen griechiſcher Kirchenväter
ſind. Sie werden in vier Teile oder Gubaiotſch geteilt; die beiden
erſten umfaſſen das alte und neue Teſtament; der britte umfaßt die
Bücher der Liks, d. h. vollkommenen Meiſter, z. B. die Werke des
Chryſoſtomus; der vierte die Schriften der Heiligen und Mönche.
Wichtig iſt, daß die Abeſſinier die Bibel in der alten äthiopiſchen
(Gheez=) Sprache und jetzt auch im Amhariſchen beſitzen. Sie ſtellen
die Apokryphen den kanoniſchen Büchern gleich und halten überhaupt
die Tradition der Kirchenlehrer für gleichberechtigt mit dem ge=
ſchriebenen Worte der Apoſtel und Propheten. Sie haben ſehr viele
Heiligen; die Maria ſpielt eine große Rolle; der Aberglaube iſt ſo
bick wie nur möglich, und kindiſche Spitzfindigkeiten, von welchen
überhaupt die Dogmengeſchichte der Jahrhunderte wimmelt, und mit
denen ſo viele Menſchen ſich Kopf und Zeit verborben haben, ſind
in Habeſch ſehr arg im Schwange. Die Maria iſt z. B. für die
Sünden der Welt geſtorben und hat wohlgezählt 144 000 Seelen
gerettet. Die Kinder werden weiß geboren wie Milch. Der Menſch
hat ſchon vor der Geburt Erkenntnis und Thätigkeit. Die Prieſter
können, freilich nur wenn ſie ſehr gut dafür bezahlt werden, andere
von ihren Sünden durch Beten und Faſten befreien. In dem
langen und argen Zank der Kirche über das Dogma vom Ausgang
des „heiligen Geiſtes" haben ſich die Abeſſinier für den Ausgang

vom Vater entschieden, auch sind sie Monophysiten, d. h. sie nehmen nur eine Natur und einen Willen in Christo an.

Lächerlich sind auch die Zänkereien über die Lehre von den drei Geburten, welche seit länger als sechzig Jahren dauern. Ein Mönch in Gondar behauptete, die Taufe oder Salbung Christi mit dem heiligen Geist im Jordan sei eine dritte Geburt gewesen. Der Sohn Gottes, geboren vom Vater von Ewigkeit — erste Geburt, — wurde Mensch in der Zeit, — zweite Geburt, — und getauft im Jordan, — dritte Geburt. Diese Lehre wurde in Schoa, nach langem Kampfe mit den Anhängern zweier Geburten in Christo, durch die Entscheidung des Königs Sahela Selassi zur Kirchenlehre erhoben, alle Priester, welche nicht an die neudekretierte Lehre von den drei Geburten glauben wollten, wurden 1840 abgesetzt; unter Sang und Klang zogen die Eiferer in die Kirche, reinigten sie von den Ketzern, d. h. hier den Altgläubigen, und drangen auch auf eine noch gesteigertere Verehrung der Maria und der Heiligen. Die besiegte Partei wandte sich an den Abuna in Gondar, welcher sie in Schutz nahm und dem Könige von Schoa mit Krieg drohte.

Durch Kaiser Theodoros von Äthiopien, der das Land eroberte, ist nun wieder der alte Glaube von den zwei Geburten herrschend geworden, aber seine Gegner brandmarken ihn als „Messerglauben", weil er die dritte Geburt abgeschnitten habe! —

Überhaupt leben die christlichen Abessinier in einer kläglichen Versumpfung. Sie haben neun Monate im Jahre Fasten, und dazu kommen die vielen Festtage der „Heiligen", an denen lediglich gefaulenzt und wild gelebt wird. Unverheiratete Leute dürfen nicht zum Abendmahl gehen, wohl aber Kinder. Bei der Kommunion wird Weizenbrot mit Traubensaft vermischt und in einem Löffel dargereicht. Für reiche Spenden an den Priester kann man Seelen der Verstorbenen aus der Hölle erlösen; bei der darauf bezüglichen Feierlichkeit wird viel Bier und Honigwein getrunken. Je mehr dem Priester gegeben wird, umsomehr preist er den Verstorbenen selig, und betet ihn aus der Qual heraus. Das abessinische Christentum übt auf seine Bekenner kaum eine moralische Wirkung; alle Reisenden stimmen darin überein, daß die Mohammedaner viel ehrenwertere Leute seien. Grobe Unsittlichkeit ist auch bei Priestern und Mönchen an der Tagesordnung; selten ist jemand frei von einer gewissen schlechten Krankheit. Die Kirche gebietet Einweiberei, aber der fromme König, welcher das Dogma von den drei Geburten Christi dekretierte, hatte

bloß — 500 Frauen! Doch seine Priester lobten ihn, obwohl er
jede schöne Frau im Lande als sein Eigentum betrachtete. Der
Aberglauben hat auch seine ergötzlichen Seiten. Der heilige Aragawi
wurde am Schwanz einer Schlange auf den Felsen Damo in Tigre
hinaufgezogen. Der heilige Samuel ritt nur auf Löwen; ein anderer wunderlicher Reisender schwamm auf einer Haut über das
Rote Meer. Wenn es beim Sonnenschein regnet, dann wird ein
Tiger oder eine Hyäne geboren; ein bunter Leopard entsteht, wenn
die Wolken buntfarbig aussehen. Eine das Haus umflatternde
Nachteule deutet an, daß eine Frau bald gebären werde; die Fledermaus erzeugt Kopfschmerzen. Das Küssen der Kirche, das Tragen
einer blauseidenen Schnur am Halse, Fasten und Almosengeben sind
Hauptsachen des abessinischen Christentums.

Karl Andree.
Die Expeditionen Burtons und Spekes. II. B.

Der abessinische Badeort Wansage.

Unser Weg führte über Wansage, einem der bedeutendsten Bade-
orte Abessiniens am Gumara-Fluß gelegen.

Die heiße Quelle entspringt auf dem linken Ufer des genannten
Flusses in einer Höhe von 2—3 m aus der Erde, und füllt ein
vom Negus Theodor errichtetes Bassin mit seinem + 37° C. warmen
Wasser. Über dem Bassin ist eine Hütte errichtet, und die hier ihre
„Kur" abmachenden Abessinier tummeln sich den ganzen Tag lang
im Wasser herum. Oft kommt es zwischen den Kurgästen zu Streitigkeiten, zumal wenn einer länger, als ihm erlaubt ist, Bäder genommen haben soll. So hört man von früh bis spät die brüllenden
Töne der Streitenden und die Klagelieder der Weiber und Kinder,
die häufig bei dieser Gelegenheit Prügel bekommen.

Es gehen nach Wansage Kranke aller Art, und da es wenige
Abessinier giebt, die nicht an einer gewissen galanten Krankheit litten,
so sieht man meistens nur Patienten, die gegen diese und ihre Folgen
hier Heilung zu finden glauben. Gewöhnlich bleiben die Kranken
sieben Stunden lang im Wasser. Die Kurgäste wohnen in kleinen,
konischen Hütten, welche, aus Stroh erbaut, sehr an Fischreusen

erinnern. Auf einem Hügel iſt die königliche Villa erbaut, aus zwei bis drei größeren Tokuls beſtehend. Der Negus Johannes liebt es ſehr, nach Art der europäiſchen Fürſten hier Bäder zu nehmen.

Außer der in einer Höhe von zwei bis drei Metern entſpringen= den heißen Quelle, namens Tſcherkos, iſt hier noch eine andere, un= mittelbar am Gumara=Fluſſe, die dem heiligen Tekla Haimanot ge= weiht iſt, und deren Temperatur nur + 32° C. beträgt. Hier baden nur die ſchwer Erkrankten.

Wanſage iſt der einzige Ort Abeſſiniens, wo ich öffentliche Gaſt= häuſer, eigentlich Gaſthütten, zu ſehen Gelegenheit fand. Gewöhnlich bleibt der Abeſſinier zu Hauſe und bereitet ſich ſein Getränk, ſei es Meriſſa oder Tetſch ſelbſt. Wanſage dagegen erinnert auch in dieſer Hinſicht an unſere Bäder. Nachts herrſcht ein teufliſcher Lärm, der mit Frauengeſang, Händeklatſchen ꝛc. untermiſcht die eigentliche Bademuſik ausmacht. Die im Gumara hauſenden Rieſenfröſche ſor= gen für eine harmoniſche Begleitung, welche mit dem J a = Geſchrei der Eſel und Maultiere erſt ſpät nach Mitternacht endet.

Stecker.
(Bericht über ſeine Expedition nach Abeſſinien. Mitteilungen der
Afrikaniſchen Geſellſchaft. Berlin, 1881. III. 1. Heft.)

Maſſua.

Charakter und Lebensart der Bewohner. — Klima. — Handelsgewohnheiten der Abeſſinier. — Vorzüge der hieſigen Mohammedaner.

Maſſua (dies iſt die richtige Ausſprache, nicht Maſſaua, in der Landesſprache Baſé) hat die gleiche Lage auf einer Inſel wie Suakyn und Agig, und verdankt wie dieſe ſeinen Urſprung den fremden Handelsleuten aus allen Weltteilen, die von dieſem ſichern Anhalts= punkte aus den Handel mit dem Feſtlande verſuchten. Die Bevölke= rung, obgleich mit eingewanderten Hindi, Mogrebi, Gallas u. ſ. w. vermiſcht, hat den Grundton der Beduy immer beibehalten, deren Sprache, durch das Arabiſche viel bereichert, in Maſſua ſtets herr= ſchend geblieben iſt, wie ihre Sitten und ihr Charakter in den Grundzügen auf der Inſel im ganzen immer bewahrt blieben. Wie

überall, glauben sich auch hier die Stadtleute von Massua den Land-
leuten durch feine Sitte überlegen, und Beduy ist bei ihnen fast ein
Schimpfname. Der Familienstolz ist so groß, daß erst die Verarmung der letzten Zeiten ein Mitglied einer alten hiesigen Familie
nötigen konnte, um Lohn zu arbeiten, während sonst immer die ganze
Stadt für die Schulden eines einzelnen einstand. Der Adel ist kein
Privilegium der Europäer; die Verwandten des Naib und die Belau
überhaupt, so elend sie geworden sind, glauben sich doch immer besser
als andere Menschenkinder.

Der Volksstamm hat im ganzen durch die vielfache Rassen-
vermischung an Schönheit gewonnen; er besitzt ein edles Profil und
ist in der Farbe viel heller als die Beduan; die Physiognomie ist,
wie bei dem Abessinier, ganz kaukasisch. Die Männer haben in ihrem
Gesicht einen Ausdruck von Weichlichkeit, Friedfertigkeit, der ihrem
Charakter vollständig entspricht; wirklich haben die Türken von den
Eingeborenen der Stadt nichts zu fürchten, sie sind vielmehr die
Wölfe unter den Schafen. Eine Flinte in die Hand zu nehmen, ist
bei den Stadtbewohnern schon eine große Sache; sie sind Friedens-
freunde, in allen ihren Verhältnissen mäßig, ruhig, von einem feinen
Ton; es fehlt ihnen nichts als Energie.

Man findet hier gute Handwerker, besonders von indischer Abstammung; sie lernen den Europäern mit Leichtigkeit ihre Kunst ab,
denken aber nie an eigene Erfindung. Es werden hier sehr schöne,
solide Barken gebaut, die Maurer und Zimmerleute arbeiten mit
vieler Geschicklichkeit und Schnelligkeit; man drechselt sehr hübsche
Gefäße aus Büffelhörnern und arbeitet nicht übel in Elfenbein, die
Frauen flechten die niedlichsten Körbe und Gefäße, die oft wasserdicht
sind. An Kunsttalent mangelt es nicht, doch bleibt man beim Her-
gebrachten stehen.

Die Hauptbeschäftigung der Stadt ist der Handel, besonders mit
den Karawanen, für welche die Stadtleute als Kommissionäre fun-
gieren. Es soll hier früher sehr reiche Kaufleute gegeben haben;
aber durch die Habsucht der Paschas, durch eigene Großthuerei und
Verschwendung sind sie herabgekommen. An Habsucht und Schacher-
geist fehlt es nicht, und in dieser Beziehung verleugnen sie den
semitischen Charakter nicht; aber der Familienstolz, der auch in der
jetzigen Armut rege bleibt, verhindert die Leute, sich wieder empor-
zuraffen. Der alte Reichtum ist fort, aber die schönen Seiden-
gewänder werden nicht abgelegt, und die Hausfrau wird noch immer

als eine Prinzessin betrachtet, für welche eine Sklavin arbeiten muß.
Urteilt man nach dem äußern Anschein, so glaubt man sich unter
großen Kaufleuten, die Stolz und Verschwendung, nicht aber Thätig=
keit von ihren Vätern geerbt haben.

Die Gesänge der Stadtbewohner sind fast nur religiös und haben
einen eigentümlichen Reiz. Ihre Gebete sind die des Islam, doch
sehr lang, besonders das Gebet der Aescha, das fast gesungen wird
und nur zu sehr an den Rosenkranz erinnert, dessen Stelle es seit
300 Jahren vertritt. Außerdem sind für alle Gelegenheiten, Feste,
Hochzeiten 2c. Gesänge üblich, in feierlichen, erhabenen Tönen von
wohllautenden Stimmen vorgetragen: ein Chor, der mir oft das
Herz erschütterte.

Die Religion erscheint hier viel liebenswürdiger als im übrigen
Orient, und der arabische Fanatismus ist fast unbekannt. Schimpf=
wörter verbietet der gute Ton, der hier herrscht, das tägliche Brot
von Ägypten wird hier nicht gegessen, und die arabische Rohheit
habe ich zu meinem Troste in Massua nicht gefunden. Alles ist
ästhetisch, friedlich, fast weichlich, in allem mäßig, ohne Exzeß im
guten noch bösen; der schlechte Charakter bleibt verhüllt und bricht
nur selten vollkommen hervor. Aber auch männliche Offenheit ist
selten, schmeichlerische Falschheit ein Grundzug des hiesigen Volks=
charakters. Hingebung und Aufopferung für den Nächsten, Treue
bis zum Tode muß man hier nicht erwarten: der Mangel an ener=
gischer Männlichkeit läßt ebensowenig Tugenden als Laster auf=
kommen und wird zu einem vorsichtigen, gemäßigten Egoismus.

Die Bewohner leben von Fleisch, Reis, Durra, Milch und Kaffee.
Geistige Getränke sind meist nur unter den Soldaten beliebt. Die
Kleidung besteht in einem gefärbten Futta um die Lenden, einer
seidenen Weste und einem langen weißen Hemde; den Tarbusch tra=
gen nur die Türken; dagegen setzt man eine Takkié auf, ein festes
buntgewebtes Käppchen, um das man die Mousseline wickelt.

Die Bewohner Massuas habe ich auf kaum 5000 geschätzt, von
denen viele die Nacht in ihren Häusern auf dem Festlande zubringen.
Doch wird diese Zahl im Sommer durch die Karawanen wohl ver=
doppelt. Da der Handel die Stadt ernährt, ist die Zahl der steiner=
nen Magazine groß; sie sind aber meist sehr eng und klein und be=
stehen mit wenig Ausnahmen nur aus einem Erdgeschoß. Als
Wohnungen dienen fast nur Strohhäuser, die von denen der Beduan
kaum verschieden sind.

Das Urteil, welches Bruce über das Klima fällt, ist bekanntlich gar nicht schmeichelhaft; doch ist mir sein Krankheitsregister nach einem einjährigen Aufenthalte nachgerade komisch vorgekommen. Dysenterieen und Ophthalmieen sind selten, Fieber kommen nur in der Regenzeit vor und sind nie sehr ernstlich. Ich hatte einmal ein Landesfieber, das nach drei Tagen ohne alles Zuthun der Kunst aufhörte. Die Hitze des Sommers ist nicht ungesund, wenn sie auch schwächt und den Appetit raubt.

Die Sommerzeit dauert wie in Europa von März bis Oktober, wird aber fast jedes Jahr durch einen starken Augustregen unterbrochen. Im Sommer habe ich im Schatten bis + 40° R. beobachtet und + 35° sind ganz gewöhnlich, in der Nacht wie am Tage. Doch wird die Hitze durch die herrschenden Seewinde gemildert. Die Nächte sind nicht so feucht wie in Ägypten, und ich habe nie nachteilige Folgen verspürt, wenn ich im Freien schlief.

Der Beginn der Regenzeit verzögert sich jenseits der Küstenkette, je weiter man nordwärts geht. Sie tritt in Abessinien schon im April ein und dauert bis zum Juli; bei den Bogos dauert sie vom Juni bis September; bei den Habab vom August bis Oktober; dagegen beginnt sie in den Vorbergen Massuas erst im September und dauert bis zum Januar, und in Massua selbst tritt sie im November ein. Hier regnet es gewöhnlich in der Nacht und sehr stark. Was für uns nicht sehr angenehm ist, wird für die Eingeborenen ein Fest; alles eilt ins Freie, um die erste Kühle nach heißen Sommertagen zu genießen und freut sich der frischen neuen Luft. Das Festland, das im Sommer dürr und wüst liegt, bedeckt sich plötzlich mit reichlichem Grün; die Herden, die im Sommer in den Bergen bleiben, steigen mit dem ersten Regen in die Ebene hinab, die nach kurzer Frist dem Auge das Bild einer vegetationsreichen, von Tausenden von Kamelen, Kühen und Ziegen durchzogenen belebten Prairie bietet.

Ein Blick auf die Karte schon zeigt, daß Massua eine sehr wichtige Stellung im Handel des südlichen Roten Meeres einnehmen muß. Es ist der natürliche Nordhafen von Abessinien, und liegt dem Jemen, dem Lande des Kaffees, gegenüber, kaum zwei Tagereisen davon entfernt. Auch von Djibba ist der Weg nicht weit; er führt über die Inseln von Dahalak, die natürlich einen großen Teil ihrer Meerprodukte auf den Markt von Massua abgeben. Die Ebene zwischen dem Meere und dem Plateau Abessiniens, die unter dem

Namen Samhar bekannt ist, hat auch Erzeugnisse (Gummi, Sena,
Butter, Schmalz und Häute), die für den Zwischenhandel des Roten
Meeres nicht ohne Wichtigkeit find. Endlich besteht eine sichere und
angenehme Karawanenstraße vom Sennaar und Takka nach Massua,
so daß es im stande ist, einen großen Teil der Produkte jener Länder,
das Elfenbein, die Hippopotamuszähne, die Tamarinde zu em=
pfangen.

Die Waren, die von den Abessiniern nach Massua gebracht wer=
den, sind meistens Produkte der Gallaländer, so der gute Kaffee, das
Gold, das weiße Wachs ꝛc. Die Gallas bringen ihre Waren ge=
wöhnlich nur bis ins Gotscham, wo der große Stapelplatz, besonders
für den Kaffee, ist.

Jeder abessinische Kaufmann (Néggadé) hat in Massua seinen
Kommissionär (Nesil), der sein Sicherheitsbürge ist (da Abessinien
mit der Türkei keinen offiziellen Verkehr unterhält), ihm ein Haus,
Feuer und Wasser liefert und alle seine Geschäfte während seines
Aufenthalts besorgt. Dafür nimmt der Nesil von allen Käufen und
Verkäufen eine mehr oder minder bedeutende Kommissionsgebühr.
Dieser Tribut, der zwischen 5 und 10 Prozent beträgt, ist so fest in
den Landesgebräuchen gewurzelt, daß es eine Thorheit wäre, ihn
umgehen zu wollen, umsomehr, da es die Nesile sind, welche jedes
Geschäft in Händen haben und es, nach ihrer Laune, zu Gunsten
ihrer Freunde abmachen.

· Geschäfte mit den Abessiniern sind einfach und schnell abgethan.
Die ersten Tage nach ihrer Ankunft zögern sie sehr mit dem Verkauf
der mitgebrachten Waren, keiner will der erste sein, aus Furcht, den
Markt zu verderben. Doch sobald ein großer Kaufmann das Bei=
spiel gegeben und den ersten Verkauf gemacht hat, wird der ganze
Vorrat von gleichen Waren in einem Augenblick ohne weiteres
Markten losgeschlagen. Tauschhandel ist nicht beliebt. Man muß
mit guten Maria=Theresia=Thalern (Ebri) versehen sein, um vorteil=
haft kaufen zu können; erst später erhält man bei dem Verkauf der
eigenen Waren einen Teil seines Geldes wieder zurück, aber die
Abessinier nehmen doch nur ein Drittel oder Viertel des realisierten
Geldes in Waren zurück. Der Import ist dem Export bei weitem
nicht gleich. Bringen die Abessinier z. B. für 200 000 Thaler
Waren nach Massua, so nehmen sie dafür wohl eine Summe von
130 000 Thaler in barem Gelde zurück, und von den 70 000 Tha=
lern, die sie für ihre Einkäufe zahlen, fallen wohl 60 000 auf die

indischen Waren der Banianen, so daß auf den europäischen Verkehr nur eine Summe von 10 000 Thalern kommt. Dieser ist demnach nur ein Detailhandel, welcher nicht schwer in die Wagschale fällt.

Ehrlichkeit und Rechtlichkeit sind die erste Bedingung für den, der mit den Abessiniern zu thun haben will. Sie sind sehr miß= trauisch, wittern sofort Betrug, wo sie Schlauheit bemerken, wissen dagegen Offenheit in Geschäften sehr zu schätzen.

Die großen Karawanen kommen, wie gesagt, nur einmal des Jahres nach Massua; doch giebt es viele kleine Kaufleute von Tigré und Hamazen, die während des ganzen Jahres aus= und eingehen und den Markt stets in einiger Thätigkeit erhalten. Die eigentliche Geschäftssaison sind die Sommermonate.

Die bösen Zeiten haben es mit sich gebracht, daß eine Karawane einer kleinen Armee nicht unähnlich sieht. Die großen Néggadés bringen nur wenige Diener nach Massua, da sie eine Unzahl Dienst= leute auf der Grenze bei ihren Maultieren zurücklassen. Die Tracht des reisenden Abessiniers besteht in kurzen engen Beinkleidern und einer sehr langen dichten weißen Schärpe, die um die Hüfte gewickelt ist; darüber trägt er die ungenähte viereckige Toga (Guari), von der er ein Ende über die eine Schulter wirft. An seiner Rechten hängt das lange krumme Schwert (Schotel) und außerdem trägt er einen großen runden, buckligen Schild aus Büffelhaut und eine lang= spitzige Lanze. Aber auch Feuergewehre, mit denen besonders Euro= päer einen einträglichen Handel treiben, sind von jeher sehr verbreitet gewesen.

Die mohammedanischen Abessinier sind (ohne Zweifel) bedeuten= dere und bessere Handelsleute, als ihre christlichen Landsleute; ihr Hauptgeschäft ist der Sklavenhandel, der sie oft nach Djibba führt. Ich habe nie ein Volk gesehen, das sich seine Religion so wahrhaft innig zu Herzen nimmt, wie diese Mohammedaner, die neben ihren Glaubensbrüdern, den Arabern, in Zucht und Rechtlichkeit wie Engel bastehen und wahre Früchte des Glaubens tragen. Ohne Zweifel wirkt darauf der Umstand ein, daß sie in Abessinien die Mi= norität bilden, die stets mehr auf sich achtet, als die Majorität, wie es auch in den paritätischen Ländern Europas sichtbar ist. Die abessinischen Muslimin sind ihrem Glauben sehr zugethan, oft sogar etwas fanatisch, was aber nie offen hervortritt. Sie dienen in Abessinien als Zöllner, wie die Kopten in Ägypten, sind durchschnitt= lich gebildeter, als die Christen und bessere Rechner und Diplomaten,

weswegen sie oft zu Gesandtschaften zwischen christlichen Fürsten ge=
braucht werden. Sie sind in der Welt des Islam sehr gut an=
gesehen, und es gehen aus ihrer Mitte oft Scheichs hervor, die man
auch in Djibba und dem übrigen Arabien sehr hoch verehrt und eines
näheren Umgangs mit Gott teilhaftig glaubt.

Die Wahl der Waren, die ein Néggabé nach Massua bringt,
ist durch alte Gewohnheit geregelt; es würde einem kleinen Handels=
manne sehr übel genommen werden, wenn er Elfenbein und Gold
mit sich brächte, was nur den großen Kaufleuten gestattet ist.

Der christliche Néggabé ist listig und interessiert, aber nicht sehr
intelligent und ein ziemlich schlechter Rechner, daher ihn sein Ge=
schäftsfreund in Massua, der mohammedanische Nesil, mit guten
Worten nach seinem Wunsche, aber natürlich nicht immer zum Vor=
teil des Christen zu behandeln versteht. Aber der Krug geht eben
nur so lange zum Brunnen, bis er bricht, und Rechtlichkeit bewährt
sich auch in Massua als die einzig dauerbare Grundlage des Verkehrs.

W. Munzinger.

Abessinische Kriegsbilder.

Erlebnisse des Missionars Th. Waldmeier.[*)]

I.

Grünbonnerstag 1868 in Magdala. — Anrücken der Engländer. — Nieder=
metzelung der Gefangenen.

Am frühen Morgen schon begann der Tag zu trauern, schwere
Wolken fingen an, die kaum aufgegangene Sonne wieder zu ver=
schleiern.

Die englischen Truppen rückten immer näher; den König, der
dies wohl mußte, befiel eine große Unruhe, die ihn unstät von einem
Ort an den andern trieb; statt des gewohnten Mutes und der That=
kraft, wodurch er sich stets ausgezeichnet hatte, wandelte ihn nun eine
auffallende Verzagtheit an, die seinem ganzen Benehmen einen
niedrigen Anstrich gab und auf die Soldaten einen entmutigenden
Einfluß ausübte. Der düstere Wolkenhimmel spiegelte ganz die

---

*) Theophil Waldmeier. Erlebnisse in Abessinien. Basel, 1869.

melancholiſche Stimmung ab, die ſich des Heeres bemächtigt hatte.
Auch uns war bange. Daß die entſcheidende Stunde der Erlöſung
nahe war, wußten wir wohl; aber ſollte es eine Erlöſung durch
Leben oder durch Tod werden? Todesfurcht und Lebenshoffnung,
Finſternis und Licht rangen in unſeren Seelen. — Wir Miſſionare
waren alle zuſammen auf einem Platz mit unſeren Familien. Auch
Herr Raſſam und ſeine Gefährten waren bei uns, ganz nahe am
königlichen Zelt. Wir ſuchten einander zu tröſten und zu er-
mutigen.

Nachmittags um 4 Uhr hörte man ein wehmütiges Schreien
aus dem abeſſiniſchen Gefängnis: „Egsio! Egsio! (Gott erbarme
dich unſer!)“ — „Was iſt das?“ fragte der König aufgeregt. —
„Die Gefangenen“, ſagte man, „ſchreien Egsio!“ — „Warum ſchreien
ſie? Wer iſt ihr Vater? (abeſſiniſcher Ausdruck der Verachtung).
Laßt uns hinuntergehen, ich werde ſie fragen, warum ſie ſchreien“.
Er fragte ſie, und ſie erwiederten: „Ihre Majeſtät, wir haben zu
Gott geſchrieen, weil wir ſchon einige Tage nichts mehr zu eſſen
haben.“ Der König, zitternd vor Wut, zog ſeinen Säbel und ſchrie:
„Hättet ihr mir nicht eure Not anzeigen können? warum macht ihr
Spitzbuben ein öffentliches Geſchrei, um mich mit der Not, die mich
umgiebt, zu verhöhnen? Eure Bosheit will ich ſtrafen.“ Nun ging
ein ſchreckliches Gemetzel an. Ohne Verhör wurden die Leute ins
Freie gebracht, wo ſie zum Teil mit Spießen und Säbeln, hauptſächlich aber mit Flintenſchüſſen getötet wurden. Schrecklich hallten
uns die Schüſſe ins Ohr, durch welche den ganzen Abend hindurch
die Unglücklichen niedergeſtreckt wurden. Wir dachten nichts Anderes,
als der König werde jetzt bei den Abeſſiniern anfangen, und wenn
er mit ihnen fertig ſei, auch uns auf grauſame Weiſe töten. — Als
die armen Schlachtopfer tot oder halbtot am Boden herumlagen,
ließ ſie der König über einen ganz nahen, ſenkrecht abfallenden
Felſen von etwa 150′ Tiefe hinabwerfen, wo ihre zerſchmetterten
und verſtümmelten Leichen als ein Raub der Hyänen liegen blieben
Es waren gegen 200 Gefangene, die ſo umgebracht wurden. Erſt
gegen Abend, als ſich die Wut des Königs etwas gelegt hatte, fing
er an, die Leute zu verhören, und einige wurden begnadigt, beſonders Weiber und Kinder. — Oben auf der Feſtung Magdala ſelbſt
wurde niemand hingerichtet, mit Ausnahme der Frau eines Deſer-
teurs, um deſſentwillen ſein Bruder mit Frau und Kind lebendig
verbrannt worden war. Sie hatte ein Kind und lebte ruhig auf

der Feſtung, ohne etwas zu ahnen. Auf einmal kamen einige Sol=
daten, die vom Könige abgeſandt waren, und ſagten zu ihr: „Unſere
Schweſter, nimm dein Kind auf den Rücken, mache dich bereit zur
letzten Stunde und komm mit uns." Die arme Frau war ſtandhaft,
nahm ruhig, wie gewohnt, ihr Kind auf den Rücken, und folgte den
Soldaten hinaus auf einen Felſen, der vom weſtlichen Rande von
Magdala 300' tief ſenkrecht abfällt. Über denſelben wurde ſie auf
Befehl des Königs rücklings mit ihrem Kinde hinabgeſtürzt, und
in der nächſten Minute lagen die beiden Leichen grauſam zerſchmettert
unten.

So verging der Donnerstag. Wir gedachten mit Wehmut des
treuen Debtera Sahelu, dem ein Jahr vorher an demſelben Tag
Hände und Füße abgeſchnitten worden waren. Das Gemetzel des
heutigen Tages machte auch aufs neue den ängſtlichen Gedanken in
uns rege: „Morgen wird es wohl auch uns ebenſo ergehen." Die
Nacht brach an, und wir übergaben uns in die Hände des barm=
herzigen Gottes.

II.

Die Schlacht am Charfreitag. — Sieg der Engländer. — Verzweiflung des Königs. — Sein Selbſtmord.

Morgens 6 Uhr kamen königliche Boten eilig in unſere Zelte
gelaufen und befahlen uns, ſo ſchnell als möglich zum König zu
kommen. Wir erſchraken zuerſt über das unruhige geheimnisvolle
Benehmen der Boten, faßten uns aber und folgten ihnen. Der
König, der auch heute in ſeiner innern Unruhe ſtets hin= und her=
lief, grüßte uns kalt und befahl uns, den Wagen zur Abfahrt bereit
zu halten. Dann ging er in ſein Zelt zurück, während die Arbeiter
Kanonen und Wagen mobil machten. Nach einiger Zeit kam er im
königlichen Schmuck, in einem von Gold und Silber glänzenden
Gewande wieder heraus, in ſeiner Hand die drohende Lanze und in
ſeinem Gürtel zwei Doppelpiſtolen, die ſchon manchem Menſchenleben
ein Ende gemacht hatten. Mit der rechten Hand ließ er die Lanze
vibrieren, und die linke hatte er auf den Griff der einen Piſtole ge=
legt. So ſtand er lange Zeit auf einer kleinen Anhöhe ſtill und
ſchaute trüb und finſter hinauf nach Magdala und wieder herab auf
uns und die vielen Soldaten. „Heute ſieht es nicht gut aus,"
ſagten wir untereinander, „der Herr ſtehe uns bei, denn ſonſt haben

wir keine Hoffnung". Herr Raſſam und ſeine Genoſſen wurden
wieder auf die Feſtung hinaufgeſchickt, was uns ein böſes Zeichen
war. Zu gleicher Zeit kam merkwürdiger Weiſe von dem engliſchen
Oberbefehlshaber Sir Robert Napier ein Brief an den König.
Dieſer aber nahm ihn gar nicht an, ſondern ſchickte den Überbringer
zurück mit den Worten: „Zu was ſoll der Brief dienen? ich will
keine Verſöhnung."

Wir mußten nun die verſchiedenen Wagen, während ſie in ihre
Poſitionen gebracht wurden, beauffichtigen. Zander, Moritz, Mayer
und Flad mußten die Kanonen auf die Vorfeſtung Fala begleiten.
Auf dem Wege dorthin fiel ihnen ein Mörſerwagen und ein Kanonen=
wagen um, und ſie hatten mit den ungeſchickten und zugleich abge=
matteten Soldaten große Mühe, dieſe Geſchütze wieder zurecht zu
bringen. Br. Saalmüller und ich mußten mit dem König den
großen Mörſer auf die Vorfeſtung Selaſie transportieren. Dort
übergab der König ſämtliche Geſchütze ſeinen abeſſiniſchen Artilleriſten.
„Den Europäern", ſagte er, „können wir ſie nicht anvertrauen, denn
erſtens könnten ſie dieſelben durch Verrat den Engländern übergeben,
und zweitens werden ſie nie auf ihre Brüder ſchießen, ſondern durch
ihre Geſchicklichkeit den Kugeln eine unſchädliche Richtung geben".
Uns war das ganz willkommen, denn wir hatten ſchon lange nur
mit Furcht daran gedacht, die Geſchütze gegen die Engländer bedienen
zu müſſen. Um ſo größer aber ſchien uns die Gefahr einer grauſamen
Hinrichtung; denn der König war fortwährend in ſehr ſchlechter
Laune. — Er ſetzte ſich auf einen Stein, verlangte ſein Teleſkop
und ſchaute hinüber auf die von uns angelegte Straße, welche von
der Ebene von Dalanta herunter in das Thal des Beſchelo und von
da nach Magdala hinaufführte. Plötzlich rief er mir zu: „Komm
und ſieh dort deine Brüder, welche gekommen ſind, mich zu töten."
Ich empfing zitternd das Fernrohr aus ſeiner Hand, ſah hinüber
und erblickte bald die von der Höhe herabſteigenden engliſchen Trup=
pen. Ich wußte nicht, was ich dem Könige antworten ſollte, und
gab ihm das Teleſkop ſchweigend zurück. Er fuhr fort: „Es iſt mir
wirklich wunderbar, daß Gott die Engländer hierher gebracht hat.
Hätte ich meine frühere Macht noch in Händen, ſo wäre ich ihnen
ſchon lange entgegen gegangen und hätte ſie gefragt, was ſie wollen.
Aber jetzt kann ich mit meinen ungetreuen Soldaten nichts thun.
Die Engländer haben wohl gewußt, daß ſie mich früher nicht an=
greifen konnten, und daß eine Expedition vor einigen Jahren, als

ich Konsul Cameron binden ließ, gescheitert sein würde; deshalb
haben sie gewartet, bis ich sehr schwach geworden bin." — "Ihre
Majestät," sagte Ras Engeda, "wir fürchten uns nicht, denn bei
Ihrem Gott und bei Ihrem Glück! wir werden den Sieg über die
Engländer davontragen." — "Mein Freund," erwiederte der König,
"wenn wir Gott nicht auf unserer Seite haben, und wenn Er nicht
für uns streitet, so sind wir verloren. Denn Macht, Kunst und
Wissenschaft hat Gott jenen allein gegeben". Aber der König konnte
kein rechtes lebendiges Vertrauen auf Gott und seine Hilfe ge-
winnen; die Ungerechtigkeiten und das viele unschuldig vergossene
Blut, wodurch er so unsäglichen Jammer über das Land gebracht
hatte, ließen keinen Glauben in seinem Herzen aufkommen. Sein
Benehmen verriet ein Gemisch von Verzagtheit, Stolz und Zorn.
Unstät begab er sich bald da-, bald dorthin, setzte sich wieder einen
Augenblick auf einen Stein, schaute durch sein Fernrohr, stieß Ver-
wunderungen und Drohungen aus und führte immer Gott im Munde,
von dem er doch im Herzen sich verlassen fühlte. Auf einmal sah
er die englischen Truppen eine Schlucht heraufkommen. Er fragte
mich, ob die Engländer wohl heute noch den Krieg eröffnen würden.
"Ich denke nicht," sagte ich, "denn es ist Charfreitag. Übrigens
weiß ich nicht, was sie thun werden, denn ich bin kein Soldat."

Saalmüller und ich mußten ihn nach der Vorfestung Fala begleiten, während Flad und die Übrigen mit der Aufrichtung des
umgeworfenen Wagens zu thun hatten. Unterwegs gab uns der
König noch den leidigen Trost, daß wir uns nicht zu fürchten
brauchten, indem wir ja mit ihm sterben würden. In Fala angekommen, setzte er sich wieder auf einen Stein und schaute durch das
Fernrohr hinunter auf die englischen Truppen, welche schon ziemlich
nähergerückt waren. "Ja, ja," sagte er, "heute haben wir Krieg,"
schwang sich dann, ohne den Steigbügel zu berühren, aufs Pferd,
ritt im Galopp vor den ungeregelten Linien seiner Krieger auf und
ab und rief ihnen zu: "Fürchtet euch nicht vor denen, die dort unten
gekommen sind; sie sind schwache Menschen, wie wir, und können
ohne Gottes Willen nichts thun; freut euch, sie haben euch Tribut,
sie haben euch Mittagessen gebracht; alles, was sie gebracht, Gold
und Silber, Kanonen und Flinten u. s. w. ist euer. O Übermut,
o Übermut der Engländer! Der Diener einer Frau soll nach
Äthiopien kommen, um mit einem König daselbst zu streiten. Heute
ist der Tag, an dem die Äthiopier mit den Engländern kämpfen,

und sagt mir, ich sei ein Weib, ein Mohammedaner, wenn ich nicht heute noch durch Gottes Kraft den Sieg über sie feiern darf."

Nachdem der König so den Mut seines Heeres anzufeuern gesucht hatte, stieg er vom Pferde, setzte sich auf der westlichen Seite von Fala und befahl seinen abessinischen Artilleristen, die Kanonen zu laden. Einer lud eine große Kanone, einen Fünfunddreißig= pfünder, und als er damit fertig war, sprang er zu einer andern. Ein Zweiter kam nun hinzu, und ohne es zu wissen und es zu merken, daß die Kanone schon geladen sei, lud er sie nochmals. Wir standen ganz nahe dabei und wollten den König darauf aufmerksam machen, aber in dem allgemeinen Getümmel fanden wir keine Ge= legenheit und mußten das Geschütz und die gefährliche Doppelladung ihrem Schicksal überlassen.

Die Engländer unten ihm Thale ordneten ihre wenigen Trup= pen, dachten aber an keinen Angriff. Nun kamen die Generale und Offiziere des Königs und sagten ihm: „Ihre Majestät, wir dürfen den Engländern keine Zeit lassen, sich zu sammeln und zu ordnen; jetzt müssen wir hinuntergehen und sie überfallen." —

„Überlassen sie die Sache mir," sagte der Fitaurari Gebrie. Der König wollte anfangs nicht einwilligen, gab aber zuletzt den Bitten seiner Leute nach und ließ sie mit den Worten ziehen: „Gut, geht hinunter, Gott stehe euch bei und vergebe euch eure Sünden," und nun ging es mit furchtbarem Lärm den Berg hinunter. Der König selbst blieb zurück und kommandierte, obwohl auf höchst mangelhafte Art, seine hoffnungsvolle Artillerie. Die doppelt gela= dene Kanone wurde zur Eröffnung der Schlacht auf Befehl des Königs losgeschossen. Ein furchtbarer Knall, und Kanone, Räder und Lafette lagen in Stücken neben uns am Boden. Das war der erste verhängnisvolle Schuß. Die anderen Kanonen, etwa zwölf an der Zahl, wurden schnell hintereinander abgefeuert. Ein entsetzliches Durcheinander entstand: der eine der Artilleristen hatte keine Kugeln, der andere kein Pulver mehr, der dritte hatte die Lunte verloren, der vierte hatte in der Eile zuerst die Kugel und dann das Pulver in den Lauf geschoben und konnte nun den Schuß nicht mehr her= ausbringen. Die übrigen schossen gerade wie es kam, und dachten, wenn es nur recht lustig knalle, so werden die Engländer schon Angst bekommen. Nach zweistündiger Kanonade hatten die Abessinier mit etwa 200 Schüssen noch keinen einzigen Mann getötet. Unten im Thale hörte man indes ein lebhaftes Gewehrfeuer. Etwa 7000

Abessinier waren gegen 700 Mann englischer Truppen im Kampf
begriffen. Das Gros der Armee war noch nicht angekommen, sondern noch im Anmarsch begriffen und jenseits des Beschelo. Jene
Siebenhundert, die Pioniere aus dem Pundjab, unter Major Cham-
berlain, ließen die Abessinier so nahe als möglich herankommen und
empfingen sie dann mit einem so mörderischen Feuer aus ihren
Sniber Rifles (Hinterladungsgewehren), daß sie, ohne zum Hand-
gemenge zu kommen, es bald für geraten fanden, das Hasenpanier
zu ergreifen. Die Flüchtlinge versteckten sich teils auf dem Begräbnis-
platz der Mohammedaner, wo viele Bäume und Gestrüpp vorhanden
waren, teils in Felsenritzen und Schluchten, teils in ausgetrocknete
Flußbette. Aus diesen Schlupfwinkeln heraus feuerten sie auf die
Engländer, bis diese, die indes auch Verstärkung durch Artillerie
bekommen hatten, sie mit Raketen, Kanonen- und Flintenkugeln so ver-
sorgten, daß sie an keinen weitern Widerstand mehr denken konnten.

Oben in Fala, wo wir mit dem König waren, fingen viele an,
Siegeslieder zu singen. Die Artilleristen besonders waren ganz
enthusiastisch und wähnten, den Sieg errungen zu haben, während
sie doch nicht einen Mann getroffen hatten. Wir dagegen hatten
schon gesehen, daß die Sache für die Abessinier schief gegangen war.
Auf einmal sausten englische Raketen und Kanonenkugeln zwischen
und über uns hin, und töteten hinter uns auf dem Berge Leute,
welche am allersichersten Orte zu sein geglaubt hatten. Vor diesem
unheimlichen Besuch hatten wir Respekt und suchten uns zu verstecken, so gut wir konnten. Auch die abessinischen Artilleristen, auf
welchen eigentlich die meiste Siegeshoffnung beruht hatte, fingen an,
ihre harmlosen Geschütze zu verlassen und sich unter dieselben zu ver-
kriechen, und der Kanonendonner verstummte. Ein kalter Regen kam
noch dazu, und diejenigen, welche Siegeslieder gesungen hatten, hüll-
ten sich in ihre Kleider ein und kauerten schweigend am Boden.
Auch der König schwieg und schaute finster drein, denn er wußte
wohl, daß alle Siegeshoffnung dahin war. Zwischen den traurigen
und schwarzen Regenwolken blickte auf einmal noch die goldene
Abendsonne hervor, und wehmütig, aber doch tröstend war uns ihr
Abschied auf einen schönen Auferstehungsmorgen.

Die Nacht brach herein und gebot allenthalben Ruhe und Stille;
unten im Thal, wo das eigentliche Gefecht stattgefunden hatte, hörte
man noch vereinzelte Flintenschüsse, und hier und da fuhr eine Ra-
kete wie ein Blitz über die Bergklüfte von Arogie hin.

Am folgenden Tage sandte der König Boten zu Lord Napier, um über den Friedensschluß zu verhandeln. Während ihrer Abwesenheit beobachtete er mit seinem Fernrohre das englische Lager und verwunderte sich besonders über die gezähmten Elefanten. „Hier in Abessinien", sagte er, „wollen nicht einmal die Menschen sich unterrichten und bilden lassen. Habe ich nicht schon oft gesagt, daß ich lieber ein gewöhnlicher Arbeiter in Europa wäre, als hier in Abessinien König? Gott thue nach seinem Willen; wir müssen ja doch alle sterben, bevor unsere Wünsche erfüllt sind."

Als von Lord Napier ein Brief eintraf, welcher die Tapferkeit des Königs rühmte und ihm eine ehrenvolle Behandlung im Falle der Unterwerfung unter die Befehle und den Willen der Königin von England zusicherte, sah er darin eine Beleidigung und sandte einen fürchterlichen Schmähbrief an den englischen Oberbefehlshaber. Als die Boten fort waren, saß der König still am Boden, stand dann plötzlich auf, fing an zu beten, machte das Zeichen des Kreuzes auf Gesicht und Brust, zog dann die Pistole und richtete die Mündung in seinen Mund; einer seiner Großen riß die Hand weg, so daß der Schuß an dem Ohre des Königs vorbeifuhr. Aber nun wandte sich die Wut der Abessinier gegen die Missionare, die mit den übrigen anwesenden Europäern niedergemetzelt worden wären, wenn der wieder ruhig gewordene König sie nicht beschützt hätte. Er schenkte allen Europäern, 48 an der Zahl, die Freiheit und schickte sie herunter in das englische Lager.

Tags darauf ergab sich der größte Teil des abessinischen Heeres den Engländern und ließ den König in Magdala allein. Nur 12 Mann blieben ihm treu. Am Ostermontag bombardierten die Engländer den Berg und schritten dann zum Sturme. Der König stand oben auf dem Berg hinter dem zweiten und letzten Thor, das den Zugang zur Festung bildet, und übersah das ganze Schauspiel. Als er nun sah, daß die Engländer bereits das erste, weiter unten liegende Thor passiert hatten, gab er alle Hoffnung auf. Sein Waffenträger sagte ihm: „Ihre Majestät, wir wollen hier unsere Waffen strecken und uns ergeben." Er aber erwiederte: „Du weiß nicht, was David von Gott erbeten hat: Laß mich nicht in der Menschen Hände fallen, denn diese haben keine Barmherzigkeit. Auch ich will nicht in der Menschen Hände fallen." Er zog seine Pistole, schoß sich in den Mund und fiel tot im königlichen Ornat zu Boden.

Äthiopische Bilder.

Die Landschaften Äthiopiens. — Meine Abende am Nil. — Selbsterlebte arabische
Nächte. — Die Geschichte von der Sultanin Zubeydeh und dem
Holzhauer. — Charakter der arabischen Märchen.

Es war in der goldenen Zeit
Des guten Harun-al-Raschid.
Tennyson.

In meine Reisen auf dem äthiopischen Nil verwebte sich ein
romantischer Faden, der bei der orientalischen Stimmung, die mir
nun eigen geworden war, zur Verschönerung der Reise wesentlich
beitrug. Meine Abendunterhaltungen waren besser als die arabischen.
Es war Vollmond, und wiewohl den Tag über ein leichter Nordwind meine Segel füllte, so trat doch regelmäßig mit Sonnenuntergang Windstille ein und dauerte zwei oder drei Stunden. Den Nachmittag über lag ich auf dem Verdeck auf meinem Teppich ausgestreckt
und blickte durch halbgeschlossene Augen auf den schimmernden Fluß
und seine Ufer. Das westliche Gestade war eine lange paradiesische
Laube — so grün, so glänzend, so voll des tiefdunkeln kühlen
Laubes majestätischer Sykomoren und endloser Palmengruppen. Ich
hatte so schöne Palmen nicht mehr gesehen, seit ich Minyeh in
Unterägypten verließ. Dort waren sie schlanker, hatten aber nicht
den außerordentlichen Reichtum und die Herrlichkeit dieser Palmen.
Die Sonne schien heiß an dem wolkenlosen blauen Himmel; die
Luft war von einer glasigen brennenden Klarheit, wie die, welche in
dem innersten Feuerherzen wohnt. Die Farben der Landschaft waren
wie auf Gold emailliert, so dunkel, so glühend in ihrer bezaubernden
Tiefe und ihrem Glanze. Wenn sich endlich der Wind legte, mit
Ausnahme einer Brise, die grade stark genug war, um den süßen
Geruch aus den purpurnen Bohnenblüten zu locken, und die Sonne
in ein Bett von blaßorangem Lichte niederstieg, dann kam auf der
andern Seite des Himmels der Mond herauf, eine breite Scheibe
von gelbem Feuer, und überbrückte den durchsichtigen Nil mit seinen
Strahlen.

Bei solchen Gelegenheiten suchte ich mir einen anmutigen Ort
am westlichen Ufer des Flusses aus, wo die Palmen am höchsten

und am dicksten zusammenstanden und ließ das Boot am Ufer vor
Anker gehen. Achmet breitete dann meinen Teppich aus und legte
meine Kissen auf das abhängige Gestade von weißem Sand an den
Fuß der Bäume, wo ich im Liegen die fedrigen Blätter hoch über
meinem Haupte sehen und zu gleicher Zeit die breite Bahn des
Mondes betrachten konnte, wie er sich jenseits des Nils erhob. Der
Sand war so fein und weich, wie ein Daunenbett und hatte eine
angenehme Wärme von der Sonne, die den ganzen Tag darauf ge-
schienen hatte. Da wir selten bei einem Dorfe Halt machten, so störte
kein Ton die balsamische Ruhe der Scene, außer dann und wann
das Heulen eines Schakals, der längs des Wüstenrandes umher-
streifte. Achmet saß mit gekreuzten Beinen neben mir im Sande,
und Ali, der bei solchen Gelegenheiten meine Pfeife in besonderer
Obhut hatte, saß zu meinen Füßen, um dieselbe zu füllen, so oft es
nötig war. Meine Bootsleute zündeten, nachdem sie trockene Palmblätter und die harzigen Äste der Mimose gesammelt, neben einem
benachbarten Duhnfelde ein Feuer an, und ringsumher gelagert
rauchten sie und schwatzten leise, um durch ihre Unterhaltung nicht
meine Betrachtungen zu stören. Ihre weißen Turbane und mageren
Gesichter wurden durch das rote Licht des Feuers stark hervorgehoben und vollendeten die Naturwahrheit eines Gemäldes, welches
schöner war als Träume.

Am ersten dieser Abende, nachdem meine Pfeife zum dritten Male
gefüllt worden war, redete Achmet, da er fand, daß ich keine Neigung
zeigte, das Schweigen zu brechen, und ganz richtig urteilte, daß ich
eher hören als sprechen würde, mich an, wie folgt: „Herr," sagte er,
„ich weiß viele Geschichten, wie sie die Märchenerzähler in den
Kaffeehäusern von Kairo erzählen, welche Sie unterhaltend finden
werden, wie ich denke". „Vortrefflich," sagte ich, „nichts wird mir
besser gefallen, vorausgesetzt, daß du sie arabisch erzählst. Dies
wird uns beiden angenehmer sein, und so oft ich deine Worte
nicht verstehen kann, werde ich dich unterbrechen, und du wirst
mir sie, so gut du kannst, englisch erklären." Er begann sofort,
und so lange diese abendlichen Windstillen dauerten, glaubte ich,
die Märchen von Tausend und eine Nacht in natürlicher Weise
zu erleben. Dort in meiner afrikanischen Stimmung schienen
mir die wunderbarsten Einzelnheiten ganz natürlich und wirklich,
und ich fand an diesen Blüten morgenländischer Romantik einen
mir bisher unbekannten Geschmack. Nach meinem neulichen Empfange

als König der Franken in der Hauptstadt Berber war es mir nicht
schwer, mich als Schahriar, den Sultan von Indien, zu denken,
besonders da der Mond mir meinen beturbanten Schatten im Sande
zeigte.

Die Geschichten hatten Ähnlichkeit mit denen des arabischen
Märchens, indem sie bisweilen von einem Tage zum andern fort=
gesetzt wurden. Eine derselben war völlig „Ganem, der Sklave der
Liebe", aber wie sie Achmet erzählte, unterschied sie sich ein wenig
von der bekannten Lesart. Die Hauptgeschichte indes war mir neu,
und da ich nicht weiß, daß sie jemals übersetzt worden wäre, so
bitte ich um Entschuldigung, daß ich sie erzähle wie sie mir erzählt
wurde, und daß ich mir die Freiheit nehme, meine Worte an die
Stelle von Achmets Mischung von Arabisch und Englisch zu setzen.

„Sie wissen bereits, Herr," begann Achmet, „daß vor vielen
hundert Jahren alles Volk des Islams von einem Kalifen be=
herrscht wurde, dessen Hauptstadt Bagdad war, und ich zweifle nicht,
daß Sie von dem großen Harun=al=Raschid gehört haben, der in der
That nicht nur der weiseste Mann seiner Zeit, sondern der Weiseste
überhaupt war, den man seit den Tagen unseres Propheten Mo=
hammed, dessen Name gepriesen sei, gekannt hat. Es kommt selten
vor, daß ein weiser und großer Mann ein Weib findet, dessen Weis=
heit der seinigen gleichkommt; denn wie der weisen Männer, die
Allah auf die Erde sendet, wenige sind, so giebt es der weisen
Frauen noch weniger. Aber hierin war der Kalif vom Himmel
begünstigt. Seit den Tagen der Königin Balkis von Scheba, die
selbst der Prophet Salomo ehren mußte, gab es kein Weib, das an
Tugend oder Weisheit der Sultanin Zubeydeh (Zobeide) gleichkam.
Der Kalif unterließ es nie, sie bei wichtigen Angelegenheiten zu
Rate zu ziehen, und ihre Klugheit und ihr Verstand vereinigten sich
mit dem seinigen in der Regierung seines großen Reiches, wie die
Sonne und der Mond zuweilen zur selben Zeit am Himmel
scheinen.

Aber denkt nicht, daß Harun=al=Raschid und die Sultanin Zu=
beydeh ohne Fehler waren. Niemand als die Propheten Gottes —
ihre Namen seien gepriesen ewiglich! — war immer völlig gerecht,
klug und weise, der Kalif war eifersüchtig und mißtrauisch, was
ihn häufig zu Handlungen veranlaßte, die ihn nachher von der bit=
tern Frucht der Reue zu essen nötigten; und Zubeydeh hatte bei all
ihrer Weisheit eine spitze Zunge im Kopfe und war oft so wenig

vorsichtig, daß sie Dinge sagte, die ihr das Mißvergnügen des Be-
herrschers der Gläubigen zuzogen.

Eines schönen Tages saßen sie beide an einem Fenster des Harems, welches eine der Straßen von Bagdad überschaute. Der
Kalif war übler Laune, denn eine schöne georgische Sklavin, die
ihm sein Vezier vor kurzem gebracht hatte, war aus dem Harem
verschwunden, und er sah darin das Werk Zubeydehs, die auf eine
Nebenbuhlerin ihrer Schönheit immer eifersüchtig war. Während sie
nun da saßen und auf die Straße hinabblickten, kam ein armer
Holzhauer mit einem Reisigbündel auf dem Kopfe des Weges. Er
war magern Körpers vor großer Armut, und seine ganze Kleidung
bestand in einem zerlumpten Schurze, den er um den Leib trug.
Aber das Wunderbarste war, daß, als er durch den Wald gegangen,
wo er sein Bündel gesammelt, eine Schlange ihn an der Ferse ge-
packt hatte, aber seine Füße waren von den Strapazen so abge-
härtet, daß sie den Hufen eines Kamels glichen, und er fühlte weder
die Zähne der Schlange, noch wußte er, daß er sie immer noch nach
sich zog, indem er seines Weges ging. Der Kalif wunderte sich, als
er dies sah, aber Zubeydeh rief aus: „Sieh, o Beherrscher der
Gläubigen, dort ist des Mannes Weib!" „Wie," rief Harun jähzornig aus, „ist das Weib also eine Schlange des Mannes, die ihn
sticht, trotzdem daß er es nicht fühlt? Du Schlange, weil du mich
gestochen hast, und weil du über die ehrliche Armut dieses Menschen
gespottet hast, sollst du die Stelle der Schlange einnehmen."

Zubeydeh erwiederte nicht ein Wort, denn sie wußte, daß Sprechen nur den Zorn des Kalifen vergrößern würde. Harun klatschte
dreimal in die Hände, und gleich erschien Mesrur, sein oberster
Eunuch. „Hier, Mesrur," sagte er, „nimm dieses Weib mit dir,
gehe jenem Holzhauer nach und gieb sie ihm zum Weibe; der Kalif
hat befohlen, daß er sie nehme."

Mesrur legte seine Hände auf die Brust und beugte sein Haupt
zum Zeichen des Gehorsams; dann winkte er Zubeydeh, die aufstand,
sich mit einem Schleier und einem Feridschi bedeckte, wie sie die
Frauen der Armen tragen, und folgte ihm. Als sie den Holzhauer
eingeholt, verkündete ihm Mesrur die Botschaft des Kalifen und
übergab ihm die verschleierte Zubeydeh. „Es ist kein Gott als Gott!"
sagte der arme Mann; „aber wie kann ich ein Weib ernähren, ich,
der ich von meiner Hände Arbeit kaum allein leben kann?" „Wagst
du, dem Beherrscher der Gläubigen den Gehorsam zu verweigern?"

sagte Mesrur in so wildem Tone, daß der Mann vom Kopf bis zu den Füßen zitterte; aber Zubeydeh sprach zum ersten Male und sagte: „Nimm mich mit dir, o Mann, da es des Kalifen Wille ist; ich will dir treulich dienen und vielleicht wird dir die Last der Armut durch mich erleichtert werden."

Der Mann gehorchte hierauf und sie gingen miteinander nach seinem Hause, welches in einem entlegenen Teile der Stadt lag. Es hatte nur zwei elende Zimmer und ein Dach, welches vor Alter einzufallen begann. Nachdem der Holzhauer sein Bündel abgeworfen, ging er auf den Bazar, kaufte etwas Reis und ein wenig Salz und brachte einen Krug mit Wasser vom Brunnen. Dies war alles, was er zu bieten hatte, und Zubeydeh, die inzwischen ein Feuer angezündet hatte, kochte den Reis und setzte ihm denselben vor. Als er aber begehrte, daß sie ihren Schleier heben sollte, da lehnte sie es ab und sagte: „Ich habe versprochen, die Last deiner Armut nicht vermehren zu wollen. Versprich du mir dagegen, daß du niemals dieses Gesicht zu sehen, noch dieses Zimmer, welches ich zu meiner Wohnung erwählt habe, zu betreten suchen willst. Ich bin nicht ohne Kenntnis, o Mann, und wenn du meine Wünsche beachten willst, wird es gut für dich sein."

Der Holzhauer, dem es von Natur nicht an Verstand fehlte, ersah aus den Worten Zubeydehs, daß sie ein vornehmes Weib sei, und da er dachte, daß er nicht besser thun könnte, als wenn er ihrem Rate folgte, so versprach er sogleich alles, was sie wünschte. Sie erklärte dann, daß, da sie die Wirtschaft besorgen wolle, er ihr jeden Abend alles Geld geben müsse, das er den Tag über für sein Holz erhalte. Der Mann willigte auch darein und brachte eine Handvoll Kupfermünzen heraus, die zusammen nur einen Piaster ausmachen — aber Sie müssen wissen, Herr, daß ein Piaster in den Tagen Harun-al-Raschids vier- oder fünfmal so viel war, wie heutiges Tages. So lebten sie mehrere Wochen miteinander, der Holzhauer ging alle Tage in den Wald und zählte alle Abende seinen Verdienst in die Hände Zubeydehs, die sein elendes Haus rein und behaglich hielt, und sein Essen bereitete. Sie wußte so sparsam hauszuhalten, daß sie im stande war, von dem Piaster, den er ihr gab, zwei Paras zu sparen. Als sie auf diese Weise 20 Piaster gesammelt, gab sie dieselben dem Holzhauer und sagte: „Gehe nun auf den Markt und kaufe dir für dieses Geld einen Esel. Auf diese Art kannst du dreimal soviel Holz nach Hause bringen als

bisher, und der Esel kann von dem Grase leben, welches er im
Walde findet und welches dich nichts kostet." — „Bei Allah," rief der
Holzhauer aus, „du bist ein wunderbares Weib und ich will dir in
allem gehorchen."

Er that sofort, wie Zubeydeh befohlen, und war nun alle
Abende im stande, ihr drei oder vier Piaster zu geben. Sie be=
sorgte ihm anständigere Kleidung und that Butter an seinen Reis=
pillaf, beobachtete aber immer noch eine so strenge Sparsamkeit, daß
er in kurzer Zeit drei Esel statt des einen besaß, und einen Mann
dingen mußte, der ihm beim Holzhauen half. Eines Abends, als
die Esel mit ihrer Ladung nach Hause kamen, bemerkte Zubeydeh,
daß das Holz einen angenehmen Duft von sich gab, wie Moschus
oder grauer Ambra; und als sie es näher untersuchte, fand sie, daß
es etwas höchst kostbares war, nämlich Holz von einem der Ge=
würzbäume, welche an der Stelle hervorsproßten, wo die Thränen
Adams auf die Erde gefallen waren, als er seine Vertreibung aus
dem Paradiese beweinte. Denn damals waren noch die Säfte von
den Früchten des Paradieses in seinem Körper und seine Thränen
waren von ihnen gewürzt — was die Ursache von all den Gewürzen
war, die in den Ländern Serendib und Indien wachsen. Zubeydeh
fragte den Holzhauer: „An wen verkaufst du dies Holz?" und aus
seiner Antwort erfuhr sie, daß einige jüdische Kaufleute es kauften,
die ihm nicht mehr dafür gäben, als für das gewöhnliche Holz, wo=
mit sie seinen Reis kochte. „Die verwünschten Juden!" rief sie aus;
„gehe sogleich zu ihnen und drohe, sie bei dem Kadi des Betruges
eines Gläubigen anzuklagen, wenn sie sich nicht dazu verstehen, dir
für dieses Holz hinfort zwölfmal so viel zu bezahlen, als sie dir
bisher bezahlt haben."

Der Mann säumte nicht, die jüdischen Kaufleute zu besuchen,
die, als sie sahen, daß ihr Betrug entdeckt sei, sehr unruhig waren
und sich auf der Stelle dazu verstanden, ihm alles zu bezahlen, was
er verlangte. Der Holzhauer brachte nun alle Abende drei Esel=
ladungen des kostbaren Holzes und zahlte Zubeydeh ein= bis zwei=
hundert Piaster. Sie war bald im stande, ein besseres Haus zu
kaufen, wo sie dem Manne nicht nur bessere Nahrung gab, sondern
auch nach einem Lehrer schickte, der ihn im Lesen und Schreiben
unterrichten sollte. Er hatte sich inzwischen in seinem Äußern so
gebessert, und hatte sich die weisen Unterhaltungen Zubeydehs so zu
nutze gemacht, daß er ein ganz anderer war, und diejenigen, die ihn

in seiner Armut gekannt hatten, ihn nicht wieder erkannten. Aus diesem Grunde war der Kalif, der seinen Zorn gegen Zubeydeh bald bereute und alles Mögliche that, sie wieder zu erlangen, außer stande, eine Spur von ihr zu finden. Mesrur suchte Tag und Nacht auf den Straßen von Bagdad, aber da Zubeydeh nie des Holzhauers Haus verließ, so war all sein Suchen vergebens, und der Kalif war wie wahnsinnig.

Eines Tages, als der Holzhauer auf dem Wege nach dem Walde war, begegneten ihm drei Leute, die seine Esel für den Tag mieten wollten. „Aber“, sagte er, „ich verdiene meinen Lebensunterhalt mit dem Holz, das die Esel nach der Stadt bringen“. „Welchen Gewinn hat du von jeder Ladung?“ fragte einer der Männer. „Wenn es eine gute Ladung ist, verdiene ich oft 50 Piaster,“ antwortete der Holzhauer. „Nun,“ erwiederten die Männer, „wir wollen dir 200 Piaster als Miete für jeden Esel auf den Tag geben“. Der Holz=hauer, der ein so außerordentliches Anerbieten nicht erwartet hatte, stand im Begriff, es anzunehmen, als er bedachte, daß er in allen Dingen dem Rate Zubeydehs gehorcht habe und einen solchen Schritt nicht ohne ihre Einwilligung thun dürfe. Er bat daher die Männer, zu warten, während er nach Hause zurückkehrte und seine Frau zu Rate zog. „Ihr habt Recht gehandelt, Herr,“ sagte Zubeydeh; „ich lobe eure Klugheit und bin ganz damit einverstanden, daß ihr das Anerbieten der Männer annehmt, da ihr von dem Gelde andere Esel kaufen und euch für den Verlust des eintägigen Gewinnes be=zahlt machen könnt, wenn die Männer nicht zurückkehren sollten.“

Die drei Männer waren drei berüchtigte Räuber, die einen un=geheuren Schatz aufgehäuft hatten, den sie in einer Höhle in einem der benachbarten Berge verborgen hielten. Sie mieteten die Esel, um diesen Schatz in eine Barke zu bringen, in der sie sich nach Bas=sora verdungen hatten, wo sie sich als reiche fremde Kaufleute nieder=lassen wollten. Aber Allah, der alles leitet, läßt die Entwürfe der Gottlosen glücken, bloß damit er sie zuletzt in desto größeres Ver=derben stürzen kann. Die Räuber begaben sich nach ihrer geheimen Höhle mit den Eseln und beluden dieselben mit all ihrem Raube — großen Säcken voll Gold, Rubinen, Diamanten und Smaragden, welche zu tragen die Tiere kaum stark genug waren. Auf dem Wege nach dem Flusse unterhalb Bagdad, wo das Boot ihrer wartete, blieben zwei von ihnen an einem Brunnen stehen, um zu trinken, während der dritte mit den Eseln weiter ging. Da sagte einer von

den zwei zu dem andern: „Laß uns unſern Kameraden töten, damit
wir einen größern Schatz haben.“ Dieſer ſtimmte ſogleich bei, und
kaum hatten ſie den dritten Räuber eingeholt, als der erſte mit
einem Streiche ſeines Säbels ihm den Kopf vom Rumpfe hieb.
Die Beiden gingen dann eine kurze Strecke miteinander. Da ſagte
der Mörder: „Ich muß mehr als die Hälfte des Schatzes haben,
weil ich unſern Kameraden tötete.“ „Wenn du damit anfängſt, mehr
als die Hälfte in Anſpruch zu nehmen, dann wirſt du ſchließlich das
Ganze haben wollen,“ ſagte der andere Räuber, welcher nicht darauf
eingehen wollte. Da gingen ſie mit ihren Schwertern auf einander
los, und nachdem ſie eine Zeit lang gefochten, hatten ſie beide ſo
viel Wunden empfangen, daß ſie tot auf die Straße niederfielen.

Als die drei Eſel fanden, daß niemand ſie mehr trieb, ſchlugen
ſie aus Gewohnheit den Weg nach des Holzhauers Hauſe ein, wo
ſie mit dem Schatze auf dem Rücken glücklich anlangten. Groß war
das Erſtaunen ihres Herrn, der auf Zubeydehs Befehl die ſchweren
Säcke in das Haus ſchaffte. Als er aber einen derſelben öffnete
und der Glanz der Juwelen das ganze Zimmer erfüllte, rief Zubeydeh
aus: „Gott iſt groß! Nun ſehe ich, daß mein Benehmen ihm angenehm iſt und daß ſeine Hand meine Abſicht raſch zum Ziele führt.“
Da ſie aber nicht wußte, was den Räubern zugeſtoßen war, und da
ſie dachte, daß der Eigentümer des Schatzes ſeinen Verluſt in den
Bazars verkündigen laſſen würde, ſo beſchloß ſie, die Säcke einen
Monat lang uneröffnet zu laſſen, worauf ſie nach dem Geſetze ihr
Eigentum wurden, wenn ſie nicht inzwiſchen zurückverlangt worden
waren. Natürlich erfolgte kein Ausruf des Verluſtes, und nach Ab-
lauf des Monats war ſie der Anſicht, daß ſie volles Recht auf den
Schatz habe, der nach ihrem Anſchlage ſelbſt größer war, als der des
Kalifen Harun-al-Raſchid.

Sie befahl dem Holzhauer, ihr ſogleich den berühmteſten Baumeiſter von Bagbad zu ſenden, von dem ſie gerade dem Palaſte des
Kalifen gegenüber einen andern Palaſt bauen ließ, der an Glanz
alles übertreffen ſollte, was man jemals geſehen. Zum Ankauf der
Baumaterialien und zur Auszahlung der Arbeiter gab ſie ihm
100 000 Goldſtücke. „Wenn die Leute fragen,“ ſagte ſie, „für wen
ihr den Palaſt baut, ſo ſagt ihnen, für den Sohn eines fremden
Königs“. Der Baumeiſter dingte alle Arbeiter in Bagbad und
folgte ihren Anordnungen ſo gut, daß in zwei Monaten der Palaſt
vollendet war. Seinesgleichen war nie geſehen worden und der

Palast des Kalifen verschwand vor seiner Pracht, wie das Antlitz
des Mondes verschwindet, wenn die Sonne sich über den Horizont
erhoben hat. Die Mauern waren von Marmor, weiß wie Schnee,
die Thore von Elfenbein mit Perlen eingelegt; die Kuppeln ver-
goldet, so daß, wenn die Sonne schien, das Auge sie nicht anblicken
konnte; und aus einem großen silbernen Springbrunnen im Hofe
sprang ein Strahl rosenfarbigen Wassers, welches einen angenehmen
Duft verbreitete, in die Luft. Von diesem Palaste konnte man mit
den Worten des Dichters sprechen: „Er gleicht wahrhaft dem Paradiese; oder ist es das verlorene Haus von Jrem, das von den
Schätzen des Königs Scheddad gebaut wurde? Möge Freundlichkeit
wohnen auf den Lippen des Herrn dieses Palastes und Mitleid eine
Zufluchtsstätte in seinem Herzen finden, damit er für würdig gehalten
werde, solchen Glanz zu genießen!"

Während der Palast gebaut wurde, ließ Zubeydeh den Holzhauer von den besten Lehrern in allem unterrichten, was seine gegenwärtige Stellung von ihm verlangte. In kurzer Zeit war er ein
wahres Muster von Artigkeit; seine Worte waren gewählt und er
sprach mit Würde und Anstand, und sein Benehmen war das eines
Mannes, der nicht zum Gehorchen, sondern zum Befehlen geboren
ist. Als er ihren Wünschen vollkommen entsprach, fing sie an, ihm
Schach spielen zu lehren, und brachte mehrere Stunden täglich damit zu, bis er endlich ebenso gut wie sie spielte. Inzwischen war
der Palast fertig geworden, und nachdem sie Pferde und Sklaven
und alles Nötige für einen fürstlichen Haushalt gekauft, bezogen
Zubeydeh und der Holzhauer denselben bei Nacht, um nicht von dem
Kalifen bemerkt zu werden. Zubeydeh bat den Holzhauer, sich an
das Versprechen zu erinnern, das er ihr gegeben. Sie behielt ihre
besonderen Gemächer nebst einer Anzahl von Sklavinnen zu ihrer
Bedienung, und schenkte ihm, da ein Harem sich für einen Fürsten
ziemt, 20 Circassierinnen, deren jede schöner war, als der Morgen-
stern.

Am nächsten Morgen ließ sie den Holzhauer rufen und redete
ihn folgendermaßen an: „Ihr seht, Herr, was ich für euch gethan
habe. Ihr erinnert euch, in welchem Elende ich euch fand, und wie
sich alles verändert hat, indem ihr meinem Rate gefolgt seid. Ich
beabsichtige, euch noch höher zu erheben, und damit meine Pläne
nicht vereitelt werden, bitte ich euch nun, mir zu versprechen, daß
ihr mir auf einen Monat von heute ab in allen Dingen gehorchen

wollt." Zubeydeh stellte diese Forderung, denn sie wußte, wie rasch ein Glückswechsel den Charakter des Menschen verändern kann und wie bald er als ein Recht betrachtet, was Allah ihm als Gnade gewährte. Aber der Holzhauer warf sich ihr zu Füßen und sagte: „O Königin, ihr dürft nur befehlen und ich muß gehorchen. Ihr habt mir Weisheit und Verstand gelehrt, ihr habt mir königlichen Reichtum gegeben, und Allah vergesse mich, wenn ich es vergesse, euch dagegen Dankbarkeit und Gehorsam zu zollen." — „So geht denn," fuhr Zubeydeh fort, „besteigt dieses Pferd und besucht, von 20 Sklaven zu Pferde begleitet, das Kaffeehaus auf dem großen Bazar. Nehmt eine Börse von 3000 Goldstücken mit euch und unter-wegs streut gelegentlich eine Handvoll unter die Bettler. Setzt euch in das Kaffeehaus, wo ihr des Veziers Sohn finden werdet, der ein geschickter Schachspieler ist. Er wird die Leute herausfordern, mit ihm zu spielen, und wenn niemand es annimmt, spielt mit ihm um 1000 Goldstücke. Ihr werdet gewinnen, aber bezahlt ihm die 1000 Goldstücke, als wenn ihr verloren hättet, gebt 200 Goldstücke dem Herrn des Hauses, verteilt 300 Goldstücke unter die Dienerschaft und streut den Rest unter die Bettler aus".

Der Holzhauer that alles, was Zubeydeh befohlen. Er nahm die Herausforderung des Vezierssohnes an, gewann das Spiel, be-zahlte ihm aber 1000 Goldstücke, als wenn er verloren hätte, und ritt dann zurück nach dem Palaste, von den Beifallsrufen der Menge gefolgt, die laut das Lob seiner Schönheit, die Artigkeit seiner Rede, seine unbegrenzte Freigebigkeit und den Glanz seines Gefolges pries. Alle Tage besuchte er das Kaffeehaus, gab 200 Goldstücke dem Herrn, 200 der Dienerschaft und verteilte 600 an die Bettler. Aber des Veziers Sohn, von Schmerz über seine Niederlage erfüllt, blieb zu Hause, wo er in wenigen Tagen krank wurde und starb. Als dies alles zu des Veziers Ohren kam, empfand er ein großes Ver-langen, den fremden Fürsten zu sehen, dessen Reichtum und Edel-mut im Munde von ganz Bagdad war, und da er sich für den größten Schachspieler in der Welt hielt, so beschloß er, ihn zu einem Spiele herauszufordern. Er besuchte deshalb das Kaffeehaus, wo er noch nicht lange war, als der Holzhauer in noch größerem Glanze als zuvor erschien. Dies geschah nach den Anordnungen Zubeydehs, die von allem unterrichtet war, was stattgefunden hatte. Er nahm sogleich die Herausforderung des Veziers zu einer Partie um einen Einsatz von 2000 Goldstücken an. Nach einer hartnäckigen Schlacht

wurde der Vezier geschlagen, aber der Holzhauer bezahlte ihm die
2000 Goldstücke, als wenn er das Spiel verloren hätte, verschenkte
ein drittes Tausend, wie gewöhnlich, und kehrte in seinen Palast
zurück.

Der Vezier nahm sich seine Niederlage so sehr zu Herzen, daß
ihn sein Ärger, verbunden mit dem Schmerz über den Verlust seines
Sohnes, in wenigen Tagen hinwegraffte. Dieser Umstand brachte
die ganze Geschichte zu den Ohren Harun-al-Raschids selbst, der
augenblicklich von einem großen Verlangen erfüllt wurde, mit dem
fremden Fürsten Schach zu spielen, da er nicht zweifelte, daß, da er
seinen Vezier immer geschlagen, er auch dem neuen Gegner mehr als
gewachsen sein würde. Er sandte demnach einen Offizier in den
Palast des Holzhauers mit der Botschaft, daß der Beherrscher der
Gläubigen dem Sohne des fremden Königs seine Gastfreundschaft zu
erweisen wünsche. Auf Zubeydehs Rat wurde die Einladung angenommen, und der Offizier kehrte rasch zu Harun-al-Raschid zurück,
dem er eine solche Beschreibung von der Pracht des neuen Palastes
gab, daß dem Kalifen der Mund zu wässern begann und er ausrief:
„Bei Allah, das muß ich untersuchen. Kein Mensch, der nicht den
Ring Salomos an seinem Finger hat, soll mich in meiner Hauptstadt übertreffen!" In kurzer Zeit kam der Holzhauer in so glän-
zendem Anzuge an, daß durch seine Erscheinung der Tag heller zu
leuchten schien, und mit einem Gefolge von 40 schwarzen Sklaven
in Anzügen von carmoisinroter Seide mit weiß und goldenem Turban und goldenen Schwertern an ihrer Seite. Sie bildeten ein
Spalier vom Hofe bis in den Thronsaal, wo der Kalif saß, und
durch die so gebildete Gasse schritt der Holzhauer, dem zwei Sklaven
in silberbrokatenen Kleidern vorangingen, welche zu den Füßen des
Kalifen zwei Krystallbecher mit Rubinen und Smaragden von ungeheurer Größe niedersetzten. Der Kalif, erfreut über dieses herrliche Geschenk, erhob sich, umarmte den vermeintlichen Prinzen und
ließ ihn neben sich setzen. Nach dem großen Reichtum, den der
Holzhauer entfaltete, und der außerordentlichen Anmut und Zierlichkeit seiner Sitten vermutete der Kalif, daß er kein geringerer sei, als
der Sohn des Königs von Cathey.

Nach einem trefflichen Mahle schlug der Kalif eine Partie Schach
vor, indem er sagte, daß er von der Geschicklichkeit des Prinzen im
Schachspiel viel gehört habe. „Nachdem ich mit euch gespielt haben
werde, o Beherrscher der Gläubigen," sagte der Holzhauer, „werdet

ihr nichts mehr von meiner Geschicklichkeit hören". Der Kalif war
entzückt über die Bescheidenheit dieser Rede und das Compliment,
das für ihn darin lag, und sie fingen sogleich an zu spielen. Wie=
wohl der Holzhauer den Kalifen leicht hätte schlagen können, ließ er
doch den Letztern die erste Partie gewinnen, was ihn in die beste
Laune versetzte. Als aber die zweite Partie gespielt worden und der
Holzhauer Sieger war, sah er, daß das Gesicht des Kalifen düster
wurde und seine gute Laune sich verloren hatte. „Ihr seid zu groß=
mütig gegen euren Knecht, o Kalif," sagte er; „hättet ihr mir nicht
diesen Erfolg zu meiner Ermutigung gegönnt, ich würde zum zweiten
Male verloren haben". Bei diesen Worten lächelte Harun, und sie
spielten eine dritte Partie, welche der Holzhauer ihn absichtlich ge=
winnen ließ. Dies war der Rat, den ihm Zubeydeh gegeben, welche
sagte: „Wenn du ihn die erste Partie gewinnen läßt, wird er so ver=
gnügt sein, daß du es wagen darfst, ihn in der zweiten Partie zu
schlagen. Wenn er dann die dritte Partie gewonnen hat, wird der
Umstand, daß du einmal siegreich gewesen bist, seine Meinung von
seiner Geschicklichkeit erhöhen; denn wenn wir niemals eine Nieder=
lage erleiden, betrachten wir endlich unsere Siege mit gleichgültigem
Auge."

Der Erfolg war gerade derselbe, wie ihn Zubeydeh vorausgesagt
hatte. Der Kalif war entzückt von dem fremden Prinzen und machte
ihn in wenig Tagen zu seinem Vezier. Der Holzhauer bekleidete
seine hohe Stellung mit Würde und Verstand, und wurde sogleich
bei dem Volke von Bagdad sehr beliebt. Der Monat, in welchem
er Zubeydeh zu gehorchen versprochen hatte, ging nun seinem Ende
entgegen. Da sagte sie zu ihm: „Besucht den Kalifen nicht mehr
und verlaßt zwei oder drei Tage euren Palast nicht. Wenn der
Kalif nach euch sendet, so laßt ihm erwiedern, daß ihr krank seib."
Sie sah voraus, daß der Kalif dann seinen Vezier besuchen würde,
und erteilte dem Holzhauer eine vollständige Anweisung, was er
sagen und wie er sich verhalten solle.

Kaum hatte Harun=al=Raschid von der Krankheit seines Veziers
gehört, als er persönlich in seinen Palast kam, um ihn zu besuchen.
Er war erstaunt über den Glanz und Umfang des Gebäudes.
„Wahrhaftig," sagte er, indem er vor Verwunderung die Hände zu=
sammenschlug, „dieser Mann hat den Ring Salomos gefunden,
welcher die Geister nötigt, ihm ihren Beistand zu leihen. In meinem
ganzen Leben habe ich keinen Palast wie diesen gesehen". Er fand

ben Bezier auf einem Lager von Goldbrokat in einem Gemache,
dessen Wände von Perlmutter und dessen Fußboden von Elfenbein
war. In der Mitte befand sich ein Springbrunnen wohlriechenden
Wassers und daneben stand ein Jasminbaum, der in einer Krystall=
vase wuchs. „Was ist das?" sagte der Kalif, indem er sich auf das
eine Ende des Bettes setzte, „ein Mann, dem die Geister dienstbar
sind, sollte auch die Geheimnisse der Gesundheit in seiner Macht
haben". — „Es ist kein Fieber," sagte der Bezier, „sondern als ich
mich neulich in dem Springbrunnen vor dem Abendgebete wusch,
kam ich dem Jasminbaum zu nahe und einer seiner Dornen ritzte
mir den linken Arm auf". — „Wie," sagte der Kalif erstaunt, „der
Riß eines Jasmindornes hat dich krank gemacht?" — „Ihr wundert
euch darüber, o Herrscher der Gläubigen," sagte der Bezier, „weil
ihr vor einigen Monaten sahet, daß ich unempfindlich gegen die Zähne
einer Schlange war, die sich an meine Ferse geheftet hatte?"

„Es ist kein Gott als Gott," rief Harun=al=Raschid aus, als er
an diesen Worten den armen Holzhauer erkannte, der unter dem
Fenster seines Palastes vorübergegangen war; „und hast du wirklich
den Ring Salomos gefunden, und wo ist das Weib, das Mesrur
auf meinen Befehl dir brachte?"

„Sie ist hier," sagte Zubeydeh zur Thür hereintretend. Sie
wandte sich zu dem Kalifen, und indem sie leicht den Schleier lüf=
tete, zeigte sie ihm ihr Antlitz, das schöner war als je. Harun stieß
einen Freudenschrei aus und stand im Begriff, sie in seine Arme zu
schließen, als er plötzlich innehielt und sagte: „Aber du bist jetzt
das Weib dieses Mannes?"

„Das nicht, großer Kalif," rief der Bezier aus, der nun auf=
gestanden war, da er nicht mehr Krankheit zu heucheln brauchte.
„Von dem Tage, da sie mein Haus betrat, habe ich nie ihr Antlitz
gesehen. Beim Barte des Propheten, sie ist nicht weniger rein, als
sie reich ist; sie ist es, die mich zu allem gemacht hat, was ich bin.
Gehorsam gegen sie war der Same, aus dem der Bau meines Glückes
erwachsen ist." Zubeydeh kniete dann vor dem Kalifen nieder und
sagte: „Beherrscher der Gläubigen, setze mich wieder in das Licht
deiner Gunst ein. Ich schwöre dir, daß ich nicht minder dein Weib
bin, als da die Wolke deines Zornes mich beschattete. Dieser ehren=
werte Mann hat keinen Augenblick aufgehört, mich zu achten. Meine
gedankenlosen Worte veranlaßten dich, mich fortzusenden, daß ich die
Stelle der Schlange einnehmen sollte. Aber ich habe dir nun gezeigt,

daß ein Weib auch ihrem Gatten wie der Stab sein kann, worauf
er sich stützt, wie das Bad, welches ihn schön macht, und wie die
Lampe, womit er seinen Weg erhellt."

Harun-al-Raschid hatte schon lange seine Übereilung und Grausamkeit bitter bereut. Er sah nun in dem, was sich ereignet hatte,
die Hand Allahs, die das, was er als Strafe gemeint, in einen
Triumph verwandelt hatte. Er setzte Zubeydeh sogleich in seine
Gunst wieder ein, und dem Holzhauer, den er noch als Vezier behielt, gab er seine Tochter zur Ehe. Alle Bürger von Bagdad
nahmen Teil an den Festlichkeiten, welche 14 Tage dauerten, und
der Kalif baute, um seine Dankbarkeit zu verewigen, eine stolze
Moschee, die bis auf diesen Tag die „Moschee der Wiederherstellung"
heißt. Der Vezier vergalt in edler Weise alle die Mühe, welche sich
die Sultanin Zubeydeh mit seiner Erziehung genommen, und zeigte
in seiner Anwendung der Gesetze so viel Weisheit und Gerechtigkeit,
daß der Kalif niemals Veranlassung hatte, mit ihm unzufrieden zu
sein. So lebten sie alle miteinander in der größten Glückseligkeit
und Eintracht, bis sie eins nach dem andern von dem Ender der
Freuden und dem Trenner der Gefährten heimgesucht wurden."

So endete Achmets Erzählung; aber ohne den Mondschein, die
schlanken äthiopischen Palmen und die kühlende Pfeise als Beigabe,
fürchte ich, wird diese Reproduktion derselben wenig von dem Reize
übrig behalten haben, den ich an dem Originale fand. Es folgten
ihr andere und wildere Erzählungen, denen allen der untrügliche
Stempel des Orients aufgeprägt war. Sie alle charakterisierte der
Glaube an ein unvermeidliches Schicksal, welches die belebende Seele
der gesamten orientalischen Litteratur zu sein scheint. Dieser Glaube
giebt dem Dichter und dem Erzähler alle mögliche Freiheit, und die
arabischen Schriftsteller haben nicht gezaudert, reichlichen Gebrauch
davon zu machen. Es hat keine Gefahr, wenn man seinen Helden
mit allen möglichen wirklichen und gedachten Gefahren umgiebt, oder
wenn man seinen Ansichten alle möglichen Hindernisse in den Weg
legt, wenn man weiß, daß sein Schicksal ihn nötigt, dieselben zu be-
siegen. Er wird für einen Augenblick zur Verkörperung des Schicksals, und die Verhältnisse streichen vor ihm die Segel. Man sieht,
daß er von vornherein auserwählt war, das zu thun, was er zum
Schluß wirklich thut. Wenn man ein Wunder zu seinem Erfolge
braucht, so steht es zu Diensten. Schwierigkeiten häufen sich, um
ihn bis zuletzt, bloß damit der endliche Triumph um so vollständiger

und eigentümlicher werde.   Aber trotz aller dieser Verletzungen der
Wahrscheinlichkeiten zeigen die orientalischen Erzählungen eine sehr
fruchtbare Erfindungsgabe und sprudeln von Zügen echter Menschennatur.   Die tiefe und verzehrende Teilnahme, womit die ungelehrten
Araber ihren Erzählungen lauschen, der Halt, den sie im Volks-
herzen des Morgenlandes haben, zeugen für ihren Wert als Erläuterungen orientalischen Lebens.

Nach Bayard Taylor.
Reise nach Central-Afrika.   Übersetzt von Johann Ziethen.

Scenen aus dem Volksleben in Ägypten.

1. Ein Tag und eine Nacht in Kairo.*)

Kaum ist der äußerste Rand der glühenden Sonnenkugel an
dem welligen Horizont der arabischen Wüste in majestätischer Schöne
emporgetaucht, um mit wunderbarem Purpurlichte die zackigen Gipfel
der Bergkette des öden Mokattam zu übergießen, an dessen Fuße,
in Dämmerung gehüllt, die „hochgeehrte" Stadt der Kalifen in tiefem
Schlummer ruht: da ertönen durch die heilige Stille des Morgens
von den luftigen Minarets zahlreicher Moscheen die ernsten, feierlichen Klänge der Sänger, um den Preis und die Vollkommenheit
Gottes und seines Propheten Mohammed den frommen Gläubigen
zu verkünden.   Der Sänger mahnende Worte hörend, daß Gebet
besser denn Schlaf sei, öffnen die Muslin ihre Augen, erheben sich
alsbald von dem einfachen Lager, das auf einem niedrigen Gestell
von Palmenstäben ausgebreitet ist und schütteln ihre faltigen Gewänder aus, mit denen sie sich, nach Brauch des Landes, vollständig
bekleidet am vorigen Abend zur Ruhe gelegt haben.   Dann wird die
Waschung vorgenommen, weniger aus den natürlichen Rücksichten
für notwendige Sauberkeit, als vielmehr, weil das göttliche Buch
des Propheten, der Koran, befiehlt, vor dem Gebete Gesicht, Hände
und Füße mit Wasser zu reinigen.   Nun zieht der fromme Moslin
die Schuhe aus, wenn anders er solche besitzt, tritt auf den türkischen

*) Aus Heinrich Brugsch. Aus dem Orient. Berlin, 1874.

oder persischen bunten Gebetteppich oder die schmucklosere Binsen-
matte und murmelt, das Angesicht nach Osten gewendet, die ein-
leitenden Worte: Allahu akbar! „Gott ist sehr groß!" Bald knieend,
bald liegend, bald stehend spricht er in tiefer Inbrunst das lange
Gebet. Nichts darf ihn in seiner Andacht stören, soll anders das
Gebet seine beabsichtigte Wirkung haben. Mittlerweile hat der Diener oder die dunkelfarbige Sklavin des Hauses den Kaffee bereitet,
den sie dem Herrn samt der glimmenden Pfeife darreicht. Voll
Ernstes erwiedert er den Morgengruß des dienenden Volkes, schlürft
mit lautem Geräusche aus der kleinen zierlichen Tasse den schäumen-
den schwarzen Trank ein und beginnt nun die traute Unterhaltung
mit dem steten Begleiter seines Tagewerkes: seiner Pfeife. In
langen Zügen „trinkt er", so nennt er es ausdrücklich, den duftigen
Rauch des syrischen Tabaks und bläst voll inneren Vergnügens
blaue, sich kräuselnde Wolken in die Luft. Auf dem schwellenden
Divan die Glieder bequem ausstreckend, fängt der Kairenser sein
Tagewerk mit dem üblichen kêf an, dem überaus verführerischen
orientalischen dolce far niente. Überlassen wir ihn seinen Träumen
und Phantasieen im eigenen Hause, wo das Treiben wenig Mannigfaltigkeit und Poesie darbietet.

Das stets wechselnde Leben auf der Gasse und auf dem Markte,
das ist der anziehende Stoff, der uns gestattet, die bunten, mannig-
faltigen Seiten der Kairenser Zustände zu einem heitern Bilde zu
vereinigen.

Die Sonne ist allmählich höher gestiegen, die dämmernden Nebel
sind zerstreut, der ewig klare, blaue Himmel hat sein Zelt über die
Wunderstadt Kairo ausgespannt, welche den Augen des Reisenden
das entzückendste Panorama darbietet. Von der Brüstung aus,
welche den Felsen umfaßt, auf dessen Höhe die schwarzen Schlünde
zahlreicher eiserner Kanonen in drohender Weise die Stadt angähnen,
während neben ihnen die Minarets der Moschee Mohammed Alis
als göttliche Zeichen des Heiles und Friedens ihre schlanken Häupter
in den blauen Äther emporstrecken und die phantastischen Zeichnungen
der Alabasterwände dieses Tempels des Islam beim hellen Sonnenschein in wundersamer Pracht blinken und glitzern; von dieser Brüstung aus, etwa 200 Fuß über dem Spiegel des Flusses, schweift
der Blick über ein wogendes Meer kastenförmig gebauter Häuser und
Moscheeen, deren zierliche Minarets mit dem Halbmond auf der
Spitze in zahlloser Menge wie Krystallnadeln in die Höhe schießen,

während zahllose Molkofs oder offene Luftgänge, welche den frischen
Nordwind in die Wohnungen der Menschen hineinleiten, wie
Souffleurkasten auf den platten Dächern der Häuser in gemeinsamer
Richtung nach Norden schauen. Von hohen Mauern eingeschlossen,
ragen hier die nickenden Häupter schlanker Palmen und dickbelaubte,
schattige Sykomoren, an deren Fuße der Büffel mit verbundenem
Augenpaar Jahr aus, Jahr ein das knarrende Wasserrad dreht,
aus den lustigen Anlagen eines großen Gartens hervor, in dessen
Gängen, wohl bewacht und behütet, die Frauen eines Paschas lust-
wandeln. Indem wir dort an den weißgetünchten Gräbern und
ihren aufrecht stehenden Leichensteinen zwischen Cypressen und Aloë-
pflanzen einen Ort der ewigen Ruhe für dahingeschiedene Muslim
erkennen, schallen die Höhe hinauf an unser Ohr die ernsten Lieder
blinder Sänger, welche einer Leiche vorangehen, während das wilde
Geschrei der Klageweiber, die dem Zuge folgen, Mark und Bein er-
schütternd, oftmals ihre sanftern Klagen unterbricht. Im Übermaß
des Schmerzes tanzend und heulend schreit die Witwe dem dahin-
geschiedenen Gatten oder Sohne die seltsamen Worte nach: „O du
Kamel meines Hauses!" Das Kamel, unstreitig das nützlichste Tier
des Orients, wird so zu einem ernstgemeinten rührenden Bilde der
Sorge des Mannes für das Haus.

Auf einer langen Reihe von Bögen ruhend, dehnt sich dort in
nicht zu weiter Ferne die alte Wasserleitung der Kalifen bis nach
der Vorstadt Alt-Kairos aus, wo der Nil, dicht vorbeifließend, seine
silbernen Pfade dahinzieht, und die liebliche Insel Rodah mit ihren
Gärten und Palästen, mit ihrem weltberühmten Nilmesser, der sagen-
reichen Stelle der Mosesfindung, bald mit sanftem Wellenschlage,
bald mit rauschendem Getöse umspielt.

Weiterhin breiten sich auf dem jenseitigen Ufer des Flusses grü-
nende Felder aus, denen Palmenwaldungen mit rotschimmernden
Früchten, spiegelnde Wasserflächen und die schwarzen Hütten der
Dörfer arabischer Fellahin den Reiz landschaftlichen Wechsels verleihen. Ein schmaler gelbleuchtender Streifen, der sich am äußersten
Horizonte entlang zieht, zeigt uns die Grenze an, wo das Reich der
großen libyschen Wüste beginnt und wo die sichtbare Kunde der ältesten
Geschichte des Menschengeschlechts aufhört. In wundersamer Beleuch-
tung, vom zartesten, magischen Farbenduft umhüllt, strecken da die
Marksteine der Geschichte, die Pyramiden, ihre Häupter in die Luft
die kein Wölkchen trübt, ein ewig blaues, klares Lichtmeer.

Das Leben in den engen Gassen der Stadt, welche zum Schutze gegen die brennenden Strahlen der Sonne meistenteils mit einem Schirme ausgespannter Tücher und Holzdecken überdacht sind, die alle Gegenstände in ein seltsames Halbdunkel hüllen, beginnt allmählich jenen Anstrich zu gewinnen, der auf den reisenden Abendländer den unüberwindlichsten Reiz ausübt. Die Läden, eigentlich große, viereckige, kastenartige Löcher, die an den Wänden der Häuser in dichten Reihen nebeneinander fortlaufen, öffnen sich; der Kaufmann, seine glimmende Pfeife rauchend, hockt auf einem Kissen am vorderſten Eſtrich seiner Bude. Seine Waren, die im buntem Wirrwarr im Hintergrunde derselben aufgestellt sind, müssen den Käufer selber locken. Der Besitzer preist sie weder an, noch fordert er den Vorübergehenden auf. Eifrig arbeiten in den engen Räumen ihrer Werkſtätte die Handwerker, sich der einfachſten Instrumente bedienend, wobei die Füße und Zehen ebenso flink und geschickt mitarbeiten, als die Hände und Finger, die bei dem Orientalen von einer auffallenden Geschicklichkeit und Beweglichkeit sind.

Da ist den ganzen Tag ein Hämmern und Klopfen, ein Klappern und Knarren, ein Pfeifen und Schnurren, ein Wackeln der Köpfe und der Körper, daß man meinen möchte, die Heinzelmännchen seien von Köln nach Kairo übers Meer gewandert, und arbeiteten nunmehr an dem Hauptorte des Islams.

Hier steigt in die Bude eines Barbiers der Kunde hinauf oder hinein (wie man sagen muß, weiß man nicht recht), den rechten Fuß voransetzend, denn er ist der geehrtere, gerade so wie die rechte Hand. „Friede sei über dir," sagt er zum Gruße dem Meister, der ihm sein „Und über dir der Friede" schnell und zuvorkommend als Gegengruß erwiedert. Der schön gewundene Turban wird vom Haupte genommen, Kopf und Gesicht eingeseift, und beides so rein geschoren, daß außer dem langen Zopfe auf der Mitte des Scheitels kein Härlein sichtbar ist. Mit beinahe geckenhaftem Wohlgefallen betrachtet der Geschorene in dem runden Metall- oder Glasspiegel mit Perlmutter=Einfassung seinen weißleuchtenden Schädel und verläßt mit derselben Befriedigung die schmutzige Stube des noch schmutzigeren Barbiers, als der seine Pariser Stutzer das Boudoir eines renommierten Pariser Haarkünſtlers. Nun kommt jener Andere an die Reihe, welcher dem Vorigen in die Bude nachgestiegen und durch seinen papageigrünen Turban als ein Nachkomme des Propheten, als ein Scherif gekennzeichnet ist. Die kalte Morgenluft hat ihn zum Riesen

gereizt. „Gott Lob!" ruft er aus, „Gott erbarme sich eurer!" rufen
ihm die Anwesenden zu. „Gott führe uns und führe euch!" erwiedert
der Angeredete nach herkömmlicher Weise. Der Kairenser ist von
einer auffallend fast lästigen Höflichkeit und Aufmerksamkeit, die bei
der geringsten Veranlassung in hergebrachter Weise ihren wortreichen
Ausdruck findet. Man könnte Seiten eines dicken Buches mit derartigen höflichen Formeln füllen, die sich wie Schlag und Gegen-
schlag zu einander verhalten, und höchstens durch die Seltsamkeit
des Gedankens im Anfange anziehen. Später werden sie eine höchst
lästige Beigabe einer jeden Unterhaltung, die ohne sie vom Gruß bis
zum Abschied hin gar nicht denkbar wäre.

Dort, nicht fern von der Bude des Barbiers, kauft ein Armer
ein Gericht gekochter Bohnen und hockt sich nieder, um seine Mahlzeit im Namen Gottes, des Allerbarmers und des Barmherzigen zu
beginnen, mit einem Gott sei Lob und Preis zu schließen; hier erhandeln verschleierte Frauen das Kohel und Henna, um sich die
Augenränder schwarz und Hände und Füße braunrot zu färben.
Vor jener Schreibebude läßt sich ein reicher Araber Amulette gegen
den bösen Blick für sich oder sein Pferd oder seinen Esel schreiben,
und die ernste Miene des Schreibers giebt ein Zeugnis, daß es
inhaltsschwere Worte sind, die er zu Papier bringt.

Das Kaufen ist ein ebenso umständliches, als langweiliges Ge-
schäft. Der Kairenser fordert zehnmal mehr, als die Sache, deren
Echtheit oftmals zweifelhafter Natur ist, wert ist. Er ladet den
Kaufenden zum Sitzen ein, reicht ihm seine Pfeife, präsentiert den
unvermeidlichen Kaffee, der von seinem Knaben aus dem nächsten
Kaffeehause herbeigeholt wird, und mit einer Fülle blumenreicher
Redensarten beginnt das eigentliche Geschäft, das im glücklichsten
Falle eine halbe Stunde dauert. Nach langem Hin- und Herreden,
wobei ganz andere Gespräche, als der Kauf, in die Unterhaltung
mit hineingezogen werden, um die Aufmerksamkeit des Kaufenden
abzulenken, einigt man sich endlich, nachdem sehr oft ein Vorübergehender als Vermittler eingetreten ist. Zur schlimmsten Art der
Verkäufer gehören diejenigen, welche dem Kauflustigen den verlangten
Gegenstand sogleich mit den Worten anbieten: „Nimm ihn als ein
Geschenk!" Man ist sicher, eine übertriebene Forderung hinterher zu
hören. Ist der Kauf abgeschlossen und das Geld gezahlt, so erhält
der begleitende Diener des Käufers vom Kaufmann ein kleines Geschenk an Geld.

Den Mittelpunkt des geschäftlichen Lebens in Kairo bildet der sogenannte Khan Khalil, ein besonderes Viertel mit einer Hauptstraße und vielen engen Nebengassen, die von langen Reihen nebeneinander liegender Buden der Kaufleute und Handwerker gebildet sind. Die Handwerker sitzen gildenweise zusammen. Da giebt es einen Schustermarkt, wo die Schuster emsig an den gelben und roten Schuhen mit den gekrümmten Spitzen arbeiten, einen Markt der Schneider, der Schreiner, der Drechsler, der Fruchthändler, der Zuckerbäcker, der Pfeifenhändler, der Steinschneider und Schleifer, der Juweliere, der Seifenhändler und Waffenschmiede, der Teppichhändler und wie sie alle heißen mögen.

Das angenehmste Kaufviertel ist der suk-el-rich oder der Markt des Duftes, woselbst alle Wohlgerüche Arabiens und des Südens echt und verfälscht zum Kaufe ausgeboten werden. Selbst ein Blinder findet diesen Markt des Duftes leicht, da der starke Geruch straßenweit zu merken ist.

Die Handwerker arbeiten emsig, die Kaufleute dagegen verrauchen den ganzen langen Tag, sprechen mit ihren Nachbarn und den Käufern und erheben sich nur von ihrem Sitze, um die üblichen Gebete an den bestimmten Tageszeiten zu verrichten. Verlassen sie auf einige Zeit ihren Laden, so hängen sie ein Netz, aus dünnen Fäden gestrickt, davor auf, und kein loser Vogel wird es wagen, die verbotenen Trauben dahinter anzutasten. Die Inschriften auf Papier, mit welchen die Läden der meisten Kairenser Buden versehen sind, enthalten nicht etwa, wie zu vermuten stände, die Firma des Kaufmanns, sondern nur fromme Sprüche oder das mohammedanische Glaubensbekenntnis. Hier liest man: „Wahrlich, wir haben dir einen offenbaren Sieg gewährt," dort: „Beistand von Gott und ein schneller Sieg," „Bringe du gute Nachrichten den Gläubigen," dort wiederum die Anrufung an Gott: „O du Öffner, o du Weiser, o du Abhelfer unserer Bedürfnisse, o du Gütiger." Dieselben Worte werden von den Kaufleuten wiederholt, wenn sie des Morgens, nach dem ersten Gebete, ihre Buden öffnen.

Die Häuser, welche hier und da zwischen den Läden hervortauchen, haben denselben Anstrich, wie die übrigen der Stadt, wenn sie nicht aus der Zeit des schönen, an Arabesken und Verzierungen reichen, älteren Baustiles herrühren, den kein Gebäude heutzutage mehr erreicht. An der großen Thür des Hauses stehen gemeiniglich die Worte: „Er (nämlich Gott) ist der Schöpfer, der Ewige," um

den Besitzer des Hauses bei seinem Eintritt an seine Sterblichkeit zu
erinnern. Gehört das Haus einem Haggi oder Mekkapilger, so befinden sich über der Thür roh ausgeführte farbige Malereien, ein
Schiff, ein Kamel, ein Baum, an dem ein Löwe angebunden ist und
fechtende Personen darstellend. Diese neuägyptischen Hieroglyphen
sollen Anspielungen auf die Reise nach Mekka zu Wasser und Lande
und auf den Mut des Pilgers sein, der weder vor den wilden Tieren,
noch vor Räubern zurückgeschreckt ist. Über der Thür jenes neuen
Hauses dort hängt eine Aloëstaude oder, wie die Ägypter diese
Pflanze benennen, die Geduld. Sie soll den Bewohnern ein
langes, glückliches Leben bringen und sie vor allem Übel und Unglück behüten, während der hohle Panzer eines getöteten Krokodils
vor dem bösen Blicke schützen soll. Da, wo die Thüren niedrig sind
und offen stehen, dürfen wir ein arabisches Bad voraussetzen, aber
wehe dem Manne, welcher eintreten wollte, wäre die Thür durch ein
weißes Tuch, nicht größer als eine Serviette, verhängt. Das ist
ein Zeichen, daß ein Harem im Bade ist; jedes Eindringen wäre
dann lebensgefährlich.

Um das bunte Treiben in den belebtesten Straßen, wo die
Menge hin- und herwogt, näher zu prüfen, ist es notwendig und
zugleich nach Kairenser Anschauung wohlanständig, eine ägyptische
Droschke zu mieten, d. h. einen Esel samt dem zugehörigen Führer,
welcher bald in langsamem, bald in schnellem Schritte seinem Tiere
nachläuft. Die Eselbuben Kairos, dem Lebensalter vom 4. bis 20.
Jahre angehörig, bilden ohne Zweifel den intelligentesten Teil der
niederen Bevölkerung der Stadt. Der stete Umgang mit den Fremden, welche sie auf allen Ausflügen in und außerhalb Kairos zu begleiten pflegen, giebt ihnen Gelegenheit, sich einzelne Brocken aller
europäischen Sprachen anzueignen, deren sie sich geschickt genug bedienen, um den neuangekommenen Fremdling die ersten Sprach-
stunden im Kairenser Arabisch zu geben, ihm die Merkwürdigkeiten
der Stadt zu erklären, oder im schlimmsten Falle sich über ihn lustig
zu machen. Sie haben eine auffallende Geläufigkeit darin, aus einer
großen Masse anlangender Reisenden sofort die Nationalität der einzelnen herauszuerkennen, indem sie denselben, einem jeden in seiner
Muttersprache, die Esel zu Gebote stellen. Die letzteren nehmen
unter den übrigen vierfüßigen Bewohnern Ägyptens einen Rang ein,
der dem der Eseljungen unter der niederen arabischen Bevölkerung
gewissermaßen entspricht. Sie sind größer als die unsrigen, weniger

kopfhängerisch, mutiger und, was die Hauptsache ist, von erstaun=
licher Schnelligkeit. Rottenweise lagern sie samt ihren Führern auf
den Hauptplätzen und an den Hauptecken Kairos. Naht sich ein
eselbedürftiger Reiter, so stürzt der ganze Haufe auf ihn zu, und nur
mit Hilfe wohl ausgeteilter Prügel bricht er sich endlich Bahn zum
Steigbügel seines gewählten Tieres. So beritten geht's lustig in
die engen belebten Straßen hinein. Das Drängen und Treiben in
denselben ist so bedeutend, daß wir nach altherkömmlicher Sitte der
Kairenser einem jeden vor uns Gehenden und den Rücken uns Zu=
wendenden zurufen müssen. Der Araber kümmert sich wenig um
das, was hinter ihm vorgeht; die Begebenheiten des Straßenlebens
vor ihm ziehen ihn an, das Schicksal seiner Person bleibt somit der
zeitigen Fürsorge seines Hintermannes überlassen, der ihm in drohen=
den Fällen zuschreien muß: „Mein Herr, geh' rechts, geh' links,
nimm deinen Fuß in Acht! nimm deinen Rücken in Acht!" In
diesem Falle weicht er aus, doch ohne sich umzusehen, und vermeidet
so den unausbleiblichen Zusammenstoß. Die Anrufungen variieren
in den Anreden je nach dem Alter und dem Stande der Person.
Einer Frau, die verschleiert ist, ruft man zu „Meine Gebieterin!",
scheint sie noch jung zu sein „O mein Auge!". Eine Frau aus den
niederen Ständen, ist sie selbst alt, hält es für eine Beleidigung,
anders betitelt zu werden, als „O du Mädchen!" oder „O meine
Schwester!". Den Alten ruft man zu „O Schech!" oder auch „O
mein Onkel!", der anständig gekleidete Araber und der Türke er=
halten den Ehrennamen „O Effendi!", der Europäer seine specielle
Benennung „ya hawageh!" „O Kaufmann!". Dem entsprechend
sind auch die etwanigen Erwiederungen. Als ich einst einer arabi=
schen jüngeren Dame von 14—15 Jahren zurief „Weiche rechts aus,
meine Gebieterin!", erwiederte sie „Zu Befehl, mein Sohn!" und so
passierte denn ihr doppelt so alter europäischer Sohn zu Esel getrost
vorbei.

Den Wagen, die den Paschas und den vornehmen Europäern
gehören, obgleich deren nicht viele in Kairo vorhanden sind, sowie
den Reitern zu Pferde laufen hochaufgeschürzte Araber, welche in der
einen Hand einen geschmeidigen Kurbatsch halten, die aus der Haut
des Hippopotamus geschnittene Peitsche, in schnellstem Tempo voran.
Hilft ihr Zuruf nicht, wobei es nicht zu viel höfliche Redensarten
giebt, so hilft der Hieb, und schleunigst weicht der säumige Pilger
auf dem Wege aus. Schlimmer ist es, wenn ein mit langen Balken,

großen Steinblöcken oder einer sonstigen schweren Last beladenes
Kamel gravitätisch durch die Menge einhergeschritten kommt. Da
heißt es vorsichtig vorbeiweichen, widrigenfalls die Reiter oder Fuß-
gänger bedeutende unfreiwillige Abweichungen von ihrer Linie nehmen
müssen.

Der größere Teil der Pflastertreter Kairos, obwohl ich diesen
Ausdruck uneigentlich gebrauche, da der Boden keiner Stadt in ganz
Ägypten regelrecht geebnet, geschweige denn gepflastert wäre, gehört
der ärmeren arabischen Klasse Kairos an. Die einen verrichten ihre
Hantierungen als Boten, Lastträger, Diener oder Verkäufer, die letzteren erfüllen die Straßen mit ihrem durchbringenden näselnden Gesange, der den Zweck haben soll, die Vorübergehenden auf ihre Ware
aufmerksam zu machen, obgleich der Inhalt des Gesanges scheinbar
in gar keinem Zusammenhange steht mit der Natur der ausgebotenen
Waren.

Vor einem Korbe süßer Apfelsinen sitzt da eine arme, mit einem
einzigen blauen Kattunkleide bedeckte Frau, das Gesicht ist mit Dak
grün bemalt, und die Augenränder mit Kohel schwarz gefärbt, dabei
trägt sie einen großen Ring in der Nase, bunte Ketten um den Hals,
und mehrere große silberne Ringe an den rotbraun tättowierten Fingern. Kokett zieht sie bei unserem Anblick den Kopfzipfel ihres
Kleides über das halbe Gesicht, aus züchtiger Schamhaftigkeit oder
den bösen Blick unseres fränkischen Auges fürchtend, ruft uns aber
dennoch mit lautem Schrei die Worte des Orangenverkäufers zu:
„Honig, o Apfelsinen-Honig!" Dort schleppt sich in gebückter Stellung und mit einem Rocke bekleidet, der aus einigen Ziegenhäuten
zusammengenäht ist und auf den Schultern einen schweren Ziegen-
schlauch voll Wasser tragend, der arme Wasserträger einher. Er
bietet das Wasser mit den Worten: „Möge Gott mir Ersatz geben!"
zum Kauf an. Da werden uns Rosensträußchen mit dem Rufe hin-
gehalten: „Die Rose war ein Dorn; vom Schweiße des Propheten
ist er aufgeblüht!" Dort steht eine ägyptische Dame in ihrem
schwarzseidenen Überwurfe, den weißen Schleier vor dem Gesicht,
aus dem die schwarzen feurigen Augen euch bald anlachen, bald verächtlich zu durchbohren scheinen. Ihre schwarze Dienerin begleitet
sie; sie ist schneeweiß gekleidet wie ihre Herrin schwarz. Da nähert
sich ihnen ein kleines Mädchen, Hennablumen anbietend mit dem
Zurufe: „O meine Gebieterin! Düfte des Paradieses, o Blumen der
Henna!", und beide laufen von den wohlriechenden Blumen. Der

Mann dort mit seinem Korbe voll Zuckerwerk ruft euch zu: „Für
einen Nagel! o Zuckerwerk!" Das ist ein schlimmer Gesell, da er
die Kinder und Dienstboten veranlaßt, Nägel und andere Kleinig=
keiten aus dem Hause zu stehlen, um dieselben gegen seine Ware
umzusetzen. Eine Art von Gemüse, Tirmus genannt, bieten sie mit
den Worten aus: „O wie süß das kleine Söhnchen des Flusses!",
die Citronen dagegen mit dem Rufe: „Gott mache sie leicht, o Ci=
tronen!" und die gerösteten Kerne einer Art Wassermelone mit dem
Schrei: „O Tröster dessen, der in Not, o Kerne!"

Leute aller Trachten und aller Zungen, in ruhiger und in leb=
hafter Stimmung, geben das vollständige Bild eines Karnevals, der
tagtäglich die Hauptstraßen Kairos durchwogt. Dort kommt gravi=
tätisch, seinen langen, weißen Bart behäbig streichend, ein türkischer
Bey geritten, während der neben ihm laufende Diener, die Pfeife
tragend, den Arm auf den Rücken des Tieres gelegt hat. Der Schritt
seines Pferdes, das ein blutrotes, mit Gold gesticktes und mit Trod=
deln behängtes Zaum und Sattelzeug bedeckt, ist ebenso langsam wie
der Gedanke seines Herrn. Schnell zu reiten hält der vornehme
Türke für unziemlich und seinem Range unangemessen. „O du Sohn
des Hundes!" bonnert er einem armen Araber entgegen, der im
Vorbeigehen sein Kleid gestreift hat und scheu und schüchtern in der
Menge verschwindet. Da taucht neben ihm ein Geist, ein lang=
gelockter, hagerer Mensch auf; sein Kleid ist aus tausend bunten
Flicken zusammengesetzt, sein Kopf ist von einer Art Schellenkappe
bedeckt, sein Auge ist irre, seine mageren Hände erhebend, bettelt er
um ein Almosen. Das ist ein Verrückter oder Heiliger der geehrten
Stadt Kairo. Die Verrückten werden nämlich von den Anhängern
des Propheten für heilige Personen angesehen, da, ihrer Meinung
nach, dieselben von Gott dadurch besonders bevorzugt seien, daß ihr
Geist bereits im Himmel weile, während ihr gröberer Teil sich hier
auf Erden unter sterblichen Menschen befinde. Sie dürfen die ärg=
sten Handlungen ungestraft begehen und werden mit der bewunderungs=
würdigsten Geduld geführt und geleitet. Der feine arabische Effendi
in seiner kleidsamen Mameluckentracht bildet hier in Kairo den Lion
der arabischen Gesellschaft. Er kleidet sich mit einer gewissen Ele=
ganz, die freilich darin nie etwas Anstößiges findet, daß aus einer
goldgestickten roten Jacke der Ellenbogen hervorsieht oder die Schuhe
ziemlich sichtbar zerplatzt sind. Er begrüßt den koptischen Moallim
oder Schreiber der Regierung, dessen bleiches, rundes Gesicht, noch

mehr aber der lange Kaftan von blauem Tuche, der dichtgewundene
schwarze Turban und das messingene Schreibzeug im Gürtel, einen
echten Nachkommen der alten Ägypter verrät. Nicht den besten Teil
der Kairenser Bevölkerung bildet jener türkische Polizeisoldat, den
seine Tracht: die griechische Fustanella und die griechische, gestickte
Jacke, sofort als den Arnauten kennzeichnet. Ein wahres Arsenal
silberbeschlagener Pistolen, Dolche und Messer steckt in seinem Gürtel,
über der Schulter hängt das lange Gewehr und in der Hand schwingt
er drohend den Kurbatsch. Ein ungeheurer Schnurrbart giebt seinem
verschmitzten Gesichte den vollendeten Ausdruck eines Helden aus
irgend welcher renommierten Räuberschar. Diese furchtbaren Kon-
stabler Kairos haben die saubere Lebensregel, jeden rechtmäßig oder
unrechtmäßig erworbenen Piaster sofort an den Mann zu bringen,
da man nicht wissen könne, ob man und wie man die folgende
Stunde erlebe.

Dem frommen Derwisch dort, mit dem grünen Kaftan, bezeugt
die hohe Pelzmütze auf dem Kopfe, welche er kokettierend wie Boden-
stedts Mirza Schaffy hin- und herbewegt, den persischen Ursprung;
sein ägyptischer Kollege dagegen schreitet in dem lumpigsten Kostüm
hinter ihm her und schwingt die hölzerne Eßschüssel und den Löffel
als die besonderen Zeichen seiner Würde. Ihm zunächst wandelt ein
deutscher Handwerksbursch, den roten türkischen Fez schräg auf das
blonde Haar gesetzt, um jene Ecke in die enge Straße einbiegend,
wo er um ein weniges Geld in einer italienischen Locanda sein Zelt
aufgeschlagen hat. Heulend und bellend stürzen die Hunde des Viertels auf ihn, den Fremdling, los, als wollten sie nach seiner Paß-
karte fragen. Ein Wurf mit Steinen vertreibt aber die ungehobelten
Gäste. Da kommen ein paar sonnengebräunte Beduinen auf ihren
hageren Pferden angeritten. In malerischer Weise schlingt sich das
kamelhärene Gewand um ihren Leib und um den Kopf, und kaum
sichtbar lugen die kleinen Augen in die Menge hinein, durch welche
sich die Pferde sicher hindurchzuwinden wissen. Zwei arabische Frauen
folgen ihnen auf ihrer Fährte. Die eine trägt einen hohen Krug
auf dem Kopfe, die andere das kleine Kind auf der Schulter, das,
rittlings sitzend, nach orientalischer Weise sich an den Kopf der
Mutter stützend, das Gleichgewicht selber zu halten weiß. Beide
Weiber reden mit aufgehobenen Händen, die sie häufig zusammen-
schlagen, auf das Eifrigste miteinander. Sie gehören dem Harem
jener edlen Ritter an, denen sie als getreue Ehefrauen den weiten

Weg nach der Stadt zu Fuße folgen müssen. Hier, gegenüber dem kleinen schlechten Hause, in welchem eine Araberin mit lautem Geräusche die Handmühle dreht, verstopft plötzlich ein Haufen von Balken und Steinen den Weg. Man baut ein Haus, die Kinder und Frauen müssen dabei Handlangerdienste leisten, während die Männer das eigentliche Geschäft der Maurer verrichten. Im Takte singend, trägt das schwache Geschlecht die Steine, den Mörtel, das Holz zum Bau herbei; der Aufseher, welcher gemächlich seine Pfeife raucht, treibt sie zeitweise mit Stockschlägen zum schnelleren Laufen an. Scherzweise ruft der vornehme Türke, dessen Maultier von einem großen, zentnerschweren Blocke im Laufe gehemmt ist, einem Mädchen zu: „O meine Tochter, trage mir diesen Stein fort!" Als geborene Kairenserin erwiedert sie mit schnellem Witze: „Zu Befehl, o mein Onkel, nur sei so gütig, mir den Stein auf den Rücken zu legen!" Da kommt uns ein langer Zug verhüllter berittener Frauen entgegen. Rittlings auf ihren hochgesattelten Eseln sitzend, folgen sie eine nach der andern. Diener begleiten sie, die Kinder tragend, und ein schwarzer, fettleibiger, wohlbewaffneter Eunuch in reichem, gesticktem Kostüm reitet zu Pferde voran. Der ganze Harem eines vornehmen Kairensers wird ausgeführt, um irgendwo einen mehrtägigen Besuch abzustatten, die einzige Unterhaltung, welche den Frauen gegenseitig gestattet wird. Malteser, Griechen, Armenier, Kurden, Juden, Syrer, Araber aus Mekka, dazwischen Europäer aus aller Herren Länder drängen sich in buntem Gemisch durcheinander, jeder seinem Geschäfte nachgehend, das er sicher mit dem landesüblichen Stoßseufzer eines „So Gott will!" beginnt.

Welch prächtiges Marmordenkmal unterbricht dort plötzlich die Wände schmutziger Häuser? Um ein Gitterfenster herum, das von weißem Marmor eingefaßt ist, ziehen sich schön geschriebene und vergoldete arabische Buchstaben, Verse aus dem Koran enthaltend, und darunter befinden sich zwei messingene kleine Saugröhren. Da tritt ein Araber heran, legt den Mund an die Röhre und saugt das kühlende Wasser zur Stillung seines Durstes ein.

Wir befinden uns vor einem jener öffentlichen Brunnen, die ein Werk frommer Stiftungen sind. Über ihm ist die Moschee und die Schule. Die letztere, frei nach der Straße zu liegend, besteht aus einem großen Zimmer, auf dessen Boden ordnungslos die jungen Schüler hocken, während der Schulmeister, nebenbei häufig ein

Handwerk verrichtend, in einer Ecke sitzt. Die Kinder haben be=
schriebene Blechtafeln vor sich und lesen, den Kopf und die Kniee
hin= und herneigend, ihre Koranlektionen so wirr und wild durch=
einander, daß man meinen möchte, Lehrer und Schüler seien ins=
gesamt zu Narren geworden. Den Schulmeister vermag nichts in
seinem Phlegma zu stören; wird er beobachtet, so geifert er sein
„Schmutz auf dein Haupt!“ oder inhaltsvoller „Gott verfluche deinen
Vater!“ dem unberufenen Beobachter zu.

Die brennende Sonne mahnt uns daran, daß der Mittag ge=
naht sei. In der That sehen wir die frommen Gläubigen in die
offene Halle der Moschee eintreten, ihre Schuhe am Eingange aus=
ziehen und auf die Matten zum Gebete niederknieen. Der Sänger
ruft von der Galerie des Minaret die Leute zum zweiten Gebete
herbei. „Gott ist sehr groß,“ singt er, „ich bekenne, daß Moham=
med der Gesandte Gottes ist. Kommt zum Gebet, kommt zum Heil,
Gott ist sehr groß, es giebt keinen Gott außer Gott!“

Wir benutzen die Zeit bis zum Afer, etwa gegen 4 Uhr nach=
mittags, wann der Türmer vom Minaret die Anhänger des Pro=
pheten zum britten Tagesgebete auffordert, um in das Hôtel oriental
an der Esbekieh einzutreten, und an der langen Tafel im großen
Empfangssaal, in Gesellschaft europäischer Reisender, das Dejeuner
einzunehmen. Das Phlegma des Engländers, der Witz des Fran=
zosen, das Gemüt des Deutschen, die Galanterieen des Polen, das
Feuer des Italieners lassen sofort verraten, welchen Ländern jene
geselligen Kreise angehören, die hier an Herrn Colombs Tafelrunde
aus persönlicher Neigung und landsmannschaftlicher Anhänglichkeit
zusammengerückt sind, im frohen Genusse der Gegenwart, während
dienstfertige Araber, unbeholfen genug, den europäischen Emigrés,
die meistens als Kellner dienen, Hilfe leisten. Die Tafel ist auf=
gehoben, man verläßt das Hôtel, in dessen luftigem und geräumigem
Hofe arabische Kaufleute Waffen aus der Mamelukenzeit zum Kauf
anbieten. Wir schlendern dem Platze der Esbekieh zu, nehmen hier
an einem der zahlreichen Tische Platz, die in langen Reihen vor
einem Dutzend von Kaffeehäusern aufgestellt sind. Die Esbekieh ist
das Eldorado Kairos, ohne sie wäre der Aufenthalt in der Kalifen=
stadt nicht halb so prächtig. Man denke sich einen großen, schönen
Garten mit Bäumen aller Art bepflanzt, dessen Gänge mit grünen=
den Gebüschen bekränzt sind. Da geht Jung und Alt spazieren.
Die Kinder liegen spielend und sich neckend auf dem Boden, die

europäischen Fremdlinge, die hohen und niederen Beamten der Re=
gierung, die armen und reichen Kaufleute der Stadt gehen hier auf
und ab oder trinken ihren Kaffee.

Wenn bei uns in Norddeutschland der Sturm heult und die
Schneeflocken Stadt und Feld mit einem Leichentuche überdecken,
auf dem nur die Boten des Winters, die Raben und Krähen, lustig
hin= und herhüpfen, wenn die Mutter mit den Kindern in warmer
Stube vor dem traulichen Kamin sitzt und ihres lieben Sohnes in
weiter Ferne gedenkt: da bleibt wohl der Heißersehnte auf den
Gängen der Esbekieh gedankenvoll stehen, bricht eine Rose oder
Myrte vom blühenden Strauch und denkt mit tausend innigen
Wünschen an die Lieben in der Heimat, die jetzt im warmen Zimmer
vor dem rauhen Boreas Schutz suchen müssen.

Er steckt die Rose und die Myrte ein, und ist er zurückgekehrt,
so giebt er der Mutter die verwelkten getrockneten Blumen mit den
Worten: Nimm, Mutter, die Januar=Rose und =Myrte der Esbekieh
in Kairo.

Die Gäste, welche an der Hauptpromenade der Esbekieh vor
ihren Tischen sitzen, gemächlich ihren Kaffee oder Rosoglio oder sy=
ropo di gomma einschlürfen, und dazu den scharfen Rauch der per=
sischen Wasserpfeife in die Luft blasen, haben das Vergnügen, die
ganze vornehme Welt Kairos, Damen und Herren, Orientalen,
Levantiner und Europäer an sich vorübergehen zu sehen. Zahllose
Bettler, meistens bejahrte blinde Frauen und Männer, die von Kin=
dern geleitet werden, bitten um Gottes und des Propheten willen
um ein Bakschisch. „Geh' einmal zu deinen Landsleuten," er=
wiederte ich eines Tages einem Bettler, der mich täglich auf das
Zudringlichste um ein Almosen gequält hatte, und schnell und witzig
antwortete er: „O mein Gebieter, Gott lasse dich zu unserm Heile
lange leben, gehörst du nicht zu den Söhnen Adams!" Mit treffen=
dem Witze wies er auf meine Abstammung als Mensch hin, und
lächelnd reichte ich als Urenkel Adams meinem Bruder vom selben
Stamme das Almosen.

Zu den mannigfachen Zerstreuungen, welche den Aufenthalt auf
der Esbekieh verkürzen, gehört vor allen die wunderliche Tierfamilie
des herumziehenden Kuregati, die aus einem oder mehreren Affen,
einem Esel, einem Hunde, einer Ziege und einigen Schlangen besteht.
Der Affe tanzt, schlägt das Tambourin, reitet den Hund und Esel
und sammelt zuletzt Geld von den Zuschauern ein. Fortwährend

mit ya walid soeir „o kleiner Knabe" angerufen, muß er die
Schlangen aus dem Sacke ziehen, in welchem sie zusammengerollt
daliegen, und der Ziege kleine Klötze unter die Beine schieben, so daß
ihre vier Füße wie zusammengebunden auf einem kleinen Raume dicht
beieinander stehen.

Auf der breiten Straße für Wagen und Reiter, neben dem Platze
der Esbekieh, zieht eine Abteilung kriegerisch aussehender Baschi=
Bozuks vorbei, an ihrer Spitze zwei Paukenschläger, welche unauf=
hörlich und taktlos auf einige Pauken losschlagen. Die Leute der
kleinen Abteilung sind bis auf ein buntrot gekleidetes Mitglied grün
uniformiert. Einer trägt, offenbar zum Staat, einen englischen
Regenrock, andere tragen statt der Reitstiefeln rote Pantoffeln und
haben die Stiefeln ausgezogen und an den Sattelknopf gehängt.
Der Offizier an der Spitze kaut behaglich an einem Stück Zucker=
rohr, ein Soldat hinter ihm ißt einen großen Ziegenkäse, und ein
anderer steckt sich an der brennenden Pfeife eines vorübergehenden
Arabers eine Cigarre an. So reiten die Truppen des Vicekönigs
zu irgend einer Übung aus Kairo hinaus, über die Stelle hinweg,
wo einst ein Thor stand. Der verstorbene Vicekönig Ägyptens hat
nämlich die neueren Stadtthore Kairos, aus einer sonderbaren Anti=
pathie gegen Stadtthore, sämtlich schleifen lassen.

Die Schatten der Abendsonne, welche mit blutrotem Scheine
hinter den Gebüschen der reizenden Nilinsel Rodah verschwindet,
werden immer länger und die Finsternis breitet sich plötzlich wie ein
Schleier über das unruhige Kairo aus.

In leuchtender Pracht tauchen die ewigen Lichter am nächtlichen
Himmel auf. Nur noch in dunkeln, kaum erkennbaren Formen zeich=
nen sich die Umrisse der Häuser am Himmel ab, während das Rau=
schen der Palmenwipfel allmählich verstummt. Der kühlende Nord=
wind legt sich des Abends zur Ruh, um mit erneuerter Kraft am
Morgen lustig in die Segel der Nilbarken zu blasen, welche jetzt
müßig an den hohen Ufern des Nils hin= und herschaukeln. Der
Gesang des Mueddins von den Minarets herab fordert die frommen
Anhänger des Propheten beim Anbruch der Nacht zum Gebet auf,
dem vorletzten von den fünf, welche der Koran vorschreibt. Die
großen, schweren, mit Eisen beschlagenen Thüren, welche die ein=
zelnen Viertel der Stadt von einander trennen, schlagen die Wächter
zu, schieben den mächtigen Riegelbalken vor und geben sich und ihr
Viertel in den Schutz Gottes und seines Propheten. Dann hocken

sie sich, ihre Pfeife schmauchend, auf den Boden hin, um auf den
Ruf und das Klopfen eines späten Bewohners gegen das unvermeidliche Bakschisch Einlaß zu gewähren. Wie Leuchttürme tauchen
in der Finsternis hin- und herwandelnde Lichter auf. Wir gehen
näher und überzeugen uns, daß jeder Bewohner Kairos nach Sonnenuntergang nur mit einer Papierlaterne gehen darf, die ihn vor der
Nachtwache schützt, welche eifrig nach dem Gesindel umherspäht, das
nur im Schutze der Finsternis, mit Diebslaternen versehen, seinen
Geschäften nachschleicht. Wir gehen die lange Straße des Kopten-
viertels entlang, steigen über die Leiber schlafender Hunde und
schnarchender Wächter hinweg und gelangen zu jenem Café, woselbst, von wenigen Öllämpchen erleuchtet, der eifrige Wirt und sein
Knabe den beturbanten Gästen, die ringsherum auf Ankarebs sitzen,
den Mokka verabreicht. Auf dem Feuerherde steht die große Blech-
kanne, die von Holzkohlen erwärmt wird, welche der Knabe, den
Fliederwisch hin- und herbewegend, in steter Glut erhält. Das Gemach
des Cafés ist nur klein, von Rauch und Schwel erfüllt, die nach
der Straße gekehrte Holzwand ist von durchbrochenem Holzwerk mit
Bögen versehen. Die größte Hälfte der Gäste, die nur den niederen
Ständen Kairos, aber dem Ägypter von echtem Geblüt, angehören,
sitzt auf der Straße, sorgsam sich umschauend, ob nicht ein schlafender
Hund ihr Gewand berühre und es dadurch verunreinige. Sie schlür-
fen ihren Kaffee, rufen den Wirt, wenn das Täßchen ausgetrunken,
mit den Worten melium „er ist voll", um augenscheinlich gerade das
Gegenteil auszudrücken, ziehen den Dampf aus der kollernden Wasserpfeife oder dem gewöhnlichen Schibuk ein, während jener in der Ecke
dort sich aus der Goseh das unerlaubte Vergnügen des Haschisch-
rauchens bereitet. Auf das Höchlichste ergötzt, mit den Augen wohlgefällig blickend und den Kopf wie im Takte neigend, hören sie den
Erzählungen eines Bänkelsängers zu, der ihnen die Abenteuer alter
arabischer Helden, Antar an der Spitze, in gereimter Prosa recitiert
und mit der Dichterviole die herzstärkendsten Verse begleitet. Allgemeines Seufzen, das sonderbare Zeichen des ungeteiltesten Beifalls,
das hier und da ein langgebehntes Allah! (Gott) unterbricht, belohnt den Erzähler und Sänger nach jedem Abschnitte.

Endlich steigt der Sänger vom Estrich hernieder, nimmt die
Viole unter den Arm, zündet das Licht seiner Laterne an, und wandert nach Hause, während der Wirt die Lämpchen seiner Bude aus-
löscht, sich in sein Gewand hüllt und zum Schlafe auf den Estrich

streckt. Einer nach dem andern verlassen die Gäste das Kaffeehaus. Durch die engen, dunkeln Gassen, deren Häuserwände matt vom Lichte der Laterne erhellt sind, wanken sie schlürfenden Fußes nach Hause. Jedes Geräusch, jede plötzliche Erscheinung, mag ein Steinchen vom Dache fallen, oder ein Hund oder eine Katze ihnen in den Weg treten, oder eine Sternschnuppe am Himmel aufblitzen, macht sie zusammenschrecken. Ein kräftiges Stoßgebet gegen die bösen Geister oder die Ginni und ihren Obersten, den Iblis oder Teufel, murmeln sie unverständlich zwischen den Zähnen, indem sie kaum hörbar die Worte über die Lippen pressen: „Gott schütze uns vor ihren Bosheiten! Konnte nicht der Stein von dem bösen Geist herabgeworfen sein, und ist nicht die Sternschnuppe ein böser Pfeil, den Gott gegen den bösen Ginni schleudert? Möge Allah den Feind des Glaubens damit durchbohren!"

Unter solchen Gesprächen, welche Zeugnis ablegen von dem krassen Aberglauben der Ägypter, erreichen sie ihr Haus, klopfen mit dem eisernen Schlägel mehrmals an die Thür, um Einlaß zu begehren. Sie verschwinden endlich hinter der geschlossenen Pforte, und mit ihnen ist die Gasse öde und leer.

Der Kairenser geht früh zur Ruh, etwa um 8 oder 9 Uhr unserer Zeit nach. So sehr er in seinen dichterischen Phantasieen für die Nacht eine fast schwärmerische Begeisterung zeigt, so wenig entspricht er dem Worte durch die That. Nur da, wo besondere „Phantasieen" oder Lustbarkeiten seiner harren, verschmäht er es nicht, bis zur Mitternacht aufzubleiben.

Wir ziehen unsere Straße weiter. Hier und da tönen die rasselnden Klänge der Darabuke, welche den Gesang der ägyptischen Tänzerinnen begleiten, die in dem Hause irgend eines ägyptischen Wüstlings oder vor einem Harem ihre lüsternen Tänze aufführen. Bei dem türkischen Karaul oder Wachtposten vorbei, der uns sein Kimindero „Wer da?" zuruft und mit unserer Antwort ibn el belled „ein Sohn der Stadt" zufrieden gestellt ist, biegen wir in die Nebenstraße ein, wo die sonore Stimme des Wächters den Ewigen mit den schönen, durch die Nacht hinhallenden Worten besingt: „Ich preise die Vollkommenheiten des lebendigen Königs, der nicht schläft und nicht stirbt."

Gespensterhaft glänzen im bleichen Mondscheine die weiß angestrichenen Häuser der Esbekieh mit ihrem durchbrochenen Fensterwerk und ihren hervorspringenden Erkern; in zitternden Umrissen zeichnen

sich die nickenden Gipfel der Dattelpalmen an dem dunkeln Nacht=
himmel ab, während furchtsam flatternde Nachtvögel mitunter die
Stille der heiligen Nacht unterbrechen.

Wir haben endlich unser Ziel erreicht, klopfen mit dem eisernen
Schlägel an die wohlverschlossene Hausthür, welche schlaftrunken der
arabische Pförtner öffnet, um uns einzulassen. Müde legen wir das
Haupt auf die Kissen, um von Kairo und Tausend und eine Nacht
zu träumen.

2. Eine arabische Schenke. — Die heulenden Derwische.*)

Abends unternahm der Herzog, von einem der Dolmetscher und
anderen Herren der Gesellschaft begleitet, einen Ausflug durch die
Straßen der Stadt, welche das nächtliche Leben des Ramadhan
doppelt phantastisch erscheinen ließ. Man besuchte verschiedene Kaffee=
häuser, die mit Laternen und lodernden Herdfeuern die Vorüber=
gehenden zur Einkehr einluden und ein interessantes Bild arabischer
Schenken boten. Es sind meist sehr enge, stark verräucherte und nur
mit einer Lehmbank und einigen niedrigen, aus Palmenstäben zu=
sammengefügten Sesseln, ein paar großen Wasserkrügen, Kochgeschirr
und Tassen ausgestattete Gemächer, deren einziger Schmuck in einem
hübsch verzierten Thürbogen oder einem Gitter am Eingang, sowie
in einer Anzahl von Nargilehs, d. i. Wasserpfeifen mit Glasurnen
und biegsamen roten Röhren besteht, aus denen persischer Tabak ge=
raucht wird, und die der beturbante Wirt seinen Gästen gegen eine
kleine Entschädigung für die Füllung vermietet. Die Tassen, durch=
gehends sehr klein, stehen statt auf Untertassen in Metallgefäßen von
der Form und Größe unserer Eierbecher. Die Gesellschaft in diesen
Räumen raucht, träumt und meditiert. Einige spielen Domino, an=
dere ein Spiel mit kleinen Metallbechern, die mit der Wölbung nach
oben auf einem runden Brette stehen. Der Bankhalter versteckt
unter einen dieser Becher einen Ring, schiebt die Becher durch=
einander und läßt nun raten, wo sich der Ring befindet. Bisweilen
erscheint im Kreise der Turbane und Kaftane ein Märchenerzähler
oder ein wandernder Straßensänger, welcher in der Weise der alt=
griechischen Rhapsoden, bald singend, bald deklamierend, Stücke aus
der Geschichte Antars, des „Vaters der Ritter", oder aus dem

---

*) Reise des Herzogs Ernst von Sachsen-Coburg-Gotha nach Ägypten und
den Ländern des Habab. Leipzig, 1864.

berühmten Roman Dulhammeh vorträgt, wo dann alles Ohr ist, der Wirt das Kaffeebrennen vergißt, die Spiele ruhen und selbst die Wasserpfeifen ihr Gurgeln mäßigen.

Die Haltung der bärtigen Herren in diesen Lokalen war durch= gehends eine höchst anständige. Wir trafen unter ihnen sehr würde= volle und edelgebildete Gesichter, und die Art, wie sie sprachen und sich geberdeten, hatte einen vornehmen Zug. Man empfing uns freundlich, bot uns Sitze an und gab bereitwillig auf unsere Fragen Antwort. Dazu die dunkeln Augen dieser Gruppen, die bunten Farben und der malerische Schnitt der Kleidung, die matte Beleuch= tung, die sarazenische Architektur der Häuser draußen — in der That unser Gang durch die Stadt glich einem Traume aus Tausend und einer Nacht.

Gelegentlich ging man an einer beleuchteten Moschee vorüber, deren anmutige Fenstergitter, Portalnischen, Säulenbündel und Ro= setten den reinsten, altarabischen Stil zeigten. Dann wieder schmale, dunkle Gassen mit überhängenden Erkern, unter denen nur hier und dort eine einsame Laterne hingaukelte, oder die Schatten eines Rudels jener herrenlosen Straßenhunde hinhuschten, welche Kairo zu Tau= senden bewohnen. Plötzlich ein kleiner, freier Platz und darauf eine Moschee im Rundbogenstil, vor welcher eine Anzahl dunkler Ge= stalten, ein wildes Geschrei ausstoßend, sich in den seltsamsten Ver= renkungen bewegte, es war ein sogenannter Shikr, einer der Tänze, mit denen die Orden der heulenden Derwische sich in Verzückung zu versetzen pflegen. Um ihren Schech versammelt und einen Kreis bildend, bückten sich, warfen sich, schlenkerten sich die unheimlichen Gestalten schon seit mehr als einer Stunde unablässig taktmäßig auf und nieder. Jedes Bücken begleitete lauter Allahruf, während der Vorsteher Gebetformeln murmelte. Eine einzige, düster brennende Ampel beleuchtete die Scene dieses wüsten Gottesdienstes, der von Minute zu Minute an dämonischer Aufregung zunahm. Einzelne Ausrufe Verzückter ließen sich hören. Einer und der andere der Betergesellschaft, schwächer als die übrigen, schien von der ungeheuren Anstrengung der Lungen und Rückenmuskeln zusammenbrechen zu wollen. Manchem stand der Schaum vor dem Munde, andere roll= ten die Augen wie Verzweifelte. Ein großer, corpulenter Neger ge= bärdete sich wie besessen, und es hatte den Anschein, als wäre er wirk= lich in Wahnsinn gefallen.

Das Allahgebrüll des schwarzen Derwisch wurde zu einem kurzen,

heiseren Bellen, sein Bücken zu einem rasenden Auf= und Nieder=
schnellen, bei dem der Kopf beinahe den Boden berührte. Er hatte
den höchsten Grad der andächtigen Brunst erreicht, welche das Ziel
der Derwischtänze ist, er taumelte, raffte sich auf und taumelte
wieder; die innere Glut hatte, so schien es, das Gehirn des Unglück=
lichen versengt — er war „malbus" betrunken von Allah, verloren
in der Flamme des Ewigen. Man faßte ihn. Er wand sich brül=
lend und schäumend, um seine Verbeugungen fortzusetzen. Aber
man hielt ihn fest, bis seine Kraft erschöpft war, und legte ihn dann
auf den Steinboden der Vorhalle der Moschee nieder, um über ihn
zu beten.

Wir entfernten uns in einer Stimmung, in der sich Staunen,
Ekel und Grauen mischten. Aber mit Recht ist hervorgehoben wor=
den, daß ein amerikanischer Methodisten=Kamp=Meeting keine würde=
und sinnvollere Art der Gottesverehrung ist, als ein Shikr ägypti=
scher Derwische.

3. Eine ägyptische Elementarschule.

Ein ägyptisches Schulhaus (Kuttâb) sieht von außen manchmal
recht hübsch aus, das einzige Schulzimmer zeigt jedoch nichts als
die kahlen Wände. Wozu sollen auch Bänke und Tische dienen, die
Schulmöbel barbarischer Nationen! Der Schulmeister (Figi) sitzt
mit seinen Zöglingen auf dem Boden. Ersterer gewöhnlich auf der
Thürschwelle, die kleinsten Kinder in seiner Nähe, die anderen im
Hintergrunde mit oder ohne Koran in der Hand; denn es handelt
sich ja hauptsächlich um die Erlernung dieser heiligen Schrift, welche
meistens auch das gesamte Wissen des Lehrers enthält. Es ist ein
interessantes, auch schon von Malern dargestelltes Genrebild: im
Vordergrunde der bärtige Figi und dahinter eine Sammlung von
weißen, braunen und schwarzen jugendlichen Gesichtern mit glänzen=
den Augen, roten Lippen, die oft Reihen weißer Zähne zeigen, und
runde Schädel, die zum Teil mit kurzen Haaren bedeckt oder frisch
rasiert, alle aber mit den vorschriftsmäßigen, wohl erhaltenen zwei
Locken versehen sind; die weiten, dunkelblauen Hemden, aus denen
die bloßen Arme und Beine hervorblicken; als Rahmen die originelle
arabische Bauart des Hauses und schließlich jene halbdunkle Beleuch=
tung, welche in Ägypten als Gegensatz zu dem grellen versengenden

Sonnenlicht allen Gegenständen im eifrig aufgesuchten kühlenden
Schatten eine eigentümliche Färbung giebt.

Sobald das Kind lesen kann, beginnt es das Auswendiglernen
des Korans: eine reine Gedächtnisübung, da der Lehrer keine Erläuterungen dazu giebt. Dieses bescheidene Lehrpensum wird durch
den Schreibunterricht, sowie durch einige geographische Begriffe und
die Anfangsgründe der Arithmetik erweitert. Natürlich ist die arabische Geographie und Weltkunde in der rechtgläubigsten Weise dem
unfehlbaren Koran entnommen oder angepaßt: „Der Bien muß!"
So wird denn in den türkischen Schulen folgendes gelehrt, und wehe
dem, der als Schüler oder gar als ausgewachsener Moslem auch
nur an einer Silbe zweifeln würde:

„Es giebt sieben Erden und sieben Himmel; von der bewohn-
baren ersten Erde ist Mekka das Centrum. (Welcher Giaur oder
Kafir wird es wagen, den Nabel der Erde besitzen zu wollen?) Die
zweite Erde unter uns wird von den Winden bewohnt, die dritte
und vierte von den Steinen und dem Schwefel der Unterwelt, die
fünfte von den Schlangen, die sechste von den schwarzen Skorpionen,
so groß wie Maulesel und mit Krallen wie Lanzenspitzen, die siebente
ist der Aufenthaltsort des Iblis, des Gottseibeiuns, und seiner Heer-
scharen. Man weiß nicht genau, was diese Erden zusammenhält,
indessen glaubt man, daß die unsrige von einem Felsen getragen
wird, den Adern und Wurzeln mit dem Berge Kâf verbinden, und
daß Gott zuweilen dem Felsen gebietet, eine oder mehrere dieser
Wurzeln zu schütteln, wodurch die Erdbeben entstehen. Ibn-esch-
Schânéh, den Allah segnen möge, sagt, Gott habe nach der
Schöpfung der sieben Erden gewahrt, daß sie nicht fest genug waren.
Er schuf also einen Engel von ungeheurer Größe und Stärke und
befahl ihm, sich unter die unterste Erde als Stütze zu stellen. Aber
der Engel fand selbst keinen Stützpunkt für seine Füße. Da macht
Gott einen Rubinfelsen mit 7000 Löchern, und aus jedem dieser
Löcher brach ein Meer hervor. Das half jedoch dem Felsen auch
nicht, und Gott war genötigt, um ihn zu stützen, einen ungeheuren
Stier zu erschaffen, der 4000 Augen, 4000 Ohren, ebensoviele Nasen-
löcher, Mundöffnungen, Zungen und Füße hatte, und jeder dieser
Füße ist von dem andern 500 Jahresreisen entfernt und der Name
dieses Ochsen ist Koutoukia. Zweimal täglich atmet er und erzeugt
dadurch Ebbe und Flut. Allerdings wagen einige arabische Schriftgelehrten, die runde Gestalt der Erde und das Ptolomäische Weltsystem

anzunehmen. Sie geben der Erde einen Umfang von 2400 Meilen, jede Meile hat 3000 Ellen, die Elle 3 Spannen, die Spanne zwölf Fingerbreiten, die Fingerbreite fünf Gerstenkörner und das Gersten=korn endlich sechs Mauleselhaare. Allah Kebir!"

Bei solchen Anschauungen über das Weltsystem ist es nicht zu verwundern, daß noch die alte türkisch=arabische Zeitrechnung fest=gehalten und die Kalender die wunderlichsten Dinge enthalten. So steht in einem Kalender des Jahres 1885: dieses Jahr ist seit der Schöpfung das 185 262., seit dem Sturze des Satans das 31 884. rc. Wenn auch die Sonnen= und Mondfinsternisse im Kalender stehen, so hindert das keinen Araber und Türken, an dem Glauben festzu=halten, daß der Weltkörper verfinstert werde, weil sich ein Drache nahe, um ihn zu verschlingen; daher hört man auch bei jeder Finster=nis überall Flinten= und Revolverschüsse knallen, weil die Gläubigen dadurch den bösen Drachen zu verscheuchen wähnen. Namen von Heiligen enthält der Kalender nicht, wohl aber Angaben, wie fol=gende: 1. April: gut zum Nägelschneiden; 2. April: günstiger Tag, um Schulden einzukassieren; 3. April: gut zum Rasieren; 4. April: ungünstig für alle Geschäfte; 5. April: gut zum Heiraten rc.

In den Städten genießen ziemlich viele türkische Kinder den oben geschilderten Elementarunterricht; auf dem Lande sind die Schulen, wo sie etwa vorhanden sein sollten, wenig besucht. Mädchenschulen existieren nicht. Wozu auch die armen eingesperrten Wesen mit Bildungsstoffen füttern, die sie nur auf Emancipations=gedanken bringen und mit ihrer Lage noch unzufriedener machen, als sie es in den größeren Städten bereits zu sein beginnen. Der Koran hat einen Satz, der eigentlich unserer zahllosen alten Jung=fern und unserer neuen Töchterversorgungsanstalten wegen in der Bibel stehen müßte: „Verheiratet diejenigen, welche es noch nicht sind, und wenn Armut sie daran hindert, so gebt ihnen ein wenig von der Habe, welche Gott euch gegeben hat, ihr Reichen, und thut sie zusammen." Aber die Übervölkerung!!

Nach Eduard Dor
(vom Herausgeber).
L'Instruction publique en Égypte. P. 1872.

5. Gebet eines mohammedanischen Knaben.

Mein Freund Burton, erzählt Lane, der während seines langen
Aufenthaltes in Ägypten einen großen Schatz wertvoller Kenntnisse
über das Leben der heutigen Einwohner erlangt hat, ist so gefällig
gewesen, mir eine arabische Abhandlung mitzuteilen, welche das Hezb
oder Gebet mit den Verwünschungsformeln enthält, das die muslimi=
schen Knaben in manchen Schulen Kairos täglich zur Zeit des Asr
(nachmittags) hersagen, ehe sie wieder nach Hause gehen, außer
Donnerstags, wo sie es zu Mittag sagen, weil sie an diesem Tage
wegen des folgenden Freitags, ihres Sabbath und Ruhetages, die
Schule früher, in der ersten Stunde des Duhr (mittags) verlassen
dürfen. In den Moscheeenschulen wird jedoch dieses Gebet nicht re=
citiert. Ich gebe hier eine Übersetzung:

„Ich suche Zuflucht bei Gott vor Satan dem Verfluchten. Im
Namen Gottes des Allbarmherzigen, des Erbarmers! O Gott!
unterstütze den Islam und erhöhe das Wort der Wahrheit, und den
Glauben, durch die Bewahrung deines Dieners, des Sultán der
beiden Weltteile*) und Khákán**), der beiden Meere***), des Sul=
tán, Sohnes des Sultán [Mahmûd †] Khán. O Gott! stehe ihm
bei und stehe seinen Heeren bei, und allen Heeren der Muslimen!
O Herr aller Geschöpfe! O Gott! vernichte die Ungläubigen und
Götzendiener, deine Feinde, die Feinde der Religion! O Gott, mache
ihre Kinder zu Waisen, und verdirb ihre Wohnungen, und laß ihre
Füße straucheln, und gieb sie, und ihre Familien und ihr Gesinde
und ihre Frauen und ihre Kinder und ihre Verwandten durch Hei=
rat und ihre Brüder und ihre Freunde und ihren Besitz und ihren
Stamm und ihren Reichtum und ihre Länder den Muslimen zur
Beute! O Herr aller Geschöpfe!"

Es muß jedoch hinzugefügt werden, daß trotz dieses Fluch=
gebetes, dem noch ähnliche, z. B. die Khutbet ennaat, angereiht
werden können, das ägyptische Volk nicht übertrieben fanatisch ist;
und daß, nach den Mitteilungen verschiedener Imams an Lane die
Fluchformeln in der Moschee oft ausgelassen werden.

---

*) Europa und Asien.
**) Kaiser oder Beherrscher.
***) Des Mittelländischen oder Schwarzen Meeres.
†) Der regierende Sultan zur Zeit als dieses geschrieben wurde.

5. Der Ramadan-Taumel.
Scenen aus dem mohammedanischen Leben.

Wenn am ersten Tage des neunten Monats des arabischen Mondjahres ein Moslem, aus der Wüste zurückkehrend, vor dem Kadi beschworen hat, daß er am Himmel den ersten Streifen des Neumonds sah, so nimmt der dreißigtägige Ramadan (d. h. der Fastenmonat, welchem noch das Bairamsfest folgt) seinen Anfang. Kanonendonner verkündet der Stadt das freudige Ereignis und schreiende Kinder ziehen mit dem jubelnden Rufe: Ziâm! Ziâm! Ziâm! (Fasten! Fasten! Fasten!) durch die belebten Straßen. Die Nacht wird durchjubelt, es beginnt die Laternenfreiheit, d. h. es ist jedem gestattet, ohne Laterne des Nachts in den Straßen herum zu gehen, was sonst streng verboten ist; die Verkaufsläden bleiben geöffnet, und jeder Moslem ißt und trinkt, so lange nur Geldbeutel und Magen aushalten will. Zwei Stunden bevor die Morgenröte herauf= dämmert, rollt der Donner eines einzigen Kanonenschusses über die noch lebendige Stadt, und jeder gute Muselmann würde es für eine Todsünde halten, von jetzt ab bis dahin, wo man am Abend einen weißen von einem schwarzen Faden unterscheiden kann, und wo man auf der hochgelegenen Citadelle Kairos abermals eine Kanone ab= feuert, auch nur das Geringste zu genießen. Nicht Rauch noch Wasser darf er trinken (der Orientale sagt: „anna oschrub“, ich trinke Rauch und Wasser), noch irgend eine Speise zu sich nehmen; Kinder und Kranke unterliegen jedoch diesem Gebote nicht. Die Ge= nauigkeit, womit der Mohammedaner diese, eine seiner vornehmsten Religionsvorschriften befolgt, ist ganz bewunderungswürdig, und selbst Kinder und Kranke schließen sich davon nicht aus, wenn es ihnen irgend von Eltern oder Wärtern gestattet wird. Ich habe mit Arabern zur Ramadanzeit die Wüste durchzogen und es mit eigenen Augen gesehen, wie Weiber und Männer, wovon letztere noch zu Fuß in der Glut der Augustsonne den Kamelen nachzogen, es über sich brachten, am Tage so wenig Speise als Trank zu sich zu nehmen. Sie begnügten sich, die dürren Lippen mit Wasser zu be= netzen und den trockenen Mund auszuspülen, worauf sie das Wasser fortspieen. Diese Erfrischung ist ebenso wie die Waschungen mit Sand, wenn in der Wüste Wassermangel vorherrscht, erlaubt. Der Monat Ramadan durchläuft in dem Zeitraum von 33 Jahren alle Jahreszeiten, und so kommt es, daß derselbe in die glühenden

Sommermonate, in die unangenehmen feuchtkalten Wintertage, in die
ägyptische blütenreiche Frühlingszeit, oder in die entsetzlichen fünfzig
heißen Windtage fällt, die Khamsin heißen.   Wenn die klimatischen
Verhältnisse in Ägypten schon den normal lebenden Europäer sehr
unangenehm berühren, wie viel mehr den armen hungernden Araber
in der Ramadanzeit! Im Sommer arbeitet er hungernd im Schweiße
seines Angesichts, im Winter durchschüttelt ungewohnter Frost die
halbnackten Glieder, der Frühling erweckt Appetit und Lebenslust,
was beides unterdrückt werden muß, und der nervenerregende fünfzig=
tägige Khamsin kann auch keinen guten Eindruck auf den leeren
Magen machen.   Müde, unzufrieden, hungrig erblickt er nun um
sich die Andersgläubigen, welche essen und trinken, weniger arbeiten
als er und satt und zufrieden mit hellen Augen in die Welt hinein=
schauen. Was ist natürlicher, als daß uns der Mohammedaner
dieserhalb gleichzeitig verachtet und beneidet — der Haß ist da! —
Der Ramadan ist eine Schule, eine Säezeit des Fanatismus, und
ohne die Fasten, welche den Islam gleichsam wieder aufrütteln,
welche die Nacht zum Tage machen und das Innerste nach außen
kehren, wäre der Mohammedanismus vielleicht längst eingeschlafen
und vergessen.   Will man dieses Volk recht kennen lernen in seinem
Ramadan=Taumel, so muß man es sich nicht verdrießen lassen, einen
arabischen Anzug anzulegen, einen Umzug durch die volksbelebten
Straßen zu machen und dabei einen sogenannten Haifisch (ein Kaffee=
haus, wo Hanf geraucht wird) zu besuchen.   Dort kann man diese
Mohnköpfe des Ostens recht kennen lernen.   Wir haben oft stunden=
lang in der Esbekieh (dem öffentlichen Volksgarten Kairos) in einer
von bunt blühenden Windearten umrankten, halb hinter riesigen
Platanen versteckten Schilfrohrhütte gesessen und umdampft von den
ätherischen, feinen Wohlgerüchen des Haschisch, oder vielleicht selbst
einige Züge aus einer von brauner Hand freundlich gereichten Ta=
mire (Kokosnuß=Wasserpfeife) thuend, ein märchenhaftes Nachtbild
beobachtet.
Zwei wahnsinnige Pilger, d. h. Männer, die in Mekka waren,
und die deshalb vom Volke heilig gesprochen sind, weil sie mit
merkwürdiger Virtuosität eine Art dumpfen, ruhigen Wahnsinns
affektieren, der ihnen durch Betteln so viel einbringt, daß sie mit
ihren geringen Ansprüchen in diesem schönen Klima leben können,
zwei dieser wahnsinnigen Heiligen saßen regelmäßig des Abends in
der erwähnten Hütte, und der eine von ihnen entlockte einer einfachen

Rohrflöte so klagende, liebliche Töne, daß es fast wie Geisterhauch durch die Hütte wehte. Dennoch waren wir wohl die einzigen, welche diesen Tönen lauschten.

Gelächter, Witze, welche nicht allzu ästhetisch waren, und das Gluckern der Wasserpfeifen, verbunden mit dem Brodeln der riesigen Kaffeekannen, erfüllte das enge, gemütliche Gemach. Welch buntes Bild! — Da sitzen und liegen die farbigen Kinder des Islams, weiß, braun und schwarz; die dunkeln Augen glühend und blitzend im Haschischrausche, die Brust wogend; die ruhige, sternhelle Nacht und der bleiche Mond, welcher lächelnd durch die Windenranken schaut und die romantischen, bunten Kostüme des Volkes beleuchtet, welches sich freiwillig unter seine Embleme gestellt hat. Hier ist der heimliche Ort, wo Poesie in der Luft liegt; man betrachte das Volk, welches frei, einig, ungeknechtet in diesen Nachtstunden beisammen hockt, umrauscht von den Tönen der wollüstigen arabischen Musik, umwallt von dem süßen, nervenerregenden Duft des Haschisch, aufgeregt durch den starken, schwarzen Mokkatrank, und man wird es natürlich finden, daß Hafiz und andere orientalische Dichter so schöne, volle Lieder sangen, welche das Abendland erglühen machen durch den warmen Hauch des Morgenlandes! Hier in diesem Haschisch rauscht der Lieder- und Märchenquell; hier verschwärmen Dichter und Bummler ihre Nächte, wenn sie den Tag über vielleicht in einem verhaßten Berufe gearbeitet haben; hier ist die Burnette (der europäische Hut) verpönt und nur der geachtet und gern gesehen, der mitlacht und mitmacht. Dieses aber sind nicht die einzigen Orte, wo es lebendig hergeht — allüberall, in den Hütten der Armen sowohl, wie in den Palästen der Reichen, in Frauen- und Männergemächern ist der Ramadan mit seinen tollen Nachtfreuden eingekehrt. Der Reiche versündigt sich bei Wein und gaumenkitzelnden Speisen, der Arme raucht sein Pfeifchen mit oder ohne Haschisch, trinkt verschiedene Tassen Kaffee und verzehrt das, was er sonst am Tage genießt, in der Nacht.

Ein toller Jubel scheint nun in die sonst so ernst und ehrbar thuenden Mohammedaner gefahren zu sein, und es ist mir oft vorgekommen, als liege der Ton des Oberonschen Zauberhorns in der Luft, welcher die Orientalen aus moralischen Gründen zu so merkwürdigen, außergewöhnlichen Bewegungen zwingt.

Unzufrieden und mürrisch erwacht der Islam nach einem kurzen Schlaf, das ganze Volk sieht übernächtigt aus und geht langsam mit

Ekel an seine verschiedenen Beschäftigungen; tausendmaliges Gähnen scheint die Minuten bis zum Abende zu zählen, bis dahin, wo der tolle Nachtjubel wieder angehen soll. Der Orientale fastet ungern, ja viele brechen sogar bei wohlverschlossenen Thüren das Verbot. Andere halten es mit Pietät bis zur Minute des Kanonenschusses; ich habe es oft gesehen, wie gegen Abend die Diener viertelstundenlang mit der brennenden Pfeife oder mit einem Glase Wasser vor ihrem Herrn stehen, und wie eilig derselbe zugreift, sobald der Schuß über die Stadt hinrollt; er holt darauf alles reichlich nach, was er am Tage versäumte. Eine Hyäne kann nicht gieriger essen, als der als nüchtern und genügsam gerühmte Orientale, und eine Folge davon ist die vergrößerte Sterblichkeit der Rechtgläubigen während der Ramadanzeit; öfter, besonders in den heißen Monaten, übersteigt die Mortalität der islamitischen Bevölkerung von Kairo die gewöhnliche Höhe um das Doppelte. Dem Orientalen fällt es bei seiner zur andern Natur gewordenen Bequemlichkeitsliebe gar nicht ein, sich eine kleine Bewegung im Freien oder nur im Zimmer zu machen, wenn er sich nachts den Magen überfüllt hat; der Prophet, der das wußte, gebot deshalb, daß in den Ramadan-Nächten das Nieder-werfen der Rechtgläubigen beim Gebet vierundzwanzig Mal wieder-holt werden müsse: eine gewiß sehr naive Verordnung, um die in Unordnung geratenen Bauchmuskeln wieder zur Raison zu bringen.

Der Ramadan ist mit allen seinen Mängeln, die ja der Orien-tale, sobald er nur eine Stufe höher steht in der Bildung als der Pöbel, auch einsieht, dennoch eine ersehnte Freudenzeit für Jung und Alt, für Reich und Arm. Die öffentlichen Gebäude sind geschlossen, die Beamten arbeiten nur wenige Stunden, das Militär hat Ruhe-zeit, am Abend legt jeder seine Festkleider an, und selbst die Diener bei Europäern und die kleinen Arbeiter werden von ihren Herren nachsichtig behandelt, wenn sie lässig, unzufrieden und müde an die Arbeit gehen und im halben Schlafe alles schlecht machen oder ver-derben. Die Vornehmen jagen nachmittags, nachdem sie sich aus-geschlafen haben, hinaus auf die Straße von Schubra und tummeln sich dort herum auf ihren prächtigen Pferden; oft treiben sie ein kriegerisches, von den alten Mameluken ererbtes Spiel, das soge-nannte Geridwerfen, welches auf den Beschauer einen angenehmen Eindruck macht. Die Reiter werfen im vollen Jagen schwere Gerids (Palmzweigstöcke) nach dem Fliehenden, welcher dem Stock auszu-biegen oder ihn abzufangen sucht, wobei er genug Gelegenheit hat, seine und seines arabischen Pferdes schöne Formen und Gelenkigkeit zu zeigen.

Abends und die halbe Nacht hindurch sind die sonst um diese Zeit toten und menschenleeren Straßen Kairos mit Hunderten von Spaziergängern belebt, welche nach der Esbekieh strömen, sich frei fühlend von dem lästigen Laternengesetz und von den beobachtenden Blicken der türkischen Polizeisoldaten, welche selbst in umfangreicher Weise Ramadan feiern. Die Kaffeehäuser in der Stadt sind geöffnet und lange bis nach Mitternacht besucht.

(Nach W. Winkler.)

6. Die Krokodilengrotte von Maabbeh.

Die Windstille hielt uns seit drei Tagen vor Anker bei Amabbi fest. Der Aufenthalt in der Kajüte wurde unter dem glühenden Sonnenbrande immer unerträglicher; wir waren des ewigen Rauchens und Faulenzens müde und sehnten den Khamsin herbei, dessen Staubwolken seit mehreren Tagen am westlichen Horizonte zu drohen schienen. Da schlug uns Hassan, unser Dragoman, vor, die einige Meilen von unserem Ankerplatze entfernten Grotten von Maabbeh zu besuchen. Ich erinnerte mich des schrecklichen Abenteuers, welches das Parlamentsmitglied Herr Leigh dort bestanden hatte, und nahm trotzdem den Vorschlag an, ja ich beschloß sogar, ungeachtet der dringenden Mahnungen Hassans, in das Innere der Grotten einzudringen.

Es gelang uns, in Amabbi einige Esel und zwei junge Bursche als Führer aufzutreiben. Bei Tagesanbruch sollten wir (ich und mein Bruder) aufbrechen.

Der Mond war untergegangen, und der dichte ägyptische Nebel umhüllte die Landschaft, als wir geräuschlos über den Strom fuhren und auf dem Sande des andern Ufers ans Land stiegen. Die Luft war inzwischen erstickend heiß geworden, denn der Khamsin näherte sich und verschleierte bereits den Horizont. Vor uns erhoben sich Granathügel, die sich unter den Staubwirbeln wellenförmig zu bewegen schienen; hinter uns, zwischen nahen Ufern eingezwängt, wälzte der Nil brausend und reißend schnell seine gelben Wellen.

Die Führer erschienen, als eben die Sonne aufging. Der Weg führte uns zwei Stunden lang durch reiche Getreide=, Hanf= und

Zuckerrohrfelder bis an den Fuß der Granitfelsen; zu so früher
Stunde sahen wir kein menschliches Wesen, selbst nicht in dem von
Dattelpalmen umgebenen Fellahdorfe, an welchem wir vorbeikamen.

Vor unseren Augen öffnete sich nun ein enges Thal, dessen trost-
loses Aussehen aller Beschreibung spottet: kein Baum, kein Gras-
hälmchen, nicht die geringste Spur von Graswuchs, nichts als Sand
und kahle Felsen, welche die Strahlen der höher steigenden Sonne
so glühend heiß auf uns zurückwarfen, daß unsere vertrockneten Lippen barsten und bluteten.   Immer tiefer drangen wir in diese Feueresse hinein, und erreichten endlich eine Hochfläche, von welcher wir
auf den Strom mit seinen grünen Ufern hinabblickten.   Die Hitze-
ausstrahlung war oben noch schlimmer.

So ging es einige Stunden lang bergauf und bergab bis an
den Kamm der Bergkette.   Hier stiegen wir in eine von steilen
Felsen eingefaßte runde Schlucht hinab, in deren Mitte sich ein
längliches Loch zeigte.   Wir waren an unserem Bestimmungsorte
angekommen.

Wir sprangen von unseren Eseln herab und untersuchten den
Eingang, einen weiten horizontalen Einschnitt in dem Felsen, fast
wie eine Brunnenöffnung, 10 bis 12 Fuß tief.   Vom Rande aus
konnten wir einen niedrigen, düstern Gang erkennen, der in das Innere des Berges führte.

Einer der beiden arabischen Führer war bereit, mit hineinzu-
steigen; der andere hielt es für klüger, oben zu bleiben.   Wir or-
ganisierten demnach unsere Forschungskolonne dergestalt, daß ein
Araber voranging, dann mein Bruder, hierauf Hassan und ich zuletzt
folgten. — Wir ließen uns ohne Schaden auf den Boden des Loches
gleiten und legten dort die zur unterirdischen Reise überflüssigen
Röcke ab.   Hierauf schlüpften wir hintereinander unter einen ungeheuren Felsquader, der jeden Augenblick zu fallen und den allzu
neugierigen Reisenden den Rückweg für immer verschließen zu wollen
schien.

„Und nun," sagte mein Bruder, indem er sich ruhig an den
Eingang des Ganges setzte, „was werden wir hier finden?   Einen
von den Piraten des Kapitäns Kitt (schrecklichen Andenkens) verborgenen Schatz?   Etwas auf ol oder il?   Petrol oder irgend ein
urweltliches Fossil?"

„In der That," antwortete Hassan; „es ist wirklich etwas auf
il, mein Herr, nämlich Krokodile".

Und der spaßhafte Dragoman lehnte sich gegen die Felsenwand, um sein Gesicht zu einem vergnügten Lachen zu verziehen.

Wir zündeten einige der mitgebrachten Wachslichter an und drangen 8 bis 10 Fuß in die Höhle vor, dann zwang uns die plötzliche Senkung des Gewölbes auf Händen und Füßen weiter zu gehen. Allmählich wurde der Gang noch enger, so daß wir schließlich, auf dem Bauche liegend, uns mit Händen und Ellenbogen vorwärts arbeiten mußten.

Gerade als ich darüber ungeduldig und besorgt zu werden begann, hob sich die Decke und wir traten in einen mit schönen Stalaktiten geschmückten Saal; doch war der Raum kaum 30 Fuß breit. Am entgegengesetzten Ende öffnete sich ein Gang, in dem wir noch einige Schritte aufrecht machten, dann aber von neuem auf den Knieen und zuletzt auf dem Bauche kriechen mußten.

Die Hitze wurde immer erstickender; der allen Nilfahrern wohlbekannte ekelhafte Geruch der Fledermäuse vermischte sich mit dumpfem Moderduft und den erdharzigen Ausdünstungen der Mumien.

Wie lange wir in diesem zwei Fuß breiten Loche weiterrutschten, kann ich nicht sagen; vielleicht 300 Meter, jedenfalls nicht weniger als 100. Schließlich bereuten wir unsere Verwegenheit. Dazu kam noch, daß, je weiter wir kamen, die infernalische Hitze über alle Beschreibung stieg. Ich weiß aus Erfahrung, was die Hitze in allen Tropen zu bedeuten hat, ich kenne die der Wüste und die des Roten Meeres im Monat Mai, allein niemals habe ich eine Brustbeklemmung wie in diesen scheußlichen Höhlengängen empfunden.

Wir erreichten endlich einen langen und niedrigen Saal, in dem wir wenigstens unsere schmerzhaften, fast steifgewordenen Glieder ausstrecken konnten. Das Zimmer war von Steinblöcken überfüllt, über welche wir hinwegklettern mußten. Kaum hatten wir damit begonnen, als plötzlich ein ungeheurer Schwarm von Fledermäusen über uns herfiel, die uns mit den Flügeln ins Gesicht schlugen und sich an unsere Köpfe und Bärte klammerten. Es läßt sich kein größerer Schrecken denken! Mein Bruder schlug wie verzweifelt mit den Armen um sich und tötete sicherlich manchen Angreifer, Hassan blieb unbeweglich auf einem Steinblocke sitzen und rief alle Heiligen des mohammedanischen Paradieses zu Hilfe; ich riß mir die Haare mit den daran hängenden Tieren vom Kopfe.

Unsere Feinde verschwanden jedoch ebenso plötzlich, wie sie

gekommen waren. Sie stürmten wie ein schwarzes Unwetter aus
der Höhle heraus, so daß, wie wir nachher hörten, der Araber am
Eingange, von Entsetzen ergriffen, sich auf die Kniee warf und Allah
um Hilfe anrief.

Nach dieser Unterbrechung kletterten wir über die Steinblöcke
weiter und gelangten an einen, einige Fuß über dem Boden in den
Felsen eingehauenen Eingang, worin, nach den Löchern an der einen
Seite zu schließen, früher eine Thüre gewesen war. Zuerst mußten
wir uns bücken, nachher jedoch, während die Hitze und der eigentümliche Mumiengeruch noch intensiver wurden, mit den Knieen und
den Händen und zuletzt auf dem Bauche uns weiterarbeiten wie
Reptilien.

Bei unserer überreizten Stimmung schien uns der Weg unendlich lang. Es trat mir die Gefährlichkeit unserer Unternehmung
vor die Augen. Wenn Fledermäuse in diesen unterirdischen Gängen
leben konnten, weshalb nicht auch Schlangen. Es konnte in dem
engen Raume keiner an dem andern vorbei; wenn mir, dem Hinter-
sten, etwas zustieß, ein tötlicher Schlangenbiß oder ein Herzschlag
infolge der übermäßigen Hitze, so waren meine drei Vordermänner
unrettbar verloren, denn sie konnten mich nicht wegschaffen, noch an
mir vorbeikommen. Dasselbe meinten meine Gefährten, allein wir
waren nun einmal im Zuge und keiner wollte zurück.

Bald darauf, als wir wenigstens auf den Knieen vorwärts
kommen konnten, machte ich eine Entdeckung. Ich fühlte unter meiner
Hand etwas Schlüpfriges, und warf meinen Kopf mit solcher Hef-
tigkeit zurück, daß ich mir fast den Schädel am Gewölbe zerschmettert hätte, doch hielt ich rasch mein Wachslicht hin, um zu sehen,
was es wäre.

Ich sah alsdann, daß der Boden, auf welchem wir krochen, mit
menschlichen Überresten bedeckt war und daß ich soeben mit den Fingern über das lange, braune Haar einer Frau gefahren war. Neben
meinem Knie lag das Bein eines Kindes; überall lagen Köpfe,
Skalpe und Gliedmaßen, einige noch zum Teil mit ihren Mumien-
bändern umwickelt; sie bildeten mit Sargstücken, Haarbüscheln
und dergl. die Bedeckung des Bodens. Hier leuchtete bei dem
Scheine unserer Lichter das gelbe Gesicht irgend eines Priesters oder
vornehmen Mannes aus der staubigen Masse hervor; dort lehnte
sich aufrecht an die Mauer der Leib einer Frau, deren Brust in
scheußlicher Weise aufgerissen war.

Ich sah eine Scene so abscheulicher Grabesschändung vor Augen, daß selbst Hassan, der an die Achtung gegen Tote, welche nicht dem Geschlechte der Rechtgläubigen angehören, wenig gewohnt war, im Namen seiner Landsleute jede Beteiligung an diesem Frevel zurückweisen zu müssen glaubte. „Es sind englische Reisende, die das gethan haben!" rief er aus. Und ich habe Gründe, an die Wahrheit seiner Aussage zu glauben. Ist es jedoch möglich?

Ich erzähle keine erfundene Geschichte und setze meine Phantasie keiner empörenden Scene wegen in Unkosten. Irgend ein Mensch, Muselmann oder Christ, hat diese armen Leichname von Maabbeh auf eine, für seinen Glauben und sein Volk, ja für die ganze Menschheit schändliche Weise mißhandelt, und, was die rohesten Wilden nicht thun würden, weder Alter noch Geschlecht geschont. Ohne irgend einen Zweck waren die Körper auseinander gerissen, die Glieder auf dem Boden ausgestreut, die Schädel ihrer Haare beraubt worden. Nur ein Tollhäusler oder Fanatiker konnte diese Schandthat gethan haben.

Wir drangen nun weiter vor und erreichten eine jener ungeheuren Höhlen, die vor Jahrhunderten als Grabstätten der heiligen Krokobile dienten. Es bot sich uns ein wahrhaft merkwürdiges Schauspiel dar. Die Tiere lagen auf dem Boden, so dicht als möglich nebeneinander, jedes den Kopf zu Füßen des anderen und ebenso, durch Palmblätter getrennt, schichtweise übereinander. Bis wie weit sich diese Grüfte in den Berg hinein erstrecken, kann niemand sagen; wir konnten nur zwei besuchen. Die Höhlen sind durchaus nicht das Werk von Menschen, auch müssen sie einen anderen, den Haupteingang haben — da es vollständig unmöglich ist, Krokobile, deren viele von kolossaler Größe waren, auf dem von uns eingeschlagenen Wege hineinzubringen.

Wie es scheint, wurden die Krokobile zuerst reihenweise aufeinander geschichtet, bis die Höhle gänzlich damit angefüllt war; darauf ging man zur Grotte daneben und füllte sie auf dieselbe Weise. Es war uns also unmöglich, die Länge und Ausdehnung der Gruft abzuschätzen, und niemand wird dieses vor Ausleerung derselben thun können.

Besonders bemerkenswert bei diesen sonderbaren Bestattungen ist die außerordentlich große Zahl junger Krokobile, selbst solcher, die noch im Ei, oder kaum demselben entschlüpft sind. Sie sind zu je zwanzig mit Mumienlinnen in Packeten zusammengerollt, die zu

Tausenden die Zwischenräume ausfüllen. Nach einer annähernden
Berechnung liegen um jedes erwachsene Krokodil fünfhundert dieser
jungen Götter; und in den beiden Höhlen, die man, durch die Mumien kriechend, besuchen kann, sind nach meiner Schätzung wenigstens
eine halbe Million, vielleicht sogar befinden sich zehnmal mehr darin,
da man das Ende der zweiten Höhle nicht erreichen kann. Man
kann sich, wie ich schon sagte, keinen Begriff von der Ausdehnung
dieser Höhlen machen, welche bis zur Decke wie Heringsfässer voll-
gestopft sind. Eine so ungeheure Menge von Mumien setzt entweder
eine gleich große Sterblichkeit unter den Eiern und jungen Kroko-
bilen voraus, oder den Gebrauch der Ägypter, die Familien ihrer
heiligen Tiere so frühzeitig wie möglich dem Totenreiche zu übergeben.

Nachdem wir alle zugänglichen Stellen der Höhlen untersucht
und einige Specimina ihres Inhalts ausgewählt hatten, beeilten
wir uns, den Rückweg anzutreten. Das unheimliche Schauspiel
dieser von unsern Lichtern phantastisch beleuchteten Höhlen, diese
wirr durcheinander liegenden Krokodilmumien und menschlichen Glieder kamen mir zuletzt schauerlich vor. Aus einer Felsenspalte ragten
starr, schwarz und wie in Todeszuckungen zusammengezogen, ein
Bein und ein Fuß hervor. Seltsam davon angezogen, trat ich
näher, um das Glied wieder anständig zu bedecken. Als ich es an-
faßte, brach dieser ganze menschliche Überrest, indem er sich wie ins
Leben zurückgekehrt emporhob, zusammen; ich fuhr schaudernd zurück.

Wir banden nun mit unsern Gürteln und mitgebrachten Stricken
die Beute zusammen, welche wir mit hinausschleppen wollten und
legten dann wie früher kriechend den größten Teil des Rückweges
zurück. Unsere Nerven waren durch die Hitze, die schlechte Luft und
die Geheimnisse der Höhlen so angegriffen, daß wir, nach kurzer
Ruhe in dem zweiten Saale, nur mit Mühe den Ausgang und die
freie Luft erreichten.

Das Tageslicht schien uns unbeschreiblich glänzend; wir atmeten
mit Wonne die brennend heiße Luft, welche uns jetzt im Vergleich
zu der unterirdischen Feueresse, die wir hinter uns ließen, erfrischend
vorkam. Ich will nicht weiter beschreiben, wie der Himmel mehr
und mehr eine schmutzig gelbe Färbung annahm, während die Feuer-
röte am Rande des Horizonts immer höher stieg, je näher wir dem
Ufer des Nils kamen; auch nicht, in welcher Weise jenes Sturm-
wetter von Sand und Feuer, welches die Araber mit dem Namen

„Khamsin" bezeichnen, uns noch in den Bergen überraschte und bis Kairo begleitete. Auch muß ich unsern Streit mit dem Scheik von Maabbeh übergehen, der durchaus ohne Prozeß unsere beiden jungen Araber aufhängen lassen wollte. Später habe ich noch immer lachen müssen, wenn ich mich an die Grimasse erinnerte, die der würdige Beamte schnitt, als ich ihm meinen Revolver auf die Stirne setzte.

Ich habe einfach zeigen wollen, daß es am Nil interessante Dinge giebt, die gewöhnliche Reisende nicht sehen. Für Nachfolger will ich hier eine Bemerkung machen. Trifft man die nötigen Vorsichts- maßregeln, so ist der Besuch der Krokodilengrotten von Maabbeh nicht gefährlich; man lasse sich von den Dragomans nicht abraten; aber zwei Dinge sind zu beobachten: die schwächste Person muß zu- erst; die kräftigste zuletzt kommen; dann aber gebe man acht auf das Licht! Ein Funken, der auf diese Masse von Zündstoffen in den Gängen und Höhlen fiele, würde im Nu einen Brand entzünden, aus dem es keine Rettung gäbe.

Wenn auch die Höhlen Werke der Natur sind, so müssen doch am wahren Eingange, der noch aufzufinden ist, Bauwerke der Pha- raonen sich befinden, die vielleicht höchst interessante Altertümer ent- halten. Die unter den Reptilien liegenden Menschenmumien sind wahrscheinlich die der Wächter der heiligen Krokodile, die sicherlich einer tiefstehenden Klasse angehört haben, da sie nicht den geringsten Leichenschmuck tragen; doch bleibt eine Beraubung durch frevelhafte Hand nicht ausgeschlossen.

Nach Octave Sachot, 1877,
vom Herausgeber.

7. In der Moschee.

Verwaltung und Beamte der Moschee. — Die Stellung des Imam. — Öffnung der Moscheeen. — Der Muëddin und sein Selam. — Feierliche Andacht beim Gottesdienst. — Das Mittagsgebet am Freitag. — Eine mohammedanische Predigt.

Jede Moschee hat einen Vorsteher (Nazir), der das Vermögen an Ländereien, Häusern u. s. w., die der Moschee von dem Gründer oder anderen vermacht sind, verwaltet und die Geistlichen und Unter- beamten besoldet. Zwei „Imâms" sind angestellt, die in jeder größeren Moschee das Amt verwalten. Einer derselben, welcher der „Khatîb"

heißt, predigt und betet des Freitags vor der Gemeinde; der andere
ist ein „Imám Rátib", oder ordentlicher Imám, welcher die fünf all-
täglichen Gebete denen vorrecitiert, die sich genau zur Gebetszeit hier
einfinden.   In den meisten kleinen Moscheen aber ruhen beide
Ämter auf einem und demselben Imám.   Ferner sind an jeder Moschee ein oder mehrere „Muëbbin" (die den Ruf zum Gebete singen),
und „Bowwáb" (oder Thürsteher), je nachdem die Moschee einen oder
mehrere „Mád'neh" (oder Menaret) und Eingänge hat; und verschiedene andere Diener sind angestellt, um die Moschee zu kehren,
Matten zu legen, die Lampen anzuzünden, bei der „Sákijeh" (oder
Wasserrad) zu stehen, durch welche der Teich oder Brunnen oder
andere Wasserbehälter, die zu den Abwaschungen nötig sind, mit
Wasser versorgt werden.   Die Imáms und diejenigen, welche die niederen Dienste verrichten, werden aus dem Vermögen der Moschee
besoldet, nicht aus Beisteuern, die vom Volke erhoben werden.
     Die Stellung des Imám ist in den meisten Stücken sehr von
der der christlichen Priester verschieden.   Sie haben keine Macht über
andere und genießen keine andere Achtung, als die, welche sie sich
durch den Ruf der Frömmigkeit und Gelehrsamkeit erwerben;
sie bilden keinen besonderen Stand wie unsere Geistlichkeit, oder
eine unauflösliche Verbrüderung, denn ein Mann, der als Imám
in einer Moschee fungiert, kann von dem Vorsteher derselben
abgesetzt werden; er verliert mit seiner Anstellung und Be-
soldung zugleich den Titel des Imám und hat keine bessere Aussicht, wieder zu dem Amte eines Geistlichen gewählt zu werden, als
jeder andere, der im stande ist, dem Amte vorzustehen.   Die Besol-
dung eines Imám ist sehr gering, und er muß seinen Lebensunterhalt
hauptsächlich durch andere Mittel erwerben, als durch den Dienst in
der Moschee.   Der Khatîb erhält in der Regel monatlich etwa einen
Piaster (2⅖ d englisch, gleich 2 Ngr.), ein ordentlicher Imám etwa
fünf Piaster. Manche derselben treiben Handel, viele sind „'Attar's"
(Droguisten und Parfümeurs), andere Schulmeister. Diejenigen,
welche kein regelmäßiges Geschäft dieser Art haben, recitieren oft
den Khur-án gegen Bezahlung in Privathäusern.   Sie werden meist
unter den armen Studenten der großen Moschee El-Azhar gewählt.
     Die großen Moscheen sind von Tagesanbruch bis kurz nach
dem 'Esche oder ziemlich zwei Stunden nach Sonnenuntergang geöffnet.   Die übrigen werden in den Stunden zwischen dem Morgen-
und Mittagsgebet geschlossen, und die meisten Moscheen sind auch

bei schlechter Witterung außer den Gebetszeiten geschlossen, damit nicht jemand mit den Schuhen eintrete und das Pflaster oder die Matten beschmutze. Gewöhnlich tritt man durch das Thor ein, welches sich dem Teiche oder dem Brunnen zunächst befindet (wenn nämlich mehr als ein Thor da ist), um sich zu waschen, bevor man die Stelle betritt, wo das Gebet gehalten wird; und in der Regel wird bei schmutzigem Wetter dieses Thor allein offen gelassen. Die große Moschee El-Azhar bleibt die ganze Nacht über offen, mit Ausnahme der eigentlichen Gebetsstelle, welche „Maksûrah" genannt wird und die von dem übrigen Gebäude abgetrennt ist. In manchen der größeren Moscheen sieht man, namentlich nachmittags, viele, die müßig herumliegen, miteinander plaudern, essen, schlafen, zuweilen spinnen oder nähen, oder sonst eine einfache Arbeit verrichten; aber ungeachtet dieses Mißbrauchs, der den Vorschriften der Propheten ganz zuwider ist, achten die Muslimen ihre Moscheen doch sehr hoch. Es giebt Moscheen in Kairo (wie die Azhar, Hasanejn u. a.), an denen, bis zur französischen Invasion vor wenigen Jahren, kein Franke oder anderer Christ oder Jude vorn vorübergehen durfte.

Am Freitag steigen die Muëbbin eine halbe Stunde vor „Duhr" (oder Mittag) auf die Galerieen der Mád'neh und singen den „Selám", einen Gruß an den Propheten, der nicht überall gleich, in der Regel aber in Worten folgenden Inhalts besteht:

„Segen und Friede sei über dich, o du, der du von großer Würde bist! O Gesandter Gottes! Segen und Friede sei über dich, zu dem der Wahrhaftige gesagt hat: Ich bin Gott! Segen und Friede sei über dich, du erster unter den Geschöpfen Gottes und Siegel der Gesandten Gottes! Von mir sei Friede über dich, über dich und deine Familie und alle deine Genossen!"

Hierauf fangen die Leute an, sich in der Moschee zu versammeln.

Bei dem öffentlichen Gottesdienst der Muslimen herrscht die größte Feierlichkeit und der größte Anstand. Ihre Blicke und Gebärden in der Moschee drücken nicht eine enthusiastische Andacht aus, sondern eine ruhige und bescheidene Frömmigkeit. Während des Gebets lassen sie sich nie ein falsches Wort oder eine unrichtige Handlung zu Schulden kommen. Den Stolz und Fanatismus, welchen sie im gewöhnlichen Leben beim Verkehr mit Personen anderen Glaubens zeigen, scheinen sie mit dem Eintritt in die Moschee

abgelegt zu haben und ganz in die Anbetung ihres Schöpfers ver=
sunken zu sein, demütig und niedergeschlagen, aber ohne affektierte
Demut oder einen erzwungenen Ausdruck des Gesichts.

Der Muslim zieht am Thor der Moschee seine Schuhe aus,
legt sie Sohle an Sohle zusammen, nimmt sie in die linke Hand
und schreitet mit dem rechten Fuße zuerst über die Schwelle. Wenn
er nicht schon zu Hause die vorbereitende Abwaschung vorgenommen,
so verfügt er sich sogleich an den Wasserbehälter oder Brunnen, um
sich dieser Pflicht zu entledigen. Ehe er sein Gebet beginnt, legt er
seine Schuhe (und sein Schwert oder Pistolen, wenn er solche Waffen
trägt) auf die Matte, ein wenig vor die Stelle, wo er bei der
Niederwerfung mit dem Kopfe den Boden zu berühren gedenkt; die
Schuhe werden, Sohle an Sohle, einer auf den andern gestellt.

Die, welche sich zum Mittagsgebet des Freitags versammeln,
stellen sich in Reihen, der Seite der Moschee parallel, an welcher
sich die Nische befindet und das Gesicht nach dieser Seite zu ge=
wendet. Viele begeben sich erst wenn der Mittags = Abán ertönt,
oder kurz vorher, in die Moschee. Wenn jemand mit oder gleich
nach dem Selám geht, so betet er, sobald er seinen Platz in den
Reihen eigenommen, zwei Rek'ah, und bleibt dann auf den Knieen
liegen oder mit gekreuzten Beinen sitzen, während ein Vorleser, der
gleich nach dem Selám an dem Lesestuhl seinen Platz genommen
hat, die „Sûrat el-Kahf" (das 18. Kapitel des Khur-án), oder einen
Teil derselben, vorliest; denn gewöhnlich ist er noch nicht fertig,
wenn der Adán ertönt, wo er aufhört. Die ganze Gemeinde läßt
sich, sobald sie den Adán hört (welcher derselbe ist wie an den an=
deren Tagen), auf die Kniee und Füße nieder. Wenn der Adán be=
endigt ist, stehen sie auf und beten, jeder für sich, zwei*) Rek'ah,
„Sunnet el-gum'ah" (oder die für den Freitag vorgeschriebene Sunneh),
welche sie, wie die gewöhnlichen Gebete, mit zwei Begrüßungen be=
schließen. Dann öffnet ein Diener der Moschee, der „Murakkî" ge=
nannt, die Flügelthüren der Kanzeltreppe, nimmt hinter denselben
ein gerades hölzernes Schwert hervor und stellt sich ein wenig rechts
vom Thorweg, seine rechte Seite gegen die Kibleh gewandt, das
Schwert in der rechten Hand mit der Spitze auf den Boden haltend.
In dieser Stellung sagt er:

„Wahrlich Gott begünstigt, und seine Engel segnen den Pro=

---

*) Nämlich die Scháfe'í, zu denen die meisten Bewohner von Kairo ge=
hören. Die Hanafí aber beten vier Rek'ah.

pheten. O ihr Gläubigen, segnet ihn und grüßt ihn mit einem Gruße!"*)

Dann singt einer oder einige „Muballigh's", die auf der Dikkeh (Plattform) stehen, folgende oder ähnliche Worte:

„O Gott begünstige und bewahre und segne den trefflichsten der Araber und 'Agam (oder Fremden), den Imâm von Mekkeh und El-Medîneh, und (Imâm) des Tempels, ihn, dem die Spinne günstig war, indem sie ihr Netz vor die Höhle spann; ihn, den der Dabb**) grüßte und vor dem der Mond sich in zwei Teile spaltete, unsern Herrn Mohammed und seine Familie und Genossen!"

Der Murakki recitiert dann den Adán, (den die Muëbbins bereits gesungen haben), wobei er jedesmal nach einigen Worten innehält, und die Muballighs auf der Dikkeh wiederholen dieselben Worte in einem volltönenden Gesang.***) Ehe der Adán beendigt ist, kommt der Khatîb oder Imâm an den Fuß der Kanzel, nimmt das hölzerne Schwert aus der Hand der Murakki, besteigt die Kanzel und setzt sich auf der obersten Stufe oder der Plattform nieder. Die Kanzeln der großen Moscheen sind an diesem Tage mit zwei Fahnen geschmückt, auf denen das Glaubensbekenntnis oder die Namen Gottes und Mohammeds eingewirkt sind. Diese sind oben an der Treppe befestigt und hängen zu beiden Seiten herab.

Nachdem der Murakki und die Muballighs den Adán beendigt, wiederholt ersterer eine Tradition vom Propheten und sagt:

„Der Prophet (über den Segen und Friede sei) hat gesagt, wenn du zu deinem Genossen sagst, während der Imâm des Freitags predigt, sei still, so sprichst du unbesonnen. Seid still, es soll euch vergolten werden; Gott wird es euch vergelten." Dann setzt er sich nieder.

Jetzt steht der Khatîb auf, der das hölzerne Schwert†) in der Hand hält, ebenso wie vorher der Murakki, und hält eine Ermahnung, „Khutbet el-Waaz" genannt. Der Leser wird auf eine muslimische Predigt neugierig sein, ich lasse deshalb hier die

---

*) Khurán XXXIII 56.
**) Eine Art Eidechse, die Lacerta Lybica.
***) In der großen Moschee El-Azhar stehen mehrere Muballighs an verschiedenen Plätzen, damit die ganze Versammlung den Adán hören könne.
†) Zum Andenken daran, daß Ägypten durch das Schwert erworben wurde. Es wird nie von dem Khatîb in einem Lande oder einer Stadt gebraucht, die nicht auf diese Weise den Ungläubigen von den Muslimen entrissen worden.

Übersetzung einer solchen folgen, die am ersten Freitag des arabischen Jahres gehalten wird.

(Während meines ersten Aufenthaltes in Ägypten ging ich in die große Moschee El-Azhar, um das Freitagsgebet von der größten Gemeinde in Kairo verrichten zu sehen. Die Predigt des Khatîb der Moschee, Gâd-El-Maula, gefiel mir, und später verschaffte ich mir sein Predigtbuch („Dîwan-Khutab"), welches Predigten für alle Freitage des Jahres und die beiden 'Id oder großen Feste enthält. Ich übersetze hier die erste Predigt. Das Original ist wie gewöhnlich in gereimter Prosa.)

„Preis sei Gott, dem Erneuerer der Jahre und dem Vervielfältiger der Gnaden, und dem Schöpfer der Monate und Tage, nach der vollkommensten Weisheit und der wunderbarsten Ordnung; der erhöhet hat die Monate der Araber über alle anderen Monate und verordnet, daß unter den ausgezeichneteren derselben El-Moharrem der Heilige sei, und mit diesem das Jahr begonnen hat, wie er es beschlossen hat mit dem Zu-l-Heggeh. Wie günstig ist der Anfang und wie gut ist das Ende!*) Ich preise seine Vollkommenheit, die ihn der Genossenschaft mit jeder andern Gottheit neben Ihm enthebt. Er hat wohl bedacht, was Er gemacht und fest gemacht, was Er erdacht, er hat allein zum Schaffen und zum Vernichten die Macht. Ihn preise ich, seine Vollkommenheit erhebend und seinen Namen erhöhend, für die Kenntnis und Inspiration, die er huldvoll gewährt; und ich bekenne, daß es keinen Gott giebt, als Gott allein; er hat keinen Genossen; er ist der heiligste König; der Friede (b. i. der Gott des Friedens) und ich bekenne, daß unser Herr und unser Prophet und unser Freund Mohammed sein Diener und sein Gesandter und sein Erwählter und sein Freund ist, der Führer des Weges und die Leuchte der Finsternis. O Gott! begünstige und bewahre und segne diesen herrlichen Propheten, und obersten und ausgezeichneten Gesandten, den von Herzen Barmherzigen, unsern Herrn Mohammed und seine Familie, und seine Genossen, und seine Frauen, und seine Nachkommen, und das Volk seines Hauses, die Edlen, und erhalte sie in Fülle! — O ihr Diener Gottes! Euer Leben wird Schritt

---

*) Das Jahr beginnt und schließt mit einem heiligen Monat. Es giebt vier heilige Monate: der erste, siebente, elfte und zwölfte. In diesen Monaten war der Krieg mit denen verboten, welche dieselben für heilig anerkennen, wurde aber später erlaubt. Der erste Monat wird auch noch besonders wegen des Tages der A'schûra, und der letzte wegen der Wallfahrt in Ehren gehalten.

für Schritt kürzer, und ein Jahr nach dem andern vergeht; und ihr schlaft auf dem Bette der Sorglosigkeit und dem Pfühl der Unge= rechtigkeit. Ihr geht an den Gräbern eurer Vorgänger vorbei und fürchtet nicht den Angriff des Schicksals und der Vernichtung, als ob andere von der Welt weggegangen wären, ihr aber darin bleiben müßtet. Ihr freut euch über die Ankunft der neuen Jahre, als ob sie eurem Leben Verlängerung brächten, und schwimmt in den Meeren des Verlangens, und mehrt eure Hoffnungen und seid aller= wege größer, als andere (an Dünkel), und seid träge Gutes zu thun. O welch großes Unglück ist dies! Gott lehrt durch ein Gleichnis. Wißt ihr nicht, daß die Verkürzung der Zeit durch Sorglosigkeit und Schlaf ein großes Unglück ist? Wißt ihr nicht, daß in dem Ab= brechen der Leben durch die Beendigung der Jahre eine große War= nung ist? Wißt ihr nicht, daß Tag und Nacht das Leben vieler Seelen teilen? Wißt ihr nicht, daß Gesundheit und Kraft Segnun= gen sind, die von vielen Menschen begehrt werden? Aber die Wahr= heit ist offenbar geworden dem, welcher Augen hat. Ihr steht jetzt zwischen zwei Tagen! Ein Jahr ist vergangen, und zu Ende ge= kommen, mit seinen Übeln, und ihr seid eingetreten in ein anderes Jahr, in welchem, so Gott will, die Menschheit Hilfe finden wird. Ist einer von euch, der sich zum Fleiß (Gutes zu thun) in dem kommenden Jahre entschließt? oder der seine Fehler bereut, die er in den vergangenen Zeiten sich hat zu Schulden kommen lassen? Glücklich ist, wer Buße thut für die vergangene Zeit, in der Zeit, so da kommt; und elend ist, dessen Tage entschwinden und der sich nicht bekümmert um seine Zeit. Dieses neue Jahr ist angetreten, und der heilige Monat Gottes ist gekommen mit Segnungen für euch, — der erste Monat des Jahres und der vier heiligen Monate, wie gesagt worden ist, und der würdigste des Vorzugs und der Ehre und der Verehrung. Sein Fasten ist das trefflichste Fasten nächst dem, welches auferlegt ist,*) und in demselben Gutes zu thun, ge= hört zu den trefflichsten Gegenständen des Verlangens. Wer irgend von demselben Vorteil zu ziehen wünscht, der mag fasten den neun= ten und zehnten Tag, und auf Hilfe warten. Enthaltet euch nicht dieses Fastens aus Sorglosigkeit und weil ihr es für eine Beschwerde haltet; sondern haltet es nach der besten Weise, und ehret es mit den besten Ehren, und wendet eure Zeit gut an mit Anbetung Gottes

---

*) Das des Monats Ramadan.

des Morgens und des Abends. Wendet euch zu Gott in Reue, vor
dem Angriffe des Todes: Er iſt der Gott, welcher die Reue ſeiner
Diener annimmt und ihre Sünden vergiebt. — Die Tradition. —*)
Der Geſandte Gottes (Gott ſei ihm gnädig und bewahre ihn!) hat
geſagt: „Das trefflichſte Gebet, nächſt dem vorgeſchriebenen,**) iſt
das Gebet, welches im letzten Drittteil der Nacht geſagt wird, und
das trefflichſte Faſten, nach dem Ramadan, iſt das des Monates
Gottes, El-Moharram.“

Wenn der Khatib mit dieſer Ermahnung zu Ende iſt, ſagt er
zu der Gemeinde: „Betet zu Gott!“ Dann ſetzt er ſich nieder und
betet ſtill für ſich, wie nach den gewöhnlichen Gebeten, indem ſie
ihre Hände (das Innere der Hand betrachtend) vor ſich halten und
dann mit derſelben über das Geſicht abwärts fahren. Wenn dies
geſchehen, ſagen die Muballighs: „A'mîn! A'mîn! (Amen! Amen!)
O Herr aller Geſchöpfe!“

E. W. Lane.
(Sitten und Gebräuche der heutigen Ägypter. Aus d. Engl. v. Dr. Zenker.)

Arabiſche Erzählungen.***)

1. Ibrahims Gottvertrauen.

„Es giebt nur einen Gott und Mohammed iſt ſein Prophet;
derjenige, welcher ſein ganzes Vertrauen auf Gott ſetzt, hat nichts
zu fürchten, denn das höchſte Weſen kann, wenn es will, ihn in demſelben Augenblicke retten, wo der menſchliche Geiſt zu verzweifeln
glaubt. Folgendes begegnete buchſtäblich dem Ibrahim, einem Sohne
des Sega.

Ibrahim war ein weiſer Mann und glaubte an Gott, indem er
nie einen einzigen Religionsgebrauch vernachläſſigte; obgleich er ſchon
alt war, ſo hatte ihn doch noch nie die eiſerne Hand des Unglücks

---

*) Der Khatib ſchließt ſeine Ermahnung immer mit einer oder zwei Tra-
ditionen des Propheten.
**) Die fünf täglichen Gebete, die im Kur-án geboten ſind.
***) H. Hecquard. Voyage sur la côte et dans l'intérieur de l'Afrique
occidentale.

berührt. Er besaß drei Frauen, welche er liebte, sie waren einsichts=
voll, gut, arbeitsam und hatten ihn jede mit zwei Kindern beschenkt.
Obgleich diese Kinder noch sehr jung waren, so kannten sie doch
schon mehrere Kapitel des Koran, und während ihn alle Leute des=
halb beglückwünschten, schrieb er alles Gott zu, dem er unablässig
dankte und zu ihm betete, er möge ihn nie verlassen.

Eines Tages jedoch überfielen die Mauren plötzlich das Dorf,
und nach mutiger Gegenwehr sah er seine Frauen und Kinder weg=
führen; er selbst wurde gefangen genommen und weit fortgeschleppt.
Gefesselt an einen Bewohner seines Dorfes, welcher verzweifelte und
unablässig Gott lästerte, suchte er diesen zu trösten, und im Ver=
trauen auf die Vorsehung wiederholte er ihm wie in glücklichen
Tagen jeden Augenblick die Worte: „Verzweifle nicht, Gott ist groß,
und seine Macht ist unendlich." So vergingen einige Tage. Da
die Mauren ihn so ergeben und gehorsam sahen, ließen sie in ihrer
Wachsamkeit nach, obgleich sie noch nicht weit vom Flusse entfernt
waren.

Als einst des Nachts alle schliefen, weckte Ibrahim seinen
Unglücksgefährten und entfloh mit ihm. Nachdem sie bis zum An=
bruch des Tages gegangen waren, verbargen sie sich in den mächti=
gen Pflanzen der Wüste und hörten, wie die Mauren, welche sie
suchten, ihnen näher kamen und sich wieder entfernten. Sobald sie
fort waren, war es Ibrahims erste Sorge, Gott für die vollbrachte
Rettung zu danken; sein Gefährte dagegen beklagte sich darüber, daß
er ihn nicht in der Gefangenschaft gelassen, sondern ihn in Gegenden
geführt habe, wo sie verhungern müßten.

Ibrahim versuchte ihm Mut einzuflößen, und sie erhoben sich,
um einen Ort zu suchen, wo sie sich der Fesseln entledigen könnten,
mit denen sie an einander geschmiedet waren, als sich ein ungeheurer
Löwe auf den Gotteslästerer stürzte, ihn erwürgte und ihn zu ver=
zehren begann. Bedeckt mit dem Blute seines unglücklichen Gefähr=
ten und den glühenden Atem des Löwen auf seinem Körper fühlend,
glaubte Ibrahim, seine letzte Stunde sei gekommen, und schon em=
pfahl er sich Gott, als der gesättigte Löwe sich auf einmal entfernte
und sich, die Augen stets auf seine künftige Beute gerichtet, in einiger
Entfernung niederlegte.

In einer solchen Lage, rief der Griot, würdet ihr Muselmänner
alle, die ihr mich hört, ergriffen von Entsetzen, euch für verloren
gehalten haben; gefesselt von dem Blicke des Löwen hättet ihr nichts

13*

zu eurer Rettung gethan. Aber Ibrahim, welchen Gott beschützte,
verlor den Mut nicht, und indem er seinen Dolch hervorzog, befreite
er sich von den Überbleibseln des Leichnams seines unglücklichen
Genossen, dessen noch durch die Fesseln festgehaltenes Bein er abschnitt; dann entfernte er sich rückwärts, die Augen stets fest auf die
des Löwen gerichtet und vermied jedes Geräusch, sowie er auch bemüht war, die Aufmerksamkeit des Tieres von sich abzulenken.

Eine halbe Stunde später war er weit genug entfernt, um sich
aufrichten zu können und sich in der Richtung nach seinem Dorfe
zu retten. Am folgenden Tage erblickte er die Fluten des Senegal
und glaubte sich gerettet; er stieg in den Fluß, um sich vor dem
Gebete zu waschen, aber in demselben Augenblicke, wo er sich auf-
richtete, ergriff ihn ein ungeheurer Kaïman und führte ihn mit sich
hinab in die Tiefe, wo ihn das Ungeheuer eben verschlingen wollte,
als ein anderer Kaïman kam und ihm seine Beute streitig machte.

Der Räuber des Ibrahim war nahe an seiner Höhle, er legte
ihn dort nieder und entfernte sich zum Kampfe. Alles dieses geschah
in kürzerer Zeit, als man braucht, um es zu erzählen. Ihr wißt,
daß die Höhlen der Kaïmans aufwärts gehen, so daß das Wasser
nicht ihre ganze Tiefe erreicht. So war auch diejenige beschaffen,
in welcher Ibrahim, schwer verletzt und kaum im stande, sich über
einen Haufen Knochen zu bewegen, gelegt worden war, und er
glaubte, diesmal umkommen zu müssen, unterließ aber nicht, aus
vollem Herzen zu Gott zu beten, als er in der Tiefe der Höhle einen
Lichtstrahl bemerkte; dieser geringe Schein belebte seinen Mut, er
fing sogleich an zu graben, indem er die Erde hinter sich warf, um
einen Wall zwischen sich und dem Feinde zu machen; nach einer
Stunde war er außerhalb des Abgrundes.

Als er die Sonne wieder erblickte, war es seine erste Sorge,
sich, das Gesicht gegen Morgen gerichtet, auf die Erde zu werfen
und ein langes und heißes Gebet an Gott zu richten. Ein Hirt,
welcher sich vor Schrecken verborgen hatte, als er einen Menschen
aus der Erde hervorkommen sah, näherte sich dem Ibrahim, sobald
er bemerkte, daß er es mit einem Muselmanne zu thun habe, und
nach den gewöhnlichen Begrüßungen vernahm der Gerettete, daß er
seinem Wohnorte nahe sei, wohin jener sich erbot, ihn zu führen.

Noch an demselben Abend sah Ibrahim sein Dorf wieder, und
ich überlasse es euch selbst, zu empfinden, wie groß sein Erstaunen
und seine Freude war, als er dort seine Frauen und Kinder wieder-

fand, welche ein Haufe Tukuleurs (Peulhs), die dem Dorfe zu spät
zu Hilfe gekommen waren, den besiegten Mauren entrissen hatte.

Der glückliche und von denen, welche seine Schicksale erfuhren,
mit Geschenken überhäufte Ibrahim erreichte nun ein ziemlich hohes
Alter, um die Kinder seiner Enkel zu sehen, welche er gottes=
fürchtig erzog. Dies begegnete Ibrahim, dem Sohne des Sega,
und beweist, daß Gott groß ist und für die ihm Vertrauenden alles
vermag, was er will."

2. Schwierige Wahl.

Es hatte ein Mann seinen Vater verloren und es blieb ihm
nun seine alte schwache Mutter übrig, die ihn, den einzigen Sohn,
fast vergötterte. Seine junge Frau war dem Manne kurz nach der
Entbindung von einem Sohne gestorben. Der Sohn, ein Wunder=
kind, konnte, kaum acht Jahre alt, schon den Koran lesen; er fürch=
tete sich vor nichts und schoß mit seinem Pfeile die Vögel im Fluge.
Derselbe Mann besaß auch einen Hahn, der, indem er die Erde auf=
wühlte, ihm täglich 100 Goldkörner brachte; er hatte ferner eine
Kuh, welche ihm jeden Morgen ein Kalb gab, und endlich eine
Baumwollenstaube, welche anstatt der Blumen jede Nacht 30 ge=
webte Schurze trug, von denen der eine immer schöner war, als
der andere. Nun trug es sich eines Tages zu, daß sein Sohn in
den Brunnen fiel und hätte umkommen müssen, wenn man ihm nicht
zu Hilfe gekommen wäre; aber zu gleicher Zeit bedrohten eine ge=
fräßige Ziege seine Baumwollenstaube, ein Löwe seine Kuh, ein
Schakal seinen Hahn und ein böser Räuber seine alte Mutter, welche
er totschlagen wollte.

Nun war die Frage, ob dieser Mann zuerst seinem Sohne,
seiner Baumwollenstaube, seiner Kuh, seinem Hahne, oder seiner
alten Mutter helfen solle. Jeder sprach darüber seine Meinung aus,
und zu Ehren dieser, edler Gefühlsregungen für unfähig gehaltenen,
Schwarzen muß man sagen, daß fast alle riefen: Er muß zuerst
seinem alten Mütterchen helfen! Die Minderzahl entschied sich für
die Rettung des Kindes und nur zwei oder drei, welche merkwürdiger
Weise Gefangene waren, sprachen sich zu Gunsten der Tiere aus.

Das Klima von Ägypten.

Seitdem in den letzten Jahren die Zahl der Europäer, welche Ägypten seines heilsamen Klimas wegen zum längeren Aufenthalts= orte wählen, sich bedeutend gesteigert hat, haben wir von den dort ansässigen Ärzten und Naturforschern genauere Berichte über die Witterungsverhältnisse des Landes erhalten.

Ägypten zeichnet sich durch eine große Einfachheit seiner meteo= rologischen Verhältnisse aus, indem sich in der Temperatur, im Luft= druck und in dem Feuchtigkeitsgrade der Atmosphäre nur geringe Differenzen in den verschiedenen Jahreszeiten zeigen. Diese Regel= mäßigkeit und die fast noch wichtigere Gleichförmigkeit der Witterung für längere Zeit nimmt nach dem Süden hin zu und tritt in Theben und Assuan noch weit schärfer hervor. Am wenigsten teilen sie die Küstengegenden: die Städte Alexandrien, Damiette und Rosette, denen auch die besonderen eigentümlichen Eigenschaften des ägypti= schen Klimas fehlen, die constante Heiterkeit und Reinheit des Him= mels, die trockene Wärme der Luft und deren Frische. Am unge= trübtesten sind diese Eigenschaften wahrzunehmen an der Luft der Wüste, welche ebenso belebend und kräftigend wirkt, wie die Alpen= luft, trotz der hohen Temperatur. Die in Kairo ansässigen Europäer ziehen zu ihrer Erholung und Erquickung nicht selten hinaus nach den Pyramidenfeldern von Gizeh, um, unter Zelten lagernd oder in den Königskammern der Cheops=Pyramide für die Nacht Schutz suchend, dort einige Tage zuzubringen.

Prof. Reyer in Kairo verdanken wir ausführliche Beobachtungen über die Temperatur und Witterung in den einzelnen Monaten. Die mittlere Jahrestemperatur von Kairo ist + 17,9° R., die mitt= lere des Winters + 11,76° R. Der Monat Oktober, dessen mittlere Temperatur + 17,6° R. beträgt, gleicht unserem Hochsommer, die Monate November und Dezember, deren mittlere Temperaturen sich auf resp. 15,4 und 12,9° belaufen, sind die schönsten des Jahres und gleichen unserm Herbst und Frühlinge. Die Morgennebel widerstehen der Sonne nicht lange, Regen fällt nur selten einige Stunden hin= durch, und Winde wehen nur ausnahmsweise einige Tage hinter= einander. Mit dem Monat Januar beginnt der eigentliche Winter, der bis zur Mitte des Februar andauert; die mittlere Temperatur des ersteren ist + 10,6° R., die des letzteren + 11,2° R., doch sinkt die Temperatur zuweilen bei Sonnenaufgang bis auf + 3° R. herab, jedoch nur während heftiger Südstürme bei bewölktem Himmel, und die Abende werden nach Sonnenuntergang feucht. In der zweiten Hälfte des Februar, wo abermals ein paar regnerische Tage einzu- treten pflegen, beginnt die Temperatur wieder zu steigen, zumal wenn Südwind eintritt; da dieser in den Monaten März und April häufiger zu wehen pflegt, so hebt sich die Temperatur, und die zweite Hälfte des April gleicht unserem Hochsommer, die mittlere Tempe- ratur ist 17,7°. Am unangenehmsten ist der Monat Mai, indem die heftigen Südwinde (Kamsein), die über die arabische und lybische Wüste streichen, häufiger werden und drei bis vier Tage andauern; die mittlere Temperatur ist + 19,5°. Ihren Höhepunkt erreichen diese Winde im Juni, wo sie dann den Nordwinden dauernd Platz machen. Die mittlere Temperatur im Juni beträgt + 22,9°, im Juli + 24°, im August + 23,2° und im September + 22,9°, wo die Luft wegen der gleichzeitigen Nilüberschwemmungen und des be- ginnenden Zurücktretens des Flusses feucht und schwül ist.

Nach Destouches, Mitglied der wissenschaftlichen Kommission der französischen Expedition, war der mittlere Barometerstand während fünf Jahren 760 Millim., und schwankte zwischen 755 und 764 Millim.; der höchste Stand fällt auf die Wintermonate.

Die Prozente der Dunstsättigung der Atmosphäre während der fünf Jahre im Mittel 54°. Der geringste Prozentgehalt der Dunst- sättigung, welcher beobachtet wurde, fiel auf die Monate Mai und Juni mit 38°.

Während fünf Jahren hat Destouches täglich dreimal die Be- schaffenheit des Himmels aufgezeichnet, und als durchschnittliches Re- sultat seiner Beobachtungen stellt sich heraus, daß in 1097 Beob- achtungszeiten eines Jahres

720 mal der Himmel heiter war,
245 mal Wolkenbildung stattfand,
95 mal bedeckter Himmel,
25 mal Nebel,
12 mal Regen war.

Der Winter hat die wenigsten heiteren Tage; von den 720 hei- teren müßten 180 auf die Wintermonate kommen; es kamen aber durchschnittlich nur 145 auf die Wintermonate; immerhin bedeutend mehr als in Italien.

Der Winter in Kairo besitzt also die Vorzüge des heiteren

Himmels und trockener Luft, weniger als die übrigen Jahreszeiten, dennoch sind sie ihm im Vergleich mit anderen Gegenden in hohem Grade eigen.

In Theben sind die Morgen oft noch empfindlich kühl und die Abende noch ein wenig feucht, während in Assuan die Frische des Morgens schon mehr angenehm ist und bei der dem Gefühle nach absoluten Trockenheit der Luft die herrlichen sternenhellen Abende den Genuß der freien Luft bis in die Nacht hinein auch zarteren Konstitutionen gestatten. In den Mittagsstunden war im Monat Januar, den Dr. Nitzsch dort verlebte, die durchschnittliche Temperatur + 17,6° R. Leider konnte er keine hygronometrischen Messungen vornehmen, seinem Gefühle nach steht jedoch die Dunstsättigung der Luft im Januar und im Beginn des Februar weit unter der Kairos im Mai, die sich nach den Beobachtungen von Destouches im Mittel für 5 Jahre auf 44° stellt.

(Zeitschrift für Allgemeine Erdkunde von Neumann. Neue Folge II.)

Mohammedanische Lebensbilder aus Algerien.*)

1. Das Ait el Kebsch oder Hammelfest. — 2. Das Begräbnis eines Marabut. — 3. Das Verhältnis der Eingeborenen zu der christlichen Einwanderung. — 4. Straßenbilder aus Tlemcen: Die arabische Stadt. Eine Karawane aus der Sahara. Ein Schlangenbeschwörer, Gaukler und Märchenerzähler. In der Zanja der Fakire. Arabische Musik. Der Fakirtanz. Die Jünger des Sidi Mohammed ben Aissa.

1. Das Ait el Kebsch oder Hammelfest.

Eines der größten Feste im mohammedanischen Jahre ist das Ait el Kebsch oder Hammelfest. Es fällt in die Zeit von ungefähr 14 Tagen vor dem mohammedanischen Jahresanfange und stützt sich auf die alttestamentarische Legende von Abrahams unterbrochener Opferung des Isaak, für welchen die Araber jedoch den Ismaël substituieren. Der Jude erfreut sich zwar der gründlichsten Verachtung von Seiten des Arabers, wiewohl dieser im Koran einen

---

*) Aus dem interessanten Werke: Von Algier nach Oran und Tlemcen. Algerische Reise- und Lebensbilder von Otto Schneider und Dr. Hermann Haas. Dresden, 1878.

guten Teil jüdischer Religion verehrt und darum auch den großen
Vätern des alten Testaments seine Anerkennung nicht versagt. Er=
klärt doch Mohammed ausdrücklich, daß seine Religion die Abrahams
sei, welche den Göhen nicht opfern wollte und daß sie sich stütze auf
den Glauben von Ismaël, Jakob, Moses, Hiob, von David, Sa=
lomo und der Propheten. Zu den letzteren zählte er Jesum und
gestattete in bunter Reihenfolge den Legenden des alten und neuen
Testaments Eingang in den Koran. An dem Feste El Kebsch sucht
auch die ärmste muselmännische Familie ein Gericht von Hammel=
fleisch aufzutischen, und verfällt an diesem Tage daher mancher Woll=
träger dem Gurgelschnitte. Es hängt dies mit einer zweiten Legende
zusammen: Mohammed, der ja selbst unter einem Zeltdache lebte,
pflegte auch den Himmel mit einem Zelte zu vergleichen, welches mit dün=
nen, aber dauerhaften, unsichtbaren Schnüren an die Erdenden befestigt
sei. Nur an diesen letzteren vermag die Seele nach dem Tode zum
Himmelsraume aufzusteigen. Da der neue Körper, in den sie aber
sofort gefahren, noch zu unfertig, gewissermaßen noch nicht erstarkt
genug ist, so würde dieser beim Aufsteigen sich leicht an Händen
und Füßen verletzen. Er bedient sich deshalb des Schafes, welches
dem lieben Herrgott schon seit Abrahams Zeiten angenehm war und
welches mit seinen gespaltenen Hufen leichter das Himmelszelt er=
klimmen kann, um auf seinem Rücken, ist doch seine Körperlast nicht
groß, dem Himmel zuzureiten. Auch seitens der französischen Re=
gierung wird dieses Fest in Algier mit 21 Kanonenschüssen des
Morgens begrüßt. Ich wurde an demselben zu einem befreundeten,
doch unvermählten Mauren zur Diffah, Abendessen, mit ein Paar
seiner Glaubensgenossen gebeten und bekam einen delikaten Kuskussuh
mit reichlichem Hammelfleisch, sowie später arabisches Gebäck vor=
gesetzt, als Getränk Limonade. Als wir nach beendigter Mahlzeit
in behaglicher Beschaulichkeit die duftende Nargileh schmauchten, er=
griff ein junger Mann die zweisaitige primitive Laute und, sie mit
einem Stäbchen schlagend, entlockte er ihr eine sanftsummende Me=
lodie, dazu sang er einige Strophen, in welche die andern einfielen.

2. Das Begräbnis eines Marabut.

Die Marabute zählen zu einem priesterlichen Erbadel und zu
den einflußreichsten Personen im mohammedanischen Staats= und
Gemeindewesen Algeriens. Ihr Rat wird in allen erdenklichen

Fällen eingeholt, ihre, zumeist dem Koran entlehnten Aus= oder Wahr=
sprüche, werden als Amulette in kleine Ledersäckchen eingenäht und
sollen, auf dem Körper getragen, Schutzmittel sein vor möglichen
Fährlichkeiten.   Jedes ihrer Gebote, das dem bekümmerten Frager
auferlegt wird, erfreut sich gewiß striktester Ausführung.   Bei Dürre
vermitteln sie durch Bittprozessionen den Regen.   Ja es gelten diese
Männer nicht allein im Leben als gottinspirierte Heilige, selbst nach
ihrem Tode sollen sie noch die Macht besitzen, um ein Gebet, an
ihrem Sarkophage verrichtet, bei Allah annehmbar zu machen.   In
Algier selbst und vor der Stadt sind die Grabkapellen Sidi Abder
Rhamans el Talebi und Sidi Abder Rhamans bu Kobrin vor allen
als segenbringend gerühmt und werden deshalb viel aufgesucht.

     In Algier verstarb sehr hochbetagt Ende Februar 1876 einer
der geachtetsten und einflußreichsten Marabute; leider habe ich seinen
Namen vergessen, ihn selbst aber noch häufig gesehen, wie er in
Stadt und Umgegend mit Ehrerbietung begrüßt wurde.   Als ich
am Tage nach dem Tode des Marabut meine gewöhnliche Ausfahrt
ins Freie beginnen wollte, machte mich Hamud darauf aufmerksam,
doch ja die Richtung nach dem Jardin d'Essai einzuschlagen, weil
in dem nahe dabei gelegenen Friedhofe der ehrwürdige Repräsentant
seiner Religion heute beerdigt werden würde.   Noch war der Wagen
nicht abgefahren, als bereits ein Zug von vielen Tausend festtäglich
gekleideten Muselmännern unter Trauergesang einherschritt.   In=
mitten trug man auf kräftigen Schultern die mit grünem Tuch be=
deckte Bahre.   Da es aber als ein Beweis der Liebe, sowie auch
für ehrenvoll und segenbringend gilt, einem so heiligen Manne auf
dem letzten Wege mit seiner Schulter gedient zu haben, so lösten
fast jeden Augenblick die Träger sich ab, was allerdings, weil es mit
zu großer Hast und zu unregelmäßig geschah, die ruhige Würde der
Totenfeier etwas beeinträchtigte.   Auch waren nicht immer die Trä=
ger von gleicher Größe, und das gab manchmal zu recht bedenklichen
Schwankungen des Sarges Veranlassung.   Trotzdem gelangte der
lawinenartig sich vergrößernde Trauerkonduft ohne Unfall am Ziele
an.   Ich war auf anderem Wege vorausgefahren und erwartete da=
selbst mit vielen anderen Personen seine Ankunft.   Endlich kam er,
noch immer dauerte derselbe Trauergesang fort, alle Wartenden traten
in stiller Ehrerbietung hinzu und geleiteten den Toten zu der Grab=
kapelle, vor welcher einige Mollahs bereits harrten.   Auf den Wink
des ersten derselben verließ die größere Zahl der Begleiter, nachdem

der Sarg hineingestellt worden und der Mollah ein Gebet stehend
verrichtet hatte, das Heiligtum und nur die Mollahs, einige hohe
Würdenträger und männliche Familienmitglieder des Verstorbenen
blieben darin zurück. Ich kann nun freilich nicht sagen, ob der letz=
tere von ihnen in der Kapelle selbst zur letzten Ruhe gebettet wurde,
da die Thüren eben geschlossen worden waren. Bei anderen ärmeren
Mohammedanern, welche ich früher hierher ohne weitere Begleitung
als die der Träger bringen und bestatten gesehen, wurde der Deckel
des Sarges, auch die Umwandung desselben weggenommen und der
Leichnam auf dem untern Brette in das ausgemauerte, einer Schleuse
nicht unähnliche Grab durch eine Seitenöffnung hineingeschoben, die
letzte Bekleidung von ihm gezogen und hierauf nach kurzem Gebete
des Totengräbers, die offene Stelle zugemauert. Nackt war er aus
der Mutter Schoß auf die Erde gekommen, nackt sollte er auch dem
Erdenschoße übergeben werden. Die Leidtragenden entfernten sich
darauf lautlos, um heimzukehren.

Nach der Lehre des Islam verharrt die Seele im Körper des
Beerdigten bis der Erzengel Gabriel vom Himmel niedersteigt, denn
Gabriel ist der Engel des Todes. Des Abends naht er dem frisch
aufgeworfenen Grabe, löst die Erde, welche den Toten bedeckt und
begehrt von ihm strenge Rechenschaft über das Leben, welches er
eben vollendet hat. Der Mensch rechtfertigt sich so gut als er kann,
dann wird der Körper, aus Staub geschaffen, zu Staube, die Seele
aber fliegt zum Himmel auf, dem sie entstammt.

3. Das Verhältnis der Eingeborenen zu der christlichen Einwanderung.

Es ist an mich gar häufig die Frage getreten, ob die franzö=
sische Oberherrschaft und überhaupt der Verkehr mit Europäern nicht
nach und nach eine ändernde Wirkung auf Anschauungen, Sitten
und Gebräuche der Orientalen des algerischen Maghreb geäußert
hätten und die Hoffnung auf größere Assimilierung und innigere
Vereinigung berechtigt sei. Ich glaube dies für längere Zeit noch
verneinen zu müssen. Wir sehen zwar einige wenige Mischehen zwi=
schen Mohammedanern und Christen, wir treffen wohl in den Reihen
des französischen Militärs so manchen Sohn Afrikas im Dienste mit
den Franzosen wetteifernd, wir finden die Vornehmen, Cheiks,
Kaids, Marabute oder Chefs größerer maurischer Handelshäuser

nicht nur auf den Festen des Generalgouverneurs und anderer
Würdenträger sich ungezwungen bewegend, wir bemerken, daß in
Cafés und in europäischen Familien der Moslem wohl ein Glas
Wein nicht verschmäht. Wir gewahren den Mohammedaner seine
Neugierde oder Wißbegierde an fremden Institutionen durch Reisen
befriedigen, wir schauen den orientalischen Arbeiter das Land seines
europäischen Brotherrn mit vervollkommnetem Pfluge umackern; vor
den Augen einer großen Arabermenge wurde seinerzeit der Dampf=
pflug eingesegnet und begann vor ihren erstaunten Blicken, alle
Hindernisse des Bodens überwältigend, seine gradlinigen Furchen zu
ziehen. Sobald aber der Araber sein Zelt, seine Gurbi, oder der
Maure und selbst der Kabyle sein Hauswesen betritt, erzählt er wohl
über das, was er gesehen und erfahren, den Seinen Wunderdinge,
er verspürt aber gewiß nicht die geringste Neigung, in seinem eigenen
Heimwesen davon etwas nachzuahmen. Ja selbst der verbesserte
Pflug des Europäers, mit dem er ganz wohl umzugehen weiß, wird
auf dem eigenen Felde, wenn er ihn nicht etwa erborgen kann, nicht
verwendet. Er sieht teilnahmlos seine Rinder sich am altherge=
brachten primitiven Ackergeräte abarbeiten, bringt ja doch die humus=
reiche Erde auf diese Weise, wenn auch die Furche nicht so tiefgeritzt
ist, auch noch einigen Nutzen; und was kümmert ihn der Schweiß
seiner Tiere. Dieses zähe Festhalten am Althergebrachten wird be=
dingt durch seinen kindlichen, aber unerschütterlichen Glauben an die
Worte des Korans, welcher seine ganze Religion umfaßt und der
ihm diese als die vollkommenste darstellt. Ist doch in seinen Augen
Mohammed der letzte und größte Prophet, welcher auf Erden gelebt
hat. Erscheinen ihm aber alle anderen Glaubensbekenntnisse tiefer
stehend, warum sollte er von den Anhängern derselben etwas an=
nehmen können? Wer aber diese Indolenz der mohammedanischen
Bevölkerung Algeriens gegenüber so vielen Errungenschaften der
neueren Zeit auf allen Gebieten des menschlichen Wissens betrachtet,
dem will es schwer in den Kopf, daß Glieder desselben Volkes, Be=
kenner derselben Religion, gestützt auf die Kenntnisse der Ägypter,
Indier, Assyrer, Phönizier, Perser, Griechen und Römer lange Zeit
hindurch auf der Höhe aller Kenntnisse in Botanik, Chemie, Medi=
zin, Pharmacie, Physik, Astronomie, Mathematik, Architektur u. s. w.
gestanden haben könnten? Ja, daß diesem Volke die Wacht für
die Wissenschaft in einer Zeit hauptsächlich vorbehalten war, wo
von dem Abendlande aus die Schatten der Finsternis über

die Welt mit ziemlichem Erfolge verbreitet wurden. Alexander von Humboldt sagt aber in seinem Kosmos: „Es liegt nicht in der Bestimmung des menschlichen Geschlechts, eine Verfinsterung zu erleiden, die gleichmäßig das ganze Geschlecht ergreift. Ein erhaltendes Prinzip nährt den ewigen Lebensprozeß der fortschreitenden Vernunft." Wenn es somit hier den Arabern, dem von Haus aus allerdings nicht unbildsamen, semitischen Urstamme vorbehalten war, an der Warte des Wissens längere Zeit Wacht zu halten, so fiel dies freilich gerade in ihre günstigste Periode, in ihre Blütezeit, von welcher sie seitdem durch türkische Oberhoheit und eine stupidere Auslegung des Korans nach und nach tief herabgedrängt wurden. Heute würden sie schwerlich der früheren hohen Mission mehr gewachsen sein, doch kann man den Koran selbst dafür wohl nicht allein verantwortlich machen.

Als wir einmal im Laufe unserer Unterhaltung auf die größeren nationalen Verschmelzungen zu sprechen kamen, äußerte einer meiner maurischen Bekannten, daß er an eine solche nie und nimmermehr glauben könne, da die Anschauungen beider Völker sich in einem so großen Kontraste befänden, wie Öl und Wasser, welche stets geschieden blieben. Mußte ich aus eigener Beobachtung ihm zur Zeit, ja für noch lange Recht geben, so gab mir sein Vergleich doch den Gedanken ein, es würde auch für dieses Öl und Wasser noch eine Seife gefunden werden können, welche ihre Vereinigung vermitteln dürfe.

4. Straßenbilder aus Tlemcen.

Die arabische Stadt. — Eine Karawane aus der Wüste. — Schlangenbeschwörer, Gaukler und Märchenerzähler. — In der Zauja der Fakire. — Arabische Musik. — Der Fakirtanz. — Die Jünger des Sidi Mohammed ben Aïssa.

Das heutige Tlemcen zählt heute kaum 20 000 Einwohner, ehedem bewegte sich in der alten Königsstadt eine Bevölkerung von Hunderttausenden. Es besteht aus drei abgesonderten Quartieren: dem modernen Stadtteile mit dem Judenviertel, dem Quartier der Marokkaner und Kabylen und dem südlichen Teile, der arabischen Stadt.

Wenige Schritte hinter den modernen Bauten beginnt das Gewirr der schmalen und verschlungenen, oft überwölbten Sträßchen und Gäßchen, ein Labyrinth von niederen und geheimnisvollen

Häuschen; verschleierte Frauengestalten huschen vorüber und entziehen
sich bei der nächsten Straßenwendung den neugierigen Blicken des
Rumi. In kleinen, nischenartigen Buden, welche nur von einer ein=
zigen, zugleich Thüre und Fenster vorstellenden Öffnung Luft und
Licht empfangen, betreiben die eingeborenen Handwerker unter den
Augen der Vorübergehenden ihr Geschäft. Mit bewundernswerter
Geschicklichkeit handhaben sie ihre Werkzeuge, welche seit Jahr=
hunderten unverändert dieselben geblieben sind, und bedienen sich bei
der Arbeit in gleichem Maße der Hände und der Füße. Die Zunft
der Sattler hat schon zur Zeit der Könige von Tlemcen besonderes
Ansehen genossen ob ihrer Kunstfertigkeit; noch heute bleibt man er=
staunt vor ihren kleinen Werkstätten stehen und bewundert die äußerst
geschmackvoll mit Gold und Silber gestickten Sattel und Zaumzeuge
aus rotem marokkanischen Leder gefertigt, wahre Meisterstücke. —
      Wir drängen uns durch die engen Gassen, immer neue Bilder
rein orientalischen Lebens hemmen den Schritt. Durch die Fuß=
gänger suchen sich mit ihren schwerbeladenen Burrikos (Esel) die Land=
bewohner Bahn zu brechen, dabei ihre Waren: Orangen, Citronen
und sonstigen Erzeugnisse mit lautem Rufe feilbietend. Wo brei=
tere Straße den schmalen Weg kreuzt, fesselt seltsamer Aufzug das
Auge: in langer, ungeordneter Reihe ziehen Kamele vorüber, die
zerlumpt aussehenden Tiere sind mit großen, sackartigen Körben be=
lastet, die zu beiden Seiten tief herabhängen; mit wunderlichem
Hausrate sind sie angefüllt: mächtige, mit Henkeln versehene Thon=
krüge, den alten Amphoren vergleichbar, ragen daraus hervor, allerlei
Hausgeräte und abgebrochene Zelte sind sichtbar und daneben hängen
in holder Eintracht Hähne und Hennen an den Beinen zusammen=
gebunden in beklagenswerter Lage, aber stoisch in ihr Schicksal er=
geben. Und auf dem Rücken der Tiere zusammengekauert sitzen un=
verschleierte Frauengestalten in blauen, wollenen Gewändern. Buntes
Kopftuch umschlingt die wirren, pechschwarzen Haare; an silbernen
Kettchen befestigte Goldmünzen verschiedener Größe decken, wie eine
Krone, die gebräunte Stirne; kunstreich aus Silber getriebene schwere
Kugeln und Ringe fallen, wieder durch silberne Ketten gehalten,
von den Schläfen zu den Schultern herab; ähnlicher Zierrat ist um
den Hals gelegt, und bei jedem schwerfälligen Schritte des zottigen
Kamels klirrt und klingt der Schmuck wie viel hundert silberne
Glöckchen. Die Oberarme und die Gelenke und die Knöchel der
zierlichen Füße umschließen silberne Spangen aus breitgeschlagenem

Silberblech gefertigt oder aus schmalem, Schlangen darstellenden
Silberreife bestehend. Anmutig verstehen es die mit Ringen bedeckten
Finger das Fähnchen zu führen, das, aus getrockneten Blättern der
Zwergpalme geflochten, eines kühlenden Fächers Dienste vertritt.
Den Kamelen folgt eine Schar von Eseln, in Körben Vorräte und
bunt bemalte Holztruhen tragend, mit Stöcken bewaffnete Männer
treiben die kleinen Tiere zu emsigem Trabe, damit sie gleichen Schritt
halten sollen mit ihren größeren Vorgängern. Neben dem zierlichen
Eselein, das als leichtere Bürde einen schwarzäugigen, in bunte
Farben gekleideten Buben trägt, schreitet rüstig ein älteres Weib
mit durchfurchtem Antlitz und hageren, sehnigen Gliedern; mit der
Linken stützt sie den Knaben auf seinem Tiere, mit dem Rechten hält
sie einen großen leichtfüßigen „Slughi", den arabischen Windhund,
und auf ihrem Rücken hängt, mit den kleinen Ärmchen der Mutter
Hals umklammernd, ein jüngeres Kind, von dem sackartig zusammen-
gebundenen Kleide gehalten. Dahinter treiben die Hirten eine reiche
Herde wolliger, breitschwänziger Schafe und zottiger, gescheckter
Ziegen, lustig springen die Zicklein zur Seite, und manches ermüdete
Tierchen wird von dem starken Manne unter dem Arm getragen.
Den Zug leitet, mit schnellem Schritte voranschreitend, ein jüngerer
Mann, mit lautem Rufe und eisenbeschlagenem Stabe schafft er ihm
Raum; am Schlusse desselben reitet, ihn bewachend, der Scheikh des
Duars, der Herr der Schar auf stolzem Araberhengste. Ein er-
grauender Vollbart umrahmt sein energisches, wettergebräuntes Ge-
sicht; die stechenden Augen schweifen prüfend über Herden und
Menschen. Mit natürlichem Anstande sitzt er auf seinem feurigen
Rosse, dessen Schweif beinahe die Erde streift, und dessen dichte
Mähne auf die breite Brust herabwallt. Der weiße Burnus des
Reiters bedeckt nicht vollständig ein fein gewebtes, blauseidenes
Unterkleid mit roter Verbrämung; über den weichen und wolligen
Burnus ist noch ein dunkelbrauner Mantel gelegt, an dem das Kreuz
der Ehrenlegion festgeheftet ist; das beinahe durchsichtige Kopftuch
wird von einer breiten Binde, aus kamelhaarenen Schnüren ge-
wunden, gehalten. Die Füße ruhen in gelben Pantoffeln, welche,
am Absatze offen, selbst wieder über hohe, bis zu den Knieen reichende
Reitstiefeln aus rotem, mit Silber gesticktem Leder, gezogen sind.
Schwere, in lange, haarscharfe Spitzen auslaufende Sporen sind an
breiten Riemen um die Füße geschnallt. Sattel und Zaumzeug sind
reich mit Gold durchwirkt, das Roß trägt um den Hals zwei riesige,

blendend weiße Eberzähne, welche durch ein silbernes Band zu halb=
mondförmiger Gestalt vereinigt sind — ein Amulett gegen den bösen
Blick. Ein Trupp Reiter folgt ihm, lange, mit Elfenbein eingelegte
Flinten tragen die meisten von ihnen auf dem Rücken, an der Seite
blitzen die silbernen Scheiden gekrümmter Dolche. Der lange Zug,
den wachsame Beduinenhunde umspringen, wandert gegen Norden.
Wüstenbewohner sind es, die beim Herannahen sommerlicher Sonne
den heißen Boden der Sahara verlassen, um für ihre Herden im
kühleren Tell neue Triften und fettere Weiden zu suchen. Wenn aber der
Herbstwind über die Sahel weht, dann deutet der Führer des Duars
südwärts, die Zeltstangen werden aus der vom ersten ersehnten Re=
gen gelockerten Erde gezogen und die braunen, weiß und schwarz
gestreiften Zeltdecken aufgerollt, wieder werden die Tiere beladen,
und freudiger eilt das Kamel vorwärts, welches die Witterung
heimatlicher Luft mächtig gen Süden zieht. So wandern die
braunen Kinder der Wüste jahraus, jahrein, und fragst du sie, wo=
hin die Wanderung gehe, dann weisen sie im Frühjahr nach dem
Siebengestirn und im Herbst dahin, wo kaum sichtbar in der Ferne
ein hellblauer Streifen die Höhen anzeigt, welche den Tell von der
Sahara scheiden. Wo sie rasten? Das wissen sie selbst nicht; wo
die Sonne scheint und wo Sterne leuchten, wo frisches Grün die
Tiere nährt und ein freundlich Bächlein den Durst stillt. Wo
gestern um lustig flackernd Lagerfeuer die ganze Schar sich gesammelt
hat, da künden morgen ein paar schwarze Kohlen, daß Menschen
daselbst gelagert. Es geht ihnen wie den Wogen des Meeres, die
jetzt vor uns auftauchen, um gleich wieder in der Ferne zu ver=
schwinden oder wie den Sandhügeln in der Sahara, ihrem Heimat=
lande: jeder Windstoß erhebt sie und trägt sie mit sich fort, heute
sind sie hier, und morgen wo anders. —

Wir schlendern gemächlich durch die bewegten Straßen; der
Freitag, welchen der Muselmann heiligt, zwingt manchen Gläubigen,
sein Haus zu verlassen und in der Moschee sein Gebet zu verrichten.
Wir nehmen uns volle Zeit und Muße, die schönen männlichen Ge=
stalten, welche unsern Weg kreuzen, zu mustern, müssen es uns da=
gegen auch gefallen lassen, daß sie auf uns, die einzigen Europäer
in diesem arabischen Viertel, neugierige, forschende Blicke richten.
Der Araber liebt die schreienden Farben; die heiße Sonne des Sü=
dens, die blendend weißen Häuser, der tiefblaue Himmel, der sich
darüber wölbt, läßt dieselben noch schreiender hervortreten. Der

schwarze Neger kleidet sich mit besonderer Vorliebe in Weiß; sein Sonntagsstaat ist also ein dem unsrigen genau entgegengesetzter.

Vorwärtsstrebend haben wir uns endlich aus dem Labyrinthe von Gängen und Gewölben herausgearbeitet und einen freien Platz (Place Bugeaud) erreicht; neue farbenreiche, lebensvolle Bilder fesseln die Sinne; es dauert eine Weile, bis wir uns zurechtgefunden haben in diesem wogenden Treiben. Hier, vor uns, hat sich ein dichter Kreis von Neugierigen um einen marokkanischen Schlangen= beschwörer geschart: ein langes, grau und weiß gestreiftes Gewand ohne Ärmel hüllt die untersetzte Gestalt ein bis zu den nackten Füßen, an die mit rotem Riemenwerk lederne Sandalen festgeschnürt sind; aus spitz zulaufender Kapuze blickt ein verschmitztes Gesicht. Am Boden neben ihm liegt ein bocklederner Sack, von giftigen Reptilien geschwellt, und daran lehnt sich ein derber Knotenstock. Drei alte Neger mit grauem, kurzgeschorenen Barte kauern ihm gegenüber auf einer alten Matte, große Tambourine mit Wucht bearbeitend. Mit beredtem Vortrage leitet er nun die Vorstellung ein und ver= spricht seltene Augenweide den Zuschauern. In der Hitze der Rede reißt er sich mit den nackten, muskulösen Armen das Oberkleid vom Leibe und steht nun, nur mit einem kurzen, schmutzigen Hemde be= kleidet, vor seinem Auditorium. Endlich eilt er zum Schlusse, indem er dem Publikum erklärt, daß es einem anständigen Manne schlecht anstehe, nach beendigter Vorstellung durchzubrennen, ohne zuvor wohlverdienten, milden Beitrag zu entrichten, darum möge man es ihm nicht verargen, wenn er seine Gäste höflichst ersuche, lieber vor= her zu bezahlen. Und diese lachen, und die kupfernen Sousstücke fliegen in den Kreis; der Redner wischt sich den Schweiß von der Stirne und die Neger verdoppeln aus Dankbarkeit ihre Kraft= anstrengungen. Zur eigentlichen Vorstellung übergehend, ernennt er einen jungen Araber aus dem Kreise der Zuschauer zum Hüter seiner Schlangen; er bewaffnet ihn zu diesem Zweck mit seinem Knüttel, läßt ihn vor dem Sacke niederknieen und öffnet denselben endlich. Bei dem wenig behaglichen Anblick des vielverschlungenen häßlichen Knäuels sinkt der Mut des tapfern Schlangenhüters bedenklich, und als vollends deren Herr und Eigentümer das anmaßende Verlangen an ihn richtet, zum freundlichen Willkommen seine neuen Schutz= befohlenen zu küssen, erklärt dieser, er nehme seine Entlassung aus dem unheimlichen Amte, zu dem er mit Gewalt gedungen worden.

Allein der Zauberer will von diesem Vertragsbruche nichts

Baumgarten, Afrika.   14

wissen, ergreift etliche seiner Schlangen und verfolgt mit diesen den Araber, welcher aus dem enggeschlossenen Kreise vergebens zu ent= kommen sucht, indem er dazu bei allen mohammedanischen Heiligen schwört, er werde unter den Schlangen ein furchtbares Blutbad an= richten. Der Jubel des Publikums erreicht seinen Höhepunkt, alles lacht und klatscht in die Hände und die vor Freude närrischen Neger schlagen sich mit ihren Musikinstrumenten gegenseitig auf die Köpfe. Nachdem sich dieser Sturm des Beifalls gelegt hat, zieht der Ma= rokkaner aus einer umgehängten alten Ledertasche eine aus Knochen gefertigte Doppelflöte hervor, und während er auf derselben eine einförmige Weise spielt, löst und entwirrt sich der Schlangenknäuel, eine Schlange nach der andern kriecht hervor und hoch aufgerichtet, mit den langen, spitzen Zünglein zischend, folgen sie ihrem Führer, bis dieser und die Tiere ermatten.

  Wieder nimmt uns der arabische Stadtteil auf und wieder ar= beiten wir uns durch die schmalen, überwölbten Gäßchen und machen endlich Halt bei einem Hause von gutem Aussehen: der Zanja der Fakire des Muley=Taieb. Diese in Tlemcen zahlreiche Brüder= schaft hält ihre wöchentlichen Zusammenkünfte in diesem Hause ab. Ein höflicher Diener weist uns einen Platz am Ende eines Ganges an, von welchem aus ich auf den innern Hofraum herabzusehen ver= mag. Den viereckigen Raum umgiebt auf vier Seiten das ein= stöckige, mit weißem Kalk beworfene Ordensgebäude; in der linken Ecke desselben befindet sich eine bis zum Rande mit Wasser gefüllte Cisterne, von zierlich geformtem, Arabesken darstellenden Eisengitter umgeben. Auf zwei Seiten des Hofes, mir zur Linken und auch meinem Standorte gerade gegenüber, öffnen sich zu ebener Erde breite Logen, durch lang herabwallende, faltenreiche Vorhänge von bunter Farbe noch verschlossen. Auf dem mit breiten Steinplatten gepflasterten Boden sind Matten gebreitet, auf welchen etwa vierzig Männer in sitzender Stellung mit untergeschlagenen Beinen Platz genommen haben. Zwei räumlich von einander getrennte Gruppen sind zu unterscheiden: in der Ecke, uns gegenüber, bilden sechs Männer einen kleinen Kreis; es sind dies die Musiker und die Vor= sänger. Der erste Vorsänger, ein schöner Mann mit reichem, schwarzem Vollbarte giebt die Weise an, als zweite und tiefere Stimme begleitet ihn ein Jüngling. Die Instrumentalmusik wird von einem Kapellmeister geleitet, welcher im Takte, nach dem vom Vorsänger angegebenen Rhythmus ein eisernes Becken schlägt, zwei

Musiker blasen eine Art Flöte mit hohen, kreischenden Tönen, ein dritter rührt die Tarbuka, ein aus zwei zusammengebundenen Thongefäßen, über deren Öffnungen Trommelfelle gespannt sind, bestehendes Instrument. Die andere Gruppe, — beinahe ausschließlich Männer in den reiferen Jahren, — ist der größeren Loge zugekehrt. Ich habe nur zwei Jünglinge, von etlichen zwanzig Jahren, unter ihnen bemerkt; alle scheinen der wohlhabenden Klasse anzugehören und sind sauber und reich gekleidet. Allen ist der braune, kamelshaarene Burnus gemeinsam, den sie wie einen Mantel über ihre bunte Kleidung geworfen haben und der ihnen mönchisches Aussehen verleiht. Über dem Turban tragen sie alle das weiße, mit kamelshaarenen Seilen umwundene Tuch, kein einziger von ihnen ist unbedeckten Hauptes. Während die Vorsänger den Gesang anstimmen und das Orchester einfällt, wird der Vorhang der Loge ihnen gegenüber zurückgeschlagen; inmitten derselben auf kostbarem Teppiche sitzt des Ordens Meister, der Uali. Mächtiger, kürbisartiger Turban bedeckt sein Haupt, langer, ergrauender Vollbart fällt über den braunen Mantel, den auch er über die farbigen Gewänder geworfen hat. In den Händen hält er den Rosenkranz aus Perlen von eblem Bernstein. Während ihn die Brüder, sich mehrmals bis zum Boden neigend, begrüßen, dankt er, kaum merklich mit dem Kopfe nickend. Hinter ihm stehen und sitzen dienende Brüder, seiner Winke und Befehle gewärtig; ernst und schweigsam überwacht er die religiöse Übung des Ordens, kein Muskel seines mageren, scharfen Gesichtes verzieht sich. Die Terrasse des Hauses und den Raum neben der Loge des Uali haben muselmännische Damen in dichtgedrängten Reihen besetzt, um dem Mysterium beizuwohnen. Alle sind mit dem rauhen, gelblichen Wollengewande bekleidet, welches wie ein Leichengewand die ganze Gestalt einhüllt und das sie unter dem Kinn so zusammenhalten, daß nur eine kleine Öffnung für ein einziges Auge frei bleibt, die nackten Füße stecken in Schlappschuhen, keine trägt Schuhe mit Absätzen. Bewegungslos, wie gespenstige Lemuren, kauern sie auf dem ebenen Dache, zuweilen huscht blitzschnell und wie ein Schatten ein solches Geschöpf an mir vorüber. —
Der lang andauernde Gesang ist eine Art Wechselgesang zum Lobe Allahs, seines Propheten und des Mula-Saah; Takt und Weise wird vom Vorsänger und der Kapelle angegeben und die größere Gruppe entgegnet, dieselbe Weise wiederholend. Es ist etwas Eigenartiges um die arabische Musik; wer zum ersten Male arabische

Weisen vernimmt, der wird ihnen williges Ohr leihen; allein wenn
der letzte Ton verklungen ist, wird er sich fragen, ob das Musik
war, denn des Taktes scheint sie zu ermangeln, und schwer prägt sich
die Melodie dem Gedächtnisse ein. An wessen Ohr aber des Öfteren
arabische Weisen bringen, dessen Gehör wird sich bald an die selt=
samen Töne gewöhnen und er wird die großen Unrechtes zeihen,
welche behaupten, daß diese Musik barbarisch sei, mißtönend und von
Melodie sich keine Spur darin finde. Die hohen, nur kurz ange=
schlagenen Töne, welche, rasch in einander verfließend, eine spärliche
Weise bilden, die immer und immer wieder aus dem verschlungenen
Gewirre der massenhaften Töne sich hervorringt, bis sie in lang=
gezogener, zitternder Note verklingt, wie ein sich der Brust ent=
ringender Seufzer, scheinen namenloses Sehnen, unendliche Trauer
auszusprechen. Wer sie einmal in sich aufgenommen hat, vergißt sie
nicht wieder.

Endlich, auf ein Zeichen des Meisters, entsteht eine Pause,
welche die Brüder benutzen, mich, den fremden Eindringling, vom
Kopf bis zu den Füßen zu mustern. Dann erheben sich zwölf
Brüder vom Boden und bilden, dem Meister den Rücken, der Ka=
pelle und den anderen das Gesicht zukehrend, einen Halbkreis, indem
sie mit fest verschlungenen Armen sich halten. Die Ältesten nehmen
die Mitte, die Jüngsten die beiden Enden des Halbkreises ein. Und
während die Musik eine ganz ähnliche Weise anstimmt, wie die ist,
welche wir bei den Aissauas gehört haben, beginnen sie den Tanz,
vom Absatze zur Fußspitze sich wiegend und dabei leicht die Kniee
beugend, so daß der Unterkörper vorwärts gedrückt wird. Sie be=
gleiten die Musik mit ihrem Gesange, und während des Singens
drehen sie im Takte den Kopf von einer Schulter zur andern. So=
bald der Name Allahs, des Propheten oder des Mula=Saah genannt
wird, neigen sie grüßend den Oberkörper zu Boden, und die bewegungs=
losen Gespenster geben ihren Beifall zu erkennen, indem sie den lang=
anhaltenden, vibrierenden Diskantschrei: „Zigarit" genannt, im Chore
erschallen lassen, und die Sitzenden klatschen im Takte mit den Hän=
den dazu. Immer rascher wird der Takt der Musik, lauter kreischen
die Flöten und die Trommel wird mit wuchtigen Schlägen gerührt,
rascher werden die Bewegungen der Tanzenden, daß der Kopf bei=
nahe die Brust trifft und dann wieder in den Nacken zurückfällt; die
Gesichter der Tanzenden glühen vor innerem Entzücken und hoher
Befriedigung, der Jubel der verhüllten Zuschauerinnen kennt keine

Grenzen mehr, unaufhörlicher, immer geltender werdender Zuschrei lohnt die convulsivischen Zuckungen der verzückten Brüder; die Ermatteten treten zurück, von anderen wird die Lücke ausgefüllt, und der tolle Tanz geht weiter bis der Meister winkt. Nach einem letzten Zigarit verlassen die Damen rasch den Zuschauerraum, die Brüder wischen sich die perlenden Schweißtropfen vom verklärten Angesichte, kühlen sich an der Cisterne und verlassen dann insgesamt ihr Haus, um dem Rufe des Muezzin zu folgen; genügend vorbereitet betreten sie nun die Moschee, in der sie Gesang und Gebet wieder aufnehmen.

Bilder aus der Sahara.

I. Der Wüstenaraber und die Karawane. — Am Brunnen. — II. Eine arabische Erzählung. — Sprichwörter.*)

I.

Will man das Wesen der „Freiheit" so recht in Fleisch und Bein erkennen und zu der Überzeugung gelangen, daß die abendländischen Deklamationen und Revolutionen, welche die Bestrebungen zur Realisierung dieses Begriffes veranlaßt haben, so lange, d. h. immer sich um leere Abstraktionen drehen werden, als man nicht auf ein civilisiertes, sozial geordnetes Leben verzichten will, so mache man sich auf einige Monate zum Araber und unternehme, mit gekreuzten Beinen auf schwankendem Kamele sitzend, die Reise vom Mittelländischen Meere quer durch die Sahara nach dem Sudan.

Wie sieht es in dem Kopfe eines Karawanen-Arabers aus? Der Mann hat weder Haus noch Feld, er kennt keine Stadt, keine Behörde, keine Dienstpflicht, keine Steuer, weiß nichts von Rente, Börse, Eisenbahnen, Presse, Polizei, Konstitutionen, Nationalitätenkampf. Alle Ideenkreise dieser Dinge fehlen in seinem Kopfe. Ist dieser darum leer oder unklar?

Der Araber der Sahara schreitet immer gerade aus durch das Flugsandmeer, die Augen auf dasselbe Gestirn geheftet. Sein Leitstern wechselt nicht wie die sogenannten Prinzipien, nach denen die hochcivilisierten Nationen sich vorwärts arbeiten.

---

*) Aus meinem Buche: Außereuropäische Völker. Kassel, 1885.

Während die letzteren in ihren vier Pfählen der Grenzstreitig-
keiten wegen und im Kampfe um das Dasein, im struggle of existence
keine Ruhe haben, hat der Araber des Gambastammes einen Staat,
dessen Grenzen soweit reichen, als ihn der Trab seines Pferdes zu
tragen vermag, er findet Datteln in jeder Oase, sein ganzes Besitztum, seine Herden führt er stets mit sich und braucht sich weder mit
den Theorieen des Malthus, noch mit denen der Sozialisten zu be-
fassen, auch nicht über Organisation der Arbeit oder das Recht auf
Unterstützung zu grübeln.

„Wie fängst du es an, um leben zu können?" fragte eines Tages
ein Franzose einen dieser immer und ewig in der Sandwüste umherziehenden armen Teufel.

„Derjenige, welcher diese Mühle geschaffen hat," sagte der Araber,
indem er eine respektable Reihe weißer Zähne zeigte, „ist nicht um
die Lieferung des Stoffes zum Mahlen verlegen".

In der That lebt der Araber von der Hand in den Mund, auf
Gottes Gnade hin. Hat er keine Butter mehr, keine Datteln, keinen
Conscoussou, kurz nichts mehr zu beißen, so sieht er, woher der
Wind weht, und erblickt er zuweilen am Horizont eine dunkle Wolke,
welche, die Sonne verhüllend, wie ein Gewitter heranzieht. Dieses
Gewölk ist nichts anderes, als die Vorsehung, welche dem Araber
seine Mahlzeit bringt.

Diese Mahlzeit besteht aus einer zwei bis drei Quadratstunden
umfassenden Schüssel von Heuschrecken, die fliegende Ernte der Wüste.

Will der Bedawi, der Mann der Wüste, heiraten, so ruft er
eine Schar Freunde zusammen und entführt unter einer Salve von
Flintenschüssen seine Braut, zu Pferde, wenn er ein Pferd hat, auf
einem Esel, wenn er nur einen solchen besitzt, und auf seinem Rücken,
wenn's nicht anders geht. Der Vater der Braut rauft sich nicht
die Haare aus, wie das ein civilisierter Abendländer thun würde,
sondern begnügt sich damit, ihr zum Abschied unbeschränkten Gehorsam gegen ihren Eheherrn anzuempfehlen. Die Frau ist ja nach
dem Koran ein untergeordnetes Wesen, unvollkommen, zank- und
putzsüchtig, der Mann muß sie schelten und gelegentlich — prügeln.
Daher ist auch der Stock in jedem Zelte die ultima ratio des Haus-
friedens.

Es giebt zahlreiche Vorwände, eine Frau zu verstoßen und eine
andere zu nehmen, wozu der Araber sehr geneigt ist. Trotzdem gilt
eine Heirat viel in der Wüste.

„Sobald ein Mann heiratet," sagen die Beduinen, „stößt Chitann (der Teufel) ein fürchterliches Geschrei aus. Alle die Seinigen eilen herbei."

„Was giebt's Herr?"

„Ein Sterblicher ist uns eben wieder entwischt!" antwortet Satan mit einem Ausrufe der Verzweiflung.

So lebt denn der Araber glücklich und sorglos. Als Utilitarier aus der Schule des Sancho Pança treibt er Poesie nur nachdem er gut gespeist hat. Ist der Bauch befriedigt, so sagt er zum Kopfe: Singe! Der geringste Kameltreiber ist ein Diplomat wie Talleyrand, denn er hat das wundervolle Sprichwort erfunden: Wenn derjenige, den du nötig hast, auf einem Esel reitet, so sage zu ihm: Welch gutes Pferd haben Sie da, gnädiger Herr.

Der Handel ist überall das nüchternste und prosaischste Ding von der Welt; aber es dürfte schwerlich eine schönere Fundgrube für poetische Stoffe geben, als die Aufzeichnung der Erlebnisse einer Handelskarawane. Ein Baumwollenballen reist ruhig unter der Garantie einer Assekuranzgesellschaft, ein Lastwagen unter dem Schutze von Gendarmen; beide gelangen ohne Gefahr, ohne Abenteuer an ihren Bestimmungsort. Der Karawanenhandel dagegen ist dramatischer, als irgend etwas unter der Sonne. Hier ist der Reisende fortwährend von Gefahren begleitet, und um ihnen zu entgehen, muß er jeden Augenblick seine Geistesgegenwart bethätigen. Ein Karawanenführer ist ein wandernder Stratege, denn es ist fast ebensoviel Genie nötig, um hundert Kamele nach Timbuktu zu bringen, wie den Feldzug nach Ägypten zu unternehmen.

Zunächst muß der Wanderer sich in jene unermeßlichen Ebenen ohne Wege, ohne Flüsse, ohne Seeen, ohne Bäume vertiefen, wo der Strauß, jener zweibeinige Dromedar Monate lang laufen kann, ohne einen Strauch zu finden, in den er, von der Not gejagt, seinen Kopf stecken könnte.

Der Wind, der beständig den wie eine Springflut vor ihm her wirbelnden Flugsand aufwühlt, verweht die Schritte des Reisenden schon unter seinen Fersen. Die Spuren früherer Karawanenzüge erkennt man nur an langen Reihen von Skeletten, welche die vom Simum begrabenen oder von Räubern gemordeten Menschen und Herden gebildet haben.

Oft wenn der Himmel verdunkelt, die Gestirne verschleiert sind,

verirrt sich der Araber; aber die Vorsehung hat ihm wunderbare
Naturanlagen gegeben. Er bückt sich und hebt in der Dunkelheit
eine Hand voll Gras oder Erde auf, er beriecht sie, führt sie an
seine Zunge, und findet dadurch seinen Weg wieder.

Die Hauptschwierigkeit der Reise liegt anderswo. Man muß
den Weg nach gewissen Merkmalen nehmen, zum Nachtlager Brun=
nen finden können, die nur auf der Landkarte des Gedächtnisses
stehen. Diese Brunnen sind häufig Gruben im Bette ausgetrockneter
Bäche, sie dienen zur Tränke der Tiere und gelten den Arabern als
heilige Orte.

Erreicht die Karawane eine solche Pfütze, so laden die Reisenden
das Gepäck ab, welches kreisförmig nebeneinander gelegt wird; die
Kamele lagern sich in der Mitte. Hierauf legt man sich, in den
Burnus gewickelt, schlafen, während einige Leute rings um die Ka=
rawane Wache halten.

Zuweilen bleibt auch die ganze Gesellschaft bei hellem Sternen=
licht auf, und es werden die Pfeifen angezündet, jedoch nur wenn
kein räuberischer Stamm in der Nähe haust, denn der Rauch könnte
sie verraten. Die Nacht gehört dem Armen, sagt der Araber,
und meint damit euphemistisch den Banditen.

Bei diesen Nachtwachen erzählt der Marabut seine zahlreichen
Volkssagen und Legenden, die, mystisch und ironisch zugleich, die
entzückten Zuhörer bis zum dämmernden Morgen in Spannung
halten.

II.

Folgende Parabel, welche Chancel am Brunnen Sidi=Moham=
meds hörte und aufschrieb, ist eine Probe dieser Poesie.

Eines Tages begegnete Sidna Ayssa — so nennen die Araber
dort Jesus Christus — dem Chitann, d. h. Satan, welcher vier
schwer beladene Esel vor sich her trieb.

„Chitann,“ sagte er zu ihm, „bist du Kaufmann geworden?“

„Jawohl, Herr, ich habe mehr Kunden als Waren zu ihrer Be=
dienung.“

„Womit handelst du denn?“

„O Herr, ich habe einen ganz vortrefflichen Handel. Sieh nur
einmal zu: Von den vier Eseln hier, den stärksten, die ich in Syrien
habe finden können, ist der eine mit Ungerechtigkeiten beladen. Wer
wird sie mir ablaufen? Die Sultane. — Der andere ist mit Neid

belastet. Wer wird dessen Käufer sein? Die Gelehrten. — Der
dritte trägt Diebstähle. Und wer wird sie mir abnehmen? Die
Kaufleute. — Der vierte endlich trägt außer Treulosigkeiten und
Listen aller Art eine ganze Auswahl von Verführungskünsten, die
allen Lastern entnommen sind. Wer wird sie kaufen? Die Frauen."

„Du Boshafter," versetzte Sibna. „Möge Gott dich ver=
fluchen!"

Am folgenden Tage verrichtete Sibna Ayssa sein Gebet an der=
selben Stelle, als er die Verwünschungen eines Eseltreibers hörte,
dessen vier Esel, unter der Last keuchend, nicht mehr weiter gehen
wollten.

Er erkannte Chitann wieder.

„Gott sei gelobt," sagte er zu ihm, „du hast nichts verkauft."

„Im Gegenteil, Herr," erwiederte Chitann; „eine Stunde nach=
dem ich dich verlassen hatte, waren alle meine Körbe ausverkauft;
allein ich habe wie immer Schwierigkeiten mit der Bezahlung ge=
habt. Der Sultan hat mich durch seinen Khalifa bezahlen lassen
und dieser wollte mir betrügerischer Weise von der Summe noch
abfeilschen. Die Gelehrten sagten, sie wären arm. Die Kaufleute
und ich, wir schimpften uns gegenseitig Diebe. Die Frauen allein
haben mich, ohne zu feilschen, bezahlt."

„Ich sehe jedoch," warf Sibna Ayssa ein, „daß deine Körbe
noch voll sind".

„Sie sind mit Geld gefüllt," erwiederte Chitann, indem er die
Esel peitschte. „Fort damit zum Kadi!"

So scheint selbst in der Sahara die Justiz der Araber einen
satyrischen Hieb zu verdienen, weil sie nicht selten Kläger und Be=
klagte ruiniert.

So kommt von Cisterne zu Cisterne, von Legende zu Legende
die Karawane langsam und mühsam weiter, quer durch glühend
heiße Einöden unter brennender Sonne. Aber Kamel und Araber
sind geduldig und ausdauernd. Kamel und Araber bilden ein In=
dividuum in zwei Personen. Man hat den Araber einen beweglichen
Höcker des Kamels, das Kamel eine Verlängerung des Arabers ge=
nannt, den stupiden feierlichen Ernst im Ausdruck des Gesichts haben
beide gemeinsam. Sie leben von derselben Nahrung; nur ißt der
Araber das Kamel, während letzteres keine Wiedervergeltung übt.

So erreicht die Karawane durch zahllose Gefahren, tausend
Stunden weit von ihrem Ausgangspunkt ihren Bestimmungsort im

Sudan. Unterwegs hat man von den Sitten und Gebräuchen der Araber vollständig Einsicht nehmen können.

Die Unterhaltung mit Arabern ist mit Sprichwörtern gewürzt, die, wie bei allen Völkern, einen Schatz nationaler Weisheit enthalten. Einige charakteristische derselben mögen hier eine Stelle finden:

Iß in der Oase und faste in der Wüste.

Verachte nicht den Armen. Auch der gemeine Kiesel enthält die warmen Funken, welche die Nacht dir erleuchten. Sei du, Reicher, der Stahl zu dem Steine, welcher den Funken hervorlockt.

Wenn du den Pfeil der Wahrheit abschießen willst, tauche seine Spitze vorher in Honig.

Die Sorge ist ein Pfeil; berühre du nicht die Sehne des Bogens.

Beiße den Finger nicht, der dir Honig in den Mund streicht.

Schieße deine Pfeile nicht nach dem Himmel, denn das Haupt Allahs erreichst du nie.

Die Glut des Eisens allein ist nichts; du mußt es auch auf den Amboß bringen.

Nach Ausone de Chancel.
Une Caravane dans le désert.

Der arabische Adel in der Wüste.

„Nimm einen Dornbusch", sagte der Emir Abd-el-Kader eines Tages zu mir, „und begieße ihn ein Jahr lang mit Rosenwasser, er wird nichts als Dornen tragen; nimm dagegen eine Dattelpalme, laß sie ohne alle Pflege und sie wird doch Datteln tragen".

Nach den Arabern ist der Adel die Dattelpalme, das gemeine Volk aber der Dornbusch. Im Orient glaubt man an die Kraft des Blutes und der Abstammung; man hält die Aristokratie nicht nur für eine Notwendigkeit im Staate, sondern sogar für ein Naturgesetz. Es fällt da niemandem ein, sich gegen diese Annahme aufzulehnen; im Gegenteil, man fügt sich mit stiller Ergebung. „Kopf ist Kopf, und Schwanz ist Schwanz" wird der erste beste arabische Hirt sagen, und wer es versuchen wollte, den Kopf zum Schwanze und den Schwanz zum Kopfe zu machen, würde ausgelacht werden.

Außer dem uralten und heiligen Adel, der aus den Nachkommen des Propheten besteht (den Sherifs), giebt es bei den Arabern noch

einen doppelten Adel, den Religionsadel und den Schwertadel, —
die Marabuts und die Dschuabs, von denen die ersteren ihr
Ansehen von ihrer Frömmigkeit, die letzteren von ihrer Tapferkeit
haben, die einander aber mit unversöhnlichem Hasse verfolgen. Die
Dschuabs machen den Marabuts das zum Vorwurfe, was man in
allen Ländern von dem geistlichen Stande sagt, wenn er die Leitung
der weltlichen Angelegenheiten in die Hand nehmen will; man beschuldigt sie des Ehrgeizes, des Intriguierens und des unaufhörlichen
Begehrens nach den Gütern dieser Erde, welches sich unter einer
heuchlerischen Liebe zu Gott versteckt. Eines ihrer Sprichwörter:
„Aus der Zuia (einem geweihten Orte mit Moschee und Schule)
kriecht immer eine Schlange." Die Marabuts ihrerseits beschuldigen
die Dschuabs der Gottlosigkeit, der Gewaltthat und der Raubsucht.
Die erste Beschuldigung kann ihnen eine furchtbare Waffe in die
Hand geben, denn sie sind ihren Nebenbuhlern gegenüber das, was
die Geistlichkeit in Europa im Mittelalter dem Adel gegenüber war,
den ein Bannstrahl in der festesten Burg erreichte. Wenn die
Dschuabs das Volk durch die Erinnerungen an bestandene Gefahren,
an vergossenes Blut und Waffenglanz mit sich fortreißen können, so
besitzen die Marabuts die unbegrenzte Macht des religiösen Glaubens
auf die Gemüter. Mehr als einmal hat ein geliebter oder gefürch-
teter Marabut die Herrschaft und selbst das Leben eines Schwert-
abligen gefährdet; den letzteren wollen wir heute schildern. Um sogleich zu zeigen, was ein Abeliger in der Sahara ist, müssen wir
beschreiben, was unter einem großen Zelte am Morgen vorgeht.

Die alte Poesie hat häufig von der Menge der Klienten gesprochen, die in Rom in den Hallen der Paläste der Patrizier sich
drängten. Ein großes Zelt in der Wüste ist jetzt das, was jene
stolzen römischen Paläste waren. Der Führer des Stammes sitzt
gravitätisch mit jener würdevollen Haltung, die nur den Orientalen
eigentümlich ist, auf einem Teppiche und empfängt nacheinander die,
welche sich an ihn wenden. Der eine klagt den Nachbar an, der
eine Schuld nicht bezahlen will; der andere will gestohlenes Vieh
zurückhaben. Bisweilen klagt wohl auch eine Frau über ihren Mann,
der ihr schlechte Nahrung oder Kleidung giebt. Alle diese verschiedenen Klagen hört er aufmerksam und mit der größten Geduld
an; er bemüht sich, die Wunden jeder Art, die man ihm zeigte, zu
heilen. Dem einen erteilt er Befehle, dem andern einen guten Rat:
keinem versagt er seine Hilfe.

Der arabische Häuptling bedarf übrigens nicht bloß der Eigen=
schaft, die sich Salomo von Gott erbat; die Weisheit muß sich in
ihm mit Freigebigkeit und Mut vereinigen. Der größte Lobspruch,
den man ihm thun kann, ist: „Der hat das Schwert immer gezogen
und seine Hand ist jederzeit offen." Die etwas pomphafte, aber edle
und bisweilen rührende Mildthätigkeit, welche übrigens das musel=
männische Gesetz allen Gläubigen zur Pflicht macht, muß er fort=
während üben. Sein Zelt muß die Zuflucht der Armen sein, nie=
mand darf in seiner Nähe hungern, denn der Prophet hat gesagt:
„Gott wird sich nur derer erbarmen, die selbst Barmherzigkeit üben.
Ihr Gläubigen, seid mildthätig und gäbet ihr nur die Hälfte von
einer Dattel." Wenn ein Krieger das Pferd verlor, das seine Stärke
war, wenn einer Familie eine Herde geraubt wurde, von der sie
lebte, so wendet man sich an den Häuptling, immer an den Häupt=
ling. An Gewinn darf er nie denken. Der arabische Adelige, der
in so vielfacher Hinsicht an den Herrn im Mittelalter erinnert, unter=
scheidet sich von unseren Rittern wesentlich durch seine Abneigung
gegen das Spiel. Würfel und Karten werden in einem Zelte nie
zum Zeitvertreib benutzt. Ein arabischer Häuptling darf weder
spielen, noch auf Wucher leihen.

„Nichts", sagt Abd=el=Kader, „erhöht die blendende Weiße eines
Burnus mehr als Blut. Der arabische Häuptling muß wie unsere
sonstigen Heerführer der tapferste seiner Krieger sein. Sein Einfluß
würde sofort vollständig verloren gehen, wenn man vermuten könnte,
sein Herz sei schwach, und die Araber verlassen sich nicht auf den
Schein, sondern nur auf die Wirklichkeit. Sie bewundern eine hart=
gestählte Seele, nicht aber ein riesiges Äußere. Und hier dürfte der
Ort sein, gegen das allgemein verbreitete Vorurteil zu sprechen, daß
eine hohe Gestalt oder Körperkraft tiefen Eindruck auf die Araber
machen. Das ist keineswegs der Fall; sie verlangen, daß man
rüstig sei, dem Durst, dem Hunger unzugänglich, und im stande, die
stärksten Anstrengungen zu ertragen; einem hohen Wuchse und der
Muskelkraft, wie etwa der unserer Lastträger, legen sie sehr geringen
Wert bei. Sie schätzen ferner die Gewandtheit und den Mut, ob
man groß oder klein ist, bleibt ihnen gleichgiltig, ja oftmals sprechen
sie, wenn man einen Koloß vor ihnen rühmt: „Was nützt die Größe?
Was nützt die Kraft? Das Herz müssen wir sehen. Vielleicht ist
es nur die Löwenhaut auf einer Kuh."

Trotz dieser Bewunderung des Mutes kennen die Araber das

oint d'honneur nicht wie wir. Bei ihnen gilt es nicht für feig,
vor einer großen Zahl sich zurückzuziehen, ja sogar vor einem schwä-
chern Feinde zu fliehen, sobald man kein Interesse am Siege hat.
Die Araber lachen oft unter einander und spotten über die chevale-
resken Skrupel der Europäer. Sie sind voll Eifer, wenn das Glück
sie begünstigt, zerstreuen sich aber und verschwinden, sobald es sich
von ihnen wendet. Daher giebt es bei ihren Urteilen über Tapferkeit wesentliche Unterschiede mit den unsrigen. Ihre Achtung für
den Mut treibt sie keineswegs zu übermäßiger Strenge gegen die,
welchen diese Eigenschaft abgeht. Ein Feiger wird zwar nie Würden
in seinem Stamme erlangen, aber ein Gegenstand der Verachtung
ist er trotzdem nicht. Man wird einfach von ihm sagen: „Gott
wollte nicht, daß er mutig und tapfer sei; man muß ihn beklagen,
ohne ihn zu tadeln." Dagegen verlangt man von einem Mut-
losen, daß er wenigstens guten Rat erteilen könne und freigebig sei.

Die Prahlerei wird viel verächtlicher behandelt, als die Furcht.
„Wenn du sagst, der Löwe sei ein Esel, so gehe hin und lege ihm
einen Zaum an," sagt ein arabisches Sprichwort, das häufig angewendet wird. Trotz ihres heißen Blutes und der Hyperbeln ihrer
Sprache verlangen die Araber, daß auch der Mut jene Würde des
Schweigens habe, das sie so hoch halten. Sie haben in dieser Hinsicht nichts von den Naturen, die zur Zeit des Cid kämpften, auch
nichts in Rücksicht der Zweikämpfe. Diese sind bei ihnen völlig unbekannt. Wenn einer den andern beleidigt hat, so rächt er sich durch
Mord. Man findet Leute mit weitem Gewissen, die für einen sehr
mäßigen Preis im Auftrag einen Feind beseitigen. Wenn man dagegen mit seinem Gelde mehr geizt, als mit seinem Leben, wenn
man rasch nach dem Schwerte, aber langsam nach dem Beutel greift,
so lauert man auf eine Gelegenheit, selbst über den herzufallen, von
welchen man beleidigt wurde. Man tötet ihn, oder wird getötet;
unterliegt man, so vermacht man oftmals die Blutschuld an einen
andern, denn wenn auch die Rache nicht unter der Obhut des Zwei-
kampfes steht, existiert sie doch bei den Arabern, und zwar in sehr
blühendem Zustande. Oftmals pflanzt sie sich von Generation zu
Generation fort. Man findet hier jene Familienkämpfe wieder,
welche sonst das Pflaster der italienischen Städte mit Blut befleckten.

Statt Schilderungen von blutigen Fehden will ich lieber einige
Bilder aus dem Familienleben geben und bei der Achtung beginnen,
welche die väterliche Gewalt bei den Arabern hat. So lange das

Kind klein, gehört ihm gewissermaßen das Zelt, und sein Vater ist
fast sein erster Sklave; seine Spiele bilden die Freude der Familie,
seine Ausgelassenheit und Einfälle die Lust und Heiterkeit darin; so=
bald es aber heiratsfähig wird, lehrt man es die Demut und Unter=
würfigkeit; es darf nicht mehr vor dem Vater sprechen. Diese un=
bedingte Ehrfurcht, die es dem Haupte der Familie schuldig ist,
gebührt auch dem ältern Bruder. Indessen erreichen die arabischen
Sitten, trotz der aristokratischen Strenge, die finstere Härte nicht,
welche unter den Patriziern in Rom herrschte. Ein Vater würde
hier z. B. seinen Sohn nur dann selbst zum Tode verurteilen, wenn
er sich an ihm selbst vergriffen hätte, in jedem andern Falle aber
sich darauf beschränken, ihn aus seinen Augen zu verbannen.

Der Charakter des Volks läßt sich am besten aus den feierlichen
Augenblicken des Lebens erkennen. Begleiten wir also einen Adeligen
der Wüste durch dieselben.

Der Tag, an welchem ein Kind in einem großen Zelt geboren
wird, ist ein Tag unermeßlicher Freude. Ein jeder begiebt sich zu
dem Vater des Neugeborenen und sagt ihm: „Möge dein Sohn
glücklich sein!" Während die Männer sich um den Vater drängen,
empfängt auch die Mutter Besuche. Die Frauen des Stammes eilen
zu ihr. Männer und Frauen bringen Geschenke, ihrem Vermögen
entsprechend. Von den Kamelen, den Schafen und den kostbaren
Kleidungsstücken bis zu Getreide und Datteln häufen sich alle
Schätze der Wüste unter dem Zelte, das Gott gesegnet hat. Da=
gegen ist der, welcher diese Zeichen der Achtung und Liebe empfängt,
genötigt, in großem Maßstabe Gastfreiheit zu üben. Bisweilen trak=
tiert er die Besuchenden zwanzig Tage lang. Auch die Feste in der
Wüste haben den Charakter des Großartigen, der allem eigen ist,
was auf diesem Schauplatze ursprünglichen Lebens geschieht. Sobald
das Kind sich zu entwickeln beginnt, lehrt man es lesen und schreiben,
was indes bei den Dschuads eine Neuerung ist. Sonst kümmerten
sich nur die Marabuts um Gelehrsamkeit. Der Mann vom Schwert
verachtete alles Wissen, wie unsere Barone im Mittelalter; man
glaubte die Energie seines Mutes anzutasten, wenn man seinen Geist
ausbildete; seit man aber gesehen hat, daß bei den französischen
Soldaten der Besitz von Kenntnissen die Tapferkeit nicht verringert
hat, änderten auch die Araber ihre Ansichten darüber. Viele sagten
sich aber auch mit schwermütiger Resignation, wie ich es selbst ge=
hört habe: „Sonst konnten wir in Unwissenheit leben, denn die

Ruhe und das Glück wohnen unter uns; aber in der Zeit der Un=
ruhe und des Kriegs, die wir durchleben müssen, haben wir auch
das Wissen zu Hilfe zu rufen." So wirkt der Einfluß der Civilisa=
tion, wenn auch langsam, bis in die Wüste.

Die Beschäftigung mit den Wissenschaften hat jedoch die Übung
des jungen Wüstenadeligen im Reiten und in der Führung der
Waffen nicht beeinträchtigt. Sobald ein Knabe sich auf dem Pferde
halten kann, läßt man ihn reiten. Hat er darin einige Sicherheit
erlangt, so nimmt man ihn mit auf die Jagd, läßt ihn nach der
Scheibe schießen und lehrt ihn die Lanze in die Weichen eines Ebers
bohren. Erreicht er sein sechs= oder achtzehntes Jahr, kennt er den
Koran und kann Fasten üben, so verheiratet man ihn. Der Prophet
hat gesagt: „Heiratet jung: Die Ehe zähmt den Blick des Mannes
und regelt das Verhalten der Frau."

Sobald der Adelige verheiratet ist, tritt er in ein neues Leben,
in einen Kreis persönlicher Thätigkeit ein. Er ist emancipiert; in=
dessen nicht ganz, er müßte denn Haupt des Zeltes, Herr seines
Vermögens und sein Vater nicht mehr am Leben sein. Er zählt
von nun an in seinem Stamme zu den Männern der That und des
Rates; er hat bereits seine Anhänger, seine Pferde, seine Hunde,
seine Falken und sein ganzes Kriegs= und Jagdgeräte. Seine An=
hänger sind die jungen Männer seines Alters, seine zukünftigen
Höflinge; unter seinem Kriegs= und Jagdgeräte finden sich mehrere,
wohl gar viele Gewehre von Tunis oder Algier, die damasciert, mit
Silber, mit Perlmutter, mit Korallen ausgelegt sind, Säbel mit cise=
lierten silbernen Scheiden und Sättel von Sammet oder Marokin,
mit Gold und Seide gestickt. Zu seiner vollständigen Ausrüstung
gehört ferner die Säbeltasche, mit Pantherfell geschmückt, silberne
Sporen, mit Korallen ausgelegt, ein hoher, breiter Strohhut mit
Straußenfedern und die Patrontasche von Marokin, die mit Seide,
Gold und Silber gesteppt ist.

Hat sein Vater „die Schuld bezahlt, die Gott von jedem
Menschen fordert", so gehört ihm das große Zelt mit allen Luxus=
geräten, Teppichen, Ruhekissen, Juwelensäckchen, silbernen Tassen
und den Jagd=, Kriegs= und Mundvorräten für die ganze Familie,
die oft fünfundzwanzig bis dreißig Köpfe zählt. Ihm gehören auch
der Hengst und die Stuten vor dem Zelte, die acht bis zehn Neger
und Negerinnen und die Korn=, Gerste=, Datteln= und Honigvorräte,
die an einem sichern Orte vor einem Handstreiche gesichert sind, die

acht= bis zehntausend Schafe und die fünf= bis sechshundert Kamele,
die weit umher weiden unter der Obhut von Hirten. Sein Ver=
mögen kann dann auf 30= bis 50 000 Thaler geschätzt werden.

In dem Alter, in dem er steht, im neunzehnten oder zwanzig=
sten Jahre, hat er sich noch nicht mit der Verwaltung dieses Ver=
mögens zu beschäftigen. Er sucht jetzt noch nur Vergnügen. Wenn
er sich in Friedenszeiten zu Pferd mit seinen Freunden und einigen
Dienern, welche die Hunde an Leinen nachführen oder wohl auch
vor sich tragen auf Kamelen, auf die fernen Weideplätze begiebt, um
seine Herden zu besichtigen, giebt es oft Gelegenheit zu einer Jagd
auf Strauße und Gazellen. Haben seine auf Entdeckung ausge=
sandten Diener Strauße gefunden, so fliegen die Reiter auseinander,
weit, und umschlingen sie in einem anfangs ungeheuer großen Kreise,
der sich aber allmählich verengt, bis man die Strauße sieht und
dann unter lautem Jagdrufe auf sie jagt. Jeder wählt sich sein
Opfer, folgt ihm in tausend Windungen, erreicht es und tötet es
endlich mit einem Schlage auf den Kopf, denn eine Kugel würde
die Federn mit Blut beflecken.

Die eigentliche aristokratische und Herrenjagd aber ist die Jagd
mit dem Falken. Der Falke, der im Zelte auf einer Stange abge=
richtet wird, an welcher er mit einem zierlichen Marokinriemen be=
festigt ist, wird von dem Herrn selbst sorgsam gefüttert und abge=
richtet. Seine Klappe ist mit Seide, Gold und kleinen Straußen=
federn geschmückt, seine Fesseln gestickt und mit silbernen Glöckchen
versehen. Sobald die Abrichtung vollendet ist, ladet der Herr seine
Freunde zur ersten Jagd ein. Alle erscheinen gut beritten. Der
Häuptling reitet voraus mit einem Falken auf der Achsel, mit einem
andern auf der Hand. „Nach einem Zuge in den Krieg“, sagte mir
Abd=el=Kader, „ist nichts so schön, als der Aufbruch zur Falken=
jagd“.

Solche anstrengende Vergnügungen gewöhnen und kräftigen den
Adel für den Krieg und die Razzia. Ist eine Karawane geplündert
worden, hat man die Frauen des Stammes beleidigt, macht man
ihm das Wasser und die Weideplätze streitig, so kommen die Häupt=
linge zusammen, und der Krieg wird beschlossen. Man schreibt an
alle Häuptlinge der verbündeten Stämme und alle erscheinen an
dem bestimmten Tage mit ihren Leuten. Man schwört feierlich, ein=
ander gegenseitig Beistand zu leisten. Am nächsten Tage setzen sich
alle in Bewegung, selbst die Frauen mit, diese auf Kamelen oder

in Palankins, die nicht immer fest verschloffen find. Es giebt ein malerisches Untereinander von Pferden, Kriegern und Fußvolk.

Der feindliche Stamm seinerseits trifft Vorbereitungen, und nach drei oder vier Tagen treffen die feindlichen Parteien aufeinander. Die Tirailleurs begegnen einander zuerft, und fie beginnen die Feind-feligkeiten mit Schmähungen und Schimpfworten, wie die Helden Homers; allmählich entwickelt fich der Kampf in Gruppen von fünf-zehn oder zwanzig Perfonen, bis alles hineingezogen wird. Das Gedränge wird allgemein, alle Flinten knallen, alle Zungen fchreien, fchimpfen und fluchen und endlich kommt es auch zum Schwertkampfe.

Endlich tritt die Zeit ein, daß der Stamm, welcher die meiften Leute verloren hat, namentlich Häuptlinge und Pferde, fich zurück-ziehen muß. Es beginnt dann eine allgemeine Flucht, in welcher nur die Tapferften fich von Zeit zu Zeit umkehren, um dem Feinde noch einige Kugeln auf Geratewohl zuzusenden. Nicht selten ftürzt fich der Häuptling verzweifelt, mit dem Säbel in der Hand, in das dichteste Gedränge und findet einen ruhmvollen Tod. Dem Siege folgt die Plünderung in allgemeiner Unordnung, und in diefer wird es noch manchem Befiegten möglich, feine Frauen, feine Pferde und feine koftbarfte Habe zu retten.

Kommt der Stamm fiegreich zurück, fo wird er freudig emp-fangen und gegen die Bundesgenoffen übt man die großartigfte Gaftlichkeit, bis man fie endlich drei bis vier Stunden weit zurück-begleitet.

Je älter der Araber wird, um fo mehr Ernft und Würde er-langt er; jedes weiße Haar in feinem Bart regt ihn zu ernften Ge-danken an; er geht häufiger mit den Dienern Gottes um und erweift fich freigebiger gegen diefelben; er wird frommer; man fieht ihn minder oft auf der Jagd und bei Hochzeiten. Seine Befchäftigungen als Stammeshaupt laffen ihm auch weniger Zeit, obgleich der ritter-liche Sinn feiner Jugend in ihm nur fchlummert und er niemals in feinem Zelte bleibt, wenn einer feiner Stämme für angethane Beleidigung Rache verlangt. „Ich würde mich glücklich preifen," fagt er, „könnte ich als Mann fterben im Kampfe und nicht wie ein altes Weib". Manche vornehme Familien rühmen fich auch, daß feit Menfchengedenken keiner ihrer Vorfahren auf feinem Lager geftorben fei. Général Daumas,
La Vie arabe, P. 1869.

––––––––

Die Bevölkerung Marokkos (1884).

I.

Gährung in der mohammedanischen Welt. — Die Bevölkerung Marokkos. —
Die Kuwasah. — Die Landessprachen. — Fanatismus der Marokkaner.

In der ganzen mohammedanischen Welt Nord-Afrikas gährt es,
man fühlt das Engerwerden des Ringes, den die abendländische
Kultur um den verrotteten Islam legt, der nun seine ganze Kraft
zusammenzunehmen scheint, um sich der verhaßten Europäer zu erwehren. In Chartum ist ein fanatischer Prophet entstanden, der
alles, was die letzten Decennien mühsam hergestellt haben, vernichten
will, und eine ähnliche Rolle zu spielen scheint, wie in den Fünfziger
Jahren der berüchtigte Hadschi Omar im westlichen Sudan; dort
aber wehrt sich sein Sohn Ahmada, Sultan von Segu, vergeblich
gegen die Franzosen, die mit bewundernswerter Energie ihre Mi-
litärposten vorschieben und Eisenbahnschienen und Telegraphendrähte
bis in die Nähe des Niger schaffen. In Ägypten treten plötzlich
einige ehr- und geldsüchtige Abenturiers auf, die den harmlosen und
fleißigen Fellahs einreden wollen, sie seien eine große Nation, und
Ägypten müsse den Ägyptern gehören, und die frei in der Sahara
herumschweifenden Tuarik schlagen die Mitglieder einer großen französischen wissenschaftlichen Expedition tot (Mission Flatters), worin
sie neuerdings unterstützt werden von Bu-Amena, Si-Sliman und
Genossen, die an der algerisch-marokkanischen Grenze ihr Wesen treiben. Aus Marokko hörte man bisher nichts, und erst vor einigen
Tagen kam die den Spaniern jedenfalls hochwillkommene Nachricht,
daß einige Rifioten auf ein spanisches Schiff gefeuert haben.

Marokko, oder Maghrib-el-Aksa, das entfernte Abendland (the
far West), wie es von den Arabern genannt wird, dieser alte Piratenstaat, vor dem die mediterranen Seemächte Jahrhunderte hindurch gezittert haben, und dem noch bis tief in unser Jahrhundert
hinein die europäischen Großmächte Tribut zahlten, hat es meister-
haft verstanden, sich sowohl dem abendländischen Einflusse, als auch
der Türkenherrschaft zu entziehen. Noch heute herrscht zu Marokko
eine ganze Reihe unnatürlicher Zustände: die Vertreter der fremden
Mächte wohnen nicht in der Residenz des Sultans, sondern in
Tanger und verkehren durch einen marokkanischen Minister mit der

Regierung; die Europäer dürfen nicht im Innern des Landes wohnen und Grundbesitz erwerben. Die letzte Madrider Konferenz hat das allerdings beseitigt, in Wirklichkeit sind die Verhältnisse aber derart, daß sich schwerlich jemand finden wird, der Lust hätte, im Innern Marokkos zu wohnen. Der Export von wichtigen und wertvollen Landesprodukten ist verboten, und nur einige wenige Artikel dürfen außer Landes kommen; die Erlaubnis dazu wird aber immer speciell (gewöhnlich dem Konsul eines Landes) und nur für bestimmte Zeit gegeben. Aber auch von osmanischen Einflüssen ist das Land völlig verschont geblieben. Die von der Lehre des Propheten fanatisierten Araber, welche in ihrem raschen Eroberungszuge über Nord-Afrika hin schon bald nach der Hedschra das Volk des alten Mauritanien unterwarfen und belehrten, Spanien mit dem Schwert gewannen und erst nach mehr als siebenhundertjähriger Herrschaft wieder nach Marokko zurückgedrängt wurden, das sie bis auf den heutigen Tag beherrschen, halten sich für die echten legitimen Erben der ersten Bekenner des Propheten und betrachten den Anspruch der Türken darauf für eine unberechtigte Usurpation. Für sie ist der Sultan in Fäß der wahre Kalif, das ist Stellvertreter des Propheten; er ist weltlicher und geistlicher Herr, und die jetzige Familie des Herrschers, die Filali, sind Schurafa (Plural von Scherif*); im diplomatischen Verkehr mit den Europäern wird der Sultan Muley Hassan auch als „Sa Majesté shérifienne" angeredet.

Die Bevölkerung des heutigen Marokko ist eine außerordentlich gemischte, denn Mauritanier und Römer, Westgoten und Vandalen, Byzantiner und Araber sind im Laufe der Jahrhunderte über dieses Land hinweggegangen und haben mehr oder weniger tiefe Spuren zurückgelassen. Andererseits bildet heutzutage diese Bevölkerung insofern eine einheitliche Masse, als alle Unterthanen des Sultans Mohammedaner sind; die geringe Menge christlicher Bewohner in den Küstenstädten und die im Lande zerstreuten hispanischen Juden sind nur geduldete Schutzgenossen.

Im allgemeinen kann man, abgesehen von einigen wenigen Re-negaten in der marokkanischen Armee, sechs verschiedene Elemente

---

*) Ein Scherif ist ein Mann, der einer Familie angehört, welche direkt von Fatima und dem Schwiegersohne Mohammeds abzustammen vorgiebt; also eine Art geistlicher Adel. Ein Marabut dagegen ist ein Mann, der sich durch besondere Frömmigkeit und Gelehrsamkeit ein hervorragendes Ansehen verschafft hat.

unter der heutigen Bevölkerung dieses Landes unterscheiden: die
Berber, die nomadisierenden Araber, die städtebewohnenden Mauren
(ein Gemisch aus den beiden Vorhergehenden), Negersklaven, hispa=
nische Juden und Christen.

Im Norden von Marokko, schon wenige Meilen östlich von
Tanger, beginnt ein langer, sich weit nach Osten, bis Tunis, er=
streckender, steil nach dem Mittelmeer zu abfallender Gebirgszug, der
unter dem Namen er rif bekannt ist (das deutsche Wort Riff hat
damit nichts zu thun und der Ausdruck „Riffpiraten" ist falsch).
Im Süden des Landes bilden die Parallelketten des hohen Atlas
die Grenze zwischen Marokko und der Sahara, zwischen beiden Ge=
birgen aber dehnt sich, das ganze westliche Marokko umfassend, die
fruchtbare Ebene El=Gharb (der Westen) aus, während das östliche
Marokko, nach der algerischen Grenze hin, wieder von zahlreichen
kleineren Gebirgsketten durchzogen ist. Als nun vor Jahrhunderten
die Araber anstürmten und die Nachkommen der alten Mauritanier,
die heutigen Berber, unterwarfen, zogen sich dieselben in die un=
wegsamen und rauhen Gebirge zurück, den Eindringlingen die
schönen, fruchtbaren Ebenen überlassend. Der Unabhängigkeitskampf
der Berber gegen die Araber dauert seit jener Zeit bis auf den
heutigen Tag fort; der Sultan von Marokko liegt in der That in
permanenter Fehde mit diesen wilden und tapferen Bergbewohnern,
und fast jedes Jahr ist in einem Teile Marokkos eine Berber Ka=
bylâh *) im Aufstande.

Diese bergbewohnenden Berber zerfallen nun in zwei ziemlich
scharf von einander getrennte Gruppen: die Berber des Nordens,
die sich Amâziah (auch Amâzirgh geschrieben) nennen, und die im
Süden wohnenden, die Scheluh; erstere sind die sogenannten Ru=
wafah, Bewohner des Rifgebirges, die gewöhnlich als Kabylen be=
zeichnet werden. Berber und Araber unterscheiden sich schon äußer=
lich: der erstere, der nicht selten blond und blau= oder grauäugig ist,
hat eine große, kräftige Gestalt, ist kriegerisch und freiheitliebend,
aber auch wild und grausam. Durch seine mehr europäischen Ge=
sichtszüge und seine weißere Hautfarbe unterscheidet er sich wesentlich
von dem dunkleren, schöneren, meistens weniger kräftig gebauten,

---

*) Es ist Sprachgebrauch geworden, die Bergbewohner Nord=Afrikas einfach
als Kabylen zu bezeichnen. Richtiger ist, den Namen der betreffenden Kabyle
(Stamm), z. B. Kabyle beni Maba'an ꝛc., hinzufügen.

aber intelligenteren und schlaueren Araber, der übrigens ebenso roh und grausam ist, als jener. Der vorzugsweise die Städte bewohnende Maure, also ein Gemisch der seinerseits von den Spaniern vertriebenen Araber mit den Nachkommen der Mauritanier, hat vom Berber die weiße Hautfarbe und vom Araber die höhere Intelligenz, die er jedoch als Kaufmann, Handwerker und Beamter oft zum Nachteil seines Nächsten verwendet. Es ist gewiß auffallend, daß sich unter den Berbern, also einem hamitischen Volksstamme, nicht so selten blonde und helläugige Leute finden; man hat wohl mit Recht diese Erscheinung auf das Eindringen germanischer Völker, Vandalen und Westgoten zurückgeführt, von denen ein großer Teil in dem eroberten Lande geblieben und in der einheimischen Bevölkerung aufgegangen ist. Es gilt dies übrigens mehr von den im Norden wohnenden Amázigh, wozu also die Rifbewohner gehören, als von den Scheluh im Süden.

Die Landessprache in Marokko ist das Arabische, und zwar der sogenannte maghribinische Dialekt, der als der am wenigsten reine gilt. In der That ist derselbe mit vielen berberischen Worten vermischt; die Berber selbst, obgleich die Mehrzahl das Arabische spricht, haben ihre eigene Sprache. Sie treiben Viehzucht und Ackerbau, soweit wie dies in den gebirgigen Gegenden möglich ist, und es ist erstaunlich, zu sehen, mit welchem Fleiß diese Bergbewohner dem undankbaren Boden jedes Fleckchen Erde abzugewinnen wissen, um ein kleines Gerstenfeld anzulegen. Die Berber des Nordens, also die Rifioten, trieben früher auch eine lebhafte Schiffahrt, und waren als kühne Piraten sehr gefürchtet; bei den Scheluh im Atlasgebirge und den Ländern südlich davon, in Wad-Sus, Tafilalet ꝛc., findet man eine hochentwickelte Industrie in Leder- und Metallwaren.

Diese Berber, besonders aber die Rifioten, sind es, die seit den ältesten Zeiten den aufeinander folgenden Regierungen in ihren schwer zugänglichen Gebirgen meist mit Erfolg Widerstand geleistet haben.

Auch jetzt sind, namentlich die Ruwafah, fast unabhängig und zahlen nur dann in Form von Geschenken Steuern an den Sultan, wenn er oder seine Generale mit überlegener Heeresmacht in ihr Gebiet eindringen. Gefährlich würden sie nur dann dem bestehenden Staatswesen werden, wenn sie sich unter einander verbänden, um gemeinsam der Regierung die Spitze zu bieten. So weit gehen sie aber nicht. Ihr Zweck ist nur, möglichst wenig Abgaben an den

Sultan zu leisten, dem sie als Stellvertreter des Propheten (Kalif) übrigens zugethan sind.

Die Bevölkerung Marokkos, Berber sowohl wie Araber, gelten dem Europäer gegenüber als ungemein fanatisch. Ein gewisser religiöser Fanatismus existiert allerdings, das ist wahr. Der rumi (Römer), wie heute noch jeder Europäer genannt wird, ist im allgemeinen nicht gern gesehen; das Innere des Wohnhauses, die Moscheen und die verschiedenen heiligen Plätze sind ihm verschlossen; es giebt zahlreiche Mitglieder von religiösen Sekten und Orden, die sich an Fanatismus überbieten, und in keinem mohammedanischen Staate sind an den großen Festzügen die öffentlichen Umzüge unter der Leitung irgend eines Heiligen so grauenhaft und für Nicht-Mohammedaner gefährlich wie in Marokko. Trotzdem ist es aber der religiöse Fanatismus nicht allein, der dem Europäer das Reisen in Marokko erschwert, es hat einen politischen Grund. Man fürchtet in jedem Europäer einen Spion, der nur in das Land kommt, um dasselbe für seine Regierung kennen zu lernen, und besonders mißtrauisch werden Spanier und Franzosen angesehen. Bei den Rifioten kommt dann dazu, daß sie sowohl von den Europäern, als auch von den Vertretern des Sultans befreit sein wollen, und daher schließen sie sich in ihren Bergen vollständig ab. Die Gebirge Marokkos, speciell das Rif, gehören mit zu den unbekanntesten Teilen Afrikas, noch nie sind europäische Reisende in diese unzugänglichen Gebirgsgegenden gekommen, wo hinter jedem Felsen eines mißtrauischen Rifioten droht.

Ähnlich, wenn auch nicht ganz so schlimm, ist es im Atlasgebirge, und meine Durchquerung desselben glich eigentlich mehr einer Flucht, als einer Reise. Es ist in Marokko Sitte, daß jeder europäische Reisende vom Sultan einen Geleitsbrief und eine Eskorte von M'chazini, das ist Landgensbarmen, erhält. Man ist aber genötigt, sich an eine ganz bestimmte Route zu halten, die alle Berberlandschaften vermeidet. Ich kam wiederholt in Berbergegenden, wo man mich über meinen Brief des Sultans auslachte und sich nicht im mindesten darum kümmerte. Wenn man mich beherbergt und ungeplündert weiter ziehen lasse, so geschehe es um Allahs willen, aber nicht, weil es Muley Hassan wünscht.

Die Rusawah, wie überhaupt die Mehrzahl der Berber, sind durchaus nicht so strenge und fanatische Moslemin wie die Araber, und ihre Feindseligkeit gegen die rumi ist vielmehr auf die Furcht

zurückzuführen, ihre Selbständigkeit zu verlieren. Die Mehrzahl der
Reisenden schildert diese Leute, sowohl die in Marokko, wie die in
Algier und Tunis, als zuverlässiger und anständiger in ihrem Be=
nehmen, als die Araber. Letztere sind in der That das lügnerischeste
und treuloseste Volk, das mir je vorgekommen.

Dr. Oskar Lenz.

II.

Die Bewohner des Rif.

Das Atlasgebirge entsendet an den Quellen der Mulvia nach
NO. einen Zweig, den sogenannten kleinen Atlas, der sich etwas
nördlich von Teza wieder gabelt und mit seinen Armen das Littoral
umspannt. Der eine derselben zieht nordostwärts, begleitet das linke
Ufer der Mulvia und entsendet eine Abzweigung nach Norden, die
mit dem Kap Tres Forcas endet, der andere wendet sich zunächst
nach NW., und folgt dann der Küste bis Ceuta und zum Kap
Spartel. Die nördlich von diesem Küstengebirge gelegenen Land=
schaften, aus Bergkuppen und kurzen Thälern bestehend, werden von
den Bewohnern das Rif, Er=Rif, genannt, welcher Name, wie
man gewöhnlich annimmt, zu den wenigen, in der Sprache der
Berbern erhaltenen lateinischen Worten gehören und „Uferland"
(ripa) bezeichnen soll. Im engeren Sinne bildete das Rif eine der
alten 20 Provinzen des marokkanischen Reiches, und stieß im Westen
an El Gharb, die atlantische Küstenprovinz von der Mündung des
Sebu nordwärts bis Ceuta, während sie im Osten durch den Fluß
Recour von der Provinz Gart geschieden wurde, die an Algerien
grenzt.

Die Bewohner dieser gebirgigen Küste gehören der Urbevölkerung
der Berbern oder Amazirghen an, welche sich, unerachtet aller Inva=
sionen, denen das Land im Laufe der Jahrhunderte durch Römer,
Vandalen, Araber ausgesetzt war, namentlich in den Gebirgsgegenden
sowohl an der Küste, wie auf der Hauptkette des Atlas, ziemlich
unvermischt erhalten hat und noch jetzt etwa die Hälfte der Bevölke=
rung Marokkos bildet. Das Rif ist so wenig bekannt, daß selbst
Renou, Verfasser des über Marokko handelnden Bandes der Explo-
ration scientifique d'Algérie, weder über die Natur des Landes,
noch über die Bewohner genügende Auskunft erhalten konnte; er
schätzt die Höhe des Küstengebirges auf 600 Meter; einige Gipfel

sollen 1000—1200 Meter hoch sein; auch Dr. Lenz giebt nur eine kurze Notiz darüber (f. Seite 227). Ueber den Charakter der Bewohner des Rif, die in viele kleine Stämme zerfallen, und ihre Stellung zum marokkanischen Reiche äußert sich Gräberg bi Hemsö, der sechs Jahre als Konsul in Tanger gelebt hat, folgendermaßen: Im allgemeinen ist die Zahl der Amâzirghen, welche dem Sultan von Marokko vollständig gehorchen und es nicht etwa bloß aus Handelsrücksichten thun oder um sich die notwendigsten Lebensbedürfnisse zu verschaffen, sehr gering; der größere Teil, fast 2 Millionen Individuen, lebt unabhängig unter seinen Omzarghen (Herren), Amucranen (Edeln), Amrgaren (Ältesten), oder unter erblichen Fürsten seines Stammes. Das Volk wohnt unter Zelten, zuweilen auch in Höhlen an hohen und unzugänglichen Orten, wo es seine Unabhängigkeit behauptet und noch im Jahre 1819 unter dem Amrgar M'hausche einen blutigen Kampf gegen den Kaiser von Marokko geführt hat, der mehrere Jahre dauerte. Die Amâzirghen sind von weißer Hautfarbe, mittlerer Statur, schönen athletischen Formen, rüstig, stark, thätig, lebhaft und meist schlank. Sie unterscheiden sich vornehmlich durch ihren spärlichen Bart vor allen anderen Bewohnern Marokkos; wie der Rif=Bewohner sich wieder durch einen grimmigen, boshaften und trotzigen Blick vor allen anderen Amazirghen und besonders vor den Schilluchs auszeichnet. Von Temperament sind sie lebhaft und aufgeweckt. Ihre Hautfarbe ist weißlich, das Haar nicht selten blond, daß man sie bisweilen eher für Landleute des nördlichen Europa, als für Bewohner Afrikas halten sollte. Sie tragen ein einfaches Hemd ohne Ärmel, und Beinkleider; den Kopf scheren sie und lassen nur auf dem Hinterhaupte die Haare stehen, tragen auch keinen Bart mit Ausnahme eines Knebel= und Kinnbartes. Auf den Berggipfeln bewohnen sie Hütten und bisweilen Höhlen wie die alten Troglodyten; in der Ebene bauen sie sich Häuser von Stein und Holz, deren Mauern mit vielen Schießscharten versehen sind. Sie sind trotzig, voller Verwegenheit, wenn sie gereizt werden, unversöhnlich in ihrem Hasse, und treffliche Schwimmer. Ihr Hauptvergnügen ist die Jagd; sie lieben ihre Flinten leidenschaftlich und sparen kein Geld, um sie mit Elfenbein oder Silber zu verzieren. Sie nähren sich hauptsächlich von der Viehzucht. Ihre Lebensart macht sie zu äußerst kräftigen und unruhigen Menschen; sie sind die erbittertsten Feinde der Christen und übertreffen an Fanatismus und Intoleranz selbst die Mauren.

Ganz ähnlich schilderte schon im Jahre 1526 Leo Africanus die Amazirghen. Sie sind, sagt er, schreckliche und gewaltige Menschen, die weder Kälte noch Schnee achten. Ihre Kleidung besteht aus einem wollenen Hemde auf dem bloßen Leibe, und einem Mantel darüber. Um ihre Beine wickeln sie Lappen als Strümpfe. Auf dem Haupte tragen sie nichts, zu allen Jahreszeiten. Sie haben viele Schafe, Maultiere und Esel, da ihre Berge wenig bewaldet sind. Sie sind die größten Diebe und ruchlosesten Verräter auf der Welt. Den Arabern sind sie sehr feindlich gesinnt und berauben sie des Nachts. . . . Die Wände ihrer Häuser bestehen aus Pfählen, die mit Kalk beworfen sind und ein Strohdach tragen. . . . Diese Gebirgsbewohner sind kräftig und mutig, und im Kampfe ergeben sie sich nicht lebendig. Sie kämpfen zu Fuß und sind unüberwindlich, wenn sie nicht eine zahlreiche Reiterei gegen sich haben. Sie tragen Säbel und Dolche.

Nach Gråberg di Hemsö.

Bilder marokkanischen Aberglaubens.

1. Der rettende Wahn.

Nichts konnte dem Erstaunen gleichen, das mein spanischer Freund und ich in dem wilden Dorfe hervorbrachten, durch welches unsere Reise führte. An jeder Thür standen ganze Familien, uns mit glotzenden Augen anstarrend, während die jüngeren Kinder voll Schreck über eine so seltene Erscheinung zurückwichen. Ein Jüngling, der kühner als die anderen war, näherte sich unserer Gesellschaft und fragte den Hadschi, was wir für Geschöpfe wären? Der Hadschi erwiederte gravitätisch, daß wir Dschins oder böse Geister seien, die er eingefangen habe und nach Laracke führe, um sie von dort nach dem Lande der Nazarener zu verschiffen; worauf der Bursche heulend nach seiner Hütte entfloh. Wie mir der englische Reisende Davidson, welcher, im Begriff nach Timbuktu vorzudringen, im Innern Marokkos ermordet wurde, erzählt hat, herrscht in den Teilen Marokkos, die nur selten von Reisenden besucht werden, der allgemeine Glaube, daß die Franken in Verbindung mit Hexen, Dämonen und über-

irdischen Wesen stehen. Er hatte mehr als einmal dieses Vorurteil
benutzt, um sich aus der Lebensgefahr zu retten, in der er sich unter
den wilden Stämmen jener Gegenden befand. Davidson war kahl
und trug ein Toupet. Als er einst von einem Haufen Araber umringt wurde, die seine Habseligkeiten zu plündern begannen und ihm
mit dem Tode drohten, rief er ihnen plötzlich zu, die Macht der
Christen zu fürchten, und warf seine Perücke mit den Worten zur
Erde: „Da ist mein Haar; eure Bärte werden folgen." Die Araber
flohen, indem sie ihre Beute im Stiche ließen. Bei einer andern
Gelegenheit, als er astronomische Beobachtungen machte, wurde er
von einem Haufen zudringlicher Araber so eingeengt, daß er seine
Arbeit nicht fortsetzen konnte. „Ihr Thoren! Sucht ihr den Unter-
gang?" sagte er endlich, indem er sich zu ihnen wandte. „Erkennt
die Macht des Nazarenen!" Hierauf winkte er einen der Scheichs
zu sich und ließ ihn durch den Sextanten blicken, während er den
Index langsam bewegte und den Barbaren merken ließ, wie die
Sonne ihre Bahn verlasse und sich der Erde nähere. Blaß vor
Schrecken warf der Araber nach einem einzigen Blicke sich ihm zu
Füßen und bat um Gnade, indem er ihn anflehte, ihre Herden und
Ernten zu verschonen und sie nicht, wie es seiner Überzeugung nach
in der Macht des Nazarenen stand, mit Seuche und Mißwachs heim-
zusuchen.

2. Die bezauberte Turmuhr.

Auf dem Minaret der Dschamaa=Kebir, der Hauptmoschee in
Tanger, befindet sich eine große Uhr, deren Werke einst in Unordnung geraten waren und der Reparatur bedurften. Keiner von den
Gläubigen wagte jedoch, sich dieser Aufgabe zu unterziehen, da sie
nicht einmal entdecken konnten, wo der Fehler eigentlich stecke, obgleich manche von ihnen mit großer Würde und Feierlichkeit ihr Urteil darüber aussprachen. Unter anderem behauptete einer, daß höchst
wahrscheinlich ein Dschin oder böser Geist seinen Wohnsitz in der
Uhr aufgeschlagen habe, und man versuchte demzufolge verschiedene
Beschwörungsmittel, die, wie jeder wahre Gläubige voraussetzen
mußte, vollkommen dazu hinreichten, eine ganze Legion von Teufeln
auszutreiben — aber vergebens! die Uhr war und blieb stumm.

Es blieb nichts übrig, als sich an einen christlichen Uhrmacher,
„einen verfluchten Nazarener", zu wenden, der zum Glück in der

„von Gott beschützten Stadt Tanger" wohnte. Er war aus Genua gebürtig und natürlicherweise ein frommer Christ, weshalb es auch den getreuen Anhängern des Propheten schwer wurde, ihm einen solchen Dienst anzuvertrauen. Die Uhr war in der Mauer des Turmes befestigt, und man konnte unmöglich dem Kaffir erlauben, das Bethaus Allahs mit seinen gottlosen Fußstapfen zu beflecken.

Der eine schlug vor, die Reparatur lieber ganz aufzugeben; ein anderer wollte Bretter über den heiligen Fußboden legen, damit der Ungläubige ihn nicht berühren möchte; aber man hielt dieses nicht für eine hinlängliche Sicherheit, und es ward endlich beschlossen, einen Teil des Pflasters aufzureißen, auf den der Kaffir treten würde, und die Mauern anzuweißen, an denen er vorüberging.

Man schickte also jetzt nach dem Christen und sagte ihm, was von ihm verlangt werde, indem man ihm vor allem einschärfte, die Schuhe und Strümpfe beim Eintritt in den Tempel abzunehmen. „Das thu' ich nicht," erwiederte der tapfere kleine Uhrmacher; „ich habe sie nie abgenommen, als ich die Kapelle der heiligen Jungfrau betrat" — hier bekreuzte er sich mit großer Andacht — „und werde sie gewiß nicht im Hause eures Propheten abziehen."

Die Mauren verfluchten in ihrem Herzen den Uhrmacher und sein ganzes Geschlecht und gingen bestürzt und verlegen auseinander. Die weisen Ulemas versammelten sich am andern Morgen; aber weit entfernt zu einem Entschluß zu kommen, waren sie am Mittag auf eben dem Punkte wie vor dem Frühstück, bis endlich ein grau=bärtiger Mueddin, der seither geschwiegen hatte, das Wort ver=langte.

Der Kaid und der Kabi nickten ihre Einwilligung. „Wenn," begann der ehrwürdige Priester, „die Moschee baufällig ist und Kalk und Ziegelsteine nach dem Innern derselben geschafft werden, läßt man diese Bürden dann nicht durch Esel hineintragen, und sind diese Esel nicht beschuht (d. h. mit Hufeisen beschlagen)?" „Aller=dings!" war die einstimmige Antwort. — „Und glaubt der Esel", fuhr der Mueddin fort, „an Einen Gott oder an Mohammed, den Propheten Gottes?" — „Freilich nicht," erwiederten alle. — „Nun denn," versetzte der Mueddin, „laßt den Christen beschuht wie ein Esel hineingehen und wie ein Esel herauskommen". — Die Gründe des Mueddin fanden allgemeinen Beifall und in der Eigenschaft eines Esels betrat der Christ die Moschee von Tanger.

Nach Drumond Hay. (Western Barbary. I.)

Kulturfeindlichkeit des Mohammedanismus.

I.

Mag man nun sagen, was man will, mag man es leugnen
oder verheimlichen wollen: es giebt eine marokkanische Frage. Viel=
leicht bemüht man sich, sie zu ersticken, zu vertuschen: für lange Zeit
wird es nicht gehen. Noch weniger aber wird man der Lösung der
nordwestafrikanischen Angelegenheit für immer aus dem Wege gehen
können. Ebensowenig wie die Türkei im Frieden sich hat ent=
wickeln und auch nur annähernd auf die Kulturstufe der christlichen
Länder Europas hat schwingen können, ebensowenig wird Marokko
friedlich sein Geschick und seine Bestimmung erreichen. Hat doch
selbst das Land, welches man von allen mohammedanischen Ländern
das bestcivilisierte nennen konnte, das alte Pharaonen=Reich, auf
regelrechte Weise sich zu einem Staate nicht zusammenschließen können.

Es liegt das im innersten Wesen aller mohammedanischen Län=
der. Wir sehen wohl, wie in den dem Islam unterstehenden Län=
dern die Elite der Bevölkerung den civilisatorischen Ideeen huldigt;
aber überall bleibt das Volk davon unberührt. Und selbst wenn die
vornehme Bevölkerung mohammedanischer Länder Sinn zeigt für
Kultur und höhere Gesittung, so beschränkt sich die Regierung dafür
mehr auf die damit verbundenen Äußerlichkeiten, als auf das ernste
Wesen der Sache.

Dazu kommt noch, daß in allen mohammedanischen Ländern
dem Volke das Vaterlandsgefühl abgeht. Den Anhängern einer Re=
ligion, wie der mohammedanischen, geht eben ihre Religion über
alles. Der Türke so gut wie der Marokkaner kennt wohl einen
Mislim, er sagt wohl, „ich bin Mislim und du bist ein Deutscher"
(auch dies erst in neuerer Zeit, sonst stets „Christ" für alle Euro=
päer), aber er sagt nie, „ich bin ein Türke, oder ich bin ein Marok=
kaner". Der Mohammedaner unterscheidet nur „Gläubige" und
solche, die ein „Buch" haben (Juden und Christen), und endlich
„Ungläubige". Für gewöhnlich nennen die Mohammedaner aber
alle Andersgläubige einfach „Ungläubige", also auch Juden und
Christen. Daß es in mohammedanischen Ländern aus religiösen

Gründen nicht zur Entwickelung des Vaterlandsgefühls kommen konnte, war ein Grund der Schwäche. Ja, wenn die europäischen Staaten in richtiger Erkenntnis dieser Thatsache schon früher die mohammedanischen Länder hätten befreien wollen, nichts würde sie daran verhindert haben. So mächtig auch die Wirkung sein mag, die in der Verteidigung seines Glaubens liegt, bei denkenden Völkern ist die Verteidigung des Vaterlandes ein viel mächtigerer Hebel. Seinen Glauben kann man am letzten Ende mit sich hinwegtragen, aber niemand trägt sein Vaterland mit hinweg. Vor wenig hundert Jahren verließen allerdings noch Franzosen des Glaubens wegen ihr schönes Frankreich; aber man wird zugestehen, daß um diese Zeit das Nationalbewußtsein auch in den christlichen Ländern noch nicht geweckt war.

Dazu kommt noch, daß in Ländern die Völker keine aus ihnen hervorgegangene Regierung, keine nationalen Fürsten haben, sondern von einer fremden Dynastie beherrscht werden. In der europäischen Türkei herrscht bei überwiegend christlicher Bevölkerung ein Osmanli. In Ägypten herrscht die Dynastie der Mehemed Aliben, aus Macedonien stammend, welche nichts mit den Kopten und den Fellahs, den Ureinwohnern von Ägypten zu thun hat. In Marokko regiert die Dynastie der Schürfa (Schurafa, Plur. von Scherif), also Abkömmlinge von Mohammed, welche aber mindestens zwei Drittel der Bewohner, den Berbern, welche man als die Ureinwohner des Landes betrachten darf, durchaus fremd ist. Bis auf den jetzigen Herrscher des Landes waren stets die Sultane von Marokko die größten Christenhasser, die vollendetsten Tyrannen, viele von ihnen die unmenschlichsten Wüteriche und alle jeder Civilisation abgeneigt. Dabei waren die Sultane von Marokko von einem religiösen Fanatismus beseelt, der an Wahnsinn grenzte und zugleich von einer Verachtung für Andersgläubige begleitet war, welche nur noch durch ihre Unwissenheit übertroffen wurde.

Gerhard Rohlfs.

II.

Islam und Afrikaforschung.

Von Dr. Oskar Lenz.

Jeder christliche Reisende in der Nordhälfte des Kontinents hat neben dem Kampf mit Klima und räuberischer Bevölkerung auch

noch den Kampf mit dem Islam aufzunehmen, und hieran sind eben
mehr Forscher gescheitert, als an anderen ungünstigen Verhältnissen
der zu bereisenden Länder. Es ist leicht begreiflich, daß ein Rei=
sender, der wegen seiner Eigenschaft als Christ von den Tuarik tot=
geschlagen worden ist, eine allgemeinere Teilnahme erregt, als ein
anderer, der dem Tropenfieber erlag, und da die Zahl derer, die dem
mohammedanischen Fanatismus zum Opfer fielen, gar nicht so un=
bedeutend ist, so begleiten den in mohammedanische Länder ziehenden
Forscher neben den allgemein menschlichen Sympathieen noch speciell
diejenigen des Christen. Zwar zeigt fast jede Religion das Bestreben,
die weltherrschende zu werden, und nur die Mittel dazu sind ver=
schieden, aber keine hat sich dieser Aufgabe in rücksichtsloserer Weise
zu entledigen gesucht, als der Islam. Er ist die einzig privilegierte
Religion von Gottes Gnaden und darf keine andere als ebenbürtig
anerkennen; wo aber der Islam unter der Bevölkerung Eingang
findet, soll auch gleichzeitig das Land in den Besitz der streitbaren
Missionare übergehen. Der Islam verlangt die Weltherrschaft und
war zweimal nahe daran, etwas derartiges zu erreichen: einmal im
achten Jahrhundert und dann im sechzehnten. Er wurde über die
Pyrenäen und die Donau zurückgedrängt und gegenwärtig, wohl
schon seit Anfang dieses Jahrhunderts, führt er in Europa wenig=
stens nur eine klägliche Scheinexistenz. Wohl breiten sich die Be=
kenner Mohammeds in Afrika und Indien gewaltig aus, aber die
rohen Negerstämme Inner=Afrikas, die mühselig ihr Allah Kebir
plappern können, werden wohl nie so gewaltige Allahstreiter werden,
wie Araber und Türken. Für Europa kann also der Islam nie
wieder eine Gefahr werden; die Drohung der Entfaltung der
„grünen Fahne des Propheten" und die „Erklärung des heiligen
Krieges" hat ihre Bedeutung verloren, und höchstens in Asien oder
Afrika könnte damit eine vorübergehende Hemmung in der allge=
meinen Entwickelung eintreten.

Der Islam hat scheinbar etwas Imposantes, wenn er in seiner
ganzen Größe und Reinheit dasteht, aber sowie er sich nur zu irgend
einer Konzession gegenüber der modernen europäischen Kultur her=
giebt, wird er zu lächerlicher Karrikatur. Derselbe muß sich prin=
zipiell völlig ablehnend gegenüber dieser Kultur verhalten, er will
und darf dieselbe nicht acceptieren und von diesem Gesichtspunkte
aus verschließen sich die Mohammedaner — mögen es Araber oder
Türken, Berber oder Neger sein — dem Eindringen abendländischer

Emissäre. Die echten Gläubigen fühlen, daß, sowie das Volk sich mit europäischen Anschauungen vertrauter macht, das Reich des Islam zu Ende ist; ein so starres, konservatives, jeden Fortschritt absolut ausschließendes Religionssystem kann nur bestehen, wenn es völlig intakt gelassen wird, und für den frommen Moslim darf es nichts weiter auf Erden geben, als den Koran und dessen Ausleger. Die Folge ist also in Afrika und einem Teile Asiens die religiöse Unduldsamkeit, die dann beim gemeinen Volke oft in der rohesten Weise zum Ausdruck kommt, und unter der die europäischen Pioniere der Wissenschaft in erster Linie zu leiden haben. Mit diesem Fanatismus paart sich eine im Charakter aller Morgenländer liegende unbegrenzte Habgier, die gemeiniglich noch größer ist, als die religiöse Unduldsamkeit und der die Religion oft genug nur als Vorwand für systematisch ausgeführte Räubereien, Mord und Totschlag dienen muß.

Der zahlreichen Europäer, die jetzt als Touristen den sogenannten Orient besuchen, bringen vielfach eine falsche Meinung vom Islam und den Mohammedanern mit. Sie reisen unter dem Schutze Europas und sehen nur das dem Neuling sicherlich Interessante des mohammedanischen Lebens; ihnen imponieren die ruhigen, würdigen Gestalten der Araber und Türken, die gläubig auf den Ruf des Muezzin hin zur Moschee schreiten, um sich vor Allah in den Staub zu werfen. Dabei wissen sie nicht, daß in diesen Gebeten zur Vertilgung der Ungläubigen aufgefordert, wird und daß den Gläubigen, der sich besonders im Kampf für die einzige und heilige Religion Mohammeds ausgezeichnet hat, unaussprechliche Freuden dereinst erwarten. Harrt doch seiner ein Paradies mit blumenreichen Gärten, kühlenden Quellen, köstlichem Wasser und schönen Houris.

Aber diese Vorliebe für die Mohammedaner haben nicht bloß die flüchtig durchreisenden Touristen; auch zahlreiche Geschäftsleute erklären, viel lieber mit Türken und Araber verkehren zu wollen, als mit den im Orient ansässigen Christen. Es kann nicht geleugnet werden, daß diese letzteren infolge des Jahrhunderte langen Druckes jenes Gefühl für Rechtlichkeit verloren haben, das als Basis eines gesunden Handels angesehen werden muß.

Der Islam erzieht seine Bekenner direkt zur Heuchelei und Lüge gegenüber dem Ungläubigen, und jeder, der längere Zeit mit Mohammedanern zu thun gehabt hat, wird sich gewiß bitter beklagen über die Lügenhaftigkeit und Treulosigkeit derselben; die wenigen Ausnahmen beweisen eben nur die Regel.

Daß es kein zu scharfes Urteil ist, wenn man den Mohammedanern Raubsucht und religiöse Unduldsamkeit vorwirft, dafür giebt es Belege genug. Man sehe nur einmal die Liste der Opfer an, die in den letzten fünf oder sechs Decennien, seit Beginn der modernen Afrikaforschung der Habgier und dem Fanatismus in Nord-Afrika erlegen sind: Der englische Major Gordon Laing, ermordet im Jahre 1826 zwischen Timbuktu und Arauan; der Engländer Davidson, ermordet im Jahre 1836 zwischen Tenduf und El Arib; die Ermordung Vogels und später v. Beurmanns an der Grenze von Wadai; die Holländerin Fräulein Tinné, ermordet im Jahre 1869 im Wad Aberdschudsch zwischen Murzuqu und Rhat; die französischen Reisenden Dorneaux-Dupeŕŕs und Joubert, im Jahre 1872 ermordet vier Tagereisen südöstlich von Rhadames; Bouchart, Paulmier und Ménoret, 1875 ermordet in Metlili, auf dem Wege zum Tuat; die beiden eingeborenen Führer des Reisenden Largeau, 1876 ermordet auf dem Wege nach Rhat; die Ermordung des österreichischen Malers Ladein im Jahre 1880 in Marokko; die Verbrennung eines Juden in Füs, der Hauptstadt Marokkos, während meiner Anwesenheit daselbst im Januar desselben Jahres; der Überfall der Gallienischen Expedition nach Segu seitens mohammedanischer Bamboraneger im Jahre 1881; das furchtbare Gemetzel unter den Mitgliedern der Expedition Flatters; die Ermordung dreier algerischer Missionare, des P. Richard und seiner Begleiter bei Rhadames in Dezember 1881; Karl Soller, ermordet 1881 am Schott Debaia im Wad Draa; die Vernichtung der italienischen Expedition Giulietti auf dem Wege von Assabbai nach dem Dalima; die Ermordung des österreichischen Reisenden Dr. Langer durch Araber (auf asiatischer Seite); ferner die Gefangenschaft Barths in Timbuktu und die Gefangenschaft Nachtigals bei den Tubu; die lebensgefährliche Verwundung von Gerhard Rohlfs im Jahre 1864; die Plünderung der Rohlfsschen Expedition nach Kufrah 1879 durch Leute der Sekte Es Senusi; die Plünderung Soleillets auf dem Wege von Senegal nach Abran 1879, sowie den Angriff auf mich und meine Begleitung durch die Ulad el Alasch bei Timbuctu, die geplante Massakrierung meiner Expedition durch Sidi Hussein in Jlerh und der Angriff des Pöbels auf mein Haus in Tarudam im Jahre 1880. Die Aufstände in den letzten Jahren in Algerien, Tunis und Ägypten sind reich an

Gräuelthaten gegen Andersgläubige. Die Ermordung von Hunderten friedlicher spanischer Kolonisten durch die Horden Bu-Amenas in Algier und das Massacre von Alexandrien zeigen, daß eine Kafirhetze, wie sie seinerzeit in Syrien stattfand, durchaus kein unmögliches Ereignis heutzutage noch ist. Die Art und Weise, wie im vorigen Jahre der hochgelehrte Professor Palmer und seine Begleiter Lieutenant Charrington und Kapitän Gill auf der Sinaihalbinsel ermordet wurden, zeugt von einer bestialischen Grausamkeit der dortigen Araberhorden. Und auf was anderes läßt sich der neueste Aufstand des Mahdi, des falschen Propheten im ägyptischen Sudan zurückführen, als auf einen neuen Versuch des Islam, sich der modernen Kultur und damit seines Zusammensturzes zu erwehren.

Berber und Araber in Marokko.

Gegensätze ihrer Charaktereigenschaften und Lebensweise.

Nach Friedrich Müller und Schweiger-Lerchenfeld.

Die Berber bilden mit den Ägyptern, Bedschas, Somal, Dankal und Gallas den hamitischen Stamm der sogenannten mittelländischen Rasse. Die heutige Sprachforschung hat nachgewiesen, daß die Sprachen aller dieser Völker aufs innigste miteinander verwandt sind und daß sie sich vermöge der ursprünglichen Einheit ihrer Form nur als Abkömmlinge einer in ihnen aufgegangenen Ursprache begreifen lassen. Die Sprachforschung hat ebenfalls die genaue Verwandtschaft der hamitischen Sprachen mit den semitischen nachgewiesen, sodaß eine ursprüngliche Einheit der Semiten und Hamiten bestanden hat und beide Stämme in grauer Vorzeit sich von einander abgetrennt, und gesondert sich ganz eigentümlich entwickelt haben. Diese Stämme sind alle aus Asien eingewandert.

Im Laufe der Zeit haben die Berber, die heute unter dem Namen Imoscharh (auch Imuharh, Amázirghen, Mazig, Tuarik) zusammengefaßt werden, sich mit fremdem Blute bedeutend vermischt; als direkte Nachkommen der alten Libyer, Numidier und Gantuler bilden sie eine weit ausgebreitete, zum teil nomabisierende Nation, welche das ganze westliche Nordafrika bewohnt und namentlich alle

Oasen der Sahara inne hat. Die einzelnen von einander unabhängigen Staaten führen besondere Namen: die in den Gebirgen
von Algier und Tunis wohnenden heißen Kabylen (arab. Qabeul,
d. i. Stämme), die Gebirgsbewohner im südlichen Marokko
Schulluh (Schellöchen) u. s. w. Die Einwanderung der Vandalen,
welche helle Hautfarbe, rotblondes Haar und blaue Augen hatten,
hat bewirkt, daß einige nordafrikanische Berberstämme andere Rassen-
kennzeichen haben, als die von der Vandalen-Einwanderung nicht
berührten Stämme, namentlich die der Sahara. In Marokko brachte
die Verschmelzung mit den Arabern in dem altberberischen Urstamme
der Mauruser jene typischen Veränderungen hervor, welche die
heutigen Mauren von den übrigen, eigentlichen Berbern unterscheiden.

Die Berber nahmen zwar nach der islamitischen Invasion die
Lehre Mohammeds an, aber sie blieben in ihren Charaktereigen-
schaften, ihren Sitten und physischen Eigentümlichkeiten die Alten.
Schweiger-Lerchenfeld schildert (Österreich. Monatsschrift für den
Orient 1882. Nr. 1) die Gegensätze zwischen Arabern und Berbern
in folgender meisterhafter Weise:

Schon das Äußere unterscheidet den Berber vom Araber. Während er, der Araber, schwarze Augen und schwarzes Haar, ovales
Gesicht auf langem Halse hat, erscheint der Berber mit viereckigem
Kopf, mehr in den Schultern steckend, und meist blauäugig und
rothaarig; der Araber bedeckt den Kopf und womöglich die Füße;
der Berber hat Kopf und Füße nackt, trägt ein langes, wollenes
Hemd, Gamaschen, Schurzfell und einen Haïk — alles schmutzig und
zerlumpt, vom Großvater auf den Vater und von diesem auf den
Sohn vererbt. Der Araber lebt unter dem Zelte, das er weiter
trägt; der Berber in fester Niederlassung und haftet am Boden. Der
Araber ist arbeitsscheu, der Berber fleißig und anstellig. Wenn jener
nur notgedrungen sich zum Ackerbau versteht und am liebsten seine
Herden weidet, baut dieser seine Thäler gartenmäßig und ergibt sich
mit gleichem Eifer dem Handwerke als Bergmann, als Schmied,
und von Alters her als Falschmünzer. Doch scheint der letztere Betrug der allein landesübliche; denn während der Araber sich sehr
aufs Lügen versteht und auch im Kriege den Verrat liebt, wäre die
Lüge für den Berber (wenigstens für den berberischen Kabylen) eine
Schmach, und seinem Angriff schickt er die Kriegserklärung voraus.
Der Araber läßt sich den Mord abkaufen, unter den Berbern muß

der Mörder sterben und giebt es überhaupt das Recht der Blutrache. Der Berber ist stolz, seinen Schutz auch über Unbekannte zu üben; er liebt die Freiheit über alles und hat sich nie unter einen Sultan gebeugt, wie die Araber.

Dennoch wird nicht zu leugnen sein, daß das berberisch=arabische Mischlingsvolk der Mauren das Berbertum weit überragt, und daß es einst der Träger einer Kultur war, die im moslemischen Orient weder früher noch später ihres Gleichen hatte. Es war dies das klassische Zeitalter des spanischen Maurentums. Aus den Trümmern des Ommejaden=Reiches ging eine ganze Menge berberisch=maurischer Dynastieen hervor, die aber arabischen Kunststil, arabische Wissen= schaft und Dichtkunst sich angeeignet hatte. Zumal die Dichtkunst fand begeisterte Pflege. Ein rasch und treffend erdachter Vers konnte ein Dorf eintragen oder die Kette des Gefangenen sprengen. Der Ackers= mann dichtete hinter dem Pfluge, und die Staatskanzlei schickte di= plomatische Noten in Kassidenform. Wir treffen eine Lyrik des Weines und der Liebe, die auf eine nicht=moslemische Freihaltung der Frauen schließen läßt, wie sie sonst im Orient unbekannt ist. . . . Es versteht sich von selbst, daß an Höfen, wo man den Weintrunk statt des Frühgebetes eingeführt, wo man den trockenen Gaumen der Derwische verhöhnt, gazellenschlanke Mädchen für die wahren Muez= zins, deren Augen für die beste Lampe zum Erleuchten der Klause erklärt — daß dort auch keine Spur von Glaubenszwang gegenüber den Nicht=Moslemen vorhanden war. Damals war es jedem Christen unbenommen, sich einer Handelskarawane, die von den nordafrikani= schen Küsten nach dem Innern des Kontinents abging, anzuschließen, was heute selbst Reisenden, die unter den Fittichen einer offiziellen Persönlichkeit oder in der Maske als Moslem reisen, allemal schwer wird. . . .

Ueber das gegenwärtige Verhältnis zwischen den Mauren und den Berbern läßt sich in Kürze sagen, daß es ein schlechtes ist. Hei= raten zwischen beiden Völkern kommen so viel wie gar nicht vor, und der gegenseitige Verkehr ist auf ein Minimum beschränkt. Der Schlüssel zu diesem Verhältnisse findet sich leicht, wenn man die eigentümliche Stellung der Berber unter allen Völkern des afrikani= schen Nordrandes und ihre Vergangenheit in Betracht zieht. Die berberisch=arabische Blut= und Rassenmischung, wozu noch spanische und italienische Elemente kommen, steht zu dem reinblutigen Berber= tum oder zu der berberisch=vandalischen Blutmischung im strengsten

Gegensatze. Dazu kommt noch, daß die Machthaber nicht der Berber-
rasse angehören und sich sonach von vornherein in einem nationalen
und politischen Gegensatze zu der Urbevölkerung befinden. Auch
Lebensweise und Sitten entscheiden mit. Dennoch dominiert beispielsweise in Marokko das berberische Element ganz bedeutend. Von der
Gesamtbevölkerung des Gebietes sollen die Berber mindestens zwei
Drittteile ausmachen. Hinsichtlich der räumlichen Verteilung gestaltet sich das Verhältnis für die Berber in noch höherem Grade
günstiger; denn da sie die eigentliche Landbevölkerung repräsentieren
und alle Gebirgsstriche occupiert halten, während die Mauren nur
die Städte oder deren engern Bereich einnehmen, fallen auf jene ein
Fünftel, auf diese vier Fünftel des Gesamtareals. Die Berberstämme
Marokkos sind, wenn man sich ihr Verhältnis zu den Machthabern
vergegenwärtigt, nur nominelle Unterthanen des Sultans. Sie
selber dünken sich vollkommen frei, und jede Abgabe an den Staat
kann ihnen nur durch List und Gewalt abgerungen werden. So oft
der Sultan zu dem Entschlusse gelangt, von den Berberstämmen
Abgaben zu erpressen — was häufiger als billig zu geschehen
pflegt —, so läßt er sich durch die betreffenden Statthalter der Provinzen einen beiläufigen Überschlag des Ertrages der Ernten und
Herden geben und bestimmt darnach seine Forderung. Hierauf wird
diese den verschiedenen Tribus durch ihre Marabuts verkündet und
die Mahnung beigefügt, der Abgabenleistung gutwillig nachzukommen.
Allein selten wird dieser Forderung Folge geleistet, ja die Marabuts
selber sind diejenigen, die die Abgabenverweigerung in erster Linie
verursachen und den Widerstand nach Kräften schüren. Ist dieser
zum offenen Ausbruche gelangt, so bietet der Sultan seine Streit-
kräfte auf, und aus der Abgabenverweigerung entwickelt sich ein regel-
rechter Krieg — natürlich ein solcher nach einheimischen Begriffen,
mit Mord und Totschlag, Plünderung und Raub. Man nennt dieses
Verfahren „eine Provinz auffressen", und man muß gestehen, daß
der marokkanische Staat „einen guten Magen hat".... Natürlich bleiben
die Repressalien seitens der Berber nicht aus. Ihre Einfälle in die
Thalgebiete, die immer elementar hereinbrechen und ihren Zweck vollständig erfüllen, richten ganze Provinzen zu Grunde und verwandeln
blühende Anwesen in eine Wüste, wenn nicht in einen mit Leichen
besäeten Kirchhof. . . .

Die Westküste von Afrika.

Die Küste von Goree bis zum Alt-Kalabar-Strom. — Schilderung von Dule-Town. — Der Negerkönig. — Die Eingeborenen.

Die afrikanische Westküste ist, ihre Nähe zu Europa in Betracht gezogen, von allen zu Wasser erreichbaren Ländergebieten das verhältnismäßig von Reisenden am wenigsten besuchte, und obwohl die englischen Postboote jetzt allmonatlich eine regelmäßige Verbindung zwischen ihren wichtigsten Punkten unterhalten, werden die gefürchteten Klimafieber für immer Jeden abschrecken, den nicht sein Geschäft, Beruf oder die Wissenschaft dahinführen. Die Dampfschiffe, die auf den canarischen Inseln anlaufen, berühren die afrikanische Küste zuerst in der französischen Niederlassung Goree südlich am Senegal, in einer Bucht des dort nur mit spärlicher Vegetation bedeckten Festlandes.

Die nächste Station bildet das englische Bathurst, an der Mündung des Gambia gelegen und Sitz des dortigen Gouverneurs. Der Pflanzenwuchs wird reicher und üppiger, besonders wenn man die Region der Mangrovebüsche passiert hat, doch bleibt die Küste ein einförmig flacher Streif, bis sie sich in den malerischen Kuppen der Bucht von Sierra-Leone zu heben beginnt.

Liberia liegt am Fuße des dichtbelaubten Kap Mount, und dann nimmt die sorgfältig angebaute Kornküste ihren Anfang, wo überall Dörfer und weiße Türme aus den dunkeln Büschen hervorschauen, und Hunderte von Booten, geschäftig vom Lande stoßend, das Meer bedecken, sobald das Dampfschiff in Sicht ist.

Kühn springt im Süden das Kap der Palmen vor, welches das Gebiet der Manou- oder Krufamilie durchschneidet, und dann tritt die Küste in die weite Bucht von Guinea zurück; der Name Guinea hat sich aus dem Mittelalter, von dem goldreichen Guinauha her vererbt, und scheidet sich in Nord- und Süd-Guinea, als deren Grenze das Kamerun-Gebirge, Fernando-Po gegenüber, angenommen wird.

Östlich vom Kap Palmas beginnt das wellenförmige Hügelland der Goldküste, vielfach auf den Höhen noch mit den Kastellen jener Zeit des Faustrechts gekrönt, wo dort die seefahrenden Nationen Europas, Niederländer, Engländer, Franzosen, Dänen, mit Blut und Leben um Gold und Sklaven feilschten. Einige derselben dienen

noch jetzt zu Handelscomptoiren und Garnisonen, haben aber vielfach
ihre Herren gewechselt, und das alte El-Mina, die erste portugiesische Niederlassung in Guinea, ist jetzt in den Händen der Holländer.

Das sogenannte Cap-Coast-Castle, wenige Stunden von
El-Mina gelegen, bildet einen Anlegeplatz der Dampfschiffe, und über
die Berge sieht man die Heerstraße hinziehen nach Coomassie,
der Hauptstadt des mächtigen und schrecklichen Aschantireichs. Auf
ihr stiegen verschiedene Male die Legionen seiner gefürchteten Kriegs-
scharen nach dem Meere hinab, und mehr als einmal hing der Bestand der englischen Niederlassung an einem schwachen Faden. Doch
gelang es, sie zu behaupten, und dadurch bleibt der König von
Aschanti vom Meere abgeschnitten, wogegen sein nebenbuhlerischer
Nachbar, der König von Dahomey, gleich im ersten Anlauf der Erobe-
rung die europäischen Forts von Whydah zerstörte, und so sich einen
offenen Exportationsmarkt für seine Sklaven schuf.

Weiter südlich beginnen die Flüsse, auf denen der jedes Jahr
an Bedeutung zunehmende Palmölhandel getrieben wird, die lange
bekannt, aber kaum beachtet waren, deren Mündungen aber jetzt der
Reisende in andächtiger Beschauung hinaufsegelt, denn er weiß, daß
in ihnen die Wellen des viel gesuchten Niger rollen. Das Dampf-
boot läuft gewöhnlich in Bonny an, besucht dann später noch den
Alt-Kalabar und Kamerun, und schließt seine Fahrt in Fernando-Po, von wo es nach England zurückkehrt, dieselbe Stations-
route in umgekehrter Richtung durchlaufend.

Wir befinden uns vor der Mündung des Alt-Kalabar, eines
in einer imposanten Wassermasse, deren Breite auf zwölf bis fünfzehn (engl.) Meilen geschätzt werden mag, ausströmenden Flusses.
Bis zur Papageien-Insel (Parrot-Island auf den Karten), wo ein
dichter Wald von Rhizophoren täglich neues Land bildet, kann die
Einfahrt als ein Arm der See oder ein Ästuarium betrachtet werden,
der noch verschiedene andere Zuflüsse aufnimmt. Die Küste Afrikas
blickt niedrig und trüb aus dem trüben Wasser in einen grauen
Nebel hinein, der dem spähenden Auge jeden Anblick des mächtigen
Kamerun-Gebirges, das seitlich aufsteigen muß, entzieht. Etwa
fünfzig Meilen aufwärts erreicht man Duke-Town (4° 57' 65"
nördl. Br.), den Haupt-Stapelort dieses Flusses, auf einem freien,
ansteigenden Terrain, dessen frischere Vegetation angenehm gegen die
dunkeln Mangrovebüsche absticht, die vorher die Ufer bedeckten. Die

Lehmhäuser der Neger stehen unter und an dem Hügel, von dem die freundlichen Wohnungen einer englischen Missionsstation, im europäischen Stile gebaut, herabschauen.

Der Kalabar war lange Zeit ein bedeutender Ausfuhrhafen für Sklaven, aber in einem 1842 auf Verlangen der englischen Kreuzer unterzeichneten Vertrag machten sich die damaligen Häuptlinge, Eyo und Eyamba, verbindlich, dem Menschenhandel zu entsagen, und seitdem hat die Kultur des Palmöls und seine Ausfuhr bedeutend zugenommen. Sie ist fast ganz in den Händen der Engländer, und mehrere Ölschiffe, die in ihrem abgetakelten Zustande, mit Strohdächern überbaut, schwimmenden Häusermassen glichen, lagen auf dem Fluß vor Anker.

Die Hütten des von den Engländern Duke-Town genannten Fleckens, der bei den Eingeborenen Atarpah heißt und gegen tausend Familien enthalten mag, stehen ordnungslos auf dem unebenen Terrain umher, so daß von Straßen, deren Reihen zwar angedeutet, aber nicht eingehalten sind, kaum eine Rede sein kann, zumal jeder die Straße zugleich als Hof benutzt, um allen Unrat dorthin zu werfen. Der Boden ist ein roter Lehm, der bei Regenwetter sich in einen schlüpfrigen Morast verwandelt, und macht es oft bedenklich, die Abhänge hinabzuspringen, die meistens ein Haus von dem andern trennen. Die Häuser selbst sind aus leichtem Fachwerk aufgeführt, das von außen mit Thon beschmiert und von innen durch Matten und Abteilungen getrennt ist. Viele derselben standen zerfallen oder wenigstens unbenutzt, da der Sohn beim Tode seines Vaters die Wohnung für ein ganzes Jahr leer stehen läßt, um die Ruhe der Seele, die solange darin fortlebt, nicht zu stören. Ehe er aufs neue einzuziehen wagt, errichtet er ein sogenanntes Teufelshaus für die jetzt heimatlose Seele, wo sie von den nekromantischen Ceremonieen-Kundigen beschworen und zu den gewünschten Aussprüchen gezwungen werden kann.

Die Häuser der Reichen schließen freie Plätze ein, um welche Veranden laufen, und tragen mitunter einen balkonartigen Aufsatz als zweiten Stock, zu welchem Treppen hinaufführen. Man könnte leicht versucht sein, viele derselben für Möbelmagazine oder die Bude eines antiquarischen Trödlers zu nehmen, da der gute Ton unter der Negeraristokratie verlangt, ihre Wohnungen möglichst mit allen Arten europäischer Luxusartikel vollzupfropfen, obwohl niemand an ihre Benutzung denkt, oder sie auch nur verstünde. Einen der Matadore des Kaufmannsstandes, der uns zu sich einlud, fanden wir in seinem Prunkgemach so eingepfercht zwischen zerbrechlichen Porzellan-, Glas= Spielsachen, die auf dem Boden umherstanden, daß er weder Hand noch Fuß zu rühren wagen durfte — eine Verurteilung zum Still= sitzen, die ihm anscheinend sehr behagte. Noch überfüllter war ein Saal in der obern Galerie, der die sonderbarste Rumpelkammer der ihm von den Kapitänen gemachten Geschenke bildete, und wo es der Mühe wert gewesen wäre, die Veränderungen der Mode in den letzten fünfzig Jahren zu studieren, von dem Roccoco=Armsessel an bis zum amerikanischen Schaukelstuhl. Da waren Fortepianos, Tische, Stühle, verschiedene Tafeluhren mit und ohne Getriebe, Alabastervasen, Trinkbecher, Seidel und Schoppen, Kronleuchter und Lampenglocken, Teller, Suppenterrinen und Bratschüsseln, alles in der barockten Manier aufeinander gestapelt. Die Wände waren be= deckt mit Ziertöpfen, Spiegeln und Bildern in solchem Überfluß, daß es oft nötig war, zwei oder drei übereinander zu hängen, um Platz zu finden.

In einem Nebenhof standen die Häuser für die Frauen des Harems, die am Kalabar schwere, messingene Trichter an den Beinen tragen, so daß sie sich nur in einem langsamen, schleppenden Gange bewegen können. Die Reicheren besitzen eine große Zahl derselben, besonders der König, mit dessen Frauen nur zu reden schon als ein Kapitalverbrechen betrachtet wird. Der mittlere Hof enthielt einen Holzpfeiler, um dessen Mitte ein eiserner Ring genagelt war, als schützender Fetisch, und zu gleichem Zweck hingen oberhalb jeder Thür Fischknochen herab. In dem benachbarten Kamerun legt man auf einen solchen Fetischstock die Knochen eines Vogels, der inner= halb des Hauses gestorben sein muß. Eine andere Form dieses Fe= tisches (Ekponyong genannt) ist ein mit Zeug umwickelter Pfeiler, auf den ein Schädel gestellt wird. Daneben findet sich häufig ein Zujubaum gepflanzt, an dem eine parasitische Pflanze wächst und dessen Wurzeln mit Blut begossen werden. Vor der Schwelle wird ein menschlicher Schädel eingegraben, so daß jeder Eintretende ihn mit seinem Fuß berühren muß.

Das Haus des Königs zeichnete sich vor den übrigen nur durch seine Größe aus und war in ähnlicher Weise eingerichtet; doch zeigten die mit gelben und schwarzen Streifen bemalten Wände eine pyramidale Neigung, die ich bei den übrigen Häusern nicht bemerkt habe. Die Decke des Zimmers war vollgesteckt mit Fetischen von

Knochen, Federn, Zeuglappen, Eierschalen u. dgl. m. Der Hof, in dem verschiedene, aus Palmfasern gefertigte Schirme standen, enthielt ein niedriges Fetischhaus, um welches halb mit Wasser gefüllte Blumentöpfe gesetzt waren, und vor der Thür lagen verschiedene Schädel von Menschen und Tieren neben dem eisernen Laufe einer Kanone, die größtenteils in den weichen Boden eingesunken war.

Der Regulus, eine schwerfällige, ungelenke Gestalt, der, wie sein Hofstaat, nur mit einem Lendentuche bekleidet war, empfing uns, indem er mit dem Daumen und Mittelfinger ein Schnippchen schlug, die gewöhnliche Weise der dortigen Landesbegrüßung. Er saß, trotz aller Thronsessel und Divane, die seine Schatzkammer einschloß, auf einer niedrigen Lehmbank, und war eben erst aus dem Schlaf er= wacht oder gerade im Begriff, sich dazu niederzulegen, obwohl dieser glückliche Übergangszustand bei ihm, wie bei allen afrikanischen Po= tentaten, seit der Bekanntschaft mit dem Rum der Sklavenhändler, als der normale angesehen werden darf.

Der verstorbene König Eyamba soll ein eisernes Haus bewohnt haben, das fertig von England verschrieben war, aber nach seinem Tode unter feierlichen Ceremonieen zerstört wurde, damit er sich des= selben im Jenseits bedienen könne. Alle zum Lebensunterhalte nöti= gen Gerätschaften werden aus demselben Grunde, in absichtlich be= schädigtem Zustande, mit ins Grab gegeben, auf dem früher auch Sklaven und Weiber geschlachtet wurden. Jetzt wird meistens nur ein Hahn geopfert, der in dem Grabe aufgehängt wird, um darin abzusterben.

Außer dem erwähnten Hause ließ sich dieser durch europäische Civilisationsideeen angesteckte Monarch auch ein paar Pferde und eine Kutsche kommen, obwohl ein Weg, auf dem dieselben gehen konnten, erst gemacht werden mußte. Bei dem Mangel eines Ausdruckes für Pferd in der Efik=Sprache nannten es die Eingebo= renen Euang malara (des großen Mannes Kuh), und die Kutsche Ufok unang malara (des weißen Mannes Kuhhaus). So bezeich= neten die Tahitier das erste Pferd, das sie sahen, als „des weißen Mannes Schwein", und die Odjibbeways als „das Tier mit unge= spaltenem Huf". Da die importierten Pferde bald am Klimafieber litten, so pflegte Eyamba in vollem Ornat und unter ein paar mächtigen Sonnenschirmen gravitätisch hinter seiner Kutsche herzu= spazieren, die von einem Haufen Sklaven auf der mit vieler Mühe angelegten Fahrstraße hin= und hergezogen wurde. Gegenwärtig ist

von dieser nichts mehr zu sehen, doch lagen auf den am Flusse hin-
laufenden Gassen, die durch Faschinen gegen die Überschwemmungen
desselben geschützt waren, Sandhaufen aufgeschüttet, mit denen eine
Nivellierung des Terrains versucht zu sein schien.

Die Außenwände der besser erhaltenen Häuser zeigten bunte
Malereien, deren genaue Regelmäßigkeit anzuerkennen war, da sie
mit freier Hand ausgeführt sein sollen. Diese Kunst wird nur von
Frauen geübt, die auch Figuren in Calabassen schneiden und chirur-
gische Operationen ausführen.

Die freien Bürger, die nie eine Handwerksarbeit unternehmen
würden, tragen gewöhnlich ihr Haar in ein steifes Horn aufgedreht,
das über der Stirn hervorsteht. Viele hatten runde Brandnarben
auf Arm und Stirne gedrückt, und wie der Dolmetscher erklärte, be-
deutete jede derselben den Wert eines Thalers, der auf Erden in
dieser Weise durch Ertragung des Schmerzgefühls angelegt und
später im Himmel mit Zinsen zurückerstattet werden würde. Sie
würden nach Art der Mozas, durch Baumwolle, die in Spiritus
getränkt ist, eingebrannt.

In der Nähe des königlichen Palastes stand auf einer niedrigen
Erhöhung das große Palaverhaus des Egboes, eine von Säulen-
gängen umzogene Halle, die im Innern von zwei Metallpfeilern
getragen wurde. Vor der Thür stand die heilige Egboetrommel,
aus einem hohlen Baumstamm gefertigt, und daneben lag ein mächtiger Basaltblock, der von Fernando=Po oder, wie andere behaup-
teten, von der Prinzeninsel gebracht sein soll. Alte Bäume im
Umkreis, mit aufrechten Eisenstangen abwechselnd, waren mit Zeug-
fetzen behängt, und an dem Stamm des dicksten derselben lehnten
Elefanten- und Manatiknochen, zum Teil in Zeug gewickelt.

Der Eintritt in die inneren Gemächer des Egboehauses ist niemandem außer den in die höheren Grade des Ordens Eingeweihten
gestattet.*) Weiterhin kommt man zum Marktplatz, wo jeden andern
Tag Frauen ihre Produkte zum Verkauf bringen. Am besuchtesten
ist er an dem ersten Tage der Woche, die hier aus acht Tagen besteht, dem Chop=Day oder Aqua=e=bere, an dem jeder sein Haus mit
Kuhmistwasser reinigt, und der König gewöhnlich den Kapitänen und

---

*) S. weiter unten genauere Nachrichten über den merkwürdigen Geheim-
bund des Egboe=Ordens, dem selbst manche europäische Kaufleute genötigt sind
beizutreten.   B.

Supercargos der im Hafen liegenden Schiffe ein festliches Mahl giebt.

Der Kalabar oder Bongo heißt in der Sprache der Neger Akpa=Efik oder Wasser von Efik. Der Ursprung ist noch nicht mit Bestimmtheit ermittelt, doch scheint die früher vermutete Verbindung mit dem Niger mittels des sogenannten Croß=River jetzt widerlegt. Der Reisende Colthurst, der im Jahre 1832 von hier in das Innere vordringen wollte, behauptete von der Existenz derselben gehört zu haben, starb aber, ehe er die beabsichtigte Beschiffung hat ins Werk setzen können. Schätzbare Beiträge zur Kenntnis dieses Flusses haben Oldfield, Cummins und zuletzt Beecroft, der frühere Gouverneur von Fernando=Po, geliefert.

Die jetzigen Bewohner von Duke=Town, Old=Town und Ekuritunko oder Creek=Town kommen aus dem Egbo=Shary=Gebiet an dem Croßflusse. Sie ließen sich unter den Aboriginern, den Kwa, nieder und traten nominell zu ihnen in eine Art Tributpflichtigkeit, wie auch jetzt noch die Oberherrlichkeit von dem König von Kwa=Town oder Abakpa, einige Stunden oberhalb Duke=Town, in Anspruch genommen wird. Früher wurde die Abgabe der europäischen Schiffe an den Kwa=König bezahlt, aber vor einigen dreißig Jahren machte sich Duke Ephraim, der in der nach ihm benannten Duke=Town wohnte, von ihm unabhängig, indem er die Ablieferung unterließ und die Gebühr für sich selbst erhob. Viele Ländereien an beiden Ufern des Flusses gehören noch dem Kwa=Volke, aber eine nach der andern werden dieselben von den Kalabaresen erworben, und die Kwa verschwinden mehr und mehr, so daß ihre Nationalität zum Teil schon in die unbestimmteste Bezeichnung von Buschmännern aufgegangen ist.

Fast alle handeltreibenden Stämme längs der Westküste sind aus dem Innern dahin gewandert, indem die ursprünglichen Besitzer des Bodens entweder unterjocht, verdrängt oder ausgerottet wurden. Der Handel ist das absorbierende Interesse von Kalabar, und jeder ist Kaufmann, meistens Palmölhändler, groß oder klein, je nach seinen Mitteln, der König selbst an der Spitze.

Prof. Dr. Bastian,
Geogr. u. ethnol. Bilder.

Die Kruneger.*)

Im Süden von Liberia schließt sich die sogenannte Kruküste an, die von einer zahlreichen Negerbevölkerung bewohnt wird.

Was für Ostasien und Amerika die Kuli, das sind — mutatis mutandis — für die afrikanische Westküste die Kruneger. Ihre Heimat sind die noch unabhängigen Gebiete im Süden von Monrovia, der Hauptstadt der Negerrepublik Liberia, bis zum Kap Palmas, zwischen dem 4. und 6. Grad nördlicher Breite; dort wohnen die freien Kruneger in zahlreichen Dörfern und Gemeinden und unternehmen von da aus ihre Raubzüge in das Innere, um Sklaven zu fangen; eine ordentliche Beschäftigung, Handel oder Ackerbau, kennen diese Leute ebensowenig wie alle anderen Stämme.

Die zahlreichen Faktoreien, welche längs der westafrikanischen Küste vom Senegal an bis hinunter nach Benguela zerstreut sind, wären übel daran, wenn es keine Kruneger gäbe. Die in den Faktoreien vorkommenden schweren Arbeiten, das Laden und Löschen der großen Kauffahrer, die aus Mangel an Wegen häufig zu unternehmenden Kanoefahrten, das Reinigen und Ordnen der für den Export bestimmten Naturprodukte — Palmöl, Kautschuk, Rot- und Ebenholz, Elfenbein, Erdnüsse ꝛc. —, kurz alles, was in diesen Handelsniederlassungen an schwerer Arbeit zu thun ist, wird von den „croo-boys“ besorgt. Die Trägheit der Eingeborenen an den meisten Küstenplätzen ist derart, daß dieselben zu solchen Verrichtungen sich nie hergeben, und selbst da, wo die Eingeborenen in wohlverstandenem Interesse die Anlage einer Faktorei wünschen, können die Europäer doch nicht darauf rechnen, Arbeiter zu bekommen, sondern müssen sich croo-boys verschaffen.

Selbst die regelmäßig verkehrenden englischen Passagierdampfer versehen sich, sobald sie jene Küsten erreicht haben, mit einigen

---

*) Das Auftreten von Krus beginnt, Liberia bedeutend überschreitend, in Sierra Leone, im Nordwesten Liberias, geht die Zahnküste entlang und reicht etwas mehr als 15 Grade weit gegen Osten. Die Krus haben, ähnlich den indischen Kastenzeichen, bläuliche oder schwarze Streifen in der Mitte der Stirne. Ihr Charakter als Menschenrasse ist „Negertypus der höheren Stufe“, namentlich zeigt die Vorderansicht des Kopfes bei den Krus die Stirne gut gestaltet und groß, und sie differieren darin günstig von vielen der anderen Negerrassen. (Vgl. von Schlagintweit. Zur Charakteristik der Kruneger. Sitzung der mathem.-phys. Klasse vom 5. Juni 1875.)   Baumgarten.

Dutzend dieser schwarzen Arbeiter für die Dauer ihrer Reise; die Fahrt derselben geht bis St. Paul de Loanda, und bei der Heimreise werden dann die Neger wieder abgesetzt. Häufig bekommen diese Dampfer auch von Faktoreien den Auftrag, eine größere Anzahl dieser croo-boys mitzubringen oder nach abgelaufener Dienstzeit wieder in ihre Heimat zu befördern, so daß ein solches Schiff oft mit Hunderten dieser lärmenden Passagiere besetzt ist.

Die Kruneger sind brauchbare Arbeiter und als Küstenbewohner besonders gut als Matrosen verwendbar. Ich bin wiederholt auf größeren Küstenfahrzeugen gefahren, auf welchen nur ein einziger Europäer war, als Kapitän, während die ganze Mannschaft aus Krus bestand. Für das Innere des Landes aber sind sie nicht zu gebrauchen; sie fürchten, von den übrigen Stämmen als Sklaven abgefangen zu werden, und diese Furcht ist um so mehr begründet, als sie selbst in ihrem Lande analog verfahren.

Wie weit die auf Fahrzeugen dienenden Kruneger manchmal zerstreut werden, geht daraus hervor, daß der von seiner asiatischen Reise zurückkehrende v. Schlagintweit-Sakünlünski einige von diesen Negern auf einem Schiff in Aden traf; selbst bis nach Deutschland sind sie gekommen, und während meiner Anwesenheit in Gabun ging ein großer Schoner mit Krubemannung und einem Europäer als Kapitän nach Hamburg ab. Ebenso bleiben einzelne als Diener auf den englischen Dampfern und kommen bis Liverpool.

Bei meiner Reise von Hamburg nach Gabun wurde auch die Kruküste berührt, und so waren dies die ersten Neger, mit denen ich überhaupt zusammengetroffen bin.

Unser Kapitän war beauftragt, für die Faktoreien in Gabun Kruleute aufzunehmen, und so warfen wir in der Nähe eines Grand Ceß genannten Punktes die Anker aus. Die langgestreckte flache Küste bietet nirgends einen Hafen, und das Schiff mußte in bedeutender Entfernung vom Lande in offener See liegen bleiben, so daß wir nur mit bewaffnetem Auge das ferne Land mit den zwischen Palmen und Baumwollbäumen versteckten Negerdörfern genauer sehen konnten.

Bald bemerkten wir denn auch zahlreiche kleine Kanoes mit Negern auf uns zukommen, und sobald sie das Schiff erreicht hatten, waren sie auch schon mit affenartiger Geschicklichkeit am Deck. Sie frugen und schwatzten sehr viel, waren überhaupt ungemein lustig und wünschten für Gabun engagiert zu werden. Einige brachten in

Blechkapseln Zeugnisse von Kapitänen und Faktorei-Agenten mit über ihr Verhalten, ja einer dieser Neger, der 10 Jahre zur größten Zufriedenheit seines Herrn in Monrovia gedient hatte, trug eine vergoldete Kette um den Hals mit einem großen silbernen Schild, worauf Name, Dienstzeit u. s. w. eingraviert war. Nicht nur er, sondern auch seine engeren Landsleute waren natürlich sehr stolz auf dieses Arbeitszeugnis.

Die Kleidung der Kruneger ist außerordentlich einfach; sie besteht meistens nur aus einem Lendenschurz von Baumwollenzeug; alte, von Europäern abgelegte Hüte, oft von der verwegensten Façon, wurden vielfach getragen; am Hals und an den Armen sah man häufig Schnüre von blauen und schwarzen Glasperlen, auch dicke Elfenbein- und Messingringe an den Fuß- und Handgelenken sind beliebt, Gesicht und Arme sind gewöhnlich bemalt und tättowiert; besonders charakteristisch für Kruneger ist ein breiter, schwarzer Streifen, der von der Stirn abwärts bis zur Nasenspitze reicht und die Physiognomie sehr entstellt. Die Vorderzähne sind häufig spitz gefeilt, das kurze, wollige Haupthaar wird an einigen Stellen des Kopfes nicht selten weggeschoren, so daß lichte Streifen, von der Stirn nach dem Hinterhaupt zu, hervortreten; ältere Leute hatten einen dünnen Bart. Sehr sonderbar, eigentlich sehr häßlich sah einer dieser Neger aus, der rotes Haar und einen roten Vollbart hatte. Die Hautfarbe ist durchgängig chocolabebraun in verschiedenen Nüancierungen.

Nachdem wir fast zwei Tage gewartet hatten, kam endlich der Häuptling, von dem wir die Kru-Arbeiter engagieren wollten, an; er führt den stolzen Titel König Grando. Es war eine nicht große, aber sehr kräftige Gestalt mit sehr energischen Gesichtszügen und von echtem Negertypus. Er trug ein Stück rotes Baumwollzeug um den Leib, darüber ein weißes Hemd, worüber noch ein mit roten, weißen und blauen Streifen verzierter, sehr weiter, aber kurzer Mantel ohne Ärmel geworfen war, ein Kleidungsstück, wie es bei den Arabern am Senegal allgemein verbreitet ist; bis zu Hosen aber hatte er sich nicht aufschwingen können.

Als Kopfbedeckung diente ein neuer schwarzer Filzhut; am Gürtel trug er einige prachtvolle, große Eckzähne von Leoparden, eine Art Fetischzeichen, nach welchem die croo-boys ungemein begierig sind. Man kann den letzteren keine größere Freude bereiten und sie nicht besser zur Arbeit anspornen, als durch Versprechen von

Tigerzähnen. (An der ganzen Westküste wird der Leopard fälschlich als Tiger bezeichnet; letzterer kommt daselbst natürlich nicht vor.)

König Grando spricht leidlich englisch, d. h. jenes Negerenglisch, das auch Engländer erst lernen müssen, wenn sie an die Westküste kommen, und weiß sich auch sonst recht gut zu benehmen, besonders bei Tisch aß er mit allem Anstand und wußte sehr wohl zur großen Genugthuung der anwesenden Engländer die Gabel mit der linken Hand und das Messer mit der rechten zu handhaben! Jede Speise teilte er mit seinem Bruder, einem baumlangen, starken Burschen, der ihm nicht von der Seite wich, sich aber nicht mit zu Tisch setzte, sondern an der Erde aß.

Grando trank sehr gern Bier; Rum war natürlich auch seine schwache Seite, und beim Anblick des großen Fasses Branntwein, das ihm als Geschenk verehrt wurde, konnte er seine Freude kaum verbergen, obgleich das nil admirari bei den Negerfürsten außerordentlich in Gebrauch ist. Ehe er übrigens das Faß Rum annahm, mußte es geöffnet werden, und sowohl einige Kruleute, als auch die Matrosen unseres Schiffes mußten vor seinen Augen den Rum kosten, da er fürchtete, vergiftet zu werden! Wie berechtigt diese Vorsicht bei den Negerhäuptlingen ist, geht unter anderem daraus hervor, daß König Grando von Grand Ceß wirklich wenige Monate später an Gift gestorben ist, das ihm ein Rivale beigebracht hatte!

Nach langem Hin= und Herreden hatten wir endlich vierzig croo-boys als Arbeiter engagiert; dieselben verdingen sich gewöhnlich auf zwei bis drei Jahre für einen Monatsgehalt von 4 bis 6 Dollars, welche Summe aber nicht in Geld, sondern in europäischen Waren ausgezahlt wird, deren Wertbestimmung allerdings meistens in den Händen des Europäers liegt. Indes haben sich doch schon an vielen Orten, besonders da, wo verhältnismäßig geordnete Zustände herrschen, im Laufe der Zeit für europäische Güter (Zeuge, Gewehre, Pulver, Rum, Salz u. s. w.) bestimmte und von beiden Parteien anerkannte Werte bei Bezahlung für geleistete Dienste oder beim Einkauf von Naturprodukten entwickelt.

Beim Aufnehmen der croo-boys ist es Sitte, daß für jeden derselben zwei Monatsgehalte vorausbezahlt werden, und zwar an den Häuptling des betreffenden Stammes, der seine jungen Anverwandten und Unterthanen, sowie seine Sklaven an Europäer vermietet. Ein Trupp solcher Kru=Arbeiter wird in Abteilungen von 7—10 Mann

eingeteilt, deren jede einen, gewöhnlich etwas älteren head-man besitzt, der dem Faktoristen gegenüber verantwortlich ist für das Treiben
seiner Untergebenen, diese Macht auch durch häufiges Prügeln im
weitesten Umfange zur Geltung bringt.

Sobald ein Trupp croo-boys in einer Faktorei angelangt ist,
werden den einzelnen Abteilungen ihre Hütten zum Wohnen angewiesen, den Aufsehern die nötigen Arbeiten übertragen und ein
croo-boy als Wachmann ausgewählt. Derselbe ist von aller Arbeit
befreit, hat aber dafür alle Nächte die Faktorei zu bewachen und durch
häufiges Rufen und Pfeifen zu beweisen, daß er nicht schläft. Gewöhnlich übernimmt dieser Wachmann auch das Amt eines Koches
für seine Landsleute.

In den meisten Fällen geschieht es, und viele Krus wünschen
es sogar selbst, daß sie nicht regelmäßig alle Wochen oder Monate
ihren Lohn ausgezahlt bekommen, sondern erst am Ende ihrer
Dienstzeit und während derselben nur hin und wieder eine Kleinigkeit, was sie für die Erledigung ihrer „woman palaver" brauchen.
(Palaver ist ein an der Ostküste überall gehörter Ausdruck und bedeutet alles Mögliche; jeder Streit, jeder Auftrag, oder irgend eine
Vereinbarung, alles heißt palaver.) Es kommt auf diese Weise, daß
viele croo-boys, wenn sie nach zwei- bis dreijähriger Arbeit in ihre
Heimat zurückkehren, oft ganze Koffer voll europäischer Waren mit-
bringen und so eine Zeit lang den reichen Faulenzer spielen können.
Sehr oft verdingen sie sich ein zweites und drittes Mal für eine
Faktorei, bis sie schließlich sich einige Frauen und Sklaven kaufen
und einen eigenen Herd gründen können. Freilich kommt es auch
oft genug vor, daß die croo-boys ihren ganzen Lohn verlumpen
und ebenso arm in die Heimat zurückkehren, als sie weggegangen sind.

So nützlich nun auch die Krus als Arbeiter sind, so besitzen sie
doch auch, und zwar im ausgesprochensten Maße, einen National-
fehler aller Neger, den stark entwickelten Diebssinn. Es bedarf der
größten Vorsicht und einer äußerst strengen Behandlung seitens der
Europäer, um ihre Lagerhäuser vor den Einbrüchen sowohl einzelner
croo-boys, als ganzer Diebskonsortien zu schützen. Gewöhnlich pflegen die Kru-Arbeiter einer Faktorei die Magazine einer andern zu
plündern, und es kommt sogar vor, daß die Eingeborenen sich mit
den Krus zu gemeinsamer Arbeit verbinden und die gestohlenen
Gegenstände in ihren Hütten verbergen. Dieser Fall ist übrigens
nicht so häufig, als man vielleicht meinen könnte; im allgemeinen

halten die Kruneger ziemlich fest an ihren jeweiligen Herren, und sind sogar an verschiedenen Plätzen auf deren Schutz gegenüber den unruhigen und raublüchtigen Eingeborenen angewiesen. Es hat wiederholt Fälle gegeben, wo croo-boys mit den Waffen in der Hand die Faktoreien ihrer Herren verteidigt haben. Vermöge einer erklärlichen Bevorzugung und Begünstigung seitens der Weißen und im Vertrauen auf ihre wirklich oft recht bedeutende Körperstärke, das noch durch ein sehr festes nationales Zusammenhalten untereinander gestützt wird, treten sie meist ziemlich brüsque und selbstbewußt der einheimischen Bevölkerung gegenüber auf. Auf isoliert gelegenen einzelnen Faktoreien ist ein Trupp tüchtiger croo-boys von größter Wichtigkeit, sowohl für die Entwickelung des Handels, als auch für die Sicherheit der Magazine und selbst der Europäer.

Unter den vierzig Burschen, die wir an Bord hatten, wählte ich mir einen jungen, höchstens 16 Jahre alten croo-boy als Diener aus. Derselbe hat sich geradezu musterhaft betragen. Während meiner ganzen dreijährigen Reise hat mich William, wie ich ihn nannte, nicht verlassen, in den schwierigsten Situationen verlor er nicht den Mut, und ich konnte ihm alles anvertrauen. Freilich muß der Umstand berücksichtigt werden, daß er unter meiner Begleitung der einzige seines Stammes war und daß ihm alle übrigen mehr oder weniger feindlich entgegentraten und ihn um seine Stellung beneideten. Übrigens wäre derselbe gewiß nicht mit mir in das Innere des Kontinentes gereist, wenn er meinen Plan vorher gewußt hätte; aber ich wurde von dem Häuptling auch für einen Faktoreibesitzer am Ogowe gehalten, und so ging er arglos mit mir; sobald ich ein Stück im Innern war, konnte er nicht fort von mir und war gewissermaßen auf meinen Schutz angewiesen.

Nachdem seit einigen Jahren auf den portugiesischen Inseln St. Thomé und Principe die Sklaverei aufgehoben ist, und die früher blühenden Kaffee- und Cacao-Plantagen infolge dessen verwüstet sind, hat man es versucht, Kruneger für die Plantagenwirtschaft zu gewinnen. Aber bisher ohne Erfolg. Trotz guter Behandlung, hoher Bezahlung und viel weniger schwerer Arbeit, als in den Faktoreien, sind die Neger freiwillig zu solcher Arbeit nicht zu bringen. Mit großen Kosten hat man Hunderte von croo-boys auf diese Inseln geschafft, aber mit der ersten besten Gelegenheit sind sie entflohen. Wo sie irgend ein Kanoe auftreiben konnten, wagten sie selbst die gefährliche Meerfahrt, um nur von dieser ihnen verhaßten

Arbeit fortzukommen. Vielleicht wird sich das mit der Zeit ändern, und das wäre ein Glück für die Westküste. Die Wälder in der Nähe des Meeres sind schon vollständig ausgebeutet, und die Produkte müssen weit aus dem Innern gebracht werden, wobei sie infolge eines verderblichen Zwischenhandels-Systems enorm verteuert werden; man wird also früher oder später daran denken müssen, Plantagen anzulegen. In dem Neger-Freistaat Liberia ist dies bereits mit Erfolg geschehen und der liberianische Kaffee hat auf den betreffenden europäischen Märkten bereits einen sehr guten Namen. Freilich haben die „coloured gentlemen" dieses Staates einen großen Vorteil gegenüber dem Europäer in dem Verkehr mit crooboys und können dieselben leichter zur Plantagenarbeit abrichten.

Zum Schluß mag eine an der Westküste sehr verbreitete Anekdote von einem Kruneger Platz finden, die für ein ganzes System charakteristisch ist. Dieser Bursche war als Arbeiter in einer anglikanischen Mission beschäftigt; er hatte es daselbst gut, nicht zu viele Arbeit, und so blieb er 15 Jahre daselbst. Er hatte sogar in der Schule gesessen und war schließlich getauft worden, galt also als „Christ". Einmal wurde er von einem Reisenden über Verschiedenes ausgefragt und schließlich an ihn auch die Frage gerichtet, was er von Gott halte. „Oh!" antwortete Freund Yim, „Gott ist ganz außerordentlich gut; er hat zwei Dinge geschaffen, für welche ihm die croo-boys nicht genug danken können: den Schlaf und den Sonntag", (an welchem in den meisten Faktoreien nicht gearbeitet wird).

Oscar Lenz.
Skizzen aus Westafrika, 1878.

Das Klima in Senegambien.

Ein Tag während der Regenzeit am Senegal.

Dr. Borius*) giebt folgende charakteristische Beschreibung eines Tages während der Regenzeit, welche zugleich die meteorologischen Erscheinungen, sowie deren Einfluß auf die Europäer uns lebendig vor Augen führt. Diese Beschreibung, obgleich zunächst sich auf

---

*) Borius. Les maladies du Sénégal. Paris, 1882.

St. Louis beziehend, kann man für ganz Senegambien gelten lassen und in weiterem Sinne für den Zustand des Europäers während der Regenzeit überhaupt.

Während der Nacht ist die Luft durch ein Gewitter abgekühlt worden, dem ein kurzer, aber ausgiebiger Regen folgte. Die Sonne erhebt sich am Morgen inmitten von Wolken, die aber bald unter ihren Strahlen sich auflösen. Es machen sich an dem frischen und angenehmen Morgen kaum einige Windstöße aus SW. fühlbar, den Himmel durchlaufen einige leichte, weiße Wolkenflocken, die fächerartig vom Horizont ausstrahlen und langsam ihre Form ändern. Einige Augenblicke nach Sonnenaufgang zeigt das Thermometer im Schatten 27° C. Unter dem Einfluß der Windstille steigt die Wärme langsam, und schon um 9 Uhr morgens ist trotz Benützung eines Sonnenschirmes ein Gang eine höchst lästige Leistung. Der Boden, der noch vom nächtlichen Regen benetzt ist, ermüdet indessen die Augen noch nicht mit jenen lästigen Lichtreflexen, welche im Verein mit der Luftwärme, der hohen Feuchtigkeit und den Sumpfmiasmen eine der Ursachen ist, welche die Insolation zu dieser Jahreszeit so gefährlich machen.

Um 10 Uhr ist trotz einer Temperaturzunahme um 2° die Hitze noch ganz erträglich und gestattet, eine gewisse Thätigkeit zu entwickeln. Die Brise von SW. ist etwas stärker, aber unregelmäßig, und sie scheint jeden Moment einschlafen zu wollen. Es ist Mittag, das Thermometer fährt fort zu steigen. Um 1 Uhr erreicht es 30°, die Sonne verhüllt sich zeitweilig, einige Nimbuswolken durcheilen den Himmel von S. nach N., während die Richtung des unteren Windes zwischen W. und SW. oscilliert, aber diese Winde sind sehr schwach, zeitweilig herrscht vollkommene Windstille. Unterdes steigt die Hitze noch langsam und um 4 Uhr zeigt das Thermometer 31°. Der Himmel ist zu drei Viertel mit Wolken bedeckt, die sich am Horizont anhäufen, die Luftruhe wird vollkommen. Die Temperatur ist jetzt außerordentlich peinlich, und obgleich nach 4 Uhr das Thermometer kaum noch um 0,5° steigt, so scheint sich die Hitze doch beträchtlich zu steigern; man ist erstaunt, wenn man auf das Thermometer sieht, daß eine so geringe Temperaturveränderung einen solchen Einfluß hat. Der Körper bedeckt sich bei der geringsten Bewegung mit Schweiß.

Es ist 6 Uhr, die Sonne verschwindet in den dichten Wolken, welche am Horizont angehäuft sind. Sie taucht bald unter in deren

Mitte und färbt sie mit sehr auffallenden kupferroten Tinten. Die Windstille hält an. Die Temperatur bleibt hoch. Einige Windstöße aus W. oder SW. gewähren kaum eine Erfrischung und bringen nicht in das Innere der Wohnungen. Man muß ausgehen oder die Terrassen besteigen, welche sich über den Wohnungen befinden, um freier zu atmen und einige Erfrischung zu verspüren von dem leichten Lufthauch, der immer seltener wird. Eine kleine schwarze Wolke zieht über uns von SW. her, aber sie läßt bloß einige Tropfen fallen, zu wenig zahlreich, um den Boden zu benetzen. Wir kehren zurück. Die Hitze in den Wohnungen ist erstickend, wir suchen vergebens nach einem Luftzug. Das Wasser, das wir, um es kühl zu halten, in porösen Thongefäßen haben, und das am Morgen frisch schien, scheint nun lauwarm, die Temperatur desselben ist gleich der des Wassers in gewöhnlichen Gefäßen. Man braucht nicht mehr das Hygrometer anzusehen, um zu konstatieren, daß die Luft mit Wasserdampf gesättigt ist. Der Dampfdruck ist 23 mm, und es ist diese Sättigung der Luft mit Wasserdampf, welche die an sich nicht außerordentliche hohe Temperatur so erstickend macht.

Nichts läßt sich vergleichen mit dem krankhaften Angstgefühl, in dem sich die Europäer befinden. Unbeweglich in einem Fauteuil ruhend ist der Körper so in Schweiß gebadet, wie nach einer heftigen Anstrengung. Die Ermüdung, die man fühlt, ist aber durchaus nicht dieselbe wie nach einer Arbeit, es ist eine Schwäche in den Gliedern und namentlich in den Beinen, ein unbeschreibliches Gefühl des Unbehagens, welches jede Bewegung, jede physische oder geistige Arbeit von sich ablehnt, aber doch keinen Schlaf zuläßt. Umschwärmt von Wolken von Moskitos, denen man kaum entgehen kann, sucht man vergeblich nach Luft, die zu fehlen scheint. In solchen Momenten ist es, wo der träge Gang der müßigen Stunden uns den Überdruß und die Leiden des Exils fühlen läßt, und wo nach dem Ausdruck unserer Kollegen „die Seele ihr Gefängnis verlassen und es der ersten herrschenden Krankheit überlassen will".

Es ist 10 Uhr, die Windstille ist vollkommen, die Temperatur bleibt noch immer hoch, das Gefühl der Ermüdung macht einer noch peinlicheren Empfindung Platz, der Kopf ist wie in einen eisernen Reifen eingeklemmt, weder Arbeit noch Lektüre ist möglich, sie würden eine Willensanstrengung benötigen, die uns entschwunden, die intellektuellen Kräfte sind noch mehr deprimiert, als die physischen.

So vergeht langsam die Nacht in diesem peinlichen und krankhaften Zustande, oder es entladet sich ein Gewitter und ein reichlicher Regen, unter dessen Einfluß das Thermometer langsam sinkt und uns schließlich doch noch das Gefühl einer wohlthätigen Erfrischung gewährt.

Man kann sich eine beiläufige Vorstellung machen von dem peinlichen Zustand, in dem man sich während der Regenzeit am Senegal befindet, wenn man sich das Gefühl des Unbehagens, welches man in Europa kurz vor Ausbruch eines Sommergewitters empfindet, verzehnfacht denkt.

Dr. Julius Hann.

Handbuch der Klimatologie. Stuttgart, 1883.

Bilder von der Goldküste.*)

I.

Anblick der Goldküste vom Meere aus. — Die Wälder. — Fischerflotten. — Cape-Coast-Castle.

Die Goldküste Afrikas, die sich vom Flusse Assini bis zum Flusse (Rio) Volta erstreckt, bietet ein weites Feld für anziehende und mannigfaltige Betrachtung dar. Ihr sonnenstrahlender Himmel, nur selten durch Trübe oder Ungewitter entstellt; ihr lieblicher Wechsel von Berg und Thal; ihre tiefen, undurchdringlichen Dickichte; ihre majestätischen Waldbäume und die ewiggrüne Frische ihrer üppig wuchernden Pflanzenwelt; ihr Mineralreichtum, der noch verschlossen im geheimnisvollen Schoße ihrer Berge oder in der Tiefe ihrer schwarzen und schlammführenden Ströme ruht; ihre köstlich-süßen

---

*) Aus Cruickshank. Ein achtzehnjähriger Aufenthalt auf der Goldküste Afrikas. Leipzig, 1856. Die genaue Übereinstimmung der ethnographischen Beobachtungen des Dr. Oskar Lenz (Skizzen aus Westafrika, 1878) mit der überaus wertvollen und in betreff der Goldküste noch weit ausführlicheren Darstellung von Cruickshank giebt den folgenden Auszügen aus letzterem Werke ganz das Interesse der Aktualität, besonders auch, da wir nur das herausgenommen haben, was sich seitdem fast gar nicht in den Sitten und Anschauungen der Neger verändert hat.

Früchte; das prachtvolle Gefieder ihrer Vögel; die unendliche Man=
nigfaltigkeit des Tierlebens, das in ihren wilden Dschungle-Strichen
haust: — dies alles umkleidet sie mit einem unbeschreiblichen Zauber,
der ein unbestimmtes und wunderbares Interesse in uns erweckt.
Wenn der Fremdling ihr vom Atlantischen Ocean aus nahet und
ihren Küstensaum duftig und verschwommen in der Ferne zum ersten
Male erblickt, zeigt sie sich ihm mit einem Nebelmantel überdeckt
und bietet der Phantasie solch ein traumgleiches Bild dar, daß es
geringer Anstrengung bedarf, um ihre Ödnisse mit selbstgeschaffenen
Wesen zu bevölkern. Rückt man ihr näher, so nimmt sie einen me=
lancholischen, monotonen Anblick an, der auf das Gemüt einen un=
angenehmen, trüben und beklemmenden Eindruck macht, welcher
durch den Gedanken noch verstärkt wird, daß man hier die Wohn=
stätten eines wilden Lebens vor sich sieht.

Ein dunkles, undurchdringliches Geheimnis scheint im Schatten
der düstern Wälder zu schweben, die so recht geeignet sind, als
Stätten für wilden Götzendienst und grausamen Aberglauben zu
dienen. Wenn er aber dem Ufer näher kommt und die verschiedenen
Züge der Physiognomie der Landschaft deutlich und markiert heraus=
zutreten beginnen, ruft er natürlich seine Gedanken hinweg aus dem
Reiche der Phantasie, um seine Aufmerksamkeit dem neuen, sich vor
ihm aufrollenden Schauspiel zuzuwenden. Der sanfte Seewind, der
mit ziemlicher Regelmäßigkeit weht, hat die Segel seines Schiffes
geschwellt, und dieses gleitet durch die kräuselnden, leise anschlagenden
Wellchen der See hindurch, die glitzernd daliegt im Strahlen eines
blauen und wolkenlosen Himmels. Er ist betroffen von dem pitto=
resken Anblick einer ganzen Flotte wirr durcheinander nach dem
Strande zusteuernder Fischerkähne mit ihren Mattensegeln und ihren
nackten Fischern, nachlässig hingestreckt in ihren gebrechlichen Barken,
die schlecht geeignet scheinen, den Gefahren des Meeres zu trotzen.
Er vernimmt die fernen Töne ihrer rauhen Gesänge oder mehr in
der Nähe das wilde Gegurgel einer unverständlichen Sprache. Er
sieht ihnen nach, wie sie dem Strande nahen, an welchem sich die
Brandung mit ihrem ewigen Wogenschwalle bricht, durch den die
Nachen furchtlos nach dem Lande schießen. Er gewahrt geschäftige
Gruppen nackter, schwarzbrauner, glänzender, unstät sich hin= und
herbewegender Gestalten, die ihnen beim Landen entgegenkommen
und ihre Kanoes ans Ufer heraufziehen.

Er läßt sein Auge die Richtung der Küste verfolgen und auf

ihre verschiedenen Baien und Vorsprünge achten. Er sieht den ge=
waltigen Ocean, über den er so manchen langweiligen Tag gesegelt
ist, von einem Streifen weißen blinkenden Sandes eingesäumt, der
ihm das Ansehen eines ungeheuern, mit Silber ausgelegten Spiegels
giebt, während das dunkle Laubwerk der Bäume einen passenden
Hintergrund bildet. Näher dem Ufer kann er in rascher Folge die
Lehmmauern und Schilfdächer der zerstreut gebauten Dörfer der
Eingeborenen unterscheiden, die zum größten Teile inmitten von
Wäldchen graziöser Kokospalmen nisten, während er weiter einwärts
hier und da vereinzelt einen Seidenbaumwollenbaum seinen mächtigen
Leib zum Himmel strecken sieht, gleich einer riesigen, zur Bewachung
des Landes postierten Schildwache. Bei jeder Fortbewegung des
Schiffes bietet das Panorama einen immer und immer wechselnden
Anblick dar, aber stets trägt es dasselbe individuelle Tropengepräge
der Pflanzenwelt, das für die meisten Europäer bei ihrer ersten An=
kunft eine wilde, Robinson=Crusoesche Art von Zauber hat.

Alsbald entdeckt er in der Ferne einen weißen Fleck, der sich
mit Hilfe des Fernrohrs als Cape=Coast=Castle mit der auf dessen
Zinnen flatternden britischen Flagge ausweist. Seine Seefahrt geht
unter einem Sturm gemischter, nicht leicht zu beschreibender Gefühle
zu Ende. Die Leichtigkeit und Elastizität der klaren, durchsichtigen
Luft; die lachende Lust im sanften Wellenwurf des Meeres; die
Idee des Wildromantischen, die sich an das neue, unbetretene, in
seiner Schöne vor ihm liegende Land knüpft; dazu das selige Be=
wußtsein, des Meeres Gefahren überstanden zu haben: — dies alles
wirkt belebend und erheiternd auf seinen Geist ein und erweckt eine
bunte Mannigfaltigkeit angenehmer Empfindungen.

Das Cape=Coast=Castle, die Hauptniederlassung der Engländer,
ward von den Portugiesen erbaut, die es an die Holländer verloren,
denen es wiederum von den Engländern entrissen wurde. Dem ur=
sprünglichen Bau sind gemäß den wachsenden Bedürfnissen unserer
dortigen Stellung viele Anbaue hinzugefügt worden. Gegenwärtig
ist es ein großes, unregelmäßiges Gebäude, das zu Verteidigungs=
zwecken schlecht geeignet ist, aber innerhalb seiner Mauern sowohl
gute und bequeme Gemächer für den Gouverneur und die Offiziere,
als auch eine Menge Kasernenräume und Warenhäuser von sehr
mittelmäßiger Art enthält. Es liegt am Rande des Meeres und
wird vor seiner raschen Brandung durch einen ungeheuren Felsen
geschützt, gegen welchen die schwerrollenden Wogen mit unablässigem

Brausen anschlagen, die ihren wilden Schaum über die nächst-
gelegenen Bastionen schleudern.

Auf der nördlichen Seite dieses Kastells liegt die Stadt Cape-
Coast, die aus Häusern teils der Europäer, teils der Eingeborenen
besteht, welche letztere in gedrängtester Weise und ohne die geringste
Rücksichtnahme auf Licht, Luft oder Zugänglichkeit beisammen hocken.
So oft es die Umstände gestatteten, z. B. beim Einstürzen von
Häusern oder bei einem gelegentlichen Feuer, haben die Gouverneure
sich bemüht, durch Öffnung einiger guten Gassen hier ein bißchen
Regelmäßigkeit herzustellen. Auf diese Weise ist dem Haupteingang
zum Kastell gegenüber ein großer, freier Platz entstanden, der als
Paradeplatz für die Truppen dient. Von dieser Esplanade aus,
dem Schloßthore gegenüber, zieht sich eine breite, zu beiden Seiten
mit Sonnenschirmbäumen eingefaßte Gasse von Süd nach Nord,
welche die Stadt in zwei beinahe gleiche Teile teilt, vom genannten
Thore bis an ihr Ende ununterbrochen sanft aufsteigt, und an ihrem
obern Ende mit einer sehr bescheidenen, alles architektonischen
Schmuckes entbehrenden, aber kräftig und massiv gebauten Kapelle
der Wesleyaner schließt. Die gesamten europäischen Häuser liegen
auf der westlichen Seite der Hauptgasse. Ihre unregelmäßige Lage
auf der Höhe und am Abhang eines sanft aufsteigenden Terrains,
ihre reinlichen, weißen Mauern mit ihren grünen Sommerläden,
ihre bunte Untermischung mit den Lehmmauern und Rohrdächern der
Häuser der Eingeborenen — alles dies macht, vom Meere aus gesehen, einen angenehmen und malerischen Effekt. Auf der Ostseite
der nämlichen Gasse laufen die Häuser der Eingeborenen, eng zu-
sammengepreßt, einen leichtgeneigten Abhang hinab, ziehen sich dann
durch eine unebene und felsige Schlucht hin und klettern hierauf
unregelmäßig die Seite eines kleinen Hügels, welcher dort die Stadt
einschließt, hinan. Die nördliche Seite der Stadt wird von einer
andern kleinen, rundlichen Anhöhe überragt, die jäh aus dem Thale
aufsteigt und sich zweihundert Fuß erhebt. Ein auf dieser Anhöhe
errichteter, mit zwölf Kanonen besetzter Lärmturm beherrscht die an
deren Fuß liegende Stadt und das Kastell vollständig, und bietet die
ausgedehnteste Fernsicht längs der Küste dar. Auf einer andern
kleinen Höhe im Westen der Stadt bildet die Wesleyanische Anstalt
mit ihrem Bethaus und ihren Schulgebäuden, die unter den Bäumen vergraben, sich fast dem Blick entziehen, eine schöne und anziehende Partie in der Landschaft, während das Fort Victoria, ein

anderer kleiner Turm auf der nordwestlichen Seite und weiter landeinwärts liegend, das Bild recht passend abschließt. Der Süden wird vom Kastell und vom Meere begrenzt.

So sieht Cape-Coast aus. Es mag etwa sechstausend Einwohner zählen; aber von kleinen Höhen halbmondförmig eingeschlossen und unmittelbar an seinen Mauern von dichtem Wald umfangen, bietet es in seiner nächsten Nähe nur wenig Spuren von Anbau. Auch ist es mit angenehmen Spaziergängen und anderen Orten zur Erholung nicht besonders ausgestattet. Wenn die Sonne sich zu neigen beginnt, sieht man die Europäer durch die obenerwähnte Baumallee nach der fast einzigen Straße im Lande schlendern, die nach einem Salzteiche oder kleinen Salzwassersee, etwa eine Viertelmeile von der Stadt entfernt und an ihrer westlichen Seite gelegen, führt. Hier finden sie sich ein, um einen Schluck der kühlen Abendluft einzuschlürfen. Einige strecken sich auf den Rasen an des Seees Rande nieder und plaudern über die Ereignisse des Tages, glücklich, wenn ihnen ein jüngst aus England angelangtes Schiff etwas Interessantes über ihr Heimatsland gebracht hat. Andere von rührigerem Wesen, Besitzer einiger Jachtkanoes von aller Art von Takelwerk, reden sich ein, daß sie die Freuden einer Regatta genießen, und streiten bei Wettfahrten mit Feuer um die Gewinnung des Sieges. Und offen gesagt, bietet eine solche Partie wirklich des Reizenden genug dar, um eine oder zwei Stunden eines einförmigen Lebens zu verkürzen.

II.
Die Neger der Goldküste.

Grundzüge des afrikanischen Charakters. — Ähnlichkeiten der Fanti mit Nationen des Altertums. — Keine geschriebene Grammatik. — Schwierigkeit, das Fantische in grammatische Regeln zu bringen. — Rasche Fortschritte der jungen Neger im Englischen. — Verbreitung des Englischen. — Musik und musikalische Instrumente. — Goldarbeiten. — Töpferei. — Weberei und Färberei. — Produkte des Bodens. — Exporte und Importe. — Tracht. — Häuser. — Luxus. — Gastfreundschaft.

Geboren unter einer tropischen Sonne, mit einem klaren und heitern Himmel über sich, der selten nur von dräuenden Unwettern verdüstert und durchtobt wird, hat die Gemütsart des Negers der

Goldküste viel mit der Heiterkeit der ihn umgebenden Natur gemein, und seine übersprudelnden Lebensgeister stehen in Einklang mit ihrer verschwenderischen Güte. So freigebig die Erde seinen Bedürfnissen dient, indem sie ihm beinahe ohne Mühe der Arbeit mit dem notwendigen Lebensbedarf versorgt, einen so gedanken- und schrankenlosen Gebrauch macht er von ihren Gaben. Seiner Bequemlichkeit fröhnend und gern einem ruhigen, üppigen Nichtsthun und Nichtsdenken sich hingebend, vermag er nur selten zu großer körperlicher Anstrengung angetrieben zu werden, es sei denn, daß er durch die Aussicht dazu verlockt wird, die Mittel zu einer Schwelgerei zu erlangen, der er sich mit Leib und Seele hingiebt. Begabt mit ausgezeichneten physischen Eigenschaften und geduldig in der Verfolgung seines Ziels, wenn er einmal mit ganzer Seele darauf gerichtet ist, ist er fähig, die härteste Anstrengung und die größten Entbehrungen zu ertragen; sind aber seine Neigungen und Begierden nicht dabei beteiligt, so sinkt er bald in Lässigkeit und Gleichgiltigkeit zurück und läßt seine Arbeit unvollendet. So zeigt er sich in seinem rein natürlichen Zustande. Kommt er aber mit Europäern in Berührung und wird er mit einem Denken und Handeln bekannt, das sich in so vielen Beziehungen von der natürlichen Unbedachtsamkeit seines Gemüts unterscheidet, so lernt er bald seine Gefühle verbergen, seine wahren Gesinnungen verhüllen und endet damit, daß er ein vollendeter Heuchler wird. Es fehlt ihm keineswegs an geistigen Fähigkeiten, aber sie werden durch die starke abergläubige Richtung seiner Seele eingeschnürt und gelähmt, und wir sehen bei vielen wichtigen Gelegenheiten die ganze Kraft seiner Vernunft gerade in dem Augenblicke, wo sie sich siegreich behaupten könnte, durch dieses nachteilige Agens zu Boden geworfen.

Seine Ansichten von der Natur, von seiner Lage und allen sie berührenden Verhältnissen sind infolge dessen engherzig und beschränkt und halten sich innerhalb des Kreises seiner Vorurteile, die nichts als das handgreiflichste Voraugenliegen seines Vorteils zu sprengen im stande ist. Sein Gedächtnis ist stark und treu, und er verweilt mit geschwätziger Umständlichkeit bei den Erinnerungen aus seiner Jugendzeit. Seine lebhafte Einbildungskraft ergeht sich gern in angenehmen Träumereien, aber sie ist roh, sinnlich und ungeläutert. Er ist von Natur beredt, spricht mit Leichtigkeit, fließender Anmut und entsprechender Gestikulation und kleidet seine Gedanken in einfache und natürliche Bilder ein. Er macht häufigen Gebrauch von

Gleichnissen und dunkeln und rätselhaften Redeweisen, die er nicht
einmal zu erklären sich herbeiläßt, indem er ein augenscheinliches
Vergnügen daran findet, seine Zuhörer den verborgenen Sinn enträtseln zu lassen. Er ist ein großer Freund rascher und schlagender
Antworten, liebt sehr den Scherz und um so mehr, je derber er ist,
und hat einen lebhaften Sinn für das Lächerliche. Er hat sein
Vergnügen an roher und barbarischer Lustbarkeit und an lärmenden
und ungestümen Saufgelagen. Von Temperament ist er lebhaft und
jähzornig, wird aber leicht beruhigt, wenn die Beleidigung unab-
sichtlich und gering war; wird er aber tief verletzt, so ist es unmöglich, seine Gunst wieder zu gewinnen, wenn man nicht ein
Sühnopfer, z. B. ein Geschenk an Rum oder ein Schaf, bringt, womit
er seinem Fetisch eine Libation oder ein Opfer darbringt, „um ihm
ein gutes Herz zu geben".

In der Aufregung des Augenblicks wird er manchmal von seiner
Leidenschaft vollkommen verblendet und begeht Handlungen, die er
tief bereut und die er im nächsten Augenblicke ungeschehen machen
möchte. Bei alledem ist er im gewöhnlichen Leben ein ganz
strenger Beobachter der konventionellen Höflichkeiten, wird nicht leicht
beleidigend, ist oft in seinem Betragen würdevoll, voll Achtung für
anderer Ansehen und mit Zähigkeit auf sein eigenes haltend. Unwürdige und geringschätzige Behandlung frißt sich tief in sein Herz
ein und wird selten vergeben. Seine Gefühlserregungen sind heftig,
aber nicht von Dauer und die Eindrücke des Schmerzes bald ver-
wischt. Freude und Leid macht sich bei ihm im Singen Luft, und
morgens, mittags und abends wiederhallen die Gassen von dem
lauten Gesange des Zechbruders, den leidenschaftlichen Liedern des
Liebenden und den klagenden Weisen des Trauernden. Er geht
schwer auf Freundschaften ein, hält sie aber fest und treu, und wird
oft, um seinem Freunde zu helfen, sein Geld und seine Bequemlichkeit zum Opfer bringen. Nicht leicht gewährt er einem Europäer
sein Vertrauen, obwohl er ihn mit der größten äußerlichen Ehrerbietung und Achtung behandelt. Er entdeckt mit raschem Blick die
einzelnen Züge und Eigenheiten im Gemüt und Benehmen und sucht
sich mit Hilfe von Worten und Handlungen, die er in sich zusammenfaßt, ein wahres Urteil von Charakter zu bilden. Einmal überzeugt
von des weißen Mannes Wahrhaftigkeit, Ehre und Gerechtigkeit, von
seinen günstigen Gesinnungen gegen die Schwarzen im allgemeinen
und von seinen einsichtigen und verständigen Absichten, kann nichts

über den kindlichen Gehorsam gehen, mit welchem er sich seiner Leitung hingiebt.

Dieser Einfluß des Europäers beruht nur erst auf einer kurzen Bekanntschaft mit dem Eingeborenen, wenn er aber durch die Zeit und durch ein gleichförmiges, konsequentes Benehmen dauernd geworden sein wird, dann ist der Europäer in der Lage, die starke Schranke seiner Vorurteile niederzureißen. Er ist mit Einem Worte sowohl in seinen verderbten, als in vielen seiner guten Eigenschaften ein wahrer Naturmensch und gerade so wie wir selbst für jene langsame und allmähliche Entwickelung seiner sittlichen und geistigen Fähig= keiten organisiert, wie sie die Verfassung unserer gemeinsamen Menschennatur allein gestattet.

Betrachten wir ihre Sitten und Gebräuche und ihren geistigen Organismus im allgemeinen, so können wir nicht umhin, unwill= kürlich von ihrer in vielen Beziehungen bestehenden großen Ähnlich= keit mit demjenigen Zustande der Gesellschaft, wie er uns durch die frühesten Urkunden des Menschengeschlechts überliefert ist, über= rascht zu werden. Alles in ihren Vorstellungen, in den Eigenheiten ihrer Sprache, in ihrem Gottesdienste und in der nackten Einfachheit ihrer Sitten verrät ihren Urzustand und überzeugt den aufmerksamen Beobachter, daß er eine Menschenart vor sich hat, die, obgleich alt in ihren Generationen, doch in den meisten ihrer wesentlichen charakteristischen Züge das unverkennbare Gepräge eines früheren Stadiums der Gesellschaft noch an sich trägt. Es ist, als ob wir in das patriarchalische Zeitalter zurückversetzt wären und unter einem Volke in demselben einfachen Naturzustande lebten, und es bedarf keiner Anstrengung unserer Phantasie, um dem Auge des Geistes die Art und Weise vorzuführen, wie die in der heiligen Schrift uns überkommenen Persönlichkeiten dachten, sprachen und handelten, da wir täglich vor unseren Augen lebendige Abbilder menschlicher Wesen von ähnlichen Antrieben, die in ähnlichen Weisen des Ausdrucks und Handelns sich offenbaren, geleitet werden sehen.

Das merkwürdige Zusammentreffen der Afrikaner in vielen Eigentümlichkeiten ihrer Sitten und Gebräuche mit denen der He= bräer und anderer morgenländischen Nationen muß uns zu dem Schlusse führen, daß wir in Afrika eine Kopie derselben erblicken, die nur durch das ungewisse Licht der Tradition gelitten hat, oder daß der menschliche Geist in gewissen Stadien seiner Entwickelung und unter dem Einflusse ähnlicher prädisponierenden Ursachen eine

folche wahrhaft wunderbare Gleichförmigkeit in der Richtung und
Entwicelungsart zeigt, daß diefelbe als hinreichender Beweisgrund
dienen kann, um die Sophiftereien der Philofophen über die ur=
fprüngliche Inferiorität der Raffe für immer zum Schweigen zu
bringen.

Obwohl in den Regierungsformen, in den Gefeßen, im Fetifch=
dienft und in den gefellfchaftlichen Formen der Fanti eine gewiffe
Ordnung herrfcht, fo daß es den Anfchein hat, als hätten fie einen
gewiffen Grad der Civilifation lange vor dem Beginn ihres Verkehrs
mit den Europäern erreicht, fo können wir, wenn wir fie als Ganzes
ins Auge faffen, doch nicht zugeben, daß fie über jenen Zuftand, den
die Europäer als barbarifch zu bezeichnen pflegen, hinausgefchritten
feien. Es findet fich bei ihnen keine Spur einer gefchriebenen
Sprache vor, keine Hieroglyphe, kein Symbol, nichts was den ge=
malten Gefchichten Mejicos oder den verfchlungenen Quipos Perus
entfpräche. Ihre Mitteilungen gefchehen durchaus mündlich, und
ihre Gefchichte ift ein weißes Blatt. Es ift den Europäern nicht
gelungen, ihre Sprache unter grammatifche Regeln zu bringen,
was notwendig fein würde, wenn fie mit römifcher Schrift gefchrieben
werden follte.

Eingeborenen, welche Schulunterricht genoffen hatten, ift es
häufig mißlungen, fich in fchriftlichen Mitteilungen in ihrer Mutter=
fprache verftändlich zu machen, weil fie in betreff der Laute der
Wörter nicht übereinftimmen und daher zur Darftellung der Laute
verfchiedene Buchftaben anwenden. Wir wiffen nicht einmal, ob es
zu wünfchen fein dürfte, daß man fich zur Befeitigung diefes Man=
gels große Mühe gebe, da, je eher ihre Sprache der englifchen, die
unter ihnen rafche Ausbreitung gewinnt, Plaß macht, es um fo beffer
um ihren Fortfchritt im Wiffen und in der Sittung ftehen wird.
Es wird dem Afrikaner nicht fchwerer werden, fich eine Kenntnis
der englifchen Sprache zu erwerben und fie zu fchreiben, als es für
ihn fein würde, die Grammatik feiner eigenen Sprache zu erlernen
und fie beim Schreiben anzuwenden. Die Lehrer finden wenig
Schwierigkeit, das Lefen und Schreiben des Englifchen beizubringen,
und die afrikanifchen Knaben, die frühzeitig in die Schule gefchickt
werden, dürften in Bezug auf ihre Fortfchritte einen Vergleich mit
englifchen Kindern in derfelben Stellung und bei gleicher Dauer des
Unterrichts aushalten. Ihr Talent zum Nachahmen ift fehr groß.
Sie erlernen mit Leichtigkeit die Schönfchreibekunft und fcheinen im

stande zu sein, die Art der Schrift je nach den ihnen vorgelegten
Kopien willkürlich zu ändern. Ein einheimischer Schreiber wird im
Laufe einer Woche fähig sein, die Hand seines Herrn so genau nach=
bilden zu lernen, daß es den letzteren verlegen machen wird, zu
sagen, ob es seine eigene oder seines Schreibers Hand sei.

Nahe an tausend Kinder erhalten Unterricht in den Schulen der
Wesleyanischen Missionsgesellschaft, die jährlich einige Hunderte
junger Leute recht leiblich gebildet entlassen. Die ununterrichteten Ein=
geborenen bedienen sich ihrer als Rechnungsführer und zur Besor=
gung der Korrespondenz, und sie sind jetzt so weit und breit über
das Land zerstreut, daß jede Stadt, selbst im fernen Innern, einen
oder mehrere dieser Schreiber besitzt, die den Einwohnern als Ver=
mittler ihrer Verbindung mit ihren Freunden in der Ferne dienen.
Tagtäglich empfangen der Gouverneur und die Behörden Briefe aus
Aschanti, Akim, Wassah, Assin, Apollonia und allen Städten der
Fanti. Viele Häuptlinge haben einen Sekretär in beständigem Dienste
bei sich, sehr häufig ihre eigenen Söhne, die in den Schulen ihre
Erziehung erhalten haben. Auch die Kaufleute bekommen von
Handelskorrespondenten im Innern schriftliche Warenbestellungen.
Kurz, das Volk genießt jetzt zum größten Teile alle die Vorteile,
welche die schriftliche Mitteilung seiner Bedürfnisse und seiner Em=
pfindungen mit sich führt. Insbesondere suchen die prozessierenden
Parteien vor unseren Gerichtshöfen sich dieses Mittel zu Nutze zu
machen, um ihre Rechtssachen an die Behörde zu bringen. Sie
halten dafür, und ganz mit Recht, daß dasselbe der Untreue der
Dolmetscher Einhalt thue. Ihre Rechtssachen werden daher mit
Sorgfalt niedergeschrieben und an den Gerichtstagen eingereicht.
Viele dieser Schriften sind wegen der Einfachheit ihrer Ausführungen
und der ehrlichen, ungeschminkten Angabe ihrer Klagepunkte von
ganz merkwürdiger Art. Manche Schreiber verlangen für ihre
Dienste einen hohen Preis, der, je nachdem sie deren Wichtigkeit
taxieren, verschieden ist. Die gewöhnliche Summe, die für die Ab=
fassung eines Briefes gegeben wird, beträgt etwa zehn Pence; es ist
uns aber ein Fall zur Kenntnis gekommen, daß vier Pfund bezahlt
worden sind, und als der betreffende Schreiber später wegen dieser
maßlosen Forderung zur Rede gestellt ward, war die einzige Entschul=
bigung, die er für eine solche Erpressung zu geben für nötig befand,
„daß er es für notwendig erachte, diesen unwissenden Menschen den Wert
der Gelehrsamkeit (literature) recht einbringlich zu lehren".

Bei solchen bequemen, verkehrfördernden Mitteln wird der Betreibung des Handels im Lande und den Plänen des Gouvernements die größte Erleichterung geboten. Wenn der Leser diesen Zustand der Dinge und die allgemeine Ruhe und Sicherheit, die er in sich schließt, dem zerrissenen Zustande des Landes, wie er noch vor fünfundzwanzig Jahren war, gegenüberstellt, so kann er wohl kaum umhin, über die Raschheit des gemachten Fortschritts zu erstaunen.

Die Afrikaner sind leidenschaftlich für Musik eingenommen und haben ein ausgezeichnetes Ohr für sie. Die einheimischen Lieder sind sehr einfach und bestehen nur aus abgerissenen Takten. Ihre Gesänge sind vorzugsweise eine Art Recitativ oder Kirchengesang mit kurzem Chor. Sie sind oft improvisiert, wobei der Hauptsänger einen Vers anstimmt und eine Anzahl Chorsänger in den Refrain mit einfallen. Der erstere steht, während die anderen um ihn sitzen, und verläßt ihn seine Erfindungskraft, so nimmt ein anderer seinen Platz ein und setzt die Unterhaltung, die häufig Stunden lang dauert, fort. Sie besitzen viel Geschick, den Inhalt dieser Lieder den Tagesereignissen zu entnehmen, und gefallen sich im Verspotten von Lächerlichkeiten, in beißenden Sarkasmen, in widerlicher Schmeichelei oder in gerechtem Lobe von Menschen und Dingen, je nachdem es die Umstände zu verlangen scheinen. Die Tapferkeit eines Häuptlings, die Schönheit eines jungen Mädchens, die Freigebigkeit eines Freundes, die Habsucht eines Knickers, die Feigheit einer Memme, die Zärtlichkeit einer Mutter und die getäuschte Hoffnung eines liebenden Herzens bilden bunt durcheinander die Themata dieser Stegreifsergießungen.

Wenn ein Weißer vor diesen Sängern, während sie so beschäftigt sind, vorübergehen müßte, würden sie rasch eine Eigentümlichkeit seines Charakters, ob gut oder schlecht, erfassen und sie unter der ungezügelten Lust der Umstehenden laut besingen. Selbst ein vorübergehender Fremder, den sie nie zuvor gesehen, würde ihrer Aufmerksamkeit nicht ganz entgehen und etwas Auffallendes in seinem Aussehen, in seinem Gange oder in seinem Anzuge schnell ein Gegenstand des Lobes oder Spottes werden (s. auch S. 84). Diese Gewohnheit, Lob oder Tabel der Personen in freiem Gesange öffentlich zu machen, übt einen nicht geringen Einfluß auf das Benehmen aus, denn der Afrikaner ist für die öffentliche Meinung sehr empfindlich und fürchtet sich, dem Spotte preisgegeben zu werden, während der Weihrauch der Schmeichelei ihn zu Handlungen reizt, die ihm die Bewunderung seiner Landsleute gewinnen. Auf diese Weise werden die Sänger und Sängerinnen die Organe der öffentlichen Meinung und vertreten die Stelle unserer Journale und Zeitungen. Die Schärfe ihrer Kritik ist bisweilen so groß, daß sie zu Zwistigkeiten führt, namentlich wenn eine ganze Compagnie oder das Viertel einer Stadt den Gegenstand des verhöhnenden Angriffs bildet.

Ihre musikalischen Instrumente sind weder zahlreich, noch von großem Tonumfange. Sie haben eine Trommel, die aus einem ausgehöhlten und an dem einen Ende mit einem straffen Felle überspannten Baumstamme gebildet ist. Die größere Art wird von einem Träger auf dem Kopfe getragen, während der Trommelschläger nachfolgt und mit seinen Stöcken draufschlägt. Die kleineren Trommeln werden um den Hals gehängt und entweder mit kleinen Schlegeln oder mit den Fingern geschlagen. Diese Trommeln oder Tamtams sind sehr beliebt. Keine Lustbarkeit kann ohne sie stattfinden. Sie scheinen auf den Fanti dieselbe aufregende Wirkung zu haben, welche der Dudelsack auf den schottischen Hochländer ausübt. Er tanzt wie ein Wahnsinniger nach ihrem Klange und hält selbst in den rasendsten Bewegungen mit erstaunlicher Genauigkeit Takt.

Es ist possierlich, die Wirkung dieser rohen Musik auf alle Klassen, auf Jung und Alt, auf Männer, Weiber und Kinder zu beobachten. Mögen sie beschäftigt sein wie sie wollen; mögen sie ruhig durch die Straße gehen, Wasser aus dem Teiche holen oder einer ernsten Prozession beiwohnen — kaum hören sie die raschen Schläge einer fernen Trommel, als sie auch im Nu unwillkürlich zu hüpfen und zu tanzen anfangen. Der Maurer wirft auf eine Minute seine Kelle hin, der Zimmermann verläßt seine Hobelbank, die Kornmahlerin ihren Mühlstein und der Träger seine Ladung, um zu dem begeisternden Klange den Takt zu schlagen. Selbst der Böttcher vernietet sein Faß und teilt seine Reifen nach dem Takte eines Liedes, während die Leute um ihn in Ermangelung anderer Musik nach seinen Schlägen tanzen.

Sie haben auch eine Art Guitarre, Sancho genannt. Sie besteht aus einem viereckigen hohlen Kasten mit einem Halse daran und mit acht in zwei Reihen stehenden und von einem Stege emporgehaltenen Saiten. Sie wird mit den Fingern gespielt und macht eine sanfte, einschmeichelnde Wirkung. Dieses Instrument dient vorzugsweise dem Ausdrucke weicher und ernster Stimmungen der Seele. Der Liebende wie der Trauernde finden Trost in ihren Tönen, die sie mit ihren Stimmen begleiten. Die Mondscheinnächte sind es vornehmlich, wo man den leisen Klang ihrer Klagemelodie vernehmen kann.

Sie besitzen ferner eine lange Flöte, deren Töne einen sehr angenehmen Eindruck auf das Ohr machen und unaussprechlich süß sind. Wenn man ihr lauscht, befällt einen unwillkürlich der Wunsch, mehr zu hören, als die Musiker ihr entlocken, da ihre Musik nur abgebrochene Melodiefragmente, keine vollständige Komposition ist. Sie spielen dieses Instrument meistens zu fünf bis sechs Personen und behaupten, daß sie auf ihm sich miteinander zu unterhalten fähig seien.

Ihr kriegerischstes Instrument ist das Horn, das aus dem kleinen Fangzahn des Elefanten gemacht wird. Es hat bloß ein Loch an der Seite in der Nähe des dünnen Endes und verlangt zum Spielen eine tüchtige Lunge. Jeder Häuptling besitzt einen Hornbläser und seine eigene besondere Melodie. Das Horn hat einen lecken, lauten, herausfordernden Ton und schart das Gefolge um seinen Herrn. Ein Häuptling reist niemals ohne ein bewaffnetes Gefolge, seinen Trommler und Hornbläser. Er kündet seine Ankunft in einer Stadt durch den martialischen Klang seines Hornes an, und noch ehe er selbst gesehen wird, wissen die Einwohner schon an den eigentümlichen Tönen zu unterscheiden, wer es ist. Diese Töne sprechen stets einen kurzen Gedanken aus, der des Häuptlings Tapferkeit oder seine Verachtung gegen andere ausdrückt. Von einem Häuptling aus Anamabu ward einmal durch den Sinn, der in den Tönen seiner Trompete lag, den Bewohnern einer Stadt, die er passierte, großes Ärgernis gegeben, denn sie schienen zu sagen: „Was seid ihr im Vergleich zu mir?" nämlich mit des Hornbläsers Gebieter.

Sie haben weiter noch Handtrommeln, Schnarren und Castagnetten, die bloß dienen, den Lärm, an dem sie großes Vergnügen finden, zu vermehren. Viele haben auf englischen Querpfeifen, Flöten, Flageoletts und Waldhörnern spielen gelernt. Sie fassen unsere Melodieen mit der größten Leichtigkeit auf und spielen sie, nachdem sie sie einige Male gehört, recht erträglich.

Die Künste und Gewerbe haben in diesem Teile der Welt keine bedeutenden Fortschritte gemacht. Die Eingeborenen sind indessen erfinderische Arbeiter in Gold, und fertigen Ringe, Ketten und Spangen, die einem europäischen Künstler nicht zur Unehre gereichen

Baumgarten, Afrika.　　　　　18

würden. Sie formen das Gold in alle Arten von Gestalten, in vier=
füßige Tiere, in Vögel und kriechendes Gewürm, und schmücken ihren
Körper mit diesen Zierraten. Sie verstehen auch etwas vom Gerben
des Leders, die Fantis stehen aber in der Kunst seiner Zurichtung
vielen ihrer Nachbarn nach. Sie sind ferner in der Töpferei zu
einiger Vollkommenheit gelangt, denn ihre irdenen Gefäße sind gut
und als Wasserbehälter und Kochgeschirre brauchbar. Auch formen
sie Bilder aus Thon und brennen sie, wovon wir in einigen Ge=
genden des Landes merkwürdige Gruppen gesehen haben. So stellen
sie beim Tode eines Großen diesen dar, wie er im Staate dasitzt,
umgeben von seinen ihn umgebenden Weibern und Dienern. Eine
solche Gruppe, die viel Natürlichkeit zeigte, erblickten wir einmal
unter einem großen Baume in Abschumakon. Von den Figuren waren
einige pechschwarz, einige rotbraun, andere hatten alle Farben=
schattierungen zwischen Schwarz und Rot an sich, wie nun eben die
Hautfarbe der Originale, die sie darstellen sollten, gewesen war. Sie
hatten beinahe Lebensgröße, und die Proportionen zwischen den
Männern und Frauen, Knaben und Mädchen waren recht gut be=
obachtet. Selbst die weichen und zarten Züge im weiblichen Ge=
sicht waren deutlich wiedergegeben. Der Kabossir und seine Vor=
nehmen waren, ihre langen Pfeifen rauchend, dargestellt. Mit diesen
Darstellungen wird keine Apotheose des Toten beabsichtigt; sie sind
nur Denkmäler zu ihrem Gedächtnis, gleich den Statuen unserer
großen Männer. Ihrer Erhaltung wird, nachdem sie aufgestellt
worden, keine Sorgfalt gewidmet, denn sie bleiben so lange stehen,
bis sie in Stücke zerfallen. Mit Modellierung dieser Figuren be=
schäftigen sich hauptsächlich die Frauen.

Sie betreiben auch Webereien und bedienen sich dabei eines
kleinen Webstuhls, der nach demselben Prinzip wie der englische
Handstuhl eingerichtet ist. Sie spinnen den Faden aus der im Lande
wachsenden Baumwolle, gewöhnlich aber verwenden sie den Faden
aus englischen Tüchern dazu, die sie zu diesem Ende zerzupfen. Das
Gewebe ist selten mehr als 4 Zoll breit, und mit einer großen
Menge von Farben durchwebt. Manche ihrer Tücher sind mit vieler
Sorgfalt gearbeitet und werden bei ihnen zu hohen Preisen ver=
kauft. Die Apollonier fertigen schöne Tücher aus Gras, welche stark
und dauerhaft sind, und aus den Fasern des Pisangs und Kokos=
nußbaums Schnüre, Netze und Seile. Sie sind mit dem Färben
bekannt und wenden Rot, Blau und Gelb und ein aus einem Gemisch

von Blau und Gelb gebildetes Grün an. Ihre blaue Farbe ist ins=
besondere sehr schön und dauerhaft. Grobschmiede, Zimmerleute,
Maurer, Böttcher, Schneider und Schuhmacher betreiben jetzt ihre
blühenden Gewerbe durch das ganze Land.

Ihr Ackerbau befindet sich noch in einem sehr urtümlichen Zu=
stande. Sie gebrauchen bei ihren Feldarbeiten weder einen Pflug,
noch Zugtiere. Ihre Hauptprodukte sind Korn, Yamswurzeln, Ca=
saba, Erdnüsse, Pisangfrüchte und Bananen. Außer diesen haben
sie noch eine große Mannigfaltigkeit an Früchten, die ohne viel Auf=
merksamkeit auf ihre Pflege von selbst zu wachsen scheinen, z. B.
Ananas, Guaven, Limonen, Citronen, Orangen, Melonen, Flaschen=
baumfrüchte, saure Bissen (anona muricata) und eine Menge Äpfel=
arten, genannt der Kaschuapfel, der Kormantiner Apfel, der süße
Apfel, dann Pumpelnüsse, Ocras, eine Art Muskatellerkirsche und
viele Pfefferarten. Sie haben auch die Kokosnuß und die Palm=
frucht, aus denen sie Öl pressen, welches den Stapelartikel des Export=
handels bildet. Sie bauen eine Art Kürbis an, der zu ansehnlicher
Größe wächst und ihnen sehr nützlich ist. Sie werden als Flaschen,
als Trinkschalen, als Wasserkrüge und Tröge gebraucht.

Die Ausfuhrartikel der Goldküste sind Goldstaub, Elfenbein,
Palmöl, Mais, Erdnüsse, Malagetta=Pfeffer und Kopalgummi. Die
drei erstgenannten Artikel bilden ihre Stapelwaren. Das meiste Gold
wird von den aschantischen Handelsleuten geliefert. Es findet sich
überall im Boden des Landes als Goldstaub vor, die größten
Mengen geben aber die Betten der Flüsse her. Man hat auch Berg=
werke, wo man es mit rotem Lehm und Grus vermischt und in
Stücken weißen Granits erhält. Viele Sklaven sind durch das ganze
aschantische Land mit dem Einsammeln desselben beschäftigt. Die
größte Menge soll man aus dem Flusse Barra und aus der Provinz
Gaman erhalten; aber die Politik der Könige von Aschanti setzt uns
infolge ihrer Behinderung des Verkehrs mit dem Innern außer
Stand, mit großer Gewißheit über diesen Punkt zu sprechen. Es
findet sich auch in großer Menge in einigen Teilen des Akimlandes,
welches ebenso reich daran zu sein scheint wie Aschanti. In Wassah
und Denkera giebt es Gruben. Das holländische Gouvernement
nahm sich die Mühe, eine Grube im erstern Lande zu bearbeiten,
aber infolge der schlechten Wahl der Örtlichkeit, der Krankheiten der
Bergleute und der Untauglichkeit ihrer Apparate war das Unter=
nehmen von wenig Erfolg begleitet und ist gegenwärtig ganz auf=

gegeben. In den meisten Gegenden des Fantilandes ist der Boden
leicht mit Gold geschwängert, aber das unvollkommene Verfahren
der Eingeborenen bei der Scheidung desselben macht die Mühe kaum
bezahlt. Sie füllen einen Kürbis zu einem Teile mit Erde an,
mischen diese mit Wasser und schütteln sie. Die Goldteilchen sinken
zu Boden und die Erde wird herausgeworfen. Durch dieses fort=
gesetzte Verfahren wird das Gold vollständig von der Erde geschieden und
in ganz kleinen Körnchen auf dem Boden des Kürbisses liegend ge=
funden. Auch bei Winnebah findet sich Gold in Granitstücken ver=
larvt, welche zerstoßen und auf dieselbe Weise gesichtet werden. Es
läßt sich kaum bezweifeln, daß es auch noch in Teilen des Innern
in großer Menge und in reichen Adern sich finden werde. Wir
selbst haben ein Stück von elf Unzen gesehen, und Dupuis sagt, er
habe in Kumassi Stücke von einem Gewichte von vier Pfund ge=
sehen. Es scheint nicht, daß die von der Goldküste ausgeführte
Quantität des Goldes sich in den neuern Jahren vermehrt habe;
im Gegenteil ist sie, wenn wir die hierüber gemachten Angaben
als genau ansehen dürfen, bedeutend gesunken. Mr. Swanzy spricht
es in seinem, vor dem Komitee des Parlaments im J. 1816 ge=
gebenen Berichte als seine Meinung aus, daß jährlich hunderttausend
Unzen Gold erzielt werden. Dies ist beinahe doppelt so viel, als
gegenwärtig ausgeführt wird.

Die Importen sind Baumwollen=, Seiden=, Sammet= und
Wollenwaren, Spirituosen, Wein, Tabak, Eisen, Messing, Kupfer,
Blei, kurze Waren, Töpferzeug, Messerschneidewaren, Flinten, Pulver,
Flintensteine, Eingesalzenes, Hausgerät, Kügelchen zu Schnüren,
Muschelschalen (Kauris), Thee, Zucker, Bier und eine unendliche
Menge gewöhnlicher Verbrauchsartikel. Der Handelsgeist ist im
Afrikaner sehr stark. Gewissermaßen besteht die ganze Bevölkerung
aus Handelsleuten. Auch die afrikanischen Frauen haben ihre Lust
daran, auf den Marktplätzen unter den Bäumen zu sitzen und hier
ihre Waren zum Verkaufe auszulegen oder sie durch die Straßen
der Stadt und von Dorf zu Dorf hausieren zu tragen. Ihr Handel
ist indes bislang noch wenig mehr als der Austausch einer Ware
gegen eine andere.

Die Häuser der Goldküstenbewohner zeigen nicht viel architekto=
nischen Schmuck oder eine große Mannigfaltigkeit und Menge von
Gelassen und Bequemlichkeiten; aber selbst die armseligsten bieten
ihren einfachen Bedürfnissen ein geräumiges Obdach dar. Die

niedrigste Art von Wohnungen, die wir gesehen, sind in der Nähe
des Flusses Saltüm bei Akkra und in einigen Fischerdörfchen zwi=
schen Axim und Dixcove zu finden. Diese bestehen aus kleinen,
heuschoberähnlichen Hütten, die mit Gras überdeckt sind, nur eine
kleine Öffnung haben, durch welche der Bewohner auf Händen und
Füßen aus= und einkriecht, und die ohne alle Ordnung beisammenstehen.
Das Aussehen dieser jämmerlichen Hütten verrät auf den ersten Blick
die Armut, den Schmuß, die Dummheit und das faule Leben und
Treiben dieser tiefgesunkenen Geschöpfe, die hauptsächlich vom Ein=
sammeln von Muscheln zum Kalkbrennen leben. Ihnen zunächst
folgen die kleinen Weiler im Innern des Landes, deren Häuser zum
größten Teile Wände von Bambus und anderm Rohrgeflecht haben,
mit Mörtel bekleidet und mit Pisang und Palmblättern überdeckt
sind. Diese Hütten enthalten ein, zwei oder mehr Gemächer und
haben viereckige Löcher, welche zu Fenstern und Thüren dienen, die
des Nachts durch eine Schutzwehr von Bambus, welche über die
Öffnungen herabgelassen wird, geschlossen und inwendig zugemacht
werden, um die wilden Tiere abzuhalten. Manche dieser Hütten, die
höhere Ansprüche machen, haben Fensterläden und Thüren mit Bän=
dern und Riegeln. Die kleineren Städte bestehen durchweg aus
solcherlei Hütten. Sie liegen meistens in der Nähe der bedeutendsten
Landgüter und Plantagen und sind zur Bequemlichkeit der auf diesen
beschäftigten Arbeiter gebaut worden, die vielleicht in einer der
Hauptstädte des Distrikts Wohnhäuser besserer Art besitzen.

Das Land Fanti zeigt gegenwärtig in dem allgemeinen Anblicke
seiner Städte und Weiler die Spuren dieser fortschreitenden Ände=
rung. Die vornehmsten Städte werden durch die große Menge dach=
loser Mauern in allen möglichen Stadien des Verfalls entstellt,
während massive Häuser von höheren Ansprüchen auf neuen Stätten
in unbewohnten Gegenden des Landes sich erheben. Die Häuser
werden aus Lehm erbaut oder aus „Swisch", wie er genannt wird,
wenn er zum Gebrauche fertig ist, zu welchem Ende man die Erde
mit Wasser mischt und mit den Füßen tritt, dann die Masse zu
einem Haufen sammelt, mit Stroh überdeckt und einige Tage gähren
läßt, wodurch sie eine große Zähigkeit erlangt. Darauf wird sie
in Schichten — jede zu etwa achtzehn Zoll Höhe — gelegt, der
Sonne ausgesetzt, deren heiße Strahlen das Geschäft des Verbrennens
so kräftig verrichten, wie es nur ein Ofen vermöchte, und ihr die
Dauerhaftigkeit, Gedrungenheit und Härte des Backsteins geben. Die

gewöhnliche Form ihrer Häuser ist das Viereck, seine Seiten bilden
die Gemächer, die einen viereckigen Raum einschließen, dessen Ver=
hältnisse der Größe der seitlichen Gemächer entsprechen. Man tritt
durch eine Thür oder ein Portal ein, und zwar zunächst in eins
dieser Zimmer, das meistens als offene Loge oder Empfangssaal
dient, durch welches man in den viereckigen Raum gelangt und
worin der Häuptling oder Kaboffir seine Trommeln zu haben pflegt.
Zur Seite des Vierecks, der Loge gegenüber, ist die Flur der Zim=
mer um ein paar Fuß über dem Boden erhöht und nach dem Viereck
oder Hofe zu durchaus offen. Bisweilen ist nur ein Teil davon
offen, indem ein kleiner Raum an beiden Enden zu Zimmern ver=
wendet ist. Die anderen zwei Seiten des Vierecks bestehen aus Ge=
mächern mit Thüren und Fenstern, deren Flure im Niveau mit
dem Erdboden liegen; oder sie bestehen, wie bei der niedern Klasse,
aus erhöhten und offenen Schuppen. Diese Häuser haben selten
Fenster nach vorn zu, so daß der Eingang durch das Portal das
einzige Verbindungsmittel nach außen ist. Daher genießt jede Fa=
milie, selbst im Mittelpunkte der Stadt, die größte Abgeschiedenheit
und kann ihre häuslichen Geschäfte im Freien, entweder in dem
viereckigen Raume oder unter den seine Seiten bildenden offenen
Schuppen oder Gemächern besorgen, ohne von den Nachbarn gesehen
zu werden.

Natürlich herrscht je nach dem Geschmacke der Bewohner einige
Mannigfaltigkeit in der Einrichtung der Häuser, aber der herrschende
und, wie er genannt werden kann, eigentliche Landesstil ist so wie
wir ihn beschrieben haben. In Häusern, die neuerdings erbaut
worden, weichen die offenen Gemächer jetzt Zimmern mit Thüren und
Fenstern, indem man selten mehr als ein nach dem Hofe offenes
Gemach findet. Sie bestehen häufig aus einer Reihe vierseitiger
Gebäude und Höfe, deren Zahl von dem Ansehen und Reichtum des
Besitzers und der Größe seiner Familie abhängt. Eine kleine ver=
bindende Thür in einer der Ecken führt aus einem Hofe in den an=
dern. Die Frauen des Hauses bewohnen eine dieser inneren Zimmer=
reihen, wo sie ihren häuslichen Geschäften, dem Kornmahlen, ob=
liegen. Der Kochherd befindet sich in der Mitte des Hofes und be=
steht aus drei kleinen Kegeln von Thon, die in der Form eines
Dreifußes dicht beisammenstehen; die Kochgerätschaften stehen zwischen
ihnen, und das Brennholz liegt unter ihnen auf dem Boden; der
Rauch steigt frei in die Luft, und da der Hof von den Mauern des

Hauses eingeschlossen ist und selten starker Wind weht, so ist die Luft während des Kochens oft mit dickem Qualm erfüllt.

Häufig hat die eine Seite des Hofes und bisweilen alle Seiten noch ein zweites Geschoß. Dies gilt für notwendig, um der Idee eines Hauses des weißen Mannes zu entsprechen, dem sie ja so gern in allem nachzuahmen pflegen.

Wir haben oben bemerkt, daß diese Häuser von Lehm oder Swisch gebaut sind. Sie haben ein starkes Dach von Balken und Stroh, das meistenteils über die Mauern des Hauses um zwei bis drei Fuß vorsteht und den Bewohnern einen angenehmen Schatten bietet, unter welchem sie auf einer niedern Bank oder einem Sitze von Erde, der an den sämtlichen Seiten des Hofes hinläuft, sitzen. Diese niedrige Bank, die mit einer roten Erde eingeriebenen und davon glänzenden Fußböden, die weißangestrichenen Mauern, kurz die ganze äußere und innere Einrichtung — alles trägt das Gepräge der Reinlichkeit, Nettigkeit und eines gewissen Glanzes an sich, und sein malerischer Anblick wird noch mehr erhöht durch Musketen und andere kriegerische Werkzeuge, die an den Wänden des offenen Haupt= zimmers, das der Herr des Hauses als Empfangszimmer und Audienz= saal gebraucht, in Parade aufgehängt sind.

In anderen Teilen des Hauses finden wir die Wände mit einer Menge Porträts und Kupferstichen, hauptsächlich französisches Fabrikat und gemeine Sudelei, behangen. Die Afrikaner sind ganz toll darauf, ihre Zimmer mit Bildern auszuschmücken, und diesen Hang zu be= friedigen, muß alles herhalten, was ihnen gerade in die Hände fällt. Hier kann man Napoleon in seinem dreieckigen Hute zu Fuße und zu Rosse, entweder schreiendbunt gemalt oder einfach in Holzschnitt, und Georg IV. (jetzt K. Victoria) im Krönungsornate um den Platz streiten sehen mit Punch und seinem Hunde Toby, wie sie an der Spitze seines Blattes (des „Punch“) erscheinen, ferner mit den Krügen, Thee= und Kaffeekannen von Cox, Savony & Comp., wie sie in ihren Ankündigungen zu sehen sind, oder auch mit dem könig= lichen Wappen von England, strahlend im ganzen Glanze einer An= zeige eines Krämers Ihrer Majestät.

Dieses Modewerden von Bildern ist weit entfernt, die einzige europäische Neuerung zu sein, die unsere Aufmerksamkeit auf sich zieht. Bis dahin, wo ihnen die Sucht nach Änderung eingeimpft ward, die ihr Verkehr mit Europäern täglich mehr und mehr entwickelt hat, waren ihrer häuslichen Bedürfnisse äußerst wenige und diese von der

einfachsten Art, und bei vielen Leuten im Lande hat darin auch bis
heute noch wenig Veränderung stattgefunden. Mit einem Stück
Zeug, um sich damit zu bedecken, einer Matte, um darauf zu schlafen,
einem Kürbis zum Trinken, zwei Steinen zum Maismahlen, einem
Zuber zum Zerstoßen der Pisangfrüchte und einer Schippe und Hacke
zur Bearbeitung seiner Pflanzung ist der Fanti in der Lage, einen
Haushalt zu begründen, und besitzt hierin alles zur häuslichen Einrichtung Nötige. Allgemach aber umgiebt er sich, den Gewohnheiten
des weißen Mannes folgend, mit überflüssigen Luxusartikeln. Es ist
possierlich, in vielen Häusern aus deren mannigfachen Einrichtungen
den Fortschritt der Ideeen unter ihren Bewohnern und die verschiedenen Stufen der Verbesserung zu ersehen, während sich doch ihr
alter Aberglaube noch in der Flasche oder der Schnur kundgiebt, die
über der Thür hängen, sowie in dem Fetischbaume im Hofe und in
den Pfählen, die in den Ecken und hinter den Thüren errichtet sind,
um Gefäße mit Fetischsubstanzen zu tragen.

Den bejahrten Leuten kommt es nicht in den Sinn, den Brauch
ihrer Väter zu ändern, und beschränken sie sich auf die einfachen Lebensbedürfnisse, nicht sowohl darum, weil sie die Annehmlichkeiten eines
civilisierten Zustandes nicht vorzögen, als vielmehr, weil sie sich nicht
die Mühe nehmen mögen und können, sich die Mittel zu deren
Herbeischaffung zu erwerben. Die nackten Wände ihres Zimmers,
ihre Matten und Schemel, ihre irdenen Töpfe und Kürbisgefäße —
alles zeugt von starrem Stehenbleiben ihrer Begriffe. In einem
andern Zimmer des nämlichen Hauses finden wir vielleicht Schüsseln
von Zinn und Steingut, einen Löffel, ein Messer und eine Gabel,
einen Tisch, einen Lehnstuhl, ein Bett und eine Truhe und weiß-
getünchte und mit Bildern und der Patronentasche des Herrn be-
hangene Wände. Weiter finden wir in dem nämlichen Hause ein
nach unseren europäischen Begriffen von Komfort schön ausgestattetes
Zimmer und seinen Bewohner gleich einem Engländer gekleidet und
fähig zu lesen und zu schreiben, und sehen auf seinem Tische oder
Sofa die Bibel, Bunyans „Pilgerreise" und andere religiöse Bücher
liegen.

Dieses wunderliche Gemisch giebt ihrer ganzen häuslichen Einrichtung ein groteskes und komisches Gepräge. Es giebt indes
jetzt in der Nähe von Cape-Coast und anderen Hauptstädten nur
noch wenige Häuser, in denen viele von den Annehmlichkeiten und
den Luxusgegenständen des civilisierten Lebens nicht zu finden wären;

und viele Eingeborene leben in einem behaglichen Überflusse und
führen ein üppiges Leben, wie wir es nimmermehr in der nackten
Einfachheit ihrer Kleidung suchen würden, wenn uns nicht unser
Umgang mit ihnen thatsächlich davon unterrichtete; denn nicht bei
denjenigen allein, welche die europäische Kleibertracht nachahmen,
finden wir die Annehmlichkeiten und Bequemlichkeiten des Lebens.
Überhaupt herrscht unter allen Klassen eine weit allgemeinere Verbreitung eines mäßigen und hinreichenden Auskommens, als vielleicht
in irgend einem andern Lande der Welt zu finden ist, vollständiger
Mangel aber ist geradezu unbekannt. Indessen zeigt sich gegenwärtig
ein starker Hang, an die Gegenstände ihres Strebens einen höhern
Maßstab anzulegen, ein Hang, der hauptsächlich in der Sucht, europäische Lebensgewohnheiten nachzuahmen seinen Grund hat; und diese
Nachahmung, insbesondere in äußerlichen Vorzügen, möchte jetzt das
große Ziel und Streben des jungen Afrika sein. Der Wetteifer in
dieser Beziehung ist so groß, daß er viele zu Grunde richtet; denn
nicht zufrieden, den langsamen Prozeß, durch Fleiß und Genügsam-
keit sich die Mittel zur Vermehrung ihrer Genüsse zu verschaffen,
abzuwarten, welches der allen offen liegende Weg zum Reichtum ist,
pflegen sie sich in unmäßige Ausgaben zu stürzen, ohne irgendwie
darüber nachzudenken, ob sie auch fähig sind, sie auszuhalten. So
ist es gar nichts Ungewöhnliches, einen Menschen sich in tollem
Leichtsinn tief in Schulden stürzen zu sehen, während er dabei ein Haus
baut, das vielleicht von seinen Gläubigern, noch ehe es der Bau-
unternehmer bis zum Bewohnen fertig gemacht hat, verkauft wird.
Andere stecken mit gleicher Unbesonnenheit ihr ganzes Vermögen in
den Bau eines kostspieligen, in keinem Verhältnis zu ihren Mitteln
stehenden Hauses, das sie halbvollendet, als ein bloßes Stückwerk
liegen lassen müssen, ein Denkmal der Thorheit und des Übermutes
seines Besitzers, das endlich die Regenfluten aus Erbarmen zerstören.
Aber allerwegen gewahren wir das Streben, Gebäude von weit
höheren Anforderungen aufzuführen, als die vorhergehende Generation für ihre Bedürfnisse für nötig hielt, und keineswegs ist das
Mißlingen die jedesmalige Folge solchen ehrgeizigen Strebens, im
Gegenteil sind jetzt viele zu finden, deren Wohnungen und Lebensweise in jeglicher Beziehung unseren europäischen Begriffen entsprechen.

Aus diesen Bemerkungen wird der Leser wenig Mühe haben,
sich die unendliche Mannigfaltigkeit von Abstufungen in der Nach-

ahmung der Gewohnheiten eines höhern Grades von Civilisation vorzustellen. Er wird sich ebenso leicht die seltsamen Widersprüche denken können, auf die er stößt, wenn er die gegenwärtigen Zustände des Volkes genau betrachtet; denn er wird in einem afrikanischen Hause vergebens jene nette Einrichtung, Behaglichkeit und Anständig= keit suchen, die in einem wohlbestellten Hause zu finden ist und mit Recht als Zeichen eines richtigen Geschmackes betrachtet wird.

Die Tugend der Gastfreundschaft ist allgemein und so sich ganz von selbst zu verstehen, daß jeder von ihnen, wenn auch noch so fremd, zu denken scheint, er habe ein Recht, diese Gastfreundschaft auf die Probe zu stellen, indem er sein Quartier da aufschlägt, wo es ihm gerade dünkt. Bereitwillig wird dem Einsprechenden ein Zimmer gewährt, ohne daß man dafür Bezahlung erwartet, und bei Gelegenheit eines Besuches von Freunden wird der Gast ohne Aus= nahme mit Geschenken bewillkommt. Gegen Europäer bezeigen sie sich dergestalt gefällig, daß sie nicht zögern, ihre eigenen Häuser auf eine Zeit lang zu räumen, um sie nur recht anständig zu beherbergen, und wenn sie sie auch nicht mit einer Mahlzeit versorgen, zu deren gehöriger Bereitung sie sich das Geschick nicht zutrauen, so bringen sie ihnen doch Schafe, Geflügel, Yamswurzeln, Pisangfrüchte und Palmwein als Geschenk herbei, auf daß ihre eigenen Diener das Mahl davon bereiten mögen. Der Verfasser hat in der anspruchs= losen Art, mit welcher wahre Gefälligkeiten erwiesen wurden, die größte Zartheit beobachtet, und er selbst hat während eines langen Aufenthaltes bei ihnen so viele Beweise ihrer Achtung und Zu= neigung empfangen, daß er ihnen für alle Zeit ein liebevolles und dankbares Andenken bewahren wird.

III.
Ein Fetischhaus auf der Goldküste.

In Pramgram, einer bedeutenden Stadt auf der Goldküste, öst= lich von Christiansborg, erhebt sich eine Fetischhütte, wie alle Heilig= tümer jener Gegend, und wie ursprünglich vor dem Bekanntwerden mit den Europäern vielleicht überhaupt alle Negerhütten, ein runder Bau mit Binsengras gedeckt, ohne Fenster, mit niedriger Thür= öffnung. Im Innern einer solchen Fetischhütte sieht es recht arm= selig aus. Da liegt etwa ein Holzklotz oder ein Stein oder ein Fisch= gerippe, vielleicht auch eine Trommel auf dem Boden oder irgend

etwas Derartiges, das weder Wert noch Sinn hat. Aber es sind
bedeutungsvolle Dinge für den Neger, denn in ihnen haust der Fetisch
oder „Wong", dem das Heiligtum geweiht ist. Allerlei Thongeschirr
liegt am Boden aufgestapelt, daneben Büffel= und Ziegenhörner,
Muscheln und Vogelfedern, die als Zaubermittel oder zum Schutz
gegen Zauber als Amulette dienen. An den Wänden hängen aller=
hand Firlefanz und Fetischschellen. Zahllose Spinnen spinnen hier
ihr Gewebe, und widerliches Geschmeiß durchschwirrt den dumpfen,
finstern Raum, welcher zugleich die Schlafstätte des Priesters ist,
der den Dienst am Heiligtum versieht. Unter dem Grasdache nistende
Fledermäuse und sonstige dem Fetisch geheiligte geflügelte Nachttiere
umkreisen des Abends die heilige Stätte und beleben die tiefschattigen
Laubbäume, welche die Hütte umschließen. In diesem heiligen Raume
waltet der Oberpriester. Sein Haupt ist mit einem hohen Amts=
barret von Strohgeflecht bedeckt; wie's die Würde erheischt, schmückt
ihn ein sorgfältig gepflegter Bart, der ihm vom Kinn bis auf die
Brust reicht. Aus dem dunklen Negergesicht spricht die dem Fetisch=
priester eigene Verschmitztheit. Um den Hals hängen ihm weiße
Korallenschnüre als priesterlicher Schmuck; an ihnen steigt bei der
Beschwörung der Fetisch herab. Ein seidenes, phantastisch geknotetes,
buntfarbenes Tuch, an dem allerhand Zaubermittel ihren Platz finden,
wallt über das Priesterkleid herab. Die Hand hält einen Binsen=
wisch als Fetischwedel, der, je und je mit einem Kuh= oder Büffel=
schwanz vertauscht, stets bei den Fetischmännern als Abzeichen priester=
lichen Amtes gesehen wird. Bei den Zeremonieen wird er wie ein
Ysop gehandhabt. Rotlederne Sandalen zieren die bloßen Füße.
Die Fußgelenke sind von Korallenketten umschlossen. Ihm stehen zur
Seite zwei Priesterinnen, gleich ihm mit Korallenschnüren und allerlei
Amuletten geschmückt. Stirn, Arme, Brust und Füße sind mit weißer
Erde höchst kunstlos — überall mit zwei gleichlaufenden Linien —
bemalt. Dieses Bemalen wird an den Fetischweibern aus Anlaß
von religiösen Zeremonieen vorgenommen, und wer bei einer solchen
Gelegenheit die konvulsivischen Tänze und Sprünge dieser Weiber je
gesehen hat, der glaubt sich Besessenen gegenüber, die, von Dämonen
inspiriert, im Solde des Satans stehen.

Heidenbote 1884. S. 4.

Das unbekannte Land zwischen der Goldküste und dem oberen Niger.

Neue Route durch die große Wüste zwischen den Flüssen Afra und Volta. — Das Elefantenparadies. — Die Stadt Karakye und der Fetisch Odente. — Baghamso am Volta. — Die große Handels- und Fetischstadt Salaga. — Der Missionar Buß in Karakye und Salaga. — Kommerzielle Wichtigkeit der neuen Route.

Bis in die neueste Zeit hat man das Herz Westafrikas, Timbuktu am oberen Niger, auf drei Wegen erreichen können: von den französischen Niederlassungen am Senegal und Gambia aus, auf dem Wasserwege den Niger hinauf oder von Nordafrika aus durch die Wüste (Barth, Lenz). Das unbekannte weite Gebiet zwischen dem Niger und den Negerreichen von Aschanti und Dahomey ist erst vor einigen Jahren durch das mutige Vordringen der Baseler Missionare erschlossen worden. Da das Hinterland der Goldküste vom deutschen Togogebiete aus, welches von der Mündung des Voltaflusses kaum 30 Kilometer entfernt ist, in naher Zukunft das Ziel größerer Handelsunternehmungen werden wird, so bieten die Ergebnisse dieser ersten Forschungsreisen, die wir in einem Auszuge aus einer Mitteilung des Dr. G. Beck in der Sitzung der Geogr. Gesellschaft zu Bern (25. November 1880) folgen lassen, das höchste Interesse.

Salaga, unter 8° 20′ nördlicher Breite und 40′ westlich vom Meridian von Greenwich gelegen, wurde in den letzten Jahren, d. h. 1877 und 1878, dreimal von Missionaren der Baseler Stationen besucht. H. A. Krause war 1886 und 1887 dort.

Schon früher hatten Kaufleute Berichte über eine im Innern liegende große Handelsstadt in die im britischen Protektorat gelegenen Stationen gebracht. Doch war sowohl die allzu große Entfernung dieser Stationen, als auch die Zugehörigkeit der zu durchreisenden Strecken zum Aschantireich ein absolutes Hindernis einer längst projektierten Reise. Als nun aber nach dem Kriege mit England die im Herzen des Aschantireiches liegende Station Abetifi gegründet wurde und die Berichte aus dem Innern über den Viehreichtum und den lebhaften Handel, der dort herrschen sollte, deutlicher und sicherer wurden, da beschloß der in Basel gebildete schwarze Missionar David

Aschante, der auch im Kriege eine Rolle gespielt, auf eigene Faust den sagenhaften Ort aufzusuchen und dort Milchkühe, deren Mangel an der ganzen Küste so schwer empfunden wird, auch Pferde und Schafe einzuhandeln. Sobald sein Projekt bekannt wurde, riet man ihm von allen Seiten ab, das Unternehmen zu wagen, da die Einwohner im höchsten Grade unbulbsam und räuberisch, und die Gegenden, die zu durchschreiten seien, teils unwirtbar, teils voll von Elefanten, Löwen und Leoparden seien. Auch müsse man ganze Tagereisen durch eine menschenleere Wüste ziehen. Blieb Aschante nun auch fest, so war es um so schwerer, die nötigen Träger und Begleiter zu finden und mußte er dann auch mit nur wenig Getreuen die monatelange Reise am 18. Januar von der Station Kjebi aus antreten. Als Mundvorrat hatte er hauptsächlich Chokolabe, Brot, Mais und Bodennüsse bei sich, ferner Cognac und Chinin, das notwendige Übel auf einer Afrikareise. Nach drei Tagen erreichte die kleine Karawane die nördlichste Baseler Station Abetifi, nordöstlich von Kumassi gelegen, und pflegte da einige Tage der Ruhe; neue Schwierigkeiten erhoben sich hier, da sich keine Träger nach Salaga engagieren lassen wollten und die finanzielle Ausrüstung unseres Reisenden 20 L. nicht viel überstieg. Doch regelten sich diese Sachen endlich zu leiblicher Befriedigung, und nun wurde die Reise durch die ehemals zu Aschanti gehörige Provinz Okwau in nordöstlicher Richtung fortgesetzt. Die erste Tagereise brachte die Reisenden nach Nkwantanan, dem letzten Okwaudorf, und die nächstfolgende an den wegen seines Fischreichtums berühmten Fluß Afram, den schon 1869 die gefangenen Missionare Ramseyer und Kühne mit den Aschanti zu Fuß passiert hatten. Derselbe ist etwa 80 Schritte breit und kann in der nassen Jahreszeit nur auf Booten passiert werden, da er sehr reißend ist. Derselbe ist jedenfalls ein Nebenfluß des Volta.

Jenseits des Afram beginnt eine weite, ganz unbewohnte Grasebene, eben jene Wüste, vor der man David Aschante gewarnt hatte. Dieselbe muß aber die letztere Bezeichnung jedenfalls mit Unrecht tragen. Denn nach Aschantes Schilderung ist diese Ebene nicht allein mit hohem Gras und Gebüsch bewachsen, sondern überaus reich an Wasser und deshalb auch ein wahres Paradies für Elefanten, Antilopen und Gewild aller Art, aber natürlich auch für Löwen und Leoparden. Aschante vergleicht diese Gegend mit der Akkra-Ebene zwischen Akuapem und der Küste; nur findet er sie viel fruchtbarer. Wilber Yams, der sich häufig vorfand, bildete auf dem 5 Tage langen Marsch in nordöstlicher Richtung die Haupt=nahrung der Karawane. Die Nächte waren in dieser wasserreichen Gegend so kalt, daß das Thermometer fast bis auf den Gefrierpunkt sank. Endlich war der Volta und damit wieder die bewohnten Ge=genden erreicht. Die Ufer des Stromes sind an der Stelle, die von Aschante berührt wurde, von dem Pae=Völklein bewohnt, Leute, die in mehrfacher Beziehung unsere Beachtung verdienen. Ihr Wohnsitz war früher rechts des Volta; doch wurden sie durch die fortwährenden Raubzüge der Aschanti gezwungen, sich auf dem jen=seitigen Ufer anzusiedeln, wo sich ihre Hauptstadt Ahen=Kuro be=findet. Diesseits besitzen sie nur noch 4 Dörfer. Die Pae sprechen Tschi und sind Unterthanen des Okwau=Königs von Abetifi. Sie sind einfache Leute von mittlerer Größe und tragen noch Zöpfe, was an der Küste ein schon längst überwundener Standpunkt ist. Ihre Häuser sind klein, rund und fallen durch ihre spitzen Dächer und ihre kleinen Hauseingänge auf, die nur 5' hoch und 2' breit sind. Die Landwirtschaft liefert Baumwolle und einen feinen Tabak, der aber nur zum Schnupfen verwendet wird. In der Töpferei sind die Pae sehr erfahren und produzieren vorzüglich schöne Geschirre, die unserem Steingute nahe kommen sollen. Die Viehzucht dagegen liegt ganz im Argen, da nur wenige Zwergziegen, Enten, Hühner und Perlhühner gehalten werden. Jagd und Fischerei wird eifrig betrieben, und die Kunst des Bierbrauens aus Guineakorn erfreut sich ebenfalls einer eifrigen Pflege.

Nachdem der Volta überschritten war, erreichten die Reisenden in 2½ Stunden den Nebenfluß Oti, der viel tiefer als der Volta ist und von Krokodilen und Flußpferden wimmelt. Nach 6 Stunden kamen die Reisenden in das Gebiet eines andern Stammes, nämlich der Karakyeer, die ebenfalls Tschi sprechen. Neben dieser Sprache wird aber noch der sogenannte Kyerepongdialekt gesprochen, der sich auch näher der Küste um Akropong, Date rc. herum noch findet. Die Karakyeer sind nämlich aus ihren ehemaligen Wohnsitzen in der Dategegend zur Zeit der Akwamuherrschaft ausgewandert und haben den heimatlichen Dialekt noch bewahrt. Dieses Land ist weit und breit bei allen Fetischdienern berühmt und gefürchtet, weil sich dort der größte Fetisch Odente aufhält und eine wahre Schreckensherr=schaft über die leichtgläubigen Schwarzen ausübt. Auch die Begleiter Aschantes betraten dieses Gebiet mit Zittern und Zagen, und ein energisches Auftreten war nötiger als je. Das Volk ist zahlreicher als die Pae, schmutzig und bigott im höchsten Grade. Ihre runden Häuser besitzen weder Gehöfte noch Schattenbäume, noch Zäune, weil der Fetisch dieselben nicht leiden will. Der König hat fast gar keinen Einfluß, umsomehr aber der Fetischpriester, der das ganze Volk in Sklaverei hält. Weder Pferde noch Esel werden in der Gegend geduldet, auch ist es streng verboten, nachts ein Licht anzu= zünden, da das vom Fetisch ebenfalls ungern gesehen wird. Zwil= linge werden über einen bestimmten Felsen in den Volta geworfen und selbst die Bezeichnung derselben — Ata — darf nie ausge= sprochen werden. Zeigt sich der Fetischpriester, so schreit alles aus Leibeskräften — der große Vater kommt, er kommt —, denn es würde auf ein wenig lautes und eifriges Schreien eine arge Strafe folgen. Man kann sich daher vorstellen, was es für eine Erregung gab, als Aschante nachts ein Licht anzündete und trotz aller könig= lichen Botschaften nicht löschte, und als er gar am andern Tage vor dem Hause des Fetisches predigte. Sogar seine Leute gaben ihn verloren und waren überaus erstaunt, als sich an seinem ruhigen und festen Auftreten die Wellen des Volksauflaufes brachen.

Die Hauptstadt Karakye liegt am Volta auf felsigem Boden und ist ein sehr besuchter Wallfahrtsort. Handel und Viehzucht werden wenig betrieben, obschon in Karakye alle Schiffe, die den Volta hinauf nach Salaga Waren bringen, wegen der großen Strom= schnellen, deren Brausen man in Karakye beständig hört, umgeladen werden müssen. Die Händler beladen oberhalb des Falles die Schiffe wieder und führen dieselben dann den Volta hinauf, bis 2 Tagereisen vor Salaga, das etwas abseits vom Volta liegt; oder sie führen die Waren auf dem Landweg in 5 Tagereisen nach Salaga.

Am 5. Februar marschierte Aschante, nachdem er in Karakye seinen Leuten eine Ruhezeit gegönnt, wieder in nördlicher Richtung weiter und kam nach 2 Tagen in das Gebiet der Ndschumuru. Dieses Volk ist weniger zahlreich als die Karakyeer, diesen aber in Sprache und Beschäftigung fast ganz ähnlich. Auch hier wird der Küstendialekt Kyerepong noch dann und wann gesprochen. Die Ndschumuru tätowieren sich sorgfältig. Ihre Toten begraben sie vor den Häusern, was die Karakyeer nie thun, die besondere Be= gräbnisstätten haben. Die Hauptstadt ist Bagyamso, die wahr= scheinlich identisch ist mit dem Orte Bebiamesso der neuen Andree= schen Karte nach den Angaben des französischen Händlers Bonnat,

dem die Ehre gebührt, als erster Europäer die Stadt Salaga be=
treten zu haben. Derselbe besuchte bald nach dem Aschantikriege,
während welchem er in Kumassi mit den Missionaren gefangen war,
zu Schiff den Volta hinauf jene Gegenden. Baghamso, am Volta
gelegen, ist noch größer und schöner als Karakye und zeichnet sich,
wie das ganze umliegende Land, durch wohlgepflegte Straßen aus.
Die 6000 Einwohner fallen durch ihre bedeutende Größe und ernste,
kriegerische Haltung vorteilhaft auf. Ein Gefühl beseelt alle und kam
im Gespräch mit den Reisenden stets zum Vorschein — ein tiefer, glühen=
der Haß gegen ihre früheren Bedrücker, die Aschanti. Von hier bezog
der König von Kumassi zur Zeit seiner Herrschaft alljährlich große
Steuern an Menschen und Pulver, und man kann sich deshalb vor=
stellen, wie sehr die Engländer, von denen hier freilich noch niemand
welche gesehen hatte, in Achtung stehen. Man hatte in Baghamso
noch während des Krieges ein deutliches Gefühl, es gehe mit der
Kumassiherrschaft zu Ende, und wie das bei allen despotischen Herr=
schaften der Fall ist, beeilte man sich, so rasch als möglich die lästi=
gen Ketten zu zerbrechen. Wer es wagte, über die gesperrten Grenzen
nach Aschante Pulver zu schmuggeln, fiel der Volkswut zum Opfer,
und an einem Tage wurden alle im Lande angesessenen Aschanti
niedergemetzelt. In der Gegend von Saren, westlich von Baghamso,
wurden die Boote der Aschanti, die dort Pulver holen sollten, an
einen unterminierten Ort gelockt, und unter dem Vorgeben, man
wolle mit ihnen unterhandeln, in die Luft gesprengt. Als die We=
nigen, die dabei mit dem Leben davon gekommen, wieder in Kumassi
angelangt waren, so erzählt Ramseyer in seinen Tagebüchern, habe
sich dort ein großes Wehegeschrei erhoben, und einer der Geretteten
habe ihm gesagt, es seien die meisten der Verunglückten nach der
Katastrophe so rot gewesen, so rot wie — Meister Bonnat.

Alle Länder bis 14 Tagereisen nördlich von Salaga haben jetzt
das Aschantijoch abgeschüttelt und haben die Macht Englands, d. h.
des weißen Mannes, kennen gelernt. In dem Lande der Ndschu=
muru haben die Priester des großen Fetisch Odente den Glauben
verbreitet, der Fetisch habe sich mit der Königin Viktoria gegen die
Aschanti verbündet. Ja, diese Verbindung sei eine so enge, daß sie
gar nicht mehr aufgehoben werden könne und niemand sei im stande,
in dem engen Bunde zu entscheiden, welches Odente und welches die
Königin Viktoria sei, als diese beiden selber. Ein ganz nettes
Müsterchen afrikanischer Mystik.

In Baghamso erwartete David Afhante seinen Vetter Opoku, der sich ihm auf dieser Reise hatte anschließen wollen, ihn aber nicht mehr erreicht hatte. Opoku hatte mit seinen Begleitern den ganz gleichen Weg eingeschlagen, und aus seinem Berichte haben wir denn auch manche Lücke bei Afhante ergänzen können. In Baghamso verfehlten sich die Beiden abermals, da von dort zwei Wege nach Salaga führten, einer nordwestlich und einer direkt nach Norden. Als Afhante wieder von Salaga abreiste, kam Opoku erst dort an, und werden wir denn auch weiterhin beide Schilderungen ver= weben.

Nach 5 ftündigem nördlichen Marsch von Baghamso aus erreicht man den kleinen Fluß Daka und damit die Grenze zwischen der heidnischen und mohammedanischen Welt. Freilich spielt das Fetisch= wesen in den Grenzgebieten noch unter der Hand seine Rolle fort, wird aber wohl alljährlich mehr seine Gewalt an den Islam ver= lieren. Die Grenzbewohner sprechen alle noch Tschi und Kherepong= Dialekte und tättowieren sich stark. Nachdem noch eine Reihe von Dörfern in wohlbebauten Gefilden passiert waren, erreichte Afhante am 10. Februar das Reiseziel Salaga, die Fetischstadt.

Mit Begeisterung sprechen die wackeren Männer von dem herr= lichen Anblick, den die von 50 000 Menschen bewohnte Stadt aus der Entfernung gewährt. Mitten in üppigem Grün, in lang= gestrecktem, reizendem Thale gelegen, nimmt sich die Stadt mit ihren runden und spitzen Türmchen wie ein mächtiges Fort aus. Alle Häuser sind rund und tragen mehr oder minder hohe, spitze Dächer, und noch bevor man die Stadt betritt, bemerkt man das rege Leben, das hier pulsiert. Dem Fremden werden schon vor den Thoren in gastfreundlichster Weise Quartiere angeboten, was sich dann freilich als ein gar nicht übles Geschäft der Einwohner entpuppt, indem der Gast dem Hausherrn von allen auf dem Markte verkauften Waren Prozente lassen muß. Dafür wird man dann aber aufs beste und zuvorkommendfte von der wohlhabenden mohammedanischen Be= völkerung verpflegt. Die Straßen sind sehr unregelmäßig gebaut und häufig eng und schmutzig. Die Bewohner sind eifrige Anhänger des Islam, in hohem Grade freiheitsliebend, unabhängig, fleißig und intelligent, dabei freilich oft roh und grausam.

Salaga besitzt zwei große Hauptmarktplätze neben einer Anzahl kleinerer. Alle Morgen früh wird ein Gemüse= und Eßwarenmarkt abgehalten; besonders findet man da Jams, Guineakorn, Mais, Ge=

würze, Weihrauch, schwarze europäische Kartoffeln, frisches Ochsen-, Schaf- und Ziegenfleisch in großer Menge vor. Das Pfund Ochsen- fleisch wird mit 100 Kauri = $\frac{1}{3}$ Penny bezahlt, ebenso viel kostet ein Schoppen Milch und 3—8 Stücke Yams. Butter wird ebenfalls verkauft, aber merkwürdigerweise nicht gegessen, sondern findet als Lederschmiere und Pomade eine nach unseren Begriffen unpassende Verwendung. Zur Zeit der großen Märkte werden von den ein- heimischen Schlächtern 40 bis 50 Ochsen täglich geschlachtet. Dann sind aber auch Händler aller umliegenden Volksstämme in Salaga versammelt, besonders liefern Bornu, Joruba, Haussa, Mossi, Tim- buktu und Marokko sogar starke Karawanen. Man erzählte Aschante, es seien aus dem Norden schon weiße Leute auf den Markt ge- kommen, die aber Mohammedaner gewesen seien. Der Nachmittag- markt ist aber noch bedeutender als der Morgenmarkt. Da werden alle Arten einheimischer, nordafrikanischer, ägyptischer, arabischer und sogar europäischer Artikel geführt, Seide, Baumwolle, Leder, Waffen 2c. Salaga besitzt auch förmliche Bazars, worin den ganzen Tag verkauft wird; auch eine Menge Barbierbuben, Nagelschmied- werkstätten 2c. Die Haupthandelsleute sind die Haussas, welche den Markt mit Elfenbein, wollenen Mänteln, Teppichen, Seiden- zeugen, Korallen, Pferden, Eseln, Mauleseln, Ochsen, Schafen, auch hornlosen Schafen versehen. Die Mossi liefern neben den Haussas das Hauptkontingent der Kaufleute. Zieht eine große Mossikarawane in die Stadt, so läuft alles zusammen, schreit und jubelt den An- kommenden entgegen, Freudenschüsse werden gethan, so daß dem guten Aschante der Wunsch entschlüpfte: wenn's nur bei uns an der Goldküste auch schon so wäre. Die Mossis bringen außer selbst fabrizierten Baumwollenzeugen hauptsächlich Sklaven, Rinder, Esel, Hühner, sowie eine Art Pflanzenbutter, die selbst bei großer Hitze fest bleibt und massenhaft in die Küstengegenden ausgeführt wird, wo sie als Salbe Verwendung findet. Neben Kauris dient Silber- geld als Verkehrsmittel und fanden die Reisenden Geldstücke aus allen europäischen Ländern, sogar preußische Thaler. Die aus dem Innern kommenden Händler nehmen als Rückfracht außer Salz und einigen europäischen Stoffen fast ausschließlich sog. Kola- oder Kau- nüsse (Sterculia acuminata) mit, welche in Aschanti gepflanzt und bis tief ins Innere des Kontinents als ein vorzügliches Genuß- und Toilettenmittel von den Negern gesucht sind. Gekaut schmecken dieselben angenehm bitter und färben sich die Lippen bei fortgesetztem

Gebrauch schön rot. Die Last Kolanüsse wird mit 6—20 Schilling bezahlt, je nach der Jahreszeit.

Zur Zeit der Aschantiherrschaft war Salaga Centrum des Sklavenhandels, der zwar auch jetzt noch in hoher Blüte steht. Traurig lauten die Schilderungen Opokus über die Leiden der armen Opfer, die meistens Kriegsgefangene sind. Für wenige Schilling, ja für ein Stück Tuch kann man die halbverhungerten Geschöpfe schon erstehen. Die Bevölkerung von Salaga besteht aus Eingewanderten aller obengenannten Stämme und aus den Eingeborenen, welche einen allerdings stark gemischten Kyerepong-Dialekt sprechen. Die Salagas leben besser als alle ihre Stammesgenossen und sind des= halb auch schöner und besser gebaut. Jeder ordentliche Mann be= sitzt ein gut gebautes Haus mit gemauertem Brunnen, Hof= und Nebengebäuden für die Dienstleute und Gäste. Das Wasser dieser Brunnen schmeckt leicht salzig. Fast holländische Reinlichkeit herrscht überall, darf man doch nicht einmal auf dem Hofe ausspucken, dafür stehen überall mit Sand gefüllte Kalebassen. In der streng moham= medanischen Stadt finden sich viele Bethäuser, private und öffentliche Schulen, die sich Schulgelder zahlen lassen. Deshalb kann auch fast jeder Salagamann arabisch schreiben und lesen. Neben dem aus Guineakorn gebrauten Bier trinkt man dann und wann auch einen starken, aus Honig bereiteten Branntwein, in welchem Stück es mithin mit dem Koran nicht gerade sehr genau genommen wird.

Die Salagas beschäftigen sich ausschließlich mit Kommissions= geschäften. Die fremden Händler übergeben ihrem Hausherrn ihre sämtlichen Waren und bestimmen den Preis derselben. Der Verkauf wird dann von dem Hausherrn besorgt, der auch alle Zahlungen für den Fremden in Empfang nimmt. Auch die Einkäufe besorgt der Hausherr auf Rechnung des Händlers und erhält auch davon seine Prozente. Es ist deshalb begreiflich, daß die Salagas Muster von Zuvorkommenheit und Höflichkeit sind und daß man sich den Aufenthalt in jener Stadt sehr angenehm machen kann. Neben diesen Börsengeschäften blüht aber in Salaga eine weit ausgebreitete Industrie. Kupfer=, Silber= und Eisenschmiede haben stets vollauf zu thun, und zwar sind deren Erzeugnisse, z. B. Rasiermesser, ge= schmiedete Kessel ꝛc., den europäischen nicht untergeordnet. Selbst Blinde suchen sich durch Korbflechterei und andere leichtere Thätig= keiten ihren Lebensunterhalt zu verdienen, eine in Afrika gewiß un= erhörte Thatsache.

Salaga ist merkwürdigerweise nicht Hauptstadt des Landes, sondern der kleine Flecken Pami, eine Stunde östlich von der Stadt; dort wohnt der König und die Großen des Reiches und dort hat kein Niedrigstehender Zutritt. Die Stadt Salaga wird von Quartiervorstehern regiert, die von den fremden Händlern für den König eine Markttaxe erheben. Auch sind in Salaga eine Art Konsuln sämtlicher handeltreibenden Völkerschaften des Umkreises stationiert, welche den ihrigen beizustehen haben.

Nachdem die mitgebrachten Waren günstig verkauft und dafür Pferde, Esel, Kühe, Schafe 2c. in großer Menge eingehandelt waren, trat Ashante am 20. Februar wieder den Heimweg an, der aber natürlich in solcher Begleitung viel mühsamer war und viel mehr Zeit erforderte, als die Herreise. Der in Abetifi stationierte Missionar Buß, angeregt durch Ashantes Schilderungen und voll Eifer, seiner Station ebenfalls Milchkühe zu verschaffen und jene große Handelsstadt im Innern zu sehen, entschloß sich im Januar 1878, die Reise ebenfalls zu unternehmen. Auch ihm wurden zuerst die lebhaftesten Schreckbilder von all den Gefahren, die ihm zumal als weißem Mann widerfahren sollten, vor Augen gestellt, so daß er Mühe hatte, nur 15 Träger für seine Waren zu erhalten. Er reiste am 31. Januar 1878 von Abetifi ab, überschiffte den Afram am 2. Februar und begann gleich am folgenden Tage den 7 tägigen Marsch durch die Wüste. Er schildert dieselbe ebenfalls in einer Weise, daß man das herrlichste Jagdgebiet vor sich sehen muß, wenn auch das häufige Vorkommen von Elefanten, Löwen und Leoparden für eine so friedliche Karawane nicht angenehm sein mag. Die Flüsse, die die Ebene durchziehen, sind überaus fischreich, besonders der Waa in der östlichen Hälfte derselben. Dort fand Buß auf einer Strecke von 12 Stunden rote und weiße Sandsteine, welche Felsen von 2000' Länge und 100' Höhe bilden. Der rote ist sehr weich, der weiße dagegen überaus hart. Am Volta angekommen, wollten die Pae den Weißen nicht übersetzen, und sandte Buß deshalb einen seiner Leute schwimmend hinüber, der dort einfach ein Boot wegnahm. Das Pferd, welches Buß mitgenommen, wurde nun an das Boot gespannt und zog dasselbe samt den Insassen hinüber. Dort erhielt Buß dann sofort anstatt Scheltworte für sein eigenmächtiges Verfahren ein reiches Geschenk in Lebensmitteln. Der Empfang, der dem Reisenden in der Fetischstadt Karatye zu teil ward, war aber noch ungleich abschreckender und gefahrdrohender.

Er erzählt die kleine Episode folgendermaßen: „Beim Einreiten in die Stadt tanzte das Weibervolk wie wahnsinnig um mein Pferd herum, und schrie, als wollte es mich samt meinem Pferde aufessen. Ich bezog nun bei einem Kaufmann ein Logis und hatte mich kaum gesetzt, als auch schon Königsboten mit einem Gruß vom König kamen, er freue sich, daß ich sie seines Besuches wert gehalten habe, aber er müsse mich ersuchen, noch heute mein Pferd aus der Stadt zu thun, denn die Fetischweiber samt allem Weibervolk hätten ihm sein Haus gestürmt und würden dasselbe nicht eher verlassen, bis der Weiße sein Pferd aus der Stadt gebracht habe. Ich erwiederte seinen Gruß, aber mein Pferd könne ich nicht von mir weg thun lassen. — Ich glaubte nun meinen Fufu mit Ruhe essen zu können, aber ich täuschte mich. Kaum waren die Boten fort, so kam der König mit seinen Ältesten und hinterher ein ganzer Zug Weiber, welche schrieen und tobten, daß einem die Ohren gellten. Nun er= klärte mir der König rund heraus, daß mein Pferd auf der Stelle aus der Stadt müsse, denn der Fetisch habe schon gedroht, er werde wegen des Pferdes ein großes Unglück über die Stadt bringen. Er wolle mein Pferd auf dem nächsten Plantagendorf gut verpflegen lassen. Ich erklärte dem König nun, vor allem wünsche ich, daß das Weibervolk sein Geschrei und Tanzen gänzlich unterlasse, oder ich werde ihm kein Wort auf seine Fragen antworten, und so lange ich spreche, wünsche ich ungestört zu sprechen. — Alle waren nun still und schauten einander verdutzt an. Ich zündete mir dann zuerst eine Cigarre an und setzte dann dem König kurz auseinander, warum ich nach Salaga reise und daß er wohl wisse, wir Missionare machten uns aus dem Fetischgeschwätze nichts, daß der Fetischdienst nur ein scheußlicher Betrug sei! Er solle mich nur ganz allein das Pferde=Palaver mit dem Fetisch Odente ausmachen lassen, ich werde schon mit ihm fertig werden — könne ihm auch mein Wort darauf geben, daß kein Unglück über die Stadt komme, auch wenn mein Pferd hier bleibe. Endlich zog der König ruhig ab und ich ließ mein Pferd sogar 4 Tage in Karakye frei herumlaufen, ohne daß ihm jemand was gethan hätte." Auf seinen kleinen Touren fand Buß in dem Hügel, auf dem Karakye liegt, bedeutende Lager von Eisenerzen, die sich längs des Volta etwa eine Tagereise hinziehen sollen. Aus diesen Erzen bereiten die umliegenden Stämme ihr Eisen seit langer Zeit selber.

Nach 4tägigem Aufenthalt in dieser Fetischstadt erreichte Buß am 15. Februar die letzte Stadt des Karahereiches, Altareso, Ort mit 5000 Einwohnern. Er wurde freundlich bewirtet und beschenkt, zog aber schon den folgenden Tag weiter ins Reich der Abschumuru, deren Hauptstadt Bagyamso er ebenfalls wegen der dort herrschenden Reinlichkeit rühmend erwähnt. Unterdessen war das Gerücht von dem Anrücken des weißen Mannes schon nach Salaga vorausgeeilt und als Buß mit seiner kleinen Karawane am 19. Februar bald nach Sonnenaufgang in die mächtige Stadt einritt, umschwärmten ihn Tausende von Menschen, die alle schrien: „Der Europäer kommt, der Weiße kommt!" Er nahm sein Absteigequartier bei dem Mohammedaner, der schon Opoku und Ashante beherbergt hatte und der sich durch diesen Vorzug hoch geehrt fühlte. Als Bewillkommnungstrunk wurde frische Kuhmilch gebracht, über welches seit Jahren entbehrte Labsal der gute Mann sich kindlich freute. Dann kamen Metzgerburschen, die Ochsen- und Kalbfleisch anboten, Frauen mit Milch und Butter, Mädchen, die Honig und Biscuit anpriesen. Bald erscholl draußen aber lautes Geigen- und Pfeifenspiel. Es waren Boten des Königs, die in Lieberform den Gruß des Königs brachten. Er lautete: 1. Wir sind Königsboten und bringen dir, dem weißen Mann, unseres Herrn Gruß. 2. Du, weißer Mann, kommst von einer großen Nation, welche uns von unseren Feinden befreit hat. 3. Jedes Jahr mußten wir 1000 unserer Brüder für das Kumassimesser liefern und dem Kumassikönig all unser Geld ohne Murren. 4. Ihr weißen Leute sollt alles haben — alles Geld — weil ihr uns befreit habt re.

Gleich am folgenden Tage besuchte nun Buß mit seinem Hausherrn die Märkte der Stadt. Zuerst betrat er den Hauptmarkt für die ausländischen Waren, der eine Länge von etwa ½ Stunde hat und wohl mit Waren gefüllt, aber leer von Käufern war. Es waren alle Handelsleute aus dem Innern ausgeblieben und besonders die Moravas und Mosees fehlten gänzlich. Der Pferde- und Eselmarkt war ganz leer. Als der Reisende aber den Sklavenmarkt betrat, da sah er, daß wenigstens dieser Zweig des Handels unter der Krisis nicht gelitten hatte. Seine Schilderung erinnert an bekannte Kapitel aus Onkel Toms Hütte, und ist die unmenschliche Grausamkeit, womit diese armen Geschöpfe behandelt werden, auch wirklich schauderhaft. Da in der Ramadauzeit das Trinkwasser weit her nach Salaga gebracht werden muß und dort verkauft wird, so ist es begreiflich, daß die Sklaven, die doch ohne Obdach der brennenden Sonne ausgesetzt sind, davon wenig erhalten. Aber auch die Nahrung wird ihnen nur sehr spärlich gereicht und dazu von einer Qualität, daß Buß sagt, europäische Schweine würden dieselbe verachten.

Interessant ist auch der Besuch, den Buß beim Könige von Salaga machte, dem er als Geschenk eine Wanduhr und einen Teppich überbrachte, worüber derselbe eine große Freude bekundete. Es entspann sich bei dieser Gelegenheit ein Gespräch zwischen dem Kronprinzen und Buß, worin ersterer mit hohem Wortschwall seine Genugthuung darüber ausdrückte, daß nun auch Europäer zu ihnen kämen. Besonders sei er den Weißen zu Dank verpflichtet, daß sie die Macht der Aschantier gebrochen, dieselben besäßen jetzt nichts mehr als Kumassi und ein paar Dörfer rings herum, während sie vor dem Kriege bis 14 starke Tagereisen nördlich von Salaga hinein geschaltet und gewaltet hätten. —

Während eines lang andauernden Fiebers wurde Buß von Mohammedanern und seinem Hauswirte aufs beste verpflegt. Einer ließ ihm sogar 1½ Stunden weit ausgezeichnetes Quellwasser holen.

Daß mit der Küste denn auch noch gar kein nennenswerter Handelsverkehr besteht, geht schon daraus hervor, daß Buß in Salaga große Elefantenzähne das Pfund à 1 Schilling angeboten wurden, von denen an der Küste das Pfund mit 6 Schilling bezahlt wird. Er behauptet, wenn er noch Geld gehabt hätte, so wäre es ihm möglich gewesen, mit dem Gewinn an ein paar Zähnen die ganze Reise herauszuschlagen. Seine Schilderung des Volkes stimmt genau mit den Angaben Aßhantes und Opokus überein; ja er bezeichnet das Salagavolk geradezu als das begabteste und bedeutendste Volk von ganz Westafrika.

Am 8. März trat Buß seine Rückreise nach Abetifi wieder an, wo er nach glücklich vollbrachter Reise (ein Pferd war ihm unterwegs gefallen) am 27. März ankam. In Abenkuro am Oti war er genötigt gewesen, die Boote zur Überfahrt mit Gewalt zu nehmen, da der Schiffer eine unverschämte Forderung gestellt hatte, die Buß nicht erfüllen konnte. In Karakhe hingegen blieb beim Einzug der fünf Pferde alles still — der große Fetisch Obente hatte sich ins Unvermeidliche gefügt.

Sowohl für die wissenschaftliche Aufschließung Afrikas, als auch namentlich für die Eröffnung neuer Handelsbeziehungen können diese Reisen nun ohne Zweifel die günstigsten Folgen haben, besonders wenn man noch in Berücksichtigung zieht, daß der Volta, nach den Angaben Bonnats, auf großen Strecken stets und zur Zeit des Hoch= wasserstandes in seinem ganzen Laufe für Dampfer fahrbar ist. Die Barre an der Mündung ist für flachere Fahrzeuge kein Hindernis, da nach allen Angaben das Fahrwasser an der schwierigsten Stelle doch noch 2 Faden (12') und darüber beträgt. Die ersten tief= gehenden Schiffe, die die Voltabarre forcierten, waren eine amerika= nische Brigg und ein dänischer Schoner, diesem folgte 1861 im November Lieutenant Dolben, der 80 englische Meilen aufwärts ge= langte. Im Jahre 1869 befuhr dann der englische Gouverneur Kennedy den Strom 14 Tage lang auf einem kleineren Kolonial= dampfer. Er sagt in seinem Berichte: „Der Volta ist ein stattlicher Strom, frei von Schlamm, und erschließt eine reiche und wertvolle Gegend."

Kapitän James Croft befuhr 1872 den Volta mit einem eigens dafür erbauten Dampfer. Er kam bis Batto, wo er die Reise in Booten fortsetzte. Nach Bonnat soll bei Hochwasser im September und Oktober der Fluß weit hinauf für Dampfer schiffbar sein.

Hat man die armen Küstenländer hinter sich, so findet man nach allen Reiseberichten im Innern Völkerstämme, deren hohe Bildung und Wohlstand dem Handel um so bessere Aussichten eröffnen, da diese Völker mit den Produkten arabischer Kultur bekannt sind und Salaga seit langer Zeit besonders in regem Handelsverkehr mit Timbuktu und dem ganzen Sudan steht.

Im Jahre 1882 durchzog Mauricio Buonfanti das ganz unbe= kannte Gebiet von Timbuktu nach Lagos an der Sklavenküste, jedoch verlor derselbe durch einen Überfall der Maritu nördlich von Aschanti alle seine Aufzeichnungen über diese Reise.

Der Afrikareisende Gottlob Adolf Krause erreichte im J. 1886 Salaga und drang im Oktober bis Woghobogho, der Haupt= stadt von Mossi vor, in der Absicht, durch Dahomey und das Togo= gebiet nach der Sklavenküste zurückzukehren. Er unternahm diese Reise von Akra an der Goldküste aus, und zwar unbewaffnet und ohne jene Massen von Tauschartikeln, Lebensmitteln, Munition und Reiseeffekten, welche einen Troß von Trägern und Begleitmannschaften erfordern und jede Reise so sehr verlangsamen. In Akra knüpfte er freundschaftliche Beziehungen mit der zahlreichen Kolonie der Mo= hammedaner an, zu welcher auch die englischen Mietstruppen gehörten, und welche, obschon meistens dem Haussastamme angehörend, ein

geiftliches und weltliches Oberhaupt in der Person eines geborenen
Arabers haben. Seine Kenntnis des Arabischen und des Haussa,
der lingua franca im ganzen Suban bis Ägypten hin, verschafften
ihm Empfehlungen an alle einflußreichen Araber auf den Etappen-
straßen, sowie die wertvollsten Nachrichten über die zu durchwandernden
Gebiete. Seine Reise dürfte für die von unserm Togogebiete aus
zu unternehmenden Handelsoperationen von großer Bedeutung
werden. (S. Paul Steiner in der Kolon.-Z., 1. März 1887.)

B.

Abeokuta.

Bild einer fieben Jahre lang sich selbst überlassenen Christengemeinde in einer
westafrikanischen Stadt.

Der um die Afrikaforschung hochverdiente Dr. Pechuël-Lösche
hat in einem Aufsatze über das centralafrikanische Problem
die Behauptung aufgestellt, daß die „Wilden" nie echte Christen
würden, daß sie die hohen Lehren einer ganz außerhalb ihres Daseins schwebenden Religion nur formal begriffen. „Selbst der günstigste Fall ist nicht ausgenommen, wenn eine kleine, allezeit unter
den Augen der Lehrer befindliche Gemeinde auf abgeschlossener Insel
lebt. Der Gegenbeweis wäre zu liefern, indem man die dem Christen-
tume gewonnenen Heiden ein halbes Menschenalter sich selbst über-
ließe. Wer hegt nicht die Überzeugung, daß sie der unbegriffenen
Lehre recht bald den Rücken kehren und zu ihren Göttern zurückkehren würde." — Dr. R. Grundemann widerlegt diese Behauptung
in höchst praktischer Weise (Allgem. Missions-Zeitschrift 1885, S. 353 ff.),
indem er an dem Beispiele von Abeokuta den Gegenbeweis liefert,
daß heidenchristliche Gemeinden, längere Zeit sich selbst überlassen,
nicht ins Heidentum zurückgefallen sind, sondern sich vielmehr in
markierter Opposition gegen dasselbe halten und in den Hauptzügen
sich als Christen charakterisieren.

Wir teilen Dr. Grundemanns Darstellung nachstehend im Auszuge mit.

Die Scenerie der großen Stadt von 100—150 000 Einwohnern
an dem breiten Ogunflusse mit den vereinzelten schroffen Porphyr-
felsen ist bekannt genug, als daß wir hier näher darauf einzugehen

hätten. Die dicht bevölkerten niedrigen Häuser, jedes mit vier Flügeln einen Hof umgebend, mit Grasdächern und Lehmwänden ohne
Fenster, sind sehr unregelmäßig zusammengehäuft. Der erste Eindruck, den wir erhalten, ist der, daß hier alle Baupolizei fehlt.
Jeder baut nach Bequemlichkeit, selbst wenn er den öffentlichen Weg
versperren sollte. Die einzelnen Stadtteile sind durch weite Strecken
verwilderten Landes getrennt. Hier und da wächst Gebüsch, dort
eine Baumgruppe, sonst grobes Gras in Büscheln. Der Regen hat
tiefe Furchen ausgespült, die den Weg gefährden. Noch mehr geschieht dies durch tiefe Lehmgruben, um deren Zuschüttung sich niemand kümmert; das in ihnen stagnierende Wasser verpestet monate-
lang die Luft. Von Sanitätsmaßregeln keine Spur. Überall
Misthaufen. Ja, wenn die Pocken herrschen, so finden wir dort ins
Gebüsch oder zwischen die Felsen hingeworfene Leichname, um die
sich Aasvögel sammeln, denn die an jener Krankheit Gestorbenen
werden nach der Landessitte nicht begraben. Ich kann nicht sagen,
ob sich etwa auch einer oder der andere von den christlichen Haus-
vätern solchen Greuels schuldig macht. Ich glaube es nicht, jedenfalls dürfte es bei ihnen nur vereinzelt vorkommen. Auffallend ist
der Mangel an Wasser. (Wahrscheinlich muß der Bedarf größtenteils vom Ogun geholt werden, von dem doch die meisten Stadtteile
weit entfernt liegen.) Die schlechte Einrichtung der Wohnungen
befördert ansteckende Krankheiten. Manche Häuser der Christen zeugen
bereits von etwas mehr Verständnis für Licht und Luft. Das von
befreiten Sklaven (unter Leitung der Missionare) angelegte Dorf
Wasimi bildet mit seinen geraden und reinlicheren Straßen einen
auffallenden Gegensatz gegen die übrigen Stadtteile. Auch sonst
zeigen die Christenhäuser etwas mehr Ebenmaß und Regelmäßigkeit.
Die von den Missionaren eingeführten Handwerke, Ziegelbrennen,
Brettschneiden u. s. w., scheinen aber immer noch nicht in großer
Ausdehnung angewendet zu werden.

Sehen wir nun die Leute selber an. Laut schwatzend und lebhaft gestikulierend stehen oder sitzen sie gruppenweise unter einem
Baume. Händler schlendern langsam mit allerlei Waren einher, die
sie mit übertreibenden Ausdrücken anpreisen. Dort sitzt eine Hökerin
mit einem großen Gefäß, aus dem sie Suppe verkauft. Männer
und Frauen mit eigentümlichen Hacken gehen hinaus nach den Plantagen. Zuweilen kommt ein Vornehmer daher, hoch zu Roß sitzend,
oder ein Mohammedaner mit Turban und weitem Kaftan. Die

Bekleidung der Christen ist fast ausnahmslos anständiger, als die ihrer heidnischen Nachbarn. Letztere haben aus Nachahmung häufig auch vollständigere Kleidung angenommen, ein Hemd oder ein Leibchen und Beinkleider bis zum Knie, die Frauen Röcke und Shawltücher; das krause Haar wird meist mit bunten Tüchern verdeckt. Manche Spuren von Eitelkeit und Modethorheit sind an der Kleidung, die oft noch mangelhaft bleibt, zu bemerken, und auch manche Christen sind davon nicht freizusprechen. Eines aber unterscheidet die christlichen Egbas von den heidnischen auf den ersten Blick. Diese tragen ihre Amulette meist um den Hals, und würden es nicht wagen, ohne solche zu sein, während die Christen diesen heidnischen Greuel verabscheuen.

Vor den meisten Häusern der Heiden steht ein kleines Hüttchen in Zuckerhutform, das dem Teufel (Eschu) zur Wohnung dient, dem allerlei Kleinigkeiten geopfert werden, damit er nur ja nicht ins Haus komme. In dem letzteren aber hat jeder Heide seinen Ifa, Fetisch, lächerliche Sachen, Nüsse, Muscheln, Scherben, die oft in einem kunstvoll geschnitzten Behälter aufbewahrt werden. Bei jeder wichtigen Gelegenheit läßt er den Babalawo (Priester) kommen, damit er deute, was der Ifa dazu kundgiebt. Auch Stätten des öffentlichen Götzendienstes giebt es genug. Früher wurden den Fetischen (unter denen der Kriegsgott eine Hauptrolle spielt) nicht selten Menschen, sehr häufig aber Tiere geopfert. Die ersteren Opfer sind durch den Einfluß des Christentums bis auf vereinzelte Fälle ganz abgestellt, die letzteren wenigstens viel seltener geworden. Die Christen haben mit diesem heidnischen Unwesen gründlich gebrochen und sind von der Nichtigkeit der Fetische überzeugt, dagegen von der festen Zuversicht erfüllt, daß der Christengott, zu dem sie beten, der rechte Helfer ist. Dann und wann wird einer von ihnen vielleicht in lang anhaltender Krankheit verleitet, zur Zauberei seine Zuflucht zu nehmen. Aber wenn es herauskommt, schließt man ihn deshalb von der christlichen Gemeinschaft aus. Auch in anderen Fällen wird die Kirchenzucht gehandhabt.

Der christliche Egba hat in seinem Hause keinen Ifa, wohl aber haben die meisten die Bibel oder einen Teil derselben in ihrer Muttersprache. Viele können darin recht fließend lesen und manche mit dem Verständnis eines gläubigen Herzens. Etliche, die etwas von der englischen Sprache aufgeschnappt haben, ziehen es vor, das englische Neue Testament zu benutzen. Das Kokettieren mit der fremden Sprache wird zuweilen recht unangenehm. Andere haben die Bibel, aber lesen sie nicht — wie sie ja auch in unserm Vater= lande in manchem Hause unbenutzt liegt. Und wenn sie oder das Gesangbuch auch hier zuweilen noch zur Wahrsagerei und Zauberei benutzt werden, so können wir uns nicht wundern, wenn es unter den Egbachristen solche giebt, denen die Bibel an die Stelle des alten Ifa getreten ist.

Die treue Feier des Sonntags ist ebenfalls ein Zug markierten Unterschiedes zwischen Christen und Heiden. Die letzteren leben alle Tage in gleicher Weise dahin. Die Christen haben ihren Ruhetag, den sie selbst in bedrohlichen Kriegszeiten nicht fallen lassen. Sie sind fleißige Kirchengänger. Aber etwas mehr Ehrerbietung vor dem Gotteshause möchte man ihnen wünschen. Vor Beginn und nach dem Schlusse des Gottesdienstes ist die Unterhaltung mit lebhaften Gestikulationen sehr laut.

Die Christen in Abeokuta sind meist arme Leute; nur zu einem kleineren Teil gehören sie den vermögenden und einflußreichen Klassen an. Dennoch erreichen ihre Beiträge für kirchliche Zwecke meist eine sehr anerkennenswerte Höhe. Wir erwähnten schon die Kollekte von 1400 Mark bei dem Eröffnungsgottesdienst in der Ake=Kirche. Ich greife aus einem Jahresberichte der C. M. S. (1879) die Angabe heraus, daß die betreffenden Gemeinden 8400 Mark freiwillig für christliche Zwecke beigetragen hatten. Es ist ein Fonds gegründet, aus dem allmählich das Gehalt der Pastoren bestritten werden soll. Einige von den Schriftvorlesern werden schon vollständig von den Gemeinden unterhalten, sowie die Kosten für die weiteren Missions= arbeiten auf einigen Außenstationen (Ofojupupa und Ofaba) ge= tragen.

Wenn wir der Feier des heil. Abendmahls beiwohnten, so würde uns das Mißverhältnis zwischen der Zahl der Männer und der Frauen auffallen. Erstere bilden oft nicht den vierten Teil der Kommuni= kanten. In Abeokuta hat die Erscheinung einen andern Grund als bei uns, und damit kommen wir auf einen der Hauptschäden der dortigen Gemeinde. Manche der jungen Männer, die dem Gottes= dienste mit beiwohnten, entfernen sich vor der Feier des Sakraments. Sie sind ausgeschlossen, weil sie den Versuchungen zur Polygamie nicht widerstanden haben. Die soziale Stellung wird im Volks= bewußtsein noch immer nach der Zahl der Weiber geschätzt, die ein Mann sein nennt. Ein Dienstmädchen zu halten, oder zu Zeiten eine

bezahlte Pflegerin, das ist ihm etwas ganz Fremdartiges. Man
darf sich nicht verhehlen, daß eine völlige Umänderung solcher
Grundelemente des socialen Lebens sich nicht in einigen Jahrzehnten
bewirken läßt. Mancher schwarze Christ versucht es, der Forderung
der christlichen Sittenlehre zu folgen. Er sieht vielleicht auch an
dem Pastor den Segen eines christlichen Familienlebens und hat
den guten Vorsatz, dem Vorbilde zu folgen. Da kommen die Ver=
suchungen: Gespött oder gutes Zureden von heidnischen Verwandten.
Es kommen Zeiten, wo die eine Frau den freilich ziemlich einfachen
Haushalt nicht gut besorgen kann; der Mann wird verstimmt, weil
er nicht seine Bequemlichkeit hat. Er fängt an zu grübeln und
nimmt ein zweites Weib, wobei er sich durch die heilige Schrift ge=
deckt glaubt. Den Christenglauben will er nicht verleugnen und zu
den eitlen Götzen nicht zurückkehren. Er meint, es könne doch nichts
schaden, zwei christliche Frauen zu haben. Es kommt vor die Ältesten
der Gemeinde; die Ermahnung fruchtet nichts — und er wird aus=
geschlossen vom heil. Abendmahl. So ist es mit Hunderten in
Abeokuta gegangen. Aber bis jetzt ist die Kirchenzucht aufrecht er=
halten worden.

Der Schaden, den wir soeben berührt, ist gewiß schwer. Aber
daß die Gemeinde trotz ihrer langen Isolierung einen Kern in sich
bewahrt hat, welcher die Aufrechterhaltung der Kirchenzucht ermög=
licht, ist ein erfreuliches Zeichen von der Echtheit des christlichen
Lebens, mag auch an ihrer Peripherie der Schaden eine sehr be=
dauerliche Ausdehnung erreicht haben.

Ein anderer, in der Christengemeinde zu Abeokuta tief einge=
wurzelter Schade ist das Sklavenhalten. Auch hier stehen wir
einer socialen Institution gegenüber, deren Beseitigung dem Neger
ganz unmöglich erscheint. Der Begriff der freien Arbeit ist ihm
ganz fremd. Arbeiter für Lohn findet er nicht. Wer frei ist, arbeitet
höchstens für sich, soviel die Not des Lebens erfordert. So ent=
schuldigen sich denn auch jene Christen, die Sklaven kauften, um
ihre Plantagen bearbeiten zu lassen: sie konnten keine anderen Ar=
beiter finden. Neuerdings ist jedoch von der Missionsgesellschaft
der Kampf gegen die Sklaverei wieder energisch aufgenommen
worden.

Ein weiterer Schaden ist der Gebrauch europäischer Spirituosen,
deren Import seit 1877 ganz außerordentlich gestiegen ist, zum Teil
auch bei den Mitgliedern der Gemeinde recht nachteilig wirkt. Man

macht die leider allgemein gewordene Sitte mit, jedem Besucher Schnaps vorzusetzen und selbst mitzutrinken.

Dagegen finden sich nach dem Zeugnis der Missionare in fast allen Gemeinden eine Anzahl treuer Mitglieder, die in manchen Beziehungen als Muster christlichen Lebens gelten können, und die sich auch der Achtung ihrer heidnischen Landsleute erfreuen. Sehr charakteristisch ist diese Anerkennung von heidnischer Seite, obwohl die Feindschaft gegen die von den väterlichen Sitten abgefallenen Volksgenossen keineswegs erloschen ist, wenn sie auch nicht mehr in solchen Ausbrüchen wie 1849 sich offenbart. Die Heiden begnügen sich die Book people (Buchleute, so werden die Christen genannt) durch ein Wortspiel zu necken und zu verspotten, denn Buku heißt: verschmäht, verachtet. Doch können sie sich des Einflusses der Verachteten nicht entziehen. Selbst in solchen politischen Angelegenheiten, wie eine Häuptlingswahl, haben sie ihre Stimme zur Geltung gebracht, wo nicht den Ausschlag gegeben. Bei einer andern Gelegenheit waren es die Christen, an die sich die auch aus Christen bestehende Gesandtschaft von Jbadan wandte, um den langjährigen Krieg zwischen den beiden Städten zu beenden, und wenigstens für eine Zeit lang wurde durch diese Vermittlung der Frieden herbeigeführt.

Aber der Einfluß geht noch tiefer. Die Heiden müssen z. B. von der Ehrlichkeit der Christen einen tiefen Eindruck empfangen haben. Einer der Zolleinnehmer, die wie weiland im jüdischen Lande als Volksaussauger und Betrüger bekannt sind, antwortete auf die Ermahnung des Missionars, sich doch auch den Christen anzuschließen, daß er dies doch nicht könne, weil er sonst seine schöne Einnahme drangeben müsse; denn als Christ dürfe er doch niemand betrügen.

In einem sonst ganz von Heiden bewohnten Dorfe Asese lebt ein schlichter Mann samt seiner Frau von den Erträgen ihrer Pflanzungen, die sie fleißig bearbeiten. Jahrelang hat sich kein Missionar um sie bekümmert. Als nun ein solcher schließlich hinkommt, findet er die Familie dem christlichen Glauben treu geblieben. Sie haben den Sonntag gefeiert und sich aus ihrer Bibel regelmäßig erbaut. Nicht aber das allein; sie haben durch ihre Ermahnungen und durch ihr Vorbild eine Anzahl ihrer heidnischen Landsleute um sich gesammelt, die auch entschlossen sind, Christen zu werden.

Dies Beispiel an sich schon ist eine Widerlegung der oben angeführten Behauptung und ein Beweis für die Echtheit des Christen-

tums, wie sie bei den durch die Mission Bekehrten also doch vorkommt.

Der christliche Kriegshäuptling John Okenla war ein interessanter Charakter, den seine Energie den spöttelnden Vorbereitungen
zur Polygamie gegenüber zu einer treuen christlichen Ehe leitete,
welche die oberflächliche Behauptung, daß ein Neger nicht in Monogamie leben könne, wirksam widerlegt. In der Kirche finden wir
diesen christlichen General immer auf seinem Platze, und er schämt
sich des Wortes Gottes nicht. Im Kriege mit den Dahomiern wurde
er durch einen kühnen Handstreich der Befreier seiner Vaterstadt, so
daß ihm auch die Herzen der Heiden zufielen. Als treuer Kirchen-
ältester hat er in den Versammlungen des Kirchenrats manche treffliche Rede gehalten. Besonders nachdrücklich trat er gegen den verderblichen Genuß des Branntweins auf. Bei Gründung einer neuen
Kirche weiß er die Christen in praktischer Weise zur Mithilfe anzu-
leiten. Als reicher Plantagenbesitzer sorgt er dafür, daß seine Leute
neben äußerlichen Wohlthaten reichlich Unterweisung in Gottes Wort
erhalten, so daß sein Dorf eine blühende Außenstation der Mission
geworden ist. Für kirchliche Zwecke hat er stets eine offene Hand,
und der Greis läßt es sich nicht nehmen, beim Erntefest selbst seinen
Beutel mit 20 000 Kauris in die Kirche zur Kollekte zu tragen. Er
starb am 7. Sept. 1882 hochgeachtet und viel beweint nicht bloß von
den Christen, sondern auch von vielen Heiden und Mohammedanern.

Im Vorstehenden sind nicht die Lichtseiten einseitig hervorgehoben
und der Leser erhält ein objektiv richtiges Bild, worin er erkennen
wird, daß die so lange isolierte christliche Gemeinde allerdings Schä-
digungen erlitten hat, daß sie jedoch auch gesunde Elemente genug
bewahrt hat, um jetzt bei besserer Pflege erfreulich gedeihen zu
können.

Das Beispiel von Abeokuta widerlegt also die Behauptung von
dem Unvermögen des Christentums, den Negervölkern neues Leben
einzuflößen, dauernd auf sie einzuwirken und sie zu festen Überzeugungen von der Wahrheit christlicher Lehren zu bringen. Allerdings ist eine längere Zeit nötig, um deren ganzes Leben und Denken
definitiv umzugestalten und zu bestimmen, was ja auch den christlichen Missionaren mit den germanischen Völkern nicht in kurzer Zeit
gelungen ist.

Deutsch-Äquatorial-Afrika.

Togoland.

Notwendigkeit des Reichsschutzes in Westafrika. — Umfang des Togolandes (1887). — Beschreibung der Küste und des Binnenlandes. — Die Hauptortschaften. — Ein afrikanischer Nero. — Kulturzustände.

Der deutsche Handelsverkehr im tropischen Westafrika übersteigt heute weit den Wert von 100 Millionen Mark, worunter allein für mehr als 35 Millionen Mark Palmkerne und 40 Millionen für Palmöle; ein Verkehr, der noch weit riesenhaftere Verhältnisse annehmen wird, wenn einmal, was in nächster Zukunft sicher zu erwarten steht, die dichte Negerbevölkerung der Hinterländer dem Handel in weiterem Umfange als bisher zugänglich geworden sein wird. An der Küste von Guinea haben zahlreiche Hamburger und Bremer Häuser Niederlassungen und Handelsfaktoreien, u. a. Woermann 74, und die Thatkraft der Deutschen beginnt sogar an mehreren Punkten, z. B. in Lagos, die Engländer vom Markte zu verdrängen.

Bis zum Jahre 1884 war dieser ganze Verkehr der Willkür der Negerbevölkerung ausgesetzt, und bei den häufigen Streitigkeiten auf die nicht immer zuverlässige Hilfe der Engländer oder Franzosen angewiesen, welche sich nicht selten des Landes mit den blühenden Niederlassungen der Deutschen bemächtigten und als neue Kolonie unter ihre eigene Schutzherrschaft stellten. Allen diesen Benachteiligungen des deutschen Handels in Äquatorial-Westafrika wurde im Sommer 1884 dadurch ein Ende gemacht, daß der Forschungsreisende Dr. Nachtigal als Kaiserlicher Generalkonsul auf der Küste des Togolandes und des Kamerungebietes die deutsche Schutzherrschaft proklamierte.

Togoland, um dessen genauere Kenntnis sich der Forschungs=
reisende Hugo Zöller besonders verdient gemacht hat,*) umfaßte an=
fangs einen Flächenraum von 1300 ☐ Kilometern mit 40 000 Ein=
wohnern, vergrößerte sich dann, nachdem der Kaiserliche Kommissar
Falkenthal die kleinen Königreiche Towe, Kewe und Agotime unter
kaiserlichen Schutz genommen hatte, auf 4000 ☐ Kilometer mit 80
bis 100 000 Einwohnern und besitzt heute nach dem Grenzabkommen
mit Frankreich (Februar 1887) einen Flächenraum von 18 676 ☐ Kilo=
meter (beinahe so viel wie das Königreich Württemberg) mit wenig=
stens 575 000 Einwohnern (nach Zöller, Köln. Ztg., 29. April 1887).
Zufolge des deutsch=französischen Übereinkommens erstreckt sich heute
das dem deutschen Einflusse gesicherte Gebiet von der nur 36 Kilo=
meter langen Küste 322 Kilometer (ungefähr die Entfernung von
Köln bis Basel) weit landeinwärts und umfaßt nicht bloß Atak=
pame, das große Handelscentrum des Binnenlandes, für uns so
bedeutend wie Salaga (100—150 000 E.) für die englische Gold=
küste und Timbuktu für das französische Senegambien, sondern auch
das nördlich von dieser großen Stadt bis beinahe zu Alpenhöhe
sich auftürmende Gebirge, das noch von keines Weißen Fuß betreten
worden ist.

Togoland ist ein Kronschutzgebiet, ebenso wie Kamerun und
Südwestafrika; es steht unter einem vom Kaiserlichen Gouverneur
in Kamerun eingesetzten Verwaltungsrat, der aus drei europäischen
Mitgliedern nebst einigen Eingeborenen zusammengesetzt ist. Die
Beziehungen zu den Eingeborenen haben sich so freundlich gestaltet,
daß einer der kleinen Könige sogar als deutscher Beamter fungiert.

Der Handel ist Tauschhandel und wird mit dem stark bevölkerten
Hinterlande ausschließlich durch Vermittelung der Eingeborenen be=
trieben, welche durchaus keine Zwischenhändler zulassen; doch werden
in Lome jährlich für eine Million Mark Waren gegen Geld ver=
kauft. Hauptausfuhrartikel sind Palmöl und Palmkerne; Einfuhr=
artikel Gewehre, Eisen= und Manufakturwaren, Rum u. s. w. In
Togoland wie in den übrigen deutschen Schutzgebieten liegen die
Verhältnisse noch so, daß man keinem auswanderungslustigen Kauf=

*) Das Togoland und die Sklavenküste von H. Zöller. Berlin und Stutt=
gart, 1885. Zöller vollführte diese Reise im Auftrage der Kölnischen Zeitung.
Wir werden ihn weiter unten als Durchforscher des Kamerungebietes kennen
lernen. Das frisch und spannend geschriebene Werk Zöllers über Togoland und
Kamerun (II. u. III.) kann allen, die sich für diese Kolonieen interessieren, nicht
dringend genug empfohlen werden.

Baumgarten, Afrika.   20

manne raten kann, auf eigene Faust hinzuziehen. Er muß sich vorher genau nach allem erkundigen, besonders beim Auskunftsbureau des Kolonialvereins in Berlin, und thut am besten, wenn er sich den bereits bestehenden Handels- oder Kolonialgesellschaften anschließt. An Plantagenbau ist in Togoland noch lange nicht zu denken; ob die hier arbeitenden deutschen Firmen Biktor Söhne, Gödelt, Wölber und Brohm geneigt wären, sich Konkurrenten heranzuziehen, ist zweifelhaft, zumal zu einer raschen Ausdehnung der Handelsoperationen nach dem Innern die Bedingungen noch nicht vorhanden sind. Hier wie in Kamerun wird die umfangreichere Aufschließung der Hinterländer allein eine Änderung schaffen.

Die ungefähr 36 Kilometer lange Togoküste ist ein kaum 1 bis 3 Kilometer breiter, sandiger Uferstreifen, hinter welchem sich in der ganzen Länge eine fast ebenso schmale Lagune erstreckt, die sich ostwärts zu dem fast 10 Kilometer langen und ebenso breiten Togosee erweitert, dessen Ufer durch undurchbringliches Schilf und Buschwerk nur schwer zu erreichen sind. Gewaltige Affenbrotfruchtbäume oder Baobabs und Jukkabäume ragen aus diesem Dickicht hervor, auch zeigen sich überall bei den zahlreichen Ortschaften Kokospalmen, Ölpalmen, Bananen, Fächerpalmen, Papayabäume, allein die prachtvollen tropischen Landschaften mit großen Palmenwäldern und Affenbrotfruchtbäumen oft von über 12 Fuß Durchmesser beginnen erst weiter in dem allmählich ansteigenden Innern, namentlich an dem in den Togosee mündenden Hahoflusse.

Die Hauptortschaften des Togolandes sind:

Togo (2500—3000 Einwohner), Hauptstadt, besteht aus fünf äußerst sauber gehaltenen Dörfern, nur von Negern bewohnt, umgeben von Kokospalmen- und Bananenwäldern, sowie von gut bebauten Kassafeldern der Eingeborenen.

Der Buschmarkt Wo, großer Markt für Palmöl, wo jeden fünften Tag bis zu 6000 Neger zusammenströmen.

Porto Seguro, ein äußerst schmutziger Ort von 1200 Einwohnern, jetzt ohne Faktorei, die Händler sind Farbige. Hier haust ein ehemaliger Ruderknecht als König Mensa, unter dessen Bedrückungen der Handel immer mehr zurückgeht. Höchst charakteristisch ist die Schilderung von Zöllers Zusammentreffen mit diesem afrikanischen Nero.

„Der Königssitz bestand aus einer Zusammenwürfelung anspruchsvoll in grellen Farben angetünchter, aber baufälliger Hütten, vor deren Thoreingang zwei alte Kanonen umgestürzt im Sande lagen. Wir wurden von einem unnatürlich leck auftretenden farbigen Kommis mit Stiefeln und rosarot geblümter Hose zum ersten Stockwerk eines links gelegenen halbeuropäischen Hauses hineingeführt. Das Empfangszimmer war mit einem Tisch, einem Rohrsofa, mehreren Stühlen, einem längst erblindeten venetianischen Spiegel und — einem Christusbild ausgestattet. Alles dies erinnerte ein wenig an den Orient, wo auch bei äußerster Barbarei bisweilen gerade solche Anklänge an europäische Kultur auftauchen, wie man sie am wenigsten erwarten sollte.

Nachdem man etwa fünf bis zehn Minuten lang hatte warten lassen (auch diese Herren verstehen sich aufs Antichambrierenlassen), erschien König Mensa mit affektierter Würde in einem wahrhaft verblüffenden Aufzug. Seine Füße waren ebenso wie diejenigen seines Ministers unbekleidet, seine Schultern umflatterte eine buntgeblümte Toga, das ehrwürdige Haupt des alten Sünders aber umschloß — oh, daß ich hätte zeichnen können! — eine weiße europäische Frauen-Nachtmütze und darüber ein schon wenigstens zehnmal eingetriebener Cylinder, ein in dieser Vollendung nie wieder zu erreichendes Vorbild für alle zukünftigen Aufführungen der „Fledermaus". Mensas Alter schätzte ich nach seinen Zügen und dem geringen Anfluge von grauem Bart auf etwa 50 Jahre. Seinen wundervollen Cylinder abnehmend, schritt Mensa mit einiger Zurückhaltung auf mich zu und reichte mir, während ich ruhig auf meinem Platze sitzen blieb, behufs zweimaligen Knipsens mit dem Mittelfinger seine würdige Rechte. Alsdann ließ er die Toga von den Schultern bis zum Gürtel herunterfallen und nahm in einiger Entfernung von mir auf dem Rohrsofa Platz. Der rothosige Kommis machte den Dolmetscher, übersetzte dem Könige meine Komplimente, wiederholte dann, obwohl Mensa selbst ganz gut Englisch versteht, dessen endlose Höflichkeitsphrasen, und fragte schließlich in meinem Namen, wie viel Weiber und Pickenins (Kinder) Mensa besitze. Die Antwort lautete: 20 Weiber und 47 männliche Kinder.

Als ich schon wieder gehen wollte, wurden noch zwei Flaschen Bier herbeigebracht und nach einigem Zögern auch geöffnet, nicht aber ohne daß Mensa mich ersucht hätte, ihm bei Gelegenheit ein, wenn auch bloß in wenigen Flaschen Bier bestehendes Geschenk zu machen. Man hatte mich, da Vergiftungen hier zu den tagtäglichen Dingen gehören, vor etwaigen, von Mensa verabreichten Speisen

ober Getränken gewarnt, da aber der Hals der Flaschen noch un-
versehrt mit Staniol umkleidet war, so glaubte ich, um der Höflichkeit willen, die Vorsicht hier außer acht lassen zu dürfen. Schon
aus der mir zu Teil gewordenen Warnung wird man ersehen, daß
Mensa sich keines allzu guten Rufes erfreut. Um nur einiges aus
dem langen Sündenregister dieser netten Pflanze anzuführen, sei erwähnt, daß er sich mehrfach als Seeräuber oder vielmehr Strand-
räuber hervorgethan und seinen leiblichen Bruder durch Pfählung
vom Leben vom Tode gebracht hat. Mensa begleitete mich beim
Abschied mit ausgesuchter Höflichkeit bis zum Thore seines Gehöftes,
ich aber hatte, als ich die 2 km lange Strecke zwischen Lagune und
Meer zurücklegte, das Gefühl, als ob ich aus der Höhle einer Hyäne
herauskäme."

Bagidá, ein Haupthandelsplatz mit 5 Faktoreien (2 deutsche)
in „Bagidá Strand"; die 1½ km weiter liegende „Bagidá Stadt"
mit kaum 200 Einwohnern ist der Sitz eines schwachen, trunksüchtigen
Häuptlings, der trotzdem in solchem Ansehen steht, daß, als Zöller
mit dem Bremer Kaufmanne einen Ausflug in das Innere nach
dem großen Dorfe Abobba am Togosee machte, „ein als Empfehlung
und als Kennzeichen seiner Würde mitgegebener, in alte Lumpen
gewickelter Ochsenschwanz allerwärts mit Ehrfurcht entgegengenommen
wurde".

Lóme, der bedeutendste deutsche Handelsplatz mit 7 Faktoreien
und einem Handelsumsatz von jährlich 720—960 000 Mark. Fast die
ganze Einfuhr kommt aus Deutschland. Der Ort zählt nur einige
hundert Einwohner, ist jedoch in raschem Aufblühen begriffen. Eine
Stunde weit landeinwärts liegt die

Fetischstadt Be (2000—2500 E.), engl. Bey. Diese Stadt,
in deren Umgegend selbst das Gras heilig ist und von Fremden
nicht betreten werden darf, ist dem Sternschnuppen- und Kriegsgotte
Njikpla geweiht, den sich die Neger in europäischer Kleidung zu
Pferde sitzend vorstellen. Ein Europäer darf daher nur fast unbekleidet die heilige Stadt betreten, weshalb der Verkehr mit den
wilden und fanatischen Bewohnern, die selbst von den Haussakriegern
gefürchtet werden, vermieden wird.

Alle anderen Ortschaften, wie Aguewe, Lebbe, Abobbo, Gbome,
Seva, Tahasu, Agome u. s. w. haben teils über 1000 Einwohner,
teils nicht viel weniger, und zeichnen sich insgesamt durch eine

Sauberkeit der Straßen und Hütten aus, die zahllosen europäischen Dörfern zum Muster dienen könnte.

In neuester Zeit ist das so lange unbekannte Hinterland von Togoland, namentlich von Missionaren, bereist worden. Der Bremer Hornberger durchzog die Landschaften Ana und Kposo; P. Menager drang bis zur großen Stadt Abangbe, Baudin von Ague aus bis Atakpame, dem großen Centralhandelsplatze vor; im Oktober 1886 erreichte der Afrikareisende G. A. Krause von Akra aus Woghobogho, die Hauptstadt von Mosi, und fand, daß der Lauf des Volta weit länger ist, als man bisher glaubte, und daß seine Quelle nördlich von Woghobogho liegt. Besonders wichtig ist das Ergebnis, daß Aschanti und Dahome nicht (wie auf den Perthesschen Karten) nördlich vom Togosee aneinander grenzen, sondern durch eine ganze Anzahl kleiner, unabhängiger Landschaften getrennt sind.

Die Neger des Togolandes, die einen mit der Ewesprache verwandten Dialekt sprechen, sind nicht ohne Kultur. Sie treiben, allerdings mit primitiven Geräten, Ackerbau, und die sorgfältig gepflegten Felder liefern ihnen Bataten und Mais, sie verstehen von alter Zeit her Baumwollengarn zu spinnen, schmale Streifen Zeugs zu weben und auf der Töpferscheibe Thongefäße zu formen. Jedes Dorf hat sein Gerichtsgebäude. Als Hugo Zöller im Jahre 1884 das Togoland durchforschte, wobei er einige Meilen von der Küste auf zahlreiche Dörfer stieß, deren Bewohner niemals einen Weißen gesehen hatten, gab es dort weder einen Christen, noch Mohammedaner, wohl aber hochentwickelte, an das klassische Altertum erinnernde heidnische Religionssysteme mit einem ganzen Olymp von Göttern, mit Tempeln und Götzenbildern, mit Tierdienst, Priesterschaften, Mönchs- und Nonnenorden. Giftmischerei ist in entsetzlicher Weise verbreitet und bleibt unbestraft. Die deutsche Kulturarbeit hat hier ein höchst schwieriges, gänzlich brachliegendes Feld zu bebauen, und je eher die deutschen Missionen hier ihre Thätigkeit entfalten, desto besser wird es für die Sicherung und gedeihliche Entwickelung dieses deutschen Kolonialbesitzes sein, von dessen Ostgrenzen her die sehr rührigen Franzosen in das Hinterland vorzubringen begonnen haben.

J. Baumgarten.

Eine Faktorei im tropischen Westafrika.

Bau und Aussehen einer Faktorei. — Lebensgewohnheiten und tägliche Arbeiten.
— Die Kruneger, ihre Sitten und Sprache. — Haushalt der Weißen.

Alle Faktoreien, die deutschen sowohl wie die französischen, sind
nach einer und derselben Schablone angelegt; bei der nachstehenden
Beschreibung habe ich besonders die Bremer Faktoreien von Bagida
und Klein=Popo, deren Gast ich für längere Zeit gewesen bin, im
Auge.

Zur Anlage einer Faktorei gehört ein sehr umfangreiches Grund=
stück; das deutsche Wort „Gehöft" kommt dem Begriff einer Faktorei
noch am nächsten. Schon vor dem Beginne der Bauten umgiebt
man das Grundstück, welches die Faktorei darstellen soll, mit einem
soliden Bretterzaun und pflanzt häufig auch noch eine Kaktushecke
rund herum. Es wird besonderer Wert darauf gelegt, daß die zahl=
reichen Gebäude rings herum am Zaune liegen, damit der Hof frei
bleibe und leicht übersehen werden könne. Besondere Schwierigkeiten
verursacht sowohl beim Bauen wie beim spätern Verkehr in der
Faktorei jener knietiefe Sand, der überall an der Küste zu finden ist.
Man hat versucht, mit Benutzung des aus dem Innern bezogenen
roten Thons wenigstens quer über die Höfe der Faktoreien hinüber
solidere Fußpfade anzulegen; die Ergebnisse haben aber der aufge=
wandten Mühe nicht entsprochen. Doppelt unangenehm ist der
Sand in den Höfen der Faktoreien, weil er, wenn nicht völlig von
Stroh= und Holzabfällen rein gehalten, überall dort, wo der Ein=
fluß des salzhaltigen Meereswassers nicht mehr zu verspüren ist,
von Sandflöhen wimmelt. Diese unangenehmen Insekten, die im
vorigen Jahrzehnt von Brasilien her eingeschleppt worden sein sollen
und sich immer weiter an dieser Küste verbreiten, werden Chikas
oder Mamitossus genannt. Sie bohren sich mit besonderer Vorliebe
unter die Nägel der Zehen, aber auch an anderen Stellen des Fußes
ein und verraten sich dann durch einen schwarzen Punkt und ein
leichtes Gefühl des Juckens. Sobald man dergleichen merkt, wird
einer der schwarzen Hausknaben herbeigerufen, um mit einer Nadel
das gar nicht schmerzhafte Werk des Herausziehens zu beginnen;
später reibt man, um etwa zurückgebliebene Eier der Insekten zu
zerstören, Tabaksasche in die kleine Wunde hinein.

Zu den Außengebäuden einer Faktorei gehören die Magazine für Öl, Kerne, Salz u. s. w., ein besonderes, gewöhnlich aus Wellenblech mit Holzverschalung gebautes Pulvermagazin, eine unter freiem Himmel angebrachte, von einem Dach aus Palmblättern überschattete Einrichtung zum Ölkochen, eine cementierte Tenne zum Trocknen der Palmkerne, eine der Feuersgefahr wegen abseits vom Wohnhaus liegende Küche, sowie eine beliebige Anzahl von Taubenschlägen, Affenhäusern, Hühnerstiegen u. s. w. In allen mir bekannten Faktoreihöfen sind Kokospalmen angepflanzt worden, auch wimmeln dieselben von Hühnern, Riesenenten, Tauben, Perlhühnern, Zibetkatzen, Hunden, Affen und anderem Getier. Am häufigsten sieht man die in keinem zoologischen Garten Europas fehlenden Hundsaffen, etwas seltener sind jene schwarzen Affen, deren langhaariges Fell für die Muffe von Damen, die in Trauer sind, sehr gesucht wird. Die Nachtruhe störendes Ungeziefer ist, mit Ausnahme der Moskitos, hierzulande sehr selten, und zwar deshalb, weil die in keinem Hause fehlenden Kakerlaken das Aufkommen von Flöhen oder Wanzen verhindern. Auch die Moskitos und sonstigen fliegenden Insekten haben einen erbitterten Feind in jenen possierlichen und ganz harmlosen Eidechsen, die zu Dutzenden und Hunderten in jeder Faktorei zu finden sind.

Wenn irgend möglich, erbaut man aus Gesundheitsrücksichten die Wohnhäuser der Faktoreien zweistöckig. Das Material zum Bau dieser größtenteils aus Holz bestehenden Häuser wird fertig zugeschnitten aus Europa herübergesandt; nur die schweren Ballen entnimmt man dem „Agobim" genannten und sehr dauerhaften Holze der Fächerpalme.

Die Möblierung der westafrikanischen Häuser ist mit Ausnahme der Rohrmöbel und Moskitonetze vollkommen europäisch. Obwohl man behauptet, daß unter allen Küstenplätzen besonders Bagida seiner Moskitos wegen berüchtigt sei, so habe ich selbst mich doch niemals eines Moskitonetzes bedient, sondern jeden Abend diese beengende, unsern Himmelbetten ähnelnde Einrichtung recht sorgsam entfernt. Und doch speisen zur Regenzeit, wenn die Moskitenplage am schlimmsten ist, manche Leute sogar unter dem Netze zu Mittag. Die Krujungen, die ihre nackten Glieder viel weniger gut gegen Insektenstiche schützen können, schlafen, wenn es gar zu arg wird, am Strande, wo die Seebrise alle Moskitos verscheucht. Klein=Popo hat, obwohl dicht an der Lagune gelegen, die wenigsten Moskitos;

am schlimmsten fand ich die Plage in der Nähe der Schilfdickichte
von Lebbe, Gbome und Seva.

Mit Ausnahme der Sonntage verkündet jeden Morgen um
5½ Uhr, d. h. kurz vor Sonnenaufgang, ein Glockenschlag, daß die
Zeit des Arbeitens gekommen sei. Man nimmt dann bloß eine Tasse
Kaffee, weist den Kruleuten ihre Arbeit an und setzt sich gegen
8 Uhr zum gemeinsamen Frühstück nieder. Um 12 Uhr folgt das
zweite Frühstück und hinterdrein eine kleine Siesta. Aber schon um
2 Uhr sind die Kaufleute wieder vollauf in Thätigkeit, sei es im
Hofe, wo Öl und Kerne gemessen werden, sei es im Laden, wo vom
Anker bis zur Stecknadel alles und jedes zu finden ist, wonach das
Herz eines Eingeborenen sich sehnen mag. In einigen Faktoreien
wird um 5 Uhr, in anderen erst um 6 Uhr geschlossen. Es folgt,
falls nicht die Bücher abgeschlossen oder Briefe nach Europa ge-
schrieben werden müssen, die Zeit der Erholung und des Vergnügens.
Man nimmt gegen 6½ Uhr die Hauptmahlzeit ein und macht dann
Besuche in anderen Faktoreien, um bei einem Glase Bier, Rotwein,
Sherry oder Cognac mit Wasser den Gang der Geschäfte, persönliche
Angelegenheiten und die neuesten Kunststücke des Kochs (d. h. Kunststücke nach der negativen Seite hin) zu besprechen. Die äußerste
Beschränktheit des zur Verfügung stehenden Gesprächsstoffes ist für
zwei oder drei gebildete Leute, die Woche um Woche und Monat
um Monat, außer dem Umgang mit Schwarzen, bloß auf sich selbst
angewiesen und außerdem sogar noch Konkurrenten sind, eine wahre
Kalamität. Das Leben pulsiert hier an der Sklavenküste in volleren
Schlägen als in Liberia, aber leider wirft auch die sehr stark entwickelte Konkurrenz viel dunkle Schatten rings um sich her. Hierin
liegt eine Gefahr, von der ich meine lieben und wackeren Landsleute
warnen möchte. Von dieser Küste Abschied nehmend, möchte ich ihnen
noch zurufen: „Haltet stets so brav wie bisher zusammen, vergeßt
nie, daß legitime Konkurrenz euch nimmermehr verhindern darf, in
allen nichtgeschäftlichen Dingen Hand in Hand zu gehen."

Je nachdem sie sich müde gearbeitet haben oder etwa einen
Gast bewirten, suchen die in Westafrika lebenden Europäer entweder
recht früh oder ziemlich spät ihr Lager auf. Aber unausgesetzt wird
man daran erinnert, daß das hiesige Leben sich doch einzig und
allein um Handel, Geschäft und Sicherheit der Faktorei dreht. Kurz
nach Dunkelwerden wird in einigen Faktoreien eine große, den
ganzen Hof beleuchtende Lampe angezündet, und in allen Faktoreien

ohne Ausnahme sind die nächtlichen Wächter angewiesen, bei ihren Rund=
gängen beständig auf eine leere Flasche oder Blechkiste zu klopfen. Stockt
dieses für den Neuling recht fremdartige Geräusch auch nur wenige
Minuten, so kann man gewiß sein, daß der alsdann aus dem Schlaf
aufwachende Verwalter der Faktorei hinauseilen wird, um die Ur=
sache der Unterbrechung zu ergründen. Es ist im höchsten Grade
bedauerlich, daß die meisten Firmen beinahe gar nicht auf die Aus=
rüstung ihrer Faktoreien mit guten und modernen Waffen bedacht
gewesen sind. Den Agenten und jungen Leuten kann das füglich
nicht zugemutet werden. Und doch hängt die Sicherheit einer Fak=
torei häufig genug von dem bloßen Vorhandensein von Waffen ab,
ohne daß dieselben benutzt zu werden brauchten.

Die zu jeder Faktorei gehörigen Krutrupps schlafen meistens
innerhalb und bloß in sehr seltenen Fällen außerhalb der Um=
zäunung. Falls einmal besonders viel Arbeit vorliegt, werden auch
einheimische Arbeiter, und zwar Männer und Weiber untermischt zu
einem Lohne von Mk. 0,75 bis Mk. 1,— gemietet, aber da diese
Leute sowohl träger als unbescheidener sind, so giebt man in jeder
Hinsicht den Krus den Vorzug. Die einzelnen Trupps, von denen
jede Faktorei einen, wenn nicht zwei hat, bestehen aus 10 bis 12
Ruderern und je einem ersten und einem zweiten Hauptmann. Als
Schlafstätte dient irgend ein leeres Magazin, welches alsbald durch
die in keiner Krukaserne fehlenden Zeichnungen von Dampfschiffen
und jene täglich gemachten Striche, welche als Kalender und Zeit=
maß dienen, bemerkbar wird. Obwohl die Krus im Dienste der
Europäer sehr schnell alle möglichen Dinge (nur nicht das Christen=
tum) auffassen und erlernen, so ist doch von dem Augenblicke an,
wo sie ihre geliebte Heimat betreten, dieser Firniß völlig ver=
schwunden. In gleichem Umfange findet sich diese Anhänglichkeit
an die Heimat und ihre Sitten bei keinem andern Negerstamme.
Auch wenn ein Krutrupp sich einmal ausnahmsweise auf länger als
ein Jahr verdingen sollte, so kehrt er in der Zwischenzeit doch stets
wieder einmal in die Heimat zurück. Und wie sie sich auf diese Heim=
reise freuen! In Lome sah ich das am Abend vor der Abreise ge=
feierte Abschiedsfest eines heimkehrenden Trupps. Während auf einer
leeren Kiste der Takt dazu geschlagen wurde, tanzten die schwarzen
Teufel bei magischem Mondlichte einen cancanartigen und glieder=
verrenkenden, aber doch ganz rhythmischen Tanz. Der kleine Koch,
einer der fröhlichsten unter allen, machte die tollsten Sprünge. War

er jemals müde, so legte er sich platt auf die Erde, um schon nach wenigen Augenblicken wieder aufzuspringen und sich dem allgemeinen Reigen wieder anzuschließen. Der zweite Hauptmann dieses Trupps war schon vorher in die Heimat entsandt worden, um — fernerhin selbst als erster Hauptmann — eine neue Mannschaft anzuwerben und hinauszubringen. Als diese Leute anlangten, war das erste, was man mit ihnen vornahm, die Aufzeichnung der schon vorhandenen oder die Verleihung neuer Namen. Alle Kruleute, deren wahre Namen zu schwer auszusprechen sind, haben außerdem noch englische „noms de guerre". Bei dieser seltsamen Art von Taufe geht es etwa wie folgt zu:

„Wie heißt du denn?" fragt der Weiße. — „Erbsensuppe!" antwortet der Schwarze. — „Und du?" — „Seebrise." — „Und du?" — „Affenschwanz."

Der vierte in der Reihenfolge hat noch keinen Namen, und mein Landsmann schlägt, mich lächelnd ansehend, den Namen „Schmetterling" vor. „All right, Master," erwiedert der Schwarze, „my name be butterfly" (sehr schön, Herr, ich werde Schmetterling heißen). In dieser Weise geht es weiter fort, ich notierte mir die Namen Pfannkuchen, Sonntag, Weinglas, Papagei, Theetopf, Napoleon, Bratpfanne, Fünfgroschen, Fliegende Wolke, Bismarck und Moltke. Mit den zwei letzten, meinte der Verwalter der Faktorei, könne ich es schon wagen, durch die schlimmste Brandung zu gehen.

Da die Krus der Togo= und Povo=Sprache nicht mächtig sind, so unterhalten sie sich mit den „gebildeteren" Eingeborenen in einem Englisch, dessen Stil der obigen Namengebung ziemlich nahe steht. Man wird dabei häufig genug solche Dinge wie here be my brother, him be girl („hier ist mein Bruder, aber er ist ein Mädchen," an= statt „hier ist meine Schwester"), oder he live for die („er lebt, um zu sterben," anstatt „er liegt im Sterben") u. s. w. zu hören be= kommen. Der Himmel der Kruleute ist Essen und Trinken, obwohl man von ihrer Kost durchaus nicht behaupten kann, daß sie luxuriös wäre. Es ist etwas Außerordentliches für den Krujungen, wenn er auch nur 3 d. (25 Pfg.) für seinen täglichen Unterhalt ausgiebt.

Was die Stellung des Untergebenen zu seinem Herrn anbe= langt, so wird die landläufige Ansicht von der Treue und Anhäng= lichkeit des Negers, die uns von Amerika her überkommen ist, hier für unzutreffend erklärt. Dennoch aber habe ich Beispiele, daß auch hier solche Neger, die, abseits von ihrer Heimat, unter und mit

Europäern leben, sich selbst in höchster Gefahr treu und anhänglich erweisen. An dem Zaune einer deutschen Faktorei, die über und über mit Pulver gefüllt war, wurde Feuer angelegt, welches der aufwachende Hauptmann der Kruleute erst bemerkte, als es zu spät war, um an die Möglichkeit des Löschens denken zu können. Er eilte in das Zimmer seines schlafenden Herrn, der sich, aufspringend und beinahe nackt, durch die Flammen hindurch in den nahegelegenen Wald rettete. Der Neger eilte zurück, um auch noch die Kasse zu retten. Aber es war zu spät, das Gebäude flog in die Luft und mit ihm der treue Schwarze.

Der Haushalt einer jeden Faktorei ist die vollendetste Junggesellenwirtschaft, die man sich nur denken kann. Als Köche erfreuen sich die Leute von Akkra, namentlich die in den Schulen der Baseler Mission unterrichteten, des besten Rufes. Da aber diese nur schwer zu haben sind, begnügt man sich mit einheimischen Köchen, die notdürftig Brot backen, Suppe kochen und Hühner braten können. Eigenes Nachdenken darf von diesen Schwarzen nicht erwartet werden. Zur Bedienung hat jeder Weiße einen „Boy" (Knaben) von 10—15 Jahren.

Hugo Zöller.

Bilder aus der Kolonie am Kamerun.

I.

Umfang und Wichtigkeit Kameruns. — Eb. Robert Flegel. Seine Vorbereitungen zu Forschungsreisen. — Die Frage der Gesundheitsstationen (Sanatorien). — Schilderung der großartigen Natur Kameruns. — Kamerun und das Benuegebiet, nach Flegel und Briz Förster.

Die von Dr. Nachtigal am 21. Juli 1884 unter den Schutz des Deutschen Kaisers gestellte Kolonie am Kamerun ist gegenwärtig, nach dem Übereinkommen zwischen England und Deutschland (7. Mai bis 2. August 1886) von dem Niger-Benuegebiet der britischen Machtsphäre durch eine Demarkationslinie getrennt, welche vom linken Ufer des mittleren Alt-Kalabar- oder Croßflusses in diagonaler Richtung bis Yola am oberen Benue geht; sie umfaßt mehr als 300 000 Quadrat-Kilometer, ist also größer als das Deutsche Reich.

Kamerun ſteht unter einem von der Reichsregierung ernannten Gouverneur (H. von Soden) und genießt dadurch die Wohlthat eines wirkſameren Schutzes der deutſchen Faktoreien und einer ener= giſcheren und umfangreicheren Herbeiführung geordneter Zuſtände, als dieſes in Kolonieen von Privatgeſellſchaften möglich iſt.

Kamerun iſt unſere zukunftsreichſte Niederlaſſung in ganz Weſt= afrika, und zwar nicht als Ziel der Auswanderung deutſcher Acker= bauer, ſondern als das lohnendſte Feld für den Handel und die Plantagenwirtſchaft. „Durch die Beſitznahme der Kamerungegend", ſagt Dr. A. Reichenau in ſeinem, „nach eigener Anſchauung" ge= ſchriebenen ſchönen Werkchen (Die deutſche Kolonie Kamerun. Ber= lin, 1884), „treten wir endlich in die Reihe derjenigen Völker ein, welche ſchon ſeit Jahrhunderten die in unkultivierten Ländern ruhen= den Schätze zu heben beſchäftigt ſind und dem überſeeiſchen Handel zum größten Teil ihren nationalen Wohlſtand verdanken. Noch in letzter Stunde iſt, Dank dem energiſchen Eingreifen unſeres großen Reichskanzlers, eines der bedeutendſten Eingangsthore zum centralen Afrika für Deutſchland geſichert worden".

Das Verdienſt, Deutſchland zuerſt auf das Kamerungebiet, als für deutſche Koloniſten im hohen Grade geeignet, aufmerkſam ge= macht zu haben, gehört dem Entdecker der Benuequellen, Ed. Robert Flegel, bei dem wir einen Augenblick verweilen wollen.

Für den Kaufmannsberuf erzogen, wurde er durch die Erfolge der Afrikareiſenden Barth und Vogel für die Durchforſchung des „unbekannten Innern des dunklen Erdteils" begeiſtert, trat 1875 von Hamburg aus ſeine erſte Reiſe als Kaufmann an und verweilte 3 Jahre in Lagos, um ſich an das heiße Klima zu gewöhnen. „Die Hauptfrage für mich und die Realiſierung meiner Pläne", ſagte er,[*] war die, ob mein Körper auch fähig ſei, dem mit Recht verrufenen Klima für eine Reihe von Jahren Trotz zu bieten. Die Geſchichte der Entdeckungen in Afrika beweiſt, daß, wie jedes Handwerk, jede Wiſſenſchaft und Kunſt ihre Lehrzeit fordern, auch der Reiſende, namentlich in Afrika eine ſolche durchzumachen hat. Wer ohne Vor= bereitung, ohne ſich ſelbſt und ſeinen Körper genau zu kennen, in das Innere Afrikas einzudringen verſuchte, hat dieſe Übereilung meiſt mit dem Tode gebüßt. Welch' herrliche Reſultate ſind dagegen von Männern wie Barth, Schweinfurth, Nachtigal und

---

[*] Vortrag in der Sitzung der Geſellſchaft für Erdkunde zu Berlin vom 6. März 1880.

Rohlfs erzielt worden, die alle ihre Vorschule in Afrika durch=
gemacht hatten, bevor sie ihre epochemachenden Reisen antraten.

„Über die ersten 3 Jahre, die ich in Lagos und dessen nächster
Umgebung zubrachte, will ich nur so viel sagen, daß sie für meine
eigentlichen Ansichten in mehr als einer Hinsicht fördernd waren.
Dieser Aufenthalt an der Küste klärte meine Anschauungen und
festigte meine Entschlüsse. Ich suchte meinen Körper durch Reiten,
häufige Spaziergänge und kleine Anstrengungen aller Art an Stra=
pazen in diesem abnormen Klima zu gewöhnen und gewann bald
die frohe Überzeugung, daß, wenn auch mein Körper unter dem Ein=
fluß des Klimas litt, ich doch manches mehr wagen und ertragen
konnte, als andere. Auch lernte ich meine Kräfte beurteilen und
wußte bald genau, wie viel ich mir physisch zumuten durfte und
was vom Übel war.

„Zwei weitere große Vorteile, die diese Zeit mir brachte, waren
die Erwerbung einiger Kenntnis afrikanischer Sprachen und die Er=
fahrungen über den Charakter des Negers und die Art des Um=
ganges mit demselben, die zu sammeln ich in stetem Verkehr mit
den verschiedensten Stämmen dieser Rasse so reichlich Gelegenheit
fand."

Nach längerem Warten gelang es Flegel endlich im Jahre 1879
als Clerk eines Handelsagenten, auf dem der Church Missionary
Society in London gehörigen Dampfer Henry Venn die Reise nach
Kamerun zu machen. Es sollte daselbst die Möglichkeit der Her=
stellung eines bequemen Weges für Lasttiere und Kranke die Berge
hinauf, bis etwa 7000 oder 8000 Fuß Höhe, festgestellt, ein geeigneter
Platz zur Erbauung eines Sanatoriums aufgesucht und der Kosten=
anschlag gemacht werden. Schon vor 20 Jahren ist dieser Vorschlag
der Errichtung einer Gesundheitsstation auf dem Kamerun von dem
ersten Durchforscher seines Gebietes, Burton, und später von fast
allen Besuchern des Gebirges gemacht worden.

Es ist bekannt, daß die Engländer ohne ihre Sanatorien im
Himalaya und in Central=Indien nicht im stande wären, Hindostan
durch europäische Beamte zu verwalten, daß die Holländer durch
Verlegung der Beamten= und Kaufherrnwohnungen aus dem unge=
sunden Batavia nach einem höher gelegenen Platze bedeutende Er=
folge erzielt haben. Warum sollten sich in einem 10—15 000 Fuß
hohen Gebirge von mehr als 110 km Ausdehnung und verschieden=
artigster Bodengestaltung nicht Stellen finden, die sich zu Gesundheits=

stationen eignen. Allerdings haben sich Autoritäten, wie Dr. Max
Buchner (Versammlung deutscher Naturforscher und Ärzte. Spezial=
heft b. Deutschen Kolon.=Zeitung, 1886, S. 559 ff.), gegen jede Mög=
lichkeit ausgesprochen, allein ebenso bedeutende Forscher, und dazu
gehören fast alle französischen Reisenden und Ärzte, namentlich La=
caze und Signol, sprechen sich entschieden dafür aus, daß sich die
Bedingungen zu einem guten Sanatorium selbst in Central=Afrika
zusammenfinden könnten, und es läßt sich als Beispiel Kita im
westlichen Suban anführen, das 650 m hoch liegt, auf trockenem
Boden, geschützt vor den Ostwinden und den fieberbringenden Aus=
dünstungen der sumpfigen Niederungen.*) Allerdings hat gerade am
Kamerun die Anlage eines Sanatoriums große Schwierigkeiten zu
überwinden: europäische Arbeiter sind nicht zu gebrauchen, afrikanische
schwerlich zu erlangen. Auch hat Dr. Bernhard Schwarz constatiert,
daß eine Höhenlage von 700 m noch nicht gegen Fieber schützt,
denn in Mapanja, wo in dieser Höhe die Hitze bei Tage kaum über
20º R. steigt und das Thermometer bei Nacht nicht unter 12—13º R.
sinkt, litten die dort ansässigen schwedischen Kautschukhändler an
Rheumatismen und Fieber. Aber die Hoffnung, passende Stellen zu
finden, scheint nicht aufgegeben zu werden, denn die im Juli 1887
abgegangene Expedition des Premierlieutenants Kunb hat u. a. die
Aufgabe, eine wissenschaftliche Station zu errichten, von wo aus
auch die Gesundheitsverhältnisse studiert werden sollen.

Wir lassen jetzt Robert Flegels kurze Schilderung der groß=
artigen Natur des herrlichen Gebirgslandes folgen:

„Am Fuße der meerumwogten vielgestaltigen Felsen bis zur
Höhe von 2500—3000' zeigt sich die tropische Vegetation in ihrer
ganzen üppigen Schönheit. Da erfreuen neben den Riesen der tro=
pischen Pflanzenwelt, an denen der Blick mit Staunen emporstrebt,
schlanke Palmen mit ihren Federkronen und das herrliche Grün der
Bananen und des Pisang das Auge. Endlose Lianen mit seltsam
gefärbten und geformten Blumen und Früchten und Rotanggewächse
ranken von Baum zu Baum. Hoch in den Zweigen lassen farben=
prächtige Vögel ihre Stimmen ertönen, unter denen man leicht das
Girren der schönen, grünen Waldtaube und das Gekreisch des grauen,
rotgeschwänzten Papageis herauskennt. Von Zeit zu Zeit führt der
Weg über Wiesen, die mit 10—12' hohem Grase bestanden sind, und

*) S. Ed. Dupouy. Le Sanatorium de Kita. Arch. de méd. nav.
1883. Novembre.

die dichtgedrängten kräftigen Halme hindern den Wanderer, der seinen meist nur fußbreiten Pfad durch dieselben zu verfolgen hat, an jeder Aussicht. Hier in der Nähe der Dörfer weiden die schönen, wohl= genährten Herden der Bubis, und durch das Pflanzengewirr des Waldes stampft sich der schwere Fuß des Elefanten seinen Weg.

Höher hinauf nimmt der Wald ein ernsteres, gleichmäßigeres Aussehen an. Palmen kommen nicht mehr vor, aber Haine von gra= ziösen Farnbäumen von 30 und 40' Höhe treten auf. Ein dichtes Laubdach wehrt den Sonnenstrahlen, den Boden zu erwärmen, und die tropische Unwegsamkeit ist verschwunden, mit ihr freilich auch der Reichtum an Formen und Farben in der Pflanzenwelt. Unterholz ist sehr wenig vorhanden, aber schöne Farnkräuter decken den Boden, und das Auge, das hier frei die Umgebung übersehen kann, haftet oft an heimischen ähnlichen Formen. Noch höher hinauf blühen Veilchen und Vergißmeinnicht am Wege, und es giebt Gelegenheit, Brombeeren zu pflücken. Der Wald ist schweigsamer und ernster, als man ihn sonst so nahe am Äquator gewohnt ist. Mit Unter= gang der Sonne erwacht hier weder eine lärmende Insektenwelt, noch leuchtet es ab und zu auf im Grase und in der Luft von Myriaden Tierlein, wie am Fuß der Berge.

Über 8000 und 9000' hinauf hört der Wald auf. Nur Büschel= gras und vereinzelt stehendes Gesträuch (gelbblühende Papiliona= ceen) deckt die Lava. Häufig ist auch dieser Rest der Vegetation von den Eingeborenen durch Feuer zerstört, zu Jagdzwecken und um Honig einzusammeln, und dann sieht das Auge nichts als die asche= bedeckten, wild durcheinander liegenden Lavastücke, ausgebrannte Krateröffnungen, tiefe Erdrisse, was den Reisenden glauben machen kann, er sei der Erde entrückt und durchwandere eine Landschaft des Mondes.

Hier, wo vor Jahrtausenden glühende Lavaströme sich von diesen gewaltigen Höhen unter furchtbarem Getöse ins Meer hinabstürzten, herrscht jetzt tiefernstes Schweigen. Nur der heisere Schrei eines Adlers unterbricht von Zeit zu Zeit die feierliche Stille, bis, auf dem Gipfel angelangt, jede Spur pflanzlichen wie tierischen Lebens aufgehört hat und nur jähe Abgründe und Kraterschlünde den Wan= derer umgeben. Die Mühe des Steigens lohnt vom Gipfel ein Bild von mächtig die Seele packender Großartigkeit.

Im Westen senkt sich eine ziegelrote Wand lothrecht in die Tiefe, ihr gegenüber, wie von dieser losgerissen, liegt schräge und nach

Nordweſt eine andere, aus der zwei gewaltige Kraterſchlünde empor=
gähnen. Der Krater zur Linken iſt kreisrund, ſein rechter Nachbar
nach unten zu ſpitz auslaufend, beide ſind von ſchwarzer Lava=Aſche
auf weite Strecken hin umgeben, die etwa wie Steinkohlengrus aus=
ſieht. Über weite Felder ſolcher Aſche, an deren äußerſtem Rande
der Fuß knöcheltief einſank, klommen wir zum Gipfel empor. Rechts
nach Norden zu liegen nahebei noch zwei Kuppen, welche die freie
Ausſicht nach dieſer Richtung verhindern. Nach Nordoſt und Oſt
ſenkten ſich die erkalteten Lavaſtröme zu Thal. Im Südoſt und
Süden begrenzten mächtige Bergrücken den Horizont und im Weſten
lag eine Welt von Kraterſchlünden mitten unter Lavageröll, ebenfalls
begrenzt durch hohe, viel= und ſchöngezackte Bergrücken.

Die beiden großen Kraterſchlünde mit ihrer Umgebung würden
unter Künſtlerhand ein Gemälde werden, wie es von der reichſten
Phantaſie nicht tiefernſter und großartiger erſonnen werden könnte.

Dieſes herrliche Land mit ſeinem überaus fruchtbaren Boden,
der nicht allein alle tropiſchen Gewächſe, ſondern auch die der ge=
mäßigten Zone hervorbringen könnte, würde die fleißige Hand, die
ihn bebauen wollte, überreich für die Mühe belohnen. Es erweckte
in mir den Gedanken und lebhaften Wunſch, hier eine deutſche Ko=
lonie gegründet zu ſehen, mit dem Zwecke, in die gleichfalls geſunden,
ſehr fruchtbaren und volkreichen Gegenden ſüdlich vom Benue
herabzuſteigen, um dieſe der Kultur zu gewinnen.

Dieſe reichen Gebiete auszubeuten, dem Vordringen der Fellatas
ein Ziel zu ſetzen und die volkreichen Gegenden vor allmählicher
Entvölkerung durch blutige Kriege zu bewahren, die Menſchen hier
zur Arbeit heranzuziehen, daß ſie den Wert und Nutzen derſelben
für ſich und die Welt kennen lernen und dieſes alles nicht aus
rein philanthropiſcher Abſicht, ſondern zum eigenen
Nutzen nicht minder, wie zu dem des Vaterlandes, das
wäre eine Aufgabe, würdig für Männer unſerer Tage, deren In=
angriffnahme wenigſtens nicht dem kommenden Geſchlechte im kom=
menden Jahrhundert überlaſſen zu werden brauchte. Ein ſolches
Unternehmen könnte freilich nur von einem Volke durchgeführt wer=
den, welches feſte Rückhalte in blühenden Kolonieen an der Weſtküſte
beſäße. Als geeignetſter Ort für dieſe, und um Fuß zu faſſen in
Weſtafrika, erſcheint mir das Kamerungebirge.“

Robert Flegel iſt zwar mit dem ſchmerzlichen Bewußtſein ge=
ſtorben, durch ſeine Forſchungsreiſen am Benue für Deutſchland nichts

erzielt zu haben, die Engländer haben den unteren und mittleren Flußlauf in Beschlag genommen, aber uns bleibt noch immer ein weites, produktenreiches Hinterland und ein offener Zugang zum Quellengebiet des Benue und zum mittleren Sudan. Durch seine so bedeutsame letzte Reise hat Flegel der deutschen Kolonie am Kamerun das Ziel aller künftigen Bestrebungen gezeigt: die Eröffnung einer Handelsstraße nach Nordosten und Norden. Die ganze Handels=bewegung am Kamerun würde dadurch einen kolossalen Aufschwung nehmen. Ein anerkannter Kenner afrikanischer Dinge, Brix Förster, wies sofort auf die Tragweite der Flegelschen Arbeiten und Bestre=bungen hin.*)

„Die Erforschungen Flegels", sagt dieser scharfblickende Forscher, „in den Ländern am Benue erhalten durch die Gründung der Ka=merunkolonie eine außerordentliche Bedeutung; denn da er auf die günstigen Verhältnisse zur Ausbreitung des deutschen Handels und zur Gründung von Niederlassungen in jenen Gegenden hingewiesen, hat er den Anstoß zur Kolonisierung des Benuethales gegeben und damit die Verschiebung der Begrenzung der Kamerunkolonie um vier Breitengrade nach Norden zur ausführbaren Tendenz erhoben. Der Blick haftet nicht mehr am schmalen Küstensaum, er irrt nicht mehr in unbekannte endlose Territorien: er sieht ein in den äußeren Linien abgeschlossenes Ganzes vor sich, das zum fruchtbaren Arbeitsfeld deutscher Handelsthätigkeit ausgebreitet liegt. Eine Verbindung des mittleren Benue und des unteren Kamerun durch eine Forschungs=expedition ist also das erste unumstößliche Bedürfnis. Mit der Zeit, und wenn es auch lange währt, werden die Handelsstationen von beiden Grenzlinien etappenweise vorrücken, bis sie sich endlich be=rühren. Was der internationalen afrikanischen Gesellschaft auf der kolossalen Entfernung zwischen Zanzibar und Boma nahezu voll=ständig gelungen ist, dürfte auf der verhältnismäßig kurzen Strecke zwischen Adamana und der Biafra=Bai eine lösbare Aufgabe der deutschen Nation sein."**)

---

*) Bereits jetzt beläuft sich der Export aus dem Kamerungebiet jährlich auf mehr als 800 000 Gallonen Palmöl, 12—15 000 Pfd. Elfenbein, 8000 Zentner Palmkerne rc.

**) Geographische Universal=Bibliothek Nr. 2. Die deutschen Niederlassungen an der Guineaküste. Welmar. Geogr. Institut. 20 Pf. Das vortreffliche Schriftchen kann nicht genug empfohlen werden.

II.

Die Ersteigung des Götterberges (Dezember 1884).

Hugo Zöller hat in seiner eigentümlich fesselnden, durch scharfe Objektivität sich auszeichnenden Darstellungsweise eine Beschreibung seines Ersteigens des Kamerun gegeben,[*] aus welcher wir das Interessanteste im Auszuge folgen lassen:

Nachdem Zöller mit seinen beiden europäischen Begleitern und den Krunegern den gewaltigen, den drei Hauptkuppen („Schwestern") des Kamerun vorliegenden, mit zahllosen Lavaströmen bedeckten Bergwall bis über 2900 m Höhe erstiegen hatte, begann die Temperatur von 18½° C. im Schatten rasch zu sinken, sodaß die darunter arg leidenden Schwarzen sich mühsam fortschleppen konnten.

„Als ein dichter Nebel", erzählte er, „über uns hinwegzog, wurde die Kälte so groß, daß unsere Kruleute zu heulen begannen und dicke Thränen aus ihren Augen hervorquollen. Wir wickelten sie, so gut es eben ging, in Decken ein. Wir befanden uns auf dem Kamm einer ersten Kette, aber dahinter türmten sich viele Berge und Krater und auch eine noch höhere Bergkette auf. Hinter jener zweiten Bergkette glaubte unser Führer durch den Nebel hindurch in nordöstlicher Richtung abermals den Gipfel des großen Kamerunberges zu entdecken. Geradeaus vor uns, aber ein wenig nach links, lag dicht in der Nähe der mit Lavablöcken, wie der Pudding mit Mandeln, gespickte Calvo-Krater. Auch hier wäre noch, wenn wir das vorher gewußt hätten, von verdorrten Ginsterbüschen herrührendes Brennholz in einer für unsere Bedürfnisse ausreichenden Menge zu finden gewesen. Zukünftigen Besuchern des Kamerungebirges werden vielleicht meine Mitteilungen das Knacken der sehr harten Nuß ein wenig erleichtern.

Um 10 Uhr stellte sich die Temperatur im Winde auf 10° C. Wir kamen an zwei kleinen Kratern vorüber, von denen der eine von einem Gewirr tiefschwarzer und noch gar nicht verwitterter Lavablöcke umgeben war. Der Boden, über den wir hinwegschritten, bestand weiterhin aus grauem, vulkanischem Sand, aus dem bloß stellenweise die schwarze Lava hervorragte. Und immer noch und unaufhörlich ging es bergauf, bald über zackige Felsrücken, bald durch Thäler und ausgedehnte Bergkessel. Um 11 Uhr wurde vor

---

[*] Forschungsreisen in der deutschen Kolonie Kamerun. Berlin und Stuttgart. Spemann, 1885.

einem ungeheuren, einem sturmbewegten See gleichenden Lavafelde
Halt gemacht. Ich habe selten etwas frembartigeres gesehen, als
dieses Gewirr von schwarzen Eiszapfen und ebenso schwarzen, aber
an der Oberfläche mit einer dünnen Moosschicht überzogenen Lava=
blöcken. Der Führer riet, die Träger hier zurückzulassen, da dieselben
mit ihren nackten Füßen nicht über die spitzigen Nadeln des Lava=
feldes würden hinübergelangen können. Hinter einem ungeheuren,
das Lavafeld an einigen Stellen einschließenden Lavawalle fanden
wir Schutz vor dem eisigen Winde und beschlossen, an einem ziemlich
tief gelegenen, gutgeschützten und deshalb auch mit Gras bestandenen
Plätzchen unser Lager aufzuschlagen. Es ist merkwürdig, wie überall
an der geschützten Seite der Berge selbst hier noch Gras, Moose,
Blumen und sogar einzelne Sträucher vorwärtskommen, während die
dem Winde ausgesetzte Seite der Berge vollkommen kahl ist. Das
Aufstellen des Zeltes nahm diesmal längere Zeit in Anspruch. Da
der Härte des Bodens wegen keine Pflöcke eingeschlagen werden
konnten, so trugen wir schwere Lavastücke herbei, welche die Zelt=
leinwand am Boden festhalten sollten. Unsere Kruleute ermangelten
in dieser Höhe und bei dieser Temperatur der Energie und mußten
öfters ermutigt werden. Es ist überhaupt schon schwer genug,
Schwarze, die an das Gebirgsklima nicht gewöhnt sind, bis zu solcher
Höhe mit hinauf zu bringen. Obwohl der Götterberg jetzt bloß
halb verdeckt von einem andern Berge geradeaus vor uns liegen
mußte, so ließ sich doch des starken Nebels wegen die genaue Rich=
tung noch nicht feststellen.

Als aber nach anderthalbstündiger Rast der Nebel zerriß, traten
wir sofort, bloß von Silva begleitet, den letzten entscheidenden Marsch
an. Zunächst mußten wir das etwa drei Kilometer lange und ebenso
breite, einen flachen Bergkessel ausfüllende Lavameer passieren,
welches, wie wir später zu beobachten Gelegenheit hatten, von zwei
großen Lavaströmen gebildet worden ist, die sich aus dem seitdem
erloschenen und zusammengestürzten Krater des Götterberges ergossen
haben. Die Lava ist in unzählige große und kleine Blöcke zer=
spalten, auf denen eine eisgraue, in einzelnen Gegenden von Angola
als Geld dienende Moosart wuchert. Es war schon wieder sehr
neblig geworden, und unser Führer mußte aufmerksam ausschauen,
um den wahren und wirklichen aus drei Kuppen bestehenden Ka=
merunberg nicht zu verfehlen. Dem englischen Missionar Thomson
ist es in Begleitung desselben Führers Silva wiederfahren, daß er

einen viel niedrigeren Berg bestieg und anfänglich (d. h. bis der Nebel sich lichtete) fest überzeugt war, auf dem dicht dahinter sich erhebenden großen Kamerunberge gewesen zu sein. Als wir das Ende des Lavafeldes erreicht hatten, befanden wir uns vor einem niedrigen, jenen Berg, den Thomson fälschlich für den Götterberg gehalten, mit einem hübsch geformten Krater verbindenden Gebirgssattel, über den vor Zeiten zwei mächtige Lavaströme heruntergestürzt sind. Diese sahen in ihrer Erstarrung ähnlich, nur unendlich viel großartiger aus, als der Rhonegletscher. Auf dem Kamme des erwähnten Gebirgssattels, den wir, um zum Fuße des Götterberges zu gelangen, überschreiten mußten, entdeckten wir eine Anzahl hübscher, kleiner, vor dem Wind geschützter Kessel, die sich vortrefflich zum Aufschlagen des Lagers geeignet haben würden. Wir waren bereits 1¼ Stunde von der zuerst gewählten Lagerstätte her unterwegs und bereuten jetzt (da es unmöglich schien, am gleichen Tag den Götterberg zu besteigen und wieder zum ersten Lager zurückzugelangen), die Kruträger nicht mit uns bis hierher gebracht zu haben. Wir sandten daher den Führer zurück, um das Zelt abbrechen zu lassen und die Träger nebst dem Gepäck zu den kleinen Höhlen auf dem Kamme des obenerwähnten Gebirgssattels zu geleiten. Eine halbe Stunde lang waren wir, und zwar jetzt, da über die Richtung kein Zweifel mehr bestehen konnte, so schnell als nur irgend möglich über vulkanischen Sand und verwitterte Lavaströme dahingeschritten, als wir den von Thomson fälschlicherweise für den Götterberg angesehenen, in seiner Form dem Vesuv und der Somma gleichenden Gipfel hinter uns lassend am Fuße der höchsten Erhebung des ganzen Kamerungebirges standen. Es war 1 Uhr 45 Minuten. Vor uns türmte sich in unheimlicher Steilheit (aber ausgenommen den höchsten Kamm ohne senkrechte Abstürze) eine 600 Meter hohe Bergmasse empor. Sollten wir, so freundlich auch die drei Schwestern herunterzuwinken schienen, noch zu so später Stunde das Wagnis unternehmen? Die Überlegung dauerte bloß wenige Minuten, dann hieß es „vorwärts, vorwärts!" Eine fliehende Antilope, deren Fußspuren wir noch weit bergaufwärts verfolgen konnten, schien uns den Weg zeigen zu wollen. Aber welche Riesenarbeit hatten wir ohnehin schon Ermüdete unternommen! War man, auf Händen und Füßen vorwärtsstrebend, zu einem Absatz oder Haltepunkt gelangt, so entsank beinahe der Mut, wenn man zurückblickend die zurückgelegte Entfernung mit der noch übrigbleibenden verglich. Um 2½ Uhr stand ich in der

Mitte eines Bergrutsches von vulkanischem Sand auf einem daraus hervorragenden hohen Felsen, dessen Erwähnung, da er auch von unten her gesehen werden kann, meinen etwanigen Nachfolgern als Richtschnur für den einzuschlagenden Weg dienen mag. Bald mußten wir über Lavablöcke, bald über vulkanischen Sand dahinklettern. Letzterer war am unangenehmsten, weil man, indem man drei Schritte machte, stets wieder zwei zurückrutschte. Allmählich wurde ich heiser und immer heiserer, bis ich schließlich gar nicht mehr sprechen konnte; erst nach kurzem Ausruhen auf dem Gipfel kehrte mir die Stimme zurück. Die Steilheit des Berges und die Schwierigkeit des Steigens wurden, je weiter wir gelangten, immer größer. Ab und zu machte man auch wohl eine unfreiwillige und nicht sehr sanfte Rutschpartie. Ob die Seite, die wir zum Aufstieg gewählt hatten, die günstigste ist, vermag ich nicht anzugeben; mir scheint es, als ob man vermittelst eines mehrstündigen Umweges auf bequemere Art zum Gipfel gelangen könnte. Glücklicherweise erwies sich meine Besorgnis, von der Bergkrankheit befallen zu werden, als unbegründet. Um 3 Uhr 45 Minuten standen wir drei Weiße auf jener stolzen, erst zweimal vorher bestiegenen Höhe, von der aus wir, trotz der undurchsichtigen Luft, doch noch immer ein kleines Königreich zu überblicken vermochten. Leider fehlte jedes, auch das kleinste zum Rasten und Ausruhen einladende Plateau. Die drei Kuppen, von denen die mittlere — der eigentliche Götterberg — die höchste ist, liegen in einer Linie, und da von dem ehemaligen Krater des Götterberges, nachdem die ganze Nordhälfte abgesprengt wurde und hinunterstürzte, bloß ein zackiger Rand stehen blieb, so gleicht der ganze Gipfel mehr einem Kamm, als einer Fläche. Auf der einen Seite (Nord) ein grauenhafter senkrechter Absturz von rotem Gestein, auf der andern ein steiles, mit kümmerlichen Moosen bestandenes Gehänge, auf dem man mit großer Vorsicht einherschreiten muß, wenn man nicht von dem rasenden Sturmwinde über jenen Kamm geschleudert werden will, hinter dem sich der Abgrund eröffnet. Es schauderte mir, als ich, vorsichtig auf Händen und Füßen mich fortbewegend, hinunterblickte. Zu unseren Füßen schien jene ganze Fabrik des alten Zeus zu liegen, in der zur Beunruhigung der armen Sterblichen Wolken und Wetter, Donner und Blitz gemacht werden. Wenn ich ein Maler wäre, so würde ich mir diese abenteuerlichen und riesenhaften, an die Figuren der nordischen Mythologie erinnernden Wolkengebilde zum Gegenstande eines Bildes gewählt haben. Leider schienen dieselben Wolken, deren Majestät wir bewundern mußten, neidisch alles übrige verhüllen zu wollen. Als aber endlich, vom Sturme gerüttelt, der dichte Schleier sich ein wenig lichtete, da war der Blick auf diese Krater, diese Lavaströme und Lavameere unbeschreiblich, unnennbar, namenlos großartig.

Vom Sturmwind umheult, legten wir uns nieder, um, obwohl unsere erstarrten Hände kaum die Feder zu halten vermochten, eine Urkunde über unsere erfolgreiche Besteigung abzufassen. Dieses Papier wurde dann in eine Flasche gesteckt und mit derselben zwischen herbeigetragenen Steinblöcken vor der Gewalt des Windes geschützt.

Die Temperatur betrug oben um 4 Uhr nachmittags, wenn Wolken vorüberzogen, 4° C., wenn die Sonne schien, 5° C. und beim Auflegen des Thermometers auf den Erdboden 6° C. Stieg ich aber auf der andern, vor dem Winde geschützten Seite des Berges bloß ein klein wenig abwärts, so zeigte das Thermometer beim Auflegen auf den Erdboden 11° C. Es ist eine Ehrensache, wenn man einmal im Kamerungebirge umherreist, alsdann auch die höchste Spitze erklommen zu haben, aber bis hierher vorzudringen ist, solange keine Drahtseilbahn auf den Götterberg führt, ganz gewiß kein Vergnügen. Die eingeborenen Bakwiri sind der Ansicht, die weißen Männer stiegen auf den Götterberg, um dort eine Medizin zu holen, die sie noch stärker und klüger mache, als sie ohnehin schon seien. Die schon etwas mehr gewitzigten Kruleute, denen der Sinn und Nutzen aller dieser Anstrengungen natürlich ebenso unbegreiflich ist, sagen, es sei „book-palaver" (eine Büchersache). Schwarze Jäger sollen ihre Streifzüge ab und zu bis zum Fuße des großen Kamerunberges ausdehnen; wenigstens will man nächtlicher Weile ihre Lagerfeuer dort bemerkt haben. Zum Gipfel selbst scheint aber des Aberglaubens wegen niemals ein Eingeborener gelangt zu sein. In der Sprache der Eingeborenen lautet der Name des Berges „Mongoma-Loba", d. h. „Götterberg".

Da einesteils die Kälte (die auch durch das Auffinden eines erfrorenen Vogels veranschaulicht wurde), andernteils die Notwendigkeit, vor Einbruch der Nacht wieder mit unseren Leuten zusammenzutreffen, zum Aufbruch drängten, so verbrachten wir bloß 40 Minuten auf der sturmumsausten Höhe. Beim Abwärtssteigen waren wir sehr besorgt, ob wir auch unsere Schwarzen finden und nicht etwa einem der zahlreichen Abstürze allzu nahe kommen würden. Glücklicherweise zerriß der Nebel, während wir noch mehr herunter-

rutschten als stiegen, und von jetzt ab dienten uns die bekannten
Bergformen als Richtschnur. Mit großer Freude sahen wir von der
Stelle aus, wo wir uns von dem Führer getrennt hatten, Rauch
aufsteigen. Unsere Schwarzen, obwohl vor Kälte zitternd, begrüßten
uns, als wir 1¼ Stunde nach dem Aufbruch vom Gipfel bei ihnen
eintrafen, mit aufrichtiger Freude.

III.
Kamerun und die Küste bis Kap St. John.
Bodenbeschaffenheit. — Handelshäuser. — Bewohner. — Die Küste südlich von
Kamerun.

Die Ufer des Kamerunflusses bestehen bis kurz unterhalb King
Bells Town aus Mangrovensumpf. Hier steigt das Terrain schnell
an, so daß sich hinter einem schmalen Sandufer eine Terrasse findet,
auf welcher sich die Ortschaften der Eingeborenen in fast ununter=
brochener Reihenfolge hinziehen. Der Boden besteht aus gelbem,
weiter oberhalb rötlichem Lehm. Das Land ist mit üppiger Vege=
tation bedeckt, zwischen welcher die gelben Wege und Plätze vor den
Häusern aus der Entfernung einen sehr freundlichen Eindruck machen.
Man ist daher bei der Annäherung von See aus geneigt, hier ein
wohl kultiviertes Land mit parkähnlichen Anlagen zu vermuten,
während in Wirklichkeit es an gangbaren Wegen, namentlich in der
Regenzeit, gänzlich mangelt.

Von europäischen Handelshäusern finden sich zwei deutsche und
sieben englische, meist kleine Firmen, vertreten. Die Deutschen haben
angeblich mehr als die Hälfte des Landes in der Hand. Die Euro=
päer leben zum größeren Teil auf den im Fluß verankerten Hulks,
so daß nur drei deutsche und zwei englische Faktoreien und zwei
Missionsstationen am Lande den Ort bilden, welchen man Kamerun
nennen könnte, der in Wirklichkeit aber noch durch die Eifersucht der
beiden Oberhäupter King Bell und King Aqua so scharf in zwei
Teile geteilt ist, daß das Haus Woermann für jeden derselben eine
Faktorei und die Baptist=Mission je eine Station haben errichten
müssen.

Die Bewohner des Landes, dem Stamme der Dualla angehörig,
leben ausschließlich von dem lebhaften Tauschverkehr, welchen sie zwi=
schen den Europäern und den Bewohnern des Innern vermitteln.

Sie wachen streng darüber, daß ein direkter Handelsverkehr zwischen Europäern und dem Hinterlande unterbleibt und finden dabei ziemlich mühelos reichen Erwerb. Infolge dessen sind alle Lebensmittel, wenn überhaupt zu haben, außerordentlich teuer. Geldeswert ist ein sehr unbestimmter Begriff, fast alles muß durch Vermittelung der Faktoreien im Tauschhandel erworben werden. Selbst diese waren nicht im stande, regelmäßige Lieferungen von frischem Fleisch zu übernehmen, weil die Preise zu hoch und die Quantitäten zu gering waren. Ebenso waren Früchte, Eier u. dergl. kaum zu erlangen.

Eine staatliche Ordnung existiert hier wie fast an der ganzen Guineaküste, Dahome ausgenommen, nicht. Die Oberhäupter King Bell, King Aqua ꝛc. haben über die anderen Häuptlinge sehr wenig Gewalt und thun nichts Wichtiges ohne deren Zustimmung. Ihr Ansehen ist begründet in ihren starken Familien und ihrem Reichtum an Sklaven. King Bell gab an, daß er etwa 350 Frauen habe, einschließlich solcher, welche er seinen erwachsenen Söhnen gegeben. Unter diesen Frauen werden Sklavinnen nicht mitgerechnet, sie sind alle aus freien Familien gekauft. Diese Oberhäupter sind eifrige Händler mit entsprechend höherem Kredit, als die kleineren Leute. Sie begeben sich mit ihren Kanoes auf Wochen in das Innere, um Landesprodukte einzutauschen, gegen die Tauschartikel, welche ihnen von den Faktoreien auf Kredit übergeben sind. Unter solchen Verhältnissen sind Arbeitskräfte aus dem Lande selbst gar nicht zu haben. Die Faktoreien verfügen über zahlreiche Kruneger als Arbeiter, welche von Liberia kommen und nach ein bis zwei Jahren wieder in ihre Heimat zurückgehen.

Die Küste südlich von Kamerun bis Kap St. John kann nach den Bewohnern eingeteilt werden in drei Abschnitte:

1. Der nördliche Teil von Kamerun bis circa 3° nördl. Br., bewohnt von demselben Stamme, welcher am Kamerun ansässig ist, den Duallas. In demselben befinden sich die Handelsplätze Malimba, Small Batonga (3° 10,6' nördl. Br.) und Plantation (3° 3,8' nördl. Br.).

2. Der mittlere Teil von 3° nördl. Br. bis zum Campofluß (2° 22,7' nördl. Br.), bewohnt von den Stämmen der Banoko und Wapuko, mit den Handelsplätzen Kribby, Batonga (2° 53' nördl. Br.) und Campofluß (2° 22,7' nördl. Br.).

3. Der südliche Teil vom Campofluß bis Kap St. John, bewohnt von den Kumbestämmen mit den Handelsplätzen Campoland

(Bird Rock 2° 13,3'), Awumi, Bata (1° 52,7'), Benito. Südlich von Benito finden sich vereinzelt wieder Wapuko=Ortschaften.

Europäische Agenten sind nur vorhanden in Malimba, Small Batonga, Bata und Benito. Außer den deutschen finden sich noch englische Faktoreien in Batonga und Bata. Die ganze Küste hat ein sehr gleichartiges, aber nicht einförmiges, sondern walbiges und hügeliges Aussehen. Ebenso unterscheiden sich die Bewohner in Sprache und Sitten nicht wesentlich von einander. Staatliche Verbände existieren kaum; im Norden giebt es noch erbliche Könige, deren Machtbereich aber räumlich und effektiv ein sehr unsicher begrenzter ist; im Süden lockern sich die Verbände noch mehr. Unter den Häuptern einer Anzahl Dörfer wird zwar oft einer als King bezeichnet; derselbe wird aber abgesetzt, wenn er etwas thut, was den anderen nicht richtig scheint. Der Besitz des Landes, soweit dasselbe nicht mit Häusern bebaut oder kultiviert ist, hat infolge dessen wenig Interesse für die Leute. Alle sind Händler und begierig, Handelsvorteile zu erlangen. Das höchste Streben ist eine Faktorei im eigenen Bezirk zu haben; es erscheint erniedrigend, in das Nachbarland gehen zu müssen, um seine Waren zu verhandeln. Die Handelshäuser, welche die Faktoreien verteilen, haben daher schon allein dadurch die Gewalt, das Ansehen eines Häuptlings zu vermehren oder zu vermindern, und alle Verträge, welche an der Küste abgeschlossen sind, drehen sich um die Einsetzung neuer oder Vergrößerung bestehender Faktoreien. Die einsam gelegenen Faktoreien erfreuen sich einer ziemlichen Sicherheit. Sie zahlen an einen der Häuptlinge eine bestimmte Abgabe, wogegen sich dieser für jeden Diebstahl u. s. w. verbürgt, so daß der Agent sein Haus Tage lang verlassen kann, ohne eine Beraubung zu befürchten. Soll aber eine Faktorei verlegt oder aufgehoben werden, so kann das nur allmählich und heimlich geschehen, die Eingeborenen würden sonst offenen Widerstand leisten.

Annalen der Hydrographie
und Maritimen Meteorologie, XII., Heft 9, 488 ff.
(Bericht des Korvettenkapitäns Hoffmann.)

IV.

Kulturbilder aus den Anfängen der Kamerunmission.*)

Gräuel des Heidentums. — Der Missionar Saker und seine heldenmütige Ausdauer und Wirksamkeit. — Wie er die Duallasprache lernt. — Verfolgungen.

Bis in die neueste Zeit hat im Kamerungebiete die grauen=
hafteste Barbarei geherrscht und der Handel, auf der untersten Stufe,
der des Tausches stehend, für die soziale und sittliche Hebung der
Negerbevölkerung noch sehr wenig leisten können. Vor dem Jahre
1850 bauten die Neger nicht einmal in hinreichender Menge die
Nahrungspflanzen, von Kulturen für den Export konnte also keine
Rede sein; Handeltreiben, Betrügen und Stehlen gaben ihnen die
Mittel, ihre Bedürfnisse an Branntwein, Baumwollengewebe, Ta=
bak u. s. w. zu befriedigen. Trunksucht und Blutrache waren an
der Tagesordnung. Der Aberglaube veranlaßte viele Mordthaten.
Nicht selten wurde der Tod eines Negers der Zauberei zugeschrieben,
und der Dschubschu=Mann spürte den Missethäter auf, der getötet
und in den Fluß geworfen wurde; ebenso wurde bei Epidemieen für
jeden Gestorbenen ein zweites Opfer geschlachtet; der gestorbenen
Wöchnerin wurde das Kind mit ins Grab gegeben.

Wenn auch hierin in neuester Zeit einige Besserung einzutreten
scheint, so dauert das Unwesen der Geheimbündelei (S. weiter unten:
Der Egboebund von Prof. Dr. Bastian) noch fort. Jeder Stamm,
ja jede Klasse eines Stammes (Freie, Halbfreie und Sklaven) hat
seine besondern Mysterien, die von den Mitgliedern eines Geheim-
bundes betrieben werden, die eine wahre Schreckensherrschaft aus=
üben. Die Gegner der Bestrebungen des Bundes, der auch politisch
auftritt, werden durch Gift beseitigt, so daß das ganze Volk in be=
ständiger Furcht schwebt. Daneben herrscht, dem Negercharakter ent=
sprechend, das entgegengesetzte Extrem: der ausgelassenste Leichtsinn,
aus allen Negerdörfern erschallt in der Nacht der Lärm der
Tanzenden.

Obige Zustände fand der Missionar Saker, als er im Jahre 1850
nach achtjähriger Arbeit auf Fernando Po die erste christliche Missionsstation am Kamerun gründete.

Nur selten hat ein Missionar unter so vielen Schwierigkeiten

*) Grundemann. Das Kamerungebiet und die Mission daselbst. Allg.
Miss.-Zeitschr., 1885.

ben Grund aufzubrechen gehabt wie Mr. Saker. Nachdem es ihm gelungen war, sich einigermaßen die Freundschaft des Königs Aqua (eines Großvaters des Häuptlings, der jetzt diesen Namen trägt) zu sichern, wurde es ihm nach langen Palavern (Ratsversammlungen) gewährt, sich mit Frau und Kind in nächster Nähe der Königsstadt niederzulassen. Damals wohnte noch kein einziger Europäer am Kamerun. Die Anfänge waren sehr bescheiden. Die Missionsfamilie mußte sich zuerst mit einer landesüblichen Hütte als Wohnung begnügen. Der unumgängliche Bau eines besseren Hauses, ohne welchen die Gesundheit leichtsinnig aufs Spiel gesetzt worden wäre, führte zu den einfachsten Kulturarbeiten. Mit großer Geduld unterwies Saker einige junge Leute im Gebrauch der Axt, der Säge und des Hobels. Bis dahin waren die Werkzeuge dort ganz unbekannt gewesen. Die Neuheit der Sache hatte etwas Anziehendes, und bei einem Teile der Dualla wurden Zimmermannsarbeiten zu einer Art Sport, besonders da man mit denselben allerlei viel begehrte Artikel europäischer Industrie als Zahlung erlangen konnte. Damals waren solche Sachen noch wenig im Volke verbreitet und meist auf die Häuser der Häuptlinge beschränkt. Der Missionar sorgte selbst mit persönlichen Opfern dafür, die Einführung guter Werkzeuge zu fördern. Er ließ ein paar Blocksägen kommen und arbeitete mit seinen schwarzen Lehrlingen unermüdlich, bis sie selbständig brauchbare Bretter herzustellen gelernt hatten. Auch die Unterweisung in der Böttcherei hatte eine weittragende Bedeutung, da früher alle zur zur Verpackung des Öls nötigen Fässer hatten importiert werden müssen; nun aber wurden sie an Ort und Stelle verfertigt.

Es bedurfte natürlich langer, unermüdlicher Anleitung zur erfolgreichen Einführung dieser Handwerke. Das zuerst erbaute Häuschen, sowie die später daneben errichtete kleine Kapelle ließen noch viel zu wünschen übrig. Doch genügten sie zunächst dem Bedürfnis. Saker aber betrieb die Sache nicht bloß mit Rücksicht auf die eigenen Bedürfnisse, sondern zur Hebung des Kulturstandes der Eingeborenen. So führte er denn weiter die Ziegelbrennerei ein — zu der der dortige Boden vorzügliches Material liefert, und bildete Maurer aus. Ihm ist es zu danken, daß jetzt am Kamerun schon manches rote Backsteingebäude zwischen den Bananen hervorschimmert, das nicht bloß haltbarer ist, als die vom Wetter und den weißen Ameisen bald zerstörten Holz- und Bambushäuser, sondern auch der Gesundheit zuträglicher und überhaupt einen Kulturfortschritt bezeichnet.

Fügen wir hier sogleich hinzu, wie sich Mr. Saker auch um die
Hebung des Landbaues bemühte. Er selbst schreibt einmal darüber
in einem Privatbriefe:

„Ich lehrte sie ein besseres Kulturverfahren und bebaute selbst
Stücke als Muster. Ich führte Saaten von anderen Teilen der
Küste mit beträchtlichen Kosten ein — die Gegend wurde wohl versorgt mit der süßen Kartoffel, und ich hatte die Freude, zu sehen,
wie sich die Kultur allmählich ausbreitete und dadurch dem Nahrungs-
mangel abgeholfen wurde. Als wir zuerst hierher kamen, überstieg
die ganze Landesproduktion nicht den jährlichen Bedarf der Bevölkerung für drei Monate. Die übrige Zeit herrschte halbe Hungersnot; man lief hier und dort hin, um Nahrungsmittel zu hohen
Preisen zu kaufen. Im Laufe der Jahre sind wir nun soweit gekommen, daß an einigen Früchten sogar Überfluß ist.“

In demselben Briefe deutet Saker noch den bemerkenswerten
Umstand an, daß er alle Handwerkszeuge, Materialien u. s. w. für
die genannten Arbeiten der Eingeborenen leihen mußte. Anfänglich
war dies „Leihen“ identisch mit „Schenken“. Nach und nach, als
die Arbeiten Ertrag lieferten, gewöhnte er sie daran, wenigstens
einen Teil der Kosten zurückzuzahlen und brachte es schließlich dahin,
daß alle solche Gegenstände sogleich beim Empfang zu vollen Preisen
bezahlt wurden. Um nicht die Missionskasse mit derartigen Ausgaben zu belasten, was ihm durchaus unzulässig erschien, legte er
(und seine gleichgesinnte Gattin mit ihm) lange Zeit sich die größten
Entbehrungen auf. Nur wer das Leben der Europäer im Tropen-
klima kennt, versteht, was es bedeutet, daß Sakers jahrelang auf
gleichem Niveau mit den Eingeborenen lebten. „Wir aßen so ziemlich die gleichen Speisen und lebten wie sie — nur wir waren gekleidet — sie nicht.“

Saker brannte vor Verlangen, den Schwarzen das Evangelium
zu verkünigen. Aber die wenigen Brocken aus der englischen
Sprache, die sich durch den Handel bereits am Kamerun eingebürgert
hatten (wahrscheinlich auch mit portugiesischen Wörtern aus früherer
Zeit zu einem schlimmen Kauderwälsch vermischt) waren zu nichts
weniger als zur Verkündigung des Evangeliums geeignet. Auf die
immer zweifelhafte Hilfe eines Dolmetschers scheint sich Saker nicht
viel verlassen zu haben. Mit aller Energie ging er daran, selbst die
Duallasprache zu lernen — ein schwieriges Unternehmen bei diesen
Leuten, die noch keine Ahnung hatten von der Kunst des Schreibens

und jedesmal, wenn der Missionar einen von ihnen erfragten Aus=
druck in sein Notizbuch eintrug, eine Zauberei vermuteten. In
blinder Furcht suchten sie sich vor Behexung zu schützen, indem sie
die Gegenstände, über die sie befragt wurden, mit falschen Wörtern
bezeichneten. Auch als der Missionar nicht mehr sofort aufschrieb,
war doch das Mißtrauen nicht beseitigt; man führte ihn in eine
heillose Sprachverwirrung. Nun mußte er, ohne zu fragen, nur
lauschen. Am meisten gelang es ihm, indem er sich an dem harm=
losen Spiel der Knaben beteiligte. Nach und nach wuchs das Vo=
kabular; die grammatischen Elemente der Sprache wurden fixiert,
tägliche Übungen angestellt, und nach nicht langer Zeit hörten die
Eingeborenen mit Staunen, wie der weiße Mann anfing, in ihrer
Sprache zu reden.

Zu jener Zeit bot die Missionsstation, die den Namen Bethel
(Betheltown) trägt, einen sehr bescheidenen Anblick dar. Auf einem
der Uferberge stand das Fachwerkhäuschen mit dem flachen Palm=
blattdache, nicht weit davon die ähnliche provisorische Kapelle, die
wohl auch als Schule benutzt wurde. Ringsumher gediehen die
üppigen Bananen und die von Saker eingeführten Mangobäume,
die jetzt schon über die ganze Gegend verbreitet sind. Die schlichte
Verkündigung des Evangeliums fand viele taube Ohren, aber doch
brachte sie einige der Eingeborenen dem Missionar näher. Schon
wurde mit einem kleinen Häuflein Gottesdienst gehalten. Dort oben
erklangen die ersten christlichen Duallalieder in rechtem Gegensatz zu
dem Heidenlärm, der unten auf dem Flusse die häufigen Gräuelscenen
begleitete. Zuerst kümmerte sich niemand um die Anhänger des Mis=
sionars; ja, manche andere kamen auch wohl aus Neugierde zum
Gottesdienste. Sobald aber einige, die tiefer vom Evangelium er=
griffen waren, sich weigerten, die heidnischen Gebräuche mitzumachen,
begann die Verfolgung. Ein Abfall von der väterlichen Sitte sollte
nicht geduldet werden. Der Haß aber wandte sich nicht bloß auf
die abtrünnigen Landsleute, sondern auch auf den Weißen, den man
als Verführer betrachtete. Es wurden Zaubermittel gegen ihn an=
gewendet, die ihn zwingen sollten, das Land zu verlassen, manchmal
drohte man ihm den Tod; es werden Versuche erwähnt, ihn zu ver=
giften, und einmal war das Missionsgehöft von ruchloser Hand an=
gezündet. Das Feuer wurde glücklicherweise rechtzeitig entdeckt und
die Gebäude gerettet.

Einige Jahre später erhielt Saker einige Mitarbeiter aus Eng=

land und Jamaika und die Miſſion konnte nun ihr Arbeitsfeld er=
weitern. Ein großes Hindernis war das Klimafieber, welches Saker
öfters heimſuchte, troßdem arbeitete er 33 Jahre lang am Kamerun
mit Unterbrechung von einigen kurzen Erholungsreiſen nach Europa.
Seine wackere Gattin ſcheint etwas von ſeinem Heldenmute und
ſeiner zähen Natur beſeſſen zu haben: ſie hielt ſtandhaft bei ihm aus,
ja als er 1860 eine der erwähnten Erholungsreiſen machen mußte
und kein Vertreter für ihn auf der Station ſich befand, blieb ſie
allein am Kamerun zurück, eine einzelne weiße Frau unter dem bar=
bariſchen Volke.

V.
Die Negervölker am Kamerun.
Nach eigener Anſchauung von Reichenow*) und Buchholz.**)

In ſüdlicher und ſüdweſtlicher Richtung, das faſt ausſchließlich
mit Urwald bedeckte Land durchbrechend, münden in der Bucht von
Biafra, an den öſtlichen Abhängen des Kamerungebirges, zwei
Flüſſe, der Kamerun= und der Djamur= oder Bimbiafluß, welche an
der Küſte ein ungeheures, etwa 40 Quadratmeilen großes gemein=
ſames Delta bilden.

Die Kamerungegend iſt von Stämmen bevölkert, welche die
Duallaſprache reden, ein Zweig der Cafirſprache, die ſich weit über
Südafrika verbreitet. Es ſind dieſe Stämme jedoch nicht die ur=
ſprünglichen Bewohner jener Gegenden. Vielmehr ſind dieſelben von
Nordweſten, von den Kamerunbergen her eingewandert, alſo Ab=
kömmlinge der Bakwiri, die noch jetzt die Berge bewohnen; ſie haben
die urſprünglichen Bewohner, die Quaqua, zurückgedrängt. Wie es
ſcheint, haben mehrere ſolcher Einwanderungen zu verſchiedenen
Zeiten ſtattgefunden. So ſind die jetzigen Wuri zu einer früheren

---

*) Vortrag in der Berliner Geſellſchaft für Anthropologie ꝛc. vom 15. No-
vember 1873. Reichenow ſtellte die wiſſenſchaftliche Unterſuchung des Kamerungebietes mit H. Lühder an, welcher durch zu langen Aufenthalt in den Sumpf-
niederungen den Tod fand. Höchſt leſenswert iſt die Schrift: Die deutſche
Kolonie Kamerun. Nach eigener Anſchauung geſchildert von Dr. A. Reichenow.
Mit 1 Karte. Berlin, 1886. M. 1,50.
**) Reinhold Buchholz' Reiſe in Weſtafrika. Herausgegeben von Heiners-
dorff. Leipzig, Brockhaus, 1880. Ein vortreffliches, nicht genug zu empfehlen-
des Werk.

Zeit an den Fluß gekommen und durch die später nachrückenden jetzigen Kamerunneger den Fluß hinauf, tiefer in das Innere gedrängt, wo sie nun die Landschaft Wuri inne haben. Andere Zweige, die Jabjang und Abo, von den Bergen sich nach Osten ausdehnend, setzten sich an dem Nebenflusse oder zweiten Quellflusse des Kamerun, dem Abo, fest.

Alle diese, den Fluß umwohnenden Stämme haben einen schönen, kräftigen Körperbau und unterscheiden sich hierdurch vorteilhaft von ihren Stammeltern, den Bakwiri, welche hager und schwächlich, ich möchte sagen, oft wahre Jammergestalten sind. Ihre Gesichtszüge dagegen sind häßlich, was besonders beim weiblichen Geschlecht auffällt. Auch hinsichtlich der geistigen Fähigkeiten stehen sie weit hinter anderen Stämmen, die ich kennen lernte, zurück. Es ist ein stumpfes, der Bildung wenig zugängliches Volk; daher auch die dort stationierten englischen Missionare geringe Fortschritte machen. Die Hautfarbe der Dualla ist hell, wie die der Bubi auf Fernando Po.

Das Tättowieren der Haut ist wenig verbreitet, und man bemerkt nicht dergleichen Zeichnungen im Gesicht, wie sie bei vielen Stämmen als charakteristische Erkennungsmerkmale im Gebrauch sind. So zeichnen sich die Ga durch drei, über die Schläfe zum Auge laufende und ebensolche über die Backen zum Mundwinkel gerichtete Schnitte aus, während man bei den Frauen derselben meistens einen Kreuzschnitt auf dem Backenknochen bemerkt; die Kruneger charakterisieren sich durch einen breiten, über Stirn und Nase laufenden Strich; die Bubi entstellen das Gesicht förmlich durch zahlreiche Schnitte auf Stirn und Backen. Bei den Kamerunnegern aber fand ich nur bisweilen Zeichnungen auf der Brust, welche oft eine bestimmte Bedeutung haben. Farbige Tättowierungen, die auch bei vielen Negern Westafrikas in Gebrauch sind, z. B. bei den Bubi, die häufig das ganze Gesicht gelb oder rot bemalen, kommen am Kamerun gar nicht vor.

Staatliche Einrichtungen fehlen bei den Dualla, wie in vielen Gegenden Westafrikas, fast vollständig. Die einzelnen Orte haben ihre Häuptlinge, welche durchaus unabhängig einander gegenüberstehen, deren Macht im eigenen Gebiete aber auch nur beschränkt ist, da ihnen in der Regel ein Rat der Ältesten zur Seite steht. Ausnahmsweise kommt es vor, daß einige Orte, gewöhnlich durch Verwandtschaftsbande verknüpft, zusammenhalten und in ein abhängiges Verhältnis zu einander treten, oder daß ein Häuptling durch hervorragendes Alter, Reichtum oder Bedeutung seines Fleckens einen Einfluß auf die umliegenden Ortschaften gewinnt. Beständiger Haber und Streit ist natürlich die Folge einer solchen Zerrüttung, so daß auch die Städte desselben Stammes in dauernder Fehde mit einander liegen; da der Tod eines freien Mannes auch im Kriege eine Blutrache fordert, solche aber wieder eine neue von Seiten der Gegenpartei nach sich zieht, so können die Kämpfe niemals beigelegt werden.

Auch bei meiner Ankunft am Kamerun traf ich einen Krieg zwischen den beiden bedeutendsten Häuptlingen jener Gegenden, Bell und Aqua, an dem fast alle Orte des Kamerundeltas teilnahmen. Derselbe hat mir manche interessante Episode aus der Gefechtsweise der Kameruner geboten, wovon ich einiges hervorheben möchte, da es dazu beiträgt, diese Neger zu charakterisieren.

Die große Einfuhr von Schußwaffen aller Art durch die Europäer hat die einheimischen Waffenarten, Lanzen, Speere und Pfeile, vollständig verdrängt. Meistens sind Feuerschloßgewehre im Gebrauch, natürlich ganz elende Schießprügel, die, kaum begreiflich, die ungeheure Pulverladung aushalten, welche die Neger hineinstecken; neben diesen aber auch Büchsen, sogar auch Hinterlader. Trotz solcher Bewaffnung bleiben die Kämpfe doch sehr gefahrlos, da die Neger mit den Gewehren nicht umgehen lernen. Das Aufblitzen des Pulvers in der Pfanne fürchtend, wendet der Schütze beim Losdrücken den Kopf weg; an ein Treffen ist da natürlich nicht zu denken. So werden denn in den Gefechten nur wenige Leute verwundet, und zwar in der Regel nicht solche, welche in der Schlachtreihe stehen, sondern Unbeteiligte, die eine fehlgegangene Kugel zufällig erreicht.

Die religiösen Anschauungen der Duallastämme sind sehr einfach, auch tritt das Fetischpriestertum nicht in solchem Grade hervor, wie an der Goldküste. Der große Haufe hat und macht sich gar keine Vorstellung über die Wirkung der Naturkräfte, die Religion ist Privilegium der Vornehmen. Unter den wenigen Gottheiten, über welche sie auch nur ganz unklare Begriffe haben, ist der höchste der Elung. Ihm zu Ehren werden in mondhellen Nächten Feste gefeiert, um durch Sang und Klang den Herrn bei guter Laune zu erhalten, der mit Geheul durch die Wälder und um die Ortschaften ziehen soll. Auch Umzüge werden des Nachts unter großem Lärmen und Schießen veranstaltet, wobei die Gottheit in Gestalt eines Götzen

herumgetragen wird. Nur Freie nehmen an diesen Zügen teil. Den
Weibern, Kindern und Sklaven ist es bei Todesstrafe verboten, den=
selben zuzuschauen und den Götzen zu sehen. Sie werden während
der Zeit in die Häuser eingesperrt. Auch dem Europäer verheim=
licht man diese Umzüge. Während meines Aufenthaltes in Acqua-
town, einem bedeutenden Orte, fanden oft derartige Feste statt, aber
dennoch hatte ich keine Gelegenheit, denselben beizuwohnen. Man
bewachte mich in meiner Hütte und mein Wirt bat mich dringend,
mich nicht der Gefahr auszusetzen, da der aufgeregte Haufen mich
sofort niedermachen würde. Ein anderer Gott ist der Mungi, der
böse Gott: wenn auftretende Seuchen viele Menschen wegraffen,
glaubt man, der Mungi hole sie, um eine Mahlzeit zu halten. Fer=
ner der Donnergott, welcher auf dem Kamerunpik seinen Sitz hat
und nachdem letzterer auch „mungo ma lobah", Berg des Donnerers,
benannt ist.

Über die Lebenserscheinungen haben Einige ganz gesunde An=
sichten, die freilich auf Unwissenheit beruhen. Auf meine Frage,
was sie glaubten, daß nach dem Tode mit ihnen geschähe, wurde
mir in dem famosen Negerenglisch geantwortet: suppose man die,
palaver settled. Sobald man gestorben, ist es vorbei. Dann liegt
man noch zwei Monate oder drei und es ist vorüber. Andere
meinen auch, daß der Schwarze zum zweiten Male als Weißer auf
die Welt komme: der Weiße (mucala) habe schon einmal als Neger
gelebt, daher kenne er auch das Land so genau und wisse den Weg
zu den Schwarzen zu finden, um zu handeln.

Vom Treiben der Fetischpriester nimmt man, wie ich schon er=
wähnte, wenig wahr. Ich hörte nur, daß bei vorgefallenen Ver=
brechen, Mordthaten oder Diebstählen der Fetischtrank, die Abkochung
irgend einer giftigen Pflanze, zur Entdeckung des Thäters benutzt
werde. Derselbe wird auch bei dem sogenannten Krokodilpalaver
angewendet. Bei der Häufigkeit der Krokodile im oberen Fluß
kommt es nämlich oft vor, daß Neger aus den Kanoes von diesen
Tieren weggeschnappt werden. Nun glaubt man, daß ein Feind des
getöteten Mannes, welcher die Krokodilsprache versteht, sich in ein
solches Tier verwandelt und den Mann gefressen habe. Man über=
giebt also die Sache dem Krokodildoktor zur Untersuchung. Der
Krokodildoktor versteht auch die Sprache genannter Tiere, erkundigt
sich bei den Altmeistern dieser Zunft nach dem Vorgefallenen und
erfährt von ihnen den Namen des Übelthäters. Es wird darauf

eine Versammlung berufen, und der Krokobildoktor bezeichnet nun den Mann oder mehrere, die ihm die Krokobilältesten genannt haben. Selbstverständlich sucht er sich hierbei seine speciellen Freunde aus, oder solche, deren Tod ihm Nutzen bringen kann. Die Bezeichneten müssen, um sich zu reinigen, den Fetischtrank nehmen. Tritt sofort Erbrechen ein, so ist die Unschuld bewiesen, die Krokobile haben gelogen, und der Doktor übernimmt es, sie dafür zu züchtigen; im andern Falle aber liegt das Verbrechen klar, der Schuldige gesteht seine That, und es wird ihm mit Buschmessern der Kopf abgeschnitten.

Aufgestellte Götzen habe ich bei den Duala niemals bemerkt, während ich an der Goldküste an allen Wegen aus Holz oder Thon gefertigte Fetische, zu welchem die Neger Cauries, Früchte, Erträge des Feldes und Kohlen als Opfergaben brachten. Nur sieht man in der Kamerungegend vielfach, was an der Goldküste ebenfalls vorkommt, an Feldern, Häusern oder Gerätschaften Bündel von Gras oder Bananenblättern, auch Kürbisflaschen aufgehängt. Diese werden „Juju" genannt und haben den Zweck, betreffende Gegenstände gegen Diebstahl zu sichern, denn man glaubt, daß derjenige, welcher derartig geschützte Sachen antastet, vom Elung geholt wird und eines qualvollen Todes stirbt. Besonders fand ich bei den Wuri am oberen Kamerunfluß eine große Achtung vor diesen Juju. Wir hatten dort einmal ein Nilpferd geschossen. Das Tier war von den Negern an das Land geschleppt, und die Häuptlinge hatten, um das Fleisch bis zum andern Tage, wo die Verteilung stattfinden sollte, zu sichern, Juju dabei gesteckt. In der Nacht kamen nun einige Neger, welche wohl bei der Verteilung nichts zu erwarten hatten, zu mir, und baten um Fleisch. Ich sagte ihnen, sie sollten sich abschneiden, soviel ihnen beliebte; aber aus Furcht vor dem Juju wagten sie das nicht, und erst als ich die Büschel heruntergeschlagen, machten sie sich dabei.

Geheimbünde, wie sie namentlich am Kalabar beobachtet wurden, kommen auch in der Umgegend vor. Es existieren Verbindungen der Freien sowohl wie der Sklaven, und ebenfalls haben die Weiber solche. Eine große Verbindung ist die der Mungi, deren Mitglieder als Erkennungszeichen Kreise auf der Brust tättowiert haben. Der Egbo von Kalabar dehnt sich nicht bis zur Kamerungegend aus.*)

---

*) S. weiter unten das Stück: Der Geheimbund des Egboe-Ordens. Von Prof. Dr. Bastian.

Auch diese Verbindungen werden vor dem Europäer sehr geheim gehalten, und ich glaube nicht, daß es einem Weißen gelingen könnte, sich in dieselben aufnehmen zu lassen; wenigstens haben wir uns vergeblich darum bemüht.

Die Stellung der Sklaven ist eine zwar sehr untergeordnete, da ihnen nicht das geringste Recht zusteht, aber doch eine sehr erträgliche, so daß oft Leute, die zu träge sind, für den eigenen Unterhalt zu sorgen, sich freiwillig in Sklaverei geben. Die Sklaven kommen meistens von Kalabar, den Balungbergen im Norden oder aus nordöstlichen Gegenden, von Bubiman, Banem und Bonfeng; doch müssen einzelne sehr weit aus dem Innern gebracht werden. Solche erzählten uns, daß Araber, welche sie uns als weiße Männer, die auf Pferden gesessen, beschrieben, ihre Ortschaften angezündet und sie vertrieben hätten.

Wie bei allen Negerstämmen haben auch bei den Kamerunnegern die Frauen einen sehr untergeordneten Rang, sie sind nichts mehr als Haustiere. Sie bilden neben den Sklaven den Reichtum des Mannes. Es ist eine arge Unsitte im Gebrauch, den Kindern, insbesondere den Mädchen, die Augenwimpern auszureißen, wodurch jene sehr entstellt werden, und was wohl auch Schuld ist an der Entzündung der Augen, die man häufig bei Mädchen bemerkt.

Interessant waren mir die Haartouren der Negerdamen, welche ich bei südlichen Stämmen, vom Kamerun bis Gabun übereinstimmend und verschieden von denen der Goldküstenbewohner, fand. Die Weiber der Gâ an der Goldküste flechten in der Regel das Haar zu einem oder mehreren Zöpfen zusammen, welche gehörig mit Palmöl behandelt, hörnerartig steif aufrecht stehen. Derartige Zöpfe kommen nun bei den Kamerunern gar nicht vor. Die gewöhnliche Haartour ist hier ein vom Wirbel spiralförmig um den Kopf laufender Scheitel oder eine Scheitelung von drei konzentrischen Kreisen. Aus dem Haar zwischen den Scheiteln werden hier viele kleine anliegende Flechten gebildet. Das Herstellen dieser künstlichen Haartouren erfordert natürlich viel Zeit, und es werden dieselben denn auch jedesmal auf längere Zeit angefertigt. Hierbei werden Kämme, aus dünn geschnitzten Stäbchen von Weinpalmenholz gemacht, benutzt. Auch tragen die Frauen sehr künstlich aus Elfenbein geschnitzte, mit Ebenholz ausgelegte Pfeile im Haar.

Ihre Hütten errichten die Dualla, wie alle Negerstämme der Westküste vom Niger südwärts, mit großer Kunstfertigkeit aus

Mattengeflecht und Rinde, im Gegensatz zu den Bewohnern der Goldküste, die Lehmhütten bauen, welche, eng zusammengedrängt und schmutzig, einen sehr häßlichen Eindruck machen. Bei den elenden Bergbewohnern, den Bakwiri, ist auch nur geringe Sorgfalt auf die Häuser verwandt. Dieselben sind hier auf dem nackten Boden errichtet, länglich viereckig. Die Wände bestehen aus einem gitterartig aus Stangen gebildeten Gerippe, das notdürftig mit Rinde belegt ist. Das mit Palmblättern liederlich gedeckte Dach schützt nur wenig gegen den Regen.

Eine bedeutend größere Mühe und Sorgfalt verwenden die Flußanwohner auf ihre Hütten, die eine große Reinlichkeit und Sauberkeit zeigen. Diese Hütten sind auf einem zwei bis drei Fuß hohen Lehmsockel errichtet. Die Wände werden aus den Blattstielen der Weinpalmen, Bambu genannt, hergestellt und sorgfältig mit Schalen von Bananenstämmen belegt und dicht gemacht. In der Mitte der einen Längswand befindet sich das Thürloch, welches durch ein Mattengeflecht oder eine Thür aus Planken geschlossen werden kann. Fensterlöcher fehlen; nur das durch die Thüröffnung einbringende Licht erhellt den Raum, den der Neger eigentlich nur während der Nacht benutzt. Der ebenfalls aus Bambu gefertigte Dachstuhl wird mit Palmblättern gedeckt. Die Hütten machen einen außerordentlich freundlichen Eindruck.

Die Industrie beschränkt sich auf die einfachsten Gegenstände. Die Frauen fertigen Kochtöpfe und Schalen aus dem Schlamm des Flusses, welchen sie sehr geschickt aus freier Hand formen, an der Sonne trocknen und nachher brennen. Die Männer schnitzen Holzschüsseln und Löffel von ganz zierlicher Form. Auch im Flechten sind sie geschickt, fertigen Matten und Taschen aus langem, geschmeidigem Grase. Aus Elefantenzähnen werden Armringe geschnitten, auf welche die Küstenbewohner gern von den europäischen Kaufleuten ihre Namen schreiben lassen, und welche sie dann zur Legitimation benutzen. Zum Fischfange gebrauchen sie Gitter, obwohl sie auch Bindfaden aus den Fasern des Pisang machen und das Netzstricken verstehen.

Die Kleidung besteht bei den Kamerunnegern, welche durch die Europäer hinreichend mit Baumwollenzeugen versehen werden, sowohl bei Männern wie bei Frauen, in einem schmalen, um die Hüften geschlungenen Zeugstreifen.

Der Trägheit der Kamerunneger entsprechend sind denn auch

Festlichkeiten bei ihnen nur selten und tragen nie den munteren Cha=
rakter wie bei den aufgeweckteren, beweglicheren Bewohner der Gold=
und Krukuste, in deren Ortschaften man ein beständiges Lärmen und
Singen hört. Ein allgemeines großes Fest findet bei den Kamerunern
einmal des Jahres statt. Es ist eine Art Ringfest, bei welchem die
einzelnen Ortschaften Kämpfer stellen, die gegen einander in die
Schranken treten. Die Gegner nähern sich bei diesen Kampfspielen
in gebückter Stellung, und jeder versucht, den Fuß des Gegners zu
fassen und den Mann auf diese Weise zu Fall zu bringen.

Außer den erwähnten Umzügen und Feierlichkeiten zu Ehren
der Gottheiten kommen dann noch die Totenfeste vor, die bei allen
Negern der Westküste gebräuchlich sind. Je nach dem Range des
Verstorbenen dauern diese Feste einen oder mehrere Tage. Die
Weiber führen dabei Einzel= oder Gesamttänze auf, die von den
Männern mit einer freilich höchst unharmonischen Musik begleitet
werden. Die Musik oder wie man besser sagen muß, der Höllenlärm,
wird auf Trommeln, Zithern, durch Aneinanderschlagen von Becken
und Stöcken hervorgebracht und von den Zuschauenden mit Hände=
klatschen begleitet. Die gemeinsamen Tänze sind Rundgänge in be=
stimmtem, gleichmäßigem Takte, wobei die einzelnen Teilnehmer sich
bemühen, in jeder möglichen Weise den Körper zu verdrehen und zu
verrenken. Der Solotanz besteht in eigentümlichen Fußstellungen
und ebenfalls in Körperverdrehungen.

Nur der Tod von Männern, und zwar von Freien, wird auf
solche Weise durch Feste geehrt, Weiber und Kinder genießen nicht
diese Berücksichtigung.

Bei dem Tode eines Familienhauptes scheren sich die Frauen
zum Zeichen der Trauer das Kopfhaar ab und schwärzen das Gesicht
mit Ruß. Es erscheinen dann die Klageweiber, welche sich vor der
Leiche mit Sand bestreuen und Einzeltänze aufführen, die sie mit
Schreien und Heulen begleiten. Der Tote wird sodann in eine Kiste
gelegt oder in Matten gewickelt und, nachdem man verschiedene
Gegenstände, seine Waffen, Zeug und Lebensmittel hinzugelegt, in
seiner Hütte begraben. Letztere wird später verlassen und zerfällt.

Höchst einfach und erbärmlich ist die Lebensweise der Duala.
Außer Fischen, welche frisch gekocht oder über Feuer getrocknet
werden, genießen diese Neger kein Fleisch, zuweilen vielleicht einmal
ein gefallenes Vieh oder einen Hund. Die wenigen Haustiere, welche
sie ziehen, werden gewöhnlich an die Küste gebracht und den Europäern

verhandelt. Neben Pisangs, welche unreif in Wasser gekocht, mit
Palmöl zubereitet oder geröstet werden und das Hauptnahrungs=
mittel bilden, baut man Yams, Cassave (Jatropha) und Kolo (Co-
locuia esculenta). Yams wird im Flußgebiete nur wenig gezogen,
gedeiht aber ausgezeichnet in den Bergen. Mais wird nur wenig
gebaut. Halbreif am Feuer geröstet, vertritt derselbe die Stelle des
Brotes. Die Früchte eines häufig vorkommenden Brotbaumes wer=
den dagegen nicht benutzt; sie haben auch einen sehr häßlichen, wider=
lichen Geschmack. Wild wachsende Ananas und Zuckerrohr sind als
Genußmittel sehr beliebt.

Von den Früchten der Ölpalmen machen die Neger das Palmöl,
mit welchem alle Speisen zubereitet werden, das ja außerdem der
bedeutendste Ausfuhrartikel ist. Aus den Weinpalmen (vinifera)
wird der sogenannte mimbo oder mao, der Palmwein, gewonnen, zu
welchem Zweck man die Bäume fällt. Die Bakwiri holen den
mimbo aber auch von den Kokospalmen, da die Weinpalmen in der
Höhe von 1000' über dem Meere nicht mehr vorkommen.

Von Haustieren werden hauptsächlich Ziegen und Schafe ge=
halten. Erstere scheinen dem Hircus reversus von Inner=Afrika
nahe zu stehen, stammen auch wahrscheinlich von demselben ab. Die
Schafe gleichen im Habitus im allgemeinen dem Fettsteißschafe
(steatopgya) Inner=Afrikas, haben aber keinen Fettschwanz. Ovis
longipes kommt in der Kamerungegend gar nicht vor, dasselbe
scheint auf den Niger beschränkt zu sein. Eine kleine spitzschnauzige,
glatthaarige Hunde=Art wird von den Flußanwohnern meistens für
die Küche gezogen. Das Hundefleisch ist sehr beliebt. Die Bak=
wiri richten diese Hunde auch zur Jagd ab. Rinder, welche man
zuweilen an der Küste findet, sowie Schweine und Hühner sind erst
von Europa eingeführt, ebenso die Moschusente von Südamerika.
Katzen habe ich nie gesehen. Zum Haustier ist in der Kamerun=
gegend aber auch unsere Wanderratte geworden, die, durch Schiffe
eingeschleppt, schon bis auf 10 Meilen in das Innere vorgedrungen
und eine große Plage ist. Die Zahl der Krankheiten ist gering.
Ich fand einen bösen Aussatz, der oft ganze Gliedmaßen zerstört,
und sehr häufig Elefantiasis. Von den in vielen Distrikten Afrikas
so bösartigen Augenkrankheiten scheinen die Kamerunneger verschont
zu sein. Der Guineawurm kommt auch nur selten vor. Um ihn zu
entfernen, wickeln die Neger das hervortretende Ende — das Her=
austreten des Wurmes findet in der Regel in der Gegend des Knies

statt — um ein Stückchen Holz, damit es nicht wieder zurückgezogen werden kann, denn gewaltsam herausziehen kann man den Wurm nicht; derselbe würde dabei zerreißen. Nach und nach wird er nun durch Drehen des Stäbchens mehr und mehr herausgezogen und aufgerollt, und auf diese Weise der Wurm endlich entfernt. Hin und wieder tritt das gelbe Fieber an der Küste auf und rafft viele Menschen hin.

Als Medikamente werden Abkochungen einiger Pflanzen und äußerlich besonders Palmöl angewendet, obwohl dieses bei Wunden böse Entzündungen hervorruft. Natürlich sind sympathische Heilmittel auch vielfach gebräuchlich, und es werden als solche vorzugsweise Leopardenzähne und Krallen, Schildkrötenschalen und Antilopenhörner benutzt.

Auch bei den Kamerunern fand ich bestätigt, daß die Neger infolge der schlechten Lebensweise sehr früh altern, und daß die Zahl ihrer Lebensjahre gering ist. Ich glaube, daß 60 Jahre im allgemeinen das höchste Alter ist, welches ein Neger erreicht: ein Zeichen, daß die Kultur nicht das menschliche Leben verkürzt, sondern es verlängert.

Als Ergänzung zu der vorstehenden Schilderung der Kamerunneger von Reichenow, an welcher seit der deutschen Besitznahme des Landes kaum etwas zu ändern ist, geben wir eine Mitteilung des Forschungsreisenden Reinhold Buchholz.

Besonders charakteristisch für die Dualla ist die förmliche Wut, mit der sie Handel treiben, während ihre Industrie sich auf wenige Sachen, wie Elfenbeinringe, Ebenholzstöcke, Messer- und Schwertscheiden beschränkt; alles Übrige, was sie besitzen, haben sie im Handel von den Europäern eingetauscht, der die Mehrzal von ihnen zu wohlhabenden Leuten gemacht hat. Infolge dessen will jeder, vom Häuptling bis herab zum Halbfreien, nur Handel treiben, nicht produzieren oder gar Feldarbeit verrichten. Nur das Nötigste an Yams und Bananen läßt ein jeder durch seine Frauen und Sklaven pflanzen und bezieht alles Übrige durch den Handel. Nach der Anzahl der Weiber, die ein Neger besitzt, wird sein Reichtum geschätzt. Die Weiber werden von ihren Vätern verkauft und kosten durchschnittlich 900 bis 1000 Mark, oft aber, wenn die Väter angesehene Leute sind, viel mehr. Daher müssen arme Dualla oft lange dienen, ehe sie heiraten können; nachher aber disponieren sie völlig frei über ihre Frauen, behandeln sie wie Lasttiere und können sie weiter verschenken, verleihen oder verkaufen. Viel Kinder gelten als ein großes Glück; selten aber bringt eine Frau deren mehr als zwei zur Welt. Bei gänzlicher Unfruchtbarkeit fordert der Mann seine Kaufsumme zurück.

Noch rechtloser sind die Sklaven daran, welche gekauft (das Stück etwa zu zwanzig Mark) oder auf Kriegszügen geraubt werden. Dieselben, welche nebst ihren etwas besser gestellten Nachkommen an Zahl die freien Neger bei weitem übertreffen, wohnen in besonderen großen Dörfern und werden gerade nicht immer schlecht behandelt, schweben aber stets in Gefahr, beim Ableben eines Häuptlings an einen andern Stamm verkauft, dort als Totenopfer geschlachtet und wahrscheinlich auch aufgefressen zu werden. Es kommt sogar vor, daß Häuptlinge, denen es nicht gelingt, solche Opfer durch Überfall eines feindlichen Stammes zu erlangen, heimlich einigen ihrer eigenen Sklaven die Köpfe abschlagen lassen, um dieselben als Trophäen heimzubringen. Die Sklaven werden von den freien Neger „Nigger" genannt, ein Ausdruck, welcher, auf einen Freien angewendet, als die größte Beleidigung gilt. Etwas besser gestellt sind, wie gesagt, die Nachkommen solcher Sklaven, denn obgleich auch sie als unfrei angesehen werden, so dürfen sie doch Handel auf eigene Rechnung treiben, Vermögen erwerben u. s. w., haben aber bei allen Beratungen des Stammes keine Stimme.

VI.

Ein Bild westafrikanischer Justizpflege.*)

Das Bild westafrikanischer Justizpflege, welches ich in folgendem entwerfen will, spielte sich unmittelbar bei der von mir geleiteten Beka-Faktorei am 30. August 1882 ab. Ich muß dazu noch voraus- schicken, daß ich in Handelsverbindung mit drei ganz verschieden sprechenden und aussehenden Völkerstämmen getreten war: die Assa- gunocomi, am Flusse Comi-Rhembue selbst wohnend, die Aschiras, weit aus dem Innern kommend, und die Bakelle, welche am oberen Flußlaufe des Comi-Rhembue angesiedelt waren. In einem Dorfe regierte nun zu allgemeiner Zufriedenheit der in schon etwas vor- gerücktem Alter stehende König Juba. Als dieser sich eines Tages in etwas stark angeheitertem Zustande zu einem Jagdzuge auf Gorillas bereit machte, sprach zu ihm ein Freund, der über einen

---

*) Aus: Tagebuchaufzeichnungen in Westafrika von K. L., Leiter einer Woermannschen Faktorei. D. Kolon.-Ztg., 1886. S. 721.

seiner eigenen Sklaven sehr ärgerlich war: „Wenn du meinen Sklaven
im Buschwald zufällig triffst, so schieße ihn nieder." Juba traf den
Sklaven und führte den ihm gewordenen Auftrag aus. Aber nicht
genug damit, er zerschnitt den Krieger in kleine Stücke und warf
sie im Walde umher. Nach einiger Zeit vernahm der König der
Könige, Ogula Wanje, gleichzeitig aber oberster Gerichtsherr über alle
am Flusse wohnenden Völker, den Vorfall und schiffte sich mit allen
seinen Familienangehörigen und Sklaven ein, um sich nahe bei meiner
Faktorei eine Art Feldlager einzurichten; da in ganz Westafrika die
Blutrache herrscht, so hatte Juba selbstverständlich das Leben verwirkt. König Ogula Wanje berief die Einwohner sämtlicher umliegenden Dörfer zum Palaver und ließ auch den ruhig im Dorfe
verweilenden Juba rufen. Nach der Sitte der Bakelle hat ein
Mörder ungefähr einen Monat Zeit, sich freiwillig zu stellen, über-
schreitet er dann diesen Zeitraum, so wird ganz kurzer Prozeß gemacht, er wird festgenommen und verurteilt. Jeden Tag läßt nun
Ogula Wanje den König Juba rufen, letzterer vertröstet des Königs
Abgesandte mit: mene mia bia (morgen komme ich). Ende August,
eines Nachmittags, kommt er auch mit seiner Familie, ruhig seine
aus einem Bambusstiele bestehende Pfeife rauchend. Es wird von
sämtlichen Negern ein loser Kreis gebildet, wobei viele am Boden
liegen oder sitzen. Juba wird hineingeführt und die Verhandlung
beginnt; es wird viel gesprochen und noch mehr getrunken. Sechs
Uhr abends, bei Dunkelheit, begiebt man sich, ohne Bewachung des
Delinquenten, nach Einnahme der Abendmahlzeit zur Ruhe, um am
frühen Morgen mit Sonnenaufgang die Verhandlung wieder aufzunehmen. Da, am dritten Tage des Palavers, sitzen wieder König
Ogula Wanje und drei minder mächtige Könige, mit hellroten Zipfel-
mützen auf dem Kopfe, in der Mitte des aus etwa 400 Personen
beiderlei Geschlechts bestehenden Kreises. Der Oberste geht mit aus-
gestreckten Armen auf Juba zu und spricht: „Aue ocho bia adiu"
(Du König mußt sterben). Jubas Frage, ob er nicht noch etwas
essen könne, wird durch seine Niederwerfung rückwärts in den weißen
Flußsand beantwortet. Ein etwa 25 cm dicker und 4 m langer
Prügel wird ihm über den Hals gelegt, und auf beiden Seiten treten
des Königs Sklaven so lange auf das Stämmchen, bis der Tod durch
Erstickung eingetreten ist. Sodann wird mit einer Axt der Kopf
abgehauen, derselbe auf einen zugespitzten Pfahl gesteckt, samt Kleid
und dem verhängnisvollen Messer. Die Stelle, wo der Pfahl als

warnendes Beispiel für die Zukunft aufgepflanzt wurde, ist am Zu=
sammenfluß der Flüsse Comi und Ofuwu. An der gleichen Stelle
war auch unsere Handelsniederlassung erbaut, und noch bei meinem
Weggange im vorigen Jahre war der Kopf an Ort und Stelle.
Den kopflosen Körper nahmen die Angehörigen weg und bestatteten
ihn beim Heimatdorfe.

Bei Juba war der Fall klar, daß er der Schuldige gewesen,
aber meistenteils bekennt sich ein Neger nicht zur That, und man
schreitet dann zu Fetisch= oder Zaubermitteln oder auch zum Sachewood=
Trank. Dieser Art von Zauberei hatte ich oft Gelegenheit beizu=
wohnen. Der König mit seinen Söhnen, den Freunden und An=
verwandten der Angeklagten war stets zur Stelle, etwas weiter
innen in dem geformten Kreise saßen auf der Erde in gleichen Ab=
ständen von einander drei Sklaven, welche unter Gesang fortwährend
mit einem Bündel Reisig auf die Erde schlugen. Die eines Mordes
Angeschuldigten stehen in der Mitte, ein jeder einen langen Stab
in den Händen, um nach dem Genusse des Hexentrankes unter Um=
ständen eine Stütze zu finden, jeder der Delinquenten mit einem
Becher in der Hand, welcher gefüllt ist mit einer dickroten Flüssig=
keit, dem sogenannten Sachewood=Extrakt. Sachewood ist eine im
Urwalde wachsende Holzart. Die Angeklagten trinken den Becher
leer, und es gilt derjenige als der wirkliche Schuldige, der auf den
Genuß des Getränkes unwohl resp. krank niederfällt. Da nun das
Getränk für jeden gleichmäßig bereitet erscheinen sollte, so müßten
auch die Folgen die gleichen für jeden sein. Aber gerade in dieser
Weise ist die Verschmitztheit der Könige eine sehr große. Der als
oberster Richter fungierende König läßt sämtliche Vertrauten, Anver=
wandten 2c. der vermutlichen Attentäter insgeheim zu sich rufen und
erfährt nach mancherlei Fragen doch den richtigen Missethäter. Diesem
wurde nun in einem kurz vor meiner Abreise erlebten Falle ein
scharfes Pflanzengift in das Getränk gegossen, so daß seine Schuld
vor aller Augen klar war. Entsetzlich ist es anzusehen, wie sich die
Wirkung des Giftes in kurzer Zeit bemerkbar macht. Zuerst den
Kopf fest auf den obersten Teil des Stockes gestützt, sinkt der Körper
allmählich unter konvulsivischen Bewegungen am Stocke nieder. Es
ist nun höchste Zeit, dem Schuldigen Gegenmittel zu geben, die den
Eingeborenen vermöge ihrer großen Kenntnis der Natur auch reich=
lich und mit Erfolg zur Verfügung stehen. Der weitere Verlauf der
Verhandlung ist wie der früher erzählte beim König Juba.

Aber auch von manchen guten Eigenschaften der Neger in jenem Teile Westafrikas kann ich berichten. Der Europäer, kurzweg „tangani" genannt, ist bei ihnen im allgemeinen geehrt und geachtet, so lange er nicht durch Täuschungen oder durch Rohheit das Vertrauen der Wilden verscherzt. Kommt ein Weißer in ein Negerdorf, so ist er Gast des Königs und genießt seinen Schutz. Es wird ihm dessen Haus oder ein daran stoßendes zur Verfügung gestellt, ein Bett, Feuerholz, Proviant sowohl für sich als die stets mit dem Europäer kommenden Ruderer und Bedienung. Eine Unsitte ist's allerdings, daß der König, wenn er auch für sich selbst nur etwas Rum, einige Pfeifen nebst Tabak fordert, die gewöhnlich große Schar seiner Ehegemahlinnen schickt, und zwar jede mit einem anderen Wunsche. „Kerke pange mia alugu, tschawo, onamba, epele, osewe, sebinde." (K. gieb mit Rum, Seife, Kleider, Teller, Löffel, Töpfe.) Am besten ist's, man giebt ihnen ein paar Pfeifen, etwas Tabak und einige Flaschen Rum und macht sich mit seinen Kanoes auf und davon. Lang wird vom Ufer noch nachgeschrieen, aber das schnell unter dem Gesange seiner Ruderer die Wogen durchschneidende Kanoe läßt bald das Dorf hinter sich. Der Neger ist der Meinung, daß der Weiße nordwestlich von ihm wohne. Der Engländer heißt bei ihnen „engesi", der Franzose „fuala", der Portugiese „oputa", der Deutsche „compini". Als Sprachprobe will ich den Anfang eines der Lieder geben, welches ich von meinen ungefähr 60 Bootsleuten auf oft vier Wochen langen Flußfahrten häufig zu hören bekam: „Onome belle banda oantho, oantho pa belle, nega negissa ewere niango bia. Adeoa asawani, onome bia oantho boata ogoere mpolo." — (Ein Mann wollte eine Frau heiraten, die Frau wollte nicht, da kam plötzlich ein ganz kleiner Fisch [Unglück]. Sie blieben bei einander, darauf ging der Mann und die Frau davon.)

Oft kamen mir Entwendungen aus meinen Privatkoffern vor, nur konnte ich nie einen eigentlichen Diebstahl zum Zweck des Verwertens der entwendeten Gegenstände konstatieren, denn wenn ein Negerknabe Photographien, Rot= oder Blaustifte, Nägelzwicker, Papier, ein leeres Notizbuch entwendet, kann man dies nur als eine Art Naschhaftigkeit ansehen. Diebstahl bei den Eingeborenen kann, wenn das Individuum auf der That ertappt wird, seitens des Negers oder Weißen mit sofortigem Niederschießen des Betreffenden bestraft werden. Aber wie ich aus vieler Neger Mund erfuhr, ist diese Strafe mehr dafür, daß der Stehler so ungeschickt war, sich erwischen

zu lassen, als nur des Vergehens halber. Während sonst jeder
Mord, wie oben erwähnt, durch Blut gesühnt wird, folgt auf die
Tötung eines auf frischer That erwischten Diebes keine Strafe seitens
der Eingeborenen, höchstens Zahlung einer Entschädigungssumme
an die Anverwandten.

VII.

Der Geheimbund des Egboe-Ordens unter den Negern in Alt-Kalabar.*)

Wie die Auflösung aller staatlichen Bande im Mittelalter das
Vehmgericht auf der roten Erde Westfalens hervorrief, so entstanden
überall in Afrika, wenn keine Centralisation der Staatsgewalt durch
fremde Eroberer angebahnt wurde, jene religiös-politischen Weihe-
bünde, die durch den Schrecken einer geheimen Verbindung über die
Vollziehung der Gesetze wachen. Als solcher herrscht der Egboe-
Orden. Gegenwärtig ist derselbe schon wieder in der Auflösung
begriffen (scheinbar), da er vor einigen Jahren durch seine despotischen Eingriffe einen Sklavenaufstand hervorrief, aus dem der
Geheimbund der „Blutmänner" entsprang, hat sich indes in letzter
Zeit durch Hervortreibung eines jungen Stammes in den „Inkas"
zu reformieren gesucht.

Der Egboe-Orden oder Efik (Tiger) ist in elf Grade abgeteilt,
von denen die drei obersten, Nyampa, Obpoko oder der Messinggrad
und Kakunda, für Sklaven nicht käuflich sind; andere Grade bilden
der Abungo, Makaira, Bambim boko u. s. w. Der gewöhnliche
Weg ist, daß Eingeweihte sich in die höheren Stufen nacheinander
einkaufen; das dadurch erlöste Geld wird unter die Nyampa oder
Yampai verteilt, die den innern Bund bilden; dem König selbst
kommt die Präsidentschaft zu, unter dem Titel Eyamba. Jede der
verschiedenen Stufen hat ihren Egboetag, an welchem ihr Idem
oder ihre gespenstische Repräsentation eine absolute Herrschaft ausübt, wie sie die Römer dem Diktator in Zeiten übertrugen, und auch
Glieder anderer Stufen des Egboe-Ordens, wenn sie ihnen begegnen
sollten, mit seinen Strafen nicht verschont. Das Land findet sich
gleichsam in einem permanenten Belagerungszustande, der durch die

---

*) Nach Adolf Bastian. Geogr. u. ethnologische Bilder. Jena, 1873.
p. 152.

Überzahl der Sklaven und Frauen nötig wird, indem die traditio=
nellen Gebräuche des alten Herkommens durch die regelmäßig ein=
ander folgenden Egboetage und der damit verbundenen Proklamie=
rung des Kriegsgesetzes beständig außer Kraft gesetzt und suspendiert
werden.

Sobald ein Egboetag verkündet ist, fliehen Sklaven, Weiber
und Kinder nach allen Richtungen, da der Jbem, mit seiner schweren
Peitsche bewaffnet, umgeht und durchaus nicht skrupulös in ihrer
Anwendung ist. Eine gelbe Flagge auf dem Haus des Königs ver=
kündet den Tag der Braß=Egboe oder des Messinggrades, wo selbst
von den Freien sich nur sehr wenige außer dem Hause zeigen dürfen.
So oft bei dem Egboe=Orden eine Klage anhängig gemacht ist und
der Missethäter bestraft werden soll, wird durch geheime Zeremonieen
der im fernen Buschlande wohnende Jbem citiert, der dann mit
einer phantastischen Kleidung aus Matten und Zweigen von Kopf
bis zu den Füßen bedeckt und mit einem schwarzen Visir vor dem
Gesicht erscheint. In Kamerun werden die Glieder des Ordens
selbst durch ein, in einen künstlichen Knoten geschürztes Laubwerk
vereinigt, so daß sie sich als eine zusammenhängende Masse bewegen.
Ein jeder, Mann, Frau oder Kind, hat das Recht, die Hilfe des
Egboe gegen seinen Herrn oder seinen Nachbarn anzurufen, und
dazu bedarf es nur, daß er ein Mitglied des Ordens auf der Brust
berührt oder an die große Egboetrommel schlägt. Der Beanspruchte
muß alsogleich einen Konvent zusammenberufen, wo die Klage unter=
sucht und, wenn gerecht, befriedigt wird. Erweist sie sich dagegen
als unbegründet, so wird der Kläger bestraft; hat das Gericht ein
Verdammungsurteil gefällt, so läuft der Jbem, mit seiner schweren
Peitsche in der Hand und von einem lärmenden Gefolge von Egboe=
brüdern umgeben, direkt nach dem Hause des Verurteilten, aus dem
sich niemand rühren darf, bis die Strafe vollzogen und gewöhnlich
das ganze Haus zusammengerissen ist, so daß alle Einwohner mehr
oder weniger Schaden nehmen. Während dieser Zeit, sowie über=
haupt während der ganzen Dauer einer Egboesitzung, würde es für
jeden nicht dabei Beteiligten der Tod sein, wenn er sich auf der
Straße blicken ließe, und erst wenn die Egboetrommel den Schluß
des Gerichtes verkündet, können die Geschäfte des gewöhnlichen Le=
bens wieder begonnen werden. Mitglieder des Ordens sollen, wenn
verurteilt, das Recht haben, im Rausch zu sterben. Leute, die auf
Reisen zu gehen gezwungen sind, stellen meistens ihr Eigentum unter

den Schutz des Messing-Egboe, und ein gelbes Stück Zeug, das über
der Thür angebracht ist, genügt, das Haus gegen jede Beschädigung
zu schützen; der in den Messinggrad Einzuweihende wird am ganzen
Körper mit einem gelben Pulver eingerieben. Am Kamerun ist ein
Bündel grüner Blätter, der an einen Pfahl gebunden wird, das
Zeichen, daß das Eigentum unter dem Schutz des Egboe steht.

Seine Entstehung soll der Orden der freien Egboes auf den
Messen genommen haben, die auf einem großen Ölmarkte des Innern (halbwegs zwischen dem Kalabar und dem Kamerun) abgehalten
wurden. Da dort der Handel zur Aufrechthaltung des Krebits eine
genaue Einhaltung der übernommenen Verpflichtungen forderte, so
bildete sich dieses Institut als eine Art Hansa unter den angesehensten Kaufleuten zu gegenseitiger Wahrung ihrer Interessen, und gewann später eine politische Bedeutung, indem es die ganze Polizei
des Kalabar und Kamerun in seinen Bereich zog. Die Könige
suchten sich stets die Großmeisterschaft in diesem Orden zu sichern,
da ohne dieselbe ihr Ansehen zu einem Schatten herabsinkt.

Europäische Kapitäne haben es mehrfach vorteilhaft gefunden,
sich in die niederen Grade einweihen zu lassen, um ihre Schulden
leichter eintreiben zu können. Ein Mitglied des Egboe hat das
Recht, den Sklaven seines Schuldners, wo immer er ihn finde, als
sein Eigentum zu beanspruchen, indem er eine gelbe Schleife an das
Kleid oder Tuch desselben befestigt. Der Charakter eines Egboe
wird selbst im Innern noch geachtet und gefürchtet, und giebt eine
Unverletzlichkeit, wie sie für ausgedehntere Handelsspekulationen in
Afrika durchaus notwendig ist. Als Vorbereitung für ihre Aufnahme unter die freien Egboes werden am Kamerun die auf-
wachsenden Knaben für längere Zeit zu den Makolo, einem Busch-
volk des Innern, geschickt. Um einen Besuch, vorzüglich einen
europäischen, besonders zu ehren, pflegt man am Kamerun die Egboe-
ziege vorzuführen, deren Anblick dem Volke sonst nur selten gestattet wird.

Prof. Dr. Adolf Bastian,
Geogr. u. ethnol. Bilder. Jena, 1873.

VIII.

Klima und Gesundheitsverhältnisse der Kolonie Kamerun.

1. Die Vorzüge.

In klimatologischer Hinsicht sind die Verhältnisse des Kamerun=
gebietes ziemlich günstig. Es ist weder sehr heiß noch sehr ungesund.
Überhaupt gehört die Westküste Afrikas, ihre nördlicheren Teile
ausgenommen, zu den vergleichsweise kühlen Tropengebieten,
und es scheint für dieselben ein Gesetz zu sein, daß die höchsten
Temperaturen von Nord nach Süd abnehmen, mit mancherlei Un=
stetigkeiten zwar, aber völlig unbekümmert um den Äquator. In
St. Louis am Senegal unter 16 Grad nördlicher Breite sind
40 Centigrade keine Seltenheit, in Loando unter 8 Gr. südlicher
Breite ist innerhalb dreier Jahre, aus denen exakte Aufzeichnungen
vorliegen, kein höherer Thermometerstand beobachtet worden, als
35 Centigrade oder 28 Gr. R., was auch zu Hause in Deutschland
fast jeden Sommer an einem oder zwei Tagen vorkommt. Nicht
viel anders dürfte auch in Kamerun die Temperaturbewegung sich
herausstellen, und wahrscheinlich ist es hier weniger heiß als an der
Kongomündung. Dazu kommt noch als lokaler Vorzug der eigent=
lichen Kamerunortschaft die täglich in den Vormittagsstunden mit
großer Pünktlichkeit auftretende Seebrise, aus Südwest, die so wild
und ungestüm zu Fenstern und Thüren hereinweht, daß die Gar=
dinen sich gleich Flaggen aufbäumen und alle nicht mit der pein=
lichsten Sorgfalt beschwerten Papiere auf= und davonfliegen. In
der ersten Nachthälfte schläft die Seebrise ein und wird dann von einem
viel schwächeren, oft kaum bemerkbaren Landwinde aus Nord abge=
löst, der bis etwa 9 Uhr morgens anhält. Ab und zu, namentlich
des Morgens nach regnerischen Nächten, kann man sogar ordentlich
frieren. Das Regenwasser hat gewöhnlich 23 Centigrad und wirkt
dann, getrunken, als köstliche Erfrischung. Allerdings lernt man
auch hier die Sonne hassen, wenn sie einmal ordentlich durchbricht,
und bald wird man eine gleichförmige graue Bewölkung des Him=
mels, wie sie zum Glück bisher Regel war, als das angenehmste
Wetter schätzen.

Noch viel weniger als hier in dem eigentlichen Kamerun hat
man in den herrlichen Waldregionen der Nachbarschaft, welche uns
nicht bloß im Norden, gegen den Berg zu, sondern ziemlich allseitig

zu umgeben scheinen, von Hitze zu leiden. Dort kann man im tiefen Schatten riesiger Bäume zu jeglicher Tagesstunde spazieren gehen, ohne selbst von der brennendsten Sonne Unangenehmes zu empfinden.

Man kann Kamerun als einen klimatischen Kurort ersten Ranges betrachten. Allerdings fehlt es unter den Europäern nicht an Fieberanfällen, dieser allgemeinen tropischen Plage, ja es kommen zuweilen sogar perniciöse, mit Tod endende Fälle vor. Im großen Ganzen aber scheint sich das Miasma nicht öfter und nicht heftiger geltend zu machen, als an hundert anderen tropischen Küstenstrichen der Erde, obgleich die hygienischen Verhältnisse, unter denen man hier zu leben gezwungen ist, viel zu wünschen übrig lassen.

Um übrigens auf den tröstlichen Begriff „Kurort" zurückzukommen, so liegt offenbar eine Verwechslung vor mit dem seit vielen Jahren geplanten und vielfach erwähnten Sanatorium, das die englischen Missionare von Victoria oben auf dem Kamerunberge, in einer mittleren Höhe errichten sollten oder, wenn man will, errichtet haben. Es existiert nämlich unter diesem Namen dort oben bei Mans Spring eine kleine Holzhütte, die gegenwärtig von zwei entsagungsfrohen schwedischen Naturforschern bewohnt und erhalten wird, was indes nicht verhindert, daß die beiden Herren auch oft genug am Fieber leiden.

Gewiß lassen sich an den schönen Kamerunberg, dessen Spitze erst neulich, am 15. September, in weitem Umfange mit Schnee bedeckt war, so daß wir durch das Fernrohr einen Anblick aus den Hochalpen genießen konnten, die schönsten Hoffnungen sanitärer Art knüpfen (s. oben S. 318). Aber bis auf jenen unwirtlichen Hängen wirklich ein richtiges Sanatorium, d. h. doch mindestens ein komfortables Hotel, zu stande kommt, darüber möchte noch manches Jahr vergehen, und außerdem ist zu bedenken, daß das Fieber, wenn es sich einmal festgesetzt hat, auch im besten Sanatorium nicht sofort weicht, daß sogar das Sanatorium selber ein Fieberherd werden kann, falls es dem höhnischen Bacillus wieder einmal behagt, menschlicher Voraussicht zu spotten, und daß man fieberkranke Europäer nicht ohne weiteres einem schroffen Klimawechsel aussetzen darf.

Viel mehr in dieser Beziehung scheinen mir die sanfteren Hügel von Bimbia, da wo sie der Seebrise ausgesetzt sind, zu versprechen.

Wir befinden uns gegenwärtig, 15. Oktober, am Ende der Regenzeit und im Beginn der Gewitter und sogenannten Tornados.

Die Regen während der eigentlichen Regenmonate Juli, August treten nämlich immer ohne Donner und Blitz auf, ganz im Gegensatz zum Süden. Nur in den Übergangsmonaten Mai, Juni, September, Oktober kommt der Regen zuweilen mit Gewitter, und im März, April, November, Dezember steigern sich diese ab und zu bis zu den sogenannten Tornados, worunter Gewitter mit Sturmböen, aus der Osthälfte des Horizontes zu verstehen sind. Die gewöhnlichen Regen kommen dagegen aus Südwest. Die reine Trockenheit mit dichten Nebeln ist Januar und Februar, entspricht also auch hier dem Winter der Hemisphäre. Die jährlich niederfallenden Regenmengen scheinen reichlich zu sein. So fielen im August 575,6 Millimeter, davon am 27. nicht weniger als 123,5 Millimeter.

(Allgem. Zeitung vom Jan. 1884.)

2. Die wirklichen Gefahren.

Es darf nicht verschwiegen werden, daß von anderer Seite Klima und Gesundheitsverhältnisse Kameruns nicht so günstig dargestellt werden. Die Warnungen Woermanns vor Auswanderung nach Kamerun beruhen auf der, auch von den meisten Forschern geteilten Überzeugung, daß hier Ackerbaukolonieen für deutsche Auswanderer ganz unmöglich seien und man sich auf Plantagenwirtschaft und Faktoreien beschränken müsse. „In der Bodenbeschaffenheit", sagt Dr. Reichenau*), „wie in den Witterungsverhältnissen sind die hier denkbar günstigsten Vorbedingungen für eine wenig Mühe erfordernde und die reichsten Erträge versprechende Landwirtschaft gegeben, aber der Europäer kann hier keine Bodenarbeit vornehmen, sich nicht körperlichen Anstrengungen unterziehen; Malariafieber, Dysenterie und Leberkrankheiten raffen ihn weg. Wenn sich nun auch in neuerer Zeit durch richtigere Behandlung des Fiebers, mancherlei Erfahrungen hinsichtlich der Lebensweise und eine gesündere, dem Europäer zusagendere Ernährung, wie sie die Konserven gestatten, diese Verhältnisse etwas günstiger gestaltet haben, so ist doch immer die Sterblichkeit unter den in Kamerun weilenden Kaufleuten eine erschreckende." — Letzteres jedenfalls unter denjenigen, welche länger als 2 Jahre dort verweilen. Die große Sterblichkeit der Engländer (mehr als 40 Proz.) kann hier nicht absolut maßgebend sein, da sie, wie in Indien und überall, ihre Lebensgewohnheiten

---

*) Die deutsche Kolonie Kamerun. Nach eigener Anschauung geschildert. Berlin, 1884.

nicht ändern und unter dem Äquator essen — und trinken, wie es höchstens unter den kalten Nebeln Englands eine Zeitlang ungestraft geschehen kann. Doch ist, hiervon abgesehen, das Klima noch gefährlich genug, um die Engländer zu veranlassen, die Mannschaften ihrer in der Benuebucht stationierten Schiffe jährlich ablösen zu lassen. (S. Bastian, Geogr. u. ethnogr. Bilder. S. 142. — Europäische Kolonieen in Afrika. S. 23 u. 32.) — Man hat seit 1833 mehrmals Fahrten mit Dampfschiffen auf dem Niger unternommen, anfangs mit großen Verlusten (1842 von 300 Mann 295), später, seit der Expedition der Plejade 1854 hat man mit Erfolg Vorsichtsmaßregeln angewandt; nicht zu langes Verweilen an demselben Platze, Vermeidung der miasmatischen Ausdünstungen durch Aufsuchung von gesünderen Standpunkten, prophylaktischer Gebrauch von Arzneimitteln, strenge Beobachtung aller sonstigen hygienischen Vorsichtsmaßregeln. Da auf Kriegsschiffen und bei wissenschaftlichen Expeditionen die Mannschaften strenge hierzu angehalten werden können, so erleiden diese auch viel weniger Verluste, als die Palmölschiffe.

B.

Fernando Po.

Der Clarence Pik, dem Kamerun gegenüber. — Die spanische Stadt St. Isabel.
— Tropische Scenerieen. — Die Bevölkerung.

Über den Waldgürtel, der den Fuß der Insel umschließt, hinwegschweifend, traf der Blick, höher an den Bergstrahlen, die alle dem Clarence-Pik zulaufen, einen so großartigen Palmenreichtum, wie ich ihn später nie wieder in solcher Fülle gesehen habe. Wipfel neben Wipfel, ein Fiederblatt neben dem andern; von fern sah ich Tausende und Abertausende prächtig grüner Wedelsterne, die sich förmlich durcheinanderschoben und nur selten von alten, weißrindigen Baumriesen überragt wurden.

Die dichten Ölpalmenwälder, die die Insel zu einem der reichsten Plätze Westafrikas machen, umgürten den Riesenleib des Piks im ersten Drittel seiner Höhe, die dann weiter hinauf bis zum Gipfel mit dichter Laubwaldvegetation bedeckt ist. Bis 3500 m hoch bildet er mit dem auf dem Festlande gegenüber lagernden, noch gegenwärtig thätigen Kamerunvulkan von 4620 m Höhe ein mächtiges Thor, das an die Säulen des Herkules erinnert.

Um 9½ Uhr dampften wir auf der Rhede von St. Isabel (Clarence-Cove) zu; schon von weitem sah ich die Häuser der Stadt als weiße Pünktchen aus dem dunkeln Grün von Palmen und Wollbäumen (Eriodendron, Silk-cottoutree), und mir fiel die besonders nach Westen zu buchtenreiche Uferbildung der Insel auf. Bald arbeitete die Maschine half speed, bald slowly, endlich klingelte der Telegraph im Raume: stop! und der schwere Anker rasselte an der Riesenkette in die klare Tiefe. Nun konnte ich mit Muße das Fleckchen Erde betrachten, das mir für einige Tage zum Aufenthalte dienen sollte, und brauchte nicht mehr das fortwährende Verschieben des Bildes, wie es störend bei der Fahrt ist, zu fürchten.

Die Bucht, die sehr tief ist und selbst Schiffen von größerem Tiefgange dicht bis ans Ufer zu fahren erlaubt, dehnt sich in einem nach Norden offenen Halbkreise aus. Sie mahnt mit ihren schroffen Steilabfällen, die, mit Bomben und Lavafetzen gespickt, nackt zu Tage liegen und nur selten in einem Riß von üppigen Gräsern oder Bananenbüschen geziert sind, an einen Kraterrand, und in der That bilden einige höchst pittoreske, am Gipfel bewaldete und mit überhängenden Pflanzenguirlanden reizend geschmückte Felseninseln die Fortsetzung des Westendes des Halbrundes. Der größere dieser Felsenbrocken, der früher Adelaide (nach Williams IV. Gemahlin) genannt wurde, jetzt aber Isabelinsel heißt, zeichnet sich durch die sonderbarsten Thore und Türmchen, die das ewig weiterfressende Meer herausgewaschen hat, aus, und zeigt auf der siennafarbenen Grundfarbe der in Winkeln von 45 Grad nord-süd fallenden Schichtung die wundervollsten Zeichnungen von hellgrauen Steinflechten. Das Ostende des Halbrundes, das im Durchmesser ziemlich ein Kilometer spannt, bildet der frühere Williamspoint, jetzt Isabelpoint. Er trägt ein sehr niedriges und trübes, deshalb kaum nützliches Leuchtfeuer und ist mit einigen Geschützen ausgestattet, die wohl niemandem mehr schaden können. Merkwürdig bleibt der Williamspoint, weil auf ihm ein Denkstein für die auf der Baikischen Expedition Gestorbenen, also auch für unsern Landsmann, den Botaniker Theodor Vogel, errichtet steht.

Nach Westen blickend, sieht man der Reihe nach in eine Menge Buchten, die von weit ins Meer laufenden Bergstrahlen des Piks gebildet werden und den Ankerschuß unserer Schiffskanone in einem großartig rollenden, viele Minuten andauernden Echo wiedergaben.

In der nächsten Bucht lag das Wrack eines gestrandeten spanischen
Kriegsschiffes. — Die Stadt St. Isabel, die sich mehr in die östliche
Seite des Halbkreises schiebt, besteht aus äußerst freundlich blicken=
den Häusern, teils mit anheimelnden, roten Ziegeln, teils mit dem
tropischen Palmenwedelbach gedeckt. Die stattlichsten und schon vom
Meere auffallendsten sind die Kirche mit schmucklosem, viereckigem
Turm, das mit blauer Ornamentik geschmückte weiße Haus des
Gouverneurs, welches, dem Hafen drei Giebelfronten zukehrend, von
einer besonders breiten Veranda umgeben wird; daneben das feste,
kleine Häuschen des Hafenmeisters; neben der Kirche ein stattliches
Gebäude, das die wehende englische Flagge als das Besitztum des
Agenten der Dampferlinie kennzeichnete. Ein anderes Haus, ein
wahres Schmuckkästchen an Sauberkeit, liegt ganz isoliert und von
Ficusbäumen und Kokospalmen umschlossen, am Westende der Bucht,
während weiter hinauf an der Pikwand, an deren Fuße die Stadt
liegt, noch zwei perspektivisch kleine Häuschen aus dem Waldesgrün
lugen. Wie ich später hörte, werden sie von zwei dort oben hausen=
den Pflanzern bewohnt.

Zu beiden Seiten des künstlichen Aufstiegs, der von dem schmalen
Uferrand aus rundgespülten Lavastücken und Kies an dem steilen
Felshang in sanfter Windung empor zur Stadt führt, standen Ma=
gazine und Warenlagerräume der in St. Isabel ansässigen Kaufleute.
Im Rücken derselben, zwischen ihnen und der Felswand, sammelte
sich im Laufe der Zeit genug Nahrungsstoff für die herrlichen Pisang=
büsche, deren Blätter je näher dem Meere, desto bläulichere Färbung
anzunehmen scheinen, für die verwilderten Mais= und Zuckerrohr=
büsche an, die von üppigem Gewirr verschiedener Passifloren und
Cucurbitaceen durchflochten waren.

Kaum hatte ich Zeit, dieses reizende Bild flüchtig zu durch=
mustern, als ich von einem englischen Kaufmann, dem Agenten der
Dampfergesellschaft mit der in jenen europäerarmen Gegenden so
außerordentlich liebenswürdig ausgeübten Gastfreundschaft aufgefor=
dert wurde, sein ansehnliches Haus neben der Kirche für die unbe=
stimmte Zeit meiner Anwesenheit auf Fernando Po als das meine
zu betrachten. Das Anerbieten war mir natürlich äußerst will=
kommen, da „Hotels" dort selbstverständlich nicht zu finden sind,
und ich in St. Isabel auf den nächsten, von England kommenden
Dampfer, der mich weiter nach Süden, zur deutschen Expedition,
bringen sollte, warten mußte.

Ein Spaziergang mit meinem Wirt, der schon seit dreizehn Jahren in Westafrika lebte und gewissermaßen nur aus Knochen und Sehnen bestehend, trotz der noch jetzt fast regelmäßig monatlich eintretenden Fieberanfälle, den klimatischen Einflüssen zähen Widerstand leistete, führte mich durch die ganze Stadt — wenn diese Bezeichnung auf einen Ort mit etwa vierzehn oder sechszehn größeren Häusern, zwischen welchen zahlreiche kleine Häuschen eingestreut sind, anwendbar ist. Die Straßen sind mit wurzelbehangenen Ficusbäumen oder niedrigen Erythrinen eingefaßt; häufig auch wich ein am Wege stehender Zaun dem Zahne der Zeit, und seine Stützpfosten, gewöhnlich Spondiaspfähle (Sp. Jutea) hatten Wurzeln geschlagen, Zweige mit Blättern und Blüten getrieben und bildeten nun stellenweise hübsche, schattenspendende Alleeen. Nur in ihren ersten Anfängen von der plaça d'España aus gerade laufend, verzweigen sich die Straßen bald nach dem Gefallen der Neger, die die kleinen, aus Baumstämmen und größeren (Cannaceen- und Zingiberaceen) Blättern gebauten Häuschen im Vorwalde zerstreut bewohnen. Neben den schon erwähnten Kokospalmen, Bananen- und Brotfruchtbäumen, spenden auch mächtige Wollbäume, Mango-, Orangen-, Guaven-, Limonenbäume, Öl- und Fächerpalmen den niedrigeren Maniok-, Mais- und Batatenfeldern, die neben den Negerhüttchen in kleinen Lichtungen angelegt sind, Schatten. Überall verwildert und gehegt stehen mächtige Ananasbüsche umher; die stachliche Opuntia, die von Hause aus nur zu Einzäumungen angepflanzt wurde, hat sich überall festgesetzt und hindert den nach einem flüchtigen Schmetterling Jagenden in oft für Kleider und Haut sehr empfindlicher Weise; überhaupt sind der Dornen, Stacheln gar viele, und oft, wenn ich die Hand nach einer sammetbraunen, glänzenden Bohnenfrucht ausstreckte, zog ich sie, mit hunderten glasharter, feiner Brennhärchen besetzt und glühend wieder zurück.

Die Stadt, die mit der Insel zugleich als Deportationsort dient, zeugt im ganzen von früherem Feuereifer bei ihrer Anlage und von jetziger großer Vernachlässigung, wie ich sie auch in allen Besitzungen Portugals an der Westküste Afrikas fand. Die stattlichen Gebäude der Spanier werden nicht erhalten, sondern mangelhaft ausgeflickt, und im Walde, schon von schönen Bäumen überwuchert, fand ich die Fundamentmauern von Lazarethen, Kasernen, sowie in den weichen Boden tief eingesunkene Kanonenrohre. Die Cacao- und Kaffeepflanzungen der Regierung, die ich im Laufe der nächsten Tage flüchtig besuchte, waren halb verwildert, das Unkraut stand üppiger, als die mühevoll angepflanzten Fruchtbäume: und die Ananas, die zur Abteilung zwischen die Baumreihen gepflanzt waren, hatten sich des größten Teils des Bodens bemächtigt; nur die hohen Mangopflaumenbäume (Mangifera indica), die Aprikose der Tropen, welche größere Feldabteilungen umrahmten, ließen sich vorläufig noch nicht durch das kleinere Pflanzengelichter da unten stören und zeigten prachtvolle, kugelförmige Kronen, deren Blätter die Länge des Oleanderblattes mit der Breite und Farbe des edlen Lorberblattes verbinden. Noch hingen hier und da an den Stielen, die an die unserer herbstlichen, beerenlosen Weintrauben erinnern, Überreste verfaulter oder überreifer, braungoldiger Früchte.

Die Bewohner der Stadt: Spanier, Engländer und Neger, unterscheiden sich in vieler Hinsicht von einander. Obenan steht natürlich der spekulative, fleißige und nüchterne Sohn Albions, der auf der Insel die besten Geschäfte, hauptsächlich in Palmöl, macht. Ihm fühle ich mich versucht, den Neger anzureihen, d. h. den Neger in der Stadt, der an Mäßigkeit, Ausdauer und Fleiß über dem gewöhnlichen Spanier der Insel steht. Die Stadtneger sind Kolonisten aus Sierra Leona und Kruneger, die, verhältnismäßig wohlhabend und bedürfnislos, sich als Pflanzer, Handwerker, Wäscher, Fischer und dergl. ernähren. Viele von ihnen, die in den Missionen die Künste des Schreibens und Lesens erlernten, sind Handlungsdiener oder Aufseher bei den spanischen und englischen Kaufleuten und Plantagenbesitzern, erlernten die Sprache der Waldbewohner von Fernando Po und vermitteln den Geschäftsverkehr zwischen diesen und ihren Herren. Die Spanier fielen mir durch ihre krankhaft graugelbe Gesichtsfarbe, die matten, ausdruckslosen Züge und die schlaffe, kraftlose Haltung des Körpers auf. Zusammengesunken huscht solch ein erbärmliches Menschengestell, wenn es sich überhaupt einmal auf die sonnige Straße wagt, im Schutze eines Sonnenschirms dahin und wirft sich dann, im kühleren Hause angekommen, erschöpft und fast aufgelöst durch diese außerordentliche Anstrengung, auf das vielbenutzte Lager. Die Hauptbeschäftigung dieser verkommenen, unwürdigen Söhne einer kraftvollen Nation, die einst eine neue Welt vor sich zittern machte, in Fernando Po ist Schlafen, Essen, Trinken und Kartenspiel, oder die Nächte hindurch das Billard, das auch dorthin seinen Weg in früheren, besseren Zeiten gefunden hat. — Achtungswerter, weil ernst und redlich an der

Erfüllung ihrer großen Aufgabe arbeitend, sind die spanischen Missionare von der Gesellschaft Jesu, die mehr im Innern der Insel, hauptsächlich in Banebari und an anderen kleineren Orten, ihr mühevolles, opferreiches und an Erfolgen armes Leben unverdrossen verbringen. Ihre Bemühungen, die Abißas — nach Bastians „Dorfbewohner" — zur Annahme des Christentums und europäischer Gesittung zu bewegen, sind mit verhältnismäßig geringen, kaum in einigen nichtssagenden Äußerlichkeiten bestehenden Erfolgen belohnt.

Die Abißas, bekannter unter dem Namen „Bubis", der ihnen von den Europäern gegeben ist, weil sie jeden mit „Bubi", d. h. Freund, anreden, kamen erst nach der Entdeckung des damals, wie alle atlantischen Inseln, unbewohnten Eilands durch den Portugiesen Fernâo do Po, aus dem Gabunlande von den aus dem Innern herandrängenden M=pongwes verjagt, auf die Insel hinüber. Sie sind nur in den Wäldern ansässig, und in St. Isabel wohnen keine Abißas, denn trotz einer ungewöhnlichen Sanftmut in ihrem Charakter fühlen sie sich von den Europäern und deren Lebensgewohnheiten nicht angezogen. Frei und höchstens nur von Missionaren aufgesucht, leben sie in kleinen Dörfern, die sich dem an den Ufern der Insel entlang Fahrenden durch zahlreiche Rauchsäulen verraten, mitten im Walde und kommen nur in die Faktoreien der Weißen und die Stadt, um die Erzeugnisse ihres Landes — dieselben wie die ganz Westafrikas — zum Austausch gegen europäische Waren anzubieten. Zeuge werden von ihnen, im Gegensatz zu allen anderen Negern jener Länder, fast gar nicht verlangt, denn sie gehen, mit Ausnahme eines schmalen Schamtuches, das häufig aber auch nicht einmal vorhanden ist, nackt.

Ihr einziges Kleidungsstück, das nie fehlt, ist ein breitrandiger, oder besser, nur aus einer mächtigen Krämpe bestehender Hut, aus den zerspaltenen Blättern der Fächerpalme geflochten; derselbe wird auf dem dichten Haar durch lange, dünne Stäbchen oder Knochen, die wie kleine Spieße aus dem Flechtwerk hervorsehen, festgehalten. Das Haar, meist künstlich zu großen Toupets aufgedonnert, wird gewöhnlich mit gelber Erde, wohl Ocker, eingerieben, und zwar so, daß die einzelnen Haarsträhne mit der feuchten Erde zu kleinen Kugeln geballt sind. Um den Hals und die Handgelenke tragen sie aneinandergereihte Knochen oder Steine, auch wohl Fellstreifen oder reiche Schnüre europäischer Stickperlen. Ihre Bewaffnung besteht häufig in einem Feuersteingewehr, sonst in einer Lanze, seltener einer

Keule. Am linken Oberarm trägt jeder Mann an einer Schlinge ein
großes Messer in einer Holz- oder Hautscheide; die Frauen tragen
an derselben Stelle eine Tabakspfeife. Die Abiyas sind ein großer,
stark und kräftig gebauter Volksstamm von tief-dunkelbrauner Farbe,
leider aber, besonders bei Frauen, häßlichen Gesichtszügen. Ihr
Wesen ist sanftmütig und ruhig, und im wohlthuendsten Gegensatz
zu dem Schreien und Lärmen aller anderen Neger hört man von
ihnen, selbst beim Handel mit den Europäern, kaum einen heftigen
Wortwechsel.

Hermann Soyaux.*)

Am Benue.

Reisebilder von Gerhard Rohlfs.

Wir verließen nachts um 10 Uhr die Stadt Ubéni, wo der
Fetischdienst von den Negern am ausgeprägtesten betrieben wird.
An demselben Tage noch, als ich nachmittags Abschiedsaudienz beim
Sultan hatte, konnte ich mich davon überzeugen, welche eigentüm-
lichen Opfer diese Stämme ihren Götzen darbringen. War es ein
wirkliches Fest, oder war es, um den Zorn der aus Thon geformten
Götter zu versöhnen, weil ein Weißer mehrere Tage in den Mauern
der Stadt geweilt hatte, das konnte ich nicht erfahren.

Die Götter sind meist aus Erde, oft auch aus Holz geformt,
und bewohnen eigene kleine Hütten. In den Gegenden am Benue
sind es hauptsächlich Dodo und Mussa, denen man allgemeine Verehrung und Anbetung zollt. Es giebt nämlich Götter, die allgemein
sind, und Privatfetische; jeder hat z. B. seinen eigenen Hausgötzen,
außerdem hat man Stadtgötter, Thorgötter, Feld- und Gartengötter,
Flußgötter rc.

Als ich abends mit meinen Leuten die schmale Brücke über-
schritt, die uns aus dieser Hexenstadt mit ihren Blutopfern wieder

---

*) Dieser bedeutende Botaniker, Teilnehmer an den afrikanischen Expedi-
tionen von Homeyer und Pogge, dann Direktor der Woermannschen, von ihm
selbst angelegten Kaffeeplantagen am Gaboon schrieb außer zahlreichen Aufsätzen
in Zeitschriften das für das Studium Afrikas unentbehrliche Werk: Aus Westafrika, 1879. 2 Bde. Er hat handgreiflich die hohe nationale Bedeutung des
botanischen Studiums bewiesen.   B.

ins Freie brachte, dauerte es lange Zeit, trotz der herrlichen Nacht, trotz der lieblichen Gegenden, bis mir die Opfer, die ich nachmittags im Hause des Sultans mit angesehen hatte, wieder aus dem Sinne kamen. Immer schwebten mir im Geiste die Bilder vor, wie unter Pauken- und Trommelschlag nackte Sklaven Schafe, Hühner und Tauben abstachen, die irdenen Bilder mit Blut beschmierten und dann Federn daran klebten. Aber endlich riefen die Stille der Natur und die üppige Pflanzenwelt andere Gedanken hervor. Man sah, daß die Nähe des Benue hier schon einen mächtigen Einfluß auf die Entwickelung der Vegetation ausübte. Schweigend durchzogen wir die Ebene; denn nachts vermeidet man gern jedes Geräusch. Waren wir doch überdies in einer Gegend, wo fortwährend Krieg und Überfälle an der Tagesordnung sind, auf der äußersten Grenze der Macht der Fellata oder Pullo (Fulbe) nach Süden zu. Voran gingen zwei riesige Neger aus Keffi-abd-es-Senga; jeder trug auf seinem Kopfe einen 3 Ellen langen, an 80 Pfund schweren Elefantenzahn. Ich hatte das Elfenbein gegen meine Pferde ausgetauscht. Dann kam einer mit mehreren kleinen Zähnen, dann drei Sklaven, die unser Gepäck trugen, und den Schluß machten wir selbst.

Die Stille der Natur wurde fast durch nichts unterbrochen, nur zuweilen hörte man von fern das Krachen der Zweige im Gebüsch, durch welches ein unförmliches Flußpferd weidend sich den Weg brach, oder aufgescheuchte Vögel, welche eine andere Schlafstelle suchten, flogen kreischend davon. Mehrere Male wurde Rast gemacht, denn die Elfenbeinträger, obwohl es schien, als ob sie nichts zu tragen hätten, weil sie so rüstigen Schrittes vorwärts eilten, hatten doch von Zeit zu Zeit eine Erholung nötig. Nach einem vierstündigen raschen Dahineilen gelangten wir plötzlich in einen dichten, hohen Wald; nur tastend konnten wir vorwärts kommen, denn die Kronen der Bäume bildeten ein so dichtes Dach, daß kein Stern durchfunkelte. Indes war der Pfad ziemlich breit, aber viele im Wege liegende Baumstämme und große Wurzeln machten das Weitermarschieren sehr beschwerlich. Dann wehte uns plötzlich eine kühlere Luft an, der Weg wurde frei und vor uns lag eine weite Ebene. Unsere Träger hielten an und legten, sich gegenseitig helfend, das Elfenbein auf den Boden; ein Gleiches thaten die Gepäckträger. Schon glaubten wir, es handle sich um eine bloße Rast; als ich weiter vorwärts ging, sah ich, daß ein weiter, blanker See zu unseren Füßen sich ausdehnte.

Aber nein, es war kein See, es war der Benue. Nach rechts und links dehnte ſich das Waſſer, ſo weit man ſehen konnte, aus, doch gegenüber ſah man an einzelnen Lichtern und Wachtfeuern die Grenze des majeſtätiſchen Stromes. „Iſt dies das andere Ufer?" fragte ich die Neger. — „Nein, das iſt bloß eine Inſel, Loko, von Baſſanegern bewohnt, und hier werden wir bei Tagesanbruch überſetzen," war die Antwort. Sodann luden ſie uns ein, uns auf den Sand niederzuſtrecken, da bei Tagesanbruch, ſobald die Baſſa uns ſähen, ſie mit ihren Kähnen herüber kommen würden, um uns abzuholen. Wir labten uns mit einem Trunke Waſſers; ſeit wir abends die Stadt verließen, hatten wir trotz des ſchnellen Marſches nichts getrunken, weil niemand Waſſer mit ſich führte. Dann legten wir uns ruhig nieder und erwarteten, halb wachend, halb ſchlafend, den Morgen.

Beim erſten Grauen des Tages hörten wir ſofort Geſchrei und Lärmen und ſahen, wie von der mit Ölpalmen bewachſenen Inſel, auf deren nördlichem Ufer zahlreiche kleinere Hütten ſtanden, eine Menge Kähne ins Waſſer ſtießen und von nackten Negern auf die Stelle zu hingeſchaufelt wurden, an der wir uns befanden. Wir ſtiegen nun auch den Strand hinab, der jetzt beim niedrigſten Waſſerſtande des Benue ſehr breit war, und bald waren wir den Baſſa gegenüber. Dieſe ſchienen ſehr erſtaunt, ein paar Weiße vor ſich zu ſehen, denn hatten ſie jemals welche geſehen, ſo waren dieſe den Benue herauf in eigenen Schiffen gekommen. Anfangs ſchienen ſie uns ſogar für Fulbe, die ihre erbittertſten Feinde ſind, zu halten. Nachdem aber die uns begleitenden Neger ihnen die Verſicherung gegeben hatten, daß wir dieſem Stamme nicht angehörten, überdies keine Mohammedaner wären, ſondern Naſſara (Chriſten, mein mohammedaniſcher Diener Hammed ließ es ſich ganz gern gefallen, hier als Chriſt mit zu paſſieren), wollten ſie ſich ſogleich ohne weiteres unſeres Elfenbeins bemächtigen, ſowie des Gepäckes, um dieſes und uns in die ausgehöhlten Baumſtämme (ihre Kähne) zu werfen. So, dachte ich indes, geht das nicht. Die Menſchen ſind überall dieſelben, und wenn man in Italien oder im Oriente nicht wohl daran thut, ſich, ohne zu parlamentieren, in die Hände des bienenden Publikums zu geben, ſo glaubte ich auch hier vorerſt bingen zu müſſen. Wir riſſen ihnen alſo unſere Habe wieder aus den Händen, und ich machte ihnen begreiflich, daß ſie mir zunächſt den Preis für das Überſetzen ſagen müßten. Zu dem Zwecke legte ich

100 Muscheln (Kauris) auf den Boden und fragte durch Zeichen, wie viel sie solcher hundert haben wollten? Nach langem Streiten und Handeln wurden wir dann handelseins über 4000 Muscheln, was allerdings teuer genug war, wenn man bedenkt, daß es sich bloß ums Übersetzen handelte, 4000 Muscheln aber den Wert von einem Maria=Theresia=Thaler repräsentieren. Die anderen Neger, welche, wie ich gehofft hatte, uns bis nach Loko begleiten würden, erklärten dann, daß sie zurück müßten, um noch vor der großen Hitze Ubéni zu erreichen. Nachdem sie uns dann in die Baumstämme geholfen, die so klein waren, daß kaum zwei Mann darin Platz hatten, und wir deshalb mehrerer bedurften, nahmen wir Abschied, wir stießen vom Lande und wurden von den Bassa rasch nach ihrer Insel hinüber geschaufelt.

Die Ankunft von Fremden ist auf solchen Plätzen immer ein Ereignis, wenigstens des Morgens früh, wo alles eben vom Schlafe erwacht und noch nicht der Arbeit nachgegangen ist. Als wir landeten, hatte sich ein zahlreiches Publikum versammelt, das vielleicht noch außergewöhnlich vergrößert war, weil man längst gesehen hatte, daß zwei Weiße die Fremden seien. Wie besorgt ich nun anfangs war, mich so ganz ohne irgend eine Stütze unter den Bassa zu befinden, von denen die anderen dem Fulbe des Reiches Sokoto unterworfenen Negerstämme mir nicht schlecht genug zu sprechen wußten, so legte sich doch meine Besorgnis, da ich bald sah, daß alles Böse, was man von ihnen gesagt hatte, Übertreibung sei. Obgleich von Hunderten dieser Leute umringt, die sich so dicht wie möglich an uns herandrängten, uns befühlten und befragten, und sich dann wunderten, daß wir nicht in ihrer Sprache zu antworten vermochten, that man uns nichts zu Leide, sondern wir wurden einfach in einen von mehreren Hütten gebildeten Hofraum gedrängt. Man gab uns zu verstehen, daß wir uns setzen möchten. Nachdem uns dann eine recht nett aussehende alte Negerin ein Gefäß voll warmer Suppe gebracht hatte, fragte man uns durch Zeichen und Laute, ob wir denn gar keine der dort üblichen Sprachen verständen, und nacheinander nannten sie eine Menge Sprachen, als: Fulfulde, Berbertji, Arabtji, Haussa, Nupe ꝛc. Ich glaubte nun zu verstehen, daß unter ihnen Individuen wären, die eine dieser Sprachen verständen, und erwiederte sogleich Arabtji, Berbertji. Unter letzterem Worte bezeichnen nämlich alle diese Negerstämme die Bewohner und Sprache von Bornu (das Kanuri). Die Bassa schienen ebenso froh zu sein wie

ich, als ich Berbertji antwortete; es wurde gleich darauf einer fort-
geschickt, der dann mit einem anderen zurückkam, welcher uns schon
von weitem sein La-Le-La-Le, Ke lafia-le ṅda tegë etc.: „Sei ge-
grüßt; Friede; wie befindet sich deine Haut" ꝛc. entgegenrief.

Fand er sich im Anfange etwas getäuscht, daß ich nicht so fließend zu antworten vermochte, als er sich wohl gedacht hatte, so sah
er doch schnell ein, daß es sein Vorteil sei, uns zu Freunden zu
behalten, und ich meine gar, er sagte den Bassa, daß wir wirkliche
Kanuri vom Tsad-See seien, was sie indes nicht glauben wollten,
sondern ihm entgegneten, wir wären Inglese und Vettern von den
beiden weißen Christen in Lokoja (der bekannten, von Dr. Baikie
gegründeten Station an der Mündung des Benue in den Niger).
Er selbst war gerade nicht von Bornu, sondern von einer im Reiche
Sokoto gegründeten Kolonie Namens Lafia-Bere-Bere. Er sagte
mir dann, daß man eine Hütte für uns in Stand setze, und daß
der König der Insel mir einen Besuch machen würde, den ich später
zu erwiedern hätte.

Unterdessen nahm ich die Gelegenheit wahr, mich etwas umzusehen. Unser Kanuri erzählte mir, daß die Bassa auf Loko hauptsächlich von der Fähre lebten, da hier ein Hauptübergang sei; bei
Hochwasser sei die ganze Insel, welche jetzt etwa 16 Fuß über dem
Wasserspiegel lag, überschwemmt, und die meisten Leute zögen sich
dann aufs linke Ufer zurück, während nur die zur Besorgung der
Fähre unumgänglich notwendigen jungen Leute in hohen, auf Pfählen
ruhenden Hütten zurückblieben.

Die Bassaneger wohnten früher alle auf dem rechten Benue-
Ufer, wurden aber von den Fellata, ihren fanatischen Feinden, zurückgedrängt, so daß nur noch einige wenige Plätze von ihnen am
rechten Ufer behauptet werden. Die Bassa sind mit den Afo- und
Kotonegern eng verwandt und scheinen sanfter Natur zu sein; sie
nähren sich hauptsächlich von Fischen, die der Benue ausgezeichnet
und in unglaublicher Menge liefert. Dem Äußeren nach sind sie
echte Neger, ohne doch dabei häßlich zu sein. In der Jugend gehen
beide Geschlechter nackt, und unter den Erwachsenen haben die ärmeren Leute höchstens ein Schurzfell um die Hüften geschlagen.
Eigentümlich ist die Art ihrer Begrüßung, indem sie den Vorderarm
der Länge nach aneinander legen, derart, daß einer dem andern
den Ellenbogen umfaßt. Sie sind wie die Afoneger Fetischdiener,
ohne jedoch einen so ausgeprägten Penatendienst wie jene zu haben.

Endlich war die kleine, runde Hütte, welche man provisorisch aus Matten aufgeführt hatte, fertig, so daß wir einziehen konnten. Kaum hatten wir uns niedergelassen, als der Galadima oder König der Insel kam. Er besah alles, that viele Fragen mittels des Kanuri und sagte, er würde nach einem Araber als Dolmetscher senden. Im ganzen benahm er sich recht anständig. Als er sich entfernt hatte, war meine erste Sorge, ein Schiff zu mieten nach Imaha (wird auch von den Arabern und Sokotonegern Um=Aischa genannt), einem Orte, der drei Tagereisen unterhalb am Benue liegt und wohin wir zunächst mußten. Das war keineswegs leicht, nicht etwa deshalb, weil die Leute zu hohe Preise forderten — sie verlangten, ich glaube 10 000 Muscheln, was mit den 4000 für's bloße Übersetzen also in gar keinem Verhältnis stand —, sondern weil wir gar kein bares Geld, d. h. Muscheln, mehr hatten. Ich versprach ihnen, in Imaha zu zahlen, wo ich einen Burnus, das letzte Stück, was mir von meinen Waren geblieben war, zu verkaufen gedachte. Aber kein Mensch wollte Kredit geben; es blieb uns also nichts anderes übrig, als alle Kleidungsstücke, die wir entbehren konnten, zu verkaufen, um so die Summe zu stande zu bringen. Indem wir uns auf das notwendigste beschränkten, gelang es uns, 8000 Muscheln zusammen zu bekommen, und indem wir gleich im voraus bar bezahlten, konnten wir von den 10 000 Muscheln 2000 abbingen.

Nachdem dies in Ordnung war, machte ich dem Könige meine Aufwartung. Er mochte wohl ein hübsches Geschenk erwartet haben, ich konnte ihm aber bloß einige kleine einheimische Baumwollentücher geben, mit denen sich in Haussa die Weiber bekleiden. Damit gab er sich zufrieden, weil er selbst vorher gesehen hatte, daß wir gar nichts mehr besaßen. Er machte dann die freundschaftlichsten Versicherungen, und meinte, er wünsche nichts so sehr, als mit den Engländern direkt in Handelsverbindung zu treten. Ja, als ich zu Hause ankam, sandte er mir sogar ein Gegengeschenk: ein Huhn, trockene Fische, Madidi, d. h. eine Art Kleister in Bananenblätter gewickelt, und 1500 Muscheln bar.

Denselben Tag konnten wir natürlich nicht an die Abreise denken, und es war auch gut, daß wir blieben. Denn am Abend kündigte sich die Regenzeit mit einem solchen Tornado (Orkan) an, daß ich fest glaubte, es sei ein Erdbeben damit verbunden. Da das Unwetter gegen Sonnenuntergang hereinbrach, also um eine Stunde, da alle Leute ihren Topf auf dem Feuer hatten, so kann man sich

denken, wie sehr die Weiber sich beeilten, die Feuerstellen zuzudecken.
Die Windstöße waren so heftig, daß in einem Nu mehrere Hütten
weggeführt und Gott weiß wohin geweht wurden. Glücklicherweise
lag unsere Hütte zwischen anderen so geschützt, daß wir nicht zu
fürchten brauchten, fortgeweht zu werden. Das hinderte aber nicht,
daß, als die Wolken an zu brechen fingen, Ströme Wassers von
oben und unten hereinfluteten, so daß wir in einem Augenblicke
durchnäßt waren. Es ist gut, daß dergleichen Unwetter in der heißen
Zone nie lange anhalten; nach einigen Stunden hatten wir einen
vollkommen sternhellen und unumwölkten Himmel, und am andern
Morgen tauchte die Sonne wie neu aus dem Benue, dessen früher
staubige, dunkelbuschige Ufer jetzt durch den Regen rein gewaschen
waren und wie im Frühlingsgrün prangten. Bei uns in Europa
hat man keine Idee davon, wie rasch belebend der erste Regen auf
die tote Natur einwirkt. Schon nach einigen Tagen sproßt alles
neu und frisch aus dem Boden, welcher sich wie durch Zauber in
einen grünen Teppich voll bunter Blumen umwandelt. Und sobald
die Pflanzenwelt erwacht, thut es nicht minder die kleine Tierwelt;
Schmetterlinge und Käfer, die man sonst nur in Thälern, wo immer
fließende Bäche und Rinnsäle rieseln, bemerkt, treiben sich überall
herum.

Am andern Morgen endlich nahmen wir von unseren Bassa-
freunden in Lolo Abschied und bestiegen unsern hohlen Baum.
Dieser Kahn war gerade groß genug, um uns beherbergen zu
können; nur ein Neger stand auf dem Hinterteile, um mit einer
Schaufel das schnell stromabwärts treibende Schiffchen zu lenken.
In seinem Munde hatte er eine lange Pfeife, die bis auf den Boden
ging und nur von Zeit zu Zeit fortgelegt wurde, wenn die Lenkung
des Schiffchens vielleicht mehr Aufmerksamkeit wie gewöhnlich er-
heischte. Wenn uns ein anderer Kahn begegnete, dann wurde sicher
beigelegt, um einige Züge gemeinschaftlich zu schmauchen. Die meisten
hatten sogar ein kleines Feuer in einem irdenen Topfe auf dem
Vorderteile des Kahnes brennen, teils um Fische im Rauche des
Feuers vor Fäulnis zu bewahren, teils um die Pfeifen anzünden
zu können.

Es ist die Sitte des Rauchens hier bemerkenswert genug;
während z. B. in ganz Nord-Central-Afrika, Uabai, Bornu, Haussa,
Bambara 2c., überall Tabak gezogen wird, verwenden die dortigen
Einwohner dies Kraut nur zum Kauen, indem sie es pulverisiert

mit Natron mischen, zuweilen auch zum Schnupfen; erst in der Nähe des Benue wird das Rauchen allgemein.

An Abwechslung fehlt es bei dieser Fahrt natürlich nicht; zahlreiche Herden von Flußpferden, Haufen fauler Kaimans, die sich auf den Sandbänken sonnten, fliegende Fische, die unser Fahrzeug umgaukelten, in den dichtbelaubten Bäumen am Ufer Herden von Affen aller Art, die neugierig auf uns herunterschielten, — hier und da, und dies meist am linken Ufer, ein Negerdorf. Auch sah ich die mannigfaltigsten Vorkehrungen zum Fischfange; sie nahmen sich wie große Vogelbauer aus und standen überall an seichten Stellen im Benue. Die Zeit wurde mir nicht lang. Nachts legten wir bei einer Sandbank inmitten im Strome bei, unterhielten aber immer Feuer, damit die gefräßigen Kaimans nicht zu nahe herankämen. Am dritten Tage endlich waren wir im Angesichte Amahas, wo wir bei Sultan Schimmegë, einem Freunde des verstorbenen Dr. Baikie, die freundlichste Aufnahme fanden.

Der Kongostaat.

I.

Umfang des Kongostaates. — Ergebnisse deutscher Durchforschungen des Landes. — Das eigentliche Königreich Kongo. — Die eingeborenen Könige und Häuptlinge. — Die internationale Gesellschaft.

Der Kongostaat, d. h. das Areal, worin durch den Berliner Kongreß dem König der Belgier die Ausübung der Souveränität als ausschließliches Recht vertragsmäßig verbürgt worden ist, umfaßt einen Länderkomplex, der fünf- bis sechsmal so groß wie Deutschland ist, aber weder 80 Millionen Einwohner, nach Stanley, noch 25 Millionen, nach Hübner, sondern, nach Pr. L. Kund, höchstens 10 Millionen E. zählt, von denen ⁹/₁₀ noch keinen Weißen gesehen haben. So erfreulich es auch ist, daß der neue Staat, dem der hochherzige König der Belgier seine Fürsorge zuwendet, die Ausbreitung europäischer Kultur im Herzen von Afrika mächtig

fördern und dem Vordringen der mohammedanischen Barbarei einen
dauerhaften Damm entgegenstellen wird, so wenig ermunternd für
deutsche Kaufleute und Plantagenbauern sind die Aussichten, welche
dieses Land noch auf Jahrzehnte bieten kann. Die Afrikanische Gesellschaft in Berlin, welche der Wissenschaft und dem Handel schon
so viele und wichtige Dienste geleistet hat, sandte 1884 im wohl-
verstandenen Interesse Deutschlands eine Expedition nach dem Kongo,
die aus den Herren Premierlieutenant Kund, den Lieutenants Schulze
und Tappenbeck, Dr. Büttner und Dr. Wolf bestand, zu dem Zwecke,
das westliche Kongogebiet genauer zu studieren und namentlich die
hygienischen und klimatischen Zustände, die Produktionsfähigkeit des
Bodens, sowie die für Deutschland maßgebenden Handelsverhältnisse
mit unbefangenem, kritischem Auge — gegenüber den pomphaften
Schilderungen Stanleys und der Belgier — zu untersuchen. Das
Ergebnis dieser gewissenhaften, fast zwei Jahre, 1884—6, dauernden
Untersuchungen, welches Herr Premierlieutenant Kund in der Versammlung des Deutschen Kolonialvereins zu Berlin am 20. Januar
1887 und in der Junisitzung 1887 der Gesellschaft für Erdkunde
mitteilte, läßt sich in folgenden Sätzen zusammenfassen, die mit den
Untersuchungen von Pechuel-Lösche, Oskar Lenz, Tisdel, Max
Buchner und Mönkemeyer in allem Wesentlichen übereinstimmen:

1) Das ganze untere Kongogebiet von der Mündung bis Vivi
ist wegen der Unfruchtbarkeit des Lateritbodens, sowie wegen der
Spärlichkeit und Unregelmäßigkeit des Regenfalles für jede geregelte
Bodenwirtschaft größeren Umfanges durchaus ungeeignet.

2) Das Klima ist für Europäer am unteren Kongo in hohem
Grade gefährlich. (Von den hunderten Europäern, die im Dienste
der Internationalen Gesellschaft am Kongo beschäftigt waren, haben
kaum sechs Mann die kontraktliche Zeit von drei Jahren aushalten
können. Nach Ripperdey gingen z. B. auf der Station Manyango
innerhalb dreier Tage vier Missionare am hämaturischen Fieber zu
Grunde.)

3) Ohne eine Eisenbahn zwischen Vivi und Stanley Pool (15
bis 18 Tagemärsche), welche das obere Kongogebiet dem Handel zugänglich macht, hat der Kongostaat überhaupt keine Zukunft und
ist, wie selbst Stanley in seiner Erwiederung auf Pechuel-Lösche
(New-York Herald, 29. November 1885) eingestand, keine zwei
Schilling wert.

4) Eine solche Eisenbahn durch den Kataraktendistrikt wird

ungeheure Summen kosten und in den ersten Jahrzehnten die Betriebs=
kosten nicht decken.*)

5) Im ganzen ist nur der Uferrand des Kongo und einiger
Nebenflüsse (oft nur oberflächlich) bekannt; es ist demnach eine ge=
nauere Durchforschung des ganzen Gebietes das nächste und unab=
weisbarste Arbeitsziel.

Eine zuverlässige Belehrung über alle Kultur= und Produktions=
verhältnisse des Kongostaates findet man in der Schrift: Betrach=
tungen über das tropische Westafrika, speciell über das Unter=Kongo=
gebiet. Von W. Mönkemeyer, früher Chef der Kulturen zu Boma
am Kongo. Berlin, 1886. 60 Pf. — Dieser gründliche Sachkenner
schließt sich ganz den Ausführungen und Grundsätzen des Dr. Pechuel=
Lösche an, der nach eigener Anschauung der Dinge am Kongo es
zuerst wagte, den Übertreibungen des sonst so verdienten Stanley
entgegenzutreten und nachzuweisen, daß das Kongoland niemals ein
„Indien" für Europäer werden kann. Daß jedoch das obere
Kongogebiet für Handel und Plantagenbau weit bessere Aussichten
bietet, wird selbst der ärgste Pessimist nicht leugnen können, und
hier wird sich auch in Zukunft die Hauptthätigkeit der Europäer
geltend machen.

Das Verhältnis des Kongostaates zu den eingeborenen Besitzern
des Landes darf nicht, wie es oft geschieht, mit Stillschweigen über=
gangen werden; wir entnehmen eine kurze Darstellung desselben dem
Werke Stanleys**), der zur Gründung dieses Staates den Haupt=
anstoß gegeben hat:

---

*) In der Sitzung der Geogr. Gesellschaft in Wien vom 19. April 1887
sagte Dr. Lenz allerdings: „Ich bin überzeugt, daß diese Eisenbahn für die
ersten Jahrzehnte wahrscheinlich nicht einmal die Betriebskosten tragen wird,
aber," fügte er hinzu, „für mich steht es fest, daß der Kongostaat ohne diese
Bahn überhaupt nicht lebensfähig ist. Es wird mit Vollendung dieses Schienen=
geleises ein großer Umschwung in den ganzen Handelsverhältnissen am unteren
Kongo eintreten, der jetzt in Banana befindliche Handel wird an den Stanley=
Pool verlegt werden und von hier aus werden der mehr als 1000 Kilometer
schiffbare Kongo und seine Nebenflüsse bis hinauf zu den Stanley=Fällen von
den Dampfern befahren werden können. Die Buschbewohner an den Ufern
des Stromes können für längere Zeit noch Erzeugnisse liefern; es wird aller=
dings auch eine Zeit kommen, wo das Elfenbein selten wird und ganz aufhört,
bis dahin aber werden die Neger gelernt haben, andere Artikel für den europäi=
schen Händler zu beschaffen. Es scheint, daß jetzt die finanziellen Bedingungen
für den Bau der Kongobahn gegeben sind, und es wird damit zweifellos eine
bedeutende Kulturarbeit geschaffen, die freilich ihre Zinsen erst in später Zukunft
tragen wird".

**) Henry M. Stanley. Der Kongo und die Gründung des Kongo=

Baumgarten, Afrika. 24

Wie groß die Ausdehnung Kongos und der verschiedenen benachbarten Länder im 15., 16., 17. und 18. Jahrhundert und welcher
Art die politische Macht auch gewesen sein mag, welche die von den
alten Chronikschreibern in prahlerischer Weise Könige, Poten=
taten, Prinzen, Herzöge und Grafen genannten Häuptlinge
besaßen: gegenwärtig und bis so weit zurück, wie die ältesten Leute,
denen ich begegnet bin, denken konnten, deutet kein Zeichen darauf
hin, daß die Verhältnisse früher wesentlich verschieden von den
heutigen gewesen seien.

Das Kongoland ist ein Binnenland und im Süden von dem
oberen Laufe des Ambrisetteflusses begrenzt. Im Westen läuft die
Grenze nördlich bis zu einem etwa 45 km von Rokki entfernten
Punkte; von da geht dieselbe etwa 96 km weit in östlicher Richtung,
dann in gewundener Linie südöstlich, südlich und südwestlich, und
am westlichen Abhange der Maites Quemados oder „Verbrannte
Felsen" hin nach dem Ambrisette. Das Gesamtareal des Königreichs
beträgt etwa 4000 engl. Quadratmeilen oder 10 340 ☐ km. Die
Stadt des Häuptlings wird von den Eingeborenen Ambassi, von
den Portugiesen aber noch immer San Salvador genannt. Herr
Comber, welcher den Ort im Jahre 1878 besuchte, schildert den
König Totela als eine unbedeutende Persönlichkeit, obgleich derselbe
den Titel „Se. Maj. Dom Pedro, König von Kongo" angenommen
hatte. Die Nationalflagge war dunkelblau mit goldenem Stern in
der Mitte.

Alles übrige Land am linken Ufer des Stromes und an der
Küste wird von kleineren Königen in Anspruch genommen und steht
unter der Herrschaft von ebenso vielen Häuptlingen oder noch ge=
wöhnlicher von Gruppen von Ältesten, zu denen, je nach der Größe
des Distriktes, 3 bis 10 Personen gehören. Der landesübliche Titel
eines Häuptlings oder Ältesten, der 2 oder 3 Sklaven besitzt, ist
„Nfumu", was zweifelsohne gleichbedeutend mit „König" gewesen
ist. Nachdem aber die Sklavenbesitzer so zahlreich geworden sind,
ist der Titel allmählich von demjenigen, welcher in alten Zeiten
glücklicher Sieger über Tausende und dadurch der Herr seiner

staates. Aus dem Engl. von H. von Wobeser. Mit über 100 Abbildgn. und
Karten. Leipzig, Brockhaus, 1885. — Es ist wohl überflüssig, auf die Bedeutung dieses, alle Kolonialfragen des neuen Kongostaates umfassenden Werkes
hinzuweisen, wenn auch seine Schilderung des unteren Kongos den oben mitge-
teilten Korrekturen der deutschen Forscher unterworfen werden muß.

Gefangenen in Bezug auf Leben und Freiheit war, auch auf den
anmaßenden und ehrgeizigen Sklaven übergegangen, der mit Hilfe
seiner Schlauheit, Sparsamkeit und Betrügereien so viel Vermögen
zu erwerben gewußt hat, daß er sich selbst ein paar Sklaven hat
kaufen können. Hier und dort findet man wohl am linken Ufer
einen eingeborenen Herrscher, wie z. B. Makoko von Usansi, den
Sohn des gleichnamigen Makoko, der, als wohlhabender und mäch=
tiger Herr über ein erworbenes großes Gebiet, gestorben ist, dessen
nominelle Macht sich über ein, mehrere tausend Quadratkilometer
großes Gebiet erstreckt, und dem eine Anzahl von Dorfhäuptlingen
einen gewissen Respekt und Gehorsam bezeugen. Ein solcher Sou=
zerän ist auch Buguku von Ubuma. Aber selbst in dieser Form ist
die Macht eigentlich nur die stillschweigende Anerkennung der Se=
niorität im Range, in Bezeugung einer Achtung, wie sie in England
etwa ein wohlhabender Kaufmann dem Sprößling eines edlen Hauses
gegenüber hegt. Am rechten Ufer des Kongo findet man vielleicht
zwei oder drei hervorragendere Häuptlinge: Manipambu von Loango,
Mpumu=Ntaba von Mbe, die Nachfolger des Makoko, von dem in
jüngster Zeit vielfach die Rede gewesen ist, und Samuna, den Häupt=
ling von Nkanda bei Vivi.

Die Agenten der Internationalen Association, die mehr als 400
mit über 2000 Unterschriften versehene Verträge mit den Häupt=
lingen auf beiden Ufern des Kongo abgeschlossen haben, mußten sich
notwendigerweise mit diesen Thatsachen bekannt machen und bei der
Verteilung der von ihnen zu leistenden Zahlungen demgemäß ver=
fahren. An der Spitze dieser seltsamen Gruppen von Häuptlingen
steht stets ein von allen anerkannter Ältester, indes hat derselbe,
wenn sein Rang auch unbestritten ist, nur das Privilegium, für sich
eine größere Entschädigung, die häufig genug nur höchst unbe=
deutend ist, zu verlangen; aber selbst der kleinste Häuptling hat oft
die Macht, den Abschluß eines Vertrages zu verhindern, wenn er
glaubt, daß seine Ansprüche nicht berücksichtigt oder vernachlässigt
worden sind." Soweit Stanley.

Das Voranstehende gilt nur von dem unteren Kongo und ein=
zelnen Punkten weiter flußaufwärts; am mittleren und oberen
Kongo und an zahlreichen Nebenflüssen, die in das Innere des
Kontinents führen, und welche, nachdem Grenfell den Ubangi, Wiß=
mann den Kassai, v. François den Uriki und L. Wolf den Sankuru
und Lumani befahren haben, schiffbare Wasserstraßen von mehr als

8000 Kilometer Länge bieten, sind erst an wenigen Stellen geregelte
Beziehungen zu den Eingeborenen vorhanden, und es dürfte zweifel=
haft erscheinen, ob von dem kleinen Belgien aus dieser ungeheure
Länderkomplex genügend bewirtschaftet und geschützt werden kann.
Dr. J. Falkenstein (l. c. 34) wies schon vor zwei Jahren darauf
hin: „Kein mit den Verhältnissen Vertrauter wird sich darüber täu=
schen, daß wir an einen genügenden Schutz einzelner Stationen
längs des ganzen Laufes dauernd nicht denken können. Auch hier
wird, wie am Nil, die Zeit kommen, wo die wilde Bevölkerung von
allen Seiten herandrängt, um die Fremdlinge wieder zu verjagen,
und die Behauptung der Plätze würde, wenn sie überhaupt möglich
wäre, unendliche Summen von Kraft und Geld erfordern. Mir
würde daher nur die Sicherung des Kongo bis zur Stelle, wo er
schiffbar wird, nötig erscheinen, was ohne große Opfer zu bewerk=
stelligen ist. Da also, etwa am Stanley=Pool, oder an irgend
einer Stelle zwischen der Alima= und Quangomündung soll ein
großer und „fester" europäischer Handelsplatz entstehen, von dem aus
die Dampfschiffe den ganzen Strom befahren und aus dem „freien"
Negerlande die Produkte holen. — So gut wie dort schon große
Märkte bestehen, so gut wie an anderen Orten, z. B. der Samoa=
gruppe, die Eingeborenen sich daran gewöhnen, zu den Ankunfts=
tagen der Dampfer an den Landungsstellen zu kommen, so gut
werden auch hier die Neger zu dem regelmäßigen Stations=
handel zu erziehen sein."

Nach den Entdeckungen des Dr. Ludwig Wolf, der 1886 den
Kassai und dessen Nebenfluß Sankuru, sowie des letzteren Zufluß
Lomani hinauffuhr und dadurch das durch seine Kupferminen be=
rühmte Katangegebiet und das bereits von Livingstone seiner Frucht=
barkeit und seines Reichtums wegen gepriesene Mangemagebiet als für
Dampfschiffe zugänglich nachwies, wird in Zukunft der Hafen von
Leopoldville am oberen Kongo in den Vordergrund treten, denn
er bildet den Ausgangspunkt eines Wasserstraßennetzes, wie es im
Gebiete des Amazonas oder des Mississippi kaum in gleicher Aus=
dehnung vorhanden ist.

Wenn Dr. Falkenstein und alle anderen Forschungreisenden das
westliche Äquatorial=Afrika vom Niger bis Benguela für durchaus
ungeeignet zu Ackerbaukolonieen mit europäischen Arbeitern halten
und die Thätigkeit der Europäer nur auf Handelsunternehmungen
beschränkt wissen wollen, so macht doch dieser zuverlässige Forscher

eine Ausnahme mit Mossamedes und dem bis zum Cuene gehenden Küstenstrich, sowie mit dem Hochplateau jenseits des Randgebirges, wo das Land nach allen Berichten gleichmäßig gesund und zuträglich sei. Hierzu treten die Schilderungen des Dr. Pogge, welcher 1883 mit Lieutenant Wißmann den oberen Kongo bereiste. Sie fanden u. a. im Lande der Baschilange (22° 28′ östl. L.-Gr. und 6° 6′ südl. Br.) einen außerordentlich fruchtbaren Boden, so daß die Eingeborenen eine „reine Brachwirtschaft treiben und jedes Jahr neue Urbarmachungen für ihre Pflanzungen von Maniok, Büffelhirse, Bohnen, Pferdezahnmais, Erdnüsse u. s. w. vornehmen. Bataten, Yams, Baumwolle, Hanf, Tabak, Ricinus kommen vorzüglich fort, denn während der Regenzeit findet reichlicher Regenfall statt, während Kassandsche und Malandsche öfters durch Dürre heimgesucht wird. Dazu kommt die unerschöpfliche Menge des prächtigsten Nutzholzes für Bau- und Luxuszwecke in den Wäldern, die auch Harze, Kautschuk und Baumöl in Fülle liefern. Die Station ist bereits in raschem Aufblühen begriffen und vergrößert immer mehr ihre Felder und Herden".

Jedenfalls sind über diese und andere Gebiete des oberen Kongo, welche vielversprechend fruchtbar und scheinbar gesund gefunden worden sind, die Untersuchungen und Kultivationsversuche noch nicht abgeschlossen, aber wie sie auch schließlich ausfallen mögen, ohne die oben erwähnte Eisenbahn durch das Kataraktengebiet des Kongo werden sie wegen der Kosten und Schwierigkeiten des Warentransportes dem Handel niemals ein so ergiebiges Feld der Thätigkeiten bieten können, wie das Stromgebiet des Niger und des Benue, dessen sich die klugen Engländer — fast durch Überrumpelung — bemächtigt haben.

Baumgarten.

II.

Charakteristik der Bevölkerung. — Die Neger am unteren Kongo.

Die Menschen der Gegend, sagt Pechuel-Lösche, gehören alle einem Stamme an, dem der Bantuneger; sie scheiden sich aber in eine Reihe von Völkerschaften mit verschiedenen Dialekten und unzähligen kleinen Staaten. Der Häuptling herrscht oft nicht weiter als bis zum letzten Hause seines Dorfes; dennoch hält sich jeder von ihnen für den mächtigsten Fürsten. Je weiter man von der Küste

in das Innere vorbringt, umsomehr verschwinden die Spuren der
Einwirkung europäischer Kultur, umsomehr treten aber auch die
Eigentümlichkeiten der einzelnen Völkerschaften hervor. Im Innern
hat jedes Volk seine besondere Tracht, besondere Abzeichen, auch be=
sondere Verunstaltung des Körpers. Durchgängig sind die Männer
mehr bekleidet, als die Weiber.

Seitdem Stanley durch die Gegend gezogen ist, findet man auch
da schon vereinzelt Stücke europäischer Kleidung; so sieht man zu=
weilen einen Neger mit einem alten Cylinderhut, oder in einem ab=
gesetzten bunten Uniformrock einherstolzieren. Die liebenswürdigste
dieser Völkerschaften sind die Basunti, nördlich vom Kongo, die viele
Dörfer haben und starken Ackerbau, auch Fischfang treiben. Bei
ihnen haben namentlich die jungen Mädchen eine eigentümliche
Mode angenommen. Sie kneten aus Kohle, Ruß und Erdnußöl
eine ölige, klebrige Masse zusammen, mit welcher sie ihr Haar zu
einzelnen kleinen Knäueln zusammenballen. Wenn die Mädchen
schwitzen, läuft das Fett vom Kopf herunter, löst die Aschenkruste,
mit welcher der Körper fast immer überdeckt ist, auf, und versieht
so den ganzen Körper mit vielen lotrechten parallelen Strichen.

Die jungen Männer lieben es, den ganzen Körper mit einer
oder mehreren farbigen Massen einzusalben. So sieht man zuweilen
Basuntis, deren rechte Körperhälfte schwarz ist, während die übrige
im schönsten Hochrot prangt. Sie lieben ferner, den ganzen Körper
mit roten und blauen Perlen zu schmücken. Die Balwenden haben
weniger gutes Land, sind auch magerer und häßlicher als die Ba=
sunti. Die Batelen, die sich weiter nach Osten anschließen, schneiden
sich eine Menge Narben in die Wangen und flechten ihr Haar in
einen Zopf, welcher steif gemacht und nach vorne gebogen wird und
so wie ein Horn vorausragt.

Auch bei diesen Völkern zeigen sich schon gewisse dürftige An=
fänge einer Kunst. An solchen Stellen, wo der Boden ganz kahl ist,
macht man Ritzen in den letzteren, die einfach die Gestalt von Kreisen
haben oder bestimmte Dinge, z. B. Räder, Wagen, Schiffe, die sie
bei Stanleys Durchzug kennen gelernt haben, darstellen. In diese
Ritzen legt man Steine, die man oft weit herbeiholen muß, weil da
die Felsen meist mit der mürben Masse des Laterits überdeckt sind.
Die Wohnungen sind da überall ziemlich gleich. Weil man nicht,
wie an der Küste, Palmenblätter hat, bedeckt man sie mit Gras.
Auf dem gekrümmten Dach ist ein gewöhnlicher Aufenthaltsort der

Hühner, Katzen und Ziegen. Die Dörfer sind ziemlich reinlich, halten
allerdings den Vergleich mit den Dörfern an der Küste schon des=
halb nicht aus, weil das Wasser fehlt. Aus demselben Grunde
baden die Stämme im Innern nie, während die Küstenstämme dies
sehr häufig thun. Der Hauptverkehr bei den Stämmen des Innern
findet bei Gelegenheit der Wochenmärkte statt. Die Woche hat da
vier Tage. An jedem Tag ist in einem bestimmten Bezirk an einem
bestimmten Punkte Markt, der nach den Tagen der Woche benannt
wird. Zu diesen Märkten kommen die Leute mit ihren Nahrungs=
mitteln, einfachen Geräten und Haustieren, besonders Ziegen und
Hunden und sehr kleinen Hühnern von weitem herbeigezogen. Sie
tauschen dieselben einfach aus oder benutzen blaue Bruchperlen als
Zahlmittel. Gegen Fremde sind die Leute durchweg liebenswürdig.
Sie kaufen von ihnen mit Vorliebe bunten Flitterkram. Für ein
ganz leichtes, aber recht buntes Taschentuch bringen sie mehrere ihrer
kleinen Hühner oder zehn bis zwölf entsprechend kleine Eier. Die
Weiber bestellen das Feld, die Männer sorgen für Fleisch und Palm=
wein, hüten die Ziegen und treiben Fischfang. Am Kongo werden
die Fische vielfach geräuchert, um verschickt zu werden. Daß die
Leute der Gegend Kannibalen sind, ist vielfach behauptet, aber nie
bewiesen worden; daß es weiter im Innern Afrikas noch Menschen=
fresser giebt, ist nach den Aussagen der Leute allerdings sicher."

Die vorstehende Schilderung von Pechuel=Lösche ergänzen wir
durch die interessante Darstellung des Freiherrn Dr. A. von Dankel=
mann, welcher im Auftrage des Königs der Belgier zwei Jahre lang
das untere Kongogebiet studierte.*)

„Es existieren am unteren Kongo keine größeren Reiche, wie
wir sie in Central= und Ostafrika haben, die Bevölkerung zerfällt
vielmehr in eine Unzahl kleiner Stämme, die keine Beziehungen zu
einander haben und sich mehr oder weniger feindlich gegenüberstehen.
Die einzelnen Volksstämme wohnen dann wieder in Ortschaften weit
über das Land verteilt, ohne von besonders einflußreichen Herrschern
regiert zu werden. Die Verfassung ist eine republikanische, der ein=
zelne König oder Dorfhäuptling nimmt etwa die Stellung unserer
Dorfschulzen ein; er hat herzlich wenig zu sagen, und ebenso hat
auch der Stammeshäuptling kein allzu großes Ansehen; despotisch

---

*) Vortrag auf der III. Generalversammlung des Westdeutschen Vereins
für Kolonisation und Export. 1884.

regierende Herrscher giebt es nicht. Als eine besonders charakteristische
Eigenschaft der Völker am unteren Kongo muß es bezeichnet werden,
daß sie insgesamt eine große Abneigung gegen den Krieg haben;
man sucht thunlichst alle Streitigkeiten durch Verhandlungen, sog.
Palaver, die oft tagelang dauern, und bei denen eine erstaunliche
Redefertigkeit entwickelt wird, zu schlichten. Es zeigt dies eine nicht
zu unterschätzende Stufe von Gesittung, die beispielsweise seltsam
gegen das waffenstarrende Europa kontrastiert. Kommt es wirklich einmal zu Blutvergießen, so giebt es kein männermordendes Abschlachten,
sondern es fallen gewöhnlich nur ein paar ganz zufällig getroffene
Opfer dem Kriegsmoloch anheim, und dann wird die Sache alsbald
durch neue Palaver zu Ende geführt. Bewaffnet sind jene Völker
jetzt alle mit Steinschloßgewehren, die einen großen Handelsartikel
ausmachen, aber auch Hinterlader haben schon vielfach Eingang
gefunden.

Bei allen diesen Stämmen herrscht Polygamie, die Treue der
verheirateten Frau wird im allgemeinen sehr eifersüchtig bewacht und
Untreue hart bestraft; nicht ganz selten sieht man an Kreuzwegen
Holzkreuze errichtet, an denen menschliche Gebeine hängen: hier haben
die Ehebrecher ihre Schuld gebüßt, indem sie lebendig angebunden
und dann dem Hungertode überlassen wurden. Die Hauptlast der
Arbeit ruht auf den Frauen; sie haben die Felder zu bestellen und
den Hausstand zu versehen, während der Mann die Produkte des
Handels nach den Faktoreien trägt, in Palavern seine Redekunst
hören läßt, oder die Zeit mit Rauchen und süßem Nichtsthun
verbringt.

Im allgemeinen ist der Kongoneger gutmütig und leicht zu behandeln, umsomehr, je weniger er mit dem Europäer bis jetzt in
Berührung gekommen ist. Man kann augenblicklich von Vivi nach
Stanley-Pool mit einem Stock in der Hand wandern, ohne befürchten zu müssen, eine Gefährdung für sein Leben von Seiten der
Landesbewohner zu erfahren. Dort freilich, wo der Neger lange
bereits mit dem weißen Mann verkehrt hat, wie an der Küste, wo
er alle die niedrigen Leidenschaften desselben zu beobachten Gelegenheit gehabt hat, da ist er schwieriger zu behandeln. Ein jeder, der
den Neger und seine Natur in den verschiedensten Lebenslagen vor-
urteilsfrei studiert hat, wird zugeben müssen, daß der afrikanische
Schwarze, selbst wenn er Kravatte und geputzte Stiefeln trägt und
Missionsschulen besucht hat, im Durchschnitt nicht auf gleiche Stufe

mit dem Weißen zu stellen ist. Jenes Takt=, Pflicht= und Ehr=
gefühl, welches wir im allgemeinen bei dem Weißen finden, wird
man nie oder nur äußerst selten bei einem Neger erwarten können.
Der von der Kultur noch nicht beleckte und verdorbene Neger ist
wie ein kleines Kind; giebt man allen seinen Launen und Wünschen
nach, so wird er frech und aufdringlich, will alles und jedes haben,
was er sieht, und wird ein unausstehlicher Patron. Weiß man ihm
aber von vornherein seine Stellung deutlich zu machen, so ist er
sehr leicht zu lenken. Darin liegt das Geheimnis der großen Er=
folge Stanleys, daß er, wie sobald kein anderer, den Neger bei
seinen Schwächen, seiner Eitelkeit zu fassen weiß, seinen Charakter
und seine Gesinnungen eingehend studiert und durchschaut hat, so
daß er schließlich auch den Widerwilligsten sozusagen um den Finger
wickelt.

Der größte Feind alles Fortschrittes in Afrika wird stets die
heftige Abneigung des Negers gegen die Arbeit sein, obwohl er,
wenn er will, erstaunliches leisten und dann, nach harten Anstren=
gungen des Tages über noch bis spät in die Nacht hinein singen
und tanzen kann. Allein er arbeitet in den meisten Fällen nur ge=
zwungen. Das wenige, was er zu seinem Lebensunterhalte bedarf,
wächst von selbst, oder unter geringer Nachhilfe; ihn drücken keine
Sorgen um Steuern, Wohnung, Kleidung und Heizung, und des=
halb arbeitet er auch nur gerade soviel, als er absolut muß, um
sein Leben zu fristen und die Mittel zum Ankaufe einiger ihm werter
Genüsse, wie Tabak und Branntwein, zu verdienen.

Er wird nie der freiwillige und zugleich ausdauernde und zu=
verlässige Arbeiter des Weißen werden; er wird zwar hier und da
bereit sein, mit Hand anzulegen und gegen Bezahlung eine Ar=
beit übernehmen, sobald er aber genug verdient zu haben glaubt,
um sich einige Zeit dem vergnüglichen Nichtsthun hinzugeben, wird
er regelmäßig vom Arbeitsplatz verschwinden, und es wird auf ihn
für eine Zeitlang nicht zu rechnen sein.

Man denke nur an den verwahrlosten Zustand der westindischen
Inseln, vor allem Domingo und Jamaica, die seit Aufhebung der
Sklaverei und Zwangsarbeit so unendlich zurückgegangen sind.

Da, wo der Schwarze in Westafrika arbeitet, verlangt und er=
hält er notgedrungen regelmäßig mehr Lohn als bei uns der ge=
wöhnliche Tagelöhner und Arbeiter. Zimmerleute aus Akkra an der
Goldküste, die recht geschickt arbeiten, aber viel weniger Arbeit

täglich leisten, als ein weißer Zimmermann, erhalten 4—6 L. Lohn
pro Monat, außerdem noch freie Station, in der sie nicht selten
sehr anspruchsvoll sind und europäische Konserven verlangen. Hinlänglich bekannt sind die Preise, die zuweilen für Trägerdienste verlangt und bezahlt werden. Am unteren Kongo werden für einen
dreitägigen Marsch, wobei der Träger circa 30 kg zu tragen hat, nach
europäischem Geld circa 10 M. in Manchesterwaren und Rum bezahlt und womöglich noch Reis als Proviant für die Reisedauer
hinzugefügt. Dem gegenüber sei nur nebenbei angeführt, daß ein
deutscher Landbriefbote, der viel mehr Kilometer täglich zurücklegen
muß, um seiner Aufgabe gerecht zu werden, durchschnittlich 480 bis
590 M. pro Jahr erhält, in einzelnen Gegenden sogar nur 75 Pfg.
bis 1 Mk. pro Tag bei 8—10 stündigem Dienste. Schwer dürfte es
sein, einen Neger zu finden, der durch seiner Hände Arbeit es zu
etwas gebracht hätte. Die selbst nach europäischen Begriffen ganz
wohlhabenden Neger, die man an der Westküste von Afrika zuweilen
findet, und die es sich eine Ehre sein lassen, den sie besuchenden
Weißen mit Champagner und allerhand europäischen Konserven zu
bewirten, sind zu ihrem Reichtum, der es ihnen gestattet, aus Europa
eingeführte Holzhäuser zu bewohnen und diese mit Möbel und Ge-
rümpel aller Art höchst geschmacklos anzufüllen, nur durch den
mühelosen, Gewinn bringenden und von ihnen monopolisierten
Zwischenhandel zwischen Europäern und den Bewohnern des Hinter-
landes gekommen.

Je ferner von seiner eigentlichen Heimat man den Neger bei
der Arbeit verwenden kann, desto bessere Resultate wird man mit
ihm im allgemeinen erzielen, da er unter solchen Umständen nicht
jeden Augenblick die Sache liegen lassen und nach Hause gehen
kann, wenn ihm die Anstrengung leid wird. Die Arbeiter aus Zanzibar, welche unter Stanleys eiserner Faust den Dampfertransport
am Kongo bewerkstelligten, würden in ihrer Heimat diese Arbeit
jedenfalls nicht geleistet haben. Fern von derselben mußten sie aber
ausharren und konnten nicht davonlaufen, wenn sie nicht im ersten
besten Dorfe von den Bewohnern aufgefangen und zu Sklaven gemacht sein wollten; so würden sie ihre Heimat nie wieder zu sehen
bekommen.

Eine Institution, welche die Kongovölker mit allen mittelafrika-
nischen Völker gemeinsam haben, ist diejenige der Sklaverei, und es
ist wohl am Platz, bei diesem Punkte einen Augenblick zu verweilen.

Ein Sklavenhandel und Sklabentransport besteht bekanntlich im Gegensatz zu Ost= und Nordostafrika an der Südwestküste dieses Erbteils, soweit es die Beteiligung von Weißen an demselben be= trifft, nicht mehr, die portugiesischen Kolonieen etwa ausgenommen, wo eine Art Zwangsarbeit auf Zeit mit einer gewissen Berechtigung noch aufrecht erhalten wird. Das letzte Sklavenschiff hat etwa 1874 die Kongomündung verlassen, es kommt also diese Seite der Sklaven= frage für die Kongoländereien nicht mehr mit in Betracht. Aber gerade diese war die gehässigste. Im allgemeinen läßt sich wohl sagen, daß erst durch die Rohheit und Grausamkeit, mit welcher die Europäer die Sklaven, namentlich als der Handel mit denselben für illegitim erklärt und verpönt wurde, behandelten, die Institution den verabscheuungswürdigen und hassenswerten Charakter angenommen hat. Die Sklaverei unter Negern selbst hat einen ganz anderen, viel milderen Charakter. Der Neger betrachtet seinen Sklaven nicht wie der Europäer als eine Maschine, die man zu energischer Thätig= keit anspannen und ausnutzen muß, um Geld mit ihr zu verdienen, sondern ihm gilt der Sklave, da er selbst die rastlose Thätigkeit des Europäers nicht kennt, vielmehr als ein Mittel zur Gewinnung eines vermehrten Ansehens, denn als ein wenig rentables Anlagemittel seines Vermögens. Die Sklaverei unter den Negern selbst hat viel mehr den Charakter der Hörigkeit, als den, welchen wir gewöhnlich unter der Bezeichnung Sklaverei verstehen. Die Institution der Sklaverei ist daher auf das innigste mit dem ganzen Wesen der Neger verwachsen.

III.

Die Negerkönigreiche am unteren Kongo.*)

Der Distrikt zwischen dem Kongo und Loango, letzteres mit eingeschlossen, ist in drei Königreiche eingeteilt: Ngoyo oder Cabinda, Kakongo und Loango. Jedes ist von ziemlich beträchtlicher Aus= dehnung, und hinsichtlich der Größe stehen sie zu den winzigen

---

*) Herr R. E. Phillps, seit vielen Jahren in Ponto da Lenha an der Kongomündung als Kaufmann ansässig, übersandte der Geographischen Gesell= schaft in Bremen ein interessante sociologische Studie über „die Volksstämme am Kongo" (Deutsche Geogr. Blätter, 1884, Heft 4), woraus wir die nach= stehende Skizze herausgehoben haben.

Königreichen südlich vom Kongo in großem Gegensatze. Die Königreiche Ngoyo und Kakongo haben die Eigentümlichkeit, ungefähr seit
den letzten vierzig Jahren „Regentschaften" zu sein; wahrscheinlich
werden sie auch in Zukunft noch für unbestimmte Zeit ohne gekrönte
Häupter bleiben. Die „Regentschaft" ist nur nominell und in gewissem Grade eine Ceremonie; irgend welche besondere politische
Macht scheinen die Regenten nicht zu besitzen. Das Königreich
Kakongo sowohl wie Ngoyo ist in bestimmte Bezirke eingeteilt, und
die Häupter der bedeutendsten Städte halten Ordnung und entscheiden kleine Streitigkeiten. Es ist auch ein höherer Beamter vorhanden, der Mambuku, der in solchen Angelegenheiten zu Rate gezogen wird, die von den Häuptern der Bezirke nicht entschieden
werden können, auch giebt es einige Beamte, die unter dem Titel:
Mongovo Kapita bekannt sind, und einige andere. Der Mambuku
würde dem Könige folgen, wenn ein König vorhanden wäre, aber
da der „Regent" wenig Macht hat, so ist der Mambuku wirklich
der mächtigste Mann im Königreiche. Es giebt mehrere Mambukus
in verschiedenen Gegenden, aber nur einer von ihnen hat den erwähnten hohen Rang.

Das Königreich Loango wird von einem regierenden König beherrscht, aber seine wirkliche Macht erstreckt sich nur auf Gegenden,
die von seiner Stadt aus leicht erreichbar sind; die Regierung des
übrigen Teils des Königreichs (soweit es von den Franzosen oder
der internationalen afrikanischen Gesellschaft noch nicht in Beschlag
genommen wurde) ist in den Händen kleiner Potentaten, so wie sie
in Kakongo und Ngoyo bestehen. Dieser Übergang königlicher Macht
in die Hände von Lokalregenten ist gewöhnlich ein Zeichen teilweiser
socialer Auflösung; der plötzliche Wechsel der Verhältnisse läßt Unterwerfung unter eine centrale Autorität weniger zweckmäßig erscheinen
als sonst, denn solcher Wechsel mindert gewöhnlich die Notwendigkeit militärischer Leistungsfähigkeit. Tritt ein derartiger Fall ein,
so bleibt die monarchische Form erhalten, aber die Volksmacht steigt.
Wo der Wechsel plötzlich stattfindet, ist die bezeichnete Folge sehr
wahrscheinlich.

Im Königreich Ngoyo besteht eine Einrichtung, die augenscheinlich aus einer Zeit, die kriegerischer war als die jetzige, stammt, und
welche, obgleich sie ihren Nutzen verloren hat, doch in der Form
sich noch erhält. Ich spreche von einer Anzahl Nbunga (Zinbunga
im Plural) genannter Hofbeamten. Diese Leute bilden eine geheime

Organisation; sie tragen einen mächtigen Mantel aus Palmblättern, welcher sie vom Kopf bis zum Fuße bedeckt, und eine abscheuliche Maske überragt alles. Diese Maske dient wahrscheinlich dazu, daß jeder seine Gefährten erkennen kann, aber sie wird oben auf dem Kopfe getragen, das Gesicht ist vom Mantel bedeckt. Die Öffnung vorn im Mantel gestattet dem Träger herauszublicken, ohne selbst erkannt zu werden, und ferner dient sie dazu, einem Hakenstock freien Spielraum zu gewähren, mit welchem der Ndunga in allerlei kleine Gegenstände hineinhält, die er zu stehlen Lust hat. Diese Männer haben das Vorrecht, alles, was sie erreichen können, zu stehlen, ja, sie dürfen sogar den, der sich ihnen dabei widersetzt, töten, und vor allem töten sie jeden, der ihre Identität entdeckt. Nichts, was sie in ihrem Charakter als Ndunga thun, ist strafbar, und wenn sie sich im Walde verbergen und ihre Tracht ablegen, so weiß niemand, daß der Mann, der da in seiner gewöhnlichen Kleidung wieder heraus= kommt, Ndunga ist. Sie verstellen ihre Stimmen, wenn sie mit anderen reden und sprechen mit Fistelstimme. Dieses erhöht noch die durch ihr scheußliches Aussehen hervorgebrachte Wirkung. Nur durch die althergebrachte Sitte ist es zu erklären, daß bei dem gegen= wärtigen socialen Zustande des Volkes diese Inkognitoräuber noch geduldet werden. Sie sind eben ein Überbleibsel aus früheren Tagen, als der König noch mächtig, als die Bevölkerung noch in militärische Rangstufen eingeteilt, jeder der Sklave der höheren und der Herr aller niederen Rangstufen war. Wie erlangte aber in jenen Zeiten der Schwache Beistand gegen den Stärkeren, wenn er thyran= nisch behandelt wurde? Er hatte einen unbekannten Freund; der Ndunga klagte den Unterdrücker beim König an, ohne die Rache zu fürchten. Sie waren die geheime Polizei, welche den König von den Mißhandlungen der Stärkeren gegen die Schwachen in Kenntnis setzten. Die Dienste, welche sie dem Volke leisteten, waren von so großem Werte, daß die Ndunga für unverletzlich angesehen wurden, welche Räubereien sie auch begehen mochten. Ohne Zweifel pflegte der König die Ndunga zurückzuhalten, wenn er erfuhr, daß ihre Handlungen die Grenze der Mäßigung überschritten, aber sie müssen ihre Stellung durch ihren unzweifelhaften Nutzen behauptet haben, und das Ansehen, welches sie auf diese Weise erlangten, sichert noch heute ihren Bestand, obgleich sie ihren Zweck nicht mehr erfüllen. Was ich hier berichte, ist die Tradition, welche sich unter diesen Stämmen erhalten hat, mit Ausnahme der Voraussetzung, daß es

eine kriegerische Organisation des Volkes gewesen ist; wir müssen
dies aber, wie ich glaube, nach den bekannten früheren Funktionen
des Nbunga zu urteilen, doch annehmen. Es ist ziemlich augen=
scheinlich, daß als die Einsetzung der Zinbunga erfolgte, eine engere
Gemeinschaft bestanden haben muß, wogegen jetzt die einzigen
Spuren von Gemeinschaft gelegentliche Einmischung einer Stadt in
die Angelegenheiten einer andern und auch die Ansprüche einiger
Fürsten auf eine gewisse Herrschaft in einer der Nachbarstädte sind.

Das nördliche Ufer des Kongo hat ähnliche Züge hinsichtlich
der Regierungsform aufzuweisen, und in der Gegend, von welcher
aus ich schreibe, Ponta da Lenha, sind die Gemeinschaften einfach,
indem nur den benachbarten Häuptlingen von den Einwohnern eine
gewisse Ehrerbietung, je nach Stand und Macht, bezeugt wird; von
einer Unterordnung unter eine Centralherrschaft, König oder Regent,
ist hier nicht die Rede. Wenn wir den Fluß aufwärts gehen, finden
wir in Boma acht gemeinschaftlich regierende „Könige", die in den
Unterhandlungen mit weißen Kaufleuten präsidieren. So kommen
wir auch hier wieder auf eine gelegentliche Phase des Rückschrittes
der politischen Organisation; der vereinigte regierende Vorstand hat
etwas Ähnlichkeit mit der Einrichtung im Königreiche Ngoyo, wo
die Centralmacht verschwunden ist, und nur einzelne Lokalregenten
mit lediglich nomineller Lehnspflicht zurückblieben.

Das ganze südliche Ufer des Flusses und die das nördliche
Ufer begrenzenden Inseln von Ponta da Lenha bis Banana, wo
die Inseln enden, sind von Stämmen, die unter dem Namen Miso=
rongo bekannt sind, bewohnt; ihre Gebräuche und Sitten weichen
von denen der Stämme von Ponta da Lenha etwas ab. Sie
werden von Lokalkönigen und Beamten regiert, die nur Häupter
gewisser Städte sind, aber mehr persönliche Macht haben, als ihre
Nachbarn, die mit dem Cabindastamme ein Bündnis geschlossen
haben. Bis vor kurzem haben sie sich immer durch ihre Räubereien
ausgezeichnet, die nach einem gewissen System betrieben wurden.
Sie haben die Einrichtung der Nbunga nicht, aber es giebt hier
noch ein Überbleibsel einer anderen eigenartigen, Nkimbi (Plur.:
Zinkimbi) genannte Einrichtung, welche höher am Flusse hinauf von
den Yalafällen bis ins Innere in Blüte steht.

Die Zinkimbi gleichen den Zinbunga von Cabinda insofern, als
sie ebenfalls privilegierte Räuber, jedoch anderer Art, sind. Wir
müssen sie weiterhin noch genauer erwähnen, da sie die persönliche

Macht des Häuptlings vermehren. Wir finden hier auch die Sitte
der frühen Verlobungen und überhaupt einige Einrichtungen, die
von denen der anderen Flußstämme verschieden sind, wie z. B. die
größere Streitbarkeit der Misorongo. Indem wir diese Verschieden=
heit betonen, müssen wir doch zugleich anerkennen, daß bei vermin=
derter Kriegslust und zunehmender Industrie die Mißstände in der
Regierung sich abschwächen und vermutlich bald ganz verschwinden
werden.

In Bezug auf die Stämme höher am Flusse hinauf ist meine
Kunde nur sehr mangelhaft. Ich muß jedoch erwähnen, daß an den
Orten des südlichen Ufers gegenüber der Landstrecke zwischen Boma
und Vivi (welche beide Orte am nördlichen Flußufer liegen) die
Häuptlinge bis zu einem gewissen Grade Lehensmänner des Königs
von Kongo sind, d. h. des Herrschers des ehemaligen großen König=
reiches Kongo, das vom Flusse ab ziemlich weit ins Innere reichte
und an die portugiesische Provinz Angola grenzte.

Die persönliche Macht des Königs von Kongo scheint jetzt auf
eine kurze Strecke im Umkreis um die Stadt San Salvador und
auf dieselbe beschränkt zu sein, seine Gewalt über die untergeordneten
Häuptlinge bezieht sich nur noch auf die Bestätigung ihrer Wahl
durch die Ceremonie der „Krönung" oder auf die Überreichung ihrer
Amtstracht.

Seit ich diese letzten Bemerkungen niederschrieb, bin ich auf einen
Umstand aufmerksam geworden, der die Regel, daß gemeinsame Ge=
fahr die Macht des Königs stärkt, in helles Licht stellt. Die Ent=
faltung oder Behauptung königlicher Macht hat bis jetzt geruht und
ist erst durch die Notwendigkeit des Schutzes gegen die Ansprüche
der internationalen Gesellschaft erweckt worden. Nachdem diese weit
und breit das Recht der Herrschaft „erworben" hat, so wendet jetzt
der König von Kongo dagegen ein, daß die betreffenden Häuptlinge
seine Vasallen seien und verweigert die Rechtsabtretung anzu=
erkennen. Die in Frage stehenden Häuptlinge erkennen natürlich
lieber ihre Abhängigkeit vom König von Kongo, als von der „inter=
nationalen Gesellschaft" an, jetzt, nachdem sie wahrgenommen haben,
daß dieses die Bedingung ihrer „Verträge" ist, und es läßt sich
voraussetzen, daß von dieser Seite her versucht werden wird, der
Gesellschaft Widerstand entgegenzusetzen. In diesen Gegenden finden
wir die Zinkimbi, die ich schon erwähnte und denen ich jetzt noch ein
paar Worte widmen muß. Die Zinkimbi sind eine Anzahl Ein=

geborener, die für Zauberer gehalten werden, sich weiß bemalen, ihre
Lippen schwärzen und unbekleidet gehen, mit Ausnahme eines Zipfels
von Palmblättern, den sie mit Hilfe eines Bandes um den Leib
schlingen. Es gehört eine förmliche Unterweisung dazu, um in diesen
Orden eintreten zu können. Der Neuling wird von dem obersten
Zauberer unter den Einfluß eines kräftigen Einschläferungsmittels
gestellt, und man glaubt, daß die Wirkung der Medizin sei, den
Jüngling zu töten, jedoch der Zauberer erweckt ihn nach drei Tagen.
Danach ist er, wie sie sagen, ein anderer Mensch, bekommt auch
einen anderen Namen und erhält Unterricht in der Nkimbisprache,
eine Sprache, die, wie ich aus guter Quelle erfahren habe, den
übrigen Eingeborenen sowohl ihrer Bedeutung, als dem Ursprung
nach ganz unbekannt ist. Zwei Monate lang ist das Waschen verboten und allerlei feierliche, geheimnisvolle Gebräuche werden erlernt,
deren Natur ich nicht kenne. Einige sagen, daß Fleischspeisen dann
für immer verboten sind, aber ich weiß nicht, ob das wirklich so ist.
Diese Zinkimbi sind den Häuptlingen bestimmter Gegenden ergeben,
doch kenne ich ihre Funktionen nicht. Sie weigern sich, ihre Muttersprache zu sprechen, wenigstens so lange sie in ihrer eigentümlichen
Tracht sind, und sie dürfen jeden, der sie mit ihrem früheren Namen
anredet, töten. Dies ist alles, was ich über die Zinkimbi weiß,
aber es ist ganz offenbar, daß eine, so wie die der Kongo-Einge-
borenen eingerichtete, Gemeinschaft, solch eine Institution nicht ins
Leben rufen konnte; die einzige, mir hierfür möglich erscheinende
Erklärung ist, daß in früheren Zeiten diese Gegend von einer
erobernden Rasse überwältigt worden ist, die einen Orden von Priestern mitbrachte, welche zugleich Zauberer waren, und daß einige
aus der besiegten Rasse in den Priesterorden aufgenommen worden
sind, die dann die Vorrechte der Sieger hatten. Der Priesterstand,
der sich gewöhnlich einer älteren Sprache bediente, als der sonst ge-
bräuchlichen, behielt diese geheiligte Sprache bei und überlieferte sie
späteren Nachkommen, wie die Nkimbisprache wirklich eine überlieferte ist, und nur durch diese Annahme kann ich eine Antwort
auf die Frage „Woher kam diese fremde Sprache?" finden.

                                                R. C. Phillips.

Mussumba.

Ein Städtebild aus dem Lunda-Reiche im Süden des Kongostaates.

Mussumba, die Hauptstadt des Matiamvo*) im Lunda-Reiche, bietet zur Anlage einer Station den Europäern nicht bloß ein gesundes Klima, sondern auch, obschon 150 b. Meilen von der Küste im Innern gelegen, mehr Sicherheit des Lebens und des Eigentums als manche Küstenstadt.

Das Klima der Gegend von Mussumba gleicht in der That dem eines nicht heißen Sommers in Deutschland, sodaß der Europäer dort ebenso leben kann, wie in seinem Vaterlande, ohne im geringsten von der Witterung ungünstig beeinflußt zu werden. Der Reisende, welcher von einem heißen, nicht gesunden Küstenstriche allmählich weiter und weiter nach Osten zieht, trägt den besten Maßstab eines heißen und nicht milden, günstigen und ungünstigen Klimas an seiner Gesundheit von Gegend zu Gegend mit sich fort, und wenn er 8 Monate lang und länger in Ländern gereist ist unter ungewohnten Entbehrungen und Strapazen aller Art, die an der Küste die verschiedensten Krankheiten zur Folge haben würden, ohne auch nur im geringsten von einer Unpäßlichkeit befallen gewesen zu sein, so wird er berechtigt sein, das Klima als ein ganz besonders gesundes zu schildern; und unter dieser Voraussetzung kann ich das Klima der Länder zwischen dem Lulua-Fluß und Mussumba, sowie den letzteren Ort selbst, für außerordentlich angenehm und gesund erklären. In zweiter Linie würde sich Mussumba besonders darum für europäische Ansiedelungen eignen, weil der ganze Volksstamm des Lunda-Reiches, namentlich aber die Einwohner in der Mitte des Landes, die Kalunda**), ein gutmütiges, friedliches und dem Europäer gewogenes Volk sind. Während diejenigen Kalunda, welche, fern von ihrer Hauptstadt***), das Land bewohnen, nicht intelligent genannt werden können, zeichnen sich die

*) Matiamvo st. Muata Jamvo (Großer Vater Jamvo), nach der Aussprache der Eingeborenen.
**) Ka heißt der Mann, Lunda das Land; Kalunda, der Lunda-Mann.
***) Das Land der Kalunda beginnt wenige Tagereisen westlich vom Kassat-Strome und ist nicht zu verwechseln mit dem der Kiolo, welche ebenfalls in Lunda wohnen und Unterthanen des Muata Jamvo sind.

Bewohner von Muſſumba durch Intelligenz und Umgänglichkeit im
Verkehr mit den Weißen vorteilhaft vor allen mir bekannten Ein=
geborenen aus.

Die regelmäßige Handelsverbindung, welche die Hauptstadt ſeit
vielen Jahren durch Vermittelung ſchwarzer Händler mit der Küſte
unterhält, die Tributſendungen der verſchiedenen Häuptlinge von
Lunda an Muata Jamvo, und die damit verbundene langjährige
und fortdauernde Berührung mit andern Stämmen werden das
Ihrige dazu beigetragen haben, die Einwohner von Muſſumba, ſpe=
ziell die Mitglieder der Dynaſtie Muata Jamvo's, auf eine ver=
hältnismäßig hohe Kulturſtufe zu bringen.

Muſſumba bietet denn auch dem Weißen einen ungleich an=
genehmeren Aufenthalt als irgend ein anderer Ort in dem von mir
durchreiſten Gebiete. Ein freundliches, ehrerbietiges Benehmen wird
ihm von allen Seiten entgegengebracht, und die ca. 10 000 Ein=
wohner zählende Stadt mit dem Hoflager des Fürſten, den Großen
des Staats, den zum Beſuch weilenden Handels= und Tribut=Kara=
vanen ferner Länder, mit Freien und Sklaven, mit Reichtum und
Armut, eröffnet ihm in ethnologiſcher Beziehung ein reiches Feld
für ſeine Thätigkeit. Wer in Lunda gereiſt iſt und gewohnt war,
in menſchenleerer Wildnis oder in jämmerlichen 1 bis 200 Seelen
zählenden Dörfern zu 'leben, wird beim Betreten von Muſſumba
denſelben Eindruck empfinden, den vielleicht der europäiſche Dorf=
bewohner beim erſten Beſuch der großen Reſidenz ſeines Vaterlandes
erhält. Während in den gewöhnlichen Dörfern von Lunda kein
öffentlicher Kaufmarkt abgehalten wird, und die Häuptlinge ihren
Unterthanen an perſönlicher Einfachheit faſt gleichkommen, findet
zur großen Bequemlichkeit des Reiſenden in Muſſumba täglich wäh=
rend der Vormittagszeit ein bedeutender Markt ſtatt, auf dem Lebens=
mittel und Induſtrieprodukte feilgeboten werden, und das luxuriöſe
Hofleben Muata Jamvo's, ſowie das Treiben der zahlreichen Men=
ſchen bietet reichlich Stoff zu intereſſanten Beobachtungen und zur
Unterhaltung. Das luſtige, geräuſchvolle Volksleben erreicht ſeinen
Höhepunkt in den regenloſen Sommertagen, hauptſächlich des Nachts;
da erleuchten nach allen Richtungen hin, von nah und fern, zahl=
reiche Wachtfeuer, hoch auflodernd, den Himmel; von allen Seiten
ertönt der Tam=tam, die Trommel, und der gellende Chorgeſang
zum Tanze, ohrenbetäubend und ſchlafverſcheuchend wirkend auf ein
nicht an das geräuſchvolle Leben der Großſtadt gewöhntes Ohr.

Eine Schattenseite, hervorgerufen durch die häufigen Intriguen zwischen den zahlreichen reichen Familien, ist in Mussumba die Fetischverdächtigung. So lange ein Reisender nur kleine Dörfer berührt, wo die Einwohner unter ihrem Häuptling gleichsam eine Familie bilden, sind Fetischverdächtigungen äußerst selten, während in der großen Hauptstadt Fetischerklärungen mit Hinrichtungen seitens des Häuptlings oder Gifttrinken sehr häufig sind. Muata Jamvo selbst ist sehr abergläubisch, sodaß die Ursache des kleinsten Ereignisses stets auf Zauberei zurückgeführt wird; indessen ist jeder Weiße eo ipso vom Verdachte des geistigen Zauberverbrechens ausgeschlossen, da er in Folge seiner geistigen Überlegenheit mit dem Häuptling auf derselben Stufe rangirt. Muata Jamvo gilt in seinem Reiche als der größte Zauberer, der als solcher heimlich schützen und strafen, aber niemals von einem Menschen als Zauberverbrecher angeklagt werden kann. Ein Europäer in Mussumba müßte sehr unvorsichtig sein und ganz besondere Umstände müßten eingetreten sein, um ihn bei den Eingeborenen in den Verdacht der strafbaren Zauberei zu bringen. Muata Jamvo gab einen besonderen Respekt vor meinen Fähigkeiten kund, wenn er sich regelmäßig allerlei Gegenstände, z. B. Spiegel, Brennglas, Salz, Ziegen ꝛc. von mir holen ließ, um sie zu gebrauchen, wenn er, wie üblich, fast alle 4 Wochen einen oder zwei Tage im Geheimen mit seinem Zauberassistenten beschäftigt war, Staatszaubermedizin zu bereiten.

In Mussumba ist man stolz darauf, schon seit so langer Zeit mit den Europäern gehandelt zu haben, und die ganze Nation betrachtet es als ein besonderes Glück, wenn eine Karavane von Küstennegern oder gar ein Weißer die Hauptstadt besucht. In ganz Lunda, so sagt man in Mussumba, sei noch niemals — so lange ein Muata Jamvo regiert — ein Küstenhändler erschlagen worden, und als der jetzige Herrscher im Mai 1874 den schwarzen Händler Deserra, aus Ambacca in Angola, hinrichten lassen wollte, weil er nach dem Tode des Vorgängers im Verdacht stand, gegen seine Thronbesteigung intriguiert zu haben, traten sämtliche Kilolos (Edelleute) und die Lukokescha (Königin) zusammen und protestierten gegen die Exekution, um das Land nicht mit der Schande eines Mordes an einem Händler von der Küste zu beflecken.

Der Landwirtschaft ist Boden und Klima von Mussumba besonders günstig. Die weite, nach vielen Quadratmeilen zählende Ebene von Mussumba ist ein Grasmeer mit wenig Büschen und

Bäumen, in dem unzählige Stationen überall die ausgedehntesten
Plantagen und Viehweiden anlegen könnten. Überall sind die Mul=
den zwischen den Hügeln von Bächen durchfurcht, welche klares und
gesundes Wasser liefern und in einzelnen Schluchten der Bäche,
sowie auf dem Plateau nach Kabebe befinden sich mächtige Urwälder,
welche das Bau= und Brennholz liefern. Obgleich die Eingeborenen
reichlich Lebensmittel bauen und Muata Jambo sogar recht ansehn=
liche Plantagen besitzt, so beschränkt sich der bebaute Boden im
Verhältnis zu den weiten unbebauten Flächen auf ein Minimum,
sodaß von eigentlichem Ackerbau in unserm Sinne überhaupt nicht
die Rede sein kann. Ähnlich verhält es sich mit der höchst unbedeu=
tenden Viehzucht, die namentlich durch Einführung von Rindvieh
einer außerordentlichen Entwickelung fähig werden könnte.

Dr. Paul Pogge.

(Mittheil. der Afrik. Gesellschaft. Berlin 1880. II. 3.)

Dondo,

ein Fiebernest in Angola.

Dondo am Koanza, dieses giftigste Fiebernest von ganz Angola,
weit berüchtigt wegen seiner Hitze, in dem der Weiße zu beständiger
Kränklichkeit verurteilt ist, wo man es kaum wagen darf, während
des Tages weiter als eben nur über die Straße zu gehen, liegt
gerade am oberen Ende der Koanzaniederung, gerade da, wo sich
diese mit einer dreieckigen Bucht zwischen die Berge hineinschiebt.
Die vollständig eben gelegene, mit einer Zone von Maisfeldern
umgebene Ortschaft, bedeckt einen verhältnismäßig ziemlich aus=
gedehnten Raum, da alle die in zierlichem und sehr entsprechendem
Stil gebauten steinernen Häuser der Kaufleute weite Höfe und
Lagerschuppen umschließen. Es mögen davon ungefähr fünfzig hier
sein. Vier oder fünf besitzen ein oberes Stockwerk, alle anderen
haben nur ein Erdgeschoß, Glasfenster giebt es hier nicht mehr, sie
sind auch gänzlich entbehrlich bei der gleichförmig schwülen Tempe=
ratur, die hier Jahr aus Jahr ein herrscht. Eine sehr schadhafte
Kirche, die äußerlich jedes Schmuckes entbehrt, eine Kaserne und

ein Gefängnis, aus deſſen vergittertem Innern beſtändig ſchwarze Geſichter herausgrinſen, dann oben auf dem Berge das höchſt dürf= tige Hospital und zugleich verfallene Fort mit drei zerbrochenen Kanonen ſind die öffentlichen Gebäude. In der Mitte ein großer viereckiger Platz, mit Cajabäumen (Sgondias lutea) aus Braſilien bepflanzt und einige gerade breite Straßen, überall voller Unrath, dahinter und außen herum drei oder vier Gruppen von Negerdörfern mit ihrem Labyrinth ſchmaler, ſchmutziger Gaſſen von Strohzäunen und Strohhütten, dann vorne am Palmenufer des Koanza eine zer= tretene Wieſe, auf welcher die kleinen, ſchwächlich ausſehenden Rinder und Ziegen der Gemeinde weiden und wo unter Tamarinden, Maſu= meiras und Cajas der tägliche Markt abgehalten wird, ſind die weſentlichſten Sehenswürdigkeiten. Namentlich der Markt mit den großen, zu Reihen geordneten Schüſſeln weißſchimmernden Maniok= mehles, mit den Haufen von Maiskolben, von Bohnen und Erbſen, von Brennholz und gedörrten Fiſchen, hinter welchen robuſte ſchwarze Hökerinnen ſitzen, um die ſich unter dem nie fehlenden Ge= zänk und Gepolter den ganzen Tag ein dunkles Gewimmel von Negern und Negerinnen ſtreitet, dürften den Neuling am meiſten intereſſieren. Dort hat man auch Gelegenheit, zu beobachten, welche elende Raſſe dieſes feindliche Klima erzeugt. Da iſt kaum eines der vielen nackten dünnbeinigen Kinder mit dicken aufgeſchwollenen Hängebäuchen ohne fauſtgroßen Nabelbruch und jedes zehnte dieſer verkümmerten menſchlichen Weſen iſt einäugig und lahm. Hier kann man die abſchreckendſten Dinge von ſchlecht geheilten Beinbrüchen, Contracturen, Brandwunden und Geſchwüren ſehen. Hier ſah ich das Entſetzlichſte, was mir jemals vorgekommen — ein lebendes Skelett, mit Schmutz bedeckt, in ſchmutzige Lumpen gehüllt, mit ſtruppigem Haar, ſtatt des Geſichtes nichts als eine unförmliche Geſchwulſt voll vertrockneten Eiters mit zwei tiefen Löchern, von denen das eine Zähne fletſchend, Mund und Naſe, das andere ein bereits verlorenes Auge bedeutet, während das zweite Auge noch unverſehrt aus ſeiner Höhle hervorleuchtet. Es iſt offenbar ein bösartiger Krebs an der Schädelbaſis, was dieſe fürchterliche Zer= ſtörung angerichtet hat. Seitdem ich neulich ſo unvorſichtig geweſen bin, jenem unglückſeligen Scheuſal einen Macuta zuzuwerfen, tanzt es jeden Morgen vor meinem Fenſter auf der Straße unten, und ein zahlreiches Publikum von Weibern und Kindern ſteht herum und freut ſich mit äffiſchem Gebaren des gräßlichen Anblicks.

Auch unter den Weißen und Halbweißen sieht man hier die traurigsten Gestalten. Namentlich die wenigen Mischlingskinder sehen erbärmlich leidend und freudlos aus und auch bei ihnen findet man nur zu häufig Geschwüre der schlimmsten Sorte. Was für elende Existenz führt hier so mancher kleine Kaufmann, der hohl= wangig, gelb und vom Fieber geschüttelt, dazu verdammt ist, Tag für Tag in seinem kleinen Laden zu lauern, hinter lauter Schund= artikeln, schlechten Messern und schlechtem Kattun, roten Uniform= röcken und rot angestrichenen Steinschloßgewehren mit fichtenen Schäften, eben nur gemacht, um damit die dummen Neger um ihren Kaffee, ihr Wachs oder ihren Kautschuck zu prellen.

Es fehlt übrigens nicht an manchen anziehenderen Bildern in Donbo. Man begegnet hier schon einer Menge wild aussehenden, mit Katzenfellen behangenen Volkes aus dem Innern und aus den südlichen Gegenden, welches als Träger hierher geraten ist, und fast täglich kommen und gehen Karavanen, meist von und nach Ca= sengo, dem großen Kaffeedistrikte. Am häufigsten· sind Bailun= das, kenntlich durch fingerlange Löckchen über dem ganzen Kopf, die sie aus ihren krausen Haaren geflochten und durch Stirnbänder fest= gebunden haben. Solche Karavanen, bis zu 80 Mann stark, bivoua= kieren des Nachts um große Feuer gelagert in den Höfen der Kauf= häuser und ist das Wetter gut, so ertönen schöne melodische Lieder bis zum frühen Morgen gen Himmel. Regnet es, so flüchten sie sämtlich unter den Schutz der Gebäude, verlegen Flur und Treppen, und kommt man spät nach Hause, so ist es oft schwer, über alle die schlafenden menschlichen Körper hinweg, sein Zimmer zu er= reichen. Während des Tages lungern sie dann auf den Straßen herum und verschachern ihren Verdienst, lange Stücke weißen Baum= wollenzeuges, gegen andere Artikel, wobei es nicht selten zu Prü= geleien kommt.

Fast mit jedem Dampfer gehen jetzt etliche fünfzig kontraktlich engagierte Schwarze aus dem Lande der Libollo als Arbeiter für San Thome nach Loanda. Jeder mit einer Blechnummer um den Hals und mit Gepäck beladen, marschieren sie gewöhnlich in ge= schlossener Kolonne an Bord und ein mächtig klingender, sehr har= monischer Gesang feiert auch bei ihnen den Abschied vom Vaterlande. Die musikalischen Leistungen der hiesigen Neger, wenigstens soweit sie vokaler Natur sind, verdienen alle Achtung. Vor einigen Tagen wurde ich morgens um vier, als es noch dunkel war, durch ein merkwürdig ergreifendes Klagelied, welches ganz Dondo durchhallte, geweckt. Sechs Negerinnen unter Anführung eines Mannes liefen durch die Straßen und verkündeten singend, daß einer der Ihrigen gestorben sei. An zwei Stellen von Dondo haben sich Schmiede aus Ambaca angesiedelt und fertigen, beschirmt von niedrigen Strohdächern, mit denselben naiven Blasebälgen und Hämmern, von denen bereits Exemplare im Berliner Museum sind, eiserne Hacken zum Bearbeiten der Erde.

Die gelehrten Stände sind in Dondo durch zwei Hindus aus Goa vertreten. Hindus aus Goa trifft man überhaupt häufig hier zu Lande, namentlich als Priester. Auch der hiesige Priester und der hiesige Arzt sind Söhne des Lotosblumenlandes. Dr. Collaco ist ein sehr angenehmer und hervorragend gewissenhafter Kollege, mit dem ich mich oft und gern unterhalte. Er ist derselbe, der seinerzeit in Benguella Cameron an seiner Glossitis behandelte. Als rühmenswerte Ausnahme geistigen Strebens, als ein Mann, der seine Bibliothek besitzt und sich lebhaft für Naturwissenschaft interessiert, ist ferner Herr Fortunato Zagury, einem alten Judengeschlecht auf den Azoren entsprossen, zu nennen. Diesem echten Gentleman sind wir Reisende zu großem Dank verpflichtet. Denn er war es, der sowohl Herrn von Meschow als auch mir die nötigen Träger verschaffte.

Dr. M. Buchner.

Mittheil. der Afrik. Ges. 1879. III.

Central-Afrika und die Neger-bevölkerung.

Kurzer Blick auf die Geschichte der schwarzen Rasse*).

Die schwarze Rasse, speziell die Neger, ja selbst die Fulbe haben nie Reiche von solcher Bedeutung und Dauer zu gründen vermocht, wie die Azteken, Centralamerikaner und Peruaner. Die Negerstaaten sind in ewiger Fluktuation begriffen, in alter Zeit waren in Westafrika die Soninkié oder Serrakolets und Malinkié oder Mandingos die Hauptmächte; erstere sind jetzt bedeutungslos und es stehen nur noch die Mandingos und die Fulbe auf der Bühne. Im Mittelalter gründeten die Berbern mit den Serrakolets die Reiche Ghanata und Melle. Viele Negervölker sind ganz geschichtslos, es giebt aber selbst in der weißen Rasse ungeschichtliche, roh gebliebene Stämme. Das aus Ostafrika stammende Hirtenvolk der Fulbe drang, nach Barth, vor mehreren Jahrhunderten gegen Westen vor, stürzte mehrere Negerreiche und gründete die Staaten Massina, Gando, Sokoto und Adumua und erreichte im 16. Jahrh. den oberen Senegal, wo es im 18., vermischt mit den Mandingos und Joloffs ein großes westislamitisches Fulbereich stiftete, während seine Aussenblinge zwischen Niger und Tschadsee das östliche Fulbereich gründeten. 1848 rief sie ihr Haupt El Hadji Omar zu einem Glaubenskampf gegen die heidnischen Neger und Franzosen auf, der 1860 mit einem für letztere günstigen Waffenstillstand endigte. Omar unterwarf hierauf bis zu seinem Tode 1864 eine

---

*) Nach Perty, Anthropologie II.

Anzahl Völker des Westsudans und vereinigte sie zu einem Reiche, sein Sohn setzte den erbitterten Kampf fort, der noch mehrere Jahre wütete. — Baker behauptet, der allgemeine Charakter des Sudans sei höchstes Elend; von Ägypten schreibt er (die Nilzustände in Abyssinien, II, 247), die Menschen seien an den Ufern des Nils noch eben so roh und wild, wie zur Zeit des Baues der Pyramiden. „Der Nil ist ein Segen, der jetzt bloß halb zu Wirkung kommt, aber es wird eine Zeit eintreten, wo die Welt mit Bewunderung auf ein mächtiges Ägypten blicken wird, dessen wogende Kornfelder über dieselben durstigen Wüsten, wo jetzt nur das Kamel mit der erschöpften Natur zu kämpfen vermag, bis in die weitesten Fernen laufen. Von einigen hohen Punkten werden die Menschen auf ein Netzwerk von Kanälen und Becken blicken, welches das von Fruchtbarkeit überquellende Land überall durchzieht.“

In Abyssinien blühte im 4.—7. Jahrh. n. Chr. das Reich von Axum, wo das Gheez gesprochen wurde; es bestand aber schon vor der christlichen Ära eine Kultur daselbst, das Christentum wurde von 330 n. Chr. an eingeführt. Später wurde das Reich sehr durch die Kämpfe mit den Mohammedanern geschwächt, seit dem 16. Jahrh. durch die Gallas verheert. Nach der Vernichtung der Herrschaft Kasa's (Kaiser Theodor I.) durch die Engländer 1868 fiel das Land wieder in Anarchie, die wohl zur Stunde noch nicht beendigt ist.

Das berberisch-maurische Reich Marokko ist bis auf den heutigen Tag auf einer ziemlich tiefen Kulturstufe stehen geblieben, war früher ein Piratenstaat, dem die kleinen europäischen Seemächte bis in die vierziger Jahre dieses Jahrhunderts Tribut bezahlten, in den letzten Jahrzehnten mit den Spaniern und (wegen Ab el Kader's Unterstützung) wiederholt mit den Franzosen in Krieg verwickelt, der mit Niederlagen endigte.

Die neueste Zeit charakterisiert sich einerseits durch das fast unaufhaltsame Vordringen des Mohammedanismus vom Sudan aus nach Süden und Westen, andrerseits durch das Eindringen europäischer Kolonieen und christlicher Religion und Kultur von allen Küsten des Festlandes aus nach dem Innern. Hoffentlich wird der Fortschritt des halbbarbarischen, kulturfeindlichen Islam zurückgedämmt werden.

Die Kulturbefähigung der Neger.

Vom Herausgeber.

In dem letzten Jahrzehnt ist die Negerbevölkerung Afrikas von zahlreichen Forschungsreisenden und Missionaren so eingehend studiert worden, daß das höchst ungünstige Urteil mancher Ethnographen sich wesentlich geändert hat; namentlich wird keiner mehr alle Neger= völker über einen Kamm scheeren und allgemeine absprechende Mei= nungen wie die Franklin's: „Der Neger ist ein Tier, welches mög= lichst viel ißt und möglichst wenig arbeitet," unterschreiben wollen. Als Carus 1849 die bis dahin angestellten Studien zusammenfaßte*), kam er zu dem Ergebnis: „Der typische Kopfbau des Negers zeigt ein weniger entwickeltes Vorderhaupt, aber ein ausgebildetes Mittel= haupt bei einem gewöhnlich sehr stark ausgebauten Hinterhaupt. Zieht man die Lehren von der Grundbedeutung dieser Kopfgegenden zu Rate, so erhält man den Begriff eines Seelenlebens mit niederer Befähigung zu hoher Intelligenz, aber bei viel Gemütlichkeit mit starkem Begehren und kräftigem Wollen. — Die Möglichkeit zu einem wenn auch etwas materiellen, aber doch immer echt mensch= lichem Lebensglück." — Bekanntlich ist die Negerrepublik Liberia, die der Geograph Ritter 1853 als einen „Lichtpunkt" bezeichnete, zum größten Teile in die alte afrikanische Barbarei zurückgefallen; doch zeigen sich auch hier unter allen Mißständen Anfänge einer bessern Gesittung und eines Rechtsbewußtseins, welches diese Neger, im Laufe eines dazu jedenfalls nötigen längeren Zeitraumes, der europäischen Kulturstufe näher zu bringen verspricht.

Zu den Negern, die sich durch Talente und Kenntnisse oder durch literarische Leistungen ausgezeichnet haben, gehören noch der Negerbischof Dr. Crowther, die Naturforscher Ferguson und Lead= betters, der Autodidakt Ellis, ein Schmied aus Alabama, der Latein, Griechisch und Hebräisch gelernt hatte. Bekannt ist der Schauspieler Ira Aldridge. Die Civilisationsfähigkeit der Neger ist nach den Stämmen derselben äußerst verschieden. Rohlfs stellt z. B. die Neger von Lagos sehr hoch: er fand dort eine schwarze Salondame, welche die schwierigsten Stücke von Beethoven und Mozart meister=

---

*) C. G. Carus, Über die ungleiche Befähigung der verschiedenen Menschheitsstämmen für höhere geistige Entwickelung. Leipzig 1849.

haft spielte. Dagegen spricht der Missionär Morlang von „affen-
artigen Negerstämmen" am oberen Nil. — In den amerikanischen
Schulen ist nach Speke vielfach beobachtet worden, daß Negerknaben
schneller fassen als die weißen und daß sie besonders untereinander
schlagfertig in scharfen Antworten sich zeigen. — Übrigens sind,
nach Rohlfs, die Negervölker des Sudans in der Kultur weiter
vorgeschritten, als unsere Vorfahren vor 2000 Jahren waren.

Die bisherigen Untersuchungen über die geistige Begabung des
Negers faßt Friedrich Müller (Allgemeine Ethnographie, 2. Aufl.
Wien 1879, p. 153—5) in folgenden Worten zusammen:

Der vorwiegend receptiven Grundlage des Gemütes entspricht
auch die geistige Begabung des Negers. Im Allgemeinen sind alle
jene Geistesgaben, bei deren Bethätigung es vor allem auf Nachahmung ankommt, beim Neger gut entwickelt, während er in betreff
jener Geistesfähigkeiten, wo ein selbständiges Denken erfordert wird,
auf einer niederen Stufe steht.

Das Negerkind ist in den ersten Jahren seiner Entwickelung,
wo es ausschließlich auf's Aufnehmen von Kenntnissen ankommt, in
der Regel dem weißen Kinde überlegen; es bleibt aber in der Periode der Pubertät, wo die selbständige Verarbeitung der aufgenom-
menen Kenntnisse und Erfahrungen beginnt, stehen, während das
weiße Kind stetig fortschreitet. Hiermit in Übereinstimmung steht
auch die oft gemachte Wahrnehmung, daß der Neger gleich dem
Kinde mit einem eminenten Gedächtnisse begabt ist und z. B. sehr
leicht fremde Sprachen, oft mehrere zu gleicher Zeit zu erlernen im
stande ist. Dagegen zeigt er gar keinen Sinn für Zahlen. Dies
geht so weit, daß oft ein Individuum nicht einmal sein Alter anzugeben im stande ist. Während die Azteken in Central-Amerika
einen Kalender konstruiert haben, der den griechischen an Genauigkeit
weit übertrifft, haben die Negervölker es stets nur zu einer unvoll-
kommenen Zeitrechnung gebracht.

Mit diesen Bemerkungen steht jene, daß der Neger namentlich
im Handelsverkehr mit den Fremden große Findigkeit und List zeige,
nicht im Widerspruche. Gerade dieser Zug illustriert so recht die
Beschränktheit des Negers, aus der das Mißtrauen, die Quelle der
List, leicht zu erklären ist. Pflegen ja in der Regel geistig nicht
besonders entwickelte Weiber in betreff der List und Findigkeit selbst
hochbegabte Männer zu übertreffen.

Die Beschränktheit des Negers offenbart sich auf anderer Seite

darin, daß er alles, was über die Capacität seiner Geisteskräfte
hinausgeht, d. h. was er nicht im täglichen Leben mit eigenen
Augen geschaut hat, dem andern unbedingt glaubt. Über das un=
mittelbar Gesehene durch Schlüsse hinauszugehen und sich über das
von anderen Gehörte selbst eine bestimmte Meinung zu bilden, ist
nicht des Negers Sache. Daher findet selbst das Unsinnigste und
Lächerlichste beim Neger Glauben und der erste beste Betrüger, der
es versteht, seine Phantasie gefangen zu nehmen, vermag ihn zum
Spielballe seines Willens zu machen.

Diese an einzelnen Individuen gemachten Erfahrungen bestäti=
gen auch vollkommen die Negervölker. Dieselben, seit uralten Zeiten
mit höherstehenden Rassen verkehrend, haben es in der sogenannten
äußeren Kultur, deren Formen bloße Produkte der Nachahmung sein
können, ziemlich weit gebracht, sie haben sich aber nie zu einer selb=
ständigen höheren Kultur erhoben. In allem, wo es auf die Ini=
tiative ankommt, sind sie immer von den höheren Rassen abhängig
gewesen; selbst die Bildung von Einheitstaaten scheinen die Neger
dem Impuls des Islam ausschließlich zu verdanken. Gleich dem
unselbständigen Kinde wurden und werden sie von anderen geleitet.

Wenn man bedenkt, daß andere Rassen unter denselben oder
viel ungünstigeren klimatischen und materiellen Verhältnissen, z. B.
die Amerikaner in Mexiko und Peru, es zu derselben oder einer
höher entwickelten Kultur gebracht haben, wiewohl sie nicht dem
Einflusse höher gebildeter Rassen ausgesetzt waren, oder dort, wo
letzteres stattgefunden (z. B. auf Java), sie den Neger bei weitem über=
troffen haben, so kann man nicht umhin, eine gegenüber anderen Menschen=
varietäten viel geringere geistige Begabung der Negerrasse anzunehmen.

Diese Inferiorität der Negerrasse in geistiger Beziehung zeigt
sich auffallend sowohl in der mangelhaften Benutzung der von der
Natur dem Menschen zur Verfügung gestellten Schätze, als auch in
dem Verhältnisse, welches, wie die Geschichte bestätigt, die Negerrasse
stets zu den anderen Rassen eingenommen hat.

Manches in Afrika einheimische zähmbare Tier war der Neger
zu zähmen nicht im stande, während dem Weißen dies stets gelang.
Seit den ältesten Zeiten finden wir, wie die ägyptischen und west=
asiatischen Denkmäler darthun, den Neger als Sklaven im Dienste
der weißen Völker, wodurch sich, stritten nicht dagegen Christentum
und Moral, ein historisches Recht der am höchsten entwickelten
weißen Rasse auf die Sklaverei des Negers ableiten ließe.

Im ganzen und großen wird man aber in betreff des Negers bei der von unbefangenen Beobachtern gemachten Bemerkung bleiben müssen. Der Neger läßt sich zwar abrichten, aber nur sehr selten wirklich erziehen."

Die neuesten Erfahrungen teilt Konst. Rammstedt in der Kolon.-Zeitung von 1887 (4. u. 5. Heft) mit. Er erkennt, wie die neuesten Forscher, im Sklavenhandel, der keine Sicherheit im Besitz des Erworbenen aufkommen ließ, die Hauptursache der Faulheit der Neger. Über die Kulturbefähigung der Neger spricht er sich wie folgt aus:

„Von einzelnen Gelehrten ist die Behauptung aufgestellt, es sei vergebliche Mühe, Afrika zu erschließen, da der Neger nicht fähig sei, die Kultur in sich aufzunehmen, und die niedrige geistige Stufe des Negers werde durch die niedrige Stufe der Gliederung Afrikas gerechtfertigt. Die Ansicht möchte ich als irrig bezeichnen, wenigstens lassen sich gegen dieselbe hunderte von Beispielen anführen. Die unter der Leitung des schwarzen Bischof S. D. Ferguson stehenden Erziehungsanstalten der Protestant Episcopal Mission nehmen, mit wenigen Ausnahmen, nur Kinder der Natives auf. Sie lernen dort lesen, schreiben, rechnen u. s. w., und werden dort besonders talentvolle Schüler zu Lehrern und Missionaren ausgebildet. In Kap Palmas befindet sich das sogenannte Asyl, eine Erziehungsanstalt für Töchter von Eingeborenen, und in Half-Cavally, einem Negerdorfe etwa vier Stunden vom Kap, ist das Hofmanns-Institut, in dem Knaben bis zum sechszehnten Jahre ihre Erziehung erhalten. Verheiratet werden die jungen Christen nach vollendeter Erziehung miteinander und in besonderen Dörfern und Kolonieen angesiedelt. Mancher schwarze Missionar oder Lehrer, der im schwarzen Tuchanzug den Weißen mit europäischen Manieren begrüßt und in gutem Englisch zu unterhalten versteht, trägt die über der Nase sich hinziehende blaue Marke, der beste Beweis, daß die direkten Abkömmlinge von sogenannten wilden Eingeborenen sehr wohl unsere Kultur in sich aufzunehmen im stande sind. Mich besuchte in Harper häufig ein solcher, in dem Hofmanns-Institut erzogener Schwarzer, dessen Vater, ein Grebro-King, ihn der genannten Schule übergeben hatte. In dem Institute hatte er den Namen Appelton als Familiennamen erhalten, und war nach beendigter Erziehung nach Fishtown, einem Negerdorfe, unter lauter Eingeborene als Dorfschullehrer geschickt worden. Bei einem solchen Besuche brachte er auch seine Frau, die im Asyl erzogen war, mit. Ich bat beide, an meinem Nachmittagskaffee teilzunehmen, und ganz wie Europäer wußten sie sich zu benehmen. Ein Gespräch entwickelte sich über naheliegende Sachen, und nur zu natürlich kam Mr. Appelton auf seine Kinder zu reden. Er erzählte mir von seinem zehn= jährigen Söhnchen, der so besonders gut lerne und den er gerne in eine deutsche Schule geben möchte; doch seien die Kosten zu uner= schwinglich für ihn; ob ich nicht behilflich sein könnte, seinen Wunsch zu verwirklichen. Über seine Schule äußerte er: Die Schule wird an fünf Tagen der Woche regelmäßig mit dem Vorlesen eines Ab= schnittes aus den Büchern des Neuen Testaments, in der Grebro= sprache, eröffnet. Die täglich gebrauchten Bücher sind das New American Spelling Book, Reader's Arithmetics, Grodrich's Child's Pictoral History of the United States, Mitchell's first and second Lessons in Geography, Richardson's Temperance Lesson Books und Fuster's Story of the Gospels and Bible mit farbigen Jllu= strationen. Die Kinder sind begierig zu lernen. Die Nativekinder besonders schätzen ein Buch mehr als die Kinder von Liberianern.

Geistige Erzeugnisse und Geistesverfassung der Neger.

Sprichwörter und Rätsel. — Zwei Beschuanenmärchen. — Kulturfeindlicher Ein= fluß der arabischen Märchen. — Charakteristische Gespräche: Burton und der Neger ohne Zahlensinn. Mit dem Obmann der Eseltreiber. Der mohammeda= nische Glaubenseiferer und der skeptische Neger. Der Missionar und sein Schüler.

Sehr viele Negersprachen, vor allen die Mpongwesprache, sind ungemein reich an Sprichwörtern, worin sich bekanntlich der Witz und die Weisheit eines Volkes am charakteristischsten kundgiebt. Die Sprichwörter sind das ungeschriebene Gesetz und das Sittenbuch dieser Naturvölker und bei den Mpongwe stehen dieselben in solchem Ansehen, daß man von einem sehr weisen Manne sagt: Er versteht die Sprichwörter.

Wir geben einige der charakteristischsten:

Der Steigbügel ist der Vater des Sattels (Aller Anfang ist schwer).

Der Faden ist gewohnt, der Nadel zu folgen.

Die Fußsohle kommt in allen Schmutz des Weges (Schlechter Umgang ꝛc.).

Ohne Pulver ist die Flinte nur ein Stock.

Fast bringt nichts ins Haus.

Eine einseitige Erzählung ist nicht allemal richtig; höre auch die andere Seite, ehe du entscheidest.

Wer eine schöne Frau nimmt, nimmt Unruhe ins Haus.

Heute ist der ältere Bruder von Morgen.

Ein Tag Regen macht die Dürre von Wochen gut.

Das Schlinggewächs will mit jedem Baume verwandt sein.

Man soll nicht den Fisch fragen, was auf dem Lande geschieht, und die Ratte nicht, wie es im Wasser aussieht.

Der Tod brachte den Fisch in den Palast.

Wenn der Fuchs stirbt, trauert keine Henne, denn der Fuchs zieht kein Hühnchen auf.

Wenn der Fisch getötet ist, wird ihm der Schwanz ins Maul gesteckt (Wer den Schaden hat, braucht für Spott nicht zu sorgen).

Die Sterne folgen dem Mond, wie die Küchlein der Henne.

Die Leute meinen, der Arme sei nicht so klug wie der Reiche, denn, fragen sie, wie könnte er arm sein, wenn er klug wäre.

Der Sklave ist kein Stück Holz (wörtlich: Kein Kind eines Baumes). Wenn er stirbt, weint seine Mutter, denn auch der Sklave war einst ein Kind in seiner Mutter Hause.

Zorn zieht Pfeile aus dem Köcher, Geduld Nüsse aus dem Sack.

Wohin ein Mann sich wendet, sein Charakter geht mit ihm.

Außer den Sprichwörtern besitzen diese Völker auch viele Märchen und Rätsel. Wenn die Familien im Mondenscheine an Sommerabenden in dem offenen Hofe sitzen, welcher den Mittelpunkt der Wohnung ausmacht, und die Märchen sind erschöpft, so ergötzt man sich an Rätselaufgaben und über glückliche und unglückliche Lösungen derselben erhebt sich ein mehr als homerisches Gelächter. Solche afrikanische Rätsel sind z. B. folgende:

Wie heißt die kleine verschlossene Kammer, die voll Nadeln ist? — Der Mund mit den Zähnen.

Welchen kleinen Berg kann niemand ersteigen? — Das Ei.

Was kann jeder zerschneiden und doch sieht er nicht, wo er es zerschnitten hat? — Das Wasser.

Im allgemeinen gilt von den Erzeugnissen des dichtenden Volksgeistes der Neger das zusammenfassende Urteil von Friedrich Müller, der dieselben auf Fabeln, Rätseln und Sprichwörter beschränkt. „Namentlich die letzteren, sagt er, zeugen von einer besonderen Originalität und angeborenem Mutterwitz. Die lyrischen Gesänge sind bei dem engen Gefühlskreise des Negers unbedeutend; die besseren derselben lassen fremden, arabischen Einfluß nicht verkennen."

Charakter und Gemütsleben eines Volkes treten am augenscheinlichsten und prägnantesten in dessen Märchen- und Erzählungslitteratur zu Tage, deren Wichtigkeit für die Kulturgeschichte erst gegenwärtig in ihrem ganzen Umfange gewürdigt wird. So zeigen denn auch die zahlreichen Märchen, welche sich die Betschuanas seit alten Zeiten erzählen, trotz manchen ungeheuerlichen, barbarischen Seiten Züge des lebhaft auffassenden afrikanischen Geistes, welchem selbst höhere moralische Regungen nicht fern liegen. In dieser Beziehung sind die folgenden zwei Märchen, deren Mitteilung wir dem katholischen Missionar Casalis verdanken, weit charakteristischer als manche weitläufige Sittenschilderungen.

I.

Kammapa und Litaolane.

Vor sehr alten Zeiten ging einmal das ganze Menschengeschlecht zu Grunde. Ein Ungeheuer, das man Kammapa nennt, verschlang alle, die Großen wie die Kleinen. Dieses Tier hatte eine solche Länge, daß die schärfsten Augen kaum von dem einen Ende zum andern sehen konnten. Nur Eine Frau blieb auf Erden übrig. Diese entging der Gefräßigkeit der Kammapa, weil sie sich versteckt hatte. Sie gebar einen Sohn in einem alten Kuhstalle. Als sie ihren Neugeborenen genau betrachtete, staunte sie nicht wenig, seinen Hals mit Amuletten geschmückt zu sehen.

„Da dem so ist" — sprach sie — „soll sein Name Litaolane (der Prophet) heißen. Armes Kind, in was für einer Zeit bist du zur Welt gekommen! Wie wirst du dem Kammapa entgehen? Was werden deine Amulette dir nützen?" So sprechend, sammelte sie draußen einige Handvoll Düngerstroh, die ihrem Säugling als Lager dienen sollten. Als sie aber wieder in den Stall trat, wäre sie vor Schreck und Staunen beinahe des Todes gewesen: das Kind war schon zum Manne herangewachsen und hielt Reden voll Weisheit. Litaolane ging sogleich hinaus ins Freie und wunderte sich über die Stille und Öde ringsumher. „Mutter" — sprach er — „wo sind denn die Menschen? Giebt es niemanden auf Erden außer dir und mir?"

„Mein Kind", — antwortete die Frau zitternd — „noch vor kurzem hat es von Menschen gewimmelt, auf Bergen und in Thälern; aber das Tier, vor dessen Stimme die Felsen erbeben, hat sie alle verschlungen."

„Wo ist dieses Tier?"

„Ach, es ist ganz in unserer Nähe!"

Litaolane nimmt ein Messer und geht, trotz der Vorstellungen seiner Mutter, um den Weltfresser zu bekämpfen. Kammapa öffnet seinen entsetzlichen Rachen und verschluckt den Litaolane; der Sohn des Weibes ist aber nicht tot; er ist, mit seinem Messer in der Hand, leibhaftig in den Magen des Ungeheuers gefahren und zerschneidet ihm die Eingeweide. Kammapa stürzt unter fürchterlichem Gebrüll zu Boden; Litaolane macht sich sofort ans Werk, um durch den Bauch des Ungeheuers eine Bahn zu brechen; aber sein spitzes Messer bedroht Tausende von Kreaturen, die gleich ihm selber eingeschlossen sind, mit dem Tode. Stimmen ohne Zahl schreien aus allen Winkeln des Bauches: „Durchbohre uns nicht!" Es gelingt ihm jedoch, eine Öffnung anzubringen, durch welche die Völker der Erde mit ihm aus Kammapas Bauch entkommen. Die geretteten Menschen sagen zu einander:

„Wer ist derjenige, den ein Weib allein geboren und der niemals die Spiele der Kindheit gekannt hat? Welches ist seine Abkunft? Er ist ein Wunder, kein Mensch — er kann nicht mit uns zusammen wohnen; sorgen wir, daß er wieder von der Erde verschwinde."

Darauf machten sie eine große Grube, bedeckten sie mit etwas Rasen und setzten eine Bank darauf. Dann schickten sie einen Boten an Litaolane und ließen ihm sagen: „Die Ältesten deines Volkes haben sich versammelt und wünschen, daß du in ihrer Mitte Platz nehmest." Litaolane kam; sobald er aber dem Sitze nahe war, stieß er einen seiner Widersacher in die Grube, und dieser verschwand für immer.

Als seine Feinde diese List vereitelt sahen, versuchten sie eine andere: „Litaolane hat die Gewohnheit", — sagten sie — „wenn der Tag heiß ist, an einem Röhricht zu ruhen; verstecken wir einen bewaffneten Krieger in dem Röhricht." Dieser heimtückische Kunstgriff gelang nicht besser, als der erste; Litaolane wußte alles und seine Weisheit machte immer die Bosheit seiner Verfolger zu Schanden.

Nachher versuchten einige, ihn in ein großes Feuer zu werfen; aber sie fielen selbst hinein. Als er eines Tages hartnäckig verfolgt wurde, kam er zum Ufer eines tiefen Flusses und verwandelte sich in einen Stein; der Verfolger, erstaunt darüber, daß er ihn so plötzlich aus dem Gesichte verloren, ergriff zufällig diesen Stein und warf ihn an das jenseitige Ufer, mit den Worten: „So würde ich Litaolane den Kopf zerschmettern, wenn ich ihn drüben bemerkte." Der Stein wurde wieder Mensch, und Litaolane lächelte über seinen Widersacher, der jetzt seiner ohnmächtigen Wut mit Scheltworten und drohenden Gebärden Luft machte.

II.

Der kleine Hase.

Eine Frau bekam Lust, von der Leber des Niamatsane zu essen. Ihr Mann sagte ihr: „Weib, du bist toll; das Fleisch des Niamatsane ist gar nicht eßbar, und außerdem ist dieses Tier sehr schwer zu jagen, da es in einem Sprunge drei Tagereisen zurücklegt." Aber die Frau ließ nicht nach, und ihr Mann ging, da er fürchtete, sie würde krank werden, wenn ihr Gelüste keine Befriedigung fände. Er sah in der Ferne eine Herde Niamatsanes; Rücken und Beine dieser Tiere waren wie glühende Kohlen. Er verfolgte sie mehrere Tage, und endlich gelang es ihm, sie zu erreichen, als sie eben in der Sonne schliefen. Er warf einen starken Zauber auf die Tiere, tötete das schönste von ihnen, schnitt ihm die Leber aus und brachte seiner Frau die ersehnte Speise. Sie aß mit großem Appetit; aber bald darauf fühlte sie ihre Eingeweide wie von Feuer verzehrt. Nichts konnte ihren Durst stillen; sie lief an den See der Wüste, trank alles Wasser und blieb dann, jeder Bewegung unfähig, am Boden liegen. Am anderen Morgen erfuhr der Elefant, der König der Tiere, daß sein See ausgetrocknet sei. Er rief den Hasen und sagte ihm: „Du bist ein großer Läufer; eile und sieh, wer mein Wasser getrunken hat."

Der Hase lief mit Windesschnelle und kam bald wieder, seinem Könige anzuzeigen, daß es eine Frau gewesen. Der Elefant ließ einen Rat der Tiere berufen, es erschienen Löwe, Leopard, Rhinoceros, Büffel, Antilope — und alle sprangen und hüpften um ihren

König herum, daß die Wüfte erbebte. Der Elefant rief zuerft die Hyäne auf und fagte ihr: „Du, deren Zahn fo fcharf ift, geh und durchbohre den Magen des Weibes." Die Hyäne antwortete: „Nein, Herr! Du weißt ja, daß ich gewohnt bin, die Menfchen nur in offenem Kampfe anzugreifen." Dann rief er den Löwen und fagte ihm: „Du, deffen Klaue fo ftark ift, geh und zerreiße den Magen des Weibes." Der Löwe entgegnete: „Nein; du weißt, daß ich nur denen ein Leid anthue, die mich zuerft angreifen." Dann rief der Elefant den Strauß und fagte: „Du, der fo gewaltige Schläge verfetzen kann, geh und hole mein Waffer."

Der Strauß rennt fort, mit den Flügeln im Winde rudernd, und wirbelnder Staub bezeichnet feinen Weg; endlich naht er der Frau und ftößt fie fo heftig mit dem Fuße, daß alles eingefchluckte Waffer aus ihrem Munde fprudelt und in einem ungeheuren Bogen zurück in das Bett des Sees fällt. Die Tiere tanzen einen Reigen um ihren Gebieter und fchreien freudig: „Das Waffer des Königs ift wieder da!"

Schon hatten fie drei Nächte gefchlafen, ohne zu trinken; fie lagerten fich um den See und wagten es doch nicht, das Waffer des Königs zu berühren. Nur der Hafe erhob fich in der Nacht und trank; dann nahm er etwas Schlamm und befchmierte damit das Maul und die Kniee des Springhafen, der neben ihm fchlief. Am Morgen bemerkten die Tiere, daß das Waffer fich etwas vermindert hatte, und fchrieen alle: „Wer hat von dem Waffer des Königs getrunken?" Der Hafe fprach: „Seht ihr nicht, daß es der Spring= hafe war? Seine Kniee find kotig, weil er fich beim Trinken ge= bückt hat, und er hat fo viel getrunken, daß Schlamm an feinen Lippen klebt."

Da fuhren alle Tiere in die Höhe, tanzten um den Elefanten und riefen: „Der Springhafe hat den Tod verdient, er hat fich ver= meffen, das Waffer des Königs zu trinken!" Ein paar Tage nach der Hinrichtung des Springhafen fing der Hafe, als er fich allein glaubte, zu fingen an: „Häschen, wie bift du verfchmitzt! Dein Nach= bar hat für dich fterben müffen." Man hörte es und verfolgte ihn; er entkam aber und hielt fich verborgen.

Nach einiger Zeit ging er zum Löwen und fagte: „Freund, du bift fehr abgemagert; die Tiere fürchten dich, und es gelingt dir felten, eines zu erlegen; mach ein Bündnis mit mir, und ich werde dich mit Wild verforgen." Der Bund wurde gefchloffen; nach

Anleitung des Hasen umzog der Löwe einen großen Raum mit starkem Pfahlwerk und grub in der Mitte ein ziemlich tiefes Loch. Der Hase ließ den Löwen in das Loch kriechen und bedeckte es so weit mit Erde, daß nur die Zähne hervorsahen. Dann lief er und schrie in die Wüste: „Ihr Tiere! kommt, ich zeige euch ein Wunder; ihr könnt eine Kinnlade sehen, die aus der Erde wächst!"

Die Tiere kamen von allen Seiten herbei; zuerst erschienen die Gnus, nach ihnen die dummen Knaggas, dann die verzagten Antilopen. Auch der Affe stellte sich ein, sein Junges auf dem Rücken tragend; er ging auf das Loch zu, nahm einen spitzen Stab, räumte etwas Erde weg und sagte: „Kind, halte dich fest an meinem Rücken — dieser Tote ist noch furchtbar!" Mit diesen Worten kletterte er behend das Pfahlwerk hinan und eilte fort. In demselben Augenblicke entstieg der Löwe dem Loche; der Hase verschloß den Eingang der Verpfählung, und alle Tiere wurden erwürgt.

Die Freundschaft zwischen beiden war jedoch nicht von Dauer; der Löwe machte seine überlegene Stärke geltend, und sein kleiner Verbündeter beschloß, sich zu rächen. „Mein Vater", — sprach er einst zum Löwen — „wir sind dem Regen und Hagel ausgesetzt; bauen wir uns eine Hütte." Der träge Löwe überließ dem Hasen die ganze Arbeit; dieser nahm des Löwen Schwanz und flocht ihn so geschickt in die Pfähle und das Rohr der Hütte, daß er für immer darin stecken blieb. So hatte der Hase die Freude, seinen starken Gegner vor Hunger und Wut sterben zu sehen: darauf zog er ihm die Haut ab und steckte sich hinein.

Von allen Seiten brachten die Tiere ihm zitternd Geschenke; man fiel vor ihm nieder und überhäufte ihn mit Ehren. Der Dünkel des Hasen wuchs immer mehr; er vergaß endlich seine Verlarvung und prahlte mit seiner List. Von dem Augenblicke an wurde er verfolgt, von allen Seiten bedroht, von allen Tieren verwünscht und verabscheut. So oft er sich zeigte, rief man: „Siehe da, der Mörder des Springhasen, der Erfinder der Zahngrube, der grausame Sklave, der seinen Herrn verhungern ließ!"

Um in seinen alten Tagen einige Ruhe zu genießen, mußte er sich endlich ein Ohr abschneiden, und erst nach dieser schmerzhaften Operation durfte er es wagen, unter seinen Mitbürgern zu erscheinen, ohne die Besorgnis, erkannt zu werden.

Bekanntlich ift durch das Vordringen der Araber in Afrika deren Erzählungslitteratur, natürlich durch mündliche Überlieferung, weit nach Weften und Süden hin verbreitet. Mit ihren Märchen verbreiten die Mohammedaner ihre fabelhaften geographifchen An= fchauungen, von denen Burton uns ein Bild giebt. Als er einft einem mohammedanifchen Scheich von Lamu die runde Geftalt der Erde und ihre Bewegung um die Sonne zu beweifen fuchte, wurde der Scheich fehr unwillig und warnte alle vor folchen Lehren, welche dem Koran widerfprächen. Hierauf fetzte er feine eigene rechtgläubige Meinung den Paffagieren auseinander:

1. Im Norden der Erde, fagte er würdevoll, giebt es ein Baher=el=Tulemat, d. h. ein Meer der Finfternis, weil am Ende der Erde beftändige Finfternis ift, und weder Sonne noch Mond gefehen werden, und die Sterne aneinander fchlagen. Es find dort ungeheure Walfifche, welche die größten Schiffe umftürzen. Die Franken gehen dorthin, um Gold und Silber im Waffer zu fuchen. Dorthin kommt das viele Geld der Europäer, welche Efel und Pferde vor die Wal= fifche werfen, damit fie ihre Schiffe nicht umftürzen.

2. Es giebt drei Wunder der Welt, welche von allen guten Mohammedanern geglaubt werden. Erftlich die Munara=el=Iskan= baria, d. h. die Minarete von Alexandrien, welche fehr hoch find und auf ihrer Spitze Kanonen haben, die bei einer Annäherung von Schiffen von felbft losgehen; zweitens die Mesdfchid=el=Banuamai (die Mofchee von Banuamai, welche jetzt zerftört ift), welche 300 Thore gehabt hat, die fich alle felbft öffneten, nachdem ein Thor geöffnet war; drittens El=Schagir=el=Hindie (der indifche Baum), welcher eine Frucht erzeugt, die Frauen hervorbrachte, die riefen: „Waki, Waki!“

3. Jenfeit China ift eine Infel, welche ihre Lage verändert nach der Befchaffenheit des Windes von Norden nach Süden, Often und Weften. Dort ift der Baum Ekfir, welcher keinen Schatten giebt, aber eine Arznei enthält gegen alle möglichen Krankheiten und böfen Geifter.

Mit folchen Märchen unterhalten fich die Araber auf den Schiffen, befonders nachts beim Mondfchein, wenn fie lange nicht einfchlafen. Aber fie verbreiten fie auch als Glaubensartikel unter den Negern. Sie lernen diefen kulturfeindlichen Unfinn in den Schulen. (S. Seite 174.)

Die Geistesverfassung der Neger, die Beschränktheit und die ungeheuren Schwierigkeiten, welche die Europäer, vor allen der Missionar, zu bewältigen haben, um sich in geistigen, namentlich religiösen Dingen verständlich zu machen und in ihre geistige Nacht
einzubringen, läßt sich am objektivsten aus einigen Gesprächen zwischen Negern, Europäern und Arabern erkennen, welche wir nachstehend mitteilen und welche das höchste Interesse beanspruchen
dürfen.

I.

In Ostafrika hatte Burton trotz seiner Kenntnis der Suaheli-
Dialekte Mühe, sich einigen Völkern verständlich zu machen; sie
konnten sich z. B. den einfachen Begriff einer Zahl nicht versinnlichen.
Wenn er sie fragte, wie man in ihrer Sprache 1, 2 und 3 nenne,
liefen sie fort oder saßen starrend und schweigend da. Er fragte etwa
in folgender Weise:

„Höre, o du mein Bruder! In der Sprache der Küste (dem
Kisawaheli) sagen wir 1, 2, 3, 4, 5." Dabei bezeichnete er die Sache
an den Fingern, um sie besser zu versinnlichen.

Der wilde Mann entgegnete: „Hu, hu! Wir sagen Finger."

„Die sind nicht gemeint. Der weiße Mann will wissen, wie du
1, 2, 3 nennst?"

„Eins, zwei, drei? Was? Schafe, Ziegen, Frauen?"

„Das nicht, sondern nur 1, 2, 3 Schafe in deiner eigenen Sprache
der Wapoka."

„Hi, hi! Was will der weiße Mann mit der Wapoka?"

In dieser Weise ging es fort; wenn aber die Wilden einmal
ins Schwatzen gekommen waren, hörten sie nicht mehr auf. Mit
Sklaven, die schon länger in Dienst waren, ging es schon etwas
besser, obschon man auch mit ihnen nach zehn Minuten alle Geduld
verlor.

II.

Burton teilt eine Unterhaltung mit, welche der Obmann der
Eseltreiber, Tuanigana, anknüpfte; sie ist sehr bezeichnend. Der
Kirangozo erkundigte sich zuerst nach der Gesundheit und sprach: —
Dein Zustand, Mbuta? (b. h. Abbullah; der Negroide kann aber
dieses Wort nicht aussprechen.) — Der Zustand ist sehr (b. h. gut).
— Und der Zustand von Spikka? (Es ist Speke gemeint.) — Der

Zuſtand von Spilla iſt ſehr. — Nun fährt Tuanigana fort: Wir ſind den Wagogo entronnen, weißer Mann, Oh! — Wir ſind ihnen entronnen, mein Bruder. — Die Wagogo ſind ſchlecht. — Sie ſind ſchlecht. — Die Wagogo ſind ſehr ſchlecht. — Sie ſind ſehr ſchlecht. — Die Wagogo ſind nicht gut. — Sie ſind nicht gut. — Die Wagogo ſind gar nicht gut. — Sie ſind gar nicht gut. — Ich fürchtete mich ſehr vor den Wagogo, denn ſie töten die Wanyam= wezi. — Das thun ſie. — Aber nun fürchte ich mich nicht mehr vor ihnen. Ich nenne ſie (folgen einige derbe Schimpfwörter) und will mit dem ganzen Stamme fechten, weißer Mann, Oh! — So iſt es, mein Bruder!

III.

Außer dem heidniſchen „Medizinmann“ beſitzt die Karawane auch einen Araber, der das Amt eines mohammedaniſchen Prieſters und Wächters in ſich vereinigt. Ob er gleich ein arger Dieb iſt, laſtet doch die Religion ſchwer auf dem armen Manne. Während z. B. alle untereinander am Feuer ſitzen, fährt er plötzlich im Be= kehrungseifer auf einen der Heiden los, der den für ihn ſehr phan= taſtiſchen Namen Mugunga Mbaya (der böſe weiße Mann) führt, denn er iſt ſo ſchwarz wie das Pique=Aß und ſagt:

„Auch du, Mugunga Mbaya, mußt ſterben.“

„Ich!“ antwortete der Angeredete, der ſich perſönlich beleidigt fühlt, „ſprich nicht alſo. Auch du mußt ſterben.“

„Es iſt ein bitteres Ding, das Sterben,“ fährt Gut Maho= med fort.

„Hm,“ ſagte der andere, „es iſt ſchlimm, ſehr ſchlimm, niemals wieder ſchönes Zeug zu tragen, nicht mehr bei ſeiner Frau und ſeinen Kindern zu ſein, nicht mehr zu eſſen, zu trinken, zu ſchnupfen und Tabak zu rauchen. Hm! hm! es iſt ſchlimm, ſehr ſchlimm.“

„Aber wir werden“, entgegnete der Moslem, „Fleiſch von Vögeln eſſen, ſehr viel Fleiſch, vortrefflich gebraten, und Zuckerwaſſer trinken und was wir ſonſt wünſchen.“

Den Afrikaner bringen dieſe Widerſprüche in Verlegenheit. Vögel hält er nicht gerade für ein gutes Gericht, Braten dagegen liebt er ſehr, „ſehr viel Fleiſch“ vergleicht er mit ſeinem halben Pfund im Topfe und ſich ſelbſt würde er für Zucker verkaufen; aber er hört nichts von Tabak und fragt verlegen:

„Wo, mein Bruder?“

„Dort," antwortet Gut Mahomed und zeigt nach dem Himmel. Das versteht der andere nicht. Die Entfernung ist groß und er kann kaum glauben, daß der Araber oben im Himmel gewesen ist und die Vorräte dort gesehen hat. Er wagt also zu fragen:

„Bist du dort gewesen, Bruder?"

„Verzeihe Allah!" ruft Gut Mahomed, halb zornig, halb er= freut, aus. „Was für ein Heide du bist! Mein Bruder, eigentlich dort gewesen bin ich nicht, aber Allah sagte es meinem Lehrer, der es seinen Nachkommen erzählte, die es meinem Vater und meiner Mutter mitteilten, daß wir nach dem Tode zu einer Pflanzung kämen, wo ..."

„Hm!" grunzt Mugunga Mbaya, „es ist gut, daß du uns solchen Unsinn von deinem Vater und deiner Mutter erzählst. Also Felder und Pflanzungen giebt es im Himmel?"

„Ganz gewiß," antwortet Mahomed, der nun ausführlich die Vorstellung des Moslems von dem Paradiese auseinandersetzt, die der andere mit allerlei ungläubigen Ausrufungen unterbricht, bis er aus seinem Nachdenken plötzlich auffährt, den Kopf emporrichtet und fragt:

„Nun Bruder, du weißt alles; sage mir, ist dein Gott schwarz wie ich oder weiß wie unser Fremder oder braun wie du?"

Darauf weiß Mahomed nicht sogleich zu antworten; er hilft sich vorläufig mit Ausrufungen, bis er endlich den weisen Ausspruch thut: „Gott hat gar keine Farbe."

„Pfui!" ruft darauf der Heide, der sein Gesicht schrecklich ver= zerrt und verächtlich ausspuckt.

Er ist nun vollständig überzeugt, daß ihn der Araber zum Narren haben wollte. Das „sehr viele Fleisch" hätte ihn gegen seine bessere Überzeugung beinahe verleitet; jetzt schwand dies und nichts blieb ihm übrig, als das halbe Pfund im Topfe. Er hört auf gar nichts mehr, was der andere auch zu ihm sagen mag. —

IV.

Es ist eine ziemlich allgemeine Erfahrung der Forschungs= reisenden und Missionare, daß die Neger häufig für Belehrung und Überredung durchaus unempfänglich sind. „Die Missionare", sagt Burton von den Mombas, „mußten eingestehen, daß ihre schwarze Herde den ärgsten Ungläubigen und Spöttern in Europa nichts

nachgebe und blasphemiere". Die Schwarzen ſagten zu den Send=
boten: „Euer Gott iſt ein ſchlechter Gebieter, denn er heilt ſeine
Diener nicht." Ein Mann, welchen man belehrt hatte, ſtarb an
einer Krankheit; daraus zogen die Wanika den Schluß, daß es einen
Erlöſer gar nicht gebe; ein ſolcher müſſe ja doch dafür ſorgen, daß
ſeine Freunde nicht vom Tode hinweggerafft werden können. Bei
Geſprächen über Gott äußern ſie den Wunſch, ihn einmal zu ſehen,
aber nur um an ihm Rache dafür zu nehmen, daß Verwandte,
Freunde und Ochſen geſtorben ſind; denn daran trägt ja er die
Schuld.

Der weſtafrikaniſche Neger gleicht in dieſer Beziehung voll=
kommen ſeinem oſtafrikaniſchen Bruder. J. Smith, Trade and
Travels in the gulf of Guinea and Western Africa, Lond. 1857,
erzählt Folgendes:

Ich nahm jede Gelegenheit wahr, mit ihnen über Gott und
Religion zu ſprechen. Eines Tages ſagte ich zum Häuptling:

„Was habt ihr gethan, König Pepple?"

„Dasſelbe wie ihr; ich danke Gott."

„Für was?"

„Für alles Gute, das Gott mir ſendet."

„Habt ihr Gott ſchon geſehen?"

„Schi! Nein! Ein Menſch, der Gott ſieht, muß ſogleich
ſterben."

„Werdet ihr Gott ſehen, wenn ihr ſterbet, König Pepple?"

„Das weiß ich nicht (dabei wurde er ſehr aufgeregt). Wie kann
ich das wiſſen? Denke gar nicht daran und will auch über dieſen
Gegenſtand gar nichts mehr hören."

„Weshalb denn nicht?"

„Das geht euch nichts an und ihr habt nicht danach zu
fragen, denn ihr ſeid hierher gekommen, um mit mir Handel zu
treiben."

Smith ſchreibt weiter: Ich wußte nun, daß ferner nichts mit
ihm anzufangen war, und ließ den Gedanken fallen. Indem ich
von Sterben und Tod ſprach, hatte ich eine zarte, ſehr empfindliche
Saite berührt. König Pepple ſah nun wild und grämlich aus, der
Ausdruck in ſeinem Geſichte wechſelte raſch, und er war innerlich
ſehr aufgeregt. Endlich gebärdete er ſich ſehr heftig, ſein Antlitz
zeugte von wildem Grimm, und er fuhr dann mit den Worten
heraus: „Wenn ich Gott hier hätte, ſo würde ich ihn auf dem

Flecke totschlagen." Nach so diabolischen Worten trat ich voll Entsetzen einen Schritt zurück.

„Ihr möchtet Gott totschlagen, König Pepple? Ihr schwatzt
wie ein Verrückter, ihr könnt Gott nicht totschlagen. Aber angenommen, ihr könntet ihn umbringen, dann würde ja alles gleich
aufhören, denn er ist ja der Geist, der das Weltall zusammenhält.
Er aber kann euch töten."

„Ich weiß, daß ich ihn nicht totschlagen kann, aber wenn ich
ihn totschlagen könnte, so würde ich ihn totschlagen."

„Wo lebt Gott?"

„Dort oben." Er zeigte nach dem Himmel.

„Aber weshalb möchtet ihr ihn denn totschlagen?"

„Weil er die Menschen sterben läßt."

„Aber, mein guter Freund, ihr möchtet doch nicht etwa ewig
leben? Oder möchtet ihr das?"

„Ja, ich möchte immer leben."

„Aber nach und nach werdet ihr alt und dann schwach und
hinfällig, wie jener Mann dort." In der Nähe stand ein blinder,
abgemagerter Mensch. „Ihr werdet lahm und taub werden, wie
dieser, und blind obendrein, und habt kein Vergnügen mehr auf der
Welt. Wäre es nicht besser, ihr stürbet vorher, und machtet eurem
Sohne Platz, wie euer Vater euch Platz gemacht hat?"

„Nein, das will ich nicht; ich will bleiben, wie ich bin!"

„Aber bedenkt doch; wenn ihr nun nach dem Tode an einen
Ort kämet, wo es schön und herrlich ist und —"

König Pepple fiel mir ins Wort: „Davon weiß ich nichts, das
kenne ich nicht; ich weiß, daß ich jetzt lebe, ich habe sehr viele
Frauen, viele Niggers (Sklaven) und Kähne; ich bin König, und
viele Schiffe kommen in mein Land. Weiter weiß ich nichts, aber
am Leben bleiben will ich."

Ich konnte zu keiner Antwort kommen, denn er wollte nichts
mehr hören, und wir sprachen dann von Handelsgeschäften.

———————

Die afrikanischen Sprachen.

Die Riesenarbeit von Robert Needham Cust über die afrikanischen Sprachen. — Einteilung in sechs große Gruppen. — Segen der Missionen. — Verschieden- artige Abstammung der Negersprachen. — Charakteristisches über einige Neger- sprachen. — Die Sabir-Sprache als lingua franca. — Das Kreolische auf der Insel Mauritius. — Formenreichtum und Schönheit afrikanischer Sprachen. — Die merkwürdigen Probleme der Hottentotten-Sprache.

Bisher waren die Sprachforscher vor der Riesenarbeit zurück- geschreckt, das durch eine lange Reihe von Reisenden und Missionaren auf afrikanischem Boden gesammelte linguistische Material wissen- schaftlich zu sichten, um endlich einmal eine genaue Übersicht und Klassifizierung aller heutigen afrikanischen Sprachen zu erlangen. Noch 1879 konnte Friedrich Müller (Allgemeine Ethnographie) nur die Unzulänglichkeit der Wissenschaft trotz der ansehnlichen Hilfs- mittel gegenüber der „Unzahl der afrikanischen Sprachen und der beinahe unglaublichen Menge von Völkern" konstatieren.

Die Arbeit war um so schwieriger, da das oft kostspielige und seltene Material für die afrikanische Linguistik, die noch keinen Lehr- stuhl an Universitäten besitzt, in keiner öffentlichen Bibliothek voll- ständig vorhanden ist. Der Forscher war also auf seinen eigenen Sammelfleiß, seine eigenen pekuniären Mittel angewiesen, es mußte ein Mann sein, der, wie Cust selbst in der Vorrede sagt, genügend freie Zeit, Geld, Fleiß und Intelligenz besaß, um durch Sammlung und Klassifizierung des ungeheuren Materials „den künftigen Sprach- forschern eine solide und gesunde Basis zu verschaffen, von wo aus sie mit Sicherheit weiterschreiten können." Das Werk ist nicht bloß für Sprachforscher, sondern auch für Missionare von höchster Be- deutung. Erwägt man, daß Cust 438 unterschiedene Sprachen und außerdem noch 153 Dialekte bearbeitet hat und daß wohl vier Fünftel des Materials aus den von Missionaren geschriebenen, zum teil noch nicht veröffentlichten*) Wörtersammlungen, Grammatiken, einheimischen Fabeln und Geschichten, Übersetzungen von Liedern und heiligen Schriften, Schulbüchern, Gebetbüchern und Katechismen be- steht, wie sie von der Mission für die Mission ausgearbeitet werden,

---

*) In den Archiven der Missionsgesellschaften, in Sir George Grey's Bibliothek in Capstadt ist noch der größere, wertvollere Teil vergraben.

so kann man seine Entrüstung über Unwissenheit und Oberflächlich=
keit der Tagespresse und selbst einzelner Forschungsreisenden nicht
zurückhalten, welche noch immer die Mär von der Unwissenheit und
Nichtsthuerei der Missionare verbreiten, die nur darauf bedacht seien,
unter den Heiden in aller Bequemlichkeit und Gemütlichkeit ihr
Schäfchen zu scheren. Im Schlußworte sagt der Verfasser: „Lassen
Sie mich noch einmal den Missionaren Lebewohl sagen, diesen guten
und selbstlosen Leuten, welche wohl in ihrem eigenen Lande es
hätten zu hohen Ehren bringen können und sind doch ausgegangen,
in elenden Hütten zu wohnen, oft genug, um darin zu sterben; welche,
während sie auf dem Amboß Afrika mit dem Hammer des Evan=
geliums hart arbeiten, auch helle Funken sprachwissenschaftlichen
Lichtes hervorlocken, eine vorher in tiefstes Dunkel gehüllte Welt
zu erhellen." — „Der Missionar ist das besondere Erzeugnis, der
höchste Ruhm des 19. Jahrhunderts. Ich kümmere mich nicht
darum, wer diese letzten Zeilen liest oder ungelesen läßt; aber sie sind
durch eine lange, bewährte Erfahrung in Asien, durch eine genaue
Beobachtung Afrikas diktiert, durch die Überzeugung, wie gut es für
das Menschengeschlecht ist, daß neben dem Lärm der Kriegstrommel,
dem egoistischen Ruf des Kaufmanns, dem Zischen der Peitsche des
Sklavenhändlers, inmitten der Kolonieen, des Handels, des Krieges,
in jedem Teile der Welt, besonders im dunkelsten, immer wieder ein
ehrlicher selbstloser Mann sich finde, in Person die höchste und ritter=
lichste Form der Moralität gerade dort darstellend, wo dieselbe sonst
am wenigsten zu finden; einer, der sich nicht fürchtet, für die Unterbrückten
zu streiten, die übeln Sitten aufzudecken, gegen das Unrecht zu pro=
testieren." — Als Mitglied des Übersetzungs=Komitee der Society
for promoting christian knowledge, als honorary secretary der
Royal Asiatic society, Komitee=Mitglied der Church missionary society, der Royal geographical Society war Cust im stande, die zu=
verlässigsten Erfahrungen über das Vorstehende zu sammeln.

Obgleich eine ganze Reihe von afrikanischen (namentlich die von
Friedrich Müller, Allgem. Ethnographie, S. 20 als isolierte bezeich=
neten) Sprachen sich noch einer strengen Klassifizierung zu entziehen
scheinen, da ja mit den vielen Völkermischungen auf afrikanischem
Boden auch Sprachmischungen vor sich gegangen sind und selbst
noch gegenwärtig stattfinden, so ist doch die von Cust nach dem
Vorgange anderer Sprachforscher angenommene Einteilung in sechs
große Gruppen im wesentlichen richtig. Eine Übersicht derselben

mit einzelnen bekannten Namen dürfte allgemeines Interesse bean=
spruchen*).

I. Semiten.

A. Nördlicher Zweig.

    1. Punisch. 2. Arabisch mit 8 Dialekten: ägyptisch=ara=
bisch, tripolitanisch=arabisch, Zanzibari, Sahari, ꝛc.

B. Ethiopischer Zweig.

    8 Sprachen, worunter Amharisch, Tigre, Harari, ꝛc.

II. Hamiten.

A. Ägypter.

    1. Ägyptisch. 2. Koptisch (mit 3 Dialekten).

B. Libyer.

    1. Libysch (Marokkanischer, Saharischer, Algerischer, Tuni=
sischer Dialekt). 2. Kabylisch (mit 9 Dialekten). 3. Ta=
maschek (mit 4 Dialekten). 4.—9. Sechs andere Sprachen
mit 5 Dialekten.

C. Ethiopen.

    1. Somali. 2. Galli, ꝛc., ꝛc., 18 Sprachen mit verschiede=
nen Dialekten.

III. Nubah-Fulah.

A. Nubier.

    16 Sprachen, darunter Nuba, Masai, Monbutto, ꝛc., ꝛc.,
mit Dialekten.

B. Fulah.

    1. Fulah mit 5 Dialekten.

IV. Neger.

A. Atlantischer Zweig.

    Nördliche Sektion.

    28 Sprachen und viele Dialekte; unter den ersteren: Wo=
lof, Serer, Bambara, Mande, Felup, ꝛc.

    Südliche Sektion.

    39 Sprachen und viele Dialekte (Kru, Aschanti, Dahome, ꝛc.).

---

*) Eine ausführliche Inhaltsangabe findet man in der Allgem. Missions-
Zeitschrift von 1884. Büttner, Die modernen Sprachen Afrikas, S. 241 ff.

B. **Nigritier.**
   Westliche.
   23 Sprachen mit Dialekten (Jbzo, Jbo, Nupe, ꝛc.).
   Östliche.
   15 Sprachen (Efik, Moko, ꝛc.).
C. **Centralafrikanischer Zweig.**
   59 Sprachen mit Dialekten (Surhai, Haussa, Tibbu, Kuka, ꝛc.).
D. **Nilotiker.**
   31 Sprachen (Shilluk, Dinka, Bari, Sofi, Latuka, ꝛc.).

V. Bantu.

A. **Südlicher Zweig.**
   Östliche.
   1. Zulu (mit 4 Dialekten). 2. Xosa. 3. Guamba.
   Centrale.
   4 Sprachen und 7 Dialekte (Suto, Chuana, Kalahari, ꝛc.).
   Westliche.
   1. Herero. 2. Yeiye (mit Schubea). 3. Nbonga.
B. **Östlicher Zweig.**
   Südliche.
   20 Sprachen und 11 Dialekte (Toka, Nansa, Nganga, ꝛc.).
   Östliche.
   24 Sprachen und 9 Dialekte (Komoro, Konde, Donbe, Swahili nebst 3 Dialekten, Sambara, Teita, Taweta, Chagga, ꝛc.).
   Westliche.
   34 Sprachen mit Dialekten (Hehe, Gogo, Zongoro, Kumu, Gamba, ꝛc.).
C. **Westlicher Zweig.**
   Südliche.
   25 Sprachen mit verschiedenen Dialekten (Kubele, Neka, Nano, Gangella, Bunda, Lunda, ꝛc.).
   Nördliche.
   55 Sprachen mit verschiedenen Dialekten (Kongo mit 11 Dialekten, Buma mit 3 Dialekten, Gala, Kamma, Fan, Ediqy mit 5 Dialekten), Dualla, Pangue ꝛc.

VI. Hottentotten — Buschmänner.

A. **Khoi-khoi.**
   1. Khoikhoi (mit Dialekten Nama, Kora, Dama, ꝛc.).

B. Heloten.

12 Sprachen (San, Bumantsu, Lala, 2c.).

C. Pygmäen.

1. Akka. 2. Obongo. 3. Bakke=Bakke. 4. Doko. 5. Mbi=
bikimo. 6. Twa.

Cust fand wie seine Vorgänger (Friedrich Müller, Allgemeine
Ethnographie, p. 177), daß die Negersprachen von einer einzigen
Ursprache nicht ausgegangen sein können, sondern im Gegenteil
mehrere von einander unabhängige Ursprungspunkte voraussetzen.
Denn abgesehen davon, daß die Abweichungen im gramma=
tischen Bau der Negersprachen solche sind, die nur zwischen ganz
unverwandten Sprachen sich finden, lassen sich auch in lexikalischer
Hinsicht, abgesehen von einzelnen entlehnten Kultur=Ausdrücken,
keine Übereinstimmungen wahrnehmen, die irgend eine Verwandt=
schaft verraten könnten.

Besonders in der nördlichen Hälfte des afrikanischen Kontinents
ist die Zahl und Verschiedenheit der Sprachen groß; doch scheint das
Bedürfnis der Handelsbeziehungen im Sudan der Haussasprache als
lingua franca des Verkehrs eine bedeutende Verbreitung gegeben zu
haben. Friedrich Müller (p. 20) zählt hier nicht weniger als
24 Sprachen, resp. Sprachstämme, unter denen sich 14 isolierte
Sprachen befinden, auf. In der südlichen Hälfte treten besonders
hervor die eine große Familie bildenden Bantu=Sprachen (Kafer, Zulu);
die ganz eigentümlichen Sprachen der Hottentotten und Buschmänner,
die Zambesisprachen, sowie im Osten die Sprachen von Zanzibar
(Kisuaheli, Kikamba, 2c.). Man schließt aus der größeren Ver=
wandtschaft der südafrikanischen Sprachen, daß der nördliche Teil
Afrikas durch die Negerrasse weit früher bevölkert worden sei als
der südliche, oder daß die Ureinwohner des ersteren in nicht sehr
entlegener Zeit ausgerottet worden seien; jedenfalls spricht die außer=
ordentliche Verschiedenheit aller dieser Sprachen gegen einen ge=
meinsamen Ursprung, wie viele körperliche Ähnlichkeiten auch vor=
handen sein mögen.

Wir wollen einiges Wissenswerte über den Charakter mehrerer
Negersprachen mitteilen.

Die am meisten verbreitete Sprache im äußersten Westen, wo
der Negertypus am reinsten sich erhalten hat, zwischen dem Senegal
und Niger ist die der Wolof (Yolof oder Giolof, d. h. die Schwar=

zen im Gegensatz zu den Fulah, den „Gelben"). Es ist wahr=
scheinlich die älteste Negersprache im Westen.

Die Odschi=Sprache ist nicht minder verbreitet: sie wird ge=
sprochen in den Reichen Asante (Aschanti), Assin, Fanti, Akim, Ak=
wapim und Akwambu und ist sehr verwandt mit der Ga=Sprache
(in Akra) und mit der Weybe=Sprache in Whida (Ouida, Juda) und
zwischen dem Gebiete des Odschi und Yoruba.

Im Nigerdelta und dem Kamerungebiete sind die Sprachen
ganz besonders zahlreich und wie die Sprachen von Bonny, die des
Braß=Landes, die von Kwa und Andonny höchst unverständlich und
schwer zu erlernen.

Die Sprache der Mandingo (Mande) ist durch die Eroberungs=
züge dieses mächtigen Volkes weit in die Gebiete der Wolof und
Fulup vorgedrungen und hat sich mehrere westafrikanischen Sprachen
assimiliert.

Die Haussasprache, die Handelssprache im Sudan, steht isoliert
unter den westafrikanischen Sprachen und weist viele semitisch=hami=
tische Elemente auf.

Im französischen Senegambien hat sich neben dem Wolof, der
Volkssprache der Schwarzen und Mulatten, noch kein französischer
Jargon wie auf den Antillen gebildet. Nur haben die Neger eine
kleine Anzahl europäischer Wörter, merkwürdiger Weise meistens
portugiesischer, die jedenfalls vor der französischen Besitzergreifung
aufgenommen wurden. So: signare, Dame; rapace, junger Diener;
rapareille, junge Magd; laptot, Matrose; Tougal, Europa. — Tougal,
d. h. Portugal, war für die Schwarzen, welche die Portugiesen zu=
erst sahen, ganz Europa. Bekanntlich hat Faidherbe eine kleine
Elementargrammatik nebst Vokabular und Phraseologie in Wolof
und Französisch veröffentlicht. — An der Südküste des mittelländi=
schen Meeres hat sich dagegen aus französischen, spanischen, italieni=
schen und arabischen Wörtern, eine lingua franca, von den Franzosen
Sabir genannt, gebildet, die besonders zum Handelsverkehr dient,
und auch in Algier im Verkehr zwischen Eingeborenen und Soldaten
gebraucht wird. Diese Sprache hat keine Syntax, von der Formen=
lehre nur den Infinitiv.

Moi meskine, toi donnar sordi. Je suis pauvre, donne-
moi un son.

Toi bibir lagua. Tu bois de l'eau.

Lui fenir drahem bezef. Il a beaucoup d'argent.

Sbanioul chapar bourrico, andar labrizon. L'Espagnol a volé un âne (bourrique), il ira en prison. — Merkwürdig dabei ist, sagt Faidherbe, daß der französische Troupier, der sich so ausdrückt, glaubt, er spreche arabisch; der Araber, er brücke sich gut französisch aus.

Auf der Insel Mauritius, wo reines Französisch die Sprache der wohlhabenden Klasse ist, hat sich daneben unter dem Einflusse der Kulis aus Bengalen, China, Madagaskar eine französische Kreolensprache gebildet, deren Grundstock das Französische ist, welches die früher ausschließlich auf den Plantagen arbeitenden Schwarzen redeten. Dieser Dialekt hat merkwürdige Eigentümlichkeiten. Der Artikel wächst z. B. mit dem Hauptwort zusammen, licien (le chien), lamort, bei häufig vorkommenden Worten auch der partitive Artikel: dipain (du pain), Brot, dibois, Holz, difé, Feuer; Hauptwörter dienen oft als Zeitwörter: lagnerre, kämpfen, coquin, stehlen.

Présent.

mon coquin, ich stehle;	nous coquin, wir stehlen;
to coquin, du stiehlst;	vous coquin, ihr stehlet;
li coquin, er stiehlt;	zotte coquin, sie stehlen.

Imparfait.

mon ti coquin,	to ti coquin, etc.

Futur.

mon va coquin,	to va coquin, etc.

Die Chinesen, Tamulen, Madagassen verändern wiederum dieses Kreolische, oft in der drolligsten, unverständlichsten Weise.

Von den südafrikanischen Sprachen (Bantusprachen) weiß man nach den neuesten Untersuchungen jetzt, daß sie trotz mannigfacher Verschiedenheiten doch viele Ähnlichkeiten besitzen und ihre gemeinsame Abstammung unzweifelhaft erscheint.

Viele dieser Sprachen, namentlich die, welche an der Seeküste gesprochen werden, haben eine größere oder geringere Anzahl fremder Wörter aufgenommen, je nachdem die Volksstämme größeren oder geringeren Verkehr mit fremden Nationen gehabt haben. Die an der westlichen Küste haben viel von dem Portugiesischen, jene in der Nähe des Vorgebirgs der guten Hoffnung von dem Englischen und Holländischen, die von Mozambique von dem Madagassischen, wie von dem Portugiesischen aufgenommen, während die an der nördlichen Küste namentlich aus dem Arabischen schöpften.

Diese große Sprachenfamilie zeichnet sich, wenn man den Mpongwe=Dialekt als Muster annehmen darf, durch ihre Schönheit, ihre Zierlichkeit, ihren regelmäßigen Bau und ihre fast unbegrenzte Ausbildungsfähigkeit aus. Sie braucht darin den Vergleich mit keiner Sprache in der Welt zu scheuen, ja wenige kommen ihr gleich. Natürlich gilt dieses nicht von jener Seite der Sprache, welche die stetig fortschreitende Kultur und besonders die der Begriffsentwicke= lung ausdrückt.

Merkwürdig ist, welchen Reichtum an Wörtern und Ausdrucks= weisen diese Sprachen durch Vorsetzen von Buchstaben erhalten, was nach bestimmten Regeln erfolgt. Als Beispiel diene aus der Sprache Yorubas:

Se, sündigen;
ese, die Sünde;
lese, in Sünde sein, immer sündigen;
elese, Einer, der immer sündigt;
ilese, das immer Sündigen;
ailese, das Reinsein von Sünde;
lailese, das nicht Sündigen, frei sein von Sünden;
alailese, Einer, der nicht sündigt.

Die Mpongwes bilden ihre Wörter ebenso durch vorgesetzte Buchstaben, z. B.:

Noka, lügen; inoka, die Lüge; onoka, der Lügner.
Jufa, stehlen; ijufa, das Stehlen, Diebstahl; ojufa, der Dieb.
Sunginla, retten; isunginla, die Rettung; osunginla, der Retter.

Die Art zu zählen ist verschieden. Der Grebo zählt bis fünf und verdoppelt dann die Zahlen bis zehn, von da bis zwanzig noch einmal; mit zwanzig geht es dann weiter bis zehn=zwanzig, d. h. zweihundert. Die Mpongwes und Mandingos haben eigentlich ein Decimalsystem, denn sie zählen bis zehn, dann folgt eine Verdoppe= lung, z. B. zehn und eins (elf), zwei=zehn (zwanzig), zehn=zehn (hundert).

Sehr reich sind die Formen der Zeitwörter in der Mpongwe= Sprache, die, ebenfalls meist durch Vorsetzen oder Umändern eines Buchstabens gebildet werden. So wird die vergangene Zeit gebildet durch Vorsetzen eines a und Umwandeln des End=a in i, z. B. mi tonda, ich liebe, mi atondi, ich liebte; die längst vergangene Zeit

dagegen durch Ansetzen eines a vor die Imperativform und Um=
änderung des End=a in i, — mi arondi, ich habe geliebt.

Der außerordentliche Formenreichtum mehrerer afrikanischer
Sprachen zeigt sich am auffallendsten in der Kaffernsprache, welche
durch Präfixe und Flexionen die Verbalformen in merkwürdiger
Weise variieren kann. So z. B. kann „ich war liebend" (amabam)
zunächst durch acht Formen dargestellt werden. Da aber die dritte
Person hier, wie im ganzen Verbum, schon des Subjektpräfixes
wegen zehnmal sich verändern kann, so resultieren für diese allein,
durch alle acht Formen des Imperfektes 80 Formen. Und doch
handelt es sich hier nur von einer Person einer Unterabteilung
der einen Vergangenheit!! — Endemann zählt in seiner Basuto=
grammatik nicht weniger als 37 Tempora und viel weniger sind es
im Herero auch nicht. In jedem Tempus haben wir im Herero
circa 20 Formen für die einzelnen Personen.

Wenn sich auch hier der sprachbildende Geist des Menschen von
einer ganz neuen Seite zeigt, so muß man sich doch hüten, in dem
Wortreichtum mancher afrikanischen Sprache eine besonders hervor=
tretende geistige Entwickelung zu sehen. Völker von beschränktem
geistigen Horizont und in einfachen Verhältnissen lebend, haben für
dieselben Dinge eine Menge von Wörtern; die Malgassen z. B. 30
für die verschiedenen Arten das Haar zu flechten, 20 für das Wachs=
tum der Ochsenhörner, die Araber gegen 100 Namen für das Kamel.
Livingston hörte bei den Südostafrikanern, die für jeden Hügel, jede
Schlucht, jedes Bächlein einen Namen haben, gegen 20 Zeitwörter,
um die verschiedenen Arten des Spazierengehens auszudrücken und
noch mehr zur Bezeichnung der verschiedenen Arten der Narren.
Die Kultur vermehrt mit den Bedürfnissen und Erfindungen auch
den Wortschatz, beschränkt dagegen die Zahl der überflüssigen Be=
nennungen der Dinge.

Höchst interessant ist die Rolle, welche die Euphonie in den
afrikanischen Sprachen spielt. Bei vielen werden nach Hellfrich die
Sätze nicht nach der Gedankenfolge, sondern nach dem Wohlklang
eingeteilt, was durch ein regelmäßiges Alliterationssystem bewirkt
wird und Speke sagt von der Sprache um den Nyanzasee, sie sei
so wundersam wie die Bewohner, beruhe auf Wohlklang und sei
deshalb sehr compliciert; um das Geheimnis ihrer Euphonie zu
enträtseln, müßte man die Eigentümlichkeit einer Negerseele kennen.
Wa, dem Namen eines Landes vorgesetzt, bedeutet in dieser Sprache

27*

„Menschen“, M vorgesetzt bedeutet „einen Menschen“, U „Ort oder Örtlichkeit“, Ki, die „Sprache“. So ist Wagogo das „Volk von Gogo“, Mgogo ein „Gogomann“, Ugogo, das „Land von Gogo“, Ki=gogo, die „Sprache von Gogo“. (In den einsilbigen Sprachen ist die Rolle der Betonung höchst bedeutend, so bedeutet im Anami=tischen: ba, bà, bâ, bá, drei Damen gaben eine Ohrfeige dem Günst=ling des Königs“).

Wir können die kurze Besprechung der afrikanischen Sprachen nicht schließen, ohne der merkwürdigsten derselben, der Sprache der Hottentotten zu gedenken, welche, von einem der am tiefsten in der Kultur stehenden Volke gesprochen, den Forschern die merkwürdigsten psychologischen und philologischen Probleme darbietet.

Hottentotten und Buschmänner, sagt Oskar Peschel (Völker=kunde), bilden eine gemeinsame Rasse; sie sind wie Th. Hahn be=merkt, Geschwister einer Mutter. Der eine Name bedeutet Stotterer und wurde ersteren zur Verspottung ihrer Schnalzlaute von den Holländern gegeben. Die Buschmänner werden von den Hotten=totten San (Plur. von Sab) geheißen, die sich selbst Koi=koin, d. h. Menschen nennen, welchen Namen man auch gegenwärtig allgemein den Hottentotten giebt.

Sprachlich haben Koi=koin und Buschmänner nur die Schnalz=laute gemein, die durch ein Anlegen der Zunge an die Zähne oder an verschiedene Stellen des Gaumens und durch ein rasches Zurück=schnellen hervorgebracht werden. Einen dieser Schnalzlaute ge=brauchen Europäer, um ihren Verdruß auszudrücken, einen andern hören wir bei Fuhrleuten, die ihre Rosse ermuntern. Außer den Schnalzlauten besteht zwischen den Sprachen der San und der Koi=koin keine Ähnlichkeit, abgesehen von wenigen Worten, die beiderseits ausgetauscht worden sind.

Die Sprache der Koi=koin ist eine große Merkwürdigkeit der Völkerkunde. Der Missionar Moffat war der erste, welcher entdeckte, daß sie Ähnlichkeit mit der altägyptischen zeige. Dies war auch die Ansicht von Lepsius, Pruner Bey und selbst von Max Müller und Whitney. Blauk giebt zwar zu, daß die Hottentottensprache in den Lautzeichen für die Geschlechter mit dem Altägyptischen und Kopti=schen inniger übereinstimme, als mit anderen Sprachen, daß sich aber auch wieder Anklänge an semitische Formen finden. Gegen die Verwandtschaft haben sich v. d. Gabelentz, Pott, Fr. Müller und Theophilus Zahn ausgesprochen und damit diese Streitfrage erledigt.

Jedenfalls ergiebt sich daraus deutlich, daß die Mundarten der Koi-koin eine sehr hohe Entwickelung haben müssen und zwar eine so hohe, daß ein Sprachforscher wie Martin Haug ihre höheren und feineren Bestandteile „nur durch Berührung mit einem civilisierten Volk" sich erworben denken kann. Ob dieses Volk das altägyptische gewesen sei, müsse vorläufig unbeantwortet bleiben.

Für eine solche Berührung spricht jedoch bis jetzt keine einzige Thatsache. Ehe daher nicht strenge Beweise für solche Vermutungen beigebracht werden, müssen wir vielmehr darauf bestehen, daß Sprachen auch durch solche Völker verfeinert werden können, welche ohne Berechtigung Wilde genannt worden sind. Die geselligen Zustände unserer Vorfahren zu Tacitus Zeiten waren nur wenig besser als die der Koi-koin, und dennoch besaß ihre Sprache schon damals arische Hoheit.

Das Nomna und die anderen Mundarten der Koi-koin befestigen die stark abgeschliffenen Formlaute am Ende der Wurzel. Aus koi, Mensch, ward koi-b, Mann, koi-s, Weib, koi-gu, Männer, koi-ti, Weiber, koi-i, Person, koi-n, Leute. Wir wählen dieses Beispiel, um hinzuzufügen, daß aus koi, Mensch, koi-si, freundlich, koi-si-b, Menschenfreund und koi-si-s, Menschlichkeit entsteht. Da sehr viele lieblose Anthropologen den altertümlichen Volksstämmen vorgeworfen haben, daß sich in ihren Sprachen keine Ausdrücke für Abstraktionen oder kein Wort für Gott oder Moral finde, so wollen wir daran mahnen, daß die Hottentotten, einst auf die tiefste Stufe gestellt, das obige Wort für „Humanität" besitzen.

Als Ergänzung zu dem Vorstehenden dürfte eine Erfahrung, die der Missionar Büttner bei der Übersetzung der Bibel in die Sprache der Herero machte, hier passend eine Stelle finden: es ergebe sich aus dem Studium der Sitte und Sprache derselben, daß sie im Sinken nicht im Steigen begriffen seien und der frühere Zustand der relativ vollkommenere gewesen sei. „So findet man, sagt er (Aus der Studierstube des Bibelübersetzers, Allg. Miss.-Zeitsch. 1881, S. 199), bei immer erneuerten Versuchen, den vorhandenen Sprachschatz zu fixieren, daß allerdings in früheren Zeiten auch manche jener vermißten höheren Begriffe doch einmal vorhanden gewesen sind, und viele derartige Wörter, wenn sie auch aus dem allgemeinen Verkehr beinahe verschwunden sind, finden sich doch noch zuweilen im Munde einzelner alter Leute. So hat es z. B. Jahre lang gedauert, bis man dahinter kam, daß die Herero ein eigenes Wort für 100 und eines für 1000 haben, nachdem man vorher geglaubt, sie könnten wirklich nur bis zehn zählen. Ebenso hat es viele Jahre gedauert, bis ein Wort für Gott, ein Wort für Götzenbild zum Vorschein kam. Natürlich ging es hierin immer besser, als auch einige von den Christen, zumal von den Ältesten, einmal begriffen hatten, um was es sich handelte und nun mit Eifer auch selbständig an solchen Untersuchungen sich zu beteiligen anfingen." — Dieselbe Beobachtung machten Missionare und Forschungsreisende bei den Insulanern des großen Oceans.

J. Baumgarten.

Deutsch-Südwestafrika.

I.

Erwerbung des ersten deutschen Kolonialgebietes. — Grenzen und Umfang von Deutsch-Südwestafrika. — Zuverlässigkeit der Nachrichten und Untersuchungen über dessen Kulturwert.

Die Aufhissung der deutschen Reichsflagge in Angra Pequena am 7. August 1884 bezeichnet einen denkwürdigen Wendepunkt unserer Geschichte: die Landgroßmacht Deutschland that den ersten Schritt zur Erringung einer Weltmachtstellung, indem sie zum ersten Male ein überseeisches Land unter Kaiserlichen Schutz stellte und damit den Grund legte zu einem Kolonialreiche, welches gegenwärtig in Afrika und Melanesien einen Flächenraum von mehr als 70 000 deutschen Quadratmeilen umfaßt.

Die Erwerbung der ersten deutschen Kolonie verdanken wir dreien thatkräftigen Männern, deren Namen künftig auf der ersten Seite der deutschen Kolonialgeschichte glänzen werden: dem Bremer Kaufherrn F. A. C. Lüderitz, welcher in den Jahren 1883 und 1884 das Küstenland bis an den Oranjefluß durch Kaufverträge erwarb und den Reichsschutz dafür nachsuchte; dem Fürsten Bismarck, der mit weitschauendem Scharfblicke die günstige Gelegenheit erkannte, durch Gewährung dieses Schutzes das Reich die ersten Schritte auf der Bahn der Kolonialpolitik thun zu lassen, den nationalen Spannkräften ein neues Feld der Thätigkeit, den industriellen und kommerziellen Bedürfnissen neue Hilfsquellen zu eröffnen; endlich dem Grafen Herbert Bismarck, welcher als Kaiserlicher Geschäftsträger in London mit seltener Geschicklichkeit und Energie den Widerstand des durch die Feinde der deutschen Kolonialbestrebungen gedrängten englischen Kabinets überwand und dasselbe zu

einer dreimaligen offiziellen Anerkennung der deutschen Schutzherr=
schaft bestimmte. Noch am 6. Juni 1884 schrieb die angesehene eng=
lische Kolonialzeitung „The Colonies and India": „Irgend einer
fremden Macht zu erlauben, Besitz von diesem Lande zu ergreifen,
welches zwischen der Walfischbai und dem andern Teile der süd=
afrikanischen Besitzungen gelegen ist, würde pure Tollheit sein." —
Aber bereits am 21. Juni folgte die Anerkennung seitens der eng=
lischen Regierung, welche eingesehen hatte, daß sie durch eine Feind=
seligkeit gegen Deutschland ihre letzte Stütze auf dem Festlande ver=
lieren würde, und daß sie überhaupt nicht den geringsten Rechtstitel
auf die südwestafrikanischen Küstenländer besaß. Diese Anerkennung
der deutschen Schutzherrschaft wurde wiederholt und weiter ausge=
dehnt am 22. September 1884 und im Frühjahr 1886, so daß nach
der inzwischen mit Portugal getroffenen Vereinbarung das deutsche
Schutzgebiet sich vom Oranjefluß bis zum Kuneneflusse und den
portugiesischen Besitzungen*), sowie von der Seeküste bis zum
20. Grad östlicher Länge erstreckt. England hat noch hartnäckig,
außer einigen Küsteninseln, die Walfischbai festgehalten, welche ihm
höchstens zur Erhebung von Zöllen nützen kann, für Deutschland
jedoch zur Entwickelung seines Handelsverkehrs mit dem Hinterlande
als bester Hafenplatz nützlicher wäre, als selbst die Bucht von Angra
Pequena.

In neuester Zeit hat man jedoch, um die den Engländern ge=
hörende Walfischbai entbehren zu können, eifrig nach einem andern
passenden Hafen geforscht und in dem Sandwichhafen einen ganz
vortrefflichen Ersatz dafür entdeckt. „Sandwichhafen", sagt die
Deutsche Weltpost (2. April 1887), „hat den großen Vorteil, daß es
einen ausgezeichneten Hafen hat, so daß Schiffe von großem Tief=
gange bis nahe an die Küste gehen können, so daß nur ein ver=
hältnismäßig kleiner Peer nötig ist, also mit sehr geringen Kosten die
Ausschiffungseinrichtungen herzustellen sind. Das Wasser im Sandwich=
hafen ist stets ruhig und gegen Sturm vollständig durch eine be=
deutende Landzunge gesichert. Die Küste wird niemals durch Spring=
fluten bedroht und überflutet. Dazu kommt, daß in Sandwichhafen

---

*) Die nördliche Grenze ist nach dem Vertrage mit Portugal, Ende 1886:
der Stromlauf des Kunene von dessen Mündung bis zu dessen zweiten Fällen,
weiter bis zum Kubango auf dem Breiten-Parallel, von hier folgt die Grenze
dem Stromlauf bis Andora und wendet sich dann in gerader Linie bis zum
Zambesi in der Gegend der Stromschnellen von Kolima.

sich gutes genießbares Trinkwasser findet und der Anbau der Küste bereits von den dort vorhandenen englischen Fischern mit Erfolg versucht ist. Man wird also dort leicht eine größere Weide herstellen können. Das Terrain hat von dem Hafen bis zu den Sandbünen eine Breite von circa 300 Meter, ist also breit genug, um ein größeres Fabriketablissement anzulegen.

Man hat bisher geglaubt, daß die Dünen, welche im Osten den Hafen begrenzen, ein Hindernis wären. Allein durch die neuen Forschungen ist bereits festgestellt, daß vom Sandwichhafen nach dem Kuisibthale keine allzu große Entfernung ist. Das Kuisibthal enthält ausgedehnte Weidefelder, sodaß dort größere Herden kon= zentriert werden können.

Deutsch=Südwestafrika ist, wie Kamerun und Togoland, ein Kronschutzgebiet, in welchem die Verwaltung und Rechtsprechung durch unmittelbar vom Kaiser oder von der Regierung bestellte Beamte ausgeübt wird, wogegen in Gesellschafts=Schutzgebieten, wie Deutsch=Ostafrika und Neu=Guinea, jene staatlichen Funktionen von einer Privatgesellschaft auf Grund eines Kaiserlichen Schutzbriefes vollzogen werden.

Da gegenwärtig die Nordgrenze von Deutsch=Südwestafrika sich von der Mündung des Kunene bis Kolima am Zambesi erstreckt und das deutsche Gebiet durch das Hinzutreten der Burenrepublik Upingtonia (Grootfontain), deren Bewohner, von den Ovambo und Damara gedrängt, sich freiwillig unter deutschen Schutz stellten, auf wenigstens 400 Kilometer nach dem Innern ausgedehnt worden ist, so ist bei einer Länge der Küste von 180 d. Meilen und einer Breite bis zum 20. Grad östlicher Länge der von George G. Brückner*) auf 20 000 deutsche Quadratmeilen berechnete Flächenraum nicht zu hoch gegriffen. Werden noch, was unumgänglich nötig ist, das Ovamboland am Kunene und Kubango, sowie die Länder am Ngami=See und südl. Zambesi unter Reichsschutz gestellt, so wird Deutschland ein südafrikanisches Kolonialgebiet von 30 000 deutschen Quadratmeilen haben.

Die Zahl der Einwohner ist schwer zu bestimmen, doch schlagen die Missionare die Zahl der Nama auf 17—30 000, der Bergdama

---

*) George G. Brückner, Jahrbuch der deutschen Kolonial-Politik und des Export. Berlin 1887. Dieses vortreffliche und für alle Kolonialfreunde unentbehrliche Werk wird alljährlich die Entwickelung unserer Kolonieen und die Fortschritte unseres Handels und Exportes eingehend schildern.

auf 50 000, der Herero auf 80 000 an, während die noch ganz un=
abhängigen Ovambo 98 000, die Damara 150 000 zählen sollen.
Die bevölkertsten Landstriche befinden sich im Norden, resp. Nord=
osten. (S. weiter unten Schilderungen der Bevölkerung.)

Was den Kulturwert Südafrikas betrifft, so haben wir darüber
nicht bloß die zuverlässigsten Berichte von Forschungsreisenden und
Missionaren (das Land ist seit länger als 50 Jahren ein ergiebiges
Arbeitsfeld der deutschen Mission), sondern auch die eingehenden
Untersuchungen des Kaiserlichen Reichskommissars Dr. Goering, auf
dessen Anregung in Verbindung mit Dr. Merensky und Büttner,
welche als Missionare lange Jahre dort gelebt haben, sich im August
1886 die „Deutsch-Westafrikanische Kompagnie" als Sammel=
stelle der deutschen Kapitalkräfte zur Ausbeutung der reichen, noch
unerschlossenen Naturschätze des Landes gebildet hat.

Die Handelsunternehmungen dieser Kompagnie werden nicht
ins Blaue hinein vor sich gehen, sondern haben einen durchaus po=
sitiven Boden, auf dem die Engländer bereits vorangegangen sind.
Es sollen von der Küste nach dem Innern durch Anlage von
Handelsstationen der Zugang zum Hinterlande, besonders zu dem
überaus fruchtbaren Gebiete am Kubango und oberen Zambesi bis
zum Matabeleland, Betschuanaland und Transvaal erschlossen wer=
den. Dieses Ländergebiet, fast dreimal so groß wie Deutschland, ist
nach Livingstone, der dort länger als 20 Jahre lebte und wirkte
und nach allen Richtungen hin Reisen unternahm, nicht bloß frucht=
bar und stellenweise dicht bevölkert, sondern auch größtenteils gesund.

Im laufenden Jahre ist mit zwei sehr bedeutenden Handels=
expeditionen der Anfang zu diesen vielversprechenden Unternehmungen
gemacht worden; dieselben werden in das Herero= und Ovamboland
gesandt, um dort Tauschhandel zu treiben, Schlächtereien und Handels=
stationen zu errichten. Die deutschen Missionare, deren mehr als 200
nebst 15 000 Deutschen in Südafrika leben, haben auch hier seit langer
Zeit vorgearbeitet und solche Erfolge erzielt, daß man heute manche
Herero trifft, welche deutsch sprechen, lesen und schreiben.

Von der Mündung des Orange=Flusses bis zum 16. Grad
südl. Breite ist die Küste eine kahle Sandwüste. „Es giebt kaum
etwas Traurigeres", sagt der auf der Missionsstation Bethanien ge=
borene Deutsche Josaphat Hahn. „Diese Küste trägt, vom Kap der
guten Hoffnung bis zum Fort Alexander (16°), denselben wüsten
Charakter, der, wie die Eingeborenen selbst sagen, „einen Hund zum

Heulen bringen würde", also eine heulende Wildnis (a howling wilderness) im wahren Wortsinn."

Das trostlose Aussehen der Küste uud des einen ähnlichen Charakter zeigenden 750 Quadratmeilen großen Gebietes von Angra Pequena hat den Gegnern der deutschen Kolonialbestrebungen in Südwestafrika einen willkommenen Stoff geliefert, um letztere als thöricht und aussichtslos darzustellen; heute würde ein solches Verfahren als Beweis einer grenzenlosen Unwissenheit jedem Unbefangenen erscheinen, der die auf Augenschein und lange Erfahrungen begründeten Berichte von Merensky, Belck, A. Kirchhoff, Fabri, Büttner, Höpfner, Pechuel-Lösche, Goering u. a. über die Hinterländer gelesen hat. — Es möge hier zunächst eine Darstellung des Missionars Büttner aus dem Jahre 1883 folgen, welche auch die „wüste Küste" wertvoller erscheinen läßt, als man im allgemeinen glaubt.   J. Baumgarten.

II.
Die Bedeutung der südwestafrikanischen Küste.

Wenn Südwestafrika schon an und für sich manche gute Aussicht für verständig geleitete und mit geeigneten Mitteln ausgerüstete Unternehmungen bietet, so darf vor allem auch nicht außer Acht gelassen werden, welcher bequeme Zugang zu dem weiten und reichen Innern gerade hier geboten ist, sodaß das Land mit vollstem Recht eine Pforte von Innerafrika genannt werden kann. Allerdings ist gerade die Küste dieses Landes das am wenigsten anlockende Terrain. Sicher haben sich wer weiß wie viele in Deutschland, als sie die trostlosen Beschreibungen von Angra Pequena lasen, gefragt: was kann denn dort zu holen sein, wo kaum ein paar Fischerfamilien in der armseligsten Weise ihr Leben fristen können? Das Land wird jedoch desto besser, je weiter man von der Küste in das Innere fortschreitet. Und wenn man näher zusieht, weshalb diese Küste so abschreckend ist, so findet man bald, daß das einzige, was den Häfen vorgeworfen werden kann, nur dies ist, daß sie kein gutes Trinkwasser bieten. Jede weitere Untersuchung und nähere Vergleichung sowohl der Häfen von Südwestafrika als der Wege, die von ihnen aus ins Innere führen, mit denen des übrigen Südafrika wird uns darüber belehren, wo eigentlich der vorteilhafteste Zugang zu dem Innern zu suchen ist.

Schon eine Vergleichung der Häfen allein längs der ganzen afrikanischen Küste von Niederguinea bis nach Sansibar beweist es uns, daß kein einziger Hafen (abgesehen natürlich von Sansibar) dem landenden Schiffe so viele Bequemlichkeiten und so große Sicherheit bietet, als die Häfen von Südwestafrika, die Walfischbai und Angra Pequena. Entweder verhindern mächtige Barren allen größeren Schiffen außer zur Zeit der Hochflut den Zugang, wie in Port Elisabeth, Durban u. a., oder dieselben sind, wie die Tafelbai, gerade den gefährlichsten Winden offen, oder der landende Schiffer hat, wie in Niederguinea, mit einer mächtigen Brandung zu kämpfen. Und dieses alles hat sich bis jetzt auch durch die kostspieligsten Hafenbauten nur zum geringsten Teile verändern lassen. Dagegen bieten Angra Pequena und die Walfischbai ohne alle künstliche Nachhülfe (der Sandwichhafen mit geringer Nachhülfe, s. oben S. 424) einen fast vollkommenen sicheren Ankerplatz, der, was be= kanntlich viel sagen will, auch bei ungünstigstem Winde sehr leicht zugänglich ist. Wie sicher die Einfahrt ist, habe ich selbst erlebt. Wir waren an einem Nachmittag aus der Walfischbai hinausgesegelt; aber bald erhob sich ein Gewitter mit recht starkem Winde, sodaß das Segelschiff, welches offenbar nicht genug Ballast für ein dort ungewöhnliches Wetter hatte, einige Gefahr lief und der Kapitän sich entschloß, die Bai wieder aufzusuchen. Unterdessen war es stock= finstere Nacht geworden und an der Walfischbai giebt es weder Landmarke noch Leuchtturm; nichtsdestoweniger wurde der Eingang ganz glücklich forciert, obwohl nur das Geräusch der Brandung über den Hafeneingang orientierte. So steil fällt das Land am Eingang der Bai ab, daß auch größere Schiffe ganz dicht an dem Lande vorbeisegeln können; in Angra Pequena sind die Verhält= nisse nicht ganz so günstig, wie in der Walfischbai, aber immerhin ist auch dort für Schiffe bis 4 Fd. Tiefgang fast absolute Sicherheit.

Wenn man nun weiter die Wege von den Häfen Südafrikas ins Innere betrachten will, so muß man bedenken, was für ge= wöhnlich auf den Karten nicht angegeben zu sein pflegt. Dem Ver= kehre stellen sich in Südafrika drei Gegner entgegen: wasserlose Wüste, die Tsetse=Fliege und das Fieber. Beachten wir zunächst das Verkehrshindernis der Kalahari.

Dieses weite Becken, in welchem fast das ganze Jahr hindurch so gut wie gar kein Trinkwasser auf der Oberfläche oder in der Nähe derselben zu finden ist, macht allen Verkehr zwischen den

Küstenländern von Südwest= und Südostafrika ganz unmöglich und trennt die Kapkolonie von dem übrigen Afrika. Wo aber die Wüste nach Osten hin aufhört und wo sehr bald reichlich fließende Ströme den Ostabhang Südafrikas schmücken, stellen sich zwei neue Feinde ein. Die Buschgegenden um diese Flüsse sind von der Tsetsefliege besetzt, welche allen Haustieren so verderblich ist. Und wo sonst die Vegetation stärker wird, da pflegen auch beinahe überall die Fieber gerade dem frisch herankommenden Europäer nur zu bald Stille zu gebieten. Nur so wird es erklärlich, daß der Verkehr von der Dela= goa=Bai und von Inhambane aus nach dem Innern ein Minimum ist. Sobald man auch nur ein wenig von der Küste sich entfernt, bleibt dort als einziges Beförderungsmittel der Träger übrig, und es ist wohl jedem nur zu klar, wie teuer ein solches Beförderungs= mittel ist, ganz abgesehen davon, welche Mühen und Lasten die täg= lichen Streitigkeiten mit unwilligen, unverschämten und dabei furcht= samen Trägern einem jeden Reisenden und Händler fortwährend verursachen müssen.

Nun haben die südafrikanischen Kaufleute es allerdings versucht, dem Zuge der Boers von Port Elisabeth und Durban aus mit Ochsenwagen weithin zu folgen; aber ein einziger Blick auf die Karte belehrt, wie ungeheuer lang die zurückzulegenden Wege sind, wenn auch nur die Gegend am Ngamisee erreicht werden soll und wie es so gut wie aus dem Bereich der Möglichkeit ausgeschlossen ist, per Ochsenwagen Waren aus Natal noch weiter ins Innere, etwa gar bis an den Zambesi, zu befördern. Die Transportkosten, welche sich für die deutsche Meile per Ochsenwagen mindestens auf etwa 4 bis 5 Mark belaufen, steigern sich ins Unglaubliche bei diesen weiten Touren und auch die wertvollsten Waren können diesen Aufschlag nicht mehr ertragen. Fast alle diese Schwierigkeiten fallen aber fort, wenn man von Angra Pequena oder gar von der Walfischbai aus= geht; der Weg von hier nach dem Ngami oder dem Zambesi ist um ein bedeutendes kürzer, als von Durban oder gar von Port Elisa= beth bis dorthin, ganz zu schweigen davon, daß dort nicht jene hohen und gefährlichen Gebirgspässe zu passieren sind, wie von Natal aus. Braucht man doch, wenn man von der Walfischbai oder Othimbingue und Okahandya nach dem Ngamisee fahren will, fast gar nicht den Hemmschuh anzulegen. Dann hat man nicht zu fürchten, daß man die Tsetsegegenden berührt, ehe man weit ins Innere vorgedrungen ist und ebenso werden sich auch in den

ungünstigsten Jahren die Fieber in Damara- und Namaqualand nur
an ganz beschränkten Stellen finden. Es ist eben in Südafrika ein
weites, verhältnismäßig sehr sicheres Terrain gegeben, von dem aus
neuen Unternehmungen in das Innere Afrikas hinein nach allen
Seiten hin die Wege offen stehen.

Werfen wir noch einen kurzen Blick auf die Völker Südafrikas,
so bemerken wir wiederum, wie sich die kriegerischen Bantunationen,
wie die Zulu, die Matebele, eben auch wieder nach dem Osten hin-
gezogen haben, und wie alle Unternehmungen von der Südostküste
her immer wieder Gefahr laufen, durch die politischen Bewegungen
dieser unruhigen Völker gestört zu werden. Jeder Reisende ist dort
nur zu sehr von den jedesmaligen Launen eines einzelnen Häuptlings abhängig, so daß im Handumdrehen alles immer wieder von
neuem in Frage gestellt wird. In Südwestafrika dagegen begegnen
wir zunächst und bis an den Zambesi heran nur friedliebenden Nationen mit patriarchalischen Sitten, Völkern, die sich einer ziemlichen
Unabhängigkeit erfreuen und unter welchen auch der Fremde sich
ebenfalls leicht eine ziemliche Unabhängigkeit verschaffen kann.

Allem dem gegenüber kann es also nur wenig ins Gewicht
fallen, daß an den Häfen selbst nur sehr schlechtes Trinkwasser zu
haben ist. Gerade dieses würde sich überall ohne große Schwierigkeit beschaffen lassen und mit jeder Meile, mit welcher der Reisende
sich von der Küste entfernt, steigern sich hier nicht die Schwierigkeiten, sondern es wird ihm immer leichter, je weiter er vordringt.

Und nun weise ich noch einmal zum Schlusse darauf zurück,
wie gerade hier in Südwestafrika durch die deutschen Missionare bereits so viel vorgearbeitet ist, daß ein deutscher Reisender ungehindert bis an den Zambesi vordringen kann. Das Einzige,
was zu fürchten ist, ist, daß eine fremde Macht auch auf diese Küste
Beschlag legt, um auch hier zu ernten, was nicht von ihr gesäet ist.
Mit den afrikanischen Schwierigkeiten wird gerade von dieser Seite
her am ehesten fertig zu werden sein. (Diese Befürchtung des um
die Kolonialsache so hochverdienten Mannes hat sich glücklicherweise
nicht verwirklicht, denn die Küste und das Hinterland stehen jetzt
unter Kaiserlichem Schutze.)

C. G. Büttner.
(Ausland 1883.)

III.

Kulturwert von Deutsch-Südwestafrika.

Ergebnis der Untersuchungen der Forscher, Ingenieure und Missionare. — Ovamboland, Kaoofeld, Nama- und Hereroland. — Fisch- und Viehreichtum.

In Deutsch-Südwestafrika giebt es außer der dürren, kahlen Küste und einigen feuchten, heißen und daher ungesunden Niederungen auf den Hochebenen des Innern weite Länderstrecken, deren Klima den Europäern zusagt und deren Boden zur Viehzucht und oft selbst zum Ackerbau durchaus geeignet ist. Es ist eine unverzeihliche Verkennung der Wahrheit und der thatsächlichen Verhältnisse, den Wert des ganzen Landes (20 000 ☐M.) nur nach dem 750 ☐M. umfassenden Angra Pequena-Gebiet und des durchschnittlich 15—20 Meilen breiten Küstenstriches zu beurteilen, wie es noch immer von Gegnern der Kolonialbestrebungen geschieht. Nach den zuverlässigen Untersuchungen der oben angeführten Forscher, Ingenieure und Missionare hat sich unzweifelhaft herausgestellt, daß in Ovamboland, einem reichen Kornlande, auch ausgedehnte Viehzucht betrieben werden kann und von den Eingeborenen zum teil schon betrieben wird, ebenso im ganzen Kaoofeld, weiter nach Süden; — im Piet Heibibsch-Gebiete, in Omahele, im Nama- und Hereroland findet sich nicht bloß vortreffliches Weideland, sondern selbst manche zum Ackerbau geeignete Landstrecke. Alfred Kirchhoff berichtet aus dem letzteren Lande, daß in günstigen Jahren die Weizenernte so reichlich gewesen sei, daß z. B. in Othimbingue von 1 Pfund Aussaat 55 Pfund Weizen geerntet wurden, daß die Speicher der Missionsstationen mit Tausenden von Scheffeln des besten Weizens gefüllt waren, deren jeder an Ort und Stelle einen Wert von 25 bis 30 Mark = 1 Ochse oder 2 bis 3 Hammel hatte.

Dr. Goering, der Kaiserliche Reichskommissar, hebt in seiner Denkschrift besonders den unerschöpflichen Grasreichtum des Damaralandes hervor, wo einzelne Herero 30- bis 40 000 Rinder besitzen und ausgedehnte Gegenden vor dem Kriege von 1880 von den sogen. Bastards mit großem Erfolge zur Schafzucht benutzt worden waren. Weizenbau ist mit ausgezeichnetem Erfolg von den Missionaren betrieben worden. Mit Ausnahme der nach dem Kuenefluß abfallenden Ebenen eignen sich beide Länder ihres gesunden Klimas wegen zu europäischer Niederlassung. Dr. Goering zählt eine Reihe von Stellen

in dem waſſerarmen Namaqualande auf, wo ſich, ähnlich wie vielerorts
in Transvaal, dem Oranje=Freiſtaat und der nördlichen Kapkolonie
durch Fangdämme ohne große Koſten die Flußbetten in Seeen ver=
wandeln laſſen, welche längere Zeit das für Viehzucht und Ackerbau
nötige Waſſer behalten.   In der nördlichen Hälfte des Landes hält
die Regenzeit länger an, und iſt Waſſer in Quellen und Flüſſen
genug vorhanden.   In betreff des Mineralreichtums des Landes
muß man die überſchwenglichen Hoffnungen etwas herabſetzen.   Als
im Laufe der ſiebziger Jahre die große Kupferminengeſellſchaft zu
Ookeep im Klein=Namaqualande ſo glänzende Ausbeute (bis an
100 Prozent Dividende) machte, wurden mehrere Jahre hindurch
bedeutende Summen auf bergmänniſche Unterſuchung des Namaqua=
landes verwendet.   Man konſtatierte nur neſterartiges Vorkommen
des Kupfers.   Im Damaralande mußten mehrere Geſellſchaften trotz
genügender Ausbeute liquidieren, weil die ſchlechten Transportwege,
die Rinderpeſt, welche die Zugochſen zu Tauſenden wegraffte, und
der Krieg zwiſchen den Hottentotten und Hereros den Weiterbetrieb
hinderten.   Das bedeutendſte Kupfergebiet in dem Viereck zwiſchen
Otyimbingue, Gansberg, Rehoboth und Otyizeve iſt mit Ochſen=
wagen 14 Tagereiſen von der Küſte entfernt.   Eine Geſellſchaft
von Kapitaliſten, welche eine leicht herzuſtellende ſchmalſpurige Eiſen=
bahn oder Drahtſeilbahn, wie ſie für Minenbetrieb überall gebräuch=
lich ſind, anlegen würde, wäre einer höchſt rentablen Ausbeutung
ſicher.   Überhaupt iſt, wie W. Beld und andere Kenner des Landes
konſtatiert haben, das Damara= und Ovamboland noch nicht genügend
bergmänniſch unterſucht; es ſoll ſelbſt Gold und Silber im Innern
vorkommen.

    Waldemar Beld und der Reichskommiſſar Dr. Goering haben
auf den ungeheuren Fiſchreichtum hingewieſen, welcher durch einen
kalten Polarſtrom veranlaßt wird, der noch bei Moſſamedes (15° ſübl.
Br.) abkühlend wirkt und dort ſehr ergiebige Fiſchereien hervor=
gerufen hat.   Millionen von Delphinen, Tummlern, Haifiſchen, See=
Aalen, Snuck (äußerſt wohlſchmeckend, wird geſalzen und gedörrt —
beſſer als Stockfiſch — zur Proviantierung der Schiffe nach Kapſtadt
ausgeführt), Steambraſſen (Kabeljau ähnlich), auch Robben gewähren
einen ergiebigen Fang an felſigen Stellen, die auch überall mit zahl=
loſen wohlſchmeckenden Auſtern bedeckt ſind.   Lüderitz und der Engländer
Spence haben bereits ſehr gewinnreiche Fiſchereien angelegt, und die
Deutſch=weſtafrikaniſche Geſellſchaft wird dieſen Vorgängern folgen.

Ein noch weit ergiebigeres Feld der Arbeit wird ganz un=
zweifelhaft ein großer Teil von Deutsch = Südwestafrika der Häute=
und Fleischindustrie Deutschlands bieten, in welcher wir uns nament=
lich von den Amerikanern haben überflügeln lassen. Man braucht
kein Nationalökonom zu sein, um aus folgenden Thatsachen und
Zahlen unwiderlegliche Schlüsse ziehen zu können.

Deutschland führt jährlich für durchschnittlich 99 000 000 Mark
Häute und Felle ein, wovon für circa 8 000 000 M. aus dem briti=
schen Südafrika kommen, ferner für circa 10 000 000 M. frisches
und zubereitetes Fleisch, sowie aus den tierischen Abfällen bereitet
(schon im Jahre 1883) für 3 273 000 M. Knochenmehl, für
4 103 000 M. Superphosphate, für 6 650 000 M. Knochenkohle, für
4 111 000 M. Hörner und Hornspitzen und für 18 188 000 M.
Knochendünger. — Anstatt diese großen Summen den Amerikanern
und Engländern zu zahlen, die bei ihrer hochentwickelten Industrie
uns wenig davon zurückgeben, läßt sich der im Hererolande, im
Kakoofelde und im Ovambogebiete vorhandene Viehreichtum dergestalt
ausbeuten und entwickeln, daß wir einen bedeutenden Teil der oben
angeführten riesigen Summen in unsere eigenen Taschen stecken
können. Nach Merensky, Büttner, Belck, Goering u. a. betreiben
die Herero und Ovambo eine großartige Viehzucht, einzelne Häupt=
linge haben bis zu 50 000 Stück Rindvieh, auch erstreckt sich zwischen
der Walfischbai und dem Cuneneflußz, oft in kurzer Entfernung vom
See=Ufer, ein sehr fruchtbares Weideland von fast 2000 deutschen
Quadratmeilen Umfang, das gegenwärtig nur von etwa 1000 zer=
streuten Hottentottenfamilien bewohnt wird, und den geeigneten Bo=
den bietet zur Anlage von ebenso bedeutenden Schlächtereien und
Saladeros, wie in Uruguay und Argentinien, wo jährlich 7= bis
800 000 Stück Rindvieh geschlachtet werden. Fray Bentos fing mit
täglich 200 Stück an, verbraucht jetzt täglich 1200 und besitzt ein
Weideland von 27 deutschen Quadratmeilen, und es ist nicht der
mindeste Grund vorhanden, um zu bezweifeln, daß wir in Südwest=
afrika ähnliche Etablissements anlegen könnten. Wenige Meilen
von der Sandwichbai beginnt das obenerwähnte Weideland; hier
wird die Deutsch=westafrikanische Compagnie ihre ersten Nieder=
lassungen gründen und wahrscheinlich schon im nächsten Jahre mit
der Fleisch= und Häute=Ausfuhr aus Afrika anfangen. Dieses ist
um so erfreulicher und notwendiger, da die Entwickelung der deutschen
Landwirtschaft mit der Zunahme der Bevölkerung von jährlich mehr

als 500 000 Seelen nicht gleichen Schritt halten kann, das Bedürf=
nis der Fleischeinfuhr immer bestehen bleiben wird. Je größere
materielle Kräfte die Deutsch=westafrikanische Compagnie einsetzen
kann, desto bedeutender und rascher wird der Erfolg sein.

Baumgarten.

Die Eingeborenen von Deutsch=Südwestafrika.

Die Herero oder Damara.*)

I.

Der Volksnamen. — Die Herero als leidenschaftliche Viehzüchter. — Die Berg=
damara und ihr Treiben.

Das Hinterland von Walfischbai und Angra Pequena ist, etwa
den Süden abgerechnet, seit undenklichen Zeiten von nomadischen
Bantuvölkern bewohnt, als deren bekannteste Repräsentanten
heutzutage in Damaraland die Herero gelten können. Sie selbst
nennen sich mit dem Artikel Ova=Herero**), von den übrigen Bantu=
völkern werden sie Wa=schimba, d. h. wohl „Brunnengräber", ge=
nannt; die Hottentotten bezeichnen sie, vielleicht mit einer Art Schimpf=
wort, als Daman. Damara ist davon der Dual fem., indessen ist
diese Form vor allem durch die Engländer gewissermaßen die offi=
zielle geworden. Ein an mich von einem Freunde in Europa nach
„Hereroland" adressierter Brief ist lange Zeit auf den afrikanischen
Postanstalten liegen geblieben und endlich als unbestellbar dem Ab=
sender zurückgegeben. Dagegen sind Briefe, welche neben meinem
Namen nur die Bezeichnung „Damaraland" trugen, ohne Aufenthalt
an mich gelangt.

Die Herero sind ein Volk, das, ohne eigentliches Oberhaupt in
eine Menge Familien geteilt, nichts Höheres zu kennen scheint, als
möglichst viel Vieh um sich zu haben. Obwohl der Viehreichtum
einzelner Fürsten wie früher so noch jetzt bis an die tausende und

---

*) Wegen der großen Bedeutung dieses Volksstammes für Deutsch=Süd=
westafrika geben wir mehrere sich ergänzende Darstellungen von Missionaren und
Forschungsreisenden, welche Land und Volk genauer kennen gelernt haben.
**) Nach Galton bedeutet Ova=Herero das fröhliche Volk, und ist Damup,
der Namaqua=Name für Volk, von den holländischen Händlern zu Damara ver=
derbt worden.

zehntausende Stück von Rindern und unzählbare Schafe und Ziegen geht, so kennen sie doch nur weniges, was sonst nach ihrer Überzeugung des Menschen Herz erfreuen könnte. Wie ein richtiger Deutscher für den Wald schwärmt, so schwärmen sie für ihre Ochsen, und für einen Fürsten giebt es kein größeres Vergnügen, als zuzusehen, wie seine Rinder getränkt werden. Für eine Hererogesellschaft giebt es kein interessanteres Thema, als immer wieder die Erlebnisse ihrer Ochsen, die Stammbäume ihrer Kühe durchzusprechen. Ihres Herzens Sehnen ist erfüllt, wenn nur die Herde sich vermehrt. Daher wird auch kein Stück Muttervieh, überhaupt kein Kalb, kein Lamm geschlachtet, ja auch von den Ochsen und Hammeln wird, außer bei außerordentlichen festlichen Ereignissen, Begräbnissen u. dgl. nichts angegriffen; sonst ist man zufrieden, von der Milch der Herden zu leben, von dem, was die Jagd bietet, von dem, was aus der Herde von selbst stirbt. Denn selbstverständlich läßt man nichts umkommen, und dem gemeinen Manne in Damaraland ist es schon recht, wenn die Herden der reichen Leute durch irgend eine Seuche decimiert werden. Noch heute wird der reiche heidnische Herero, wenn in der dürren Zeit die Milch knapp wird, lieber mit Weib und Kind Hunger leiden und den Leibgurt (welcher deshalb auch von ihnen der „Hungerstützer" genannt wird) alle paar Tage um ein Loch enger schnüren, als daß er einen seiner lieben Hammel oder Ochsen bloß aus dem Grunde schlachtete, um sich einmal wieder satt zu essen.

Neben diesen reichen Nomaden und deren stammverwandten Vasallen und Knechten treibt sich im Damaralande ein rätselhaftes, schwarzes Volk umher, als wie eine Art Zigeuner, die Bergdamara, auf der tiefsten Stufe der Kultur stehend. Obwohl an Zahl verhältnismäßig nicht gering, haben sie unter sich gar keinen politischen Zusammenhalt, ein Volk von Sklaven und Vagabunden, das nur den einen Gedanken hat, sich den Bauch mit irgend etwas, das nach Eßbarem aussieht, vollzustopfen, mit Gummi arabicum oder zerklopften Baumwurzeln, das den Ameisen den gesammelten Grassamen aus ihren Löchern hervorholt, und für das es keine größere Freude zu geben scheint, als wenn die Heuschreckenscharen das Land überfallen, weil dann für sie beständig Kost genug vorhanden ist. Daneben betreiben sie auch wohl allerlei schwarze Künste, kennen allerlei heilsame Kräuter und tödliche Gifte, beschwören die Schlangen und wissen auf geheimnisvolle Weise den Kranken aus den schmerzhaften Körperstellen die fremden Körper hinauszusaugen, welche durch irgend einen Bösewicht hineingezaubert waren. Daß sie, wenn es nur irgend angeht, ihre Hände auch nicht von den geheiligten Rindern der Herero zurückhalten, ist selbstverständlich, wie es natürlich ist, daß die Nomaden, um den Raub zu rächen, die Bergdamarafamilien überfallen, die Alten erschlagen und die Kinder als Sklaven mitnehmen.   E. G. Büttner.

(Das Hinterland von Walfischbai und Angra Pequena. Heidelberg, 1884.)

II.

Religiöse Vorstellungen. — Ihre merkwürdigen abergläubischen Meinungen und Gebräuche. — Ihre Hütten. — Putz, Gesänge und Musik. — Eigentümlichkeiten der Damarasprache. — Aussprache von R und L. — Ortssinn und charakteristische Denkweise der Damara.*)

Man kann den Namen „Religion" auf die einfältigen Wahngebilde der Herero nicht anwenden; die Nacht ihres Daseins wird durch keinen Strahl höherer Anschauung erhellt. Beginnen wir mit ihrer Schöpfungsgeschichte, worin ihr verworrenes Denken besonders hervortritt.

„Zu Anfang der Dinge gab es einen Baum (der Baum ist aber irgendwie doppelt, weil einer zu Omaruru und ein anderer zu Omutschamatunda sich befindet), und aus diesem Baume kamen Damaras, Buschmänner, Ochsen und Zebras. Die Damaras zündeten ein Feuer an, welches die Buschmänner und Ochsen verscheuchte; die Zebras blieben aber zurück. Daher kommt es, daß Buschmänner und wilde Tiere an allen Arten von unzugänglichen Orten zusammenleben, während die Damaras und die Ochsen das Land besitzen. Der Baum gebar alles andere, was da lebt; er ist aber in den letzteren Jahren nicht mehr fruchtbar gewesen. Es nützt nichts, an der Seite des Baumes zu warten, in der Hoffnung, die Ochsen und Schafe zu fangen, die er hervorbringen könnte.

Ferner, ungeachtet, daß alles aus diesem Baume kommt, haben die Menschen auf eine abgesonderte Art einen besonderen Ursprung

---

*) Nach Francis Galton. Bericht eines Forschers im tropischen Südafrika. Aus dem Englischen, Leipzig o. D. Neben den neuesten vortrefflichen Schriften von Büttner, Fritsch, Falkenstein u. a. behält Galtons Werk einen bedeutenden Wert, weil dieser zuverlässige und scharfe Beobachter zum ersten Mal das Damaraland und dessen Bewohner eingehend schilderte. Galton gab auch durch seine Reise zu den Ovambos den Anstoß zu der Christianisierung dieses intelligenten, fleißigen, ackerbautreibenden Volkes.

oder „Eanda". Es giebt sechs bis sieben Eandas, und jede Eanda
hat eigentümliche Gebräuche. Die Stämme entsprechen diesen Eandas
nicht, weil Menschen von jeder Abkunft in jedem Stamme gefunden
werden."

Die Häuptlinge von Stämmen haben eine Art priesterlicher
Autorität — und diese mehr als Kriegerautorität. Sie segnen die
Ochsen, und ihre Töchter besprißen die fettesten alle Morgen mit
einem in Wasser getauchten Reisbesen, wenn sie aus dem Kraal
herausgehen. Sie erwarten keinen zukünftigen Zustand; doch beten
sie über den Gräbern ihrer Eltern um Ochsen und Schafe — um
fette und von der rechten Farbe. Kaum ein klein wenig Roman
oder Zärtlichkeit oder Dichtung ist in ihrem Charakter oder Glauben
enthalten; sie sind ein habsüchtiger, herzloser, dummer Schlag von
Wilden. Unabhängig von dem Baume und dem Eanda ist auch
Omakuru; wohl kaum kann er eine Gottheit genannt werden, obgleich er Regen giebt und ihn zurückhält. Er ist an verschiedenen
Orten begraben, an welchen allen gelegentlich zu ihm gebetet wird.

Die Damara haben eine ungeheure Menge abergläubischer Meinungen und Gebräuche, zwar alle sehr dumm, oft lächerlich und sehr
grober Art; aber auch höchst charakteristisch. Boten werden mit Fett
eingeschmiert, bevor sie auf eine Reise abgehen, und auch wieder
eingeschmiert, wenn sie zurückkommen; Erwachsene essen nur von einer
Art Ochsen; Erwachsene trinken nur aus einer besonderen Milch-
kalebasse, und so bis in das Unendliche weiter. Ein neugeborenes
Kind wird gewaschen — das einzige Mal, daß es in seinem ganzen
Leben gewaschen wird —, dann abgetrocknet, eingeschmiert und dann
ist die Ceremonie vorbei. In irgend einer Zeit werden die Jungen
während des Knabenalters beschnitten, aber in keinem besonderen
Alter. Ehe findet in einem Alter statt, welches das fünfzehnte bis
sechszehnte Jahr zu sein scheint; da aber die Damara keine Jahres-
rechnung halten, so ist kaum möglich, über ihr Alter Gewißheit zu
erhalten; dem Eindrucke nach, den die Damara auf mich machten,
waren sie nicht so früh reif, als Schwarze gewöhnlich sind. Die
Zähne werden mit einem Feuersteine beschnitten, wenn die Kinder
noch jung sind. Nach dem Tode wird der Leichnam in eine kauernde
Stellung gebracht, wobei das Kinn auf den Knieen ruht, und in
dieser Stellung werden sie in eine alte Ochsenhaut genäht (das Ding,
worauf sie gewöhnlich schlafen) und dann in ein Loch hinabgelassen,
das dazu gegraben worden ist, das Gesicht nach Norden gewendet

und zugedeckt; endlich springen die Zuschauer rückwärts und vorwärts über das Grab, um zu verhindern, daß die Krankheit heraussteige.

Eine kranke Person findet kein Mitleiden; sie wird von ihren Verwandten aus der Hütte vom Feuer weg in die Kälte gestoßen; sie thun alles, was sie können, um den Tod zu beschleunigen, und wenn sie im Sterben zu liegen scheint, häufen sie Ochsenhäute über sie, bis sie erstickt ist. Sehr wenige Damara sterben eines natürlichen Todes.

Die Hütten sind jämmerliche Dinge — die Frauen sind die Baumeister. Zuerst schneiden sie eine Anzahl von acht bis neun Fuß hohen Stöcken und streifen auch Quantitäten von Rinde von den Bäumen, welche sie in schmale Streifen schneiden und als Faden gebrauchen; dann werden Löcher gekrowt (gegraben), in einem Kreise von acht bis zehn Fuß in die Quere, in welche die Stöcke aufrecht gestellt werden; dann wird ihr Oberteil zusammengebogen, verflochten und mit den Rindenabschnitzeln gebunden — dies bildet das Gerüste; rund herum wird Buschwerk verwebt und angebunden, bis das Ganze eine compacte Fläche annimmt; an der einen Seite wird ein Loch, drei Fuß lang und zwei Fuß breit, zur Thüre gelassen, und eine gabelförmige Stütze wird in die Mitte der Hütte gestellt, um das Dach zu stützen; das Ganze wird dann beschmiert und getüncht, womit das Werk vollendet ist. Da das Dach von der Hitze des Feuers trocken wird und springt, und weil es in der That gemeiniglich ein Loch statt der Feueresse hat, legen die Damara an der Außenseite alte Ochsenhäute oben darauf, die sie mit Steinen beschweren, damit sie nicht vom Winde weggeweht werden können; sobald sie Luftwechsel bedürfen, ziehen sie sie auf die Seite, bei Nacht aber, wenn sie die Hütten recht behaglich zu machen wünschen, ziehen sie sie darüber. Das Meublement der Hütte besteht aus ein paar Ochsenhäuten, um darauf zu sitzen und zu liegen, drei bis vier hölzernen Gefäßen, einem thönernen Kochtopfe, einem Sacke zu Erdnüssen, einem Lederbeutel, der etwas Putz enthält, wie rote Eisenerde, um sich damit zu bemalen, und einem kleinen Beutel mit Fett. Vielleicht befindet sich ein eisernes Messer und Holzspaltmesser dabei; alles Andere wird um die Person getragen oder im Geheimen in dem Boden vergraben.

Die Kinder werden, bevor sie laufen können, von der Mutter in einer Art von Ledershawl auf dem Rücken getragen; dann läßt man sie für sich selbst sorgen und sich den Lebensunterhalt unter den Erdnüssen, so gut sie können, suchen. Sie haben alle fürchterlich angeschwollene Magen und sind mager gestaltet. Es ist wunderbar, wie sie zu so schönen Menschen aufwachsen können. Die Damara tanzen nicht viel, nur bei großen Gelegenheiten, wo sie Kriegstänze aufführen; auch singen sie nicht zusammen, obgleich sie gern Solo's bei einer Liederfingerei lieben, wozu sie die Worte beim Singen selbst erfinden und einen Chor haben, der dann und wann einfällt. Ich habe eine Guitarre bei ihnen gesehen, sie war aber, wie ich glaube, von den Ovambo eingeführt; ihr einziges musikalisches Instrument ist ihr Bogen. Sie binden ein Stück Lederriemen um die Sehne und den Griff und binden sie fest aneinander an, dann halten sie den Bogen horizontal gegen ihre Zähne und schlagen mit einem kleinen Stocke an die gespannte Bogenschnur. Ein guter Spieler kann große Wirkung damit hervorbringen; auf den Rhythmus wenden sie mehr Aufmerksamkeit, als auf die Noten und ahmen mit ihrer Musik das Galoppieren oder Traben verschiedener Tiere vollkommen nach. Das plumpe Geplärr des Pavians ist das Meisterstück und wenn es gut ausgeführt wird, macht es, daß alle in ein brüllendes Gelächter ausbrechen.

Die natürliche Farbe der Damara ist keineswegs leicht zu bestimmen, außer während der heftigen Regen, die die Lagen Fett und roter Farbe herabspülen, mit denen sie sich so reichlich beschmieren. Bei trockenem Wetter erscheint der Damara dunkelrotbraun und glänzend, wie ein alter, gutpolierter Mahagonitisch; er riecht dann übel nach Oel, seine Züge sind dick und geglättet, sein Ansehn ist munter und warm; einige Stunden anhaltende Regengüsse verändern aber den Menschen gänzlich. Seine Haut bekommt ein totes Ansehn und verliert allen Glanz — keine Spur von Dunkelrot darauf, ist sie nicht einmal schwarz, sondern von blasser Schieferfarbe, oder wie altes Eisengeländer, das frisch angestrichen zu werden erfordert, und der Damara wird, wenn er gereinigt worden ist, ein höchst schäbig aussehender Gegenstand.

Bezüglich ihrer Sprache werde ich wenig sagen, weil dies nur Sprachforscher interessieren kann und zu deren Besten haben die ehrwürdigen Herren Hahn und Rath bereits ein höchst reichhaltiges Sprachlehr- und Wörterbuchmanuskript zusammengestellt. Ihre Sprachlehre ist mit der der Sitschuana- und Kaffernsprache beinahe übereinstimmend, die mit beinahe jeder bekannten Negersprache in Afrika verwandt sein sollen. Sie ist höchst biegsam, so daß, wenn ein neues Wort einmal erlangt ist, sie ein jedes Ableitungswort sogleich und

verständlich ausdrücken können. Wenn sie daher das Wort „Brot"
erlernten, würde es ihnen keine Schwierigkeit machen, sofort das
Wort „Bäcker" zu bilden. Die Hauptunbehilflichkeit der Sprache
ist ihr Mangel an Comparativen und Adjectiven. Sie besitzt eine
Haupt-, aber nicht eigentümliche Schönheit in dem Vorsetzworte,
welches jedes Substantivum hat. Diese Vorsetzwörter haben alle
eine specielle Kraft, die nicht leicht zu erklären ist, die aber der
Lernende bald faßt. Um ein einfaches Beispiel zu geben: Omu ist
das Vorsetzwort, welches Mannheit bedeutet; Otbschi ist ein Ding.
Nun ist Omundu einfach ein Mensch; wenn aber gesagt wird:
Otbschimunbu, so wird die Idee von einem belebten Dinge der
Idee von einem Menschen noch hinzugefügt, und das Wort drückt
eine alte zahnlose Frau aus. Das Vorsetzwort des Substantivs,
welches den Satz regiert, wird durch alle declinirbare Worte desselben
fortgesetzt oder angedeutet, und giebt ein Vereinigungsband für das
Ganze ab. Der Wörterschatz ist von hübschem Umfange, in Bezug
auf Rindvieh ist er wunderbar reichhaltig; jede erdenkliche Art von
Farbe — wie gesprenkelt, scheckig, fleckig — ist genannt. In den
Cardinaltugenden ist sie nicht stark; denn für Dankbarkeit besitzt die
Sprache kein Wort; bei hastiger Übersicht meines Wörterbuches finde
ich aber fünfzehn verschiedene Formen, welche niederträchtigen Betrug
ausdrücken.

Höchst komisch ist es, daß Damarakinder, welche L sagen, wie
alle anderen Kinder, wenn sie das R auszusprechen versuchen, sobald
sie älter werden, die Sache umkehren und, die Aussprache des L
vergessend, stets R statt desselben sagen; so wurde Herrn Kolbes
Name in Korube verändert; mein Diener, dem wir den Namen Bill
gegeben hatten, wurde von den Damara „Biro" genannt. Sie gaben
sich ungeheure Mühe, meines Namens Meister zu werden, welcher
nach verschiedenen Umbildungen in Bortonio festgesetzt wurde, wobei
das „io" eine zärtliche Verkleinerungsanhängesilbe ist. Anderssons
Name enthielt zu viel Mitlauter für sie; verzweifelnd gaben sie ihn
auf und nannten ihn Kabandera (den Vogeltöter). Viele Ovambo-
und Damaraworte sind sich sehr ähnlich; so z. B. wenn man sagt:
„Bringe Feuer!", so heißt dies in der Damarasprache „el omuriro"
und in der Ovambosprache „ella omulilloo".

Anthropologisch höchst merkwürdig ist die Denkweise der Damara, wie wir in folgendem schildern werden. — In Anbetracht,
daß sie Wilde sind und den Instinkt der Örtlichkeit stark entwickelt

haben sollten, sind die Damara schlechte Führer. Bei späteren Ge=
legenheiten, als wir unsere Routen über weite Landstrecken zurück=
machten, war es eine gewöhnliche Belustigung, gegenseitig unsere
Erinnerung an den Weg zu prüfen, indem wir fragten, was der
nächste Gegenstand oder welche die nächste Drehung des Pfades sein
werde, an die wir nun kommen würden. Es ist aber schwer, die
Idee eines Europäers von einem Lande mit der dieser Wilden zu
vergleichen, weil sie es auf so verschiedene Weise betrachten und ihre
Aufmerksamkeit auf so ganz verschiedene Dinge gerichtet wird. Ein
Damara verallgemeinert nichts; er hat keinen einzelnen Namen für
einen Fluß, aber für fast jede Strecke desselben einen anderen Na=
men; so ist Swakop ein Namaquaname; es giebt fast kein Damara=
wort für ihn. Ein Damara, der den Weg von A nach B und
ferner von B nach C vollkommen wußte, würde von einer geraden
Strecke von A bis C gar keinen Begriff haben; er hat keine Karte
vom Lande in seinem Geiste, sondern unendlich viel örtliche Einzel=
heiten. Er erinnert sich an jeden Baumstumpf oder Stein, und je
kindischer der Gegenstand ist, desto stärker scheint er sich daran zu
erinnern. Wenn man daher sagte: „ich will an der Seite des großen
Berges schlafen, wo das Flußbett dicht unter seinem Fuße läuft",
so würde er den Platz durch diese Beschreibung niemals erkennen;
wenn man aber sagte, „unter dem Baume ein wenig an der anderen
Seite des Ortes, wo der schwarze und weiße Ochse brüllte, als der
rote Ochse vor ihm war und Coniati seine Hassagaie fallen ließ zc.,
so würde jeder Wilde von der Reisegesellschaft die Stelle genau be=
greifen, welche gemeint wäre. Die Damara wählen ihren Weg
Schritt für Schritt; sie träumen niemals davon, eine Richtung zu
nehmen und sich nach ihr zu halten. Ihre ganzen Beobachtungen
sind auf Spuren, Stöcke und Steine gerichtet, und sie sehen beständig
auf den Boden nieder und nicht um sich her.

III.

Geistige Fähigkeiten der südafrikanischen Eingeborenen, besonders der Herero.

Man macht sich in Europa im allgemeinen keine rechte Vor=
stellung von den geistigen Fähigkeiten der sogenannten „Wilden".
Es ist ja noch nicht lange her, daß mit großer Begeisterung von

vielen die Meinung kolportiert und angenommen wurde, diese „Wilden" ständen geistig nicht viel höher wie der Gorilla, und wir fänden sicher noch irgendwo in Central-Afrika den Menschen im tierischen Urzustande. Davon kann nun ja überhaupt keine Rede sein, und schon auf Grund der bloßen anatomischen Vergleichung eines Kaffer- und eines Gorillahirns wird ja der Unterschied völlig deutlich. Noch mehr tritt es zu Tage, daß sie zunächst genau solche Menschen sind wie wir, wenn man sich unter ihnen bewegt, in ihre Sprache und Denkweise einbringt. Da findet man denn bald eine Reihe von Thatsachen, welche mit dem Schmutz und der Unkultur, von der der europäische Reisende heutigen Tages sich abgestoßen fühlt, nicht übereinstimmen wollen, und die darauf hinweisen, daß die geistige Entwickelung dieser Völker sich schon seit langer Zeit nicht in auf- steigender, sondern in absteigender Linie bewegt, und die man nicht anders als Überreste aus einer besseren Zeit ansehen kann. Dahin gehört z. B. der kunstvolle Bau der Sprachen, deren Formenreichtum und Regelmäßigkeit in der Grammatik ins unglaubliche steigt. Dahin weist, daß die vergleichende Sprachforschung es als unzweifel- haft ergiebt, daß auch die Bantuneger ursprünglich Monotheisten waren und zum Teil noch bis auf diesen Tag eine Art von Bewußt- sein davon haben, wenn sie sich auch um den ewigen unsterblichen Gott im Himmel nicht kümmern und in der Praxis lieber ihre ver- storbenen Ahnen anbeten. Darauf weisen die Überreste von gottes- dienstlichen Gebräuchen, deren Sinn dem Volke selbst jetzt völlig verloren gegangen, und die doch nur dann erklärlich sind, wenn man sie mit denjenigen religiösen Ceremonieen vergleicht, von denen wir sonst aus der Urzeit der Menschheit hören. Auch die wenigen tech- nischen Fähigkeiten und Fertigkeiten, welche sich noch bei den Ein- geborenen Afrikas vorfinden, lassen sich in Wahrheit nur als Über- reste alter Kultur erklären; die Leute selbst haben schon lange nichts Neues erfunden, sondern handeln nur noch nach Anleitung der Tra- dition. So weist alles darauf hin, daß die sogenannten „wilden" Völker zu der übrigen Menschheit in dem Verhältnis stehen, wie Vagabunden zu ihren Stammesgenossen, zwischen denen sie umher- schweifen.

Auch findet man bei näherem Zusehen beim Unterricht in der Schule immer wieder, daß die geistigen Fähigkeiten dieser „Wilden" um nichts von den geistigen Fähigkeiten des Durchschnittes in Europa zurückstehen. Allerdings giebt es auch dort Dumme und

Kluge, und mit einzelnen Schülern ist auch dort nichts für die
Wissenschaften zu erreichen, aber wenn man die besser Begabten und
Fleißigen vornimmt, so stellt sich heraus, daß diese Herero und
Hottentotten ebenso gut fremde Sprachen lernen, wie ein Europäer,
daß sie für die Musik sicher nicht weniger begabt sind, daß sie im
Geschäftsverkehr ebenso schlau und listig sind, als irgend ein euro-
päisches Handelsvolk. Auch wenn man das ganze Staatswesen
dieser Afrikaner ansieht, unter denen die Unterschiede der Stände
genau fixiert sind, obwohl sie alle, mit Ocker und Butter beschmiert,
halbnackt umherlaufen, so wäre alles unerklärlich, wenn man es mit
Wesen, welche sich aus dem herdenartigen Zustande der Tiere „empor-
arbeiten", zu thun hätte, während alles verständlich wird, wenn wir
die gegenwärtigen Zustände als Überreste aus jener Zeit ansehen,
wo ihr einfaches patriarchalisches Regiment von dem der Arier nicht
sehr verschieden war.

Wie kommt es nun, daß trotz alledem diese Völker auf solch
entsetzlich niedriger Stufe stehen? Woher hier dieses traurige Schauspiel, daß der Menschengeist mit all seinen Fähigkeiten und Ent-
wickelungsmöglichkeiten als wie mit Ketten und Banden gefesselt erscheint? Da sind bei näherem Zusehen nur die moralischen
Schwächen und Mängel als Ursache des tiefen Verfalls zu finden. Denn auf diesen Völkern lastet der schlimmste Egoismus,
der sich denken läßt, der sich bei den Reichen und Vornehmen als
der schmutzigste Geiz, bei dem geringen Volke als die verstockteste
Trägheit offenbart. So sind sie alle miteinander in ihr Elend ver-
kettet, keiner hat Lust, die andern, keiner Macht, sich selbst herauszu-
retten.

Und dazu kommt noch eine andere merkwürdige Erscheinung.
Während es bei uns, innerhalb der Christenheit, einem jeden sozusagen in Fleisch und Blut übergegangen ist, daß die Menschheit im
fortwährenden Fortschritte begriffen oder doch wenigstens zu fortwährendem Fortschritt berufen ist, findet man bei diesen „wilden"
Völkern immer wieder den Gedankengang: alles ist eben so, wie es
ist; es ist niemals anders gewesen, als wie es jetzt ist, und wird
daher auch niemals anders sein; es ist nirgends anders als wie bei
uns, und was sonst von anderen Menschen und anderen Sitten erzählt wird, sind Lügen, sind Märchen.

Es ist mir in dieser Hinsicht immer sehr interessant gewesen, die
Vorstellungen, welche die Eingeborenen über die europäische Kultur

und die europäischen Verhältnisse hegen, zu beobachten und zu ergründen. Reichliche Gelegenheit dazu hatte ich bei dem Unterrichte
der Zöglinge des Augustinumseminars, welche aus den fähigsten
Schülern unserer Elementarschulen ausgelesen, nun in den religiösen
Wissenschaften, im Deutschen, Englischen, Holländischen, sowie in den
Realien unterrichtet wurden. Natürlich kamen wir bei diesem Unterricht oft genug auf die europäischen Verhältnisse zu sprechen, und
immer wieder machte ich die Erfahrung, wie wenig die Eingeborenen
geneigt waren, unsere Erzählungen von den jetzt in Europa vorhandenen Zuständen für wahr zu halten, und wie ich oben ausgeführt, sie waren viel eher geneigt, die fremdartigen Dinge, welche
sie in den Händen der Europäer sahen, für Naturprodukte anzusehen, als für Erzeugnisse einer kunstreichen menschlichen Hand.

Überhaupt imponierte dasjenige, was der Herero an den Europäern, die in sein Land kamen, sah und von ihnen hörte, ihm sehr
wenig. Alle Erzählungen von den europäischen Einrichtungen in
den großen Städten, der Ordnung in denselben, dem Verkehr, den
Fabriken, den Eisenbahnen u. s. w. waren natürlich Märchen, mit
denen der Fremde den Einheimischen täuschen wollte. Kam er doch
eingestandenermaßen aus einem Lande, wo die Leute viel weniger
Rinder besaßen, wie die Herero; wie konnte es in einem so arm-
seligen Lande Besseres geben, als in Damaraland. Die Versuche,
Kornfelder und Gärten einzurichten, erschienen den Nomaden als
thörichte Spielerei im Sande, Kindereien, welche ernster Männer
unwürdig wären. Und sie wurden in dieser Meinung nur bestärkt,
als im Anfang ein Mißerfolg dem andern folgte und die prophezeiten
Ernten in den ersten Jahren ausblieben.

Am naivsten sprach sich diese volkstümliche Anschauung über die
europäische Kultur in einigen Bemerkungen aus, welche ein Herero
mir gegenüber machte, der in der Kapstadt eine nähere Einsicht in
das Leben der Weißen genommen hatte. Der englische Gesandte
Mr. Palgrave, welcher eine Zeit lang Damaraland bereiste, hatte
geglaubt, daß es von Nutzen für die englische Politik sein würde,
wenn einige vornehme Herero nach der Kapstadt kämen, um dort
einen persönlichen Eindruck von der Macht und Größe Englands zu
bekommen. Unter andern wurden dabei auch mehrere vornehme
Christen, wie z. B. Wilhelm Maharero, der älteste Sohn des Oberhäuptlings der Herero, und Salomo Inario, einer der tüchtigsten
Gemeindeältesten, nach dem Kap eingeladen. Diese Leute, welche

von Jugend auf in den Häusern der Missionare verkehrt hatten und mit ihrem bescheidenen und feinen Auftreten der Hereromission in der Kapstadt alle Ehre einlegten, waren auch der holländischen Sprache völlig mächtig, so daß ihnen alles, was sie sahen, ganz wohl erklärt werden konnte, und ebenso konnten sie sich überall in der Kapstadt weiteren Aufschluß erbitten. So sahen sie denn dort alles, was irgend des Sehens wert war; die Dampfer, die Eisenbahnen, die militärischen Einrichtungen, die Schulen, die Druckereien u. s. w. Als diese Leute nun von dem Kap zurückkamen, traf ich sie in der Wal= fischbai und fragte den Wilhelm Maharero: „Nun, welchen Eindruck haben denn alle jene Werke der Europäer auf dich gemacht?" Da antwortete er mir: „Ach, Muhonge, jene Sachen kannten wir ja schon alle, Ihr habt uns ja, wer weiß wie oft, davon erzählt und wir haben sie auf Euren Bildern oft genug gesehen. Aber wir hätten es nie geglaubt, daß es so sein könnte. So haben wir uns denn darüber gewundert, daß alles so war, wie Ihr erzählt hattet." So lag es nun nahe zu hoffen, daß es auf die gesamte geistige Ent= wickelung der Eingeborenen in Damaraland einen günstigen Eindruck machen würde, wenn man ihnen wenigstens in einigen Stücken die Art europäischer Arbeiten, das Leben europäischer Familien ad oculos demonstrieren könnte. Sie würden dann sehen, wie es allerdings noch eine andere Welt gäbe als die, in der sie von ihrer Väter Zeiten zu leben gewohnt. Sie sahen freilich dergleichen auch schon am häuslichen Leben des Missionars selbst, aber da meinten die Herero immer wieder, dergleichen sei eben für einen „Lehrer", der eben ein ganz besonders gearteter Mensch sei, nichts Auffallendes, sie selbst seien aber eben anders geartet. Wenn sie nun aber auch noch an anderen Leuten, die nicht „Lehrer" sind, sehen würden, wie sie anders lebten als sie selbst, so würde dann vielleicht die Möglichkeit des Fortschreitens auch hier für sie aufdämmern. Möglicherweise würde man auch junge Leute aus den Eingeborenen zu Lehrlingen heran= ziehen können und so der ganzen Mission einen neuen Aufschwung geben. Wenn es einmal gelang, die Herero aus ihrem bisherigen, nur von Ochsen, Kühen, Schafen und Ziegen erfüllten Gedankenkreisen herauszureißen, so hoffte man auch weiter auf sie einwirken zu können.

C. G. Büttner.
(Das Hinterland von Walfischbai und Angra Pequena.)
Heidelberg 1884.

IV.

Die Herero als Heiden und als Christen.

Vergleich der gegenwärtigen Zustände einer Heiden- und Christenwerft. —
Praktischer Beweis der segensreichen Kulturarbeit der Missionare.*)

Wie die Missionare nach vieler Mühe, Arbeit und Not endlich
eine Bresche in das wohlverrammte Bollwerk der südafrikanischen
Barbarei gelegt und welche Fortschritte die Kultur hier gemacht hat,
zeigt am besten ein Vergleich der gegenwärtigen Zustände einer
Heiden- und Christenwerft der Herero.

Daß überhaupt auf den meisten Missionsstationen eine Heiden-
und Christenwerft unterschieden wird, zeigt zur Genüge, wie tief-
greifend die durch Annahme des Christentums verursachte Änderung
ist. Es nimmt freilich auch kein Wunder, daß ein Mensch, welcher
seine Menschenwürde im Lichte des göttlichen Wortes kennen lernte,
die Werfte der heidnischen Herero nicht ferner als Wohnstätte benutzen kann. Ihre bienenkorbartigen Wohnungen, Pontocs genannt,
bestehend aus Laubfachwerk mit einer dichten Schicht Kuhdünger,
sind eine Heimstätte dichter Finsternis, furchtbaren Schmutzes und
zahllosen Ungeziefers. Die einzige Öffnung des 10—15 Fuß im
Umkreis fassenden Raumes ist die Thüre, durch welche man nur auf
den Knieen hereinkriechen kann. Das Auge eines Europäers kann
sich kaum an die im Innern herrschende Dunkelheit gewöhnen. Wo
man mit Menschen oder Gegenständen auch nur in die leiseste Berührung kommt, bleibt eine Schicht dunklen Schmutzes kleben. Das
Ungeziefer nimmt derart überhand, daß diese empfindungslosen
Menschen selbst die Notwendigkeit erkennen, von Zeit zu Zeit das
ganze Haus mit seiner Besatzung niederzubrennen.

Solchen häuslichen Zuständen entspricht auch das Gemeindeleben,
welches von schmutzigen Sitten und Gebräuchen erfüllt ist. Den
Mittelpunkt der Werfte bildet der Opferplatz mit seinem ewigen
Feuer. Hier tritt noch als weiteres Charakteristikon die Furchtsam-
keit hervor, das Mißtrauen gegen einander, die Furcht vor dem
Feinde, die Furcht vor den Geistern der Ahnen. Diese letzteren zu
bannen, ist der Zweck all ihrer Opfer und ihres ganzen niedrigen
Kultus.

---

*) Nach F. A. Spiecker. Mission und Handelspioniere der Civilisation.
Nach praktischer Erfahrung beleuchtet. Allgem. Miss.-Zeitschrift, 1882.

Aus solchen Zuständen und Verhältnissen heraus kommen die Leute, welche durch die Kraft des Evangeliums zu menschenwürdigen Wesen herangezogen werden sollen. Die Notwendigkeit einer äußeren Trennung stellt sich dann gar bald heraus, und dies hat zur Folge, daß von einer Christenwerft gegenüber dem Sammelplatz jener heidnischen Wohnungen die Rede ist.

Während des vorbereitenden Unterrichts tritt zunächst die Forderung einer anständigen Kleidung in den Vordergrund. Vor der Aufnahme in die Gemeinde muß der Herero sich von der braunen Ockerschmiere entwöhnen. Sein Körper zeigt dann eine schwärzliche Hautfarbe und wird in europäische Kleidung gehüllt. Die sittliche Hebung des Volkes bedingt diesen schwierigen Prozeß, welchen die Mission mit stetig fortschreitender Kraft vollzieht. Seine Wirkung reicht jetzt schon über die Gemeinden hinaus, da auf einzelnen Stationen die noch heidnischen Häuptlinge und Großen des Stammes bereits europäische Kleidung tragen. Sie sehen wohl ein, daß sie den Weißen gegenüber durch solche Kleidung ihre Würde besser wahren können. Daß die Annahme europäischer Kleidung seitens dieser einzelnen Heiden nicht dem Einflusse des Handels zugeschrieben werden kann, geht daraus hervor, daß auf dem Felde, fern von den Stationen, kein einziger Herero sich einfallen läßt, europäische Kleidung zu tragen.

Wenn ein neues Gemeindeglied sich dann auf der Christenwerft ansiedelt, so ist es nicht immer im stande, sogleich ein Backsteinhaus zu bauen. Deswegen finden sich auch noch einzelne Pontocs auf den Christenwerften, aber auch diese zeichnen sich schon durch verhältnismäßige Reinheit vor den heidnischen Pontocs vorteilhaft aus. Wer aber eben kann, wird durch den Missionar veranlaßt, sich ein Backsteinhaus mit Fenstern und Thüren zu bauen, und so weisen die meisten Christenwerften schon eine stattliche Zahl Häuser mit verschiedenen Gemächern auf. Es finden sich in den meisten ein Wohnzimmer, ein Schlafzimmer für die Familie (teilweise mit netten, reinen Betten), ein anderes Schlafgemach für das Gesinde und eine Vorratskammer. Das Wenige, was zu kochen ist, wird meistens im Freien besorgt, und daß das Seifenkochen eine der häufigsten Arbeiten in diesem Fache ist, zeigt, wie sehr die Leute, welchen Reinlichkeit noch vor kurzem ein völlig unbekannter Begriff war, sich in ihr neues Leben eingewöhnt haben.

Wenn die Mission weiter nichts, als das bisher Genannte, zu-

wege gebracht hätte, so würde man ihr einen hohen kulturellen Erfolg nicht absprechen können. Europäische Kleidung, luftige, helle
Wohnhäuser, getrennte Schlafräume haben im Verein mit dem streng
durchgeführten Gebot der Monogamie eine außerordentliche Hebung
der Sittlichkeit zur Folge gehabt. Daneben hat der Schulunterricht
und die Predigt des Wortes Gottes der Gedankenwelt der Herero,
welche früher nur von Viehzucht, Feindesmord, Diebstahl und Geister-
furcht belebt war, eine höhere, menschenwürdige Richtung gegeben.
Eine Sammlung von etwa 30 Volksliedern, durch Missionare ge-
dichtet, unter welchen sich passende Umschreibungen der Lieder: Was
ist des Deutschen Vaterland; Trarira, der Sommer ist nun da;
Weißt du, wie viel Sternlein stehen, und ähnliche finden, wird auch
immer weiter bekannt und entreißt die Leute dem dumpfen Dahin-
brüten. Wie sehr vorteilhaft das Ganze auf die Charakterentwicke-
lung gewirkt hat, trat besonders während des letzten Krieges der
Herero gegen die Namaqua (seit 1880) zu Tage. Die Christen
waren es, welche am zahlreichsten und in den vordersten Reihen
fielen. Im dem früheren Kriege (1863—1870) verdankten die Herero
ihre einzelnen Siege der Anführerschaft zweier europäischen Jäger,
welche sich wiederholt an ihre Spitze stellten. In diesem Kriege
waren sie auf sich selbst angewiesen und, wo ein Sieg erfochten
wurde, da ist er fast unbedingt den Christen zuzuschreiben. Es kam
wiederholt vor, daß die Heiden sich weigerten, die Schlacht zu eröffnen, mit den Worten: die Christen sind noch nicht da!

Die Arbeit der rheinischen Missionare unter den Herero, welche
sich auf 8 Stationen erstreckt, steckt noch in den Kinderschuhen und
hat doch schon herrliche Früchte gezeigt. Es kann kein Zweifel
sein: der Widerstand des Heidentums ist gebrochen und die Civilisation resp. europäische Kultur findet in diesem kräftigen Volke einen
dankbaren Boden.

Wo der Handel mit seiner civilisatorischen Macht erfolglos stand,
hat die Mission durch unermüdliche Geduld und Selbstlosigkeit einen
herrlichen Sieg für die Civilisation errungen! —

Vergegenwärtigen wir uns dann wieder das Resultat der beider-
seitigen Einflüsse auf das Volk der Namaqua, wo der Handel sich
als verderblich und die Mission als Retterin vom Untergang dieses
Volkes erwies, so könnten wir zu dem Schlusse gelangen, daß dem
Handel wohl kaum eine wirkliche, kulturelle Fähigkeit innewohne.
Wir bezweifeln jedoch, daß eine solche Verallgemeinerung berechtigt

sein würde. In beiden Gebieten stand die Unfruchtbarkeit des Bo=
dens der Entwickelung des Handels entgegen, der sich in anderen
Ländern, z. B. in Central=Afrika, für die Kultur ganz anders segens=
reich entfalten würde.

Bilder aus Groß=Nama=Land.

I.

Der Hauptort Bethanien. — Klima. — Charakter, Lebensweise, Religion der
Hottentotten. — Staatliche Einrichtungen.

Bethanien, die Haupt= und Residenzstadt des Groß=Nama=Landes,
würde in Deutschland wohl kaum Anspruch auf die Bezeichnung
„Dorf" erheben dürfen: es stehen dort etwa 1½—2 Dutzend Hotten=
tottenkraale mit hoch gerechnet 150—200 Einwohnern. Die Kraale
sind in der gewöhnlichen Weise verfertigt: bienenkorbartig zusammen=
gebogene Äste werden mit Binsenmatten bedeckt, wobei an einer Seite
ein etwa 2½—3 Fuß hohes Loch zum Hereinkriechen freigelassen
wird. Nur Kapitän Josef Frederiks besitzt ein aus Lehmziegeln er=
bautes Haus; ebenso ist auch das des Königs, worin er seine Sitzungen
abhält, gebaut und mit Fenstern und Thüren versehen. Außer diesen
ziemlich trist aussehenden Gebäuden befindet sich dann noch dort die
sehr hübsch angelegte Missionsanstalt nebst Kirche unter der Leitung
des Missionars Bam und etwas davon abgesondert ein Speicher der
Firma F. A. E. Lüderitz. Was die Bodenverhältnisse anbelangt, so
wächst auf Bethanien selbst und auch im Umkreise von einigen
Meilen kein Gras; die dort wohnenden Hottentotten, meist sehr
reiche, d. h. nach hiesigen Begriffen, oder auch sehr arme Leute,
müssen ihr Vieh sehr weit weg auf die Weide schicken. Dafür hat
man aber andererseits eine ziemlich starke Quelle guten Trinkwassers
dort. Auch findet sich in allernächster Nachbarschaft Lehm und Kalk
in Menge. Der Boden ist auch hier an und für sich nicht unfrucht=
bar, das beweist der dort betriebene Ackerbau. Aber wenngleich es
hier oben im Lande und namentlich auch auf Aus bedeutend häufiger
regnet, wie in der Bai (der landesübliche Ausdruck für Angra

Baumgarten, Afrika.   **29**

Pequena), d. h. 4—6mal im Jahre, wozu sich auf Aus seiner hohen
Lage wegen noch sehr häufige nächtliche Niederschläge gesellen, so ist
doch diese Menge der Feuchtigkeit bei der hier stets herrschenden
trockenen Luft durchaus nicht hinreichend für eine rationelle Be=
bauung des Landes. Wie auf dieser von mir geschilderten Strecke,
so sieht auch im allgemeinen das ganze übrige Land aus, wie mir
von Händlern und anderen Leuten, welche das Land genau kennen,
berichtet worden ist. Mir selbst war es nicht möglich, mich hiervon
durch den Augenschein zu überzeugen; doch habe ich noch einige
Streifzüge nach Norden und Süden unternommen und gefunden,
daß in den von mir berührten Gegenden (zwischen dem 25° 55′
südlicher Breite und 27° südlicher Breite) das Land dieselbe Phy=
siognomie trägt, wie sie soeben beschrieben worden ist. So findet
man auf Khuias (25° 55′) eine gute Quelle, aber der Graswuchs
fehlt, so hat man auf Tiras (26° 5—10′) ausgezeichnete Grasweide,
aber es fehlt an Wasser; ein gleiches gilt von Kleen Fontein (26° 43′)
und von Kuck Aus (26° 56′), wo ebenfalls gute Weide, Wasser da=
gegen nur in sehr beschränktem Maße zu finden ist. Eines wird
dem Leser gewiß schon aufgefallen sein, daß nämlich überall, wo
gute Weide ist, das Wasser fehlt, und umgekehrt; es scheint dieser
Umstand charakteristisch für das Land zu sein; ich spreche natürlich
nur von dem Teile, den ich selbst gesehen habe. Doch steht zu er=
warten, daß man an den meisten Stellen diesem Mangel durch
Bohren von Brunnen wird abhelfen können, namentlich aber an den
tiefer gelegenen Teilen des Landes. Aus dem hier Gesagten wird
sich nun wohl jeder leicht ein Bild des Landes konstruieren können;
mit kurzen Worten: eine langsam ansteigende Hochfläche, aus der
sich ziemlich häufig isolierte, nach allen Seiten steil abfallende Berg=
gruppen von 100 bis 700 Fuß Höhe erheben. Der fast durchweg
vulkanische Boden trägt aus Mangel an hinreichenden Nieder=
schlägen nur an vereinzelten Stellen reiche Grasweiden. Hin und
wieder tritt eine mäßig stark fließende Quelle zu Tage, aber nur
für sehr kurze Zeit, dann wird ihr Lauf wieder unterirdisch; dem=
gemäß enthalten die zahlreichen, auf den Karten verzeichneten Fluß=
bette auch nur bei starkem Regen Wasser, zu anderer Zeit scheinen
sie völlig trocken zu sein. Aus alledem geht hervor, daß das Land
in agrikultureller Beziehung wenig Einladendes hat; was ihm in
den Augen der Europäer Wert verleiht, das sind seine Mineral=
schätze.

Was das Klima des Landes anbelangt, so ist es durchweg
günstig für Europäer. Die Hitze ist im Verhältnis zur geographischen Lage nicht zu groß, und der Unterschied der Tages- und
Nachttemperatur meist nicht sehr bedeutend, wenngleich er sich auch,
namentlich auf Aus, oft recht fühlbar macht. Die mittlere Tages-
temperatur im September betrug 23° C., doch gehört dieser Monat
noch der kälteren Jahreszeit an, dem sogenannten Winter. Die
Fauna wie die Flora ist eine durchaus nicht mannigfaltige. Von
Raubtieren existiert nur noch der Leopard, die Hyäne und der
Schakal in größerer Zahl. Strauße sind ziemlich selten, doch würde
sich mit Leichtigkeit eine lohnende Zucht einrichten lassen. Außerdem
kommt noch eine kleine und eine große Antilopenart, das Bergschaf,
hier Gemsbock genannt, der Hase und einige Arten von Nagetieren
vor. Als Haustiere werden vornehmlich Rinder, dann aber auch
Pferde, Schafe, Ziegen und Hunde gezogen; doch verfallen letztere
oft dem Hungertode. Schweine giebt es bis jetzt nicht im Lande.
Die Bewohner des Landes zerfallen in Jäger-Hottentotten, Buschleute genannt, und in Nomaden-Hottentotten, kurzweg Hottentotten
genannt; die Buschleute sind die Sklaven der letzteren, von ihnen
soll später noch kurz die Rede sein. Die Hottentotten, ein, wie man
annimmt, vom Norden Afrikas her eingewanderter Volksstamm, besitzen eine gelbe bis gelbbraune Hautfarbe; die Männer sind fast
ausnahmslos über 5 Fuß groß, alle aber besitzen sie schwarzes, ge-
kräuseltes Haar und rehbraune Augen, meist eine deutlich ausgeprägte
Plattnase, nie aber Waden. Auffällig ist auch bei ihnen die Klein-
heit der Hände und Füße. Ihr natürlicher Verstand ist ziemlich
stark ausgebildet, dabei aber sind sie entsetzlich träge und die denkbar unzuverlässigsten Arbeiter. Zu alledem gesellt sich noch eine
große Eitelkeit und starke Neigung für alkoholische Getränke. Sie
gewöhnen sich überhaupt sehr schnell an die Bedürfnisse der Civilisation; nackte Hottentotten habe ich hier nirgends gefunden. Nächst
Branntwein ist Tabak und Kaffee ihre Hauptleidenschaft. Zum
Schutze gegen den Wechsel der Temperatur schmieren sie den Körper
mit Fett ein; die Frauen gebrauchen auch eine Art Schminke, die
sie aus Eisenocker und Fett bereiten, und mit der sie den oberen
Teil des Gesichtes, einschließlich der Nase, dick bestreichen. Hierzu
kommt noch, daß sie einen äußerst unangenehmen Geruch verbreiten,
dessen Ursache in der Einreibung mit gewissen Pflanzenblüten, von
ihnen „Buchu" genannt, zu suchen ist. Ihrer Religion nach sind

sie teils Heiden, teils Christen, letztere sind wohl die zahlreicheren und vornehmeren, namentlich aber bekennen sich alle Häuptlinge zur christlichen Religion. Man würde aber fehlgehen in der Annahme, letztere habe besonders veredelnd auf ihren Charakter gewirkt; aus Überzeugung sind wohl nur die Wenigsten Christen, und ich glaube wohl kaum, daß einer von ihnen, mit Ausnahme vielleicht des Schullehrers und Kanzlers Christian Goliath, zum Märtyrer seines Glaubens werden würde. Wie schon vorhin gesagt, nähren sie sich gewöhnlich von Viehzucht, und hier ist es vor allen Dingen das Rindvieh, welches ihren Reichtum ausmacht; früher sollen sie bedeutend reicher an Vieh gewesen sein, aber seit sie sich an europäische Bedürfnisse gewöhnt haben, verarmen sie mehr und mehr. Hat doch vor kurzem erst ein Hottentotte an einem Tage 60 Schafe vertrunken, natürlich unter getreulichem Beistande guter Freunde und Nachbarn! — Das Vieh läuft auf den ausgedehnten Weideplätzen fast ohne jede Aufsicht frei umher; geschlachtet wird selten ein Stück, dagegen viel verhandelt an die im Lande umherziehenden Traber. Doch ist es z. B. allgemeine Sitte, daß der Mann am Tage der Hochzeit ein Rind schlachtet. Sonst besteht ihr Hauptnahrungsmittel aus Milch; dazu schlachten sie alljährlich vielleicht 4—6 Schafe oder Ziegen.

Was das staatliche Leben anbelangt, so zerfällt Groß-Nama-Land in 8 oder 9 Bezirke, von denen jeder unter einem besonderen Kapitän steht. Jedem derselben steht seit Einrichtung der Missionsstationen ein Rat von 12 der angesehensten Männer zur Seite, welcher über alle wichtigen Dinge entscheidet. Drei dieser Kapitäne sind von der Kapkolonie hierher gekommen und haben das Land von den früheren Bewohnern, ebenfalls Hottentotten, von den Holländern roie nazi, rote Nation, benannt, gekauft, zu ihnen gehört auch der Kapitän von Bethanien, Josef Frederiks. Sie waren es auch, welche nach den Erzählungen der Hottentotten, die ersten Kleider und auch Pferde in das Land brachten.

Die Buschleute stehen auf einer viel niedrigeren Kulturstufe; meist besitzen sie keine Kraale, sondern leben, wie es schon der Name besagt, im Buschwerk, das sie kreisförmig einige Fuß hoch aufhäufen. Sie leben von den Erträgen ihrer Jagd, die sie teils, wenngleich jetzt schon sehr selten, mit Bogen und Pfeilen (meist vergifteten — Schlangengift), teils mit Feuerwaffen ausführen; bei den Nomaden findet man dagegen nur Feuerwaffen vor. Gelingt es ihnen nicht, genügend Wild zu erlegen, so nähren sie sich wohl auch vom Harze des Kameldornbaumes und von eßbaren Wurzeln. Dem Genuß solcher Nahrungsmittel sind denn auch die häufig vorkommenden aufgetriebenen Bäuche zuzuschreiben. Können sie troß alledem ihr Leben nicht fristen, so stehlen sie den Hottentotten ihr Vieh weg, wobei sie allerdings im Falle des Ergriffenwerdens häufig genug erbarmungslos niedergeschossen werden, oder sie bieten irgend einem derselben für Beköstigung, d. h. für Milch — denn Fleisch bekommen sie noch viel weniger zu sehen, als die Hottentotten, höchstens wirft man ihnen die Knochen zum Abnagen hin —, ihre Dienste an. Auf diese Weise hat sich im Laufe der Zeiten das eigentümliche Verhältnis zwischen den Hottentotten und Buschleuten herausgebildet, das sehr stark das Gepräge der Sklaverei trägt.

Waldemar Belk.
(Deutsche Kolonialzeitung, 1885. 5. H.)

II.

Charakteristische Scenen von der Missionsstation Bethanien.*)

Die Hauptgebäude von Bethanien (4000′ über dem Meeresspiegel) sind natürlich, da es eine Missionsstation ist, die zweitürmige Kirche und das ziemlich große Missionshaus, beide aus Stein und Lehm unter Strohdach erbaut. Dicht dabei steht das Parlamentsgebäude und der Palast Sr. Majestät des Königs Josef, ebenfalls von derselben Bauart, doch ist derselbe noch nicht fertig und Se. Majestät wohnt, gleich seinen getreuen Unterthanen, in einer bienenkorbartigen, von Ungeziefer wimmelnden und Schmuß stroßenden Lehmhütte. Die anderen Einwohner, circa 200 an der Zahl, wohnen in teils eben solchen, teils sogenannten Mattenhäusern, welche leicht transportabel und im Sommer bedeutend kühler, als die anderen Hütten sind. Solch eine Hütte hat ungefähr fünfzehn Fuß im Durchmesser und acht Fuß Höhe und die als Thür dienende Öffnung ist nur gerade so groß, daß man in gebückter Stellung hindurchkommen kann. Hier lebt nun die ganze Familie. Oft findet man

---

*) Aus Deutsch-Afrika. Tagebuch eines jungen Deutschen aus Angra Pequena (1882—1884) von E. W. Wegner, Angestellter in Lüderißland. Leipzig, Schloemp, 1885, (1 M.) bildet die Nr. 1 der unter dem Titel: „Die deutschen Kolonialgebiete" begonnenen Reihe von populären Schriften aus der Feder von Augenzeugen über unsere Kolonieen. Sie verdienen die weiteste Verbreitung. B.

darin, da die Leute ein sehr hohes Alter erreichen, vier bis fünf
Generationen. In der Mitte brennt ein Feuer, dessen Rauch sich
den Ausweg selbst suchen muß, und um dasselbe hockt dann die
ganze Gesellschaft bei Kaffee, dessen Zubereitung den jüngsten weib=
lichen Familiengliedern überlassen wird, und einer Pfeife Tabak, die
Zeit im seligen Nichtsthun verträumend.

Der Hottentotte ist das faulste, unverschämteste und frechste
Subjekt, das man sich denken kann, und es sieht wirklich so aus, als
ob Gott Land und Leute im Zorn erschaffen hat. Das Volk ver=
hungert lieber, ehe es sich zur ernstlichen Arbeit entschließt, und mir
sagte neulich ein Missionar, daß man beim besten Willen das Fluchen
nicht lassen könne, wenn man mit diesem Pack zu arbeiten hat.
Obgleich auf dem Boden in Ui Ganis und hier bei einer halbwegs
vernünftigen Bestellung alles wachsen und gedeihen würde, so liegt
doch mit Ausnahme des Missionsgartens alles wüst da. Nur einige
der fleißigeren Eingeborenen haben sich in der letzten Zeit um ihre
Hütten auch Gärten angelegt. Alle Ermahnungen und Vorstellungen
der Missionare helfen nichts; dieselben gehen zu einem Ohre hinein
und zu dem anderen hinaus. Gar häufig sind die Bekehrten nur
dem Scheine nach Christen und beten heimlich ihre heidnischen
Götter nach wie vor an. Die drei hauptsächlichsten sind: Tsui-Gab
(Morgendämmerung), Khab (der Mond) und Heitsi-Eibib (eine
Baumart). Über diesen allen steht Kora (Gott), welcher im Homi
(Himmel) lebt und Erde und alles geschaffen hat; doch beten sie
dieses höchste Wesen nicht an, sondern benutzen die drei Erstgenannten
als Vermittler. Diesen Gottheiten werden ebenfalls Opfer der ver=
schiedensten Art dargebracht, doch sind die früher gebräuchlicheren
Menschenopfer fast ganz abgeschafft und als Ersatz werden die Opfer=
steine mit roter Farbe beschmiert, mit welcher Substanz die Opfernden
auch Gesicht und Brust einreiben.

Die erste Zeit, als wir nach Ui Ganis kamen, war der Mis=
sionar nebst Familie nicht zu Hause, und wir machten es uns in
dem vorher gemieteten und in den anderen uns zur Verfügung ge=
stellten Zimmern nach Kräften bequem. Der Herr Missionar kehrte
jedoch bald zurück, und wir behielten zwar danach auch noch unser
Schlafzimmer, mußten jedoch, wenn wir Karten spielen oder trinken
wollten, in unser mitgebrachtes Zelt gehen.

Während der Abwesenheit des Missionars war die Kirche ge=
schlossen gewesen, doch fing der Gottesdienst sofort nach Rückkehr

desselben wieder an und wir versäumten es nicht, demselben beizu=
wohnen. Sonntag morgens 9½ Uhr begannen die Glocken zu läuten
und wir betraten gegen 10 Uhr, nach langer Zeit wieder zum ersten
Male, vollständig nach neuester englischer Mode gekleidet und von
der bereits versammelten Gemeinde neugierig angegafft und be=
wundert, das Gotteshaus. Dasselbe ist durchaus einfach und pri=
mitiv, wird der Länge nach durch einen Gang in 2 Teile geteilt,
an dessen Ende sich der Altar und die Kanzel und an den Seiten
die einfachen Holzbänke für die Gemeinde befinden. Zu beiden Sei=
ten des Altars sind noch Stühle für die Familie des Missionars
und andere Weiße. Orgel oder Harmonium ist nicht vorhanden.
Nachdem ich mich in einem der Stühle niedergelassen, faßte ich die
Versammlung etwas näher ins Auge. In der Abteilung links vom
Altar saßen die Frauen, Mädchen und Kinder, rechts die Männer.
Letztere waren ziemlich respektabel gekleidet, d. h. sie hatten alle eine
mehr oder weniger besekte Hose an und ein Hemd, dessen Farbe man
allerdings des darauf lagernden Schmutzes wegen nicht mehr er=
kennen konnte. Die Frauen dagegen schienen die althergebrachte
Fellkleidung jeder anderen vorzuziehen, und man sah da groteske
Aufzüge. Die Königin und einige Hofdamen hatten Kleider aus
europäischen Stoffen an und die Füße der ersteren waren in ein
paar alte englische full dress-Schuhe und Strümpfe gekleidet, und
Ihro Majestät verfehlte nicht, um ihren Schatz allen deutlich zu
zeigen, die Röcke sehr in die Höhe zu heben, daß sie auch ordentlich
gesehen werden konnten. Die anderen Damen hatten teils Felle,
teils große schottische Shawls um, und die Kinder zeigten sich wie
sie Gott erschaffen hat. Meine Betrachtungen wurden jedoch bald
unterbrochen, denn der Missionar trat ein, gefolgt von seinem Dol=
metscher, einem Hottentotten, der auf einer Missionsschule in Da=
maraland erzogen ist. Dieses kleine, aber, wie ich später sah, sonst
wohlgebaute Kerlchen war in einen Frack gekleidet, der seinem Schnitt
und spiegelblanken Aussehen nach längst entschwundenen glücklichen
Zeiten angehören mußte; aber trotz aller Anstrengung des jetzigen
Besitzers wollte sich nur der oberste Knopf zumachen lassen, während
er über der Mitte des Körpers weit auseinander stand, und da keine
Weste vorhanden war, dem scharlachroten Hemde freie Aussicht ge=
stattete. Die allzugroße Knappheit des oberen Kleidungsstückes schien
das untere wieder gut machen zu wollen, denn es war dermaßen
weit, daß man annehmen konnte, es habe einst die zarten Gliedmaßen

eines baierischen Braumeisters geschmückt. Es schlotterte förmlich
um die Beine herum und der Träger hatte, um die ihm von Natur
versagte Rundung herzustellen, ersterer durch die Kunst unter die
Arme gegriffen, d. h. er hatte sich einen dicken wollenen Shawl um
den Leib gewickelt. Zum Schluß baumelte noch ein großes rotbuntes
Taschentuch aus einer der Rocktaschen hervor, und man wird mir
wohl beistimmen, daß bei einem solchen Anblicke das Ernstbleiben
keine leichte Sache war. Die Predigt wurde in holländischer Sprache
gehalten und von dem Dolmetscher Wort für Wort ins Nama über=
setzt. Nach dem Gottesdienste war noch eine Taufe, doch habe ich
darüber nichts Besonderes mitzuteilen. Bemerken will ich noch, daß
während des Dienstes ein alter Mann fortwährend auf und ab ging
und jeden oder jede, der sich hatte verleiten lassen, Gott Morpheus stille
Opfer darzubringen, durch eine gehörige Ohrfeige zur Wirklichkeit
zurückrief, und ich kann nicht unterlassen, ihn seiner Ausdauer wegen zu
loben, denn er hatte harte Arbeit. Montag wohnten wir einer Trauung
bei, welche ganz nach christlichem Gebrauch von statten ging; nach=
her nahmen wir auch an dem Hochzeitsmahle teil, welches allerdings
von einem europäischen etwas abwich. Die Gäste waren bereits
alle in einem aus Zweigen hergestellten Pavillon versammelt, nur
der König, die Großwürdenträger und wir hockten in einem Matten=
hause nieder und nun ging eine Esserei los, wie ich sie noch nicht
gesehen habe. Jeder aß mit dem mitgebrachten Taschenmesser und
den Fingern. Bei dieser einen Mahlzeit wurden von ca. 40 Gästen
2 Ochsen, 4 Schafe, ganze Berge von Fettkuchen und eine ungeheure
Menge von Kaffee verzehrt, für europäische Begriffe doch kaum
glaublich, und Essen ist auch das einzige, worin der Hottentotte
etwas leisten kann; ich glaube, daß er an Gefräßigkeit selbst die
Hyäne übertrifft.

III.

Charakteristisches über die Nama-khoi-khoin.

Die heutigen Bewohner des Landes, welche insgemein Hotten=
totten genannt werden, lassen sich diesen Namen nicht gefallen. Sie
wollen selbst in 4 verschiedene Gruppen geteilt sein: 1) die Sän
oder Buschmänner, früher zahlreich, jetzt zerstreut, das Proletariat
des Landes; 2) die Huri=Sän und Gowa=Sän, vom Fischfang und
der Jagd lebend; 3) die später eingewanderten Naman, Viehzüchter

und Jäger; 4) die zuletzt über den Oranje eingewanderten Khoi-Khoin, welche aus den englischen Kolonieen schon einen höheren Grad der Bildung mitbrachten und meistens holländisch sprachen, sowie europäische Kleidung trugen und etwas Landwirtschaft trieben. Sie erlangten das Übergewicht über die Namas, mit denen sie sich immer mehr vermischten.

Die äußere Erscheinung der Nama-Khoi-Khoin hat wenig Gewinnendes. An Körperumfang, Muskelkraft stehen sie ihren schwarzen Nachbarn ein wenig nach. Sie besitzen dagegen eine große Gelenkigkeit der Glieder — schwingen sich wie ein Vogel auf den Zweig, so mit dem Gewehr in der Hand aufs Pferd, — sind ausdauernde Läufer, gewandte Reiter, tüchtige Schützen, und diejenigen, welche die Ochsenpeitsche zu regieren wissen, brauchbare Fuhrleute. Die Männer erreichen durchschnittlich eine Höhe von 1,60 m. Wohlgenährte Frauen sieht man häufiger als beleibte Männer. Das viele Sitzen am Boden mit den Knieen am Kinn und reichlicher Milchgenuß mag Ursache sein, daß ihr Beckenbau Abnormitäten aufweist und das Sitzen auf Stühlen erschwert.

Die Farbe ihrer Haut gleicht dem Leder in seinen verschiedenen Schattierungen. Bei neugeborenen Kindern ist sie hellgrau; im späteren Alter wird sie brauner, je mehr die Einzelnen der Sonne ausgesetzt sind. Nach 30 Jahren zeigen sich beim weiblichen Geschlecht schon Falten, die zu tiefen Runzeln sich ausbilden. Die Schläfen sind eingedrückt, die Stirn kugelig rückwärts gebogen, der obere Hinterkopf stark ausgebildet. Mit den Jahren treten die Backenknochen über den hohlen Wangen immer markierter hervor. Die Nase der Neugeborenen ist kaum sichtbar, später wird sie mehr proportioniert. Die Augen sind durch wulstige Lider gut gegen Sonnenstrahlen geschützt; ihre Sehkraft ist eine außerordentliche und vermag sehr wohl mit unseren bewaffneten Augen zu konkurrieren. Das Kinn unter den aufgeworfenen Lippen spitzt sich zu und zeigt geringen Bartwuchs. Die Kopfhaare hingen den „Alten" einst in Strähnen über die Schläfe und auf die Schultern herab; diese Pflege wird ihnen nicht mehr zu Teil. In ungekämmtem Zustande stehen sie gruppenweis zusammen, so daß kahle Furchen dazwischen sichtbar sind. Im höheren Alter werden sie grau und weiß. Kahlköpfe sieht man aber nur unter bejahrten Bastarden.

Im allgemeinen sind sie mehr ein ideal wie praktisch angelegtes Volk — Sanguiniker, seltener feste Charaktere. Wenngleich ihre

Sprache kein Wort für „Laune" besitzt, lassen sich die Leute doch meist von ihr regieren. In ihrer Sucht nach Herrschaft und Freiheit kennen sie keine Grenzen. In dem Streben nach Anerkennung ihrer Persönlichkeit, in ihrem Bestehen auf wirklichem oder nur vermeintlichem Rechte sind sie Egoisten ersten Ranges. Wer ihrer Ehre zu nahe tritt oder sie zu beschränken droht, hat es auf lange Zeit hinaus mit ihnen verdorben. Das vielleicht schon Jahrtausend lange Ringen um ihre Existenz den schwarzen Rassen gegenüber, eine 200jährige Unterdrückung seitens der Weißen hat gewiß viel dazu beigetragen, sie sehr reizbar zu machen, wie andererseits die nomabisierende Lebensweise jedem Einzelnen reichlich Gelegenheit bietet, im Kampf ums Dasein sich nach allen Seiten zu üben. Strebt doch schon das 6 Monate alte Kind auf allen Vieren aus der dunklen Mattenhütte hinaus ans Licht, in die Freiheit, in der es heranwächst, von Stufe zu Stufe sich selbst überlassen, bis zum 90- und 100jährigen Greis.

Ihr Scharfsinn, soweit er sich aufs Naturreich und die Selbsterhaltung erstreckt, ist bewundernswert ausgebildet. So lassen sie sich z. B. auf Zählversuche in ihren Herden nicht leicht ein, wissen aber, wenn sie abends dieselben gemustert haben, ob von tausend Stück eins fehlt, was sie zu dem Ausruf veranlaßt: „ich sehe ein Schaf, das nicht hier ist." Die Quelle ihres Humors ist unversiegbar; ihrer Phantasie lassen sie den größten Spielraum. Wäre ihre Kapazität im Reiche der Zahlen so groß, wie ihre Liebe zu Gesang, Musik und Dichtung oder ihre Fähigkeit, fremde Sprachen sich anzueignen, dann wäre manches mit ihnen zu erreichen. — Nicht unbedenklich steht es mit ihrem Charakter. Er ist in seltenen Fällen ganz zuverlässig. So großherzig sie sind im Begehren, so bereitwillig sie vor uns stehen im Versprechen, so glücklich sie sich fühlen im Genießen, so ungedulbig werden sie, wenn ihre Lust unbefriedigt bleibt, so kühl verhalten sie sich über ihre Wankelmütigkeit und Treulosigkeit, die man ihnen vorhält. Daß der Gläubiger die inzwischen schon mannigfach veränderten Verhältnisse des Schuldners, seien sie nun verschuldet oder unverschuldet, nicht genug berücksichtigt, kann diesen möglicherweise zu amtlichen Anklagen veranlassen, eine Auffassung des Rechtes freilich, die mit ihrer traditionell gewordenen Art Kommunismus zusammenhängt. Von derselben Quelle sind auch herzuleiten ihre Gastfreundschaft, ihre Bereitwilligkeit, einander auszuhelfen in drückenden Lagen. Leben und Lebenlassen ist ihr Grundsatz. Egoismus, was das Irdische anbelangt, Geiz, Habsucht sind

stark verpönte Eigenschaften. Im Ertragen körperlicher Schmerzen
bewahren sie eine stoische Gleichmütigkeit; aber ebenso unempfindlich
zeigen sie sich bei Übernahme eines unerwarteten Geschenkes, beim
Anhören eines freudigen Ereignisses und dergl. Fällen, womit aber
nicht gesagt ist, daß sie nicht im Kreise der Ihrigen zur rechten Zeit
in die ungezügeltsten Freuden und Lobeserhebungen ausbrechen könnten.
Zu tadeln ist ihre unverschämte Bettelei und Faulheit, Untugenden,
die, wenn andere afrikanischen Völker sie nicht mit ihnen teilten, für
Europäer noch lästiger zu ertragen wären. Von verderblicher Wirkung wird ihr Hang zu geistigen Getränken, besonders beim männlichen Geschlechte, während Putzsucht und Sinn für Eitelkeit dem
weiblichen in hohem Grade eigen ist und die übelsten Wirkungen
hervorbringt.

In den ersten Lebensjahren gehen die Kinder unbekleidet. Knaben
tragen an baumbreitem Lederbande ein handgroßes Fellchen, gais
genannt, um die Lenden. Mit diesem zusammen hängt ein größerer
Lappen weichen Leders hinten hinab. Die Vorderschürze der Mädchen
ist mit Schnüren, Trobbeln und Perlen reich besetzt. Fuß-, Arm-,
Ohren-, Fingerringe aus verschiedenem Metall waren beliebte Schmuck-
gegenstände und sind zum Teil heute noch im Gebrauch. Das Karoß,
ein aus Schaf- oder Schakalsellen zusammengesetzter Pelzmantel, im
Winter die Haare nach innen, im Sommer nach außen gekehrt, hängt,
durch ein Riemchen auf der Brust zusammengehalten, über den
Schultern und dient nachts auch als Decke. Das Einsalben des
Körpers mit Fettsubstanzen, die mit pulverisiertem Holz der im
Wasser erstickten gana-Wurzel, oder mit roter Farbe vermischt sind,
geschah früher allgemein. Soweit die Einwohner unter christlichem
Einfluß stehen, macht diese dürftige Bekleidung der europäischen Platz.
Über dem Kattunkleid der Frauen hängt ein wollenes Tuch, um den
Kopf ist Werktags ein buntes, Sonntags ein weißes Tuch gewunden.
Die Männer tragen entweder selbstgefertigte Lederanzüge oder
schweren Molskingstoff. Ein Filzhut auf dem Kopf, Bandelier um
den Leib zum Aufbewahren von allerlei Reiseutensilien und Feld-
schuhe, nach dem Augenmaaß gemacht, vervollständigen den Anzug
eines respektablen Nama-khoin.

In Groß-Nama-Land befinden sich auf den Missions-Stationen
Warmbad, Keetmanshopp, Berseba, Bethanien, Gibeon, Hoachanas,
Rehoboth, Grootfontein mehr als 3300 Christen und man kann wohl
sagen, daß das Volk der Namas im Großen und Ganzen in der

Chriſtianiſierung begriffen iſt. Viele heidniſche Sitten und Gebräuche
ſind im Gebiete der Miſſions-Stationen kaum mehr wahrnehmbar,
und das Volk hat in den letzten 20 Jahren ſichtbare Fortſchritte zu
einer höheren Kulturentwickelung gemacht. Möge die neue Zeit, die
jetzt für Groß-Nama-Land anbricht, das bis jetzt Gewonnene nicht
ſtören, ſondern in geſunder Weiſe weiter fördern helfen!

Johannes Olpp.

(Angra Pequena und Groß-Nama-Land. Elberfeld 1886.)

Land und Volk der Kalahari,
des weiteren Hinterlandes von Angra Pequena.

**Bodenbeſchaffenheit und Pflanzenwuchs, geeignet zu bedeutender Schafzucht. —
Straßenparks-Anlagen. — Erſter Anblick der eingeborenen Bevölkerung.**

Durch die Erwerbung von Lüderitzland in Südweſt-Afrika ge=
winnt das größtenteils unfruchtbare Hochland der Kalahari, welches
zwiſchen beiden Beſitzungen liegt, eine beſondere Bedeutung für
Deutſchland.

„Als ich im Jahre 1871“, ſagt Graf von Krockow, „während
meiner ſüdafrikaniſchen Reiſe den Oranje-Strom überſchritt und zu
Jagdzwecken in jene Gegend eindrang, habe ich einen Einblick in den
Charakter der Kalahari erhalten.“

„Zunächſt kann ich nur beſtätigen, daß die in unſeren Lehr=
büchern wiederholte Bezeichnung einer Wüſte für dieſen Landſtrich
nicht zutreffend iſt, denn unter einer Wüſte muß jeder Leſer eine
völlig unbewohnbare Einöde verſtehen. In der That iſt aber die
Kalahari, ebenſo wenig wie die 1864 von mir zwiſchen Kaſalla und
Berber nach dem Roten Meer durchreiſte Nubiſche Wüſte eine zu
allen Zeiten trockene unwirtliche Gegend. Es giebt dort wohl Teile,
welche nur aus dichtem Flugſand, ſowie mit Gerölle und Steinen
bedecktem Boden beſtehen; ganz wüſt und völlig unfruchtbar iſt aber
ſelbſt eine ſo armſelig trockene Gegend nicht zu nennen, denn nach
der Regenzeit und den darauf folgenden Wochen reichlichen Taufalles
pflegt auch der dortige Boden für wenige Wochen ſein Frühlings=
kleid anzulegen.

Die etwa 3000 Fuß hohe Hochebene ist hier und da von Hügeln durchzogen, im Osten und Westen durch Gebirge begrenzt, im Norden reicht sie bis an die südlichen Ufer des waldreichen Ngami = Sees. Nur da, wo ein brackig schmeckendes Wasser in den sandigen Boden bis auf die felsige Unterlage versinkt und der Umgebung einige Feuchtigkeit abgiebt, ist eine Pflanzen = und Baum = Vegetation zu be = merken. Diese Punkte werden von den Bewohnern vor fremden Leuten sorgsam verborgen, da die eigene Existenz von diesem öfter salzig schmeckenden Wasser abhängt. Es giebt in der ganzen Kalahari, wie es scheint, nur wenige reichhaltige Süßwasserquellen; doch diese wenigen geben den Beweis, daß in der Tiefe das nötige Wasser zu finden ist, um dort größere Viehherden zu erhalten*).

Mit diesen Eigenschaften ist meines Ermessens die hochgelegene, trockene und gesunde Kalahari, ebenso wie im Kaplande die gleich = falls wasserarme große und kleine Karu, ein für Schafzucht vorzüglich geeigneter Landstrich. Die Menge Gras, welche in dieser merkwür = digen sogenannten Wüste wächst, ist überraschend, sogar für diejenigen, welche Indien genau kennen. Ich habe während meiner Reise durch die Karu an verschiedenen Stellen große Schafherden zu 5 = bis 6000 Stück in dem dürren Steppenlande gesehen. Außerdem würde nach meiner Ansicht, wie im Kaplande, so auch in der Kalahari an geeig = neten Stellen die Zucht von Straußen in Gehegen von Vorteil sein. Es sei mir gestattet, hier kurz zu berichten, was ich im Kaplande von Straußenparks gesehen habe. Ein sandiger, 2 = bis 300 Hektar großer Raum, auf dem hier und da Gras und niedrige Sträucher wachsen und, wenn möglich, eine kleine künstliche Wiese gehalten ist, wird durch drei Drähte umhegt. Letztere sind 2, 4 und 6 Fuß vom Boden durch Pfähle gezogen, welche 80 bis 100 Schritt von einander stehen. An die oberen Drähte werden alte Fetzen, Lappen oder kleine Äste befestigt, damit die Strauße die Drähte sehen, nicht dagegen laufen und so die Hälse beschädigen oder abschneiden. Vor allem muß der Straußenpark sorgfältig vor Raubwild geschützt werden. Die kostbaren Federn werden den Vögeln alljährlich ausgerupft.

Um wieder auf die Kalahari zurückzukommen, so habe ich be = merkt, daß die von mir gesehene Gegend nur dünn von Menschen bevölkert war. Zwei Dorfschaften, welche ich auf meinem kleinen Abstecher besuchte, verdienen nach deutschen Begriffen diese Bezeich =

---

*) Es ist also die Anlegung artesischer Brunnen das nächste Erfordernis für Nutzbarmachung jenes Deutschland an Umfang übertreffenden Landes.

nung nicht. Die runden aus Strauch und dürrem Grase gemachten Hütten konnten mich nicht ermuntern, durch die einzige niedere Thür= öffnung einzutreten, wo außer großem Schmutze mich gewiß auch eine Masse von Ungeziefer als frische Beute angegriffen hätte. Ihrer Abstammung nach setzten sich die etwa 300 Bewohner der Dorfschaft aus Betschuanen, Corannas, wenigen Hottentotten und Griquas zu= sammen. Die Corannaweiber sind sehr häßliche, schlecht gewachsene kleine Personen, welche, wie auch die Hottentotten, mit scheuen Blicken den Fremden angaffen und wenig Vertrauen erregen. Mehr oder weniger unter dem Druck der holländischen Buren stehend, haben alle südafrikanischen Menschenrassen und Mischlinge eine Scheu vor weißen Fremden, welche nach ihren Begriffen und ihrer Erfahrung nur neue und strenge Herren oder gar Feinde sind.

Das Gras sproßt gewöhnlich in Büscheln, mit kahlen Stellen dazwischen, oder die Zwischenräume werden von Schlingpflanzen ein= genommen, deren Wurzeln tief unter dem Boden liegen und daher wenig von den Wirkungen der sengenden Sonnenhitze verspüren. Die Zahl der Pflanzen mit Wurzelknollen ist sehr groß und sie sind so eingerichtet, daß sie Nahrung und Feuchtigkeit zugeführt bekommen, selbst wenn während der anhaltenden monatelangen Trockenheit dies anderswo unmöglich wäre. Es giebt hier eine Pflanze, die für ge= wöhnlich keine Wurzelknollen hat, dieselben aber unter Umständen bildet, wo jenes Anhängsel notwendig ist, um zur Erhaltung ihres Lebens zu dienen. Sie gehört zu der Familie der Kürbisse und trägt eine kleine scharlachrote eßbare Gurke. Eine andere Pflanze, Lero= schua genannt, ist für die Bewohner der Wüste ein wahrer Segen. An der Oberfläche sieht man nur eine kleine Pflanze mit einem Stengel, der nicht dicker ist als der Kiel einer Rabenfeder; graben wir aber einen bis anderthalb Fuß tief in den Boden, so stoßen wir auf einen Wurzelknollen, welcher zuweilen die Größe eines Kinds= kopfes erreicht; entfernt man die Rinde, so findet man, daß der Knollen aus einem Zellgewebe besteht, welches etwa wie bei einer jungen Rübe mit Flüssigkeit erfüllt ist. In Folge der Tiefe unter dem Boden, worin der Knollen sich findet, ist diese Masse gewöhnlich köstlich kühl und erquickend. Eine andere Pflanzenart, Mokuri ge= nannt, findet sich in anderen Teilen des Landes, wo die anhaltende Hitze den Boden ausdörrt; es ist eine krautartige Schlingpflanze, welche unter der Erde eine Anzahl Wurzelknollen bildet, von denen manche die Größe eines Mannskopfes erreichen und welche sämtlich in einem Umkreis von einer bis anderthalb Armeslängen horizontal um den Stengel herum liegen. Die Eingeborenen schlagen den Boden rings herum mit Steinen, bis sie durch die Verschiedenheit des Tones hören, wo die wasserspendende Knolle unter dem Boden liegt, graben dann etwa einen Fuß tief nach und finden sie.

Die wunderbarste Pflanze der Wüste ist aber die Kafferngurke oder Wassermelone. In Jahren, wo der Regen in ungewöhnlicher Menge fällt, sind unabsehbare Strecken Landes buchstäblich mit diesen Melonen bedeckt. Dann erfreuen sich Tiere jeder Art und Benennung, den Menschen nicht ausgenommen, an den reichen Vorräten. Der Elefant, als wahrer Herrscher des Waldes, schwelgt in dem Genusse dieser Frucht, und seinem Beispiele folgen die verschiedenen Nashorn= arten, obschon sie von Natur in der Wahl ihrer Nahrung ganz von jenem abweichen. Mit gleicher Begier laben sich daran die ver= schiedenen Antilopenarten, und selbst Löwen, Hyänen, Schakale und Mäuse scheinen sämtlich die allgemeine Wohlthat zu kennen und zu würdigen. Diese Melonen sind jedoch nicht alle eßbar; einige sind süß, andere so bitter, daß die ganze Familie dieser Kürbisse die bittere Wassermelone genannt wird. Die Eingeborenen unterscheiden sie dadurch von einander, daß sie eine Melone nach der andern mit einer Art anhauen und die Zunge in den Spalt stecken. So wissen sie freilich am schnellsten, ob sie süß oder bitter sind. Die bitteren sind giftig oder wenigstens schädlich, die süßen dagegen sind ganz gesund.

Graf von Krockow.

Die Ovambos in Deutsch=Südafrika.

. Bekanntlich entdeckte Livingstone im J. 1849 den merkwürdigen Ngamisee im Centrum von Südafrika, indem er von Süden (von Kolobeny) nach Norden vordrang; erst 5 Jahre später gelang es dem schwedischen Naturforscher Anderson, von Westen her dahin zu gelangen. Auf seinen Kreuz= und Querzügen, die er vier Jahre lang, von der Walfischbai ausgehend, in das weite, gegenwärtig größtenteils unter deutschem Schutz stehende Hinterland unternahm, verweilte er auch unter den Ovambos, von denen er eine interessante Schilderung gab, die wir im Auszuge mitteilen.*)

*) S. Erforschungsreisen im Innern Afrikas. Livingstone, der Missionar. Leipzig, Spamer, 1860.

Anderson und sein Begleiter waren in der Walfischbai ohne einen bestimmten Reiseplan gelandet; endlich zeigte sich ein Ziel, dessen Erreichung der Mühe wert schien; sie hörten von einem in nördlicher Richtung gelegenen großen Süßwassersee, der Omanbonde heißen sollte. Von der Station Barmen ab gegen Norden lag aber lauter unbekanntes Land; die dort wohnenden Damaraleute wurden von den Eingeborenen als ungastlich, mißtrauisch und verräterisch geschildert. Doch die Reise wurde unternommen, und nach mancherlei Erlebnissen und Schwierigkeiten gelangte die Reisegesellschaft nach mehreren Wochen an den ersehnten Omanbonde, der, wie ihnen unterwegs gesagt wurde, eine Wasserfläche „so groß wie der Himmel" haben sollte. Aber groß war nur ihre Enttäuschung, der große Omanbonde erwies sich als ein kleiner ausgetrockneter Schilfweiher ohne einen Tropfen Wasser! Allerdings ergab sich aus der ganzen Örtlichkeit, daß früher viel Wasser hier gewesen sein konnte — ein neuer Beleg zu der merkwürdigen Verarmung Südafrikas an Wasser. Dahin war nun die Hoffnung, an einem lachenden See, umgeben von Elefanten, Rhinozerossen, Nilpferden u. s. w., ein fröhliches Jägerleben zu führen; man war aufs neue ohne Reiseplan und wußte nicht, ob man vor- oder rückwärts gehen sollte. Endlich entschied man sich für das Erstere. Die Reisenden hatten Kunde erhalten, daß fern im Norden eine Völkerschaft wohne, welche feste Wohnsitze habe, das Land baue, fleißig, zuverlässig und sehr gastfreundlich sei. Sie hießen Ovambos, was eben ihre Eigenschaft als Ackerbauer bezeichnen soll, und trieben mit den Damaras Tauschhandel, indem sie Vieh gegen Eisenwaren einhandelten. Es sei eine sehr zahlreiche und mächtige Nation und stehe unter einem König, der ein ungeheurer Riese sei. Über die Entfernung dieses Landes und die Beschaffenheit der zu durchreisenden Gegenden gaben die Damaras freilich nur unsichere, abenteuerliche Berichte zum besten. Obgleich man sich auf eine mehrmonatliche Reise gefaßt zu machen hatte, wurde doch beschlossen, das Wagstück zu unternehmen, und man ließ den verunglückten See hinter sich. Die Gegenden, durch welche die Reise ging, waren wenigstens keine Sandwüsten; man mußte sich meistens durch Gebüsch, hohes Gras und Wald den Weg bahnen. Wasser gab es zur Genüge und an Wild war kein Mangel, so daß die beiden europäischen Reisenden der immerwährenden Fleischkost endlich müde wurden, die eingeborenen Begleiter allerdings um so weniger. Einige Tage nach der Abreise vom Omanbonde wurden die Reisenden durch das erste Auftreten von Palmen in freudige Stimmung versetzt. Eine Art schlanker Fächerpalmen war in großer Zahl über die Gegend verstreut und verlieh ihr einen ganz ungewohnten Reiz.

Eben an der letzten Damaraniederlassung angekommen, traf die Reisenden das Mißgeschick, daß eine Achse ihres größten Wagens brach. Sie entschlossen sich daher, unter Zurücklassung der Fuhrwerke, die Reise zu den Ovambos mittelst Reit= und Packochsen zu bewerkstelligen. Der Häuptling aber wollte nicht nur keine Führer dazu geben, sondern verweigerte auch jede sonstige Auskunft, stellte jedoch den Reisenden anheim, sich an eine Handelskarawane anzuschließen, welche man nächstens aus dem Ovambolande erwarte. Die Karawane erschien auch glücklicherweise bald; es waren 23 große, starke, sehr dunkelfarbige, ernsthafte Leute, von Charakter sehr unähnlich den Damaras. Sie brachten Lanzeneisen, Messer, Ringe, kupferne und eiserne Perlen u. s. w., alles eigener Fabrik, die sie teuer genug an die Damaras absetzten, z. B. eine Lanzenspitze für einen Ochsen. Die Leute willigten ein, die Fremden mit in ihr Land zu nehmen, und als endlich die Rückreise angetreten wurde, war die Karawane nicht weniger als 170 Köpfe stark, denn es hatten sich viele Damaras, unter ihnen 70—80 Frauenzimmer, angeschlossen. Die Ovambos hatten eine schöne Rinderherde zusammengebracht, das Reiseziel sollte vierzehn starke Tagemärsche weit sein. Auf eine angenehme Landschaft folgten bald wieder Dornbidichte und höchst traurige Gegenden, die Wasserplätze wurden sehr selten, und die Reisenden lernten einsehen, wie unmöglich es sei, ohne einen gründlich erfahrenen Führer sich in solchen Wildnissen zurecht zu finden. Buschmänner, denen die Reisenden allerwärts begegnet waren, fanden sich auch hier, und es war den Reisenden wohlthuend zu sehen, wie auch diese überall verachteten und verhaßten Menschen von den Ovambos gütig behandelt wurden. Sie tauschten ihnen Kupfererze aus, die jene aus den benachbarten Hügelgegenden brachten.

Nach achttägigem Marsche gelangten die Reisenden auf die ersten den Ovambos gehörigen Viehweiden und rasteten ein paar Tage. Das landesübliche Willkommen bestand darin, daß jedem Ankömmling das Gesicht tüchtig mit Butter beschmiert wurde. Es wurden Boten voraufgeschickt, um die Fremden bei dem Könige Nangaro anzumelden, und dann ging die Reise weiter, die ersten

Tage durch ungeheure, mit Bäumen umgürtete „Salzpfannen" und
dann über eine endloſe Savanne, gänzlich baumlos und ſelbſt ohne
Büſche. Um ſo freudiger war ihre Überraſchung, als ſie endlich die
ſchönen, fruchtbaren Ebenen Onbongas, des eigentlichen Ovambo=
landes, vor ſich ſahen. Statt der ewigen Dickichte und Sandwüſten
lagen jetzt vor ihnen endloſe Getreidefelder, überſäet mit friedlichen
Wohnungen, einzelnen rieſigen Wald= und Fruchtbäumen und un=
zähligen Palmen. Die Reiſenden glaubten in ein Paradies zu treten,
das immer anmutiger und fruchtbarer wurde, je weiter ſie vorwärts
kamen. Dörfer giebt es hier nicht; jede Familie wohnt patriarcha=
liſch in der Mitte ihrer Beſitzung auf einem Gehöfte, das mit ſtarken
Paliſſaden eingezäunt iſt, denn auch dieſe friedlichen Bauern haben
einen feindlich geſinnten Stamm in der Nachbarſchaft, der ihnen
fortwährend zu ſchaffen macht. Das Getreide beſteht hier aus
Negerhirſe und einer andern Pflanze mit ſehr kleinem Samen, der
ein treffliches Mehl giebt. Beide erreichen eine Höhe von 8 bis
9 Fuß. Im Herbſte werden die Samenbüſchel abgeſchnitten und
der Reſt dem Vieh überlaſſen. Ihren großen Viehbeſtand halten die
Ovambos auf entlegenen Weideplätzen, wo ſie auch Schweine von
ungeheurer Größe ziehen ſollen. Über die Ausdehnung des Landes
und die Stärke des Stammes konnten die Reiſenden nichts erfahren.
    Am zweiten Tage kamen ſie an die Reſidenz des gefürchteten
Nangaro, ohne jedoch ſogleich Zutritt in die Einfriedigung zu er=
langen; vielmehr wurde ihnen eine Baumgruppe in der Nähe als
Warteplatz angewieſen. Das Wartenlaſſen, das auch in Afrika für
vornehm gilt, währte ganzer drei Tage. Endlich erſchien die Ma=
jeſtät, ein Rieſe allerdings, aber nur dem Querdurchmeſſer nach.
Es war ein unförmlich dicker, häßlicher Mann, aber in den Augen
ſeiner Unterthanen doch jeder Zoll ein König, denn das Fettſein
gilt dem Afrikaner für ein Attribut, hier und da ſelbſt für ein Vor=
recht der Königswürde, während es einem Unterthanen geradezu als
Verbrechen angerechnet wird. Die Antwort des dicken Königs auf
die glänzende Anrede der Fremden beſtand lediglich darin, daß er
einige Male wohlgefällig oder mißfällig grunzte. Von Feuerwaffen
hatte er ſo wenig wie ſeine Leute einen klaren Begriff; ſie meinten,
es ſeien unſchädliche Dinger, ſobald man nur oben in die Mündung
blaſe. Sie erſtaunten nicht wenig über die Wirkungen einer Spitz=
kugelbüchſe, und mehrere Neugierige fielen bei jedem Schuſſe flach
auf das Geſicht nieder. Der König verlangte in der Folge, die

Fremden möchten für ihn Elefanten schießen, deren es in nicht weiter Ferne viele gebe und die oft viel Verwüstungen in den Feldern anrichteten. Die Schützen zogen es jedoch vor, diesen Antrag abzulehnen, da sie besorgten, der Gestrenge möchte das Elfenbein, dessen Wert er recht gut kannte, für sich allein behalten und sie vielleicht nicht eher wieder fortlassen, bis es nichts mehr zu schießen gäbe. Der Alte vergaß ihnen dies nicht. Übrigens wurden sie allerwärts freundlich und gastfrei empfangen. Der König bewirtete sie zuweilen mit Bier, und allabendlich war Hofball, wo die jungen Leute nach dem Tamtam und einer Art Guitarre tanzten.

Das Hauptnahrungsmittel der Ovambos ist ein grober Mehlbrei, der stets heiß mit Butter oder saurer Milch aufgetragen wird. Obwohl sie auch die Fleischkost sehr lieben und ihr Viehstand sehr groß ist, sind sie doch mit dem Schlachten sehr sparsam und scheinen das Vieh fast zum Vergnügen zu halten. Die Einrichtung der Gehöfte im Innern ihrer Palissadenzäune ist eine ziemlich verwickelte; man trifft da Wohnhäuser für Herren und Knechte, offene Plätze für Erholung und Besprechung, Scheuern, Schweineställe, Viehstände, Geflügelschläge u. s. w. Die Häuser und Hütten sind rund, zeltförmig und kaum über Manneshöhe, lediglich zum Kriechen und Schlafen geeignet. Die Getreidespeicher sind große, aus Thon gearbeitete Körbe, die eine ähnliche Binsenbedachung haben, wie die Häuser. Außer Rindvieh und Schweinen besteht der Haustierstand aus einigen Schafen, Ziegen, Hühnern und Hunden. Viele Buschmänner haben sich als Hinterfassen zwischen den Ovambos angesiedelt.

Ein guter Zug dieser wirklich auf einer gewissen Stufe der Gesittung stehenden Völkerschaft ist es, daß sie nicht stehlen, vielmehr den Diebstahl für ein todeswürdiges Verbrechen halten. Während die Reisenden bei den Damaras und Namaquas sich vor Diebereien nicht genug schützen konnten, durften sie hier ihre Habseligkeiten getrost ohne Aufsicht umherliegen lassen. Der König hat alle Strafgewalt, und es sind hier und da im Lande Personen angestellt, welche alle vorkommenden Vergehen zur Anzeige zu bringen haben. Die sorgfältige Pflege, welche sie Gebrechlichen und Altersschwachen angedeihen lassen, ist ebenfalls ein schöner Zug der Ovambos; ihre Nachbarn, die Damaras, überlassen Erwerbsunfähige entweder ihrem Schicksale, oder treiben sie in Wald und Wüste, wo sie die Beute wilder Tiere werden, oder fertigen sie ohne weiteres mit ein paar Keulenschlägen ab.

30*

Die Ovambos lieben ihr Vaterland ungemein und sind stolz darauf. Sie nehmen es übel, wenn man sie nach der Zahl ihrer Häuptlinge fragt, und sagen: „Wir erkennen nur einen König an; bei den Damaras freilich will jeder ein Häuptling sein, wenn er nur ein paar Kühe besitzt." Flüchtlinge von anderen Stämmen werden aufgenommen und dürfen im Lande heiraten, sind aber dann zum Dableiben verpflichtet.

Die Handelsleute unter den Ovambos machen jährlich vier Expeditionen nach dem Süden, wo sie Vieh, sowie Kupfer und Eisenerze eintauschen, die in ihrem Lande nicht vorkommen; sie geben dafür, nächst ihren Metallfabrikaten, Elfenbein, das sie sich durch Fangen der Tiere in Fallgruben verschaffen, und nehmen nebst Vieh am liebsten Glasperlen in Tausch, die eine Art Universalmünze bei allen südafrikanischen Stämmen bilden und ohne welche ein Reisender kaum fortkommen kann. Dabei muß man aber unumgänglich wissen, welche Sorten und Farben in den einzelnen Fällen bevorzugt werden, indem andere als diese gar nicht anzubringen sind.

Die Buren im Oranje-Freistaat.

Äußeres. — Wohnung. — Hausleben. — Gastfreundschaft. — Brautwerbung. — Grobheiten. — Religiöses Leben.*)

In seinem Äußern steht der Bauer entschieden einzig in der Welt da, er bildet die riesigste, kräftigste Rasse, die ich je gesehen. Ich hatte verschiedentlich Gelegenheit, bei Nachtmahl oder Konfirmation viele Hunderte von Bauern zusammen zu sehen, und obgleich ich selbst beinahe 6 Fuß hoch in den Strümpfen stehe — in der Gesellschaft kam ich mir vollkommen wie ein Zwerg vor. Hünen, Riesen u. dergl. sind Ausdrücke, die mir gar nicht genügen, denn es war weniger die kolossale Größe und Breite, als die stiermäßige Kraft der Männer, die mir imponierte. Ich habe Händchen gesehen, die einen bei den Hörnern gefaßten Ochsen umwerfen können und deren Handschuhmaß mindestens Nr. 24 sein würde. Dabei sagte

*) Aus dem höchst interessanten Buche des geistvollen Korrespondenten der Kölnischen Zeitung, Wilhelm Joest, Um Afrika. Mit 14 Lichtdrucken und vielen Illustrationen. Köln, Verlag von Dumont-Schauberg, 1885.

mir der Besitzer derselben halb verlegen, halb ärgerlich: „Oh, Neffe, ich kann doch die kleinsten Sachen anfassen, ohne sie zu zerbrechen." Ich mag hier einfügen, daß man den Familienvater „Ohm", seine Gattin „Tant" nennt, während die jungen Leute mit „Neef" und „Nicht", „Nichtje" angeredet werden, das beruht natürlich auf Gegenseitigkeit. Der respektvolle Titel ist „Baas".

Was das schöne Geschlecht angeht, so übertrifft dasselbe das männliche ganz entschieden noch an Körperfülle. Wenn die Gattin ihrem Gebieter das erste Dutzend Kinder geschenkt hat — darunter bleibt es selten —, dann setzt sie sich in den Lehnstuhl des Hauses und, wenn es irgendwie möglich ist, bewegt sie sich in ihrem ganzen Leben nicht mehr. Morgens steht sie auf, ihre Toilette ist rasch beendet, da sie sich nie wäscht und in den Kleidern geschlafen hat. Sie watschelt in ihren Lehnstuhl, läßt sich im Winter ein Kohlenbecken unter die Füße schieben, nimmt dreimal täglich an der Mahlzeit, die aus Fleisch, Mais, Reis, Eiern und Milch besteht, rührigen Anteil, trinkt in den Pausen 15—30 Tassen Kaffee und legt sich bei Sonnenuntergang wieder ins Bett, ohne oft während ganzer Monate auch nur einen Schritt mehr, wie gerade nötig ist, zu thun; den lieben, langen Tag hockt sie im Sessel, denkt an nichts, und thut nichts. Daß bei einem solchen Leben eine Verfettung des Körpers eintritt, ist leicht verständlich, und Kolosse von 300 Pfund sind gar nicht ungewöhnlich. Die Söhne und Töchter der Bauern sind unbeholfen und schmutzige Riesenkinder; ich lernte indes auch einige junge Damen kennen, die recht hübsch und dabei durchaus nicht schüchtern waren. Merkwürdig ist es, daß diese unverwüstlich aussehenden Leute nicht entsprechend gesund sind, zumal einige europäische Krankheiten, die ihnen meist wieder von den Farbigen übertragen werden, viel Unheil unter ihnen anrichten.

Der Bauer hält viel auf das, was wir Etikette nennen würden. Kommt man, sei es zu Pferde oder im Wagen, bei einer Farm an, wo man seinen Tieren etwas Erholung, Futter oder einen Trunk Wasser gönnen will, so wird man den Boer, der ebenso wie seine Gattin nichts zu thun hat und den ganzen Tag Pfeife raucht, Kaffee trinkt und sich langweilt, meist vor der Thür seines Hauses aufgepflanzt finden. Man glaube nun nicht, daß die Leute in gemütlichen, hübschen oder gar reinlichen Bauernhäusern leben. Nein, im Gegenteil, die meisten wohnen in elenden, strohgedeckten Hütten aus Lehm (Mobber), der Boden ist festgestampfte Erde, die zolldick zum

Schutz gegen allzuviel Ungeziefer mit frischem Kuhdünger beschmiert
ist; eine niedere Thür, die nach niederrheinischer Sitte horizontal in
zwei Hälften geteilt ist, so daß man die obere unabhängig von der
unteren öffnen kann, und zwei Fenster, oft ohne Scheiben, zieren
die Front, während in die Rückseite nur einige dürftige Luftlöcher
gebrochen sind. Beim Eintritt befinden wir uns im Wohn= und
Eßzimmer; die Küche, wo der ewige Kaffeetopf über brennendem,
aber nicht gerade angenehm riechenden Schafmist brodelt — Holz
giebt's ja nicht — liegt meist linker Hand, während der Rest des
Hauses von dem oder den Schlafzimmern eingenommen wird.

Der alte Bauer ist im Ochsenwagen geboren und groß geworden, er hat daher auch die alten Zigeunermanieren beibehalten.
Oft schläft die ganze Familie in einem Zimmer; jeder schläft in
seinen Kleidern und auch der reichste Bur würde nie mehr als etwa
Rock und Stiefeln ablegen, wenn er in sein Federbett kriecht.

Gegen Waschen hat der Bauer eine unüberwindliche Abneigung;
ist er sehr civilisiert, so erscheint morgens früh eine Hottentottin,
und setzt eine Waschschüssel aus Blech und einen Kübel mit Wasser
auf den Frühstückstisch. Der Baas des Hauses taucht die Finger
in den Kübel und wäscht sich die Augen aus, darauf nimmt er
einige kräftige Mundvoll Wasser und bespritzt damit, über die Schüssel
gebeugt, seine Hände; dann folgt sein Sohn Nr. 1 und wäscht sich
in diesem selben Wasser; die ganze Familie macht so den Prozeß
durch, der Wasserkübel wird immer leerer und das Waschbecken
immer voller, und zum Schluß wendet sich dann der Hausherr,
wenn er gerade sehr liebenswürdig gestimmt ist, an den fremden
Gast: „Zal die doctor ook en beetje water gebruike?" Der Doktor
zieht aber vor, zu danken.

Im allgemeinen wäscht der Bauer mit Weib und Kind sich
überhaupt nur an hohen Festtagen. Es giebt natürlich Ausnahmen
hiervon; es giebt Bauern, die sich täglich waschen und deren Töchter
sehr appetitlich aussehen, und es giebt Bauern, die sich in Felle und
Leder kleiden und nie waschen; jedenfalls ist die dem Fremden zu=
erst in die Augen (und Nase) fallende Eigentümlichkeit des afrikander Bur seine widerwärtige Unreinlichkeit.

Aber kehren wir zur Beschreibung eines ersten Besuches bei
dem Bauer zurück. Wir nähern uns dem Hausherrn und bieten
ihm, natürlich ohne den Hut zu berühren, die Hand mit den Worten:
„Dag, Ohm!" Ohne sich weiter zu bewegen, wird er seine Nr. 24

ausstrecken und nachlässig sagen: „Dag, Neef!" Dann beginnt ein wahres Examen, und zwar ein Fragen, das kein Ende zu nehmen scheint und das mit der größten Unverfrorenheit von jedem einzelnen Bewohner des Hauses stets wieder von neuem aufgenommen und fortgeführt wird, ohne Rücksicht darauf, ob man schon zwölfmal dasselbe gesagt hat.

Der Baas fängt mit der Ausfragerei an, und zwar ohne jede Spur von freundlichem Interesse, sondern ganz mit der unerschütterlichen Kälte eines neugierigen Inquisitors fragt er: „Wer bist du?" (Wörtlich: Wer ist du?) „Wo kommst du her? Wo willst du hin? Was hast du bis jetzt angefangen? Was willst du überhaupt hier im Lande? Was willst du auf der Farm hier?" u. s. w. Man läßt die Pferde dann, nachdem man eins ihrer Vorderbeine eng mit dem Halfter verbunden hat, so daß das Tier mit erhobenem Kopfe stets auf drei Beinen steht und nur langsam hinkend von der Stelle kann, frei ins Feld laufen, wo sie sich alsbald wälzen und zu grasen beginnen und kehrt zum Hause zurück.

An der Hausthür angekommen, sagt der Baas: „Komm binne!"

Im Zimmer thront die Dame des Hauses; ohne sich weiter aufzurichten, streckt auch sie die fleischige Hand aus: „Dag, Neef!" — „Dag, Tant!" — „Wer bist du?" „Wo kommst du her?" u. s. w. Wiederum muß man das ganze Interrogatorium durchmachen; dann kommen die lieben Sprößlinge, wie schon erwähnt, selten unter einem Dutzend, siebzehn ist eine beliebte Zahl; jedem, auch dem kleinsten Schmierfink, der gerade wie seine Geschwister und Erzeuger die Rechte eben noch als Schnupftuch benutzte, jedem muß man die Hand geben, dabei ist aber von einem wirklichen Händedruck durchaus keine Rede, die Menschen strecken einem die schmutzige Extremität entgegen, als sei sie tot oder gehöre gar nicht ihnen. Jeder erwachsene Sohn beginnt nun das fürchterliche Fragen wieder oder die ganze Gesellschaft unterhält sich über den Gast, wie etwa über ein wildes Tier, wobei die Antworten, die er gab, durchgesprochen werden. Man muß stets sagen, man sei verheiratet und habe sechs bis acht Kinder, das macht einen guten Eindruck.

Der Bauer ist ein außerordentlicher Freund von Medizinnehmen, wenn es nur große Quanta sind.

Die höchste Gunst, deren man als Gastfreund teilhaftig werden kann, ist die, zu einer Tasse Kaffee eingeladen zu werden. Eine der von der Familie benutzten Tassen wird dann von einer von Schmutz

starrenden Hottentottin in einem gelblich-grünen Spülwasser „gewaschen", dann reinigt die Hausfrau die Tasse wiederum mit einem
Taschentuch, welches sie stets in der Hand trägt und mit dem sie
zumal die fortwährend niederrieselnden Schweißtropfen abwischt, der
Löffel wird erst „rein" geleckt, dann mit dem Daumen ausgedreht,
die Tasse halb voll Zucker geschöpft, Milch hinzugethan und der Rest
mit Cichorienabguß angefüllt. Und dieses Gebräu, in dem noch
allerhand mögliche organische und anorganische Substanzen herum-
schwimmen, muß man mit Todesverachtung hinabwürgen, sonst würde
man seine Wirte aufs tiefste beleidigen.

Eine andere Liebhaberei der Bauern neben dem ewigen Kaffee-
trinken ist ihre Neigung, Süßigkeiten in ganz unglaublichen Quantitäten zu vertilgen. Besucht ein Bauer die Stadt, so kauft er sich
alle Taschen voll Zuckerzeug, die er sämtlich leert, bevor er den Weg
nach der Farm zur Hälfte zurückgelegt hat.

Die Bauern heiraten in sehr jugendlichem Alter. Sobald ein
Jüngling 20 Jahre alt geworden ist, sieht er sich nach einer Lebens-
gefährtin um. Bälle oder ähnliche heiratsvermittelnde Einrichtungen
giebts nicht; der Bauer besteigt daher sein Pferd, reitet von Farm
zu Farm, um sich eine Braut unter den Töchtern des Landes aus-
zusuchen. Man sieht ihm schon von fern an, was er im Schilde
führt. Er hat sich auffallend rein gewaschen, der Luxus des wollenen
Hembdes wird durch einen Papierkragen, vielleicht selbst durch eine
Kravatte erhöht, die Stiefel aus Rohleder werden zur Feier des
Tages einmal abgebürstet, der breitkrämpige Filzhut erhält ein neues
Band aus blau-weißer Seide und unter den Sattel wird eine neue
hellbunte Decke gelegt. So gehts im Galopp nach der nächsten
Farm; dort sattelt er ab, trinkt einige Liter Kaffee, raucht ein Dutzend
Pfeifen, ißt dreimal mit der Familie, verschlingt die Töchter mit den
Augen und spricht im übrigen so wenig wie möglich.

Nach Sonnenuntergang, wenn Licht in die Stube gebracht ist
und die Familie sich anschickt, in die oder das Schlafzimmer sich zurückzuziehen, dann faßt er sich ein Herz und fragt die Mutter, die
natürlich schon lange auf diesen Wunsch wartet, ob sie erlaube, daß
er mit Minche, oder wie denn die betreffende Auserwählte heißt, noch
etwas aufbleiben (opzitten) dürfe. Der Wunsch wird bereitwillig erfüllt, verlegen kommt Minche in die Wohnstube zurück, sie stellt ein
Licht auf den Tisch, setzt sich in eine Ecke des Zimmers und sagt
nichts. Der Freier sitzt in der andern Ecke, raucht, spuckt und sagt

auch nichts. Aber dennoch hat Minche verstanden, ihrem Courmacher anzudeuten, ob er ihr mehr oder weniger gefällt, indem sie danach die Größe ihres Talglichtes einrichtete: je größer die Kerze, desto länger können sie opzitten!

Am nächsten Morgen sattelt der Bauer sein Pferd und reitet nach einer andern Farm, wo sich die ganze Sache wiederholt, bis er sich endlich darüber klar wird, welche der Mädchen ihm eigentlich am besten gefallen hat. Zu dieser reitet er zurück, bleibt wieder eine Nacht opzitten und macht seinen Antrag ohne viel Redensarten, der natürlich mit Freuden angenommen wird. Am nächsten Kirchgangstag feiert man die Hochzeit. Stirbt ihm später die Gattin, so erwählt sich der Witwer oft schon nach drei Wochen wieder ein neues Weib.

Die alten Bauern haben jedem Kinde meist schon bei der Geburt einige Schafe und ein paar Stück Vieh als Eigentum reserviert, ein Besitz, der im Laufe der Jahre oft zu einem ganz ansehnlichen Vermögen heranwächst. Land besitzt jeder mehr, als er nötig hat; dem Sohne wird ein Terrain angewiesen, auf dem er sein Haus bauen und sein Vieh weiden lassen kann, und wenn ihm das nicht paßt, so spannt er seine Ochsen ein und zieht nach Norden oder Westen in herrenloses Land. Es ist merkwürdig, welche Abneigung der Bauer dagegen hat, irgend welche Nachbarn in seiner Nähe zu wissen. Er will eben unbeschränkter Großgrundbesitzer sein; soweit sein Auge reicht, wenn er es von seinem Lehmhause aus — das ohne eine Spur von Garten oder auch nur einige schattenspendende Bäume da erbaut ist, wo er auf der Wanderung zum letzten Male seine Ochsen ausspannte — über die Ebene schweifen läßt, will er nur eigenes Land sehen, eine fremde Farm in der Nähe wäre ein Nagel zu seinem Sarge, da verkauft er lieber sein Gut und zieht in die Ferne. Das Reisen kostet ihm beinahe gar nichts, denn er läßt sein Vieh auf fremdem Boden weiden.

Daß bei solchem Leben die Geistesfähigkeiten des Bauern sich nicht allzu hoch entwickeln, kann niemand wundernehmen. Dennoch aber liebt er es, und das ist ihm hoch anzurechnen, daß er seinen Kindern eine wenn auch noch so primitive Schulbildung zu teil werden läßt. Schulen giebt es auf dem Lande nicht, dafür findet man aber beinahe auf jeder Farm einen Hauslehrer. Das sind zwar keine großen Weisen und Schriftgelehrten, mehr wie lesen und schreiben kann der größte Teil derselben nicht, und der Bauer gestattet dem Schulmeister unter der Bedingung, seine Kinder mit diesen Künsten ver-

traut zu machen, gerne jahrelang, oft bis zu des Lehrers Tode, um=
sonst auf der Farm zu leben. Diese Kulturträger rekrutieren sich
aus desertierten Soldaten, weggelaufenen Matrosen und — selbst=
verständlich zum größten Teil aus mehr oder minder herunterge=
kommenen Deutschen. Einer derselben, ein Prachtexemplar, erkundigte
sich zuerst, zu welchem Armeekorps die 8. Kürassiere doch im Jahre
1846 gehört hätten und sagte dann: „Ja, sehen Sie, lieber Freund,
ich habe auch einmal bessere Tage gekannt, ich war nicht immer das,
was ich jetzt bin, ich kann sogar mit Stolz auf meine Vergangenheit
blicken, denn im Jahre 1848 war ich preußischer Feldwebel!"

Die grobe Ungeschliffenheit, durch welche sich die Bauern aus=
zeichnen, mag ein von ihren Vorfahren überkommenes Erbteil sein;
den Schmutz haben sie sich auf ihren langen Wanderungen angewöhnt.
Ich schüttele lieber zehn Kaffern die Hand, wie einem Bauer, und
küsse lieber zehn Kaffernmädchen, oder vielmehr ich küsse lieber ein
Kaffernmädchen zehnmal, wie einmal eine Bauerntochter. Von dem
Geruch in den Bauernhäusern und dem Schmutz und Ungeziefer zu=
mal in den Schlafzimmern — immer natürlich mit Ausnahmen —
kann man sich keinen Begriff machen.

Der hervorragendste Charakterzug des Bauern aber ist seine
Frömmigkeit. In jedem Hause findet man Bibeln und jeden Tag
werden im versammelten Familienkreise einige Kapitel, vorzugsweise
aus dem Alten Testament, vorgelesen. Es ist merkwürdig, daß, wie
ich verschiedentlich auf meinen Reisen bemerkt habe, die Leute, die
sich schmeichelten, ausnehmend gute Christen zu sein, stets aus dem
jüdischen Alten Testament sich frischen Glaubensmut erholten. So
auch der Bur; mit der allen Gläubigen eigenen Bescheidenheit hält
er sein Volk für das auserwählte der Schrift, das Gelobte Land
liegt oben im Norden und in den Engländern und Kaffern hat er
seine Philister und Amalekiter. Christliche Demut wurde früher so
weit getrieben, daß die Töchter des Hauses dem Gaste die Füße
waschen mußten. Ganz und gar nicht hiermit im Einklang steht es
aber, daß der Bur heute noch, wenn er von „Menschen" redet, sich
und seinesgleichen versteht, die farbigen sind nur „Schepsels", Ge=
schöpfe. Ich glaube im Übrigen nicht, daß der Bauer seine schwarzen
Arbeiter schlechter behandelt, wie etwa die englischen oder deutschen
Farmer die ihrigen; oben in Transvaal, wo er noch mit unabhän=
gigen Kaffernstämmen in Berührung kommt und diesen Jahr für
Jahr mehr ihrer Weiden und Wiesen abnimmt, da sind Streitereien,

Diebstähle und Kriege unausbleiblich, und dieser Kampf ums Dasein wird wohl auf beiden Seiten mit derselben Erbitterung und Rück=sichtslosigkeit durchgefochten werden.

Merkwürdig ist, daß sich die Bauern, die außerordentlich stolz auf ihr reines weißes Blut sind, beinahe nie mit den Farbigen ver=mischt haben; ich glaube, in beiden Republiken giebt es keinen Bauer, in dessen Adern auch nur ein Atom farbiges Blut flösse.

Im gewöhnlichen Leben sind sie mäßig, vielleicht mehr infolge ihrer sehr nahe an Geiz streifenden Sparsamkeit, wie aus sittlichem Gefühl; an Feiertagen habe ich sie aber häufig ganz bedenkliche Massen des allergemeinsten, weil billigsten Schnapses vertilgen sehen. In ihren Adern fließt träges Fischblut, zu einer Leidenschaft schwingen sie sich beinahe nie empor; Verbrechen gehören denn auch zu den größten Seltenheiten. Ist der Bauer aber einmal gereizt, dann hält Haß und Wut lange bei ihm vor, wie wir das im Kriege der Transvaal=Bauern gegen England beobachten konnten. Die ewige schmachvolle Behandlung und Verfolgung seitens Englands hatte endlich ihr Blut heiß gemacht und da haben sie nicht geruht, bis sie den letzten Soldaten, es waren allerdings nur wenige, aus dem Lande gejagt oder erschossen hatten; an Gefangenen oder Verwun=deten haben sie sich dagegen nie vergriffen. Dieser Sieg ist übrigens jedem Bauer in Afrika zu Kopf gestiegen; er bildet sich ein, Trans=vaal habe die ganze Macht Englands „besiegt" und er glaubt, es jetzt getrost mit jeder europäischen Großmacht aufnehmen zu können.

Engländer und Buren.*)

Nach Mitteilungen eines Südafrikaners.

(1885.)

Bücher, Zeitschriften und Tagesblätter haben sich in den letzten Jahren vielfach bemüht, dem deutschen Volke eine richtige Vor=stellung von südafrikanischen Verhältnissen, namentlich von den Buren, ihren Schicksalen und Eigenheiten zu verschaffen. Trotzdem herrschen noch heute in Deutschland hierüber vielfach falsche Ansichten und der

---

*) Aus einer Mitteilung des Dr. A. Fick (Richmond, Südafrika, 10. Ok=tober 1884) in der Deutschen Kol.=Z., 1. Febr. 1885.

wißbegierige Leser wird es daher nicht übel nehmen, wenn er das so
oft behandelte Thema von neuem aufgetischt bekommt, besonders da
die Zustände Südafrikas im Augenblick so verworren sind, daß man
sich aus den bloßen Zeitungsberichten nicht wohl ein genaues Bild
von denselben machen kann.

Es ist noch heute ein allgemeiner Irrtum in Deutschland, daß
die Buren in den dreißiger Jahren wegen Aufhebung der Sklaverei
aus der Kapkolonie ausgewandert seien. Aber die Aufhebung der
Sklaverei war nicht „der“ Grund, sondern „ein“ Grund unter
mehreren anderen von gleicher Bedeutung, welcher einen Teil der
Bauern zur Auswanderung aus der Kapkolonie bestimmte; heute
will ich darauf aufmerksam machen, daß die augenblicklichen Zustände
Südafrikas geradezu unverständlich sind, wenn man an dem Irrtum
festhält, daß die Bauern insgesamt ausgewandert seien. In der
That sind es nach den höchsten Schätzungen 10 000, nach anderen
Angaben 5000 Seelen gewesen, welche die Kapkolonie verließen;
selbst wenn man die höchste Schätzung als die richtige annimmt,
handelt es sich doch nur um einen Bruchteil der damaligen Bauern=
bevölkerung des Kaplandes. Die Mehrzahl der Buren blieb ganz
ruhig auf ihren Farmen innerhalb der Kapkolonie sitzen, vermehrte
sich durch den großen Kinderreichtum der Familien bis auf ungefähr
200 000 Seelen jetzt, und bewirkte also die gerade heute so wichtige
Thatsache, daß vom Tafelberge bei Kapstadt bis zum Limpopo, der
Nordgrenze des Transvaal, ein und dieselbe Nationalität die herr=
schende ist, nämlich die der holländisch redenden Buren oder
wie sie sich selbst nennen, der „Afrikander“. Diese Thatsache
spricht sich z. B. in dem Umstande aus, daß die Farbigen im all=
gemeinen unter sich holländisch sprechen, vorausgesetzt natürlich, daß
sie sich überhaupt einer europäischen Sprache, nicht ihrer eigenen
nationalen Sprache, bedienen. Freilich haben die Afrikander nicht
überall das Heft in Händen; während der Westen der Kapkolonie
fast rein holländisch und nur in den Städten mit englischen Ele·
menten durchsetzt ist, gehört der Osten der Kapkolonie zum Teil, ein=
zelne Distrikte des Ostens sogar fast ausschließlich englisch redenden
Kolonisten an; denn gerade im Osten der Kapkolonie hatte ja das
holländische Element durch den großen „Trek“, d. h. Auszug, eine
bedeutende Schwächung, das englische durch Einwanderung eine
moralische Kräftigung erfahren.

Das englische Element ist nun aber keineswegs auf den Osten

der Kapkolonie beschränkt, vielmehr hat es in allen Städten und Städtchen, namentlich aber in den wichtigen Mittelpunkten des Handels und Verkehrs festen Fuß gefaßt, und zwar ist, selbst in den holländischsten Distrikten, die feste Burg des Englischen der Gerichtssaal, die Schule und die Schreibstube der Kaufleute. Bis jetzt ist nämlich das Englische noch die ausschließliche Amts= und Gerichtssprache der Kapkolonie; in diesen seit 1826 herrschenden Zustand ist insoweit bereits eine Bresche gelegt worden, als seit kurzem das Holländische im Kap=Parlament gesprochen werden darf. Der Unterricht wird namentlich in Mittelschulen und höheren Lehranstalten in englischer Sprache erteilt, was nicht wenig zur Verbreitung des Englischen unter den Afrikandern beiträgt; doch giebt es im Westen auch holländische Schulen höherer Ordnung.

Was endlich das „Geschäft" angeht, so gehört es ohne Zweifel zu den englischsten Einrichtungen der Kolonie. Denn einmal ist das Geschäft zum großen Teil in den Händen von geborenen Europäern, also Engländern und Deutschen, und dann bedienen sich selbst die Afrikander in Geschäftsbriefen und in der Buchführung der englischen Sprache; ich weiß dies in Bezug auf meinen Wohnort und glaube es mit Bezug auf selbst den Westen der Kolonie. Ja, wie ich höre, ist sogar im Oranje=Freistaat das Englische die allgemeine Geschäftssprache, obgleich doch dort die amtliche Sprache nicht englisch, sondern holländisch ist. Es sind eben auch im Oranje=Freistaat vorzugsweise Europäer hinter dem Ladentisch, — Afrikander, die vor dem Ladentisch stehen; und wenn auch einmal ein Afrikander in der Stadt ein Geschäft eröffnet, so hat er doch jahrelang in einem englischen Geschäfte gearbeitet, versteht englisch und muß dies im Briefwechsel mit den großen Kaufleuten in Port Elisabeth oder Port Durban (in Natal) wohl oder übel anwenden. Ja, ich habe Leute, die den Oranje=Freistaat genau kennen, behaupten hören, der Oranje=Freistaat sei englischer, als die Kapkolonie.

Bis zum Jahre 1877 wurden die Fortschritte der englischen Sprache von den Afrikandern gerade so ertragen, wie englische Herrschaft, nämlich nicht eben mit freundlichem Gesicht, aber doch ohne merkliches Widerstreben. Das änderte sich mit einem Schlage durch die Annexion des Transvaal, April 1877.

Das Transvaal wurde annektiert und dies hatte bei den Afrikandern der Kapkolonie die Folge, daß ihre bisherige Abneigung gegen englische Regierung und Engländertum zu einem heißen

Hasse sich verdichtete. Als nun gar im Sommer 1880/81 die Trans=
vaaler sich erhoben und geradezu verblüffende Erfolge gegen die
englischen Truppen errangen, als der bald geschlossene Friede
(3. August 1881) den Transvaalern ihre Unabhängigkeit zurückgab,
da machte die „Patriotenpartei" in der Kapkolonie reißende Fort=
schritte. Sie organisierte sich unter dem Namen „Afrikanerbund".
Dieser Bund soll alle afrikanisch d. h. antienglisch gesinnten Kolo=
nisten der Kapkolonie, des Oranje=Freistaates, des Transvaals, ja
selbst Natals vereinigen, um den Afrikandern und deren Wünschen
in allen gewählten Körperschaften, also insbesondere in den Stadt=
verwaltungen, in den Distriktsräten und im Parlament Geltung zu
verschaffen; das letzte Ziel des Afrikanerbundes, die Herstellung einer
Bundesrepublik nach dem Muster der Vereinigten Staaten von Nord=
amerika, ist zwar in den Satzungen des Bundes nicht ausdrücklich
erwähnt, aber ohne viel Scharfsinn zwischen den Zeilen zu lesen.
Die vollständige Freiheit, welche im Schatten der englischen Flagge
herrscht, legte den Bestrebungen des Afrikanerbundes kein Hindernis
in den Weg. So stellten denn die einzelnen Zweigvereine des Afri=
kanerbundes für Munizipal=, Distrikts= und Parlamentswahlen ihre
eigenen Bewerber auf, die in vielen Fällen auch wirklich gewählt
wurden. Auf diese Weise bekam der Afrikanerbund die Klinke der
Gesetzgebung in die Hand, was sich für die Kapkolonisten sehr bald
fühlbar machte. Die politisch wichtigste Leistung der Bundesmänner
im Kap=Parlamente war wohl ohne Zweifel die Einführung der
holländischen Sprache in dieses hohe Haus, deren sich jetzt jedes
Parlamentsmitglied nach Wunsch bedienen darf. Einen weit wich=
tigeren Erfolg hatte der Afrikanerbund, oder richtiger der in ihm
verkörperte Haß gegen die Engländer schon während seines Ent=
stehens errungen, nämlich die Wiederherstellung der Unabhängigkeit
des Transvaals. Kein geringerer, als Gladstone selbst, hat ja vor
wenigen Wochen öffentlich (in Midlothian) erklärt, daß es wesentlich
die im Kaplande auflodernde Begeisterung für die Transvaalschen
Freiheitskämpfer gewesen sei, welche im Jahre 1881 die Englische
Regierung zur Nachgiebigkeit gegen die siegreichen Bauern bestimmt
habe. Und auch heute wieder soll, wie es scheint, die öffentliche
Meinung der Kapkolonisten den Ausschlag geben in einer höchst
wichtigen politischen Frage, in der Betschuanalandfrage. Diese Frage
hat sich auf folgende Weise entwickelt:

Den Namen Betschuanaland führt ein Gebiet, das westlich vom

Transvaal und nördlich von der kapländischen Provinz West-Griqualand gelegen ist. Es soll ein schönes und fruchtbares Land sein. Bewohnt wird es von den Baralong, Batlapin und anderen Betschuanenstämmen, deren Häuptlinge sich um die Würde eines Ober-Königs der Betschuanen, gelegentlich auch um gestohlene Rinder-herden blutig befehdeten. Dicht an der kapländischen Grenze, also im Südende des Betschuanalandes, waren es die Häuptlinge Gast-bone und Mankoroane, weiter nördlich, etwa unter demselben Breiten-grade wie Pretoria, die Hauptstadt des Transvaals, waren es die Häuptlinge Montsioa und Moshette, welche einander in der Wolle lagen. Je einem der Häuptlinge in den beiden verschiedenen Gebieten boten sich nun weiße Abenteurer als Hilfstruppen an, unter der Bedin-gung, daß das Land und Vieh des zu besiegenden Gegners der Lohn für ihre Kriegsdienste sein sollte. Es ist wichtig, zu wissen, daß diese Abenteurer nicht bloß aus Buren (Afrikandern) bestehen, son-dern daß auch verhältnismäßig zahlreiche Engländer unter ihnen sind. Bei der gewaltigen Überlegenheit des weißen Mannes über den Farbigen dauerte es natürlich nicht lange und die Abenteurer hatten einen mehr oder weniger vollständigen Sieg errungen; sie verteilten das beste Land des Besiegten unter sich, steckten Farmen ab und ließen sich häuslich nieder. Weil nun aber Privatbesitz ohne eine Art von Regierung nicht bestehen kann, und weil selbst diesen rauhen und nicht gerade skrupulösen Grenzern das Bedürfnis des weißen Mannes nach Gesetz und Ordnung innewohnt, so errichteten sie einen Freistaat. Auf diese Art ist vor zwei Jahren die Republik Stella-land im Gebiete der Batlapin, hart an der Nordgrenze der kaplän-dischen Provinz Griqualand, und vor wenigen Monaten die Republik Gosen im Gebiete der Baralong (Montsioa und Moshette) entstan-den. Von dem Dasein der Republik Stellaland habe ich mich über-zeugen können, denn eines schönen Tages fiel mir eine wirkliche Briefmarke dieser Republik in die Hände. Bezüglich der Republik Gosen ist mir ein ähnliches Lebenszeichen noch nicht zu teil geworden.

Bilder aus dem Leben der Buren.

Der Boer als Hausdoktor.

Die Huis-Apotheke im Blechkasten. — Merkwürdige Kurmethode. — Der Bien muß.

Das Klima in den englischen Kapländern gilt für sehr gesund und die Luft für sehr rein; doch findet sich in der That dieser Vorzug nur auf den Hochplateaus und im südlichsten Teile des Landes. Sonst leidet der Boer an denselben Krankheiten, wie der Europäer, besonders an katarrhalischen; die asiatische Cholera ist dagegen nie aufgetreten, häufig jedoch die endemische Cholera.

Bei der Seltenheit der Ärzte und dem isolierten Leben des Boers ist der Besitz einiger Hausmittel nötig. Es hat daher jeder Boer einen grün lackierten Blechkasten, worauf „Huis-Apotheek" steht und der mit einer Unzahl Fläschchen und anderen Medikamenten gefüllt ist, die zusammen über 3 Pfd. Sterling kosten und womit ein höchst einträglicher Hausierhandel getrieben wird.

Jeder Huis-Apotheek ist eine kurze Heilkunde beigegeben, infolge welcher alles, was des Apothekers Namenszeichnung und Stempel trägt, opregt ist und natürlich unfehlbar. Dann wird darin der kluge Rat erteilt, immer je zwei oder drei Mittel zu mengen. Ob die Wirksamkeit der einzelnen Mittel durch solches Gemengsel erhöht oder nur ein schnellerer Verbrauch befördert werde, überlassen wir dem Urteile der Konsumenten. Auf alle Fälle sind die Quantitäten, welche der unglückliche Patient, sei es Kind oder erwachsene Person verschlingen muß, wirklich schreckenerregend, und zur besseren Verständlichkeit wollen wir ein paar Skizzen aus dem gewöhnlichen Leben anfügen.

„Richtje," quält ein altes Weib, „dein Kind hat viel Koorts (Fieber); bring die Huis-Apotheek und das Doctersboek (das besagte Pamphlet, welches dieser Pandorabüchse beiliegt)".

Sofort wird der Kasten des Heils geöffnet und ein paar Theelöffel aus verschiedenen Fläschchen gereicht, woran das Kind beinahe erstickt.

„Richtje," quält der alte Fettklumpen wieder, „das kleine Schepsel (Kreatur) wird Steupe (Konvulsion) bekommen; siehst bu, wir müssen noch von den Steupe=Druppels geben". Und hinein geht noch ein Theelöffel Steupe=Druppels. Natürlich wird der kleine Patient sofort trunken und immer schlechter und noch mehr Medizin (der Herr vergeb' uns unsere Sünde) wird hinein= gefüllt.

„Tante muß noch von dem Pulvis vitalis geben, das Kind wird schlechter," krächzt eine andere alte Drohne.

„Ja, Tante," kräht eine Jüngere, „aber das Doctorboek sagt: halb Sol aris und halb Vitalis." Und hinein muß halb und halb.

„Und hier steht es geschrieben, Nichtje, daß noch Lebensessenz beigemengt werden muß," bemerkt die Alte wieder, welche indes mit einer Brille auf der Nase das Doctorsboek studiert hat. Und man filtriert Lebensessenz hinein.

Fast so schnell als immer nur das arme Wesen schlucken kann, wird Trank und Pulver und Gemengsel eingeflößt; und wenn nur ein Wunder den Patienten noch vom Tode erretten kann, läßt das Doctorsboek noch nicht verlegen, denn, sagt es, man gebe dann „Wonderessenz", bis man sich wundert, daß troß Wunderessenz und Doktorbuch der Kranke doch verscheidet.

Und dieser greuliche Unfug wird weder vom Gouvernement ver= hindert, noch vom ärztlichen Stande gerügt.

Erzählen wir einen anderen Fall. „Neef Piet, Neef Jan, Oom Clas," schreit ein Mann, eilig aus der Hausthür tretend, einigen Männern zu, welche in kleiner Entfernung von dem Hause in einem Garten arbeiten, „kommt schnell, ruft Oom Dirk und Neef Andries. Kommt alle hastig! Tante Letje hat die Benaauwdheid. (Hysterischer Zufall!)"

Mit großer Hast eilen sechs Männer dem Hause zu, um die Benaauwdheit abzudrücken.

Um diesen Prozeß dem Leser verständlich zu machen, führen wir ihn in die Stube, wo Tante Letje liegt und auf bekannte Weise unter dieser Nervenstörung leidet. Da stürzen die sechs Männer mit Gepolter herein. Der eine kniet auf der Brust; der andere auf dem Unterleib; ein dritter zieht an den Füßen; die andern fassen an, wo sie nur können; und alle drücken mit Knieen und Fäusten, als ob sie einen Teig aus der unglückseligen Kranken zu machen beabsichtigten. „Hier ist er (der hysterische Teufel)," schreit der eine; „jetzt habe ich ihn," ein anderer; „drück, drück!" singt der ganze Chor, und wieder wird mit Knieen und Fäusten geknetet. Neue Exklamationen folgen.

„Er iſt weg — hier hab ich ihn wieder — drück, Dom — halt ihn feſt — reib, Reef — zieh — ſuch!"

Alle ſind außer Atem und ſchwitzen und drücken und reiben und ziehen und kneten unaufhörlich, bis das Weib wieder zur Beſinnung kommt. „Dann die Huis-Apotheek her!" und nun muß ſie ſchlucken, Löffel auf Löffel fließt in den elenden Magen: Roode Lavendel, Witte Dulcis, Benaauwdheids-Druppels, Kramp-Druppels ꝛc. (Halleſche Fabrikate oder Kapſche Erfindung), meiſt alle durch-einander gemengt, ſo rät das Doktorbuch, die Ergießung des be-ſagten Apothekergenies.

In der That iſt der Boer ſo überzeugt, daß dieſe Mittel allein wirkliche Medizinen ſind, denn der zweideutige Firman des beſagten Genies beſtärkt ihn in ſeinem Glauben, daß er in den meiſten Fällen dieſes Zeug ärztlicher Hilfe vorzieht, und ſollte der Ausgang der Krankheit dennoch unglücklich ſein, ſo verdächtigt er keineswegs die Mittel, ſondern giebt ſich mit türkiſchem Fatalismus zufrieden, daß es ſo beſtimmt geweſen ſei — daß der Herr es ſo gewollt habe. Dem praktiſchen Arzte auf dem Kap iſt eine genaue Kenntnis dieſer Mittel unerläßlich, denn ſo unerſchütterlich iſt des Boers Glaube an die Vortrefflichkeit derſelben, daß er jeden Arzt, welcher mit dieſen voornaamen (vortrefflichen) Medikamenten unbekannt ſein möchte, als Ignoranten betrachten wird. Politik veranlaßt daher leider mehrere Ärzte, zugleich Händler mit jenem Zeuge zu werden.

Dr. Eduard Kretzſchmar.

Völkerverſchiebungen in Südafrika

ſeit Gründung der Kolonie und Veränderungen der Hottentotten an Geſtalt und Sitte durch Einfluß der Weißen.

I.*)

Auf den gewöhnlichen Karten entziehen ſich die Veränderungen, ſoweit ſie die Eingeborenen betreffen, der Betrachtung, da nur ein

---

*) Aus einem Vortrage von H. Fritſch in der Sitzung der Berliner Geſell-ſchaft für Anthropologie, Ethnologie und Urgeſchichte, den 14. März 1874.

bestimmter Zeitpunkt berücksichtigt wird; bei einem von inneren
Versuchen zerrissenen Lande, wie Südafrika, ist aber der Wechsel der
Verhältnisse so groß, daß auf diese Weise eine richtige Vorstellung
nicht gewonnen werden kann.

Für Südafrika schließt eine Epoche, welche zusammenfällt mit
der ausgedehnteren Etablierung der Kolonie bei völliger Unterdrückung der Hottentotten um das Jahr 1800 ab. Da die Nachrichten nach rückwärts sehr schnell immer dürftiger werden, so lassen
sich frühere Phasen nicht wohl abgrenzen, und wir können beim
heutigen Standpunkte der Wissenschaft nur festhalten, daß Südafrika
mit Gründung der Kolonie in das Gebiet der Geschichte eintritt.
Die früheren Berichte sind zu unvollständig und zum Teil mythisch,
als daß man daraus eine genauere Vorstellung über die Verhältnisse
ableiten könnte. Wir erkennen bei Vergleichung der frühesten Quellen
nur, daß sich in den südlichsten Gebieten des Landes beim Ein-
bringen der Europäer Hottentottenstämme vorfanden, deren
Ausbreitung an der Westküste weiter hinaufreichte, als an der Ostküste. Diese Horden zogen wie Strichvögel umher, ohne daß sich
ausgedehntere Züge oder Einwanderung nachweisen ließen. An-
deutungen über solche größere Wanderungen finden sich nur bei der
hierher gehörigen Abteilung der Korana, welche längs des Vaal-
und Hart-Rivier von Nordosten in ihre späteren Wohnsitze herabgekommen sein wollen.

In allen diesen Gebieten bis hinunter zum Kap fanden sich
schon damals in kleinen Gesellschaften oder einzelnen Familien die
Buschmänner als Bewohner der Felsschluchten und Dickichte; in
ihnen sehen wir unstreitig die ältesten Einwohner des Landes vor
uns, und die neueren Entdeckungen über die verwandten Stämme
des centralen Afrika berechtigen zu der Annahme, daß diese dünne
Bevölkerung ohne jede staatliche Organisation in der That die Reste
der Ureinwohner des Kontinents darstellt. Der Mangel der Organisation verhinderte sie an großen Zügen, welche in geschlossener
Masse ausgeführt werden mußten.

Das Eindringen der Europäer veranlaßte bald ein Zurückweichen
dieser Stämme, wir sehen daher die Reste der unabhängig gebliebenen
nach dem sterilen Innern oder längs der Westküste hinaufziehen, um
sich neue Wohnsitze zu suchen. Bis zum Jahre 1800 war die Etablierung der Kolonie in weiteren Grenzen vollzogen, die einschlägigen
Veränderungen fallen daher meist in die Periode von 1800—1860,

wo die Umwälzungen durch die dunkelpigmentierten Stämme die Hauptrolle spielten.

Diese dunklen, schwarzbraunen Eingeborenen, die Abantu, waren nach ihren Überlieferungen und ältesten Berichten viel früher vom Nordosten Afrikas abwärts gezogen, ohne daß man indessen den eigentlichen Ausgangspunkt ihrer Wanderungen bisher hat feststellen können. Ihre meiste Veränderung erlitten sie durch den Druck der Kolonisten, welche bei der entgegengesetzten Richtung des Vordringens am Sonntagsfluß etwa auf sie stießen und rückläufige Strömungen veranlaßten, deren Wellen sich dann wieder mit neuen, aus dem Herzen der Stämme selbst entstandenen brachen.

Die bedeutendsten Züge wurden unternommen gegen Süden durch die zu den Ama-zulu zählenden Ama-fengu (Fingoe), gegen Westen und Nordwesten durch die Matabele, gegen Südwesten, die anderen kreuzend, von den Bamomtatisi (Mantati). Die Letztgenannten erscheinen als die spätesten Abkömmlinge in Südafrika und müssen in verhältnismäßig neuer Zeit von nördlicheren Wohnsitzen aufgebrochen sein. Sie bildeten den Nachtrab der Familie von Stämmen, welche man als Be-chuana zusammenfaßt, deren Wanderungen ebenfalls von Nordost gegen Südwest verlaufen, ohne sich indessen in größerer Ausdehnung mit völliger Sicherheit nachweisen zu lassen. Die am meisten westliche Richtung haben unter den dunkelpigmentierten Stämmen die Herero (Damara) gewonnen, welche sich bis nahe an die Westküste verschoben und hier gegen die nordwärts ziehenden Namaqua prallten.

Es schloß sich so der Völkerwirbel, dessen Mitte von der wasserlosen Kalahari eingenommen wird und dessen Hauptrichtung im Osten an der Küste abwärts, im Westen an derselben aufwärts führt, wenn auch manche kleinere Strömungen sich eigene Bahnen suchten.

Diese beständigen jähen Veränderungen ergaben das bunte Völkergemisch des heutigen Südafrikas, wo geschlossen lebende, unabhängige Stämme nur noch in kleinerer Zahl existieren, während die meisten als Trümmer zwischen den Kolonisten vegetieren.

Einige dieser Rassen haben den Charakter geschlossener Stämme angenommen und wiederum eine selbständige Rolle gespielt, wie die Griqua unter Adam Kok und Waterboer, deren Züge, entsprechend ihrem Ursprunge, mehr konform denjenigen der auswandernden Boeren verliefen.

Nur für die kolonisierten Gebiete wurden nach langen Zwistig-keiten genaue Grenzen festgestellt, während die Eingeborenen selbst den Grund und Boden viel zu wenig achteten, um genaue Grenz-regulierung vorzunehmen. Das Bestreben der Kolonisten, den Ein-geborenen diesen ihnen unbekannten Begriff zu oktroyieren, ist gerade ein Hauptgrund für die Verwickelungen und Kriege geworden.

II.*)

Die Hottentotten scheinen sich im Laufe der letzten zwei Jahr-hunderte durch den Einfluß der Weißen, mit denen sie Südafrika nun teilen mußten, was Gestalt und Sitten angeht, ziemlich bedeu-tend verändert zu haben. Es ist vielleicht interessant zu hören, wie man sie 1626 schildert. Im Juli desselben Jahres landete nämlich eine englische Handelsflotte in Südafrika unter Sir Thomas Herbert. Dieser schildert die Hottentotten folgendermaßen: „Da sie von Ham abstammen, so tragen sie in Gesicht und Statur das Erbe seiner Verfluchung. Ihre Gesichter sind schmal und die Glieder wohl-proportioniert, aber tättowiert in jeder Form, wie es ihnen ein-kommt. Einige rasieren den Kopf, andere haben einen Schopf auf demselben, andere tragen Sporenräder, kupferne Knöpfe, Stückchen Zinn u. s. w. in den Haaren, Dinge, die sie von Seeleuten für Vieh einhandeln. Ihre Ohren sind durch kupferne Ringe, Steine, Stücke von Straußeneiern und dergleichen schweres Zeug ausgedehnt. Arme und Beine sind mit kupfernen Ringen beschwert, um den Hals sind Tierdärme gewunden. Einige gehen ganz nackt, andere binden ein Stück Leder oder ein Löwen- oder ein Pantherfell um den Leib. An den Füßen tragen sie mit Riemen festgebundene Sandalen, welche die Hottentotten, die bei uns waren, in der Hand hielten, damit die Füße besser stehlen könnten, denn sie stahlen geschickt mit den Zehen, während sie uns ansahen. Es waren Heuschrecken vom Winde herbeigetrieben, die aßen sie gern, mit etwas Salz bestreut; aber in Wahrheit öffneten sie selbst Gräber von Leuten, die wir be-stattet hatten, und aßen von den Leichnamen. Ja, diese Ungeheuer lassen oft Alte, Kranke und Hilflose auf Bergen umkommen, obwohl sie eine Menge von toten Walfischen, Seehunden und Pinguinen

---

*) Aus einem Vortrage des Missionssuper. A. Merensky. Berlin, Ges. für Anthropologie, 16. Jan. 1875.

haben, die sie als Leckerbissen verzehren, ohne sie erst zu braten. Man möchte sie für Abkömmlinge von Satyrn halten."

Heutzutage paßt diese Beschreibung glücklicherweise nicht mehr auf die Hottentotten. Für jene Zeit mag sie wahrheitsgetreu gewesen sein, abgesehen von der Beschuldigung, daß die Hottentotten Leichen aßen. Öffnung der Gräber durch Hyänen mag Anlaß zu jener Meinung gegeben haben.

Heute tättowiert sich kein Hottentotte mehr, noch dehnt er die Ohren unförmlich aus oder rasiert den Kopf. Es geht auch keiner mehr nackend, und rohe Seehunde würden schwerlich von diesem Volke angerührt werden. Eigentliche Hottentotten würden heute auch wohl kaum Angehörige in der Not verlassen. Selbst die noch heidnischen Hottentotten haben sich also, wie es scheint, zu ihren Gunsten verändert. Das Volk scheint auch im ganzen eine hellere Farbe angenommen zu haben, denn der schon erwähnte deutsche Gelehrte Kolbe, welcher Anfangs vorigen Jahrhunderts seine Beobachtungen im Kaplande anstellte, streitet wider die Meinung eines andern Schriftstellers, welcher sagt: die Hottentotten seien schwarz von Farbe. Schwarz, sagt Kolbe, sind sie nicht, sondern nur kastanien= oder kaffeebraun. Heutzutage sind auch diejenigen dieses Volkes, bei denen an eine Vermischung mit Weißen nicht zu denken ist, nicht etwa braun, sondern nur hellgelb zu nennen. Es muß also die Farbe dieses Volkes seit 170 Jahren sich bedeutend verändert haben, was bei der veränderten Lebensweise desselben auch sehr leicht möglich ist.

Die Hottentotten haben keinen kleinen Körper. Im Durchschnitt sind sie 5 bis 6 Fuß groß, auch hierin von den Buschleuten sich unterscheidend. Sie sind gut gebaut, starkknochig, Hände und Füße sind klein, Arme und Beine proportioniert. Der Gesichtswinkel ist etwas kleiner, als bei den Kaffern. Der Mund ist nicht zu groß, die Lippen sind nur wenig aufgeworfen. Häßlich wird das Hottentottengesicht durch die stark hervortretenden Backenknochen und die eingedrückte Nase. Bartwuchs ist fast nicht vorhanden, die wolligen Haare unterscheiden sich vom Negerhaar dadurch, daß sie mehr in einzelnen Büscheln auf dem Schädel stehen.

Die Hottentotten werden sehr alt. Anfangs des vorigen Jahrhunderts sollen Leute von 80 bis 120 Jahren unter ihnen häufig angetroffen worden sein. Beim Census, den man 1865 in der Kapkolonie anstellte, fanden sich 63 Personen über 100 Jahre in der

Kolonie vor. Die Kapbauern werden ſelten recht alt; wahrſcheinlich kommt von dieſen 63 über 100 Jahre alten Leuten die Mehrzahl auf Hottentotten.

Unter den farbigen Leuten der Kapkolonie ſind etwa ein Dritt= teil zum Chriſtentum bekehrt. Wohl haben die Hottentotten und Farbigen des Kaplandes keine uns gewinnenden oder intereſſierenden Eigenſchaften; in ihren Ideeen, Sitten, nach ihrer Sprache ſind ſie ihren früheren Herren, den Kapbauern, faſt gleich geworden, aber ſie ſind als dienende, als zweite Klaſſe der dortigen Geſellſchaft nützlich und unentbehrlich. Mancher Reiſende, welcher flüchtig jenes Land durchzieht, ſchilt über Bilder von Faulheit oder ſittlicher Verkommen= heit, die hier und da ſich ſeinem Auge bieten, ohne daß er ſich die Mühe nähme, auf Dörfern oder Miſſionsſtationen Schulen, Gottes= dienſte und Wohnungen des chriſtlichen Teiles der Bevölkerung Südafrikas zu beſuchen. Ohne das Eingreifen des Chriſtentums und der chriſtlichen Miſſion würde die farbige Bevölkerung Süd= afrikas jetzt ein ungleich traurigeres Bild bieten.

Die Buſchleute oder Saan.

Die Buſchleute und die Hottentotten möchte ich faſt die intereſſan= teſten unter den ſüdafrikaniſchen Völkern nennen. Freilich ſind dieſe Stämme nicht berufen, die Träger einer eigentümlichen Kultur zu werden, wie es vielleicht die Kafferſtämme ſind, aber als beſondere Raſſen des Menſchengeſchlechtes bieten ſie in Körperbau, Sprache, Sitten und Lebensweiſe des Intereſſanten, ja des Rätſelhaften viel.

Beide Völker ſind von den Kaffern und den übrigen ſüdafrika= niſchen Völkern grundverſchieden.*) Während die Sprachen dieſer dunkelfarbigen Stämme vom Südende Afrikas bis hinauf zum Äquator eine nahe Verwandtſchaft zu einander zeigen, iſt von dieſem

---

*) Friedrich Müller (S. 179) und andere Ethnographen bezeichnen, nach dem Vorgange des Philologen Bleek, die Völker der großen ſüdafrikaniſchen Sprachfamilie mit dem Namen Bantuſtämme, im Gegenſatz zu den Negern. Meltenský nennt dieſe Bezeichnung ebenſo willkürlich, als nichtsſagend, da Abantu in der Kafferſprache der Küſtenſtämme „Leute“, „Menſchen“ bedeute, und man doch wiſſenſchaftlich nicht von „Menſchenſtämmen“, „Menſchenſprachen“ reden könne.   B.

großen südafrikanischen Sprachstamme sowohl die Buschmanns=, als
Hottentottensprache durchaus zu unterscheiden. Auch sonst, in Lebens=
weise, Sitten und Körperbau, haben die Stämme, welche uns hier
beschäftigen, mit den dunkelfarbigen Kaffer= und Negerstämmen durch=
aus nichts gemein.

Die Buschleute und Hottentotten stehen einander näher; wenig=
stens in Farbe und Typus des Gesichtes sind beide Völker einander
sehr ähnlich. Auch finden sich in beider Völker Sprachen die so sehr
eigentümlichen Schnalzlaute, in den Mythen und Sagen beider
spielen Sonne, Mond und Sterne eine Rolle, während die Sagen
der dunkelfarbigen Afrikaner mit den Gestirnen nichts zu schaffen
haben, und doch darf man Buschleute und Hottentotten nicht identi=
fizieren. Schon die ersten Europäer, die sich am Kap niederließen,
schieden zwischen beiden Völkern, indem sie ihnen verschiedene Namen
beilegten. Unser Buschmann erhielt seinen Namen nach dem Orang=
utang, den die Holländer in Ostindien kennen gelernt hatten. Orang=
utang heißt bekanntlich Waldmensch, — holländisch „Boschman" oder
„Bosjesman". Später ist von Reisenden öfter behauptet worden,
die Buschleute seien Hottentotten, die, von den Kolonisten ihrer
Herden beraubt, in die Wildnis sich zurückgezogen hätten. Das ist
grundfalsch, denn Herden konnten dem Volke der Buschleute nie ge=
nommen werden, weil es niemals solche besessen hat.

Zwischen der Sprache beider Stämme ist nur eine geringe, viel=
leicht kaum nachzuweisende Verwandtschaft. Die Sprache der Hotten=
totten steht auf der agglutinativen, die der Buschleute auf der iso=
lierenden Stufe, jene hat vier sogenannte Schnalzlaute, diese hat
deren mehr und kennt auch Schnalzlaute, die mit den Lippen her=
vorgebracht werden. Die Hottentottensprache kennt Geschlechtsunter=
schied bei den Hauptwörtern, die der Buschleute nicht, jene bildet
den Plural der Substantive durch Anhängung von Endsilben (Suf=
fixen), diese durch Verdoppelung des Namens oder seiner ersten
Silbe. Jene kennt Zahlbenennungen bis zur Zahl 20, diese nur bis
2, was darüber ist, ist oaya „viel". Das sind Wahrnehmungen,
welche zur Genüge konstatieren, daß beide Völker, wenn auch viel=
leicht verwandten Ursprungs, doch schon seit langer Zeit sich gänzlich
von einander getrennt haben.

Wenn wir die Bewohner Südafrikas nicht nach dem Maße ihrer
Fähigkeiten und Anlagen, sondern nach dem Maße der Kultur, welches
sie besitzen, einteilen, so nehmen die Buschleute oder Saan, wie sie

sich selber nennen, die letzte Stelle ein. Basutho und Betschuanen, ebenso wie die kriegerischen Zulu und Amaswazi, sind seßhafte Acker= bauer und Viehzüchter; die Hottentotten, welche keinen Ackerbau kannten, ja zum Teil noch nicht kennen, waren reich an Rinderherden. Die Saan aber haben weder Rinder, noch kennen sie auch nur den geringsten Anfang von Bodenkultur, und doch ist der Buschmann, allem Anschein nach, der eigentliche Herr Südafrikas, hier war er ansässig, ehe die Kaffern und Betschuanenstämme, vielleicht auch ehe die Hottentotten einwanderten. Jedenfalls bewohnten die Saan einst Südafrika in großer Ausdehnung und hatten Gegenden inne, wo jetzt schwarzbraune Stämme sitzen. Manche Anzeichen bestätigen die Rich= tigkeit dieser Annahme. Die Buschleute gebrauchen als einziges Ackerwerkzeug, wenn man es so nennen darf, einen runden, durch= löcherten Stein, er steckt an einem gespitzten Holz, vermittelst dessen man Wurzeln und Knollen leicht ausgraben kann. Das Gewicht des Steines treibt die Spitze des Stockes beim Stoß in die Erde, und der Stein dient beim Ausgraben der Wurzeln wieder als Stützpunkt für den Hebel, als welcher der Stock nun dient. Die durchlöcherten Steine, welche den Saan einst zu diesem Zweck gedient haben, findet man an der Ostküste weit nach Norden hinauf, bis über den Wende= kreis hinaus. Im Lande der Bapebi (dem Birilande älterer Berichte), eines kleinen Basuthostammes unter dem 24° südlicher Breite, fanden wir diese Steine, sowie eine, mit von Saan herrührenden Zeichnungen bedeckte Felsenwand, die augenscheinlich einer Horde dieses Volkes zum Aufenthalt gedient hatte.

Heutzutage finden wir die Saan nur noch in den Gebieten, in denen sie von Hottentotten, Kaffern und Weißen unbehelligt blieben, weil eben nur Buschleute in ihnen ihre armselige Existenz fristen können. Besonders sind es die im mittleren Südafrika befindliche Kalahari=Wüste, sowie die an diese Wüste im Westen und Norden stoßenden wüstenähnlichen Gebiete, in denen noch Saan in größerer Zahl umherstreifen. Auch die grasreiche Hochebene, auf welcher der Vaalfluß seinen Ursprung hat, war noch vor 10 bis 15 Jahren ein Lieblingsaufenthalt von vielen Saan, da die hier umherziehenden ungeheuren Antilopen= und Zebraherden ihnen eine unversiegbare Nahrungsquelle boten. Jetzt sind sie auch da verschwunden; die Weißen nahmen auch diesen Teil des Landes in Besitz. Einige Haufen haben sich im Drakengebirge und zwar da, wo der Großfluß oder Garrip seinen Ursprung in unzugänglichen Felsenklüften hat, zu einer gefährlichen Räuberbande zusammengezogen, von wo aus sie von Zeit zu Zeit Raubzüge hinunter in die Natalkolonie unternehmen.

Was die Lebensweise der Saan anbelangt, so steht der Busch= mann, wie bereits oben bemerkt wurde, was Kultur angeht, auf der allerniedrigsten Stufe. Er hat kein Haus und keinen Hof, keinen König und kein Vaterland, er hat kein Vieh, nicht eine Kuh, noch Ziege nennt er sein. Allenfalls besitzt er einige halbwilde Hunde, mit diesen streift er im Gefilde umher, selbst einem Wilde des Feldes zu vergleichen.

Seine Wohnung sucht der Buschmann am liebsten unter Felsen, er ist noch heute ein rechter Troglobyt. In den Hochflächen, nahe den Quellen des Vaalflusses, wo ich wilde Saan beobachten konnte, herrschte im Winter eisige Kälte, denn diese Flächen liegen 7—8000' über dem Meere; aber auch hier haben sie keine Hütten. Einige Matten werden nach der Seite hin, von welcher her augenblicklich kalte Winde blasen, an Stäben befestigt, hinter diesem Schirm kauert die Familie auf dürrem Grase. Hier bieten ihnen diese Matten noch den Vorteil, daß sie während des Tages abgenommen und auf den Boden niedergelegt werden können und so dem etwa nahenden Feind kein weithin erkennbares Objekt fürs Auge bieten.

Von Kleidung, Waffen und Geräten dieses Volkes ist fast nichts zu sagen. Einige Wildfelle, roh zubereitet, dienen als Decken. Töpfe mögen sie meist von benachbarten Stämmen erhandelt haben, ebenso Speere, die man häufig in ihrem Besitze findet. Ihre eigentliche Waffe ist Bogen und Pfeil, beides war ursprünglich klein und un= ansehnlich; die Pfeile sind vergiftet und werden mit großer Sicher= heit geschossen.

Das Wild ist ihnen eine Hauptquelle des Unterhalts. Die Buschleute kennen die Eigentümlichkeiten jeder Gattung Wildes, sie vergraben sich im Sande an dessen Sammelplätzen, sie beschleichen es mit katzenartiger Geschicklichkeit, den Strauß z. B. erlegen sie nicht selten, indem sie sich in das Fell eines solchen Vogels stecken und unter dieser Maske ihm endlich so weit nahen, daß der Giftpfeil trifft, sie jagen und hetzen das Wild mit Hunden, oder graben Wolfs= gruben zu dessen Fange. Sonst stellen sie auch Wasservögeln, Fischen und anderem Getier nach; der Hunger treibt sie auch wohl dazu, alte harte Wildhäute zu verzehren; man weicht sie ein und röstet sie. Müssen sie aber diesen eisernen Bestand angreifen, so klagen doch auch selbst die Buschleute über lahme Kinnbacken.

Die einzige Art vegetabilischer Nahrung der Saan bilden wilde Früchte, Wurzeln und Knollen des Feldes. Letztere werden mit dem oben erwähnten Instrumente ausgegraben. Wenn ihnen aber andere Existenzmittel fehlen, treibt sie der Hunger oder sonst auch wohl die Gier nach fetten Bissen zur Beraubung und zur Plünderung ihrer Nachbarn. Wie sie früher die Hottentotten und später die Bauern im Norden der Kaplolonie ausplünderten, so rauben sie noch jetzt in Natal von Zeit zu Zeit den Ansiedlern ihr Vieh. Bei diesen Raubzügen gehen sie mit äußerster Schlauheit und Klugheit zu Werke. In Natal war der Landstrich unter dem Drakengebirge eine Zeit lang für Weiße fast unbewohnbar wegen der Räubereien der Buschleute. Ungesehen kamen sie vom Gebirge herunter und flohen ebenso schnell in die unzugänglichen Felsenklüfte zurück. Endlich versetzte die englische Regierung einige kleine kriegsgeübte Zulu= stämme in den bedrohten Strich Landes. Man errichtete auch Truppen= posten am Gebirge, machte einen von den Buschleuten öfter benützten Bergpfad durch Felsensprengungen ungangbar, trotzdem hat man den klugen, kleinen Räubern ihr Handwerk bis heute dort nicht ganz legen können. Ehe die Verfolger sie erreichen konnten, waren sie mit ihrer Beute schon in Sicherheit, oder stachen lieber das geraubte Vieh angesichts der Nachsetzenden nieder, als daß sie es diesen aus= geliefert hätten. Immer neue Wege wissen sie an den steilen Felsen= mauern des Drakengebirges ausfindig zu machen. Wenn das Rind= vieh sich vor den steilen Wänden fürchtet, so helfen sich die Saan dadurch, daß sie Kuhbung an die Stellen der Felsen streichen, welche das Vieh betreten soll. Stürzt auch ein Teil der Rinder in die Abgründe, dem Räuber ist es gleich, wenn er nur etwas von der Beute rettet.

Mit eben solcher Schlauheit schützen sich die Buschleute der Kalahari vor ihren Feinden und Verfolgern. Sie wissen die weni= gen Quellen der Wüste geschickt auszugraben, zu bedecken und wieder mit Erde zu überschütten, damit niemand deren Vorhandensein ahne und einen Stützpunkt finde, um ihnen in ihr Gebiet hinein zu folgen. Gehen sie hier auf Viehraub aus, so tragen sie oft Wasservorrat in vielen Straußeneiern mit sich, vergraben hier und da von diesen und bilden so Wasserdepots, welche ihnen später die Flucht mit dem ge= raubten Vieh in die Wüste hinein ermöglichen, während der Wasser= mangel die Verfolger bald zur Umkehr zwingt.

In Folge dieser Räubereien lebten die Buschleute mit ihren

Nachbarn von jeher entweder auf dem Kriegsfuße oder mußten sich
ihnen unterwerfen. Am östlichen Ende der Kalahariwüste sind sie
den benachbarten Betschuanenstämmen zinspflichtig und unterworfen
und werden von diesen meist hart und grausam behandelt. Die
Buschleute auf dem Hochlande am Vaal gehörten teils zu den Amaswazi, teils zu den Matebelen des Häuptlings Mapoch. Sie bezahlen an die Betschuanen und Kafferhäuptlinge ihren Tribut in
Straußenfedern. Als die Bauernbevölkerung der Kapkolonie die
Schneeberge erreicht hatte, begann sie einen furchtbaren Ausrottungs-
krieg gegen die Buschleute. Gewöhnlich wurde ein aufgespürtes
Völklein in der Nacht umringt, bei dem ersten Tagesgrauen überfallen, die Männer und Frauen niedergeschossen, die Kinder gefangen
und zu Sklaven gemacht. Wie planmäßig man die Ausrottung dieses
Volkes betrieb, geht daraus hervor, daß Colonel Collins, der im
Auftrage der englischen Regierung die Zustände an der Nordgrenze
der Kolonie im Jahre 1809 untersuchte, einen sonst respektablen
Mann erzählen hörte, er habe binnen 6 Jahren 3200 Buschmänner
gefangen oder getötet. Ein anderer Bauer teilte mit, daß die Streifzüge, an denen er sich beteiligte, 2700 Buschleuten das Leben ge-
kostet hätten. Noch ein anderer Kolonist hatte in 30 Jahren 32 solcher
Züge (Kommandos) mitgemacht, auf deren einem 200 Buschleute das
Leben verloren.

In neuerer Zeit tötete man selten das aufgespürte Völklein,
nur Kinder sucht der afrikanische Bauer noch immer zu stehlen oder
zu erhandeln, wo er Buschleute trifft. Wenn der Bauer auf jenen
Hochebenen am Vaalfluß auf der Jagd ist, so macht er Jagd auf
den Buschmann, den er etwa in der Fläche bemerkt. Hat der Letztere einen Vorsprung, so entkommt er meist. Das erste beste Loch,
vom Ameisenbär gegraben, genügt dem gelenken Flüchtling, unsichtbar
im Boden zu verschwinden. Ward der Buschmann gefangen, so
zwang man ihn, das Lager seiner Horde anzuzeigen. Es sollen
Fälle vorgekommen sein, wo solch arme Gefangene sich lieber haben
tot peitschen lassen, als daß sie die Ihrigen verraten hätten. Findet
der Bauer das Volk, so schlachtet er wohl einen Ochsen, und die
eingeschüchterten Leutlein geben dann meist für dessen Fleisch einige
Kinder her. Einer meiner Schwarzen hat mir erzählt, daß er einst
in jener Gegend zu Pferd auf einen Haufen von Saan, Männern,
Weibern und Kindern gestoßen sei; weil man ihn für einen Bauer
gehalten, sei Alles eiligst davongeeilt, auf der Flucht aber hätten

einige Weiber die Kinder, die ſie auf dem Rücken trugen, fallen laſſen in der Hoffnung, daß der ſchreckliche Reiter die nehmen und ſie laufen laſſen werde.

Durch ſolche Nachſtellungen ſind die Saan mehr zuſammenge=
ſchmolzen, denn wo die Ausrottung eines Volkes ſo planmäßig be=
trieben wird, wie es bei den Saan beſonders im vorigen Jahrhundert in der Kapkolonie der Fall war, da muß ſie wohl von Erfolg be=
gleitet ſein. Es leben aber bis zum 18° ſüdlicher Breite hinauf noch immer Haufen dieſes merkwürdigen Volkes in urſprünglicher Weiſe. Der Teil der Buſchleute, den man zu einer ſeßhaften Lebens=
weiſe gezwungen hat, hat ſich mit Hottentotten und anderen Farbigen vermiſcht.

Wir haben in den Saan einen der intereſſanteſten Zweige des menſchlichen Geſchlechtes vor uns. Sie gehören zu den kleinſten Menſchenraſſen; nur etwa 4½ Fuß hoch iſt der Mann, das Weib etwa 4 Fuß, wo man ſie größer fand, rührt ſolches wahrſcheinlich von Vermiſchung mit Hottentotten und Kaffern her. Ihr Typus iſt bekannt, er iſt dem Typus der Mongolen ähnlich. Entſtellt wird das Geſicht durch die hervorſtehenden Backenknochen und die einge=
drückte Naſe. Haben nun etwa die Recht, welche meinen, wir hätten in den Buſchleuten eine Art Mittelraſſe vor uns zwiſchen Menſch und Affen, eine Raſſe, deren Exiſtenz die Richtigkeit der Darwin=
ſchen Hypotheſe beweiſe oder unterſtütze?

Nach unſerer Überzeugung iſt das nicht der Fall. Zunächſt be=
merken wir: „Die Saan haben eine Sprache." Ihre Sprache ſcheint unentwickelt zu ſein, ſcheint unter den Sprachen der ſchwarzen Stämme Afrikas zu ſtehen, — aber ſie iſt zu wenig bekannt, als daß wir uns ein Urteil über dieſelbe erlauben könnten. Weil aber die Sprache der Saan uns ſo wenig bekannt iſt, ſo kennen wir auch das eigentümliche Geiſtesleben dieſes Volkes, welches ja immer erſt durch Kenntnis der Sprache erſchloſſen wird, faſt nicht. Was Rei=
ſende, was Miſſionäre von Buſchleuten gehört haben, haben ſie in Sprachen gehört, die urſprünglich dieſen Leuten fremd waren, alſo die eigenen Ideen des Volkes immer erſt in anderem Gewand und anderer Färbung erſcheinen ließen.

Wir finden bei den Buſchleuten Fähigkeiten, die andere afrika=
niſche Eingeborene nicht beſitzen, z. B. die Gabe der bildlichen Dar=
ſtellung. In den Schneebergen, im Drakengebirge, überall findet man Felſenwände, die mit Buſchmannszeichnungen bedeckt ſind.

Mr. Orpen, englischer Magistrat im freien Kaffernlande, drang, um
rebellischen Eingeborenen die Wege zu verlegen, im Jahre 1873 weit
in das öfter erwähnte Drakengebirge vor. Er mietete einen aus dem
Gebirge stammenden Buschmann, Namens Quing, und befragte diesen
nach der Bedeutung der Zeichnungen, die man hier und da an den
Felsen sah. Besonders fielen Mr. Orpen Männer und Weiber mit
Antilopenköpfen*) auf, welche dort dargestellt waren; er fragte, wer
die denn seien. Er erhielt die Antwort, daß diese Leute einst zwar
gelebt hätten, nun aber nur noch in den Flüssen lebten, sie seien vernichtet worden, da auch die Elenantilopen vernichtet wurden, und
zwar von den Leuten, die an den Felsen tanzend dargestellt waren.

Da Quing bei seinen Erzählungen Cagan erwähnt hatte, fragte
Orpen, wer Cagan sei, — die Antwort war: „Cagan macht alle
Dinge, wir beten zu ihm. Wir beten: Cagan, Cagan, sind wir nicht
deine Kinder, siehst du nicht unsern Hunger, gieb uns Essen, und er
giebt uns beide Hände voll." — „Wer ist Cagan," frug man weiter,
und die Antwort Quing's lautete: „Ich weiß nicht, aber die Elen-
antilope weiß es. Hast du nicht bei der Jagd seinen Schrei gehört,
wenn die Elentiere schnell davon und seinem Rufe nacheilen? Wo
er ist, sind Elentiere in Haufen." Auf weitere Fragen nannte Quing
Coti als Cagans Weib; woher sie stamme, wisse er nicht, aber vielleicht sei sie mit den Leuten gekommen, welche die Sonne einst brachte.
„Aber das sind Geheimnisse," fügte er hinzu, „ich kenne sie nicht,
nur jene Tänzer dort auf den Bildern kennen sie."

Die Buschleute oder Saan erkennen also ein höchstes Wesen an,
in unserer Erzählung ward es Cagan genannt, nach anderen Berichten heißt es Caang. Sie reden in ihren Sagen von einer früheren Rasse von Menschen, die vor den jetzigen Erdbewohnern gelebt
hätten. Von diesen Alten hätten viele Wunder thun können, andere
seien an den Himmel als Sterne versetzt; die Milchstraße ist Asche,
welche ein Mädchen der früheren Erdbewohner dort oben ausge-
schüttet hat.

Die Saan haben gute, natürliche Anlagen des Verstandes, haben
auch unter allen Südafrikanern die meiste Anlage zur Musik. Überall
bei den südafrikanischen Bauern muß der Buschmann zum Tanz auf-
spielen, die Fiedel ist sein Instrument.

Der „zahme" Buschmann ist als Diener sehr geschätzt. Er ist

---

*) Barth (Reisen I. 210) fand in der Breite von Murzuk ganz ähnliche,
an Felsenwänden eingegrabene Darstellungen.

treuer, fleißiger, auch energischer als der Hottentott. Besonders als Hirt und Jäger leistet er seinem Herrn die besten Dienste. Ich selbst habe auch Buschleute unterrichtet und getauft, obwohl ich eigentlich unter Basuthos arbeitete. Ich fand, daß diese Leute lebhaften Geistes und Rührungen zugänglich waren, daß sie, was ihrer Fassungskraft angemessen war, gut und tief auffaßten, und habe an getauften Buschleuten Freude erlebt.

Als Charakterfehler macht sich bei Dienstleuten dieses Volkes geltend, daß sie öfter verdrossen und launisch werden. Jedenfalls aber berechtigen uns die bisher gemachten Wahrnehmungen zu dem Schluß, daß die Saan nicht halbe Affen, sondern Menschen sind.

A. Merensky.
Superintendent der Berliner Transvaal-Mission.
Beiträge zur Kenntnis Südafrikas. Berlin 1875.

Ein Vehmgericht bei den Kaffern.

Vor einigen Wochen war ich Zeuge und teilweise Mitspieler einer jener Tragödieen, die das Vehmgericht in Pondaland nur zu häufig in Scene setzt.

Hinter der Besitzung des Herrn Hughes auf einer zehn Minuten entfernten bewaldeten Anhöhe befindet sich ein Kaffirkraal aus 6 oder 8 Hütten bestehend.

Stammvater oder Oberhaupt desselben war ein halbzivilisierter Kaffir von Kingwilliamstown in der Kapkolonie, der unter Engländern aufgezogen und dann nach Pondaland übersiedelt war. Auch seine Frau war aus der Kapkolonie und ziemlich englisiert. Dadurch, sowie durch seinen Reichtum, nahm Jakob, dies war der Name des Mannes, eine höhere Stellung unter den Eingeborenen ein, was er aber seine Umgebung bedeutend fühlen ließ, so daß die Familie sehr unbeliebt war. Sein Vermögen würde ihn sogar bei uns als einen wohlhabenden Mann haben gelten lassen, denn er besaß viele gut bebaute Mais- und Gemüsefelder, einige Stück Rindvieh, was hier im Durchschnitt 80 Mark den Kopf wert ist, einen Ochsenwagen, der 1200 bis 1600 Mark kostet, zwei Gespann je 20 Stück Ziehochsen, 120 Mark den Kopf, und ca. 2000 Mark in barem Gelde. Ihr werdet schon anderweitig gelesen haben, daß aller Transport in Afrika durch Wagen, mit Ochsen bespannt, besorgt wird. Denn da auf diesen ungeheuren Flächen oft (viele Tagereisen) weder Obdach noch Lebensmittel angetroffen werden, und man häufig ohne Wege nur der Richtung nach über Gebirge und steile Hügel, durch Flüsse und Thäler zieht, so ist jedes andere Transportmittel unmöglich. Nur auf gebauten künstlichen Wegen nach vielbesuchten Plätzen fängt man jetzt an, Maultiere zu verwenden. Diese Ochsen= wagen sind demnach ungeheuer solide und stark gebaut, vom besten Material, werden von 16 bis 20 Ochsen gezogen und je nach den Wegen mit 60 bis 80 Zentnern beladen. Es ist erstaunlich, welche unebenen steilen Wege dieses Gespann passiert, auf denen ein Fuß= gänger oft Mühe hat, fortzukommen.

Doch zurück zu meinem Thema! Jakob war stolz auf seinen Reichtum und scharrte immer mehr zusammen, hatte seine Söhne und Treiber, nahm für die europäischen Händler Fuhren an, wofür er 20 Mark den Tag erhielt. Außerdem war er ehrgeizig und strebte danach, selbst ein kleiner Häuptling zu werden. Dies steigerte den Haß und die Habgier seiner Feinde und brachte ihn endlich zum Fall. Eine anscheinend geringe Ursache beschleunigte die Krisis. Jakob arbeitete an der Station eines Kaufmanns am St. Johns= Flusse, ein Schiff abladend. Ein dabei beschäftigter Kaffir, Unterthan des kleinen Häuptlings Umtage, stahl eine Tabakspfeife von Bord und Jakob brachte den Fall vor Gericht, worauf der Dieb bestraft wurde. Der Häuptling schwur Jakob Rache, und ob auch Jahre darüber vergehen, ein Kaffir vergißt dies nie. —

Eine geraume Zeit war vergangen, über 18 Monate, bis Um= tage seine Rache ins Werk setzte. Er ging hin zum großen Häupt= ling Damahs, der im Lande zwischen dem Umtata=Flusse und St. Johns=Flusse oder Umzimwurwu herrscht und klagte Jakob an. Dies ist eine Art Vehmgericht, und das Verfahren ist folgendes: Der Ankläger nimmt einen oder zwei Ochsen, treibt sie vor den Kraal des Oberhäuptlings, macht demselben ein Geschenk damit und setzt sich dann der Hütte gegenüber mit trauriger, kummer= voller Miene, ab und zu jammernd und wehklagend. Nachdem er stundenlang gesessen, fragt der große Häuptling, was sein Begehr?

„Königlicher Herrscher," sagt der Ankläger, „ich komme zu dir, damit du mich tröstest." — „Warum, was fehlt dir?" — „Fluch lastet auf meinem Kraale, meine jungen Leute und Kinder sterben, meine Frauen sind krank und werden von Tage zu Tage dünner, meine Kühe geben keine Milch mehr und sinken hin wie die Fliegen, darum ist es besser, du tötest mich, damit mein Kummer aufhört." — „Was denkst du, ist die Ursache?" — „O es hat jemand mich behext." — „Hast du Verdacht auf irgend jemand?" — „Ja, großer Häuptling, auf den und den." —

Dann werden Gründe gefordert, Zeugen verhört und endlich die Räte und Zauberdoktoren befragt. Auf deren Aussagen wird dann der Angeklagte verurteilt und der Kläger ermächtigt, das Urteil zu vollstrecken.

Dies war auch der Verlauf mit Jakob. — Auf die Frage, auf wem der Verdacht ruhe, antwortete Umtaze entschieden: „Auf Jakob und seinem Kraale." — Mehrere Zeugen wurden vernommen, welche aussagten, sie hätten vor längerer Zeit Jakobs Leute Gift aus dem Galegalande (eines südlich vom Umtatafluße wohnenden Kafferstammes, der durch seine Kenntnis verschiedener Pflanzengifte berüchtigt ist) holen sehen, wobei dieselben prahlerisch geäußert hätten, ihre Feinde würden bald zum Schweigen gebracht werden. Ein anderer Zeuge erzählte, er sei nachts vor Jakobs Hütte gekommen und habe die Thür verschlossen gefunden, inwendig aber Licht gesehen. Darauf habe er durch eine Öffnung geguckt und beobachtet, wie derselbe und seine Frau Rosa bei einem Topfe gestanden, in welchem eine rote, schäumende Masse gekocht habe, wobei die beiden Zauberformeln ausgesprochen haben des Inhalts, daß Umtaze solle sterben.

Dies war im Ponbalande überzeugend und nachdem Räte und Zauberdoktoren befragt waren, gab Damahs seine Einwilligung zur Vernichtung Jakobs und zur Teilung seiner Habe unter den beleidigten Stamm Umtazes.

Schon lange hatte dieses Unheil über dem Haupte des Verurteilten gebrütet, und derselbe wußte es gar wohl, war aber so mutig und auf seine Macht vertrauend, daß er die drohenden Gerüchte nicht allein mißachtete, sondern sogar herausforderte. Am 13. November sprengte ein Kaffer zu Pferde an der Hütte vorbei und rief: „Jakob, nimm dich in Acht!" und verschwand dann so plötzlich, als er gekommen. „Ach!" rief Jakob höhnend, „ich bin bereit; laß sie nur kommen!" Er glaubte, daß im Falle der Not die Nachbarschaft ihm beistehen würde, täuschte sich aber darin nur zu sehr. Am 14. November morgens gegen 4 Uhr wurde mit einem Male heftig an seine Hütte geklopft, und seine Feinde riefen ihm zu,

er solle herauskommen und sich übergeben. Etwa 100 bis 150 Mann
hatten des Nachts im Hinterhalte gelegen und den Kraal umzingelt.
Es ist nämlich eine Eigentümlichkeit der Kaffern, daß sie alle ihre
Überfälle kurz vor Tagesanbruch machen, und man findet dies bei
den meisten uncivilisierten Völkern. Jakob wußte wohl, daß sein
Leben verwirkt war, daß er getötet worden wäre, sobald er aus dem
Hause trete, deshalb beschloß er, sein Leben so teuer als möglich zu
verkaufen. Er verweigerte also seine Übergabe, ließ jedoch auf
Verlangen seine Frau und Familie auf letzterer Wunsch hinaus.
Sobald dieselben unter der Rotte der Feinde erschienen, wurde ihnen
das Zeug vom Leibe gerissen, sie gingen nämlich europäisch gekleidet,
und dieselben mißhandelt. Im Eifer aber, die Hauptperson zu
erhalten, vergaß man die gehörige Vorsicht, so daß die Frau mit
den Kindern nach der Station des Herrn Hughes entfloh, woselbst
ich der Zeit mich aufhielt. Ein merkwürdiges fremdartiges Geräusch
weckte mich aus meinem gewöhnlich sehr gesunden Schlummer, und
emporfahrend hörte ich die Stimme des Kafferdieners, der in der
Küche nahe beim Hause schlief. „Um Gotteswillen machen Sie schnell
die Thüre auf, man ermordet Jakob und seinen ganzen Stamm, die
ganze Gegend ist im Aufruhr!"

Sofort sprang ich auf und öffnete die Thür, und im selben
Augenblick stürzte auch Rosa mit ihren Kindern und Mägden in das
Haus. Wie ich schon früher einmal erwähnt habe, ist nämlich das
Haus eines Europäers ein Sanktuarium, das jeden Eingeborenen
schützt, der in dasselbe flüchtet.

Jetzt folgte eine schauerliche Scene, im Hause das Jammern
und Schreien der Kinder und Mägde, die ganze Gegend tageshell
von den angezündeten Kafferhütten, Schießen, Heulen und Schreien,
als ob alle Dämonen der Hölle losgelassen seien. Dies dauerte eine
Zeitlang, bis der Tag anbrach. Ich stand gerade vor der Thür und
wartete der Dinge, die da kommen sollten, als plötzlich einer der
Treiber Jakobs, Macesa, atemlos mit ungeheuren Sätzen hundert
Schritte von mir erschien und sich sobann urschnell platt auf die
Erde in das hohe Gras warf. Im selben Augenblicke kamen zwei
Männer, jeder mit 6 bis 8 Speeren bewaffnet, bei ihm vorbei und
kamen vor mir zu einem plötzlichen Stillstande. Sie hatten ohne
Zweifel die Fährte von Macesa verloren. Als sich dieser niederwarf,
hob er noch die Hände bittend zu mir empor, daß ich ihn nicht ver-
raten möchte. Den Anblick der beiden Verfolger werde ich nie in

meinem Leben vergessen, die Augen schienen dreimal so groß als ge=
wöhnlich, die Pupille blitzte furchtbar unheimlich, während das Weiße
mit Blut unterlaufen war; vor dem Munde stand der dicke Schaum,
und kann nur ein bis zur Tollheit gereizter Tiger so aussehen.
Nachdem sie mich und das Haus einige Augenblicke wild angeschaut,
als ob sie durch die Mauern des letzteren hindurchblicken wollten,
fragten sie vor Wut und Aufregung keuchend, ob ich den Flüchtling
nicht gesehen, was ich natürlich verneinte. Bei der Zeit war ich
selbst so sehr in Aufregung geraten, daß ich krampfhaft meine Büchs=
flinte umfaßte und gar zu gern auf die Kannibalen losgebrannt
hätte. Dieselben setzten dann wie Bluthunde in das Dickicht hinter
dem Hause, um den Entflohenen aufzuspüren.

Sobald sie sich entfernt hatten, nahm ich den Flüchtling in das
Boot und setzte ihn über den hier 200 Meter breiten Fluß, der un=
mittelbar vor dem Hause vorbeifließt. — Auf der andern Seite
herrscht nämlich ein anderer Häuptling, Umtengela, so daß Flücht=
linge drüben geborgen sind.

Sobald Rosa und die Kinder aus der Hütte Jakobs waren,
fingen die Kaffern an, dieselbe zu stürmen. Das war aber nicht so
leicht: es hatte die Nacht geregnet, so daß die Feuerbrände nicht
recht brennen wollten, und sowie sich ein Feind näherte, schoß
Jakob durch die Öffnungen des Hauses auf denselben. Endlich aber
fing das Strohdach Feuer und als dies einstürzte, konnte sich der
Eingeschlossene nicht länger halten. Er machte einen ungeheuren
Satz durch die offene Thür, die Verzweiflung gab ihm Löwenkräfte,
er brach durch die Reihen der Belagerer und sprang über die Um=
zäumung in den Kraal, worin einige 60 Kühe sich befanden, durch
dieselben und auf der andern Seite wieder hinaus dem Gebüsch zu.
Aber viele Hunde sind des Hasen Tod. Eine Anzahl verfolgte ihn,
ein Speer (Assagai) traf ihn in das Bein und eine Flintenkugel in
die Schulter, so daß er stürzte. Im Nu war die Rotte auf ihm,
man schlitze ihm mit einem Assagai den Bauch auf und schnitt ihm
die Kehle durch.

Zwei Treiber, der schon vorhin erwähnte Macesa und Magnan,
den ich später über den Fluß setzte, über welche ebenfalls das Todes=
urteil gefällt worden war, entkamen, indem sie die Verwirrung, die
Jakobs hartnäckige Verteidigung verursachte, benützten, zu entfliehen.

Darauf nahmen Umtaze und seine Leute Besitz von des Ge=
töteten Hab und Gut, schlachteten eine Kuh und wuschen sich die

Hände im Blute, ein Opfer, welches bedeutet: „Ich wasche meine Hände rein von Schuld, es war Gottesgericht." —

Des Tages über kamen mehrere Boten zu uns, die uns ansagten, daß, wenn man Rosa zu fassen bekäme, sie ebenfalls getötet würde; deshalb durfte dieselbe nicht aus dem Hause gehen, bis wir sie ebenfalls auf die andere Seite des Flusses befördern konnten.

Kapitän K. N. Weineck.

Arbeit mit Hindernissen,

oder

ein Tag eines protestantischen Kaffern-Missionars.

Der Missionar Prabel lebt mit Frau und Kind auf einem einsamen Vorposten mitten im Kafferngebiet. Er ist so beschäftigt, daß er nur selten Zeit finden kann, durch einen Brief Kunde von sich zu geben. Um so interessanter ist ein Bericht von ihm, den das „Flugblatt der Brüdergem." 1883 Nr. 3 veröffentlicht und der den noch hier und da spukenden Wahn von dem unthätigen, müßiggängerischen Leben der Missionare in Südafrika in handgreiflichster Weise widerlegt.

Eines schönen Morgens saß Prabel da mit der Feder in der Hand, um seinen Bericht für das Missionsblatt zu schreiben.

„Mein letzter Besuch in Clukolweni . . .", so viel stand glücklich schon auf dem Papier, als der Viehwächter einbrach, ein Schäflein auf dem Arm. Das hatte sich ein Bein gebrochen und mußte verbunden und gepflegt werden. Und während Missionar Pabel noch damit beschäftigt ist, kommt ein Mann, sein Geld zu holen für die Pferde, die er zu eben jenem Ritt nach Clukolweni geliehen hatte. An und für sich brauchte diese Zahlung nicht viel Zeit zu kosten; aber die Kaffern sind samt und sonders der Ansicht, die man in Europa zum Glück doch nur bei manchen vertreten findet, daß es besser ist, auf Umwegen zum Ziel zu gelangen, als auf dem geraden Wege und daß es schade wäre, mit zehn Worten sich zu begnügen, wo sich eine so schöne Gelegenheit bietet, hundert anzubringen und wenn man fertig ist, noch einmal von vorne anzufangen. Der Pferdeverleiher nimmt sich also Zeit, Missionar Pabel übt sich tapfer in der Geduld und während dessen ruht seine Feder aus, obgleich sie noch gar nicht müde ist. Aber alles nimmt einmal ein Ende, selbst die wortreiche Umständlichkeit eines Kaffern, und die Feder kommt wieder in Bewegung. Ach, sie hat nicht Zeit warm zu werden, da tönt Hufschlag an das Ohr des Schreibers, und als er aufschaut, sieht er einen Reiter und zwei Reiterinnen vor dem Missionshäuschen absteigen. Ersterer giebt den zwei Sutu-„Damen" das Ehrengeleit. Es ist ein Jüngling, der zwar nur mit einem kurzen Deckchen ge= schürzt ist, aber eine Mütze und viel schöne Ringe trägt. Die eine Reiterin kleidet sich europäisch und ist eine der 7 oder 8 Frauen des Häuptlings Lehannah. Sie kommt, um für sich und sonst noch jemand Medizin zu holen. Die andere verschmäht durchaus jede Anlehnung an europäische Sitte und Kleidung, nur nicht die europäische Kunst des Zahnausziehens. Kein Wunder! Wenn so eine arme, von Zahnweh geplagte Frau sich in die Behandlung ihres braunen Herrn und Gemahls begiebt, so bohrt er ihr gelegentlich den kranken Zahn mühsam mit dem Taschenmesser heraus und das empfindet auch ein Kaffernkiefer schmerzhaft. Da macht es der weiße „Lehrer" schon besser, auch wenn er kein gelernter Zahnarzt ist. Diese zahnweh= kranke Dame erschien, wohl um ihren Helfer und Retter zu ehren, im höchsten Staat, d. h. frisch rot geschmiert, glänzend und klebrig. Wer aber einen solchen „roten" Kaffern angreift, besudelt sich. Darum läßt der Zahnarzt die Patientin erst die wollene Zipfelmütze des Jünglings aufsetzen, um wenigstens von der Berührung mit den fetttriefenden Haaren geschützt zu sein, er trägt aber nichtsdestoweni= ger ziegelrote Hände davon.

Während er sich wäscht, haben wir Zeit ein paar ergänzende Bemerkungen über diesen Zweig der Missionsarbeit unseres Bruders zu machen. Er übt ihn oft und viel, denn die Leute kommen von weither zum Zähneausziehen, die Frauen häufig von ihren Männern begleitet, und da kommt es auch wohl vor, daß so ein zärtlicher Gatte, wenn er findet, die Operation sei zu schmerzhaft für seine Frau, zufährt und dem Doktor die Zange aus der Hand nimmt. Es ist Sitte und Brauch bei allen Missionaren, daß sie sich für Mühe und Zeitverlust (der durch Fettflecke verdorbener Kleider gar nicht erst zu gedenken) eine Kleinigkeit zahlen lassen. Es ist das eine, wenn auch noch so geringe Einnahme für die Stationskasse. Das wissen die Kaffern auch sehr gut und haben die Gebühr meist schon richtig abgezählt bei sich. Trotzdem fragt aber nach glücklich vollendeter Operation so ein Kaffer meist mit verlegenem Gesicht: „Wo nehm ich Geld her? Ich habe keins!" Und nun hat der Mif=

sionar das Vergnügen, will er nicht um seinen wohlverdienten Lohn
kommen, eines langen und breiten zu mahnen und zu bitten, zu
feilschen und zu markten. Missionar Babel ist auf ein treffliches
Mittel verfallen, dieses ärgerliche und zeitraubende Treiben abzu-
schneiden. „Hast du kein Geld," sagt er, „gut, so komme her, da
setze ich dir deinen kranken Zahn wieder ein. Gieb mal Acht, wie
der dich wieder plagen wird!" Aber darauf hat es noch keiner der
so Bedrohten ankommen lassen — flugs war das Geld zur Stelle!

Doch zurück zu unserer Tagesgeschichte. Die rote Reiterin mag
wohl keine Schwierigkeiten wegen der Bezahlung gemacht haben, hat
auch vielleicht keine Zeit dazu gehabt, denn ehe sie sich noch auf ihr
Pferd geschwungen, ist schon ein anderer Reiter angesprengt gekommen, der viel wichtigeres mit dem „Lehrer" zu verhandeln hat, denn
er ist glücklicher Bräutigam und will Tag und Stunde seiner
Trauung festgesetzt wissen. Das wäre auch abgethan und kein
Pferdehuf mehr in der Nähe des Platzes zu sehen. Missionar Babel
kann sich wieder an den Schreibtisch setzen, aber nur für zehn Minuten, denn es kommen abermals drei Zahnpatienten hoch zu Roß,
und wieder sind es zwei Gutufrauen mit einem Begleiter. Die Scene
von vorhin wiederholt sich, mit dem Unterschied, daß die eine von
zwei Zähnen befreit sein will, die andere sich mit einem begnügt.
Überglücklich, die Plagegeister los zu sein, reiten sie ab. Nun noch
rasch eine Anzahl Schulkinder befriedigt, die mancherlei Anliegen
haben, und es ist ½2 Uhr geworden, d. h. verspätete Mittagsessens-
zeit. Wir gönnen es ihnen, nicht wahr? Das Essen und die kurze
Ruhe, dem geplagten Missionar und seiner Frau, die wahrlich auch
nicht müßig gewesen ist, denn sie hat neben ihren mütterlichen und
häuslichen Pflichten auch noch Nähschule gehalten; und noch mehr
gönnen wir ihnen den Nachtisch, der in europäischen Briefen besteht,
welche gerade während des Essens anlangen — ein seltener, aber um
so höher geschätzter Genuß! Wie wäre es, sie setzten sich nach Tisch
ein halbes Stündchen zusammen, um die Briefe zu lesen? Ist
doch auch endlich einer vom ältesten Kinde dabei, nach dem die
Elternherzen noch schmerzliche Sehnsucht empfinden! Aber das geht
nicht, denn der Tisch ist noch nicht abgeräumt, da steht schon der
eingeborene Missionar von Mount Fletscher an der Thüre und will
Medizin und Schulbücher und guten Rat und noch vieles Andere
haben, und als er befriedigt abzieht, ist's 5 Uhr, und da hat sich
auch schon ein anderer Mann eingefunden, der gern Arbeit zuge-

wiefen bekäme, und dann ist an der Handmühle, die ein kleiner
Junge bedient, etwas wieder in Ordnung zu bringen. Jetzt kann
Missionar Pabel endlich einmal sich setzen und schreiben, aber gerade
nur 5 Minuten, denn es gilt wieder 2 Bittsteller abzufertigen, einen
Vater, der sein Kind zur Taufe anmeldet, und einen Kirchendiener.
Über alle dem ist die Sonne untergegangen und wenn der Bericht
geschrieben wäre, könnte der müde Missionar Feierabend machen;
aber der Bericht ist eben nicht geschrieben und morgen geht die Post
ab! — Nicht wahr, lieber Leser, das nennt man Arbeit mit Hinder=
niffen, in einem Grade, wie du's vielleicht nicht kennst!

Anhang.

Der Name „Somali" und andere geographische Namen (zu S. 7 u. 419). — Burton und Hartmann geben zwar an, „Somali" sei der Singular, „Somal" der Plural, aber nach genaueren Untersuchungen (Kolon.-Polit. Korresp. 1887, Nr. 19) lautet der Singular „Somâl", der Plural „Sómal"; jedenfalls ist also der Gebrauch von „Somali" überhaupt zu verwerfen. Die verschiedenen Abteilungen des Wortes sind alle zweifelhaft: von So mali, d. h. Gehe, melke! (Haggenmacher), oder von Tumal, Schmied; Hildebrandt sagt, somal bedeute „schwarz" in der Landessprache, aber in der Somalsprache heißt schwarz madou; nach Paulischke vom arab. saumal, d. h. tapfer, oder von somal, hohe Hügel, rc. Die Somal selbst kennen den Namen nicht, und die Araber nennen das Land Bar Hajem.

Zum Verständnis mancher geographischen Namen zwischen der ostafrikanischen Küste und den Seeen dient noch folgendes: In der Suahilisprache, einer Präfixsprache wie alle Bantusprachen, bedeutet Wa Volk, Bewohner, Wasuahili, die Bewohner des Suahililandes, Ki Sprache, also Kisuahili, die Sprache des Suahililandes; das Vorsetzen eines m bedeutet: Mann, Person aus einem bestimmten Volke, also Msuahili ein Suahili; u bedeutet Land, also Usagara das Land Sagara, Uniamesi das Land Niamesi.

Die Stationen und Expeditionen der Deutsch-ostafrikanischen Gesellschaft (zu S. 58). — Trotz der anfangs spärlich fließenden Mittel hat die Deutsch-ostafrikanische Gesellschaft in kaum zwei Jahren eine wahrhaft bewundernswerte Thätigkeit entfaltet. Vom Dezember 1884 bis Ende 1886 hat sie 13 Stationen, Faktoreien und Depôts angelegt: Zanzibar, Simaberg, Kiora, Halule, Dunda, Madimola, Korogwe, Usaungula, Petershöhe, Bagamoyo,

Tanganjiko, Hohenzollernhafen, Masi, sowie nicht weniger als 18 Ex=
peditionen ausgeführt, worunter 2 Kilima=Ndjaro= und 4 Somal=
Expeditionen. — Der Gesamthandel zwischen Deutschland und Zan=
zibar ist heute auf circa 6000 Tonnen im Werte von 4 Millionen
Mark gestiegen und wird mit dem fortschreitenden Aufblühen der
deutschen Niederlassung sich rasch heben.

Umfang der Kolonie am Kamerun (zu S. 315). — Die
Berechnung des Umfanges dieser Kolonie beruht nach der mit Eng=
land und Frankreich vereinbarten Feststellung der Grenzen der gegen=
seitigen Interessensphären auf folgenden Grundlagen: die Entfernung
von Jola am Benue bis an den Benito (franz. Grenze) beträgt
750—800 km Längenerstreckung; nimmt man für die Breite nur
400—450 km bis zur Grenze des durch die Berliner Konferenz fest=
gestellten Freihandelsgebietes, so erhält man 300—360 000 ☐ km,
also mehr als den Umfang des Königreiches Preußen. Hiernach
muß die Angabe S. 315 berichtigt werden.

Die Kaffernsprache (zu S. 419). — Die Kaffernsprache er=
setzt die Flexionen durch Präfixe und geht in der Wortbildung,
resp. Begriffsentwickelung so weit, daß sie u. a. für die Personal=
pronomina im Präsens, Perfektum und Futurum besondere Wörter
hat: ich heißt dia im Präsens, du im Perfektum und do im Futurum.
Das Präsens von ukubiza, rufen, lautet:

diabiza, ich rufe;	audiabiza, ich rufe nicht;
uabiza, du rufest;	akabiza, du rufest nicht;
eabiza, er ruft;	atibiza, er ruft nicht;
siabiza, wir rufen;	asibiza, wir rufen nicht;
neabiza, ihr rufet;	nosibiza, ihr rufet nicht;
piabiza, sie rufen;	pakabiza, sie rufen nicht.

Thompson fand merkwürdige Übereinstimmungen zwischen der
Kaffernsprache und den Mundarten auf den Komoreninseln, Anjouan
und Madagascar; andere weisen hin auf ethnographische Ähnlich=
keiten zwischen den Tamulen in Süd=Hindostan, den Totta=Veddahs
(Autochthonen), den Arabern und den Eingeborenen von Madagascar,
den Komoren und Seychellen. Barrow hebt die Ähnlichkeit der
Kaffern und Araber (Beduinen) in Gestalt, Gesichtsbildung, Lebens=
weise, Gewohnheiten und Charaktereigenschaften besonders hervor.

Kongoland, nach Dr. Pechuel=Lösche (zu S. 368—9). — Das
kürzlich erschienene Werk von Dr. Pechuel=Lösche: Kongoland.
I. Amtliche Berichte und Druckschriften über das belgische Kongo=

Unternehmen. II. Unter=Guinea und Kongostaat als Handels= und Wirtschaftsgebiet. Jena, H. Costenoble, 1887 — faßt in ebenso licht=voller, als gründlicher Weise die bisherigen wissenschaftlichen Unter=suchungen über das untere Kongobecken zusammen. Vortrefflich ist namentlich die Schilderung der Bodenbeschaffenheit des Landes. Über den wirtschaftlichen Wert sagt er S. 489: „Das ganze hier in Frage stehende Land ist eine große Wüste und Brache. Wir wissen noch nicht einmal erfahrungsmäßig von den meisten versprechenden Küstengebieten, welche Handelsgewächse vorteilhaft gezogen werden können. . . . Mit Kohl, Radieschen, Steckrüben, Tabaksstauden und verwilderter Baumwolle lockt man keine Schiffe über den Ocean und keine Pflanzer nach Inner=Afrika." — Das Werk des verdienten Mannes wird den deutschen Geographen um so willkommener sein, da es wieder einmal die Gründlichkeit und Gewissenhaftigkeit der deutschen Forschung dem hochmütig verkleinernden Ausland gegen=über glänzend rechtfertigt.

Organisation des Kongostaates (zu S. 370—1). — Der Kongostaat steht unter einem Generaladministrator an der Spitze eines Exekutivkomitees, das aus dem Appellationsrichter und den Dienstdirektoren (den Direktoren der Justiz, der Finanzen und des Marine= und Transportbienstes) besteht. Der Staat zerfällt in Distrikte unter je einem Distriktscommissarius. Die Kongoflotte be=steht aus 9 Dampfern (wovon 5 auf dem oberen Kongo). Die öffentliche Macht besteht aus 2000 Schwarzen mit 12 Kanonen und 2 Mitrailleusen unter dem Befehl belgischer Offiziere.

Klima und Bewohnbarkeit der Tropenländer. Es darf nicht verschwiegen werden, daß zu allen Zeiten die Kaufleute, um die Konkurrenz abzuschrecken, sogenannte Handels=lügen, das heißt abenteuerliche Schilderungen der entlegenen Gebiete ihrer Thätigkeit, namentlich übertriebene Darstellungen der Gefähr=lichkeit des tropischen Klimas verbreitet haben. Zöller, Kersten=Decken, Kirchhoff, Rohlfs, Hübbe=Schleiden u. v. a. Forschungs=reisende heben dieses ausdrücklich hervor und erklären sich entschieden gegen die von Reisenden, welche nur einen winzigen Teil Afrikas gesehen haben, aufgestellte Behauptung, das tropische Afrika sei un=gesund. „Hätte man", sagt G. Rohlfs in seiner vortrefflichen Schrift: „Zur Klimatologie und Hygiene Ostafrikas." Leipzig, 1885. S. 14, „anstatt schlechtweg die heiße Zone ungesund zu nennen, mehr darauf gehalten, nach den lokalen Ursachen der Ungesundheit

zu forschen, und wäre nach Auffindung derselben darauf bedacht ge=
wesen, sie zu entfernen, zu heben und zu zerstören, so würde man
sich ein viel größeres Verdienst um die Menschheit erworben haben,
als jene zu erhalten meinen, die die Welt erschrecken wollen mit dem
so unmotivierten, wie unbewiesenen Rufe: Die Tropen sind un=
gesund, die Indogermanen können dort nicht leben! Das sind
Schlagworte, die wir gar nicht mehr gelten lassen dürfen." — Die
durchaus ungeeignete Lebensweise der Engländer, des Haupthandels=
volkes in den Tropen, hat wohl am meisten zur weiten Verbreitung
dieses Schlagwortes beigetragen; aber die Hamburger und Bremer
Kaufherren lassen sich nicht dadurch abschrecken, jahraus, jahrein
250—300 Faktoristen in Äquatorial=Afrika zu beschäftigen und guten
Gewinn einzustreichen. [Nach Ab. Burbo (Niger et Benué, P. 1880)
machen die Kaufleute am Niger 52 Prozent!]

Die kleine, aber vorzügliche Schrift: Die Bewohnbarkeit
der Tropen für Europäer. Eine kulturgeographische Studie aus
den Quellen. Von Prof. Dr. Pallmann. Berlin, Lehmann, 1887.
1 M. 50 Pf., giebt eine lichtvolle Übersicht über die für die deutschen
Kolonialbestrebungen so wichtigen klimatologischen Fragen in den
Abschnitten: I. Die Unbewohnbarkeit der Tropen. II. Kritik des
Materials über die Unbewohnbarkeit der Tropen für Europäer.
III. Die Bewohnbarkeit der Tropen. IV. Die Akklimatisationsfrage.
— Ich füge ergänzend hinzu, daß die Société de médicine pratique
zu Paris, 1885 eine Art von „Gesundheits=Bädeker" für Afrika=
reisende Guide hygiénique et médical du voyageur dans l'Afrique
centrale herausgegeben hat, worin auch die deutschen und englischen
Forschungen berücksichtigt worden sind. Es heißt darin (S. 213 ff.)
mit Anführung der Beweise: Les exemples ne manquent pas pour
démontrer la possibilité d'acclimater sur le sol africain, non seule-
ment la race blanche, en général; mais les races d'Europe, en
particulier.

Berichtigung.

Seite 315, letzte Zeilen unten, muß es heißen: sie umfaßt 300—360 000
☐ km, ist also größer als das Königreich Preußen (S. Anhang S. 505).

Von S. 368 ab ist durch ein Versehen und wegen der Entfernung von
Druckorte die Seitenüberschrift „Deutsch=Äquatorial=Afrika" statt: „Der Kongostaat"
stehen geblieben.

Von Dr. Joh. Baumgarten erschienen u. a.:

Die deutschen Kolonieen und die nationalen Interessen. Ein Vademekum für Freunde und Vertreter der Kolonialbewegung. Köln, du M. Sch., 1887. 2 Mk. 40 Pf.

„Eine Schrift kolonialpolitischer Richtung, die unsere wärmste Empfehlung verdient. Der Verfasser erweist sich in seiner Schrift, die in populärer Form eine Rechtfertigung der Kolonialbewegung zu geben beabsichtigt, nicht nur als ein warmer Anhänger unserer Sache, sondern auch als ein ruhiger, klarblickender, sehr verständnisvoller Beurteiler dieser Bewegung in ihrer vielseitigen nationalen zukunftsreichen Bedeutung. Die außergewöhnliche Belesenheit des Verfassers, welche wir schon an einer anderen Stelle, bei Besprechung seines Werkes: Die außereuropäischen Völker. Kassel, 1885 (D. Kol.-Zeit. 1885, 7. Heft) hervorgehoben, bekundet er auch hier Seite für Seite.“ (Deutsche Kolonial-Zeitung, 1886, S. 796.)

„Das interessante Buch, welches allen Kolonialpolitikern warm empfohlen werden kann, giebt in fesselnder Weise Aufschluß über die kolonialpolitischen Strömungen in Deutschland und belehrt in außgiebiger Weise über unsere Kolonieen. Besonders anziehend wird es durch warme patriotische Gesinnung des Verfassers, welche man allenthalben aus seinen Äußerungen hervormerkt.“ (Deutsche Weltpost, 1886, Dezember, S. 444.)

„Das Buch ist mit vollständiger Beherrschung des Stoffes, ohne Schönfärberei, in fesselnder Form geschrieben. Es verdient in allen denjenigen Kreisen Verbreitung, welche, ohne Zeit und Beruf zu haben, in Detailfragen einzugreifen, sich ein selbstständiges Urteil über den Wert und die Bedeutung bilden wollen, welche der Besitz von Kolonieen für Deutschland hat. Eine lesenswerte und belehrende Uebersicht über die gegenwärtige Lage unserer Kolonien, über ihren Kulturwert und ihre Nutzbarmachung bildet den Schluß des interessanten und verdienstvollen Werkes.“ (Norddeutsche Allgem. Zeitung, 24. Dezember 1886.)

Die außereuropäischen Völker. Abgerundete Charakterbilder, Scenen aus dem Volksleben und kulturgeschichtliche Darstellungen. Zur Belebung und Vertiefung des geographischen Unterrichts, sowie für Freunde der Völkerkunde. Kassel, Th. Kay, 1885. (481 S.) 3 Mk.

„Eine ganze Reihe von Kritiken der angesehensten Zeitschriften rühmen an diesem Werke „die seltene Belesenheit und Sachkenntnis, die trefflichen Schilderungen“ (Deutsche Kolonial-Zeitung, 1. April 1885), „die praktische Fassung, Uebersichtlichkeit und Frische der Darstellung“ (Tägliche Rundschau, 18. Januar 1885), „das photographisch treue, frische und lebendige Bild der Völker“ (Das Ausland), „den gediegenen Eindruck, den dieser willkommene Beitrag zur Vertiefung des geographischen Unterrichts macht“ (Gäa, 5. Heft. 1885. S. 318) u. v. a.“

Abenteurerleben in Guyana und am Amazonas. Mit 27 Illustrationen. Zweite Auflage. Stuttgart, 1881. 5 M. 40 Pf.

Amerika. Eine ethnographische Rundreise durch den Kontinent und die Antillen. Charakterbilder, Sittenschilderungen, Scenen aus dem Volksleben. Stuttgart, 1882. 6 Mk. — **Der Orient.** Ethnographische Charakterbilder, Sittenscenen, Jagdsport. Stuttgart, 1881. 5 Mk.

„Wir haben Herrn Dr. Baumgartens Belesenheit und die geschickte Hand, mit der er aus der französischen Litteratur uns reiche und fesselnde Bilder des französischen Volkslebens zusammengestellt hat, schon wiederholt bewundert. Die oben genannten beiden Werke umfassen ein noch viel weiteres Gebiet von Studien und zeugen von einer in der That staunenswerten Kenntnis der neueren und neuesten ethnographischen Forschungen, Schilderungen und Reiseberichte. Und keineswegs hat sich Herr Dr. Baumgarten damit begnügt, zu sammeln und zu übersetzen, was deutsche, französische und englische Reisende, Historiker, Geographen und Ethnologen darbieten, überall ist seine ernste, eigene Arbeit sichtbar. Seine beiden Bücher „Der Orient“ und „Amerika“ sind keine Jugendschriften. Damit soll nicht gesagt sein, daß sie nicht frisch, lebhaft, unterhaltend, nicht für unsere erwachsenen Schüler fesselnd und lehrreich sind, sondern nur, daß doch erst der Mann, der an Kirche, Staat und Gesellschaft ein tieferes Interesse hat, beide Schriften nach ihrem vollen Wert zu schätzen im stande sei. Herr Dr. Baumgarten hat das, was uns in Europa bewegt, zu unserer Sorge macht, ausdrücklich und nachdrücklich in seinen Reimen und in seiner Entwickelung hervorzuheben und in das rechte Licht zu stellen gewußt in den Bildern, die er aus der fernen und fremden sittlichen Welt des Islam, des Brahmanenlandes, des romantischen, des mittleren und nördlichen Amerika uns vor Augen stellt.“ (Langbeins päcag. Archiv.)

In unseren Verlag sind übergegangen:

Hempel's Klassiker-Ausgaben,

die einzigen von allen existirenden, welche vollständig sind. Auf korrekte Texte wurde bei der Herstellung der größte Werth gelegt, sie sind ferner ausgestattet mit Vorbemerkungen zu den einzelnen Stücken, erklärenden Anmerkungen zu schwierigen Text-Stellen und haben zahlreiche Sach- und Namenregister.

Folgende Autoren sind in der Sammlung enthalten, welche auch einzeln käuflich zu haben sind:

Des Knaben Wunderhorn. Alte deutsche Lieder gesammelt von Ludw. Achim von Arnim und Clemens Brentano. Mit Einleitung und Anmerkungen von Rob. Borberger. Zwei Theile. Mit Register der Gedicht-Anfänge. 3,60 Mark, gebunden 5 Mark.

Bürger, G. A., Gedichte. 0,80 Mark, gebunden 1,50 Mark.

Chamisso's Werke. Nebst einer Biographie von G. Hesekiel. 4 Theile 3,60 Mark, in 2 Bände gebunden 4,50 Mark.

  Inhalt: Th. 1. Biographie; Gedichte, worunter 91 in allen bisherigen Ausgaben fehlende. — Th. 2. Peter Schlemihl's wundersame Geschichte; Abelbert's Fabel. — Th. 3 u. 4. Reise um die Welt mit der Romanzoffischen Entdeckungs-Expedition in den Jahren 1815—1818.

Gellert's poetische Werke. Nebst einer Biographie von Albert Lindner. 2 Theile 1 Mark, in 1 Band gebunden 1,50 Mark.

  Inhalt: Th. 1. Fabeln und Erzählungen. — Th. 2. Geistliche Oden und Lieder; Moralische Gedichte.

Goethe's Werke. Vollständigste Ausgabe nach den vorzüglichsten Quellen revidirt. Herausgegeben und mit Anmerkungen begleitet von W. Frh. von Biedermann, Heinrich Düntzer, S. Kalischer, G. von Loeper und Fr. Strehlke. Nebst der Biographie des Dichters von Fr. Förster. 36 Theile 45 Mark, in 23 Bände gebunden 60 Mark.

  Inhalt: I. Abth. Gedichte. Th. 1—3. Biographie; Gedichte. — Th. 4. Westöstlicher Divan. — Th. 5. Reinele Fuchs; Achilleis; Nachlese der Gedichte. II. Abth. Dramen. Th. 6. Götz von Berlichingen; Clavigo; Die Geschwister. — Th. 7. Egmont; Iphigenie auf Tauris; Torquato Tasso. — Th. 8. Die Laune des Verliebten; Die Mitschuldigen; Stella; Neueröffnetes Puppenspiel; Künstlers Apotheose; Das Neueste von Plundersweilern; Satyros; Hanswurst's Hochzeit; Prolog zu den neuesten Offenbarungen Gottes; Götter, Helden und Wieland; Prometheus; Proserpina; Der Triumph der Empfindsamkeit; Die Vögel; Elpenor. — Th. 9. Erwin und Elmire; Klaudine von Villa Bella; Lila; Jery und Bätely; Die Fischerin; Scherz, List und Rache; Die ungleichen Hausgenossen; Der Zauberflöte zweiter Theil; Die Wette. — Th. 10. Die natürliche Tochter; Der Großkophta; Der Bürgergeneral; Die Aufgeregten; Pandora; Mahomet; Tankred; Scene aus Corneille's "Lügner"; Anekdote zu den "Freuden Werthers"; Nausikaa; Trauerspiel in der Christenheit; Chor zu "Romeo und Julia". — Th. 11. Paläophron und Neoterpe; Was wir bringen. 1802; Vorspiel. 1807. Des Epimenides Erwachen; Theaterscenen und Theaterreden; Maskenzüge; Was wir bringen. 1814; Nachspiel zu den "Hagestolzen"; Aeltere Gestalt von: Götz von Berlichingen, Erwin und Elmire, Klaudine von Villa Bella, Iphigenie auf Tauris; Bühnenbearbeitung des Götz von Berlichingen. — Th. 12 u. 13. Faust. III. Abth. Novellistisches. Th. 14. Leiden des jungen Werther's. — Th. 15. Die Wahlverwandtschaften. — Th. 16. Unterhaltungen deutscher Ausgewanderten; Novelle; Die guten Weiber; Reise der Söhne Megaprazon's; Briefe aus der Schweiz; Das Römische Karneval. — Th. 17. Wilhelm Meister's Lehrjahre. — Th. 18. Wilhelm Meister's Wanderjahre. — Th. 19. Sprüche in Prosa. IV. Abth. Biographisches. Th. 20—23. Dichtung und Wahrheit. — Th. 24. Italiänische Reise; Zweiter Römischer Aufenthalt; Ueber Italien. — Th. 25. Campagne in Frankreich 1792; Belagerung von Mainz. — Th. 26. Reise in die Schweiz 1797; Reise am Rhein 1814 und 1815. — Th. 27. Tag- und Jahreshefte; Biographische Einzelnheiten; Amtliche und gesellschaftliche Vorträge; Geistliche Briefe. V. Abth. Kunst und Literatur. Th. 28. Schriften und Aufsätze zur Kunst. — Th. 29. Aufsätze zur

Literatur. **VI. Abth. Uebersetzungen.** Th. 30. Benvenuto Cellini. — Th. 31. Rameau's Neffe. — Th. 32. Philipp Hackert. **VII. Abth. Naturwissenschaftliches.** Th. 33. Zur Morphologie; Zur Mineralogie und Geologie. — Th. 34. Zur Meteorologie; Zur Naturwissenschaft im Allgemeinen; Naturwissenschaftliche Einzelnheiten. — Th. 35. Beiträge zur Optik; Farbenlehre, didaktischer und polemischer Theil. — Th. 36. Geschichte der Farbenlehre; Nachträge zur Farbenlehre; Entoptische Farben; Chronologie ꝛc.

Goethe's Werke, Ausgabe, die Hauptwerke (Abth. I—IV der vollständ. Ausg.) enthaltend. Herausgegeben und mit Anmerkungen begleitet von W. Frh. von Biedermann, Heinrich Düntzer, G. von Loeper und Fr. Strehlke. 27 Theile 35 Mark, in 17 Bände gebunden 46 Mark.

Goethe's Werke, die Dichtungen (Abth. I—III der vollständ. Ausg.) enthaltend. Herausgegeben und mit Anmerkungen begleitet von Heinrich Düntzer, G. von Loeper und Fr. Strehlke. 19 Theile 20 Mark, in 12 Bände gebunden 28 Mark.

— Sämmtliche Gedichte. Herausgegeben und mit Anmerkungen und verschiedenen Registern begleitet von G. von Loeper und Fr. Strehlke. 5 Theile 5,50 Mark, in 3 Bände gebunden 7 Mark.

> Inhalt: Th. 1—3. Lyrische Gedichte. — Th. 4. West-östlicher Divan. — Th. 5. Reineke Fuchs; Achilleïs; Nachlese der Gedichte.

> Bereichert mit über 200 Gedichten, welche in den bisherigen Ausgaben fehlten.

— Lyrische Gedichte. Herausgegeben und mit Anmerkungen und Register begleitet von G. von Loeper und Fr. Strehlke. 3 Theile 3 Mark, in 2 Bände gebunden 4,50 Mark.

> Bereichert mit einer großen Anzahl Gedichte, die in den bisherigen Ausgaben fehlen.

Hauff's Werke. Nebst einer Biographie von A. Lindner. 12 Theile 4,80 Mark, in 2 Bände gebunden 6 Mark.

> Inhalt: Th. 1. Biographie; Gedichte. — Th. 2 u. 3. Märchen für Söhne und Töchter gebildeter Stände. — Th. 4—6. Lichtenstein. Romantische Sage aus der württembergischen Geschichte. — Th. 7 u. 8. Mittheilungen aus den Memoiren des Satan. — Th. 9. Phantasien im Bremer Rathskeller; Skizzen. — Th. 10 u. 11. Novellen. — Th. 12. Der Mann im Mond; Controverspredigt über H. Clauren und den Mann im Mond.

Herder's Werke. Nach den besten Quellen revidirte Ausgabe. Herausgegeben und mit Anmerkungen begleitet von Heinrich Düntzer und Wollheim da Fonseca. Nebst einer Biographie des Dichters von Heinrich Düntzer. 24 Theile 27 Mark, in 13 Bände gebunden 36 Mark.

> Inhalt: Th. 1. Biographie; Gedichte. — Th. 2. Legenden; Dramatische Stücke; Nenien; Prosaische Dichtungen. — Th. 3. Terpsichore; Uebersetzungen aus Campanella, Sarbievius, Faustina Zappi, Swift und Young. — Th. 4. Der Cid. — Th. 5. Stimmen der Völker ("Volkslieder"). — Th. 6. Morgenländische Literatur (Blätter der Vorzeit, Blumen aus morgenländischen Dichtern, Spruch und Bild, der fliegende Wagen ꝛc.). — Th. 7. Griechische Literatur (Blumen aus der griechischen Anthologie, Hyle kleiner griechischer Gedichte, Siegsgesänge aus Pindar ꝛc. ꝛc.). — Th. 8. Römische Literatur (Aus Horaz, Persius, Phädrus ꝛc. ꝛc.). — Th. 9 bis 12. Ideen zur Philosophie der Geschichte der Menschheit. — Th. 13. Briefe zur Beförderung der Humanität. — Th. 14. Adrastea. — Th. 15. Zerstreute Blätter. — Th. 16. Schulreden nebst hodegetischen Vorträgen und pädagogischen Aufsätzen. — Th. 17. Gesammelte Abhandlungen, Aufsätze, Beurtheilungen und Vorreden aus der Weimarer Zeit. — Th. 18. Gott. Einige Gespräche über Spinoza's System nebst Shaftesbury's Naturhymnus; Verstand und Erfahrung, Vernunft und Sprache. Eine Metakritik zur Kritik der reinen Vernunft; Kalligone. — Th. 19. Fragmente über die neuere deutsche Literatur. — Th. 20. Kritische Wälder. — Th. 21—24. Gesammelte Abhandlungen, Aufsätze, Beurtheilungen.

Herder's Werke. Auswahl. Herausgegeben und mit Anmerkungen begleitet von Heinrich Düntzer und Wollheim da Fonseca. 14 Theile 13 Mark, in 7 Bände gebunden 18 Mark.

> Inhalt: Th. 1. Biographie; Gedichte. — Th. 2. Legenden; Dramatische Stücke; Nenien; Prosaische Dichtungen. — Th. 3. Terpsichore; Uebersetzungen aus Campanella, Sarbievius, Faustina Zappi, Swift und Young. — Th. 4. Der Cid. — Th. 5. Stimmen der Völker. — Th. 6. Morgenländische Literatur. — Th. 7. Griechische Literatur. — Th. 8. Römische Lite-

ratur. — Th. 9—12. Ideen zur Philosophie der Geschichte der Menschheit. — Th. 13. Briefe zur Beförderung der Humanität. — Th. 14. Abrastea.

E. T. A. Hoffmann's Werke. Nach den vorzüglichsten Quellen revidirte Ausgabe. Mit einer Biographie von Dr. Robert Borberger. 15 Theile 12 Mark, in 6 Bände gebunden 16 Mark.

Inhalt: Th. 1—4. Die Serapionsbrüder. — Th. 5 u. 6. Phantasiestücke. — Th. 7 u. 8. Nachtstücke. — Th. 9 u. 10. Die Elixiere des Teufels. — Th. 11 u. 12. Kater Murr. — Th. 13. Klein Zaches; Prinzessin Brambilla. — Th. 14. Meister Floh; Die Doppelgänger; Leiden eines Theaterdirektors. — Th. 15. Kleinere Erzählungen.

Jean Paul's Werke. Vollständigste Ausgabe. Mit einer Biographie von Rudolph Gottschall. 60 Theile 20 Mark, in 13 Bände gebunden 30 Mark.

Inhalt: Th. 1 u. 2. Biographie; Die unsichtbare Loge. — Th. 3. Quintus Firlein. — Th. 4. Auswahl aus des Teufels Papieren. — Th. 5. Biographische Belustigungen unter der Gehirnschale einer Riesin. — Th. 6. Der Jubelsenior. — Th. 7—10. Hesperus. — Th. 11 bis 14. Blumen-, Frucht- und Dornenstücke (Siebenkäs). — Th. 15—18. Titan. — Th. 19. Komischer Anhang zum Titan nebst Clavis Fichtiana. — Th. 20—23. Flegeljahre. — Th. 24—26. Dr. Katzenbergers Badereise. — Th. 27—29. Der Komet. — Th. 30. Das heimliche Klaglied der jetzigen Männer und die wunderbare Gesellschaft in der Neujahrsnacht. — Th. 31. Des Feldpredigers Schmelzle Reise nach Fläz. — Th. 32. Leben Fibel's. — Th. 33. Freiheits-Büchlein. — Th. 34. Friedens-Predigt an Deutschland. — Th. 35. Dämmerungen für Deutschland. — Th. 36. Mars und Phöbus' Thronwechsel im Jahre 1814. — Th. 37. Politische Fastenpredigten. — Th. 38. Briefe und bevorstehender Lebenslauf. — Th. 39. Das Kampaner Thal. Th. 40 u. 41. Grönländische Prozesse. — Th. 42 u. 43. Palingenesien. — Th. 44. Museum. — Th. 45—47. Herbst-Blumine. — Th. 48. Vermischte Aufsätze und Dichtungen aus Zeitschriften, Taschenbüchern 2c. und dem handschriftlichen Nachlaß. — Th. 49—51. Vorschule der Aesthetik. — Th. 52 u. 53. Kleine Bücherschau. — Th. 54. Ueber die deutschen Doppelwörter. — Th. 55—58. Levana oder Erziehlehre. — Th. 59 u. 60. Selina oder über die Unsterblichkeit.

Jean Paul's Werke. Auswahl. 31 Theile 11 Mark, in 7 Bände gebunden 16 Mark.

Inhalt: Th. 1 u. 2. Biographie; Die unsichtbare Loge. — Th. 3. Quintus Firlein. — Th. 4. Auswahl aus des Teufels Papieren. — Th. 5. Biographische Belustigungen unter der Gehirnschale einer Riesin. — Th. 6. Der Jubelsenior. — Th. 7—10. Hesperus. — Th. 11 bis 14. Blumen-, Frucht- und Dornenstücke (Siebenkäs). — Th. 15—18. Titan. — Th. 19. Komischer Anhang zum Titan nebst Clavis Fichtiana. — Th. 20—23. Flegeljahre. — Th. 24 bis 26. Dr. Katzenbergers Badereise. — Th. 27—29. Der Komet. — Th. 30. Das heimliche Klaglied der jetzigen Männer und die wunderbare Gesellschaft in der Neujahrsnacht. — Th. 31. Des Feldpredigers Schmelzle Reise nach Fläz.

Immermann's Werke. Mit Einleitungen und Anmerkungen und einer Biographie von Robert Borberger. 20 Theile 18 Mark, in 8 Bände gebunden 24 Mark.

Inhalt: Th. 1—4. Münchhausen. — Th. 5—7. Die Epigonen. — Th. 8. Miscellen. — Th. 9. Die Papierfenster eines Eremiten. — Th. 10. Reisejournal; Blick ins Tirol; Abr und Labn. — Th. 11. Gedichte. — Th. 12. Tulifäntchen. — Th. 13. Tristan und Isolde. — Th. 14. Lustspiele: Die Prinzen von Syrakus; Ein Morgenscherz; Das Auge der Liebe; Die Verkleidungen; Die schelmische Gräfin; Die Schule der Frommen. — Th. 15. Dramen: Die Nachbarn; Merlin; Alexis. — Th. 16. Trauerspiele I: Das Thal von Ronceval; Edwin; Petrarca; König Periander; Cardenio und Celinde; Andreas Hofer. — Th. 17. Trauerspiele II: Das Trauerspiel in Tirol; Kaiser Friedrich der Zweite; Ghismonda; Die Verschollene; Anhang kleinerer Schriften. Th. 18—20. Memorabilien.

Ewald von Kleist's Werke. Mit einer Biographie, herausgegeben und mit Anmerkungen begleitet von Dr. August Sauer. 3 Theile 4,50 Mark, in 3 Theile gebunden 6,50 Mark.

Inhalt: Th. 1. Gedichte. Seneca. Prosaische Schriften. — Th. 2. Briefe von Kleist. — Th. 3. Briefe an Kleist.

— **Werke.** (Gedichte. Seneca. Prosaische Schriften). Mit Biographie herausgegeben und mit Anmerkungen begleitet von Dr. August Sauer. 2 Mark, gebunden 2,50 Mark.

H. von Kleist's Werke. Nebst einer Biographie von Adolf Wilbrandt. 5 Theile 2,50 Mark, in 2 Bände gebunden 3,50 Mark.

Inhalt: Th. 1. Die Familie Schroffenstein; Penthesilea; Amphitryon. — Th. 2. Prinz Friedrich von Homburg; Die Hermannsschlacht. — Th. 3. Das Käthchen von Heilbronn; Der zerbrochene Krug. — Th. 4. Erzählungen. — Th. 5. Gedichte; Fragment aus dem Trauerspiel Robert Guiskard; Politische Aufsätze; Kleine vermischte Schriften.

Klopstock's Werke. Nach den besten Quellen revidirte Ausgabe. Herausgegeben von Dr. Robert Boxberger und Dr. Wollheim da Fonseca. Mit einer Biographie von Dr. Robert Boxberger. 6 Theile 7 Mark, in 3 Bände gebunden 9 Mark.

Inhalt: Th. 1—4. Biographie; Der Messias, herausgegeben von Robert Boxberger. — Th. 5. Oden; Epigramme, herausgegeben von Dr. Robert Boxberger und Dr. Wollheim da Fonseca. — Th. 6. Dramen: Der Tod Adam's; David; Salomo; Hermann's Schlacht; Hermann's Tod; Hermann und die Fürsten.

Theodor Körner's Werke. Vollständigste Ausgabe mit vielen bisher ungedruckten Gedichten und Briefen. Nebst einer Biographie von Friedrich Förster. 4 Theile 2,50 Mark, in 2 Bände gebunden 3,50 Mark.

Inhalt: Th. 1. Biographie; Leyer und Schwert. — Th. 2. Gedichte. — Th. 3. Dramen, erster Theil: Zriny, Die Sühne, Toni, Rosamunde, Hedwig, Joseph Heyderich. — Th. 4. Dramen, zweiter Theil: Der grüne Domino, Die Braut, Der Nachtwächter, Die Gouvernante, Der Vetter aus Bremen, Der vierjährige Posten, Der Kampf mit dem Drachen, Das Fischermädchen, Die Bergknappen, Alfred der Große; Sagen und Erzählungen; Anhang bisher ungedruckter Gedichte.

Lenau's Werke. Mit einer Biographie von Dr. Robert Boxberger. 5 Theile 3,50 Mark, in 2 Bände gebunden 4,80 Mark.

Inhalt: Th. 1. Gedichte. — Th. 2. Größere lyrisch-epische Dichtungen: Klara Hebert. Ein Romanzenkranz; Die Marionetten. Ein Nachtstück; Anna; Mischka; Johannes Žiška. Bilder aus dem Hussitenkriege; Dramatischer Nachlaß (Don Juan. Ein dramatisches Gedicht; Helena. Dramatisches Bruchstück). — Th. 3. Faust. — Th. 4. Savonarola. — Th. 5. Die Albigenser.

Lessing's Werke. Vollständigste aller bisherigen Ausgaben. Herausgegeben und mit Anmerkungen begleitet von Rob. Boxberger, Chr. Groß, E. Grosse, Rob. Pilger, Carl Chr. Redlich, Alfred Schöne, Th. Vatke, Georg Zimmermann u. A. Mit Biographie. 20 Theile 28 Mark, in 13 Bände gebunden 36 Mark.

Inhalt: Th. 1. Biographie; Gedichte und Fabeln. — Th. 2. Minna von Barnhelm; Miß Sara Sampson; Philotas. — Th. 3. Emilia Galotti; Nathan der Weise. — Th. 4. Der junge Gelehrte; Die Juden; Der Misogyn. — Th. 5. Der Freigeist; Der Schatz; Damon; Die alte Jungfer. — Th. 6. Laokoon. Mit Anhang, die Materialien. Entwürfe und Notizen aus dem handschriftlichen Nachlaß enthaltend. — Th. 7. Hamburgische Dramaturgie. — Th. 8. Das Neueste aus dem Reiche des Witzes; Die kritischen Briefe von 1753. — Th. 9. Briefe, die neueste Literatur betreffend. — Th. 10. Abhandlungen über die Fabel; Anmerkungen über das Epigramm. — Th. 11. Kleinere Schriften zur dramatischen Poesie und zur Fabel (Erste Abth.: Beiträge zur Historie und Aufnahme des Theaters, Theatralische Bibliothek, Vorrede zu Thomson, Sophokles. Zweite Abth.: Das Theater des Herrn Diderot, Dramatische Entwürfe, Pläne und Fragmente aus dem Nachlaß zc. zc.) — Th. 12. Kleinere Schriften zur modernen Literatur und Sprache (Logau, Scultetus, Die Nachtigall, Vorreden, Recensionen zc. zc.) — Th. 13. Classische Literatur und bildende Kunst (Erste Abth.: Vademecum für Lange, Rettungen des Horaz, Idyllen Theokrit's, Paulus Silentiarius zc. zc. Zweite Abth.: Antiquarische Briefe, Wie die Alten den Tod gebildet zc. zc.) — Th. 14. Theologische Schriften, erste Abth. (Rettung des Cardanus, des Inepti Religiosi, des Cochläus. Berengarius Turonensis zc. zc.). — Th. 15. Theologische Schriften, zweite Abth. I (Von Adam Neusern. Fragmente eines Ungenannten). — Th. 16. Theologische Schriften, zweite Abth. II (Beweis des Geistes und der Kraft, Testament Johannis, eine Duplik, Anti-Goeze zc. zc.). — Th. 17. Theologische Schriften, zweite Abth. III (Recensionen, Aus dem Nachlaß). — Th. 18. Philosophische Schriften (Pope, Leibniz, Wissowatius. Ernst und Falk, Erziehung des Menschengeschlechts, Kleinere Schriften, Recensionen, Nachlaß). — Th. 19. Zur Geschichte und Gelehrtengeschichte; Vermischtes; Nachträge; Lessing-Bibliothek; Register. — Th. 20. Erste Abth. Briefe von Lessing. Zweite Abth. Briefe an Lessing.

Fortsetzung auf der gegenüberstehenden Seite des Umschlags.